CHINA DEVELOPMENT ZONES YEARBOOK

中国开发区年鉴

2016

中国开发区协会 编

首都经济贸易大学出版社
·北京·

图书在版编目（CIP）数据

中国开发区年鉴 .2016/ 中国开发区协会编 .—北京：首都经济贸易大学出版社，2017.3

ISBN 978-7-5638-2634-6

Ⅰ.①中… Ⅱ.①中… Ⅲ.①经济开发区－中国－2016－年鉴
Ⅳ.① F127.9-54

中国版本图书馆 CIP 数据核字 (2017) 第 072696 号

中国开发区年鉴 2016
Zhongguo Kaifaqu Nianjian
中国开发区协会 编

责任编辑 陈炳珍
封面设计 蒋萤雪
出版发行 首都经济贸易大学出版社
地　　址 北京市朝阳区红庙（邮编 100026）
电　　话 (010)65976483 65065761 65071505（传真）
E-mail publish@cueb.edu.cn
网　　址 http://www.sjmcb.com
经　　销 全国新华书店
印　　刷 北京聚源德印刷有限公司
开　　本 787 毫米 ×1092 毫米 1/16
字　　数 867 千字
印　　张 36.75
版　　次 2017 年 3 月第 1 版 2017 年 3 月第 1 次印刷
书　　号 ISBN 978-7-5638-2634-6/F·1463
定　　价 400.00 元

中国开发区年鉴

编　委　会

张春明　张　娜　张晓龙　张晓凯　张涨展　张　琦　陈　忠
陈　俊　陈晓杰　陈海鹏　陈淮贵　陈　鹏　林文华　林　竹
林群丹　罗向东　罗　莉　周文静　周金祥　周筱纯　单维艳
赵丹丹　贲　海　郝胜华　胡　卓　秦　录　柳云娇　施凯文
姜　雯　贺亚洲　贺琪凯　袁　礼　耿万里　栗　群　贾淑霞
钱佳祎　倪　伟　徐光甫　徐勤友　凌海丽　高振永　郭　栋
陶　鑫　黄　云　黄　龙　黄　颖　董文珠　董慧刚　程　军
程济元　储成来　谢燕茹　窦雷雨　蔡力文　蔡　丽　翟永祯
潘李阳　潘　勇　燕君明　薛宝华　瞿立斌

（按姓氏笔画排序）

■ 中国开发区年鉴编辑部

主　任：任　欢

编　辑：吴乃光　考雅迪　周子入

目　录

文献法规篇

专题研究篇

综 合 篇

国家级经济技术开发区篇

其他开发区篇

文献法规篇

国务院关于促进云计算创新发展培育信息产业新业态的意见

国发〔2015〕5号　2015年1月6日

各省、自治区、直辖市人民政府，国务院各部委、各直属机构：

云计算是推动信息技术能力，实现按需供给、促进信息技术和数据资源充分利用的全新业态，是信息化发展的重大变革和必然趋势，发展云计算，有利于分享信息知识和创新资源、降低全社会创业成本、培育形成新产业和新消费热点，对稳增长、调结构、惠民生和建设创新型国家具有重要意义。当前，全球云计算处于发展初期，我国面临难得的机遇，但也存在服务能力较薄弱、核心技术差距较大、信息资源开放共享不够、信息安全挑战突出等问题，重建设轻应用、数据中心无序发展苗头初步显现。为促进我国云计算创新发展，积极培育信息产业新业态，现提出以下意见：

一、指导思想、基本原则和发展目标

（一）指导思想

适应推进新型工业化、信息化、城镇化、农业现代化和国家治理能力现代化的需要，以全面深化改革为动力，以提升能力、深化应用为主线，完善发展环境，培育骨干企业，创新服务模式，扩展应用领域，强化技术支撑，保障信息安全，优化设施布局，促进云计算创新发展，培育信息产业新业态，使信息资源得到高效利用，为促进创业兴业、释放创新活力提供有力支持，为经济社会持续健康发展注入新的动力。

（二）基本原则

市场主导。发挥市场在资源配置中的决定性作用，完善市场准入制度，减少行政干预，鼓励企业根据市场需求丰富服务种类，提升服务能力，对接应用市场。建立公平开放透明的市场规则，完善监管政策，维护良好市场秩序。

统筹协调。以需求为牵引，加强分类指导，推进重点领域的应用、服务和产品协同发展。引导地方根据实际需求合理确定云计算发展定位，避免政府资金盲目投资建设数据中心和相关园区。加强信息技术资源整合，避免行业信息化系统成为信息孤岛。优化云计算基础设施布局，促进区域协调发展。

创新驱动。以企业为主体，加强产学研用合作，强化云计算关键技术和服务模式创新，提升自主创新能力。积极探索加强国际合作，推动云计算开放式创新和国际化发展。加强管理创新，鼓励新业态发展。

保障安全。在现有信息安全保障体系基础上，结合云计算特点完善相关信息安全制度，强化安全管理和数据隐私保护，增强安全技术支撑和服务能力，建立健全安全防护体系，切实保障云计算信息安全。充分运用云计算的大数据处理能力，带动相关安全技术和服务发展。

（三）发展目标

到2017年，云计算在重点领域的应用得到深化，产业链条基本健全，初步形成安全保障有力，服务创新、技术创新和管理创新协同推进的云计算发展格局，带动相关产业快速发展。

服务能力大幅提升。形成若干具有较强创新能力的公共云计算骨干服务企业。面向中小微企业和个人的云计算服务种类丰富，实现规模化运营。云计算系统集成能力显著提升。

创新能力明显增强。增强原始创新和基础创新能力，突破云计算平台软件、艾字节（EB，约为260字节）级云存储系统、大数据挖掘分析等一批关键技术与产品，云计算技术接近国际先进水平，云计算标准体系基本建立。服务创新对技术创新的带动作用显著增强，产学研用协同发展水平大幅提高。

应用示范成效显著。在社会效益明显、产业带动性强、示范作用突出的若干重点领域推动公共数据开放、信息技术资源整合和政府采购服务改革，充分利用公共云计算服务资源开展百项云计算和大数据应用示范工程，在降低创业门槛、服务民生、培育新业态、探索电子政务建设新模式等方面取得积极成效，政府自建数据中心数量减少5%以上。

基础设施不断优化。云计算数据中心区域布局初步优化，新建大型云计算数据中心能源利用效率（PUE）值优于1.5。宽带发展政策环境逐步完善，初步建成满足云计算发展需求的宽带网络基础设施。

安全保障基本健全。初步建立适应云计算发展需求的信息安全监管制度和标准规范体系，云计算安全关键技术产品的产业化水平和网络安全防护能力明显提升，云计算发展环境更加安全可靠。

到2020年，云计算应用基本普及，云计算服务能力达到国际先进水平，掌握云计算关键技术，形成若干具有较强国际竞争力的云计算骨干企业。云计算信息安全监管体系和法规体系健全。大数据挖掘分析能力显著提升。云计算成为我国信息化重要形态和建设网络强国的重要支撑，推动经济社会各领域信息化水平大幅提高。

二、主要任务

（一）增强云计算服务能力

大力发展公共云计算服务，实施云计算工程，支持信息技术企业加快向云计算产品和服务提供商转型。大力发展计算、存储资源租用和应用软件开发部署平台服务，以及企业经营管理、研发设计等在线应用服务，降低企业信息化门槛和创新成本，支持中小微企业发展和创业活动。积极发展基于云计算的个人信息存储、在线工具、学习娱乐等服务，培育信息消费。发展安全可信的云计算外包服务，推动政府业务外包。支持云计算与物联网、移动互联网、互联网金融、电子商务等技术和服务的融合发展与创新应用，积极培育新业态、新模式。鼓励大企业开放平台资源，打造协作共赢的云计算服务生态环境。引导专有云有序发展，鼓励企业创新信息化建设思路，在充分利用公共云计算服务资源的基础上，立足自身需求，利用安全可靠的专有云解决方案，整合信息资源，优化业务流程，提升经营管理水平。大力发展面向云计算的信息系统规划咨询、方案设计、系统集成和测试评估等服务。

（二）提升云计算自主创新能力

加强云计算相关基础研究、应用研究、技术研发、市场培育和产业政策的紧密衔接与统筹协调。发挥企业创新主体作用，以服务创新带动技术创新，增强原始创新能力，着力突破云计算平台大规模资源管理与调度、运行监控与安全保障、艾字节级数据存储与处理、大数据挖掘分析等关键技术，提高相关软硬件产品研发及产业化水平。加强核心电子器件、高端通用芯片及基础软件产品等科技专项成果与云计算产业需求对接，积极推动安全可靠的云计算产品和解决方案在各领域的应用。充分整合利用国内外创新资源，加强云计算相关技术研发实验室、工程中心和企业技术中心建设。建立产业创新联盟，发挥骨干企业的引领作用，培育一批特色鲜明的创新型中小企业，健全产业生态系统。完善云计算公共支撑体系，加强知识产权保护利用、标准制定和相关评估测评等工作，促进协同创新。

（三）探索电子政务云计算发展新模式

鼓励应用云计算技术整合改造现有电子政

务信息系统，实现各领域政务信息系统整体部署和共建共用，大幅减少政府自建数据中心的数量。新建电子政务系统须经严格论证并按程序进行审批。政府部门要加大采购云计算服务的力度，积极开展试点示范，探索基于云计算的政务信息化建设运行新机制，推动政务信息资源共享和业务协同，促进简政放权，加强事中事后监管，为云计算创造更大市场空间，带动云计算产业快速发展。

（四）加强大数据开发与利用

充分发挥云计算对数据资源的集聚作用，实现数据资源的融合共享，推动大数据挖掘、分析、应用和服务。开展公共数据开放利用改革试点，出台政府机构数据开放管理规定，在保障信息安全和个人隐私的前提下，积极探索地理、人口、知识产权及其他有关管理机构数据资源向社会开放，推动政府部门间数据共享，提升社会管理和公共服务能力。重点在公共安全、疾病防治、灾害预防、就业和社会保障、交通物流、教育科研、电子商务等领域，开展基于云计算的大数据应用示范，支持政府机构和企业创新大数据服务模式。充分发挥云计算、大数据在智慧城市建设中的服务支撑作用，加强推广应用，挖掘市场潜力，服务城市经济社会发展。

（五）统筹布局云计算基础设施

加强全国数据中心建设的统筹规划，引导大型云计算数据中心优先在能源充足、气候适宜、自然灾害较少的地区部署，以实时应用为主的中小型数据中心在靠近用户所在地、电力保障稳定的地区灵活部署。地方政府和有关企业要合理确定云计算发展定位，杜绝盲目建设数据中心和相关园区。加快推进实施“宽带中国”战略，结合云计算发展布局优化网络结构，加快网络基础设施建设升级，优化互联网网间互联架构，提升互联互通质量，降低带宽租费水平。支持采用可再生能源和节能减排技术建设绿色云计算中心。

（六）提升安全保障能力

研究完善云计算和大数据环境下个人和企业信息保护、网络信息安全相关法规与制度，制定信息收集、存储、转移、删除、跨境流动等管理规则，加快信息安全立法进程。加强云计算服务网络安全防护管理，加大云计算服务安全评估力度，建立完善党政机关云计算服务安全管理制度。落实国家信息安全等级保护制度，开展定级备案和测评等工作。完善云计算安全态势感知、安全事件预警预防及应急处置机制，加强对党政机关和金融、交通、能源等重要信息系统的安全评估和监测。支持云计算安全软硬件技术产品的研发生产、试点示范和推广应用，加快云计算安全专业化服务队伍建设。

三、保障措施

（一）完善市场环境

修订电信业务分类目录，完善云计算服务市场准入制度，支持符合条件的云计算服务企业申请相关业务经营资质。研究支持大规模云计算服务的网络政策。支持第三方机构开展云计算服务质量、可信度和网络安全等评估测评工作。引导云计算服务企业加强内部管理，提升服务质量和诚信水平，逐步建立云计算信任体系。加强互联网骨干网互联互通监管和技术支撑手段建设，调整网间互联结算政策，保障网间互联高效畅通。对符合布局原则和能耗标准的云计算数据中心，支持其参加直供电试点，满足大工业用电条件的可执行大工业电价，并在网络、市政配套等方面给予保障，优先安排用地。引导国有企业运用云计算技术提升经营管理水平，推广应用安全可靠的云计算产品和解决方案。

（二）建立健全相关法规制度

落实《全国人民代表大会常务委员会关于加强网络信息保护的决定》和《中华人民共和国政府信息公开条例》，完善互联网信息服务管理办法，加快制定信息网络安全、个人信息保护等法律法规，出台政府和重要行业采购使用云计算服务相关规定，明确相关管理部门和云计算服务企业的安全管理责任，规范云计算服务商与用户的责权利关系。

（三）加大财税政策扶持力度

按照深化中央财政科技计划（专项、基金等）管理改革的要求，充分发挥国家科技计划、科技重大专项的作用，采取无偿资助、后补助等多种方式加大政府资金支持力度，引导社会投资，支持云计算关键技术研发及产业化。支持实施云计算工程，继续推进云计算服务创新试点示范工作，及时总结推广试点经验。创新政府信息系统建设和运营经费管理方式，完善政府采购云计算服务的配套政策，发展基于云计算的政府信息技术服务外包业务。将云计算企业纳入软件企业、国家规划布局内重点软件企业、高新技术企业和技术先进型服务企业的认定范畴，符合条件的按规定享受相关税收优惠政策。

（四）完善投融资政策

引导设立一批云计算创业投资基金。加快建立包括财政出资和社会资金投入在内的多层次担保体系，加大对云计算企业的融资担保支持力度。推动金融机构对技术先进、带动支撑作用强的重大云计算项目给予信贷支持。积极支持符合条件的云计算企业在资本市场直接融资。

（五）建立健全标准规范体系

按照"急用先行、成熟先上、重点突破"原则，加快推进云计算标准体系建设，制定云计算服务质量、安全、计量、互操作、应用迁移，云计算数据中心建设与评估，以及虚拟化、数据存储和管理、弹性计算、平台接口等方面标准，研究制定基于云计算平台的业务和数据安全、涉密信息系统保密技术防护和管理、违法信息技术管控等标准。

（六）加强人才队伍建设

鼓励普通高校、职业院校、科研院所与企业联合培养云计算相关人才，加强学校教育与产业发展的有效衔接，为云计算发展提供高水平智力支持。完善激励机制，造就一批云计算领军人才和技术带头人。充分利用现有人才引进计划，引进国际云计算领域高端人才。对作出突出贡献的云计算人才，可按国家有关规定给予表彰奖励，在职称评定、落户政策等方面予以优先安排。支持企业和教育机构开展云计算应用人才培训。

（七）积极开展国际合作

支持云计算企业通过海外并购、联合经营、在境外部署云计算数据中心和设立研发机构等方式，积极开拓国际市场，促进基于云计算的服务贸易发展。加强国内外企业的研发合作，引导外商按有关规定投资我国云计算相关产业。鼓励国内企业和行业组织参与制定云计算国际标准。

各地区、各部门要高度重视云计算发展工作，按照本意见提出的要求和任务，认真抓好贯彻落实，出台配套政策措施，突出抓手，重点突破，着力加强政府云计算应用的统筹推进等工作。国务院有关部门要加强协调配合，建立完善工作机制，做好与国家网络安全和信息化发展战略及相关政策的衔接，加强组织实施，形成推进合力。发展改革委、工业和信息化部、科技部、财政部、网信办要会同有关部门，加强对云计算发展的跟踪分析，推动各项任务分工的细化落实。

科技部关于进一步推动科技型中小企业创新发展的若干意见

国科发高〔2015〕3号　2015年1月10日

各省、自治区、直辖市及计划单列市科技厅（委、局），新疆生产建设兵团科技局：

为深入贯彻党的十八大、十八届三中全会精神，全面落实《中共中央 国务院关于深化科技体制改革加快国家创新体系建设的意见》（中发〔2012〕6号），实施创新驱动发展战略，深化科技体制改革，充分发挥市场在资源配置中的决定性作用和更好发挥政府作用，激发科技型中小企业技术创新活力，促进科技型中小企业健康发展，现提出以下意见：

一、推动科技型中小企业创新发展的重要意义

科技型中小企业是指从事高新技术产品研发、生产和服务的中小企业群体，在提升科技创新能力、支撑经济可持续发展、扩大社会就业等方面发挥着重要作用。长期以来，在党中央国务院和各部门、各地方的大力支持下，科技型中小企业取得了长足发展。但是，我国科技型中小企业仍然面临创新能力有待加强、创业环境有待优化、服务体系有待完善、融资渠道有待拓宽等问题。因此，需要进一步凝聚各方力量，培育壮大科技型中小企业群体，带动科技型中小企业走创新发展道路，为经济社会发展提供重要支撑。

二、鼓励科技创业

（一）支持创办科技型中小企业

鼓励科研院所、高等学校科研人员和企业科技人员创办科技型中小企业，建立健全股权、期权、分红权等有利于激励技术创业的收益分配机制。支持高校毕业生以创业的方式实现就业，对入驻科技企业孵化器或大学生创业基地的创业者给予房租优惠、创业辅导等支持。

（二）加快推进创业投资机构发展

鼓励各类社会资本设立天使投资、创业投资等股权投资基金，支持科技型中小企业创业活动。探索建立早期创投风险补偿机制，在投资损失确认后可按损失额的一定比例，对创业投资企业进行风险补偿。

（三）加强创新创业孵化生态体系建设

推动建立支持科技创业企业成长的持续推进机制和全程孵化体系，促进大学科技园、科技企业孵化器等创业载体功能提升和创新发展。加大中小企业专项资金等对创业载体建设的支持力度。

三、支持技术创新

（四）支持科技型中小企业建立研发机构

支持科技型中小企业建立企业实验室、企业技术中心、工程技术研究中心等研发机构，提升对技术创新的支撑与服务能力。对拥有自主知识产权并形成良好经济社会效益的科技型中小企业研发机构给予重点扶持。

（五）支持科技型中小企业开展技术改造

鼓励和引导中小企业加强技术改造与升级，支持其采用新技术、新工艺、新设备调整优化产业和产品结构，将技术改造项目纳入贷款贴息等优惠政策的支持范围。

（六）通过政府采购支持科技型中小企业技术创新

进一步完善和落实国家政府采购扶持中小企业发展的相关法规政策。各级机关、事业单位和社团组织的政府采购活动，在同等条件下，鼓励优先采购科技型中小企业的产品和服务。鼓励科技型中小企业组成联合体共同参加政府采购与首台（套）示范项目。

四、强化协同创新

（七）推动科技型中小企业开展协同创新

推动科技型中小企业与大型企业、高等学校、科研院所开展战略合作，探索产学研深度结合的有效模式和长效机制。鼓励高等学校、科研院所等形成的科技成果向科技型中小企业转移转化。深入开展科技人员服务企业行动，通过科技特派员等方式组织科技人员帮助科技型中小企业解决技术难题。

（八）鼓励高校院所和大型企业开放科技资源

引导和鼓励有条件的高等学校、科研院所、大型企业的重点实验室、国家工程（技术）研究中心、大型科学仪器中心、分析测试中心等科研基础设施和设备进一步向科技型中小企业开放，提供检验检测、标准制定、研发设计等科技服务。

（九）吸纳科技型中小企业参与构建产业技术创新战略联盟

以产业技术创新关键问题为导向、形成产业核心竞争力为目标，引导行业骨干企业牵头，广泛吸纳科技型中小企业参与，按市场机制积极构建产业技术创新战略联盟。

五、推动集聚化发展

（十）充分发挥国家高新区、产业化基地的集聚作用

以国家高新区、高新技术产业化基地、现代服务业产业化基地、火炬计划特色产业基地、创新型产业集群等为载体，引导科技型中小企业走布局集中、产业集聚、土地集约的发展模式，促进科技型中小企业集群式发展。

（十一）引导科技型中小企业走专业化发展道路，提升产品质量、塑造品牌

支持科技型中小企业聚焦“新技术、新业态、新模式”，走专业化、精细化发展道路。鼓励科技型中小企业做强核心业务，推进精益制造，打造具有竞争力和影响力的精品和品牌。

六、完善服务体系

（十二）完善科技型中小企业技术创新服务体系

充分发挥地方在区域创新中的主导作用，通过政策引导和试点带动，整合资源，加快建设各具特色的科技型中小企业技术创新公共服务体系。鼓励通过政府购买服务的方式，为科技型中小企业提供管理指导、技能培训、市场开拓、标准咨询、检验检测认证等服务。

（十三）充分发挥专业中介机构和科技服务机构作用

开放并扩大中小企业中介服务机构的服务领域、规范中介服务市场，促进各类专业机构为科技型中小企业提供优质服务。充分发挥科技服务机构作用，推动各类科技服务机构面向科技型中小企业开展服务。

七、拓宽融资渠道

（十四）完善多层次资本市场，支持科技型中小企业做大做强

支持科技型中小企业通过多层次资本市场体系实现改制、挂牌、上市融资。支持利用各类产权交易市场开展科技型中小企业股权流转和融资服务，完善非上市科技公司股份转让途径。鼓励科技型中小企业利用债券市场融资，探索对发行企业债券、信托计划、中期票据、短期融资券等直接融资产品的科技型中小企业给予社会筹资利息补贴。

（十五）引导金融机构面向科技型中小企业开展服务创新，拓宽融资渠道

引导商业银行积极向科技型中小企业提供

系统化金融服务。支持发展多种形式的抵质押类信贷业务及产品。鼓励融资租赁企业创新融资租赁经营模式，开展融资租赁与创业投资相结合、租赁债权与投资股权相结合的创投租赁业务。鼓励互联网金融发展和模式创新，支持网络小额贷款、第三方支付、网络金融超市、大数据金融等新兴业态发展。

（十六）完善科技型中小企业融资担保和科技保险体系

引导设立多层次、专业化的科技担保公司和再担保机构，逐步建立和完善科技型中小企业融资担保体系，鼓励为中小企业提供贷款担保的担保机构实行快捷担保审批程序，简化反担保措施。鼓励保险机构大力发展知识产权保险、首台（套）产品保险、产品研发责任险、关键研发设备险、成果转化险等科技保险产品。

八、优化政策环境

（十七）进一步加大对科技型中小企业的财政支持力度

充分发挥中央财政资金的引导作用，逐步提高中小企业发展专项资金和国家科技成果转化引导基金支持科技创新的力度，凝聚带动社会资源支持科技型中小企业发展。加大各类科技计划对科技型中小企业技术创新活动的支持力度。鼓励地方财政加大对科技型中小企业技术创新的支持，对于研发投入占企业总收入达到一定比例的科技型中小企业给予补贴。鼓励地方政府在科技型中小企业中筛选一批创新能力强、发展潜力大的企业进行重点扶持，培育形成一批具有竞争优势的创新型企业和上市后备企业。

（十八）进一步完善落实税收支持政策

进一步完善和落实小型微利企业、高新技术企业、技术先进型服务企业、技术转让、研究开发费用加计扣除、研究开发仪器设备折旧、科技企业孵化器、大学科技园等税收优惠政策，加强对科技型中小企业的政策培训和宣传。结合深化税收制度改革，加快推动营业税改征增值税试点，完善结构性减税政策。

（十九）实施有利于科技型中小企业吸引人才的政策

结合创新人才推进计划、海外高层次人才引进计划、青年英才开发计划和国家高技能人才振兴计划等各项国家人才重大工程的实施，支持科技型中小企业引进和培养创新创业人才，鼓励在财政补助、落户、社保、税收等方面给予政策扶持。鼓励科技型中小企业与高等学校、职业院校建立定向、订单式的人才培养机制，支持高校毕业生到科技型中小企业就业，并给予档案免费保管等扶持政策。鼓励科技型中小企业加大对员工的培训力度。

（二十）加强统计监测与信用评价体系建设

建立公平开放透明的市场规则，加大对市场中侵害科技型中小企业合法利益行为的打击力度。研究发布科技型中小企业标准，建立科技型中小企业资源库，健全科技型中小企业统计调查、监测分析和定期发布制度。加快科技型中小企业信用体系建设，开展对科技型中小企业的信用评价。

推动科技型中小企业创新发展既是一项事关创新型国家建设的长期战略任务，也是加快转变经济发展方式的迫切需求，更是进一步落实创新驱动发展战略的关键路径之一。各地方科技管理部门要高度重视科技型中小企业工作，加强与有关部门的沟通协调，结合各地情况，制定本意见的贯彻落实办法，采取有效政策措施，切实推动科技型中小企业创新发展。

国务院关于加快发展服务贸易的若干意见

国发〔2015〕8号　2015年1月28日

各省、自治区、直辖市人民政府，国务院各部委、各直属机构：

近年来，我国服务贸易发展较快，但总体上国际竞争力相对不足，仍是对外贸易“短板”。大力发展服务贸易，是扩大开放、拓展发展空间的重要着力点，有利于稳定和增加就业、调整经济结构、提高发展质量效率、培育新的增长点。为适应经济新常态，加快发展服务贸易，现提出以下意见：

一、总体要求

（一）指导思想

深入贯彻党的十八大和十八届二中、三中、四中全会精神，以深化改革、扩大开放、鼓励创新为动力，着力构建公平竞争的市场环境，促进服务领域相互投资，完善服务贸易政策支持体系，加快服务贸易自由化和便利化，推动扩大服务贸易规模，优化服务贸易结构，增强服务出口能力，培育“中国服务”的国际竞争力。

（二）基本原则

深化改革，扩大开放。深化服务业改革，放宽服务领域投资准入，减少行政审批事项，打破地区封锁和行业垄断，破除制约服务业发展的体制机制障碍；坚持有序推进服务业开放，以开放促改革、促发展、促创新。

市场竞争，政府引导。发挥市场在服务贸易领域资源配置中的决定性作用，着力激发各类市场主体发展新活力；强化政府在制度建设、宏观指导、营造环境、政策支持等方面的职责，更好发挥政府引导作用。

产业支撑，创新发展。注重产业与贸易、货物贸易与服务贸易协调发展。依托制造业优势发展服务贸易，带动中国服务“走出去”；发挥服务贸易的支撑作用，提升货物贸易附加值。夯实服务贸易发展基础，增强服务业的国际竞争力。

（三）发展目标

服务业开放水平进一步提高，服务业利用外资和对外投资范围逐步扩大、质量和水平逐步提升。服务贸易规模日益扩大，到2020年，服务进出口额超过1万亿美元，服务贸易占对外贸易的比重进一步提升，服务贸易的全球占比逐年提高。服务贸易结构日趋优化，新兴服务领域占比逐年提高，国际市场布局逐步均衡，“一带一路”沿线国家在我国服务出口中的占比稳步提升。

二、主要任务

（四）扩大服务贸易规模

巩固旅游、建筑等劳动密集型服务出口领域的规模优势；重点培育运输、通信、金融、保险、计算机和信息服务、咨询、研发设计、节能环保、环境服务等资本技术密集型服务领域发展，既通过扩大进口满足国内需求，又通过鼓励出口培育产业竞争力和外贸竞争新优势；积极推动文化艺术、广播影视、新闻出版、教育等承载中华文化核心价值的文化服务出口，大力促进文化创意、数字出版、动漫游戏等新型文化服务出口，加强中医药、体育、餐饮等特色服务领域的国际交流合作，提升中华文化软实力和影响力。

（五）优化服务贸易结构

优化服务贸易行业结构，积极开拓服务贸易新领域，稳步提升资本技术密集型服务和特色服务等高附加值服务在服务进出口中的占比。优化国际市场布局，继续巩固传统市场，在挖掘服务出口潜力的同时，加大资本技术密集型服务进口力度；大力开拓“一带一路”沿线国家市场，提高新兴国家市场占比，积极发展运输、建筑等服务贸易，培育具有丝绸之路特色的国际精品旅游线路和产品，推进承载中华文化的特色服务贸易发展，提高资本技术密集型服务贸易占比。优化国内区域布局，巩固东部沿海地区的规模和创新优势，加快发展资本技术密集型服务贸易，发挥中西部地区的资源优势，培育特色产业，鼓励错位竞争、协同发展。

（六）规划建设服务贸易功能区

充分发挥现代服务业和服务贸易集聚作用，在有条件的地区开展服务贸易创新发展试点。依托现有各类开发区和自由贸易试验区规划建设一批特色服务出口基地。拓展海关特殊监管区域和保税监管场所的服务出口功能，扩充国际转口贸易、国际物流、中转服务、研发、国际结算、分销、仓储等功能。

（七）创新服务贸易发展模式

积极探索信息化背景下新的服务贸易发展模式，依托大数据、物联网、移动互联网、云计算等新技术推动服务贸易模式创新，打造服务贸易新型网络平台，促进制造业与服务业、各服务行业之间的融合发展。将承接服务外包作为提升我国服务水平和国际影响力的重要手段，扩大服务外包产业规模，增加高技术含量、高附加值外包业务比重，拓展服务外包业务领域，提升服务跨境交付能力。推动离岸、在岸服务外包协调发展，在积极承接国际服务外包的同时，逐步扩大在岸市场规模。

（八）培育服务贸易市场主体

打造一批主业突出、竞争力强的大型跨国服务业企业，培育若干具有较强国际影响力的服务品牌；支持有特色、善创新的中小企业发展，引导中小企业融入全球供应链。鼓励规模以上服务业企业走国际化发展道路，积极开拓海外市场，力争规模以上服务业企业都有进出口实绩。支持服务贸易企业加强自主创新能力建设，鼓励服务领域技术引进和消化吸收再创新。

（九）进一步扩大服务业开放

探索对外商投资实行准入前国民待遇加负面清单的管理模式，提高利用外资的质量和水平。推动服务业扩大开放，推进金融、教育、文化、医疗等服务业领域有序开放，逐步实现高水平对内对外开放；放开育幼养老、建筑设计、会计审计、商贸物流、电子商务等服务业领域外资准入限制。积极参与多边、区域服务贸易谈判和全球服务贸易规则制定。建立面向全球的高标准自由贸易区网络，依托自由贸易区战略实施，积极推动服务业双向互惠开放。基本实现内地与港澳服务贸易自由化。推动大陆与台湾服务业互利开放。

（十）大力推动服务业对外投资

支持各类服务业企业通过新设、并购、合作等方式，在境外开展投资合作，加快建设境外营销网络，增加在境外的商业存在。支持服务业企业参与投资、建设和管理境外经贸合作区。鼓励企业建设境外保税仓，积极构建跨境产业链，带动国内劳务输出和货物、服务、技术出口。支持知识产权境外登记注册，加强知识产权海外布局，加大海外维权力度，维护企业权益。

三、政策措施

（十一）加强规划引导

发挥规划的引领作用，定期编制服务贸易发展规划。指导地方做好规划工作，确立主导行业和发展重点，扶持特色优势行业发展。加强对重点领域的支持引导，制订重点服务出口领域指导目录。建立不同层级的重点企业联系制度。

（十二）完善财税政策

充分利用外经贸发展专项资金等政策，加大对服务贸易发展的支持力度，进一步优化资金安排结构，突出政策支持重点，完善和创新支持方式，引导更多社会资金加大对服务贸易发展的支持力度，拓宽融资渠道，改善公共服务。结合全面实施“营改增”改革，对服务出口实行零税率或免税，鼓励扩大服务出口。

（十三）创新金融服务

加强金融服务体系建设，鼓励金融机构在风险可控的前提下创新金融产品和服务，开展供应链融资、海外并购融资、应收账款质押贷款、仓单质押贷款、融资租赁等业务。鼓励政策性金融机构在现有业务范围内加大对服务贸易企业开拓国际市场、开展国际并购等业务的支持力度，支持服务贸易重点项目建设。鼓励保险机构创新保险品种和保险业务，探索研究推出更多、更便捷的外贸汇率避险险种，在风险可控的前提下采取灵活承保政策，简化投保手续。引导服务贸易企业积极运用金融、保险等多种政策工具开拓国际市场，拓展融资渠道。推动小微企业融资担保体系建设，积极推进小微企业综合信息共享。加大多层次资本市场对服务贸易企业的支持力度，支持符合条件的服务贸易企业在交易所市场上市、在全国中小企业股份转让系统挂牌、发行公司债和中小企业私募债等。

（十四）提高便利化水平

建立和完善与服务贸易特点相适应的口岸通关管理模式。探索对会展、拍卖、快递等服务企业所需通关的国际展品、艺术品、电子商务快件等特殊物品的监管模式创新，完善跨境电子商务通关服务。加强金融基础设施建设，便利跨境人民币结算，鼓励境内银行机构和支付机构扩大跨境支付服务范围，支持服务贸易企业采用出口收入存放境外等方式提高外汇资金使用效率。加强人员流动、资格互认、标准化等方面的国际磋商与合作，为专业人才和专业服务“引进来”和“走出去”提供便利。为外籍高端人才办理在华永久居留提供便利。

（十五）打造促进平台

支持商协会和促进机构开展多种形式的服务贸易促进活动，通过政府购买服务的形式整体宣传“中国服务”，提升服务贸易品牌和企业形象。支持企业赴境外参加服务贸易重点展会。积极培育服务贸易交流合作平台，形成以中国（北京）国际服务贸易交易会为龙头、以各类专业性展会论坛为支撑的服务贸易会展格局，鼓励其他投资贸易类展会增设服务贸易展区。积极与主要服务贸易合作伙伴和“一带一路”沿线国家签订服务贸易合作协议，在双边框架下开展务实合作。

四、保障体系

（十六）健全法规体系

加快推进相关服务行业基础性法律制修订工作，逐步建立和完善服务贸易各领域法律法规体系，规范服务贸易市场准入和经营秩序。研究制定或完善有关服务进出口的相关法规。鼓励有条件的地方出台服务贸易地方性法规。建立与国际接轨的服务业标准化体系。

（十七）建立协调机制

建立国务院服务贸易发展协调机制，加强对服务贸易工作的宏观指导，统筹服务业对外开放、协调各部门服务出口政策、推进服务贸易便利化和自由化。各地要将大力发展服务贸易作为稳定外贸增长和培育外贸竞争新优势的重要工作内容，纳入政府考核评价指标体系，完善考核机制。

（十八）完善统计工作

建立和完善国际服务贸易统计监测、运行和分析体系，健全服务贸易统计指标体系，加强与国际组织、行业协会的数据信息交流，定期发布服务贸易统计数据。创新服务贸易统计方法，加强对地方服务贸易统计工作的指导，开展重点企业数据直报工作。

（十九）强化人才培养

大力培养服务贸易人才，加快形成政府部

门、科研院所、高校、企业联合培养人才的机制。加大对核心人才、重点领域专门人才、高技能人才和国际化人才的培养、扶持和引进力度。鼓励高等学校国际经济与贸易专业增设服务贸易相关课程。鼓励各类市场主体加大人才培训力度，开展服务贸易经营管理和营销服务人员培训，建设一支高素质的专业人才队伍。

（二十）优化发展环境

积极营造全社会重视服务业和服务贸易发展的良好氛围。清理和规范服务贸易相关法律法规和部门规章，统一内外资法律法规，培育各类市场主体依法平等进入、公平竞争的营商环境。推动行业协会、商会建立健全行业经营自律规范、自律公约和职业道德准则，规范会员行为，推进行业诚信建设，自觉维护市场秩序。

五、组织领导

（二十一）各地区、各有关部门要从全局和战略的高度，充分认识大力发展服务贸易的重要意义，根据本地区、本部门、本行业实际情况，制定出台行动计划和配套支持政策。各地区要建立工作机制，结合本地实际，积极培育服务贸易特色优势产业。各有关部门要密切协作，形成合力，促进产业政策、贸易政策、投资政策的良性互动，积极营造大力发展服务贸易的政策环境。

国务院关于加快培育外贸竞争新优势的若干意见

国发〔2015〕9号　2015年2月12日

各省、自治区、直辖市人民政府，国务院各部委、各直属机构：

对外贸易是我国开放型经济体系的重要组成部分和国民经济发展的重要推动力量。在国际环境和国内发展条件都发生重大变化的历史背景下，保持我国外贸传统优势、加快培育竞争新优势是事关我国发展全局的重大问题。为巩固外贸传统优势、加快培育竞争新优势，实现我国对外贸易持续健康发展，推动我国由贸易大国向贸易强国转变，现提出如下意见：

一、充分认识加快培育外贸竞争新优势的重要性和紧迫性

经过改革开放30多年的发展，我国对外贸易取得举世瞩目的成就，2013年跃居世界第一货物贸易大国，对于推动我国经济社会发展、提高国家综合实力和国际影响力、加强与世界经济融合发挥了不可取代的重要作用。当前，世界经济仍处在国际金融危机后的深度调整期，全球总需求不振，大规模国际产业转移明显放缓，世界科技和产业革命孕育新突破，贸易保护主义持续升温。我国经济正处于“三期叠加”阶段，经济发展进入新常态。今后一段时期，外贸发展既面临重要机遇期，出口竞争优势依然存在，也面临严峻挑战，传统竞争优势明显削弱，新的竞争优势尚未形成。企业创新能力亟待增强，品牌产品占比偏低，同质化竞争较为普遍。参与国际贸易规则制定的能力有待提升，外贸体制和营商环境需进一步改进。必须适应新形势新要求，努力巩固外贸传统优势，加快培育竞争新优势，继续发挥出口对经济发展的重要作用。这既是巩固贸易大国、建设贸易强国的必由之路，也是促进我国经济持续健康发展的战略选择，对于实现“两个一百年”

奋斗目标和中华民族伟大复兴的中国梦，具有重大而深远的意义。

二、总体要求

（一）指导思想

深入贯彻党的十八大和十八届二中、三中、四中全会精神，认真落实党中央、国务院的决策部署，充分发挥市场配置资源的决定性作用和更好发挥政府作用，主动适应经济新常态，统筹考虑和综合运用国际国内两个市场、两种资源，着力调整优化贸易结构、转变外贸发展方式，提升我国外贸在全球价值链中的地位，提高外贸增长的质量和效益，实现外贸持续健康发展，推动我国由贸易大国向贸易强国转变，为国民经济和社会发展作出更大贡献。

（二）基本原则

深化改革，创新驱动。深化外贸体制机制改革，营造创新发展环境。增强科技创新能力，创新商业模式和贸易业态，集成新的竞争优势，增强外贸发展的内生动力。

开放引领，互利共赢。以更大范围、更广领域、更高层次的开放，通过“走出去”与“引进来”相结合带动贸易增长，扩大与贸易伙伴利益汇合点，形成更加和谐稳定的发展环境，共创更大市场空间。

内外联动，持续发展。更加积极地促进内需和外需平衡、进口和出口平衡、引进外资和对外投资平衡，逐步实现国际收支平衡，构建开放型经济新体制。

统筹规划，分类指导。加强规划指导和统筹推进，因地制宜、分类施策，实现货物贸易与服务贸易、贸易与投资、传统产业与新兴产业、沿海与内陆协调互动发展。

夯实基础，重点突破。加强贸易与产业的结合，全面参与全球价值链、产业链重构进程，提高产业国际竞争力。

（三）目标任务

巩固贸易大国地位，推进贸易强国进程。努力提高新兴市场、中西部地区、一般贸易、服务贸易和品牌产品在我国外贸中的占比。力争到2020年，外贸传统优势进一步巩固，竞争新优势培育取得实质性进展。着力优化国际市场布局，推进市场多元化；着力优化国内区域布局，推动东中西部协调发展；着力优化外贸商品结构，提升出口附加值和技术含量；着力优化经营主体结构，促进各类企业共同发展；着力优化贸易方式，推进对外贸易转型升级。

大力推动我国外贸由规模速度型向质量效益型转变，努力实现五个转变：一是推动出口由货物为主向货物、服务、技术、资本输出相结合转变；二是推动竞争优势由价格优势为主向技术、品牌、质量、服务为核心的综合竞争优势转变；三是推动增长动力由要素驱动为主向创新驱动转变；四是推动营商环境由政策引导为主向制度规范和营造法治化国际化营商环境转变；五是推动全球经济治理地位由遵守、适应国际经贸规则为主向主动参与国际经贸规则制订转变。

三、大力推动外贸结构调整

（一）推动国际市场结构调整

推动进出口市场结构从传统市场为主向多元化市场全面发展转变。深耕美、欧、日等传统市场。加大拉美、非洲等新兴市场开拓力度，综合考虑经济规模、发展速度、资源禀赋、风险程度等因素，选择若干个新兴市场重点开拓，逐步提高新兴市场在我国外贸中的比重。扩大先进技术设备进口，促进质量好、档次高、具有比较优势的产业和产品出口。

（二）推动国内区域协调发展

按照国家对重点产业布局和产业转移的总体部署，形成有利于发挥地区比较优势、产业链合理分工的新局面。鼓励东部地区重点发展高端产业、高增值环节和总部经济，提高贸易的质量和效益，发挥示范带动作用。支持中西部地区结合地方实际，积极承接东部地区产业转移，规模与质量并重提升。加快沿边开放步伐，有序发展跨境经济合作区，扩大与周边国家经贸往来。

（三）推动各类外贸经营主体协调发展

鼓励行业龙头企业延长产业链，提高国际化经营水平。推动优势企业强强联合、跨地区兼并重组和对外投资合作。加快形成一批在全球范围内配置要素资源、布局市场网络的具有跨国经营能力的大企业。鼓励创新型、创业型和劳动密集型中小微企业发展，支持企业走“专精特新”和与大企业协作配套发展的道路。支持有创新能力的外向型民营企业发展。

（四）推动外贸商品结构调整

加强对重点行业出口的分类指导。继续巩固和提升纺织、服装、箱包、鞋帽、玩具、家具、塑料制品等劳动密集型产品在全球的主导地位。提升农产品精深加工能力和特色发展水平。强化电力、轨道交通、通信设备、船舶、工程机械、航空航天等装备制造业和大型成套设备出口的综合竞争优势，着力扩大投资类商品出口。进一步提高节能环保、新一代信息技术、新能源等战略性新兴产业的国际竞争力。扩大先进技术设备、关键零部件等进口，促进产业结构调整和优化升级。稳定能源资源产品进口，完善战略储备体系。合理增加一般消费品进口，引导境外消费回流。促进贸易平衡，继续对最不发达国家部分进口产品实施零关税待遇。

（五）推动贸易方式优化

做强一般贸易，扩大一般贸易规模，提升一般贸易出口产品的附加值，增加品牌产品出口，发挥品牌增值效应，提高盈利能力。创新加工贸易模式，促进沿海地区加工贸易转型升级，向品牌、研发、分拨和结算中心等产业链高端延伸，稳妥推进有条件的企业将整机、零部件、原材料配套、研发结算等向内陆和沿边地区转移，形成产业集群，构建发展新格局。加快边境贸易创新发展和转型升级。

（六）大力发展服务贸易

推动服务贸易便利化。培育服务新业态，加强研发服务、技术转移等科技服务业发展。稳定和拓展旅游、运输、劳务等传统服务业出口；扩大金融、物流等服务业对外开放；重点培育和扩大通信、金融、会计等新兴服务贸易，提升服务业国际化水平，提高服务贸易在对外贸易中的比重。推进国内服务市场健全制度、标准、规范和监管体系，促进专业人才和专业服务跨境流动便利。积极发展服务外包。

四、加快提升对外贸易国际竞争力

（一）加快提升出口产品技术含量

加快运用现代技术改造传统产业，提升劳动密集型产品质量、档次和技术含量，推动传统产业向中高端迈进。利用资本市场大力支持传统产业收购兼并。着力构建以企业为主体、市场为导向、产学研贸相结合的技术创新体系。加大科技创新投入，支持企业原始创新。鼓励企业以进口、境外并购、国际招标、招才引智等方式引进先进技术，促进消化吸收再创新。支持国内企业通过自建、合资、合作等方式设立海外研发中心。鼓励跨国公司和境外科研机构在我国设立研发机构。支持企业、行业组织参与国际标准制订，大力推动我国标准国际化，支持通信等领域的技术标准在海外推广应用。

（二）加快培育外贸品牌

研究建立出口品牌统计制度。引导企业加强品牌建设。推动有条件的地区、行业和企业建立品牌推广中心，推介拥有核心技术的品牌产品。鼓励企业创立品牌，鼓励有实力的企业收购品牌，大力培育区域性、行业性品牌。支持企业开展商标和专利的国外注册保护，开展海外维权。采取多种方式，加大中国品牌海外推介力度。

（三）加快提高出口产品质量

积极采用国际先进质量标准，建立国际认可的产品检测和认证体系，鼓励企业按照国际标准组织生产和质量检验。推动出口产品质量安全示范区建设。加快推进与重点出口市场检验体系和证书互认。加强重要产品追溯体系建设，完善产品质量安全风险预警与快速反应机制，建立完善出口产品质量检测公共平台，支持出口企业开展质量管理体系认证。加强出口农产品质量提升工作，加大对外技术质量磋商谈判力度，稳定出口食品农产品质量安全水平。严厉打击出口侵犯知识产权和假冒伪劣商品违法行为。

（四）加快建立出口产品服务体系

鼓励企业将售后服务作为开拓国际市场的重要途径，提升服务质量，完善服务体系。鼓励企业有计划地针对不同市场、不同产品，采取与国外渠道商合作、自建等方式，建设服务保障支撑体系，完善售后服务标准，提高用户满意度。积极运用信息技术发展远程监测诊断、运营维护、技术支持等售后服务新业态。在境外建立电力、通信、轨道交通等大型成套设备的售后维修服务中心和备件生产基地，带动中国装备和服务出口。

（五）加快培育新型贸易方式

大力推动跨境电子商务发展，积极开展跨境电子商务综合改革试点工作，抓紧研究制订促进跨境电子商务发展的指导意见。培育一批跨境电子商务平台和企业，大力支持企业运用跨境电子商务开拓国际市场。鼓励跨境电子商务企业通过规范的“海外仓”等模式，融入境外零售体系。促进市场采购贸易发展，培育若干个内外贸结合商品市场，推进在内外贸结合商品市场实行市场采购贸易，扩大商品出口。培育一批外贸综合服务企业，加强其通关、物流、退税、金融、保险等综合服务能力。

（六）加强区域开放载体建设

深化中国（上海）自由贸易试验区改革开放，在全国复制推广改革试点经验。推进广东、天津、福建三个新设自由贸易试验区的建设，做好中国（上海）自由贸易试验区扩区等工作，并逐步扩大试点范围，形成各具特色的改革开放高地。积极探索开放平台转型升级的新途径，将国家级经济技术开发区、国家高新技术产业开发区、海关特殊监管区域等各类园区打造成为我国高端制造、物流、研发、销售、结算、维修中心。

（七）加快建设对外贸易平台

加快外贸转型升级基地建设，培育一批综合型、专业型和企业型基地。加快贸易促进平台建设，培育若干个国际知名度高、影响力大的国家级会展平台，打造重点行业国际知名专业展会。培育一批进口促进平台，发挥其对进口的促进作用。加强培育有国际影响力的证券、大宗商品及金融衍生品市场，提升参与国际市场竞争的能力。加快国际营销网络建设，鼓励企业在境外建设展示中心、分拨中心、批发市场、零售网点等。

五、全面提升与“一带一路”沿线国家经贸合作水平

（一）深化贸易合作

稳定劳动密集型产品等优势产品对沿线国家出口，抓住沿线国家基础设施建设机遇，带动大型成套设备及技术、标准、服务出口。顺应沿线国家产业转型升级趋势，加快机电产品和高新技术产品出口。加快与相关国家开展农产品检验检疫合作及准入谈判，扩大与沿线国家农产品贸易。扩大自沿线国家进口，促进贸易平衡。

（二）大力拓展产业投资

推动我国优势产业产能走出国门，促进中外产能合作，拓展发展空间。鼓励较高技术水平的核电、发电及输变电、轨道交通、工程机械、汽车制造等行业企业到沿线国家投资。支持轻工纺织、食品加工等行业企业到沿线国家投资办厂。开展农牧渔业、农机及农产品流通等领域深度合作。深化能源资源合作，加强海洋经济合作。支持境外产业园区、科技园区等建设，促进产业集聚发展。

（三）优化周边经贸发展格局

巩固和扩大电力输送、光缆通信等合作，加快形成面向中亚、俄蒙、新欧亚大陆桥、东南亚、南亚等地区的国际大通道。以重点经贸产业园区为合作平台，着力推进重点开发开放试验

区、境外经贸合作区、跨境经济合作区、边境经济合作区建设，共同打造若干国际经济合作走廊。扎实推动中巴经济走廊和孟中印缅经济走廊建设，指导我国企业有序参与建设活动。

六、努力构建互利共赢的国际合作新格局

（一）加快对外贸易与对外投资有效互动

深化对外投资管理体制改革，实行备案为主的管理模式，提高对外投资便利化水平。加快推进签订高水平的投资协定，推动制定投资规则。大力推动中国装备“走出去”，推进国际产能合作，提升合作层次。着力推动家用电器、机械装备等行业有实力、有条件的企业加快境外产业合作，积极稳妥开展境外技术和营销网络等并购。深化国际能源资源开发和加工互利合作，稳步推进境外农业投资合作，带动相关产品进出口。创新对外投资合作方式，支持开展绿地投资、联合投资等，带动我国产品、技术、标准、服务出口。

（二）进一步提高利用外资的质量和水平

稳定外商投资规模和速度，提高引进外资质量。创新利用外资管理体制，探索实行准入前国民待遇加负面清单管理模式。将承接国际制造业转移和促进国内产业转型升级相结合，积极引导外资投向新兴产业、高新技术、节能环保等领域。鼓励跨国公司在华设立地区总部、采购中心、财务管理中心，促进引资与引智相结合，进一步发挥外资作为引进先进技术、管理经验和高素质人才载体的作用。

（三）加快实施自贸区战略

继续维护多边贸易体制在全球贸易发展中的主导地位，以开放的态度加快实施自贸区战略，发挥自贸区对贸易投资的促进作用。尽早签署并实施中国—韩国、中国—澳大利亚自贸协定，积极推动中国—东盟自贸区升级谈判，推进中日韩、区域全面经济伙伴关系（RCEP）、中国—海湾国家合作委员会、中国—以色列、中国—斯里兰卡等自贸协定谈判和建设进程，稳步推进亚太自贸区建设，适时启动与其他经贸伙伴的自贸协定谈判。大力推动内地和港澳的经济一体化，继续推进两岸经贸合作制度化。加强顶层设计，积极同“一带一路”沿线国家和地区商建自贸区，加快形成立足周边、辐射“一带一路”、面向全球的高标准自贸区网络。

七、营造法治化国际化营商环境

（一）优化公平竞争的市场环境

学习借鉴成熟市场经济国家的贸易规制，完善符合我国国情和国际惯例的外贸法律法规体系。加强外贸企业诚信体系建设，建立商务、海关、质检、工商等部门协调机制，探索建立进出口企业信用评价体系，以适当方式对外公布或推荐我信用状况良好的企业。加强知识产权保护，依法查处制售侵权假冒商品违法企业，建立诚信守法便利和违法失信惩戒机制。探索建立规范外贸经营秩序新模式，完善重点行业进出口管理和竞争自律公约机制。加强外贸及产业政策的合规性审查。加强双边对话与合作，促美欧等发达国家放宽对华出口管制。

（二）提高贸易便利化水平

加大贸易便利化改革力度，降低贸易成本。推进大通关建设，全面实现口岸管理相关部门信息互换、监管互认、执法互助。加快区域通关一体化改革，建立高效便捷的通关制度，推行通关作业无纸化。增强海关查验的针对性和有效性。加快电子口岸建设，推进国际贸易“单一窗口”建设。建立完善国际贸易供应链管理机制，推动实施“经认证的经营者”（AEO）国际互认。清理规范进出口环节经营性服务和收费，切实减轻企业负担。

（三）提升国际经贸规则话语权

推进全球经济治理体系改革，推动引领多边、区域、双边国际经贸规则制订。继续深入参与多边贸易体制运作，广泛参与出口管制国际规则和管制清单制订。积极参与全球价值链合作，加强贸易增加值核算体系建设，建立健全全球价值链规则制订与利益分享机制。

（四）积极应对贸易摩擦

建立应对贸易摩擦部门协调机制，加强贸易摩擦和贸易壁垒预警机制建设，强化贸易摩擦预警信息公共服务，积极提供法律技术咨询和服务，指导相关行业和企业应对贸易摩擦。积极参加多双边规则谈判，充分利用世界贸易组织规则，有效化解贸易摩擦和争端。分析评估国外贸易投资法律、政策及措施，调查涉及我国的歧视性贸易壁垒措施并开展应对。依法发起贸易救济调查，维护国内产业安全和企业合法权益。

八、完善政策体系

（一）深化外贸体制改革

完善外贸政策协调机制，加强财税、金融、产业、贸易等政策之间的衔接和配合。完善外贸促进政策和体系。根据安全标准、环保标准、社会责任等要求，依法完善商品进出口管理。加强外贸行政审批事项下放后的监管体系建设，强化事中事后监管。优化通关、质检、退税、外汇管理方式等，加快海关特殊监管区域整合优化，支持跨境电子商务、外贸综合服务平台、市场采购贸易等新型贸易方式发展。

（二）加强贸易政策与产业政策的协调

适时修订产业结构调整指导目录和外商投资产业指导目录。促进战略性新兴产业国际化发展，密切跟踪世界科技和产业发展方向，突破一批关键核心技术，加快形成先导性、支柱性产业。加强贸易政策和产业政策的互动，鼓励优势产业产能向外拓展发展空间。加快产业布局调整，推进区域协调发展。进一步深化国际产业合作，提高国际竞争力。

（三）完善财税政策

在现有支持政策基础上进一步丰富和完善支持内容和方式，加强对社会资金的引导，改善公共服务，促进优化对外贸易结构和布局，推动创新发展、品牌培育、产品和服务质量提升及国际营销网络、境外服务机构建设。促进边境贸易发展。完善支持服务贸易发展的政策促进体系。进一步优化进出口关税结构。逐步实施国际通行的退税政策，进一步完善出口退税分担机制。

（四）完善金融政策

鼓励金融机构为企业在境外提供融资支持。支持金融机构灵活运用流动资金贷款等方式，加强对有效益的企业的信贷支持。积极创新外汇储备运用，通过外汇储备委托贷款等多种方式支持企业“走出去”。研究建立融资保险长期制度性安排，强化对外贸发展的促进和保障作用。扩大人民币在跨境贸易和投资中的使用，继续完善人民币汇率形成机制。鼓励金融机构向企业提供更多的直接或间接投融资产品，开发适应实体经济发展需要的避险产品和风险管理工具，帮助企业有效规避汇率风险。大力发展政府支持的融资担保和再担保机构，完善银担合作机制，不断创新产品和服务。鼓励金融机构“走出去”，加快金融机构海外布局，提高为实体企业服务的能力。

（五）提高公共服务能力

加强对重点市场相关法律、准入政策、技术法规等收集发布。加快技术性贸易措施公共信息服务平台建设。发挥驻外使领馆在提供市场信息、应对贸易摩擦等方面的作用。深化商协会管理体制改革，推动其在行业信息交流、行业标准体系建设、组织企业参加国内外展会、推进行业自律等方面发挥更大作用。加强外贸人才培养，营造良好的外贸人才发展环境。大力发展职业教育和培训，提升劳动者职业技能。

九、加强组织实施

培育外贸竞争新优势是一项长期的、涉及面广的系统工作，各有关方面要加强协调，形成合力。商务部要会同相关部门制订培育外贸竞争新优势的行动计划，建立协调工作机制。各部门要抓紧研究制订具体工作方案。地方各级人民政府要结合本地实际，出台有针对性的相关措施，抓好政策落实工作。

国务院办公厅关于发展众创空间推进大众创新创业的指导意见

国办发〔2015〕9号　2015年3月2日

各省、自治区、直辖市人民政府，国务院各部委、各直属机构：

为加快实施创新驱动发展战略，适应和引领经济发展新常态，顺应网络时代大众创业、万众创新的新趋势，加快发展众创空间等新型创业服务平台，营造良好的创新创业生态环境，激发亿万群众创造活力，打造经济发展新引擎，经国务院同意，现提出以下意见：

一、总体要求

（一）指导思想

全面落实党的十八大和十八届二中、三中、四中全会精神，按照党中央、国务院决策部署，以营造良好创新创业生态环境为目标，以激发全社会创新创业活力为主线，以构建众创空间等创业服务平台为载体，有效整合资源，集成落实政策，完善服务模式，培育创新文化，加快形成大众创业、万众创新的生动局面。

（二）基本原则

坚持市场导向。充分发挥市场配置资源的决定性作用，以社会力量为主构建市场化的众创空间，以满足个性化多样化消费需求和用户体验为出发点，促进创新创意与市场需求和社会资本有效对接。

加强政策集成。进一步加大简政放权力度，优化市场竞争环境。完善创新创业政策体系，加大政策落实力度，降低创新创业成本，壮大创新创业群体。完善股权激励和利益分配机制，保障创新创业者的合法权益。

强化开放共享。充分运用互联网和开源技术，构建开放创新创业平台，促进更多创业者加入和集聚。加强跨区域、跨国技术转移，整合利用全球创新资源。推动产学研协同创新，促进科技资源开放共享。

创新服务模式。通过市场化机制、专业化服务和资本化途径，有效集成创业服务资源，提供全链条增值服务。强化创业辅导，培育企业家精神，发挥资本推力作用，提高创新创业效率。

（三）发展目标

到2020年，形成一批有效满足大众创新创业需求、具有较强专业化服务能力的众创空间等新型创业服务平台；培育一批天使投资人和创业投资机构，投融资渠道更加畅通；孵化培育一大批创新型小微企业，并从中成长出能够引领未来经济发展的骨干企业，形成新的产业业态和经济增长点；创业群体高度活跃，以创业促进就业，提供更多高质量就业岗位；创新创业政策体系更加健全，服务体系更加完善，全社会创新创业文化氛围更加浓厚。

二、重点任务

（一）加快构建众创空间

总结推广创客空间、创业咖啡、创新工场等新型孵化模式，充分利用国家自主创新示范区、国家高新技术产业开发区、科技企业孵化器、小企业创业基地、大学科技园和高校、科研院所的有利条件，发挥行业领军企业、创业投资机构、社会组织等社会力量的主力军作用，构建一批低成本、便利化、全要素、开放式的众创空间。发挥政策集成和协同效应，实现创新与创业相结合、线上与线下相结合、孵化与投资相结合，为广大创新创业者提供良好的工作空间、网络空间、社交空间和资源共享空间。

（二）降低创新创业门槛

深化商事制度改革，针对众创空间等新型孵化机构集中办公等特点，鼓励各地结合实际，简化住所登记手续，采取一站式窗口、网上申报、多证联办等措施为创业企业工商注册提供便利。有条件的地方政府可对众创空间等新型孵化机构的房租、宽带接入费用和用于创业服务的公共软件、开发工具给予适当财政补贴，鼓励众创空间为创业者提供免费高带宽互联网接入服务。

（三）鼓励科技人员和大学生创业

加快推进中央级事业单位科技成果使用、处置和收益管理改革试点，完善科技人员创业股权激励机制。推进实施大学生创业引领计划，鼓励高校开发开设创新创业教育课程，建立健全大学生创业指导服务专门机构，加强大学生创业培训，整合发展国家和省级高校毕业生就业创业基金，为大学生创业提供场所、公共服务和资金支持，以创业带动就业。

（四）支持创新创业公共服务

综合运用政府购买服务、无偿资助、业务奖励等方式，支持中小企业公共服务平台和服务机构建设，为中小企业提供全方位专业化优质服务，支持服务机构为初创企业提供法律、知识产权、财务、咨询、检验检测认证和技术转移等服务，促进科技基础条件平台开放共享。加强电子商务基础建设，为创新创业搭建高效便利的服务平台，提高小微企业市场竞争力。完善专利审查快速通道，对小微企业亟须获得授权的核心专利申请予以优先审查。

（五）加强财政资金引导

通过中小企业发展专项资金，运用阶段参股、风险补助和投资保障等方式，引导创业投资机构投资于初创期科技型中小企业。发挥国家新兴产业创业投资引导基金对社会资本的带动作用，重点支持战略性新兴产业和高技术产业早中期、初创期创新型企业发展。发挥国家科技成果转化引导基金作用，综合运用设立创业投资子基金、贷款风险补偿、绩效奖励等方式，促进科技成果转移转化。发挥财政资金杠杆作用，通过市场机制引导社会资金和金融资本支持创业活动。发挥财税政策作用支持天使投资、创业投资发展，培育发展天使投资群体，推动大众创新创业。

（六）完善创业投融资机制

发挥多层次资本市场作用，为创新型企业提供综合金融服务。开展互联网股权众筹融资试点，增强众筹对大众创新创业的服务能力。规范和发展服务小微企业的区域性股权市场，促进科技初创企业融资，完善创业投资、天使投资退出和流转机制。鼓励银行业金融机构新设或改造部分分（支）行，作为从事科技型中小企业金融服务的专业或特色分（支）行，提供科技融资担保、知识产权质押、股权质押等方式的金融服务。

（七）丰富创新创业活动

鼓励社会力量围绕大众创业、万众创新组织开展各类公益活动。继续办好中国创新创业大赛、中国农业科技创新创业大赛等赛事活动，积极支持参与国际创新创业大赛，为投资机构与创新创业者提供对接平台。建立健全创业辅导制度，培育一批专业创业辅导师，鼓励拥有丰富经验和创业资源的企业家、天使投资人和专家学者担任创业导师或组成辅导团队。鼓励大企业建立服务大众创业的开放创新平台，支持社会力量举办创业沙龙、创业大讲堂、创业训练营等创业培训活动。

（八）营造创新创业文化氛围

积极倡导敢为人先、宽容失败的创新文化，树立崇尚创新、创业致富的价值导向，大力培育企业家精神和创客文化，将奇思妙想、创新创意转化为实实在在的创业活动。加强各类媒体对大众创新创业的新闻宣传和舆论引导，报道一批创新创业先进事迹，树立一批创新创业典型人物，让大众创业、万众创新在全社会蔚然成风。

三、组织实施

（一）加强组织领导

各地区、各部门要高度重视推进大众创新创业工作，切实抓紧抓好。各有关部门要按照职能分工，积极落实促进创新创业的各项政策措施。各地要加强对创新创业工作的组织领导，结合地方实际制定具体实施方案，明确工作部署，切实加大资金投入、政策支持和条件保障力度。

（二）加强示范引导

在国家自主创新示范区、国家高新技术产业开发区、小企业创业基地、大学科技园和其他有条件的地区开展创业示范工程。鼓励各地积极探索推进大众创新创业的新机制、新政策，不断完善创新创业服务体系，营造良好的创新创业环境。

（三）加强协调推进

科技部要加强与相关部门的工作协调，研究完善推进大众创新创业的政策措施，加强对发展众创空间的指导和支持。各地要做好大众创新创业政策落实情况调研、发展情况统计汇总等工作，及时报告有关进展情况。

中共中央 国务院关于深化体制机制改革加快实施创新驱动发展战略的若干意见

2015年3月13日

创新是推动一个国家和民族向前发展的重要力量，也是推动整个人类社会向前发展的重要力量。面对全球新一轮科技革命与产业变革的重大机遇和挑战，面对经济发展新常态下的趋势变化和特点，面对实现“两个一百年”奋斗目标的历史任务和要求，必须深化体制机制改革，加快实施创新驱动发展战略，现提出如下意见：

一、总体思路和主要目标

加快实施创新驱动发展战略，就是要使市场在资源配置中起决定性作用和更好发挥政府作用，破除一切制约创新的思想障碍和制度藩篱，激发全社会创新活力和创造潜能，提升劳动、信息、知识、技术、管理、资本的效率和效益，强化科技同经济对接、创新成果同产业对接、创新项目同现实生产力对接、研发人员创新劳动同其利益收入对接，增强科技进步对经济发展的贡献度，营造大众创业、万众创新的政策环境和制度环境。

——坚持需求导向。紧扣经济社会发展重大需求，着力打通科技成果向现实生产力转化的通道，着力破除科学家、科技人员、企业家、创业者创新的障碍，着力解决要素驱动、投资驱动向创新驱动转变的制约，让创新真正落实到创造新的增长点上，把创新成果变成实实在在的产业活动。

——坚持人才为先。要把人才作为创新的第一资源，更加注重培养、用好、吸引各类人才，促进人才合理流动、优化配置，创新人才培养模式；更加注重强化激励机制，给予科技人员更多的利益回报和精神鼓励；更加注重发挥企业家和技术技能人才队伍创新作用，充分激发全社会的创新活力。

——坚持遵循规律。根据科学技术活动特点，把握好科学研究的探索发现规律，为科学家潜心研究、发明创造、技术突破创造良好条件和宽松环境；把握好技术创新的市场规律，让市场成为优化配置创新资源的主要手段，让企业成为技术创新的主体力量，让知识产权制度成为激励创新的基本保障；大力营造勇于探索、鼓励创新、宽容失败的文化和社会氛围。

——坚持全面创新。把科技创新摆在国家发展全局的核心位置，统筹推进科技体制改革和经济社会领域改革，统筹推进科技、管理、品牌、组织、商业模式创新，统筹推进军民融合创新，统筹推进引进来与走出去合作创新，实现科技创新、制度创新、开放创新的有机统一和协同发展。

到 2020 年，基本形成适应创新驱动发展要求的制度环境和政策法律体系，为进入创新型国家行列提供有力保障。人才、资本、技术、知识自由流动，企业、科研院所、高等学校协同创新，创新活力竞相迸发，创新成果得到充分保护，创新价值得到更大体现，创新资源配置效率大幅提高，创新人才合理分享创新收益，使创新驱动发展战略真正落地，进而打造促进经济增长和就业创业的新引擎，构筑参与国际竞争合作的新优势，推动形成可持续发展的新格局，促进经济发展方式的转变。

二、营造激励创新的公平竞争环境

发挥市场竞争激励创新的根本性作用，营造公平、开放、透明的市场环境，强化竞争政策和产业政策对创新的引导，促进优胜劣汰，增强市场主体创新动力。

（一）实行严格的知识产权保护制度

完善知识产权保护相关法律，研究降低侵权行为追究刑事责任门槛，调整损害赔偿标准，探索实施惩罚性赔偿制度。完善权利人维权机制，合理划分权利人举证责任。

完善商业秘密保护法律制度，明确商业秘密和侵权行为界定，研究制定相应保护措施，探索建立诉前保护制度。研究商业模式等新形态创新成果的知识产权保护办法。

完善知识产权审判工作机制，推进知识产权民事、刑事、行政案件的“三审合一”，积极发挥知识产权法院的作用，探索跨地区知识产权案件异地审理机制，打破对侵权行为的地方保护。

健全知识产权侵权查处机制，强化行政执法与司法衔接，加强知识产权综合行政执法，健全知识产权维权援助体系，将侵权行为信息纳入社会信用记录。

（二）打破制约创新的行业垄断和市场分割

加快推进垄断性行业改革，放开自然垄断行业竞争性业务，建立鼓励创新的统一透明、有序规范的市场环境。

切实加强反垄断执法，及时发现和制止垄断协议和滥用市场支配地位等垄断行为，为中小企业创新发展拓宽空间。

打破地方保护，清理和废除妨碍全国统一市场的规定和做法，纠正地方政府不当补贴或利用行政权力限制、排除竞争的行为，探索实施公平竞争审查制度。

（三）改进新技术新产品新商业模式的准入管理

改革产业准入制度，制定和实施产业准入负面清单，对未纳入负面清单管理的行业、领域、业务等，各类市场主体皆可依法平等进入。

破除限制新技术新产品新商业模式发展的不合理准入障碍。对药品、医疗器械等创新产品建立便捷高效的监管模式，深化审评审批制度改革，多种渠道增加审评资源，优化流程，缩短周期，支持委托生产等新的组织模式发展。对新能源汽车、风电、光伏等领域实行有针对性的准入政策。

改进互联网、金融、环保、医疗卫生、文化、教育等领域的监管，支持和鼓励新业态、新商业模式发展。

（四）健全产业技术政策和管理制度

改革产业监管制度，将前置审批为主转变为依法加强事中事后监管为主，形成有利于转型升级、鼓励创新的产业政策导向。

强化产业技术政策的引导和监督作用，明确并逐步提高生产环节和市场准入的环境、节能、节地、节水、节材、质量和安全指标及相关标准，形成统一权威、公开透明的市场准入标准体系。健全技术标准体系，强化强制性标准的制定和实施。

加强产业技术政策、标准执行的过程监管。强化环保、质检、工商、安全监管等部门的行政执法联动机制。

（五）形成要素价格倒逼创新机制

运用主要由市场决定要素价格的机制，促使企业从依靠过度消耗资源能源、低性能低成本竞争，向依靠创新、实施差别化竞争转变。

加快推进资源税改革，逐步将资源税扩展到占用各种自然生态空间，推进环境保护费改税。完善市场化的工业用地价格形成机制。健全企业职工工资正常增长机制，实现劳动力成本变化与经济提质增效相适应。

三、建立技术创新市场导向机制

发挥市场对技术研发方向、路线选择和各类创新资源配置的导向作用，调整创新决策和组织模式，强化普惠性政策支持，促进企业真正成为技术创新决策、研发投入、科研组织和成果转化的主体。

（六）扩大企业在国家创新决策中话语权

建立高层次、常态化的企业技术创新对话、咨询制度，发挥企业和企业家在国家创新决策中的重要作用。吸收更多企业参与研究制定国家技术创新规划、计划、政策和标准，相关专家咨询组中产业专家和企业家应占较大比例。

国家科技规划要聚焦战略需求，重点部署市场不能有效配置资源的关键领域研究，竞争类产业技术创新的研发方向、技术路线和要素配置模式由企业依据市场需求自主决策。

（七）完善企业为主体的产业技术创新机制

市场导向明确的科技项目由企业牵头、政府引导、联合高等学校和科研院所实施。鼓励构建以企业为主导、产学研合作的产业技术创新战略联盟。

更多运用财政后补助、间接投入等方式，支持企业自主决策、先行投入，开展重大产业关键共性技术、装备和标准的研发攻关。

开展龙头企业创新转型试点，探索政府支持企业技术创新、管理创新、商业模式创新的新机制。

完善中小企业创新服务体系，加快推进创业孵化、知识产权服务、第三方检验检测认证等机构的专业化、市场化改革，壮大技术交易市场。

优化国家实验室、重点实验室、工程实验室、工程（技术）研究中心布局，按功能定位分类整合，构建开放共享互动的创新网络，建立向企业特别是中小企业有效开放的机制。探索在战略性领域采取企业主导、院校协作、多元投资、军民融合、成果分享的新模式，整合形成若干产业创新中心。加大国家重大科研基础设施、大型科研仪器和专利基础信息资源等向社会开放力度。

（八）提高普惠性财税政策支持力度

坚持结构性减税方向，逐步将国家对企业技术创新的投入方式转变为以普惠性财税政策为主。

统筹研究企业所得税加计扣除政策，完善企业研发费用计核方法，调整目录管理方式，扩大研发费用加计扣除优惠政策适用范围。完善高新技术企业认定办法，重点鼓励中小企业加大研发力度。

（九）健全优先使用创新产品的采购政策

建立健全符合国际规则的支持采购创新产品和服务的政策体系，落实和完善政府采购促进中小企业创新发展的相关措施，加大创新产品和服务的采购力度。鼓励采用首购、订购等非招标采购方式，以及政府购买服务等方式予以支持，促进创新产品的研发和规模化应用。

研究完善使用首台（套）重大技术装备鼓励政策，健全研制、使用单位在产品创新、增值服务和示范应用等环节的激励和约束机制。

放宽民口企业和科研单位进入军品科研生产和维修采购范围。

四、强化金融创新的功能

发挥金融创新对技术创新的助推作用，培育壮大创业投资和资本市场，提高信贷支持创新的灵活性和便利性，形成各类金融工具协同支持创新发展的良好局面。

（十）壮大创业投资规模

研究制定天使投资相关法规。按照税制改革的方向与要求，对包括天使投资在内的投向种子期、初创期等创新活动的投资，统筹研究相关税收支持政策。

研究扩大促进创业投资企业发展的税收优惠政策，适当放宽创业投资企业投资高新技术企业的条件限制，并在试点基础上将享受投资抵扣政策的创业投资企业范围扩大到有限合伙制创业投资企业法人合伙人。

结合国有企业改革设立国有资本创业投资基金，完善国有创投机构激励约束机制。按照市场化原则研究设立国家新兴产业创业投资引导基金，带动社会资本支持战略性新兴产业和高技术产业早中期、初创期创新型企业发展。

完善外商投资创业投资企业规定，有效利用境外资本投向创新领域。研究保险资金投资创业投资基金的相关政策。

（十一）强化资本市场对技术创新的支持

加快创业板市场改革，健全适合创新型、成长型企业发展的制度安排，扩大服务实体经济覆盖面，强化全国中小企业股份转让系统融资、并购、交易等功能，规范发展服务小微企业的区域性股权市场。加强不同层次资本市场的有机联系。

发挥沪深交易所股权质押融资机制作用，支持符合条件的创新创业企业发行公司债券。支持符合条件的企业发行项目收益债，募集资金用于加大创新投入。

推动修订相关法律法规，探索开展知识产权证券化业务。开展股权众筹融资试点，积极探索和规范发展服务创新的互联网金融。

（十二）拓宽技术创新的间接融资渠道

完善商业银行相关法律。选择符合条件的银行业金融机构，探索试点为企业创新活动提供股权和债权相结合的融资服务方式，与创业投资、股权投资机构实现投贷联动。

政策性银行在有关部门及监管机构的指导下，加快业务范围内金融产品和服务方式创新，对符合条件的企业创新活动加大信贷支持力度。

稳步发展民营银行，建立与之相适应的监管制度，支持面向中小企业创新需求的金融产品创新。

建立知识产权质押融资市场化风险补偿机制，简化知识产权质押融资流程。加快发展科技保险，推进专利保险试点。

五、完善成果转化激励政策

强化尊重知识、尊重创新，充分体现智力劳动价值的分配导向，让科技人员在创新活动中得到合理回报，通过成果应用体现创新价值，通过成果转化创造财富。

（十三）加快下放科技成果使用、处置和收益权

不断总结试点经验，结合事业单位分类改革要求，尽快将财政资金支持形成的，不涉及国防、国家安全、国家利益、重大社会公共利益的科技成果的使用权、处置权和收益权，全部下放给符合条件的项目承担单位。单位主管部门和财政部门对科技成果在境内的使用、处置不再审批或备案，科技成果转移转化所得收入全部留归单位，纳入单位预算，实行统一管理，处置收入不上缴国库。

（十四）提高科研人员成果转化收益比例

完善职务发明制度，推动修订专利法、公司法等相关内容，完善科技成果、知识产权归

属和利益分享机制，提高骨干团队、主要发明人受益比例。完善奖励报酬制度，健全职务发明的争议仲裁和法律救济制度。

修订相关法律和政策规定，在利用财政资金设立的高等学校和科研院所中，将职务发明成果转让收益在重要贡献人员、所属单位之间合理分配，对用于奖励科研负责人、骨干技术人员等重要贡献人员和团队的收益比例，可以从现行不低于 20% 提高到不低于 50%。

国有企业事业单位对职务发明完成人、科技成果转化重要贡献人员和团队的奖励，计入当年单位工资总额，不作为工资总额基数。

（十五）加大科研人员股权激励力度

鼓励各类企业通过股权、期权、分红等激励方式，调动科研人员创新积极性。

对高等学校和科研院所等事业单位以科技成果作价入股的企业，放宽股权奖励、股权出售对企业设立年限和盈利水平的限制。

建立促进国有企业创新的激励制度，对在创新中作出重要贡献的技术人员实施股权和分红权激励。

积极总结试点经验，抓紧确定科技型中小企业的条件和标准。高新技术企业和科技型中小企业科研人员通过科技成果转化取得股权奖励收入时，原则上在 5 年内分期缴纳个人所得税。结合个人所得税制改革，研究进一步激励科研人员创新的政策。

六、构建更加高效的科研体系

发挥科学技术研究对创新驱动的引领和支撑作用，遵循规律、强化激励、合理分工、分类改革，增强高等学校、科研院所原始创新能力和转制科研院所的共性技术研发能力。

（十六）优化对基础研究的支持方式

切实加大对基础研究的财政投入，完善稳定支持和竞争性支持相协调的机制，加大稳定支持力度，支持研究机构自主布局科研项目，扩大高等学校、科研院所学术自主权和个人科研选题选择权。

改革基础研究领域科研计划管理方式，尊重科学规律，建立包容和支持“非共识”创新项目的制度。

改革高等学校和科研院所聘用制度，优化工资结构，保证科研人员合理工资待遇水平。完善内部分配机制，重点向关键岗位、业务骨干和作出突出成绩的人员倾斜。

（十七）加大对科研工作的绩效激励力度

完善事业单位绩效工资制度，健全鼓励创新创造的分配激励机制。完善科研项目间接费用管理制度，强化绩效激励，合理补偿项目承担单位间接成本和绩效支出。项目承担单位应结合一线科研人员实际贡献，公开公正安排绩效支出，充分体现科研人员的创新价值。

（十八）改革高等学校和科研院所科研评价制度

强化对高等学校和科研院所研究活动的分类考核。对基础和前沿技术研究实行同行评价，突出中长期目标导向，评价重点从研究成果数量转向研究质量、原创价值和实际贡献。

对公益性研究强化国家目标和社会责任评价，定期对公益性研究机构组织第三方评价，将评价结果作为财政支持的重要依据，引导建立公益性研究机构依托国家资源服务行业创新机制。

（十九）深化转制科研院所改革

坚持技术开发类科研机构企业化转制方向，对于承担较多行业共性科研任务的转制科研院所，可组建成产业技术研发集团，对行业共性技术研究和市场经营活动进行分类管理、分类考核。

推动以生产经营活动为主的转制科研院所深化市场化改革，通过引入社会资本或整体上市，积极发展混合所有制，推进产业技术联盟建设。

对于部分转制科研院所中基础研究能力较强的团队，在明确定位和标准的基础上，引导其回归公益，参与国家重点实验室建设，支持其继续承担国家任务。

（二十）建立高等学校和科研院所技术转移机制

逐步实现高等学校和科研院所与下属公司剥离，原则上高等学校、科研院所不再新办企业，强化科技成果以许可方式对外扩散。

加强高等学校和科研院所的知识产权管理，明确所属技术转移机构的功能定位，强化其知识产权申请、运营权责。

建立完善高等学校、科研院所的科技成果转移转化的统计和报告制度，财政资金支持形成的科技成果，除涉及国防、国家安全、国家利益、重大社会公共利益外，在合理期限内未能转化的，可由国家依法强制许可实施。

七、创新培养、用好和吸引人才机制

围绕建设一支规模宏大、富有创新精神、敢于承担风险的创新型人才队伍，按照创新规律培养和吸引人才，按照市场规律让人才自由流动，实现人尽其才、才尽其用、用有所成。

（二十一）构建创新型人才培养模式

开展启发式、探究式、研究式教学方法改革试点，弘扬科学精神，营造鼓励创新、宽容失败的创新文化。改革基础教育培养模式，尊重个性发展，强化兴趣爱好和创造性思维培养。

以人才培养为中心，着力提高本科教育质量，加快部分普通本科高等学校向应用技术型高等学校转型，开展校企联合招生、联合培养试点，拓展校企合作育人的途径与方式。

分类改革研究生培养模式，探索科教结合的学术学位研究生培养新模式，扩大专业学位研究生招生比例，增进教学与实践的融合。

鼓励高等学校以国际同类一流学科为参照，开展学科国际评估，扩大交流合作，稳步推进高等学校国际化进程。

（二十二）建立健全科研人才双向流动机制

改进科研人员薪酬和岗位管理制度，破除人才流动的体制机制障碍，促进科研人员在事业单位和企业间合理流动。

符合条件的科研院所的科研人员经所在单位批准，可带着科研项目和成果、保留基本待遇到企业开展创新工作或创办企业。

允许高等学校和科研院所设立一定比例流动岗位，吸引有创新实践经验的企业家和企业科技人才兼职。试点将企业任职经历作为高等学校新聘工程类教师的必要条件。

加快社会保障制度改革，完善科研人员在企业与事业单位之间流动时社保关系转移接续政策，促进人才双向自由流动。

（二十三）实行更具竞争力的人才吸引制度

制定外国人永久居留管理的意见，加快外国人永久居留管理立法，规范和放宽技术型人才取得外国人永久居留证的条件，探索建立技术移民制度。对持有外国人永久居留证的外籍高层次人才在创办科技型企业等创新活动方面，给予中国籍公民同等待遇。

加快制定外国人在中国工作管理条例，对符合条件的外国人才给予工作许可便利，对符合条件的外国人才及其随行家属给予签证和居留等便利。对满足一定条件的国外高层次科技创新人才取消来华工作许可的年龄限制。

围绕国家重大需求，面向全球引进首席科学家等高层次科技创新人才。建立访问学者制度。广泛吸引海外高层次人才回国（来华）从事创新研究。

稳步推进人力资源市场对外开放，逐步放宽外商投资人才中介服务机构的外资持股比例和最低注册资本金要求。鼓励有条件的国内人力资源服务机构走出去与国外人力资源服务机构开展合作，在境外设立分支机构，积极参与国际人才竞争与合作。

八、推动形成深度融合的开放创新局面

坚持引进来与走出去相结合，以更加主动的姿态融入全球创新网络，以更加开阔的胸怀吸纳全球创新资源，以更加积极的策略推动技术和标准输出，在更高层次上构建开放创新机制。

（二十四）鼓励创新要素跨境流动

对开展国际研发合作项目所需付汇，实行

研发单位事先承诺，商务、科技、税务部门事后并联监管。

对科研人员因公出国进行分类管理，放宽因公临时出国批次限量管理政策。

改革检验管理，对研发所需设备、样本及样品进行分类管理，在保证安全前提下，采用重点审核、抽检、免检等方式，提高审核效率。

（二十五）优化境外创新投资管理制度

健全综合协调机制，协调解决重大问题，合力支持国内技术、产品、标准、品牌走出去，开拓国际市场。强化技术贸易措施评价和风险预警机制。

研究通过国有重点金融机构发起设立海外创新投资基金，外汇储备通过债权、股权等方式参与设立基金工作，更多更好利用全球创新资源。

鼓励上市公司海外投资创新类项目，改革投资信息披露制度，在相关部门确认不影响国家安全和经济安全前提下，按照中外企业商务谈判进展，适时披露有关信息。

（二十六）扩大科技计划对外开放

制定国家科技计划对外开放的管理办法，按照对等开放、保障安全的原则，积极鼓励和引导外资研发机构参与承担国家科技计划项目。

在基础研究和重大全球性问题研究等领域，统筹考虑国家科研发展需求和战略目标，研究发起国际大科学计划和工程，吸引海外顶尖科学家和团队参与。积极参与大型国际科技合作计划。引导外资研发中心开展高附加值原创性研发活动，吸引国际知名科研机构来华联合组建国际科技中心。

九、加强创新政策统筹协调

更好发挥政府推进创新的作用。改革科技管理体制，加强创新政策评估督查与绩效评价，形成职责明晰、积极作为、协调有力、长效管用的创新治理体系。

（二十七）加强创新政策的统筹

加强科技、经济、社会等方面的政策、规划和改革举措的统筹协调和有效衔接，强化军民融合创新。发挥好科技界和智库对创新决策的支撑作用。

建立创新政策协调审查机制，组织开展创新政策清理，及时废止有违创新规律、阻碍新兴产业和新兴业态发展的政策条款，对新制定政策是否制约创新进行审查。

建立创新政策调查和评价制度，广泛听取企业和社会公众意见，定期对政策落实情况进行跟踪分析，并及时调整完善。

（二十八）完善创新驱动导向评价体系

改进和完善国内生产总值核算方法，体现创新的经济价值。研究建立科技创新、知识产权与产业发展相结合的创新驱动发展评价指标，并纳入国民经济和社会发展规划。

健全国有企业技术创新经营业绩考核制度，加大技术创新在国有企业经营业绩考核中的比重。对国有企业研发投入和产出进行分类考核，形成鼓励创新、宽容失败的考核机制。把创新驱动发展成效纳入对地方领导干部的考核范围。

（二十九）改革科技管理体制

转变政府科技管理职能，建立依托专业机构管理科研项目的机制，政府部门不再直接管理具体项目，主要负责科技发展战略、规划、政策、布局、评估和监管。

建立公开统一的国家科技管理平台，健全统筹协调的科技宏观决策机制，加强部门功能性分工，统筹衔接基础研究、应用开发、成果转化、产业发展等各环节工作。

进一步明晰中央和地方科技管理事权和职能定位，建立责权统一的协同联动机制，提高行政效能。

（三十）推进全面创新改革试验

遵循创新区域高度集聚的规律，在有条件的省（自治区、直辖市）系统推进全面创新改革试验，授权开展知识产权、科研院所、高等教育、人才流动、国际合作、金融创新、激励机制、市场准入等改革试验，努力在重要领域和关键环节取得新突破，及时总结推广经验，发挥示范和带动作用，促进创新驱动发展战略的深入实施。

各级党委和政府要高度重视，加强领导，把深化体制机制改革、加快实施创新驱动发展战略，作为落实党的十八大和十八届二中、三中、四中全会精神的重大任务，认真抓好落实。有关方面要密切配合，分解改革任务，明确时间表和路线图，确定责任部门和责任人。要加强对创新文化的宣传和舆论引导，宣传改革经验、回应社会关切、引导社会舆论，为创新营造良好的社会环境。

自由贸易试验区外商投资备案管理办法（试行）

商务部公告2015年第12号　2015年4月8日

为进一步扩大对外开放，推进外商投资管理制度改革，在自由贸易试验区（以下称自贸试验区）营造国际化、法治化、市场化的营商环境，经全国人大常委会授权，国务院决定在自贸试验区对外商投资实行准入前国民待遇加负面清单的管理模式。为落实改革外商投资管理模式的相关要求，规范自贸试验区外商投资备案管理工作，现公布《自由贸易试验区外商投资备案管理办法（试行)》，自发布之日起30日后实施。

附件：自由贸易试验区外商投资备案管理办法（试行）

附件

自由贸易试验区外商投资备案管理办法（试行）

第一条 为进一步扩大对外开放，推进外商投资管理制度改革，在中国（广东）自由贸易试验区、中国（天津）自由贸易试验区、中国（福建）自由贸易试验区、中国（上海）自由贸易试验区（以下简称自贸试验区）营造国际化、法治化、市场化的营商环境，根据《全国人大常委会关于授权国务院在中国（上海）自由贸易试验区暂时调整有关法律规定的行政审批的决定》、《全国人大常委会关于授权国务院在中国（广东）、中国（天津）、中国（福建）自由贸易试验区以及中国（上海）自由贸易试验区扩展区域暂时调整有关法律规定的行政审批的决定》、相关法律、行政法规及国务院决定，制定本办法。

第二条 外国投资者在自贸试验区投资《自由贸易试验区外商投资准入特别管理措施（负面清单)》以外领域，外商投资企业设立、变更（以下统称投资实施）及合同章程备案，适用本办法。法律、行政法规和国务院决定另有规定的，从其规定。

投资实施的时间对外商投资企业设立而言，为企业营业执照签发时间；对外商投资企业变更而言，涉及换发企业营业执照的，投资实施时间为企业营业执照换发时间，不涉及换发企业营业执照的，投资实施时间为变更事项发生时间。

第三条 自贸试验区管理机构（以下简称备案机构）负责自贸试验区外商投资事项的备案管理。

备案机构通过商务部外商（港澳台侨）投资备案信息系统（以下简称备案系统），开展自贸试验区外商投资事项的备案工作。

第四条 外国投资者在自贸试验区投资设立企业，属于本办法规定的备案范围的，外国投资者在取得企业名称预核准通知书后，可在投资实施前，或投资实施之日起30日内，登录自贸试验区一口受理平台（以下简称受理平台），在线填报和提交《自贸试验区外商投资企业设立备案申报表》（以下简称《设立申报表》）。

第五条 属于本办法规定的备案范围的外商投资企业，发生以下变更事项的，可在投资实施前，或投资实施之日起30日内，在线填报和提交《自贸试验区外商投资企业变更事项备案申报表》（以下简称《变更申报表》），办理变更备案手续：

（一）投资总额变更；

（二）注册资本变更；

（三）股权、合作权益变更或转让；

（四）股权质押；

（五）合并、分立；

（六）经营范围变更；

（七）经营期限变更；

（八）提前终止；

（九）出资方式、出资期限变更；

（十）中外合作企业外国合作者先行回收投资；

（十一）企业名称变更；

（十二）注册地址变更。

其中，依照相关法律法规规定应当公告的，应当在办理变更备案手续时说明依法办理公告手续情况。

第六条 备案管理的外商投资企业发生需审批的变更事项，应按照外商投资管理的相关规定办理审批手续。

第七条 自贸试验区内于本办法实施前已设立的外商投资企业发生变更，或自贸试验区外的外商投资企业迁入，且属于本办法规定的备案范围的，应办理变更备案手续，并缴销《外商（港澳台侨）投资企业批准证书》。

第八条 外国投资者或外商投资企业在提交《设立申报表》或《变更申报表》时承诺，申报内容真实、完整、有效，申报的投资事项符合相关法律法规的规定。

第九条 外国投资者或外商投资企业在线提交《设立申报表》或《变更申报表》后，备案机构对申报事项是否属于备案范围进行甄别。属于本办法规定的备案范围的，备案机构应在3个工作日内完成备案，通知外国投资者或外商投资企业。不属于备案范围的，通知外国投资者或外商投资企业按有关规定办理审批手续。

第十条 备案机构应即时在备案系统发布备案结果，并向受理平台共享备案结果信息。

第十一条 收到备案完成通知后，外国投资者或外商投资企业可向备案机构领取《外商投资企业备案证明》（以下简称《备案证明》）。领取时需提交以下文件：

（一）企业名称预先核准通知书（复印件）；

（二）外国投资者或其授权代表签章的《设立申报表》，或外商投资企业或其授权代表签章的《变更申报表》；

（三）外国投资者、实际控制人主体资格证明或身份证明（复印件）。

第十二条 自贸试验区外商投资企业应在每年6月30日前登录备案系统，填报《外商投资企业投资经营情况年度报告表》。

第十三条 备案机构对自贸试验区外国投资者及外商投资企业遵守外商投资法律法规规定情况实施监督检查。

备案机构可采取定期抽查、根据举报进行检查、根据有关部门或司法机关的建议和反映进行检查，以及依法定职权启动检查等方式开展监督检查。

第十四条 备案机构的监督检查内容包括：外国投资者或外商投资企业是否按本办法规定履行备案程序；外商投资企业投资经营活动是否与填报的备案信息一致；是否按本办法规定填报年度报告；是否存在违反外商投资法律法规规定的其他情形。

第十五条 经监督检查发现外国投资者或外商投资企业存在违反外商投资法律法规规定的情形的，备案机构应以书面通知责成其说明情况，并依法开展调查。经调查确认存在违法行为的，责令其限期整改；情节严重的，备案机构应取消备案，并提请相关部门依法予以处罚。

第十六条 外国投资者、外商投资企业在备案、登记及投资经营等活动中所形成的信息，以及备案机构和其他主管部门在监督检查中掌握的反映其诚信状况的信息，将纳入商务部外商（港澳台侨）投资诚信档案系统。

商务部与相关部门共享外国投资者及外商投资企业的诚信信息。对于备案信息不实，或未按本办法规定填报年度报告的，备案机构将把相关信息记入诚信档案，并采取适当方式予以公示。

诚信信息共享与公示不得含有外国投资者、外商投资企业的商业秘密、个人隐私。

第十七条 自贸试验区外商投资事项涉及国家安全审查、反垄断审查的，按相关规定办理。

第十八条 外商投资的投资性公司、创业投资企业在自贸试验区投资，视同外国投资者，适用本办法。

自贸试验区内的外资并购、外国投资者对上市公司战略投资、外国投资者以其持有的中国境内企业股权出资、外商投资企业境内再投资，应符合相关规定要求。

第十九条 香港特别行政区、澳门特别行政区、台湾地区投资者在自贸试验区投资《自由贸易试验区外商投资准入特别管理措施（负面清单）》以外领域的，参照本办法办理。

第二十条 本办法自发布之日起30日后实施。

国家发展和改革委员会 国土资源部 环境保护部等 关于促进国家级新区健康发展的指导意见

发改地区〔2015〕778号 2015年4月15日

各省、自治区、直辖市发展改革委、国土资源厅（局）、环境保护厅（局）、住房和城乡建设厅（委）：

国家级新区（以下简称“新区”）是由国务院批准设立，承担国家重大发展和改革开放战略任务的综合功能区。近年来，新区对促进经济发展、扩大对外开放、推动改革创新发挥了重要作用，但部分新区仍不同程度存在着规划执行不严、土地等资源节约集约利用程度不高、产业竞争力不强、体制机制创新不足等问题。为进一步促进新区健康发展，现提出以下意见：

一、总体要求

（一）指导思想

高举中国特色社会主义伟大旗帜，以邓小平理论、“三个代表”重要思想、科学发展观为指导，全面贯彻党的十八大和十八届三中、四中全会精神，贯彻落实习近平总书记系列重要讲话精神，围绕区域发展总体战略和“一带一路”、京津冀协同发展、长江经济带等重大国家战略的总体布局，严格落实新区总体方案和发展规划的有关要求，突出体现落实国家重大改革发展任务和创新体制机制的试验示范作用，加快集聚特色优势产业，推动产城融合和新型城镇化建设，提高资源利用效率，改善生态环境质量，大力促进新区健康发展，为保持国民经济持续健康发展做出新贡献。

（二）基本原则

规划引领、科学开发。严格按照土地利用总体规划、城乡规划和新区总体方案要求，制定新区发展总体规划和相关专项规划，明确新区发展的战略目标、空间布局和重点任务，提出科学合理的开发方向、推进时序和管控措施，辐射带动周边区域加快发展、协同发展。

产城融合、宜居宜业。统筹考虑产业发展、人口集聚与城市建设布局，促进产业与城市融合发展、人口与产业协同集聚。适度控制开发强度，加强公共服务设施建设，不断改善区域环境质量，保持生态功能稳定，推动新区成为企业创新发展、百姓安居乐业的良好区域。

节约集约、集聚发展。节约集约利用土地、水、海域等资源，切实提高资源利用效能。充分考虑区域资源环境承载能力，科学确定主导产业，促进优势产业集聚发展，增强规模效益。加快转变新区发展方式，重点发展知识技术密集、资源消耗少、成长潜力大、综合效益好的新兴产业。

改革创新、先行先试。建立高效运转的行政管理机制，构建现代社会治理体系，营造良好营商环境。建立鼓励改革创新的机制，在符合中央全面深化改革部署要求的前提下，鼓励先行先试，创造可复制、可推广的经验，赋予新区更大自主发展权、自主改革权、自主创新权。

（三）发展目标

保持经济增长速度在比较长的时期内快于所在省（区、市）的总体水平，着力提升经济发展质量和规模，将新区打造成为全方位扩大对外开放的重要窗口、创新体制机制的重要平台、辐射带动区域发展的重要增长极、产城融合发展的重要示范区，进一步提升新区在全国改革开放和现代化建设大局中的战略地位。

二、优化发展环境

（四）完善基础设施和公共服务设施

加大支持力度，促进新区内各类基础设施互联互通，加快推进新区对外联系的跨区域重大基础设施建设。新区要优化财政支出结构，增加基础设施投资资金，积极引导社会资本参与建设。改善新区物流基础设施，完善交通运输网络，降低物流成本。推进地下综合管廊试点工作。合理布局教育、医疗、文化、旅游、体育等公共服务设施，适当提高建设标准。

（五）创新招商方式

注重新区品牌营造，树立对外招商的良好形象。通过搭建各类招商引资平台，积极开展富有实效的招商活动。统筹整合招商资源，实行招商引资信息共享。通过园区招商、以商招商，创新招商选资、引智模式，积极吸引社会投资，实现合作共赢。支持新区按照国家区域和产业发展战略开展合作，引导产业有序转移。

（六）强化金融支持

支持新区充分利用市场机制引进各类金融机构及其分支机构，加快完善金融服务体系。鼓励银行业金融机构加大信贷投放力度，创新金融产品。支持新区符合条件的企业通过发行企业债券、中期票据、保险信托计划等多种融资方式筹集建设资金。鼓励开发性金融机构通过提供投融资综合服务等方式支持新区发展。完善投融资体系，鼓励央企、省属国有企业和民营企业等各类投资主体参与新区建设发展。

（七）推进投资与服务贸易便利化

鼓励新区借鉴中国（上海）自由贸易示范区的成功经验，按照国际通行标准推动体制机制改革创新和对外开放，实现投资和优质要素进出便利化，推动新区建立贸易自由、投资便利、金融服务完善、产业高度集聚、法制运行规范、监管透明高效、辐射带动效应明显的综合改革创新区。

（八）规范竞争秩序

为维护公平的市场竞争环境，促进形成全国统一的市场体系，发挥市场在资源配置中的决定性作用，各新区在制定税收、财政支出、产业等方面政策时，要严格执行国家政策，避免造成非良性竞争。

三、推动产业优化升级

（九）促进产业集群发展

加强对产业布局的统筹规划和科学管控，支持国家级和省级重大产业项目优先向新区集中。鼓励新区依托现有的国家级和省级经济技术开发区、高新技术产业园区、海关特殊监管区域等，建设产业集聚区，打造一批特色鲜明的专业园区，不断壮大产业集群，发挥产业集聚优势，提高新区产业综合竞争力和企业经济效益。

（十）强化科技创新驱动

集聚创新资源，壮大创新创业人才队伍。支持人才引进培育政策向新区倾斜，探索实行国际通用的人才引进、培养、使用、评价、激励机制，集聚一批领军人才。搭建人才创新发展平台，加快创新创业服务体系建设，鼓励优秀人才在新区创业。支持新区申报国家重点（工程）实验室、工程（技术）研究中心等各类科技创新平台，鼓励新区设立产业化示范基地和科技成果转化服务示范基地。

（十一）构建现代产业体系

结合功能定位和区域优势，支持新区编制产业发展规划和行动方案，以新产业、新业态为导向，大力发展新一代信息技术、生物、高端装备制造、高端服务、现代物流等战略性新兴产业和高新技术产业，完善产业链条和协作配套体系，优化产业结构，培育新的经济增长点。

四、辐射带动区域发展

（十二）推动产城融合发展。坚持产城一体，实现产业发展与城市建设互相促进、融合发展。支持新区加快城市基础设施和公共服务设施建设，推动城市部分功能转移搬迁到新区。支持新区加快保障性安居工程建设，构建稳定的职工生活社区，吸引、留住产业技术工人，不断提高高素质人口集聚能力。

（十三）加强区域互利合作

进一步优化新区内各类功能区布局，增强新区的整体实力及对周边区域的辐射带动能力，促进区域一体化发展。积极创新合作模式，建立新区和周边区域招商引资合作及利益分享机制，支持新区与省内外有条件的地区建立“飞地经济”、“战略联盟”等合作机制。

（十四）推进新型城镇化

按照生产空间集约高效、生活空间宜居适度、生态空间山清水秀的原则，合理做好新区空间布局和用地安排。按照新区发展总体规划，充分考虑区域资源环境条件，构建科学合理的城镇化布局。优先划定永久基本农田红线，确保生态安全。划定城市开发边界，防治城市建设无序扩张。重视新区城市设计工作，指导新区开发建设传承历史文化，突出特色风貌。

（十五）统筹城乡发展

坚持城乡统筹，支持新区建立城乡统一的户籍管理制度，加快推动农业转移人口市民化。鼓励新区探索农村土地管理制度改革，有序推动农村土地流转，建立城乡统一建设用地市场。建立健全城乡一体的社会保障体系，逐步提高城乡基本公共服务均等化水平。

五、高效节约利用资源

（十六）提高土地利用效率

实行最严格的耕地保护制度和节约用地制度，严控增量、盘活存量、优化结构、提高效率，严格土地用途管制，强化新区建设用地开发强度、土地投资强度、人均用地指标的整体控制。各项建设必须符合土地利用总体规划和城乡规划，从严控制建设用地规模。新区建设尽量少占或不占优质耕地，不得擅自改变或调整占用基本农田，确需调整基本农田布局的，报国务院批准。创新土地管理方式，加大土地管理改革力度。制定土地利用、耕地保护和节约集约考核办法，定期公布考核结果。各省(区、市）要合理安排新区土地利用计划指标，立足所在市域内解决耕地占补平衡，确实无法完成的，应在省域范围内统筹解决。加强对新区土地利用状况调整和遥感监测工作。

（十七）加强生态保护

营造人与自然和谐共处的生态环境，划定生态保护红线。实施最严格的水资源管理制度，新区要明确制定水资源管理“三条红线”，严格控制发展耗水型产业。加强新区内河流、湖泊、湿地、地下水的保护和生态修复，构建完整的水生态系统。大力推进建设自然积存、自然渗透、自然净化的“海绵城市”，节约水资源，保护和改善城市生态环境。将生态环境质量逐年改善作为新区发展的约束性要求，加强新区生态管治，严格生态空间用途管制，统筹处理好经济发展和生态建设的关系。

（十八）严格环境治理

科学编制新区环保规划，严把环境准入条件，保障环境质量不下降。规范环境公共基础设施建设、运营，加强新区环境监测、监控能力建设，完善环境风险防控体系。推行第三方环境服务，推进排污权有偿使用和交易试点。推动新区绿色循环低碳发展，大力发展节能环保产业和绿色循环经济，推进新区清洁化、循环化、生态化改造，加快构建覆盖全社会的资源循环利用体系，鼓励创建低碳园区、低碳社区、低碳企业和低碳小城镇，积极开展国家级生态文明试点示范。

六、推进体制机制创新

（十九）加大简政放权力度

深化行政审批制度改革，根据新区建设发展需要，鼓励各省（区、市）最大限度地赋予新区行政管理机构相关管理权限，重点扩大新区在投资项目建设、外商投资项目立项、矿产资源开发利用、城市建设等方面的审批、核准、备案和管理权。

（二十）提高行政服务效能

鼓励新区按照大部制、综合性、简政效能的原则，创新整合行政管理职能，加快建立统一高效的综合管理体制机制。建立在线审批监管平台，提高办事效率，对符合国务院批准的新区总体方案和发展规划所涉及的项目，建立健全审批“绿色通道”，实行全程跟踪服务，对重大投资项目优先办理。制定有针对性的统计和考核指标体系，建立量化绩效考核标准，开展分类考核和定期考核。

（二十一）深化重大改革创新

以全面深化改革为动力，积极探索有利于新区健康发展的体制机制，新区要结合自身优势，每年围绕 1 ～ 2 个重大问题开展试验探索，力争取得进展和突破，为其他地区发展提供示范、借鉴，创造可复制、可推广的制度和机制。优先安排新区开展国家和省（区、市）重大改革试点，支持新区在改革创新中先行先试。建立健全权力清单制度，推动新区成为深化改革、简政放权的先行区。按照中央关于全面深化财税体制改革的统一部署，加快推进新区财税体制改革。

（二十二）优化行政资源配置

不断探索与新区发展阶段相适应的行政管理体制，根据新区发展的实际需要，适时推进行政区划调整，不断增强新区行政统筹能力，整合行政管理资源，创新行政管理体制，提高行政效率，进一步拓展新区的辐射带动功能。

七、强化组织保障

（二十三）加强宏观指导

发展改革委、国土资源部、环境保护部、住房城乡建设部按照新区设立审核相关要求，严格规范新区设立审核程序。在整合现有机制基础上建立促进新区健康发展的统一协调推进机制，加强对新区建设发展的指导，及时总结可推广、可复制的先进经验，切实解决新区建设发展中面临的问题和困难。各部门适时研究出台支持新区发展的政策措施。发展改革委定期向国务院报告新区规划建设和发展情况，对新区建设发展情况进行跟踪指导和督促检查。各省（区、市）建立新区省级议事协调机制，定期或不定期召开会议，专题听取新区建设情况汇报，协同解决新区发展中的重大问题。

（二十四）落实主体责任

新区应主动作为，积极承担国家赋予的重大改革发展任务，切实增强使命感、责任感、紧迫感，大胆探索，不断创新体制机制和发展模式，定期向发展改革委报送新区发展建设情况和推进改革示范经验。建立年度目标责任考核机制，突出创新驱动，形成上下联动、协同推进的工作格局，不断开创新区发展新局面。

中共中央 国务院关于构建开放型经济新体制的若干意见

2015年5月5日

对外开放是我国的基本国策。当前，世界多极化、经济全球化进一步发展，国际政治经济环境深刻变化，创新引领发展的趋势更加明显。我国改革开放正站在新的起点上，经济结构深度调整，各项改革全面推进，经济发展进入新常态。面对新形势新挑战新任务，要统筹开放型经济顶层设计，加快构建开放型经济新体制，进一步破除体制机制障碍，使对内对外开放相互促进，引进来与走出去更好结合，以对外开放的主动赢得经济发展和国际竞争的主动，以开放促改革、促发展、促创新，建设开放型经济强国，为实现“两个一百年”奋斗目标和中华民族伟大复兴的中国梦打下坚实基础。

一、构建开放型经济新体制的总体要求

全面贯彻落实党的十八大和十八届二中、三中、四中全会精神，坚持使市场在资源配置中起决定性作用和更好发挥政府作用，坚持改革开放和法治保障并重，坚持引进来和走出去相结合，坚持与世界融合和保持中国特色相统一，坚持统筹国内发展和参与全球治理相互促进，坚持把握开放主动权和维护国家安全。主动适应经济发展新常态，并与实施“一带一路”战略和国家外交战略紧密衔接，科学布局，选准突破口和切入点，发挥社会主义制度优势，把握好开放节奏和秩序，扬长避短、因势利导、有所作为、防范风险、维护安全，积极探索对外经济合作新模式、新路径、新体制。总体目标是，加快培育国际合作和竞争新优势，更加积极地促进内需和外需平衡、进口和出口平衡、引进外资和对外投资平衡，逐步实现国际收支基本平衡，形成全方位开放新格局，实现开放型经济治理体系和治理能力现代化，在扩大开放中树立正确义利观，切实维护国家利益，保障国家安全，推动我国与世界各国共同发展，构建互利共赢、多元平衡、安全高效的开放型经济新体制。

（一）建立市场配置资源新机制

促进国际国内要素有序自由流动、资源全球高效配置、国际国内市场深度融合，加快推进与开放型经济相关的体制机制改革，建立公平开放、竞争有序的现代市场体系。

（二）形成经济运行管理新模式

按照国际化、法治化的要求，营造良好法

治环境，依法管理开放，建立与国际高标准投资和贸易规则相适应的管理方式，形成参与国际宏观经济政策协调的机制，推动国际经济治理结构不断完善。推进政府行为法治化、经济行为市场化，建立健全企业履行主体责任、政府依法监管和社会广泛参与的管理机制，健全对外开放中有效维护国家利益和安全的体制机制。

（三）形成全方位开放新格局

坚持自主开放与对等开放，加强走出去战略谋划，实施更加主动的自由贸易区战略，拓展开放型经济发展新空间。继续实施西部开发、东北振兴、中部崛起、东部率先的区域发展总体战略，重点实施“一带一路”战略、京津冀协同发展战略和长江经济带战略，推动东西双向开放，促进基础设施互联互通，扩大沿边开发开放，形成全方位开放新格局。

（四）形成国际合作竞争新优势

巩固和拓展传统优势，加快培育竞争新优势。以创新驱动为导向，以质量效益为核心，大力营造竞争有序的市场环境、透明高效的政务环境、公平正义的法治环境和合作共赢的人文环境，加速培育产业、区位、营商环境和规则标准等综合竞争优势，不断增强创新能力，全面提升在全球价值链中的地位，促进产业转型升级。

二、创新外商投资管理体制

改善投资环境，扩大服务业市场准入，进一步开放制造业，稳定外商投资规模和速度，提高引进外资质量。改革外商投资审批和产业指导的管理方式，向准入前国民待遇加负面清单的管理模式转变，促进开发区体制机制创新和转型升级发展。

（五）统一内外资法律法规

修订中外合资经营企业法、中外合作经营企业法和外资企业法，制定新的外资基础性法律，将规范和引导境外投资者及其投资行为的内容纳入外资基础性法律。对于外资企业组织形式、经营活动等一般内容，可由统一适用于各类市场主体法律法规加以规范的，按照内外资一致的原则，适用统一的法律法规。保持外资政策稳定、透明、可预期，营造规范的制度环境和稳定的市场环境。

（六）推进准入前国民待遇加负面清单的管理模式

完善外商投资市场准入制度，探索对外商投资实行准入前国民待遇加负面清单的管理模式。在做好风险评估的基础上，分层次、有重点放开服务业领域外资准入限制，推进金融、教育、文化、医疗等服务业领域有序开放，放开育幼养老、建筑设计、会计审计、商贸物流、电子商务等服务业领域外资准入限制，进一步放开一般制造业。在维护国家安全的前提下，对于交通、电信等基础设施以及矿业等相关领域逐步减少对外资的限制。

（七）完善外商投资监管体系

按照扩大开放与加强监管同步的要求，加强事中事后监管，建立外商投资信息报告制度和外商投资信息公示平台，充分发挥企业信用信息公示系统的平台作用，形成各政府部门信息共享、协同监管、社会公众参与监督的外商投资全程监管体系，提升外商投资监管的科学性、规范性和透明度，防止一放就乱。

（八）推动开发区转型升级和创新发展

加强国家级经济技术开发区、高新技术产业开发区、海关特殊监管区域以及省级开发区等各类开发区规划指导、创新发展。发挥开发区的引领和带动作用，大力发展先进制造业、生产性服务业和科技服务业，推动区内产业升级，建设协同创新平台，实现产业结构、产品附加值、质量、品牌、技术水平、创新能力的全面提升。推动开发区绿色、低碳、循环发展，继续深化节能环保国际合作。不断改善投资环境，进一步规范行政管理制度，完善决策、执行、监督和考核评价体系，避免同质竞争，努力把开发区建设成为带动地区经济发展和实施区域发展战略的重要载体、构建开放型经济新体制和培育吸引外资新优势的排头兵、科技创新驱动和绿色集约发展的示范区。

三、建立促进走出去战略的新体制

实施走出去国家战略，加强统筹谋划和指导。确立企业和个人对外投资主体地位，努力提高对外投资质量和效率，促进基础设施互联互通，推动优势产业走出去，开展先进技术合作，增强我国企业国际化经营能力，避免恶性竞争，维护境外投资权益。

（九）确立并实施新时期走出去国家战略

根据国民经济和社会发展总体规划以及对外开放总体战略，完善境外投资中长期发展规划，加强对走出去的统筹谋划和指导，提供政策支持和投资促进。鼓励企业制定中长期国际化发展战略，兼顾当前和长远利益，在境外依法经营。督促企业履行社会责任，树立良好形象。

（十）推进境外投资便利化

研究制定境外投资法规。贯彻企业投资自主决策、自负盈亏原则，放宽境外投资限制，简化境外投资管理，除少数有特殊规定外，境外投资项目一律实行备案制。加快建立合格境内个人投资者制度。加强境外投资合作信息平台建设。

（十一）创新对外投资合作方式

允许企业和个人发挥自身优势到境外开展投资合作，允许自担风险到各国各地区承揽工程和劳务合作项目，允许创新方式走出去开展绿地投资、并购投资、证券投资、联合投资等。鼓励有实力的企业采取多种方式开展境外基础设施投资和能源资源合作。促进高铁、核电、航空、机械、电力、电信、冶金、建材、轻工、纺织等优势行业走出去，提升互联网信息服务等现代服务业国际化水平，推动电子商务走出去。积极稳妥推进境外农业投资合作。支持我国重大技术标准走出去。创新境外经贸合作区发展模式，支持国内投资主体自主建设和管理。

（十二）健全走出去服务保障体系

加快同有关国家和地区商签投资协定，完善领事保护制度，提供权益保障、投资促进、风险预警等更多服务，推进对外投资合作便利化。保障我国境外人员人身和财产安全。发挥中介机构作用，培育一批国际化的设计咨询、资产评估、信用评级、法律服务等中介机构。

（十三）引进来和走出去有机结合

推进引进外资与对外投资有机结合、相互配合，推动与各国各地区互利共赢的产业投资合作。发挥我国优势和条件促进其他国家和地区共同发展。鼓励企业开展科技创新、项目对接、信息交流、人力资源开发等多方面国际合作。支持地方和企业做好引资、引智、引技等工作，并积极开拓国际市场。通过各类投资合作机制，分享我国引进来的成功经验，推动有关国家营造良好投资环境。

四、构建外贸可持续发展新机制

保持外贸传统优势，加快培育外贸竞争新优势，着力破解制约外贸持续发展和转型升级的突出问题。全面提升外贸竞争力，提高贸易便利化水平，完善进出口促进体系，健全贸易摩擦应对机制，大力发展服务贸易，促进外贸提质增效升级。

（十四）提高贸易便利化水平

强化大通关协作机制，实现口岸管理相关部门信息互换、监管互认、执法互助。加快国际贸易“单一窗口”建设，全面推行口岸管理相关部门“联合查验、一次放行”等通关新模式。依托电子口岸平台，推动口岸管理相关部门各作业系统横向互联，建立信息共享共用机制。探索开展口岸查验机制创新和口岸管理相关部门综合执法试点。加快海关特殊监管区域整合优化。加快一体化通关改革，推进通关作业无纸化。与主要贸易伙伴开展检验检疫、认证认可和技术标准等方面的交流合作与互认。加强口岸检验检疫综合能力建设，完善产品质量安全风险预警和快速反应体系。整合和规范进出口环节经营性服务和收费。

（十五）培育外贸竞争新优势

优化市场布局和贸易结构。稳定传统优

势产品出口，进一步推进以质取胜战略，提升出口产品质量、档次和创新要素比重，扩大大型成套设备和技术出口。加强外贸诚信体系建设，规范进出口秩序。鼓励企业开展科技创新和商业模式创新，加快培育以技术、品牌、质量、服务为核心的外贸竞争新优势。鼓励发展跨境电子商务、市场采购贸易等新型贸易方式。积极解决电子商务在境内外发展的技术、政策问题，在标准、支付、物流、通关、检验检疫、税收等方面加强国际协调，参与相关规则制定，创新跨境电子商务合作方式，融入国外零售体系，化解相关贸易摩擦。优化进口商品结构，鼓励先进技术、关键设备和零部件进口，稳定资源性产品进口，合理增加一般消费品进口。培育国际大宗商品交易平台。提高一般贸易和服务贸易比重，推动加工贸易转型升级，提升产业层次，提高加工贸易的质量和附加值，延长加工贸易产业链，提高加工贸易增值率。

（十六）建立健全服务贸易促进体系

提升服务贸易战略地位，着力扩大服务贸易规模，推进服务贸易便利化和自由化。鼓励发展生产性服务贸易。依托大数据、云计算、物联网、移动互联网等新技术，推动服务业转型，培育服务新业态。创新服务贸易金融服务体系，建立与服务贸易相适应的口岸管理和通关协作模式。提高货物贸易中的服务附加值，促进制造业与服务业、货物贸易与服务贸易协调发展。推进国内服务市场健全制度、标准、规范和监管体系，为专业人才和专业服务跨境流动提供便利。制定与国际接轨的服务业标准化体系，加强与服务贸易相关的人才培养、资格互认、标准制定等方面的国际合作。促进服务外包升级，提升服务跨境交付能力，建设好服务外包示范城市。

（十七）实施质量效益导向型的外贸政策

支持技术含量高、附加值大、资源和能源消耗低、环境污染小、产业关联度强的对外贸易活动，实现外贸绿色低碳可持续发展。进一步完善出口退税制度，优化出口退税流程。健全出口信用保险体系。加强贸易风险、汇率风险监测分析，适时公布有关风险提示，引导企业有效规避出口风险。

（十八）健全贸易摩擦应对机制

强化中央、地方、行业协会商会、企业四体联动的综合应对机制，指导企业做好贸易摩擦预警、咨询、对话、磋商、诉讼等工作。有理有节、化解分歧、争取双赢，以协商方式妥善解决贸易争端，对滥用贸易保护措施和歧视性做法，善于运用规则进行交涉和制衡。依法开展贸易救济调查，维护国内产业企业合法权益。

五、优化对外开放区域布局

建设自由贸易园区，立足东中西协调、陆海统筹，扩大对港澳台开放合作，推动形成全方位的区域开放新格局，以区域开放的提质增效带动经济的协调发展。

（十九）建设若干自由贸易试验园区

深化上海自由贸易试验区改革开放，扩大服务业和先进制造业对外开放，形成促进投资和创新的政策支持体系，并将部分开放措施辐射到浦东新区，及时总结改革试点经验，在全国复制推广。依托现有新区、园区，推动广东、天津、福建自由贸易试验区总体方案全面实施，以上海自由贸易试验区试点内容为主体，结合地方特点，充实新的试点内容，未来结合国家发展战略需要逐步向其他地方扩展，推动实施新一轮高水平对外开放。

（二十）完善内陆开放新机制

抓住全球产业重新布局机遇，以内陆中心城市和城市群为依托，以开发区和产业聚集区为平台，积极探索承接产业转移新路径，创新加工贸易模式，以加工贸易梯度转移重点承接地为依托，稳妥推进有条件的企业将整机生产、零部件、原材料配套和研发、结算等向内陆地区转移，形成产业集群，支持在内陆中心城市建立先进制造业中心。鼓励区域合作共建产业园区，促进内陆贸易、投资、技术创新协调发展。支持内陆城市增开国际客货运航线，发展江海联运，以及铁水、陆航等多式联运，形成横贯东中西、联结南北方的对外经济走廊。

（二十一）培育沿边开放新支点

将沿边重点开发开放试验区、边境经济合作区建成我国与周边国家合作的重要平台，加快沿边开放步伐。允许沿边重点口岸、边境城市、边境经济合作区在人员往来、加工物流、旅游等方面实行特殊方式和政策。按有关规定有序进行边境经济合作区新设、调区和扩区工作。稳步发展跨境经济合作区，有条件的可结合规划先行启动中方区域基础设施建设。建设能源资源进口加工基地，开展面向周边市场的产业合作。鼓励边境地区与毗邻国地方政府加强务实合作。

（二十二）打造沿海开放新高地

发挥长三角、珠三角、环渤海地区对外开放门户的作用，建设若干服务全国、面向世界的国际化大都市和城市群，建成具有更强国际影响力的沿海经济带。推动京津冀协同发展。支持沿海地区发展高端产业、加强科技研发，加快从全球加工装配基地向研发、先进制造基地转变，推进服务业开放先行先试。依托长江黄金水道，推动长江经济带发展，打造中国经济新支撑带，建设陆海双向对外开放新走廊。

（二十三）扩大对香港、澳门特别行政区和台湾地区开放

发挥港澳地区的开放平台与示范作用，深化内地与港澳更紧密经贸关系安排，加快实现与港澳服务贸易自由化。建设好深圳前海现代服务业示范区、珠海横琴新区、广州南沙新区。鼓励内地企业与港澳企业联合走出去。支持内地企业赴港融资，将境外产业投资与香港金融资本有机结合。鼓励内地企业与港澳企业联合成立投资基金，通过多种方式开展投资合作。促进澳门经济适度多元。促进海峡两岸经济关系正常化、制度化、自由化，逐步健全两岸经济合作机制。加强两岸产业合作、双向贸易投资及便利化方面的合作。充分发挥海峡西岸经济区、平潭综合实验区、昆山深化两岸产业合作试验区等的先行先试作用。深化和拓展与港澳台地区高校、科研院所、企业间科技研发和创新创业方面的合作。

六、加快实施“一带一路”战略

实施“一带一路”战略，以政策沟通、设施联通、贸易畅通、资金融通、民心相通为主要内容，全方位推进与沿线国家合作，构建利益共同体、命运共同体和责任共同体，深化与沿线国家多层次经贸合作，带动我国沿边、内陆地区发展。

（二十四）推进基础设施互联互通

加快形成国际大通道，构建联通内外、安全通畅的综合交通运输网络，完善交通合作平台与机制。巩固和扩大电力输送、光缆通信等合作。深化能源资源开发与通道建设合作。

（二十五）深化与沿线国家经贸合作

相互扩大市场开放，深化海关、检验检疫、标准、认证、过境运输等全方位合作，培育壮大特色优势产业，推动我国大型成套设备、技术、标准与沿线国家合作。加大非资源类产品进口力度，促进贸易平衡。推动企业在沿线国家设立仓储物流基地和分拨中心，完善区域营销网络。加强与沿线国家的产业投资合作，共建一批经贸合作园区，带动沿线国家增加就业、改善民生。鼓励发展面向沿线国家的电子商务，倡导电子商务多边合作。

（二十六）密切科技人文交流

扩大与沿线国家互派留学规模，鼓励有实力的高校走出去办学，开展境外教育合作。推进国际卫生合作。加强与沿线国家科技合作，采取多种方式联合开展重大科研攻关。推动产学研协同配合，把重点经贸项目合作与科技人文交流紧密结合起来。推进对外文化合作与交流，与沿线国家互办文化年、艺术节等活动，支持沿线国家申办国际重大赛事，加强与沿线国家旅游投资合作，联合打造具有丝绸之路特

色的国际精品旅游线路和旅游产品。

（二十七）积极推进海洋经济合作

大力发展海洋经济，制定促进海洋经济发展的政策法规。妥善处理争议和分歧，建立海上经济合作和共同开发机制。加强国际远洋渔业合作。

（二十八）扎实推动中巴、孟中印缅经济走廊建设

中巴、孟中印缅两个经济走廊与推进“一带一路”建设关联紧密，要进一步深化研究、推动合作。积极探索孟中印缅经济走廊框架下四方合作模式，制定经济走廊务实合作计划，推出一批易操作、见效快的早期收获项目。共同推进编制中巴经济走廊建设远景规划，指导我国企业有序参与建设活动。

七、拓展国际经济合作新空间

巩固和加强多边贸易体制，加快实施自由贸易区战略，积极参与全球经济治理，做国际经贸规则的参与者、引领者，扩大国际合作与交流，努力形成深度交融的互利合作网络。

（二十九）坚持世界贸易体制规则

维护多边贸易体制在全球贸易投资自由化中的主渠道地位，坚持均衡、普惠、共赢原则，反对贸易投资保护主义。积极落实“巴厘一揽子”协议，推动后巴厘工作计划制定，争取尽早完成多哈回合谈判。推进《信息技术协定》扩围和《环境产品协定》谈判，推动我国加入《政府采购协定》谈判。支持世贸组织继续加强贸易政策监督机制、完善争端解决机制。进一步加强贸易政策合规工作。

（三十）建立高标准自由贸易区网络

加快实施自由贸易区战略，坚持分类施策、精耕细作，逐步构筑起立足周边、辐射“一带一路”、面向全球的高标准自由贸易区网络，积极扩大服务业开放，加快推进环境保护、投资保护、政府采购、电子商务等新议题谈判，积极推进国际创新合作。积极落实中韩、中澳自由贸易区谈判成果，打造中国—东盟自由贸易区升级版，推进中国与有关国家自由贸易协定谈判和建设进程，稳步推进中欧自由贸易区和亚太自由贸易区建设，适时启动与其他经贸伙伴的自由贸易协定谈判。

（三十一）积极参与全球经济治理

推进全球经济治理体系改革，支持联合国、二十国集团等发挥全球经济治理主要平台作用，推动金砖国家合作机制发挥作用，共同提高新兴市场和发展中国家在全球经济治理领域的发言权和代表性。全面参与国际经济体系变革和规则制定，在全球性议题上，主动提出新主张、新倡议和新行动方案，增强我国在国际经贸规则和标准制定中的话语权。

（三十二）构建多双边、全方位经贸合作新格局

坚持正确的义利观，弘义融利，因地制宜，务实合作。丰富中美新型大国关系的经贸内涵，深化中欧多领域合作，协同推进中美、中欧投资协定谈判，统筹国内改革与对外开放进程。促进中俄经贸关系跨越式发展。深化同发展中国家合作。加强与“一带一路”沿线国家的宏观政策沟通与协调。完善区域次区域合作机制，发挥亚太经合组织、亚欧会议、上海合作组织作用，强化中非、中阿、中拉等合作机制。推进大湄公河、中亚、图们江、泛北部湾等次区域合作。多双边合作机制要加强统筹、提高效率、讲求实效。

（三十三）建立国际经贸谈判新机制

抓紧建立依法有序、科学高效、协调有力、执行有效的谈判机制。统筹谈判资源和筹码，科学决策谈判方案，优化谈判进程。加强谈判方案执行、监督和谈判绩效评价，提高对外谈判力度和有效性。充分发挥有关议事协调机制的积极作用，完善国际经贸谈判授权和批准制度。

八、构建开放安全的金融体系

提升金融业开放水平，稳步推进人民币国际化，扩大人民币跨境使用范围、方式和规模，加快实现人民币资本项目可兑换。

（三十四）扩大金融业开放

在持续评估、完善审慎监管和有效管控风险的基础上，有序放宽证券业股比限制，有序推进银行业对外开放，形成公平、有序、良性的金融生态环境。提升金融机构国际化经营水平，鼓励金融机构审慎开展跨境并购，完善境外分支机构网络，提升金融服务水平，加强在支付与市场基础设施领域的国际合作。建立健全支持科技创新发展的国际金融合作机制。

（三十五）推动资本市场双向有序开放

积极稳妥推进人民币资本项目可兑换。便利境内外主体跨境投融资。扩大期货市场对外开放，允许符合规定条件的境外机构从事特定品种的期货交易。研究境内银行、证券公司等金融机构和企业在有真实贸易和投资背景的前提下，参与境外金融衍生品市场。在风险可控的前提下，研究逐步开放金融衍生品市场。

（三十六）建立走出去金融支持体系

构建政策性金融和商业性金融相结合的境外投资金融支持体系，推动金融资本和产业资本联合走出去。完善境外投融资机制，探索建立境外股权资产的境内交易融资平台，为企业提供“外保内贷”的融资方式。发展多种形式的境外投资基金，推进丝路基金、亚洲基础设施投资银行、金砖国家新开发银行设立和有效运作，构建上海合作组织融资机构。用好投融资国际合作机制，选准重点，积极推进与“一带一路”沿线国家合作。

（三十七）扩大人民币跨境使用

推进亚洲货币稳定体系、投融资体系和信用体系建设。推进本币互换合作，进一步扩大经常项目人民币结算规模，支持跨国企业集团开展人民币资金集中运营业务。在涉外经济管理、核算和统计中使用人民币作为主要计价货币。加快人民币跨境支付系统建设，进一步完善人民币全球清算体系。进一步拓宽人民币输出渠道，鼓励使用人民币向境外进行贷款和投资。建设区域性人民币债券市场，进一步便利境外机构投资境内债券市场，支持境外机构在境内发行人民币债务融资工具，稳妥推进境内金融机构和企业赴境外发行人民币债券。支持离岸市场人民币计价金融产品的创新，加快人民币离岸市场建设，扩大人民币的境外循环。

（三十八）完善汇率形成机制和外汇管理制度

有序扩大人民币汇率浮动区间，增强人民币汇率双向浮动弹性。深化外汇管理体制改革，进一步便利市场主体用汇，按照负面清单原则推进外商投资企业外汇资本金结汇管理改革。创新国家外汇储备使用方式，拓宽多元化运用渠道。

九、建设稳定、公平、透明、可预期的营商环境

加强对外开放的法治建设，坚持依法开放，大力培育开放主体，充分发挥行业协会商会作用，着力构建稳定、公平、透明、可预期的营商环境。

（三十九）加强开放型经济法治建设

适应对外开放不断深化形势，完善涉外法律法规体系，重大开放举措要于法有据，营造规范的法治环境。发挥法治的引领和推动作用，加快形成高标准的贸易投资规则体系。以保护产权、维护契约、统一市场、平等交换、公平竞争、有效监管为基本导向，推进对内对外开放的立法、执法与司法建设。积极参与国际经贸法律交流。强化涉外法律服务，维护我国公民、法人在海外及外国公民、法人在我国的正当经济权益。

（四十）大力培育开放主体

完善国有资本对外开放的监管体系，积极发展混合所有制经济，鼓励各类所有制企业发挥自身优势，深度参与国际产业分工协作。支持国内企业吸纳先进生产要素，培育国际知名品牌，增强参与全球价值链的广度和深度，形成一批具有国际知名度和影响力的跨国公司。鼓励国内优势企业建立海外生产加工和综合服务体系，在全球范围内配置资源、开拓市场，拓展企业发展新空间。

（四十一）优化市场竞争环境

建立统一开放、竞争有序的市场体系和监管规则。加快转变政府职能，完善经济管理体制和运行机制，逐步建立权力清单制度，加强知识产权保护和反垄断制度建设，健全全社会诚信体系，清理妨碍全国统一市场和公平竞争的各种规定和做法，保证各类所有制企业依法平等使用生产要素、公开公平公正参与市场竞争、同等受到法律保护。

（四十二）改善科技创新环境

加快实施创新驱动发展战略，积极融入全球创新网络，全面提高我国科技创新的国际合作水平，更多更好利用全球创新资源。着力构建以企业为主体、市场为导向、产学研相结合的技术创新体系，健全技术创新激励机制，支持企业参与全球创新资源配置，在开放合作中提高自主创新能力。完善引进消化吸收再创新的机制，鼓励企业加强技术研发国际合作，加快新技术新产品新工艺研发应用。积极参与国际大科学计划和工程，开展多层次、多领域、多形式的国际科技合作。

（四十三）发挥行业协会商会作用

充分发挥行业协会商会在制定技术标准、规范行业秩序、开拓国际市场、应对贸易摩擦等方面的积极作用，提高协会商会组织协调、行业自律管理能力。坚持行业协会商会社会化、市场化改革方向，推进行业协会商会工作重心转向为企业、行业、市场服务。支持协会商会加强与国际行业组织的交流合作，建设国际化服务平台，改革内部管理体制和激励机制，增强可持续发展能力。加强境外中资企业协会商会建设。

十、加强支持保障机制建设

培养适应开放型经济新体制要求的人才队伍，健全对外交流渠道，做好人文交流和对外宣传，进一步完善支持保障措施。

（四十四）实施开放的人才政策

加强人才培养，构建科学有效的选人用人机制，充分集聚国际化的人才资源。健全引进人才制度，完善外国人永久居留制度，营造吸引海外高层次人才的良好工作、生活环境。支持和推荐优秀人才到国际组织任职工作。积极探索职业资格国际、地区间互认。鼓励并支持从事国际合作的社会化专业队伍加快发展，更好利用社会资源开展国际合作。

（四十五）打造对外开放战略智库

加强中国特色新型智库建设，发挥智库作用，增进国家间智库研究交流，打造拥有国际视野和战略意识的智库力量，提高对外开放战略谋划水平和国际经贸合作服务能力。加强对有关国家、区域、重点合作领域的前瞻性研究，为我国政府和企业提供政策建议和智力支持。

（四十六）做好人文交流和对外宣传

坚持与时俱进，强化国际传播能力建设，推动中国文化走出去，在对外开放中切实保障文化安全和教育安全。综合运用国际国内两种资源，培养造就更多优秀国际化人才。办好博鳌亚洲论坛，深化与世界经济论坛的合作，利用国际平台发出中国声音，深化世界各国与我国的相互了解和信任。与世界各国政党、政府、企业、民间组织、学术界和媒体广交朋友。鼓励走出去企业以多种方式培养本土技术人才，增信释疑，推动民心相通，凝聚共识和力量，营造于我有利的国际舆论和外部发展环境。

十一、建立健全开放型经济安全保障体系

要大力加强对外开放的安全工作，在扩大开放的同时，坚持维护我国核心利益，建立系统完备、科学高效的开放型经济安全保障体系，健全体制机制，有效管控风险，切实提升维护国家安全的能力。

（四十七）完善外商投资国家安全审查机制

完善外商投资国家安全审查的法律制度，制定外商投资国家安全审查条例。建立与负面清单管理模式相适应的外商投资国家安全审查制度。完善国家安全审查范围，加强事中事后监管，充分发挥社会监督作用，确保安全审查措施落到实处。

（四十八）建立走出去风险防控体系

综合运用经济、外交、法律等多种方式，规范走出去秩序，防止一哄而上、恶性竞争，维护国家形象，推动我走出去企业成为正确义利观的自觉践行者。加强境外风险防控体系建设，提升对外投资合作质量和水平。强化对国有和国有控股企业走出去经营活动的监督与管理，加强审计，完善国有企业境外经营业绩考核和责任追究制度，确保国有资本的安全与效益，防止国有资产流失，防范假借走出去侵吞国有资产的行为。

（四十九）构建经贸安全保障制度

加快出口管制立法，加快构建和实施设计科学、运转有序、执行有力的出口管制体系，完善出口管制许可和调查执法体制机制，积极参与出口管制多边规则制定。进一步加强和完善产业安全预警机制。

（五十）健全金融风险防控体系

坚持便利化与防风险并重，形成适应开放需要的跨境金融监管制度，健全宏观审慎管理框架下的外债和资本流动管理体系，完善系统性风险监测预警、评估处置以及市场稳定机制，加强对短期投机性资本流动和跨境金融衍生品交易的监测，防范和化解金融风险。创新国际优惠贷款使用模式，用好国际商业贷款，推动外债形式多元化。健全走出去金融监管体系。加强金融监管的国际交流与合作机制建设，预防危机，维护区域金融稳定。

各地区各部门要从全局和战略高度，深刻认识构建开放型经济新体制的重大意义，将思想和行动统一到党中央、国务院的决策部署上来，适应构建开放型经济新体制的要求，加强党的领导，落实工作责任，完善工作机制，精心组织实施。要加强对开放战略问题的研究，创新工作方法，及时总结经验，认真研究解决构建开放型经济新体制中遇到的新情况新问题，不断开创高水平对外开放新局面。

国务院关于印发《中国制造2025》的通知

国发〔2015〕28号　2015年5月8日

各省、自治区、直辖市人民政府，国务院各部委、各直属机构：

现将《中国制造2025》印发给你们，请认真贯彻执行。

附件：中国制造 2025

附件

中国制造 2025

制造业是国民经济的主体，是立国之本、兴国之器、强国之基。十八世纪中叶开启工业文明以来，世界强国的兴衰史和中华民族的奋斗史一再证明，没有强大的制造业，就没有国家和民族的强盛。打造具有国际竞争力的制造业，是我国提升综合国力、保障国家安全、建设世界强国的必由之路。

新中国成立尤其是改革开放以来，我国制造业持续快速发展，建成了门类齐全、独立完整的产业体系，有力推动工业化和现代化进程，显著增强综合国力，支撑我世界大国地位。然而，与世界先进水平相比，我国制造业仍然大而不强，在自主创新能力、资源利用效率、产业结构水平、信息化程度、质量效益等方面差距明显，转型升级和跨越发展的任务紧迫而艰巨。

当前，新一轮科技革命和产业变革与我国加快转变经济发展方式形成历史性交汇，国际产业分工格局正在重塑。必须紧紧抓住这一重大历史机遇，按照“四个全面”战略布局要求，实施制造强国战略，加强统筹规划和前瞻部署，力争通过三个十年的努力，到新中国成立一百年时，把我国建设成为引领世界制造业发展的制造强国，为实现中华民族伟大复兴的中国梦打下坚实基础。

《中国制造 2025》，是我国实施制造强国战略第一个十年的行动纲领。

一、发展形势和环境

（一）全球制造业格局面临重大调整

新一代信息技术与制造业深度融合，正在引发影响深远的产业变革，形成新的生产方式、产业形态、商业模式和经济增长点。各国都在加大科技创新力度，推动三维（3D）打印、移动互联网、云计算、大数据、生物工程、新能源、新材料等领域取得新突破。基于信息物理系统的智能装备、智能工厂等智能制造正在引领制造方式变革；网络众包、协同设计、大规模个性化定制、精准供应链管理、全生命周期管理、电子商务等正在重塑产业价值链体系；可穿戴智能产品、智能家电、智能汽车等智能终端产品不断拓展制造业新领域。我国制造业转型升级、创新发展迎来重大机遇。

全球产业竞争格局正在发生重大调整，我国在新一轮发展中面临巨大挑战。国际金融危机发生后，发达国家纷纷实施“再工业化”战略，重塑制造业竞争新优势，加速推进新一轮全球贸易投资新格局。一些发展中国家也在加快谋划和布局，积极参与全球产业再分工，承接产业及资本转移，拓展国际市场空间。我国制造业面临发达国家和其他发展中国家“双向挤压”的严峻挑战，必须放眼全球，加紧战略部署，着眼建设制造强国，固本培元，化挑战为机遇，抢占制造业新一轮竞争制高点。

（二）我国经济发展环境发生重大变化

随着新型工业化、信息化、城镇化、农业现代化同步推进，超大规模内需潜力不断释放，为我国制造业发展提供了广阔空间。各行业新的装备需求、人民群众新的消费需求、社会管理和公共服务新的民生需求、国防建设新的安全需求，都要求制造业在重大技术装备创新、消费品质量和安全、公共服务设施设备供给和国防装备保障等方面迅速提升水平和能力。全面深化改革和进一步扩大开放，将不断激发制造业发展活力和创造力，促进制造业转型升级。

我国经济发展进入新常态，制造业发展面临新挑战。资源和环境约束不断强化，劳动力等生产要素成本不断上升，投资和出口增速明显放缓，主要依靠资源要素投入、规模扩张的粗放发展模式难以为继，调整结构、转型升级、提质增效刻不容缓。形成经济增长新动力，塑造国际竞争新优势，重点在制造业，难点在制造业，出路也在制造业。

（三）建设制造强国任务艰巨而紧迫

经过几十年的快速发展，我国制造业规模跃居世界第一位，建立起门类齐全、独立完整的制造体系，成为支撑我国经济社会发展的重要基石和促进世界经济发展的重要力量。持续的技术创新，大大提高了我国制造业的综合竞争力。载人航天、载人深潜、大型飞机、北斗卫星导航、超级计算机、高铁装备、百万千瓦级发电装备、万米深海石油钻探设备等一批重大技术装备取得突破，形成了若干具有国际竞争力的优势产业和骨干企业，我国已具备了建设工业强国的基础和条件。

但我国仍处于工业化进程中，与先进国家相比还有较大差距。制造业大而不强，自主创新能力弱，关键核心技术与高端装备对外依存度高，以企业为主体的制造业创新体系不完善；产品档次不高，缺乏世界知名品牌；资源能源利用效率低，环境污染问题较为突出；产业结构不合理，高端装备制造业和生产性服务业发展滞后；信息化水平不高，与工业化融合深度不够；产业国际化程度不高，企业全球化经营能力不足。推进制造强国建设，必须着力解决以上问题。

建设制造强国，必须紧紧抓住当前难得的战略机遇，积极应对挑战，加强统筹规划，突出创新驱动，制定特殊政策，发挥制度优势，动员全社会力量奋力拼搏，更多依靠中国装备、依托中国品牌，实现中国制造向中国创造的转变，中国速度向中国质量的转变，中国产品向中国品牌的转变，完成中国制造由大变强的战略任务。

二、战略方针和目标

（一）指导思想

全面贯彻党的十八大和十八届二中、三中、四中全会精神，坚持走中国特色新型工业化道路，以促进制造业创新发展为主题，以提质增效为中心，以加快新一代信息技术与制造业深度融合为主线，以推进智能制造为主攻方向，以满足经济社会发展和国防建设对重大技术装备的需求为目标，强化工业基础能力，提高综合集成水平，完善多层次多类型人才培养体系，促进产业转型升级，培育有中国特色的制造文化，实现制造业由大变强的历史跨越。基本方针是：

——创新驱动。坚持把创新摆在制造业发展全局的核心位置，完善有利于创新的制度环境，推动跨领域跨行业协同创新，突破一批重点领域关键共性技术，促进制造业数字化网络化智能化，走创新驱动的发展道路。

——质量为先。坚持把质量作为建设制造强国的生命线，强化企业质量主体责任，加强质量技术攻关、自主品牌培育。建设法规标准体系、质量监管体系、先进质量文化，营造诚信经营的市场环境，走以质取胜的发展道路。

——绿色发展。坚持把可持续发展作为建设制造强国的重要着力点，加强节能环保技术、工艺、装备推广应用，全面推行清洁生产。发展循环经济，提高资源回收利用效率，构建绿色制造体系，走生态文明的发展道路。

——结构优化。坚持把结构调整作为建设制造强国的关键环节，大力发展先进制造业，改造提升传统产业，推动生产型制造向服务型制造转变。优化产业空间布局，培育一批具有核心竞争力的产业集群和企业群体，走提质增效的发展道路。

——人才为本。坚持把人才作为建设制造强国的根本，建立健全科学合理的选人、用人、育人机制，加快培养制造业发展急需的专业技术人才、经营管理人才、技能人才。营造大众创业、万众创新的氛围，建设一支素质优良、结构合理的制造业人才队伍，走人才引领的发展道路。

（二）基本原则

市场主导，政府引导。全面深化改革，充分发挥市场在资源配置中的决定性作用，强化企业主体地位，激发企业活力和创造力。积极转变政府职能，加强战略研究和规划引导，完善相关支持政策，为企业发展创造良好环境。

立足当前，着眼长远。针对制约制造业发展的瓶颈和薄弱环节，加快转型升级和提质增效，切实提高制造业的核心竞争力和可持续发展能力。准确把握新一轮科技革命和产业变革趋势，加强战略谋划和前瞻部署，扎扎实实打基础，在未来竞争中占据制高点。

整体推进，重点突破。坚持制造业发展全国一盘棋和分类指导相结合，统筹规划，合理布局，明确创新发展方向，促进军民融合深度发展，加快推动制造业整体水平提升。围绕经济社会发展和国家安全重大需求，整合资源，突出重点，实施若干重大工程，实现率先突破。

自主发展，开放合作。在关系国计民生和产业安全的基础性、战略性、全局性领域，着力掌握关键核心技术，完善产业链条，形成自主发展能力。继续扩大开放，积极利用全球资源和市场，加强产业全球布局和国际交流合作，形成新的比较优势，提升制造业开放发展水平。

（三）战略目标

立足国情，立足现实，力争通过“三步走”实现制造强国的战略目标。

第一步：力争用十年时间，迈入制造强国行列。

到 2020 年，基本实现工业化，制造业大国地位进一步巩固，制造业信息化水平大幅提升。掌握一批重点领域关键核心技术，优势领域竞争力进一步增强，产品质量有较大提高。制造业数字化、网络化、智能化取得明显进展。重点行业单位工业增加值能耗、物耗及污染物排放明显下降。

到 2025 年，制造业整体素质大幅提升，创新能力显著增强，全员劳动生产率明显提高，两化（工业化和信息化）融合迈上新台阶。重点行业单位工业增加值能耗、物耗及污染物排放达到世界先进水平。形成一批具有较强国际竞争力的跨国公司和产业集群，在全球产业分工和价值链中的地位明显提升。

第二步：到 2035 年，我国制造业整体达到世界制造强国阵营中等水平。创新能力大幅提升，重点领域发展取得重大突破，整体竞争力明显增强，优势行业形成全球创新引领能力，全面实现工业化。

第三步：新中国成立一百年时，制造业大国地位更加巩固，综合实力进入世界制造强国前列。制造业主要领域具有创新引领能力和明显竞争优势，建成全球领先的技术体系和产业体系。

2020 年和 2025 年制造业主要指标

类别	指 标	2013 年	2015 年	2020 年	2025 年
创新能力	规模以上制造业研发经费内部支出占主营业务收入比重（%）	0.88	0.95	1.26	1.68
	规模以上制造业每亿元主营业务收入有效发明专利数①（件）	0.36	0.44	0.70	1.10
质量效益	制造业质量竞争力指数②	83.1	83.5	84.5	85.5
	制造业增加值率提高	—	—	比 2015 年提高 2 个百分点	比 2015 年提高 4 个百分点
	制造业全员劳动生产率增速（%）	—	—	7.5 左右（“十三五”期间年均增速）	6.5 左右（“十四五”期间年均增速）
两化融合	宽带普及率③（%）	37	50	70	82
	数字化研发设计工具普及率④（%）	52	58	72	84
	关键工序数控化率⑤（%）	27	33	50	64
绿色发展	规模以上单位工业增加值能耗下降幅度	—	—	比 2015 年下降 18%	比 2015 年下降 34%
	单位工业增加值二氧化碳排放量下降幅度	—	—	比 2015 年下降 22%	比 2015 年下降 40%
	单位工业增加值用水量下降幅度	—	—	比 2015 年下降 23%	比 2015 年下降 41%
	工业固体废物综合利用率（%）	62	65	73	79

注：①规模以上制造业每亿元主营业务收入有效发明专利数 = 规模以上制造企业有效发明专利数 / 规模以上制造企业主营业务收入。

②制造业质量竞争力指数是反映我国制造业质量整体水平的经济技术综合指标，由质量水平和发展能力两个方面共计 12 项具体指标计算得出。

③宽带普及率用固定宽带家庭普及率代表，固定宽带家庭普及率 = 固定宽带家庭用户数 / 家庭户数。

④数字化研发设计工具普及率 = 应用数字化研发设计工具的规模以上企业数量 / 规模以上企业总数量（相关数据来源于 3 万家样本企业，下同）。

⑤关键工序数控化率为规模以上工业企业关键工序数控化率的平均值。

三、战略任务和重点

实现制造强国的战略目标，必须坚持问题导向，统筹谋划，突出重点；必须凝聚全社会共识，加快制造业转型升级，全面提高发展质量和核心竞争力。

（一）提高国家制造业创新能力

完善以企业为主体、市场为导向、政产学研用相结合的制造业创新体系。围绕产业链部署创新链，围绕创新链配置资源链，加强关键核心技术攻关，加速科技成果产业化，提高关键环节和重点领域的创新能力。

加强关键核心技术研发。强化企业技术创新主体地位，支持企业提升创新能力，推进国家技术创新示范企业和企业技术中心建设，充分吸纳企业参与国家科技计划的决策和实施。瞄准国家重大战略需求和未来产业发展制高点，定期研究制定发布制造业重点领域技术创新路线图。继续抓紧实施国家科技重大专项，通过国家科技计划（专项、基金等）支持关键核心技术研发。发挥行业骨干企业的主导作用和高等院校、科研院所的基础作用，建立一批产业创新联盟，开展政产学研用协同创新，攻克一批对产业竞争力整体提升具有全局性影响、带动性强的关键共性技术，加快成果转化。

提高创新设计能力。在传统制造业、战略性新兴产业、现代服务业等重点领域开展创新设计示范，全面推广应用以绿色、智能、协同为特征的先进设计技术。加强设计领域共性关键技术研发，攻克信息化设计、过程集成设计、复杂过程和系统设计等共性技术，开发一批具有自主知识产权的关键设计工具软件，建设完善创新设计生态系统。建设若干具有世界影响力的创新设计集群，培育一批专业化、开放型的工业设计企业，鼓励代工企业建立研究设计中心，向代设计和出口自主品牌产品转变。发展各类创新设计教育，设立国家工业设计奖，激发全社会创新设计的积极性和主动性。

推进科技成果产业化。完善科技成果转化运行机制，研究制定促进科技成果转化和产业化的指导意见，建立完善科技成果信息发布和共享平台，健全以技术交易市场为核心的技术转移和产业化服务体系。完善科技成果转化激励机制，推动事业单位科技成果使用、处置和收益管理改革，健全科技成果科学评估和市场定价机制。完善科技成果转化协同推进机制，引导政产学研用按照市场规律和创新规律加强合作，鼓励企业和社会资本建立一批从事技术集成、熟化和工程化的中试基地。加快国防科技成果转化和产业化进程，推进军民技术双向转移转化。

完善国家制造业创新体系。加强顶层设计，加快建立以创新中心为核心载体、以公共服务平台和工程数据中心为重要支撑的制造业创新网络，建立市场化的创新方向选择机制和鼓励创新的风险分担、利益共享机制。充分利用现有科技资源，围绕制造业重大共性需求，采取政府与社会合作、政产学研用产业创新战略联盟等新机制新模式，形成一批制造业创新中心（工业技术研究基地），开展关键共性重大技术研究和产业化应用示范。建设一批促进制造业协同创新的公共服务平台，规范服务标准，开展技术研发、检验检测、技术评价、技术交易、质量认证、人才培训等专业化服务，促进科技成果转化和推广应用。建设重点领域制造业工程数据中心，为企业提供创新知识和工程数据的开放共享服务。面向制造业关键共性技术，建设一批重大科学研究和实验设施，提高核心企业系统集成能力，促进向价值链高端延伸。

专栏1　制造业创新中心

（工业技术研究基地）建设工程

围绕重点行业转型升级和新一代信息技术、智能制造、增材制造、新材料、生物医药等领域创新发展的重大共性需求，形成一批制造业创新中心（工业技术研究基地），重点开展行业基础和共性关键技术研发、成果产业化、人才培训等工作。制定完善制造业创新中心遴选、考核、管理的标准和程序。

到2020年，重点形成15家左右制造业创新中心（工业技术研究基地），力争到2025年形成40家左右制造业创新中心（工业技术研究基地）。

加强标准体系建设。改革标准体系和标准化管理体制，组织实施制造业标准化提升计划，在智能制造等重点领域开展综合标准化工作。发挥企业在标准制定中的重要作用，支持组建重点领域标准推进联盟，建设标准创新研究基地，协同推进产品研发与标准制定。制定满足市场和创新需要的团体标准，建立企业产品和服务标准自我声明公开和监督制度。鼓励和支持企业、科研院所、行业组织等参与国际标准制定，加快我国标准国际化进程。大力推动国防装备采用先进的民用标准，推动军用技术标准向民用领域的转化和应用。做好标准的宣传贯彻，大力推动标准实施。

强化知识产权运用。加强制造业重点领域关键核心技术知识产权储备，构建产业化导向的专利组合和战略布局。鼓励和支持企业运用知识产权参与市场竞争，培育一批具备知识产权综合实力的优势企业，支持组建知识产权联盟，推动市场主体开展知识产权协同运用。稳妥推进国防知识产权解密和市场化应用。建立健全知识产权评议机制，鼓励和支持行业骨干企业与专业机构在重点领域合作开展专利评估、收购、运营、风险预警与应对。构建知识产权综合运用公共服务平台。鼓励开展跨国知识产权许可。研究制定降低中小企业知识产权申请、保护及维权成本的政策措施。

（二）推进信息化与工业化深度融合

加快推动新一代信息技术与制造技术融合发展，把智能制造作为两化深度融合的主攻方向；着力发展智能装备和智能产品，推进生产过程智能化，培育新型生产方式，全面提升企业研发、生产、管理和服务的智能化水平。

研究制定智能制造发展战略。编制智能制造发展规划，明确发展目标、重点任务和重大布局。加快制定智能制造技术标准，建立完善智能制造和两化融合管理标准体系。强化应用牵引，建立智能制造产业联盟，协同推动智能装备和产品研发、系统集成创新与产业化。促进工业互联网、云计算、大数据在企业研发设计、生产制造、经营管理、销售服务等全流程和全产业链的综合集成应用。加强智能制造工业控制系统网络安全保障能力建设，健全综合保障体系。

加快发展智能制造装备和产品。组织研发具有深度感知、智慧决策、自动执行功能的高档数控机床、工业机器人、增材制造装备等智能制造装备以及智能化生产线，突破新型传感器、智能测量仪表、工业控制系统、伺服电机及驱动器和减速器等智能核心装置，推进工程化和产业化。加快机械、航空、船舶、汽车、轻工、纺织、食品、电子等行业生产设备的智能化改造，提高精准制造、敏捷制造能力。统筹布局和推动智能交通工具、智能工程机械、服务机器人、智能家电、智能照明电器、可穿戴设备等产品研发和产业化。

推进制造过程智能化。在重点领域试点建设智能工厂/数字化车间，加快人机智能交互、工业机器人、智能物流管理、增材制造等技术和装备在生产过程中的应用，促进制造工艺的仿真优化、数字化控制、状态信息实时监测和自适应控制。加快产品全生命周期管理、客户关系管理、供应链管理系统的推广应用，促进集团管控、设计与制造、产供销一体、业务和财务衔接等关键环节集成，实现智能管控。加快民用爆炸物品、危险化学品、食品、印染、稀土、农药等重点行业智能检测监管体系建设，提高智能化水平。

深化互联网在制造领域的应用。制定互联网与制造业融合发展的路线图，明确发展方向、目标和路径。发展基于互联网的个性化定制、众包设计、云制造等新型制造模式，推动形成基于消费需求动态感知的研发、制造和产业组织方式。建立优势互补、合作共赢的开放型产业生态体系。加快开展物联网技术研发和应用示范，培育智能监测、远程诊断管理、全产业链追溯等工业互联网新应用。实施工业云及工业大数据创新应用试点，建设一批高质量的工业云服务和工业大数据平台，推动软件与服务、设计与制造资源、关键技术与标准的开放共享。

加强互联网基础设施建设。加强工业互联网基础设施建设规划与布局，建设低时延、高可靠、广覆盖的工业互联网。加快制造业集聚区光纤网、移动通信网和无线局域网的部署和建设，实现信息网络宽带升级，提高企业宽带接入能力。针对信息物理系统网络研发及应用需求，组织开发智能控制系统、工业应用软件、故障诊断软件和相关工具、传感和通信系统协议，实现人、设备与产品的实时联通、精确识别、有效交互与智能控制。

专栏2 智能制造工程

紧密围绕重点制造领域关键环节，开展新一代信息技术与制造装备融合的集成创新和工程应用。支持政产学研用联合攻关，开发智能产品和自主可控的智能装置并实现产业化。依托优势企业，紧扣关键工序智能化、关键岗位机器人替代、生产过程智能优化控制、供应链优化，建设重点领域智能工厂/数字化车间。在基础条件好、需求迫切的重点地区、行业和企业中，分类实施流程制造、离散制造、智能装备和产品、新业态新模式、智能化管理、智能化服务等试点示范及应用推广。建立智能制造标准体系和信息安全保障系统，搭建智能制造网络系统平台。

到2020年，制造业重点领域智能化水平显著提升，试点示范项目运营成本降低30%，产品生产周期缩短30%，不良品率降低30%。到2025年，制造业重点领域全面实现智能化，试点示范项目运营成本降低50%，产品生产周期缩短50%，不良品率降低50%。

（三）强化工业基础能力

核心基础零部件（元器件）、先进基础工艺、关键基础材料和产业技术基础（以下统称“四基”）等工业基础能力薄弱，是制约我国制造业创新发展和质量提升的症结所在。要坚持问题导向、产需结合、协同创新、重点突破的原则，着力破解制约重点产业发展的瓶颈。

统筹推进“四基”发展。制定工业强基实施方案，明确重点方向、主要目标和实施路径。制定工业“四基”发展指导目录，发布工业强基发展报告，组织实施工业强基工程。统筹军民两方面资源，开展军民两用技术联合攻关，支持军民技术相互有效利用，促进基础领域融合发展。强化基础领域标准、计量体系建设，加快实施对标达标，提升基础产品的质量、可靠性和寿命。建立多部门协调推进机制，引导各类要素向基础领域集聚。

加强“四基”创新能力建设。强化前瞻性基础研究，着力解决影响核心基础零部件（元器件）产品性能和稳定性的关键共性技术。建立基础工艺创新体系，利用现有资源建立关键共性基础工艺研究机构，开展先进成型、加工等关键制造工艺联合攻关；支持企业开展工艺创新，培养工艺专业人才。加大基础专用材料研发力度，提高专用材料自给保障能力和制备技术水平。建立国家工业基础数据库，加强企业试验检测数据和计量数据的采集、管理、应用和积累。加大对“四基”领域技术研发的支持力度，引导产业投资基金和创业投资基金投向“四基”领域重点项目。

推动整机企业和“四基”企业协同发展。注重需求侧激励，产用结合，协同攻关。依托国家科技计划（专项、基金等）和相关工程等，在数控机床、轨道交通装备、航空航天、发电设备等重点领域，引导整机企业和“四基”企业、高校、科研院所产需对接，建立产业联盟，形成协同创新、产用结合、以市场促基础产业发展的新模式，提升重大装备自主可控水平。开展工业强基示范应用，完善首台（套）、首批次政策，支持核心基础零部件（元器件）、先进基础工艺、关键基础材料推广应用。

专栏3 工业强基工程

开展示范应用，建立奖励和风险补偿机制，支持核心基础零部件（元器件）、先进基础工艺、关键基础材料的首批次或跨领域应用。组织重点突破，针对重大工程和重点装备的关键技术和产品急需，支持优势企业开展政产学研用联合攻关，突破关键基础材料、核心基础零部件的工程化、产业化瓶颈。强化平台支撑，布局和组建一批“四基”研究中心，创建一批公共服务平台，完善重点产业技术基础体系。

到2020年，40%的核心基础零部件、关键基础材料实现自主保障，受制于人的局面逐步缓解，航天装备、通信装备、发电与输变电设备、工程机械、轨道交通装备、家用电器等产业急需的核心基础零部件（元器件）和关键基础材料的先进制造工艺得到推广应用。到2025年，70%的核心基础零部件、关键基础材料实现自主保障，80种标志性先进工艺得到推广应用，部分达到国际领先水平，建成较为完善的产业技术基础服务体系，逐步形成整机牵引和基础支撑协调互动的产业创新发展格局。

（四）加强质量品牌建设

提升质量控制技术，完善质量管理机制，夯实质量发展基础，优化质量发展环境，努力实现制造业质量大幅提升。鼓励企业追求卓越品质，形成具有自主知识产权的名牌产品，不断提升企业品牌价值和中国制造整体形象。

推广先进质量管理技术和方法。建设重点产品标准符合性认定平台，推动重点产品技术、安全标准全面达到国际先进水平。开展质量标杆和领先企业示范活动，普及卓越绩效、六西格玛、精益生产、质量诊断、质量持续改进等先进生产管理模式和方法。支持企业提高质量在线监测、在线控制和产品全生命周期质量追溯能力。组织开展重点行业工艺优化行动，提升关键工艺过程控制水平。开展质量管理小组、现场改进等群众性质量管理活动示范推广。加强中小企业质量管理，开展质量安全培训、诊断和辅导活动。

加快提升产品质量。实施工业产品质量提升行动计划，针对汽车、高档数控机床、轨道交通装备、大型成套技术装备、工程机械、特种设备、关键原材料、基础零部件、电子元器件等重点行业，组织攻克一批长期困扰产品质量提升的关键共性质量技术，加强可靠性设计、试验与验证技术开发应用，推广采用先进成型和加工方法、在线检测装置、智能化生产和物流系统及检测设备等，使重点实物产品的性能稳定性、质量可靠性、环境适应性、使用寿命等指标达到国际同类产品先进水平。在食品、药品、婴童用品、家电等领域实施覆盖产品全生命周期的质量管理、质量自我声明和质量追溯制度，保障重点消费品质量安全。大力提高国防装备质量可靠性，增强国防装备实战能力。

完善质量监管体系。健全产品质量标准体系、政策规划体系和质量管理法律法规。加强关系民生和安全等重点领域的行业准入与市场退出管理。建立消费品生产经营企业产品事故强制报告制度，健全质量信用信息收集和发布制度，强化企业质量主体责任。将质量违法违规记录作为企业诚信评级的重要内容，建立质量黑名单制度，加大对质量违法和假冒品牌行为的打击和惩处力度。建立区域和行业质量安全预警制度，防范化解产品质量安全风险。严格实施产品“三包”、产品召回等制度。强化监管检查和责任追究，切实保护消费者权益。

夯实质量发展基础。制定和实施与国际先进水平接轨的制造业质量、安全、卫生、环保及节能标准。加强计量科技基础及前沿技术研究，建立一批制造业发展急需的高准确度、高稳定性计量基标准，提升与制造业相关的国家量传溯源能力。加强国家产业计量测试中心建设，构建国家计量科技创新体系。完善检验检测技术保障体系，建设一批高水平的工业产品质量控制和技术评价实验室、产品质量监督检验中心，鼓励建立专业检测技术联盟。完善认证认可管理模式，提高强制性产品认证的有效性，推动自愿性产品认证健康发展，提升管理体系认证水平，稳步推进国际互认。支持行业组织发布自律规范或公约，开展质量信誉承诺活动。

推进制造业品牌建设。引导企业制定品牌管理体系，围绕研发创新、生产制造、质量管理和营销服务全过程，提升内在素质，夯实品牌发展基础。扶持一批品牌培育和运营专业服务机构，开展品牌管理咨询、市场推广等服务。健全集体商标、证明商标注册管理制度。打造一批特色鲜明、竞争力强、市场信誉好的产业集群区域品牌。建设品牌文化，引导企业增强以质量和信誉为核心的品牌意识，树立品牌消费理念，提升品牌附加值和软实力。加速我国品牌价值评价国际化进程，充分发挥各类媒体作用，加大中国品牌宣传推广力度，树立中国制造品牌良好形象。

（五）全面推行绿色制造

加大先进节能环保技术、工艺和装备的研发力度，加快制造业绿色改造升级；积极推行低碳化、循环化和集约化，提高制造业资源利用效率；强化产品全生命周期绿色管理，努力构建高效、清洁、低碳、循环的绿色制造体系。

加快制造业绿色改造升级。全面推进钢铁、有色、化工、建材、轻工、印染等传统制造业绿色改造，大力研发推广余热余压回收、水循环利用、重金属污染减量化、有毒有害原料替代、废渣资源化、脱硫脱硝除尘等绿色工艺技术装备，加快应用清洁高效铸造、锻压、焊接、表面处理、切削等加工工艺，实现绿色生产。加强绿色产品研发应用，推广轻量化、低功耗、易回收等技术工艺，持续提升电机、锅炉、内燃机及电器等终端用能产品能效水平，加快淘汰落后机电产品和技术。积极引领新兴产业高起点绿色发展，大幅降低电子信息产品生产、使用能耗及限用物质含量，建设绿色数据中心和绿色基站，大力促进新材料、新能源、高端装备、生物产业绿色低碳发展。

推进资源高效循环利用。支持企业强化技术创新和管理，增强绿色精益制造能力，大幅降低能耗、物耗和水耗水平。持续提高绿色低碳能源使用比率，开展工业园区和企业分布式绿色智能微电网建设，控制和削减化石能源消费量。全面推行循环生产方式，促进企业、园区、行业间链接共生、原料互供、资源共享。推进资源再生利用产业规范化、规模化发展，强化技术装备支撑，提高大宗工业固体废弃物、废旧金属、废弃电器电子产品等综合利用水平。大力发展再制造产业，实施高端再制造、智能再制造、在役再制造，推进产品认定，促进再制造产业持续健康发展。

积极构建绿色制造体系。支持企业开发绿色产品，推行生态设计，显著提升产品节能环保低碳水平，引导绿色生产和绿色消费。建设绿色工厂，实现厂房集约化、原料无害化、生产洁净化、废物资源化、能源低碳化。发展绿色园区，推进工业园区产业耦合，实现近零排放。打造绿色供应链，加快建立以资源节约、环境友好为导向的采购、生产、营销、回收及物流体系，落实生产者责任延伸制度。壮大绿色企业，支持企业实施绿色战略、绿色标准、绿色管理和绿色生产。强化绿色监管，健全节能环保法规、标准体系，加强节能环保监察，推行企业社会责任报告制度，开展绿色评价。

专栏4　绿色制造工程

组织实施传统制造业能效提升、清洁生产、节水治污、循环利用等专项技术改造。开展重大节能环保、资源综合利用、再制造、低碳技术产业化示范。实施重点区域、流域、行业清洁生产水平提升计划，扎实推进大气、水、土壤污染源头防治专项。制定绿色产品、绿色工厂、绿色园区、绿色企业标准体系，开展绿色评价。

到2020年，建成千家绿色示范工厂和百

家绿色示范园区，部分重化工行业能源资源消耗出现拐点，重点行业主要污染物排放强度下降20%。到2025年，制造业绿色发展和主要产品单耗达到世界先进水平，绿色制造体系基本建立。

（六）大力推动重点领域突破发展

瞄准新一代信息技术、高端装备、新材料、生物医药等战略重点，引导社会各类资源集聚，推动优势和战略产业快速发展。

1. 新一代信息技术产业。集成电路及专用装备。着力提升集成电路设计水平，不断丰富知识产权（IP）核和设计工具，突破关系国家信息与网络安全及电子整机产业发展的核心通用芯片，提升国产芯片的应用适配能力。掌握高密度封装及三维（3D）微组装技术，提升封装产业和测试的自主发展能力。形成关键制造装备供货能力。

信息通信设备。掌握新型计算、高速互联、先进存储、体系化安全保障等核心技术，全面突破第五代移动通信（5G）技术、核心路由交换技术、超高速大容量智能光传输技术、“未来网络”核心技术和体系架构，积极推动量子计算、神经网络等发展。研发高端服务器、大容量存储、新型路由交换、新型智能终端、新一代基站、网络安全等设备，推动核心信息通信设备体系化发展与规模化应用。

操作系统及工业软件。开发安全领域操作系统等工业基础软件。突破智能设计与仿真及其工具、制造物联与服务、工业大数据处理等高端工业软件核心技术，开发自主可控的高端工业平台软件和重点领域应用软件，建立完善工业软件集成标准与安全测评体系。推进自主工业软件体系化发展和产业化应用。

2. 高档数控机床和机器人。高档数控机床。开发一批精密、高速、高效、柔性数控机床与基础制造装备及集成制造系统。加快高档数控机床、增材制造等前沿技术和装备的研发。以提升可靠性、精度保持性为重点，开发高档数控系统、伺服电机、轴承、光栅等主要功能部件及关键应用软件，加快实现产业化。加强用户工艺验证能力建设。

机器人。围绕汽车、机械、电子、危险品制造、国防军工、化工、轻工等工业机器人、特种机器人，以及医疗健康、家庭服务、教育娱乐等服务机器人应用需求，积极研发新产品，促进机器人标准化、模块化发展，扩大市场应用。突破机器人本体、减速器、伺服电机、控制器、传感器与驱动器等关键零部件及系统集成设计制造等技术瓶颈。

3. 航空航天装备。航空装备。加快大型飞机研制，适时启动宽体客机研制，鼓励国际合作研制重型直升机；推进干支线飞机、直升机、无人机和通用飞机产业化。突破高推重比、先进涡桨（轴）发动机及大涵道比涡扇发动机技术，建立发动机自主发展工业体系。开发先进机载设备及系统，形成自主完整的航空产业链。

航天装备。发展新一代运载火箭、重型运载器，提升进入空间能力。加快推进国家民用空间基础设施建设，发展新型卫星等空间平台与有效载荷、空天地宽带互联网系统，形成长期持续稳定的卫星遥感、通信、导航等空间信息服务能力。推动载人航天、月球探测工程，适度发展深空探测。推进航天技术转化与空间技术应用。

4. 海洋工程装备及高技术船舶。大力发展深海探测、资源开发利用、海上作业保障装备及其关键系统和专用设备。推动深海空间站、大型浮式结构物的开发和工程化。形成海洋工程装备综合试验、检测与鉴定能力，提高海洋开发利用水平。突破豪华邮轮设计建造技术，全面提升液化天然气船等高技术船舶国际竞争力，掌握重点配套设备集成化、智能化、模块化设计制造核心技术。

5. 先进轨道交通装备。加快新材料、新技术和新工艺的应用，重点突破体系化安全保障、节能环保、数字化智能化网络化技术，研制先进可靠适用的产品和轻量化、模块化、谱系化产品。

研发新一代绿色智能、高速重载轨道交通装备系统，围绕系统全寿命周期，向用户提供整体解决方案，建立世界领先的现代轨道交通产业体系。

6. 节能与新能源汽车。继续支持电动汽车、燃料电池汽车发展，掌握汽车低碳化、信息化、智能化核心技术，提升动力电池、驱动电机、高效内燃机、先进变速器、轻量化材料、智能控制等核心技术的工程化和产业化能力，形成从关键零部件到整车的完整工业体系和创新体系，推动自主品牌节能与新能源汽车同国际先进水平接轨。

7. 电力装备。推动大型高效超净排放煤电机组产业化和示范应用，进一步提高超大容量水电机组、核电机组、重型燃气轮机制造水平。推进新能源和可再生能源装备、先进储能装置、智能电网用输变电及用户端设备发展。突破大功率电力电子器件、高温超导材料等关键元器件和材料的制造及应用技术，形成产业化能力。

8. 农机装备。重点发展粮、棉、油、糖等大宗粮食和战略性经济作物育、耕、种、管、收、运、贮等主要生产过程使用的先进农机装备，加快发展大型拖拉机及其复式作业机具、大型高效联合收割机等高端农业装备及关键核心零部件。提高农机装备信息收集、智能决策和精准作业能力，推进形成面向农业生产的信息化整体解决方案。

9. 新材料。以特种金属功能材料、高性能结构材料、功能性高分子材料、特种无机非金属材料和先进复合材料为发展重点，加快研发先进熔炼、凝固成型、气相沉积、型材加工、高效合成等新材料制备关键技术和装备，加强基础研究和体系建设，突破产业化制备瓶颈。积极发展军民共用特种新材料，加快技术双向转移转化，促进新材料产业军民融合发展。高度关注颠覆性新材料对传统材料的影响，做好超导材料、纳米材料、石墨烯、生物基材料等战略前沿材料提前布局和研制。加快基础材料升级换代。

10. 生物医药及高性能医疗器械。发展针对重大疾病的化学药、中药、生物技术药物新产品，重点包括新机制和新靶点化学药、抗体药物、抗体偶联药物、全新结构蛋白及多肽药物、新型疫苗、临床优势突出的创新中药及个性化治疗药物。提高医疗器械的创新能力和产业化水平，重点发展影像设备、医用机器人等高性能诊疗设备，全降解血管支架等高值医用耗材，可穿戴、远程诊疗等移动医疗产品。实现生物 3D 打印、诱导多能干细胞等新技术的突破和应用。

专栏5　高端装备创新工程

组织实施大型飞机、航空发动机及燃气轮机、民用航天、智能绿色列车、节能与新能源汽车、海洋工程装备及高技术船舶、智能电网成套装备、高档数控机床、核电装备、高端诊疗设备等一批创新和产业化专项、重大工程。开发一批标志性、带动性强的重点产品和重大装备，提升自主设计水平和系统集成能力，突破共性关键技术与工程化、产业化瓶颈，组织开展应用试点和示范，提高创新发展能力和国际竞争力，抢占竞争制高点。

到 2020 年，上述领域实现自主研制及应用。到 2025 年，自主知识产权高端装备市场占有率大幅提升，核心技术对外依存度明显下降，基础配套能力显著增强，重要领域装备达到国际领先水平。

（七）深入推进制造业结构调整

推动传统产业向中高端迈进，逐步化解过剩产能，促进大企业与中小企业协调发展，进一步优化制造业布局。

持续推进企业技术改造。明确支持战略性重大项目和高端装备实施技术改造的政策方向，稳定中央技术改造引导资金规模，通过贴息等方式，建立支持企业技术改造的长效机制。推动技术改造相关立法，强化激励约束机制，完善促进企业技术改造的政策体系。支持重点行业、高端产品、关键环节进行技术改造，引导企业采用先进适用技术，优化产品结构，全面提升设计、制造、工艺、管理水平，促进钢铁、石化、工程机械、轻工、纺织等产业向价值链高端发展。研究制定重点产业技术改造投资指南和重点项目导向计划，吸引社会资金参与，优化工业投资结构。围绕两化融合、节能降耗、质量提升、安全生产等传统领域改造，推广应用新技术、新工艺、新装备、新材料，提高企业生产技术水平和效益。

稳步化解产能过剩矛盾。加强和改善宏观调控，按照“消化一批、转移一批、整合一批、淘汰一批”的原则，分业分类施策，有效化解产能过剩矛盾。加强行业规范和准入管理，推动企业提升技术装备水平，优化存量产能。加强对产能严重过剩行业的动态监测分析，建立完善预警机制，引导企业主动退出过剩行业。切实发挥市场机制作用，综合运用法律、经济、技术及必要的行政手段，加快淘汰落后产能。

促进大中小企业协调发展。强化企业市场主体地位，支持企业间战略合作和跨行业、跨区域兼并重组，提高规模化、集约化经营水平，培育一批核心竞争力强的企业集团。激发中小企业创业创新活力，发展一批主营业务突出、竞争力强、成长性好、专注于细分市场的专业化“小巨人”企业。发挥中外中小企业合作园区示范作用，利用双边、多边中小企业合作机制，支持中小企业走出去和引进来。引导大企业与中小企业通过专业分工、服务外包、订单生产等多种方式，建立协同创新、合作共赢的协作关系。推动建设一批高水平的中小企业集群。

优化制造业发展布局。落实国家区域发展总体战略和主体功能区规划，综合考虑资源能源、环境容量、市场空间等因素，制定和实施重点行业布局规划，调整优化重大生产力布局。完善产业转移指导目录，建设国家产业转移信息服务平台，创建一批承接产业转移示范园区，引导产业合理有序转移，推动东中西部制造业协调发展。积极推动京津冀和长江经济带产业协同发展。按照新型工业化的要求，改造提升现有制造业集聚区，推动产业集聚向产业集群转型升级。建设一批特色和优势突出、产业链协同高效、核心竞争力强、公共服务体系健全的新型工业化示范基地。

（八）积极发展服务型制造和生产性服务业

加快制造与服务的协同发展，推动商业模式创新和业态创新，促进生产型制造向服务型制造转变。大力发展与制造业紧密相关的生产性服务业，推动服务功能区和服务平台建设。

推动发展服务型制造。研究制定促进服务型制造发展的指导意见，实施服务型制造行动计划。开展试点示范，引导和支持制造业企业延伸服务链条，从主要提供产品制造向提供产品和服务转变。鼓励制造业企业增加服务环节投入，发展个性化定制服务、全生命周期管理、网络精准营销和在线支持服务等。支持有条件的企业由提供设备向提供系统集成总承包服务转变，由提供产品向提供整体解决方案转变。鼓励优势制造业企业“裂变”专业优势，通过业务流程再造，面向行业提供社会化、专业化服务。支持符合条件的制造业企业建立企业财务公司、金融租赁公司等金融机构，推广大型制造设备、生产线等融资租赁服务。

加快生产性服务业发展。大力发展面向制造业的信息技术服务，提高重点行业信息应用系统的方案设计、开发、综合集成能力。鼓励互联网等企业发展移动电子商务、在线定制、线上到线下等创新模式，积极发展对产品、市场的动态监控和预测预警等业务，实现与制造业企业的无缝对接，创新业务协作流程和价值创造模式。加快发展研发设计、技术转移、创业孵化、知识产权、科技咨询等科技服务业，发展壮大第三方物流、节能环保、检验检测认证、电子商务、服务外包、融资租赁、人力资源服务、售后服务、品牌建设等生产性服务业，提高对制造业转型升级的支撑能力。

强化服务功能区和公共服务平台建设。建设和提升生产性服务业功能区，重点发展研发设计、信息、物流、商务、金融等现代服务业，增强辐射能力。依托制造业集聚区，建设一批生产性服务业公共服务平台。鼓励东部地区企业加快制造业服务化转型，建立生产服务基地。支持中西部地区发展具有特色和竞争力的生产性服务业，加快产业转移承接地服务配套设施和能力建设，实现制造业和服务业协同发展。

（九）提高制造业国际化发展水平

统筹利用两种资源、两个市场，实行更加积极的开放战略，将引进来与走出去更好结合，拓展新的开放领域和空间，提升国际合作的水平和层次，推动重点产业国际化布局，引导企业提高国际竞争力。

提高利用外资与国际合作水平。进一步放开一般制造业，优化开放结构，提高开放水平。引导外资投向新一代信息技术、高端装备、新材料、生物医药等高端制造领域，鼓励境外企业和科研机构在我国设立全球研发机构。支持符合条件的企业在境外发行股票、债券，鼓励与境外企业开展多种形式的技术合作。

提升跨国经营能力和国际竞争力。支持发展一批跨国公司，通过全球资源利用、业务流程再造、产业链整合、资本市场运作等方式，加快提升核心竞争力。支持企业在境外开展并购和股权投资、创业投资，建立研发中心、实验基地和全球营销及服务体系；依托互联网开展网络协同设计、精准营销、增值服务创新、媒体品牌推广等，建立全球产业链体系，提高国际化经营能力和服务水平。鼓励优势企业加快发展国际总承包、总集成。引导企业融入当地文化，增强社会责任意识，加强投资和经营风险管理，提高企业境外本土化能力。

深化产业国际合作，加快企业走出去。加强顶层设计，制定制造业走出去发展总体战略，建立完善统筹协调机制。积极参与和推动国际产业合作，贯彻落实丝绸之路经济带和21世纪海上丝绸之路等重大战略部署，加快推进与周边国家互联互通基础设施建设，深化产业合作。发挥沿边开放优势，在有条件的国家和地区建设一批境外制造业合作园区。坚持政府推动、企业主导，创新商业模式，鼓励高端装备、先进技术、优势产能向境外转移。加强政策引导，推动产业合作由加工制造环节为主向合作研发、联合设计、市场营销、品牌培育等高端环节延伸，提高国际合作水平。创新加工贸易模式，延长加工贸易国内增值链条，推动加工贸易转型升级。

四、战略支撑与保障

建设制造强国，必须发挥制度优势，动员各方面力量，进一步深化改革，完善政策措施，建立灵活高效的实施机制，营造良好环境；必须培育创新文化和中国特色制造文化，推动制造业由大变强。

（一）深化体制机制改革

全面推进依法行政，加快转变政府职能，创新政府管理方式，加强制造业发展战略、规划、政策、标准等制定和实施，强化行业自律和公共服务能力建设，提高产业治理水平。简政放权，深化行政审批制度改革，规范审批事项，简化程序，明确时限；适时修订政府核准的投资项目目录，落实企业投资主体地位。完善政产学研用协同创新机制，改革技术创新管理体制机制和项目经费分配、成果评价和转化机制，促进科技成果资本化、产业化，激发制造业创新活力。加快生产要素价格市场化改革，完善主要由市场决定价格的机制，合理配置公共资源；推行节能量、碳排放权、排污权、水权交易制度改革，加快资源税从价计征，推动环境保护费改税。深化国有企业改革，完善公司治理结构，有序发展混合所有制经济，进一步破除各种形式的行业垄断，取消对非公有制经济的不合理限制。稳步推进国防科技工业改革，推动军民融合深度发展。健全产业安全审查机制和法规体系，加强关系国民经济命脉和国家安全的制造业重要领域投融资、并购重组、招标采购等方面的安全审查。

（二）营造公平竞争市场环境

深化市场准入制度改革，实施负面清单管理，加强事中事后监管，全面清理和废止不利于全国统一市场建设的政策措施。实施科学规范的行业准入制度，制定和完善制造业节能节地节水、环保、技术、安全等准入标准，加强对国家强制性标准实施的监督检查，统一执法，以市场化手段引导企业进行结构调整和转型升级。切实加强监管，打击制售假冒伪劣行为，严厉惩处市场垄断和不正当竞争行为，为企业创造良好生产经营环境。加快发展技术市场，健全知识产权创造、运用、管理、保护机制。完善淘汰落后产能工作涉及的职工安置、债务清偿、企业转产等政策措施，健全市场退出机制。进一步减轻企业负担，实施涉企收费清单制度，建立全国涉企收费项目库，取缔各种不合理收费和摊派，加强监督检查和问责。推进制造业企业信用体系建设，建设中国制造信用数据库，建立健全企业信用动态评价、守信激励和失信惩戒机制。强化企业社会责任建设，推行企业产品标准、质量、安全自我声明和监督制度。

（三）完善金融扶持政策

深化金融领域改革，拓宽制造业融资渠道，降低融资成本。积极发挥政策性金融、开发性金融和商业金融的优势，加大对新一代信息技术、高端装备、新材料等重点领域的支持力度。支持中国进出口银行在业务范围内加大对制造业走出去的服务力度，鼓励国家开发银行增加对制造业企业的贷款投放，引导金融机构创新符合制造业企业特点的产品和业务。健全多层次资本市场，推动区域性股权市场规范发展，支持符合条件的制造业企业在境内外上市融资、发行各类债务融资工具。引导风险投资、私募股权投资等支持制造业企业创新发展。鼓励符合条件的制造业贷款和租赁资产开展证券化试点。支持重点领域大型制造业企业集团开展产融结合试点，通过融资租赁方式促进制造业转型升级。探索开发适合制造业发展的保险产品和服务，鼓励发展贷款保证保险和信用保险业务。在风险可控和商业可持续的前提下，通过内保外贷、外汇及人民币贷款、债权融资、股权融资等方式，加大对制造业企业在境外开展资源勘探开发、设立研发中心和高技术企业以及收购兼并等的支持力度。

（四）加大财税政策支持力度

充分利用现有渠道，加强财政资金对制造业的支持，重点投向智能制造、“四基”发展、高端装备等制造业转型升级的关键领域，为制造业发展创造良好政策环境。运用政府和社会资本合作（PPP）模式，引导社会资本参与制造业重大项目建设、企业技术改造和关键基础设施建设。创新财政资金支持方式，逐步从“补建设”向“补运营”转变，提高财政资金使用效益。深化科技计划（专项、基金等）管理改革，支持制造业重点领域科技研发和示范应用，促进制造业技术创新、转型升级和结构布局调整。完善和落实支持创新的政府采购政策，推动制造业创新产品的研发和规模化应用。落实和完善使用首台（套）重大技术装备等鼓励政策，健全研制、使用单位在产品创新、增值服务和示范应用等环节的激励约束机制。实施有利于制造业转型升级的税收政策，推进增值税改革，完善企业研发费用计核方法，切实减轻制造业企业税收负担。

（五）健全多层次人才培养体系

加强制造业人才发展统筹规划和分类指导，组织实施制造业人才培养计划，加大专业技术人才、经营管理人才和技能人才的培养力度，完善从研发、转化、生产到管理的人才培养体系。以提高现代经营管理水平和企业竞争力为核心，实施企业经营管理人才素质提升工程和国家中小企业银河培训工程，培养造就一批优秀企业家和高水平经营管理人才。以高层次、急需紧缺专业技术人才和创新型人才为重点，实施专业技术人才知识更新工程和先进制造卓越工程师培养计划，在高等学校建设一批工程创新训练中心，打造高素质专业技术人才队伍。强化职业教育和技能培训，引导一批普通本科高等学校向应用技术类高等学校转型，建立一批实训基地，开展现代学徒制试点示范，形成一支门类齐全、技艺精湛的技术技能人才队伍。鼓励企业与学校合作，培养制造业急需的科研人员、技术技能人才与复合型人才，深化相关领域工程博士、硕士专业学位研究生招生和培养模式改革，积极推进产学研结合。加强产业人才需求预测，完善各类人才信息库，构建产业人才水平评价制度和信息发布平台。建立人才激励机制，加大对优秀人才的表彰和奖励力度。建立完善制造业人才服务机构，健全人才流动和使用的体制机制。采取多种形式选拔各类优秀人才重点是专业技术人才到国外学习培训，探索建立国际培训基地。加大制造业引智力度，引进领军人才和紧缺人才。

（六）完善中小微企业政策

落实和完善支持小微企业发展的财税优惠政策，优化中小企业发展专项资金使用重点和方式。发挥财政资金杠杆撬动作用，吸引社会资本，加快设立国家中小企业发展基金。支持符合条件的民营资本依法设立中小型银行等金融机构，鼓励商业银行加大小微企业金融服务专营机构建设力度，建立完善小微企业融资担保体系，创新产品和服务。加快构建中小微企业征信体系，积极发展面向小微企业的融资租赁、知识产权质押贷款、信用保险保单质押贷款等。建设完善中小企业创业基地，引导各类创业投资基金投资小微企业。鼓励大学、科研院所、工程中心等对中小企业开放共享各种实（试）验设施。加强中小微企业综合服务体系建设，完善中小微企业公共服务平台网络，建立信息互联互通机制，为中小微企业提供创业、创新、融资、咨询、培训、人才等专业化服务。

（七）进一步扩大制造业对外开放

深化外商投资管理体制改革，建立外商投资准入前国民待遇加负面清单管理机制，落实备案为主、核准为辅的管理模式，营造稳定、透明、可预期的营商环境。全面深化外汇管理、海关监管、检验检疫管理改革，提高贸易投资便利化水平。进一步放宽市场准入，修订钢铁、化工、船舶等产业政策，支持制造业企业通过委托开发、专利授权、众包众创等方式引进先进技术和高端人才，推动利用外资由重点引进技术、资金、设备向合资合作开发、对外并购及引进领军人才转变。加强对外投资立法，强化制造业企业走出去法律保障，规范企业境外经营行为，维护企业合法权益。探索利用产业基金、国有资本收益等渠道支持高铁、电力装备、汽车、工程施工等装备和优势产能走出去，实施海外投资并购。加快制造业走出去支撑服务机构建设和水平提升，建立制造业对外投资公共服务平台和出口产品技术性贸易服务平台，完善应对贸易摩擦和境外投资重大事项预警协调机制。

（八）健全组织实施机制

成立国家制造强国建设领导小组，由国务院领导同志担任组长，成员由国务院相关部门和单位负责同志担任。领导小组主要职责是：统筹协调制造强国建设全局性工作，审议重大规划、重大政策、重大工程专项、重大问题和重要工作安排，加强战略谋划，指导部门、地方开展工作。领导小组办公室设在工业和信息化部，承担领导小组日常工作。设立制造强国建设战略咨询委员会，研究制造业发展的前瞻性、战略性重大问题，对制造业重大决策提供咨询评估。支持包括社会智库、企业智库在内的多层次、多领域、多形态的中国特色新型智库建设，为制造强国建设提供强大智力支持。建立《中国制造2025》任务落实情况督促检查和第三方评价机制，完善统计监测、绩效评估、动态调整和监督考核机制。建立《中国制造2025》中期评估机制，适时对目标任务进行必要调整。

各地区、各部门要充分认识建设制造强国的重大意义，加强组织领导，健全工作机制，强化部门协同和上下联动。各地区要结合当地实际，研究制定具体实施方案，细化政策措施，确保各项任务落实到位。工业和信息化部要会同相关部门加强跟踪分析和督促指导，重大事项及时向国务院报告。

国务院关于推进国际产能和装备制造合作的指导意见

国发〔2015〕30号　2015年5月13日

各省、自治区、直辖市人民政府，国务院各部委、各直属机构：

近年来，我国装备制造业持续快速发展，产业规模、技术水平和国际竞争力大幅提升，在世界上具有重要地位，国际产能和装备制造合作初见成效。当前，全球产业结构加速调整，基础设施建设方兴未艾，发展中国家大力推进工业化、城镇化进程，为推进国际产能和装备制造合作提供了重要机遇。为抓住有利时机，推进国际产能和装备制造合作，实现我国经济提质增效升级，现提出以下意见：

一、重要意义

（一）推进国际产能和装备制造合作，是保持我国经济中高速增长和迈向中高端水平的重大举措

当前，我国经济发展进入新常态，对转变发展方式、调整经济结构提出了新要求。积极推进国际产能和装备制造合作，有利于促进优势产能对外合作，形成我国新的经济增长点，有利于促进企业不断提升技术、质量和服务水平，增强整体素质和核心竞争力，推动经济结构调整和产业转型升级，实现从产品输出向产业输出的提升。

（二）推进国际产能和装备制造合作，是推动新一轮高水平对外开放、增强国际竞争优势的重要内容

当前，我国对外开放已经进入新阶段，加快铁路、电力等国际产能和装备制造合作，有利于统筹国内国际两个大局，提升开放型经济发展水平，有利于实施“一带一路”、中非“三网一化”合作等重大战略。

（三）推进国际产能和装备制造合作，是开展互利合作的重要抓手

当前，全球基础设施建设掀起新热潮，发展中国家工业化、城镇化进程加快，积极开展境外基础设施建设和产能投资合作，有利于深化我国与有关国家的互利合作，促进当地经济和社会发展。

二、总体要求

（四）指导思想和总体思路

全面贯彻落实党的十八大和十八届二中、三中、四中全会精神，按照党中央、国务院决策部署，适应经济全球化新形势，着眼全球经济发展新格局，把握国际经济合作新方向，将我国产业优势和资金优势与国外需求相结合，以企业为主体，以市场为导向，加强政府统筹协调，创新对外合作机制，加大政策支持力度，健全服务保障体系，大力推进国际产能和装备制造合作，有力促进国内经济发展、产业转型升级，拓展产业发展新空间，打造经济增长新动力，开创对外开放新局面。

（五）基本原则

坚持企业主导、政府推动。以企业为主体、市场为导向，按照国际惯例和商业原则开展国际产能和装备制造合作，企业自主决策、自负盈亏、自担风险。政府加强统筹协调，制定发展规划，改革管理方式，提高便利化水平，完善支持政策，营造良好环境，为企业“走出去”

创造有利条件。

坚持突出重点、有序推进。国际产能和装备制造合作要选择制造能力强、技术水平高、国际竞争优势明显、国际市场有需求的领域为重点，近期以亚洲周边国家和非洲国家为主要方向，根据不同国家和行业的特点，有针对性地采用贸易、承包工程、投资等多种方式有序推进。

坚持注重实效、互利共赢。推动我装备、技术、标准和服务“走出去”，促进国内经济发展和产业转型升级。践行正确义利观，充分考虑所在国国情和实际需求，注重与当地政府和企业互利合作，创造良好的经济和社会效益，实现互利共赢、共同发展。

坚持积极稳妥、防控风险。根据国家经济外交整体战略，进一步强化我国比较优势，在充分掌握和论证相关国家政治、经济和社会情况基础上，积极谋划、合理布局，有力有序有效地向前推进，防止一哄而起、盲目而上、恶性竞争，切实防控风险，提高国际产能和装备制造合作的效用和水平。

（六）主要目标

力争到2020年，与重点国家产能合作机制基本建立，一批重点产能合作项目取得明显进展，形成若干境外产能合作示范基地。推进国际产能和装备制造合作的体制机制进一步完善，支持政策更加有效，服务保障能力全面提升。形成一批有国际竞争力和市场开拓能力的骨干企业。国际产能和装备制造合作的经济和社会效益进一步提升，对国内经济发展和产业转型升级的促进作用明显增强。

三、主要任务

（七）总体任务

将与我装备和产能契合度高、合作愿望强烈、合作条件和基础好的发展中国家作为重点国别，并积极开拓发达国家市场，以点带面，逐步扩展。将钢铁、有色、建材、铁路、电力、化工、轻纺、汽车、通信、工程机械、航空航天、船舶和海洋工程等作为重点行业，分类实施，有序推进。

（八）立足国内优势，推动钢铁、有色行业对外产能合作

结合国内钢铁行业结构调整，以成套设备出口、投资、收购、承包工程等方式，在资源条件好、配套能力强、市场潜力大的重点国家建设炼铁、炼钢、钢材等钢铁生产基地，带动钢铁装备对外输出。结合境外矿产资源开发，延伸下游产业链，开展铜、铝、铅、锌等有色金属冶炼和深加工，带动成套设备出口。

（九）结合当地市场需求，开展建材行业优势产能国际合作

根据国内产业结构调整的需要，发挥国内行业骨干企业、工程建设企业的作用，在有市场需求、生产能力不足的发展中国家，以投资方式为主，结合设计、工程建设、设备供应等多种方式，建设水泥、平板玻璃、建筑卫生陶瓷、新型建材、新型房屋等生产线，提高所在国工业生产能力，增加当地市场供应。

（十）加快铁路“走出去”步伐，拓展轨道交通装备国际市场

以推动和实施周边铁路互联互通、非洲铁路重点区域网络建设及高速铁路项目为重点，发挥我在铁路设计、施工、装备供应、运营维护及融资等方面的综合优势，积极开展一揽子合作。积极开发和实施城市轨道交通项目，扩大城市轨道交通车辆国际合作。在有条件的重点国家建立装配、维修基地和研发中心。加快轨道交通装备企业整合，提升骨干企业国际经营能力和综合实力。

（十一）大力开发和实施境外电力项目，提升国际市场竞争力

加大电力“走出去”力度，积极开拓有关国家火电和水电市场，鼓励以多种方式参与重大电力项目合作，扩大国产火电、水电装备和技术出口规模。积极与有关国家开展核电领域交流与磋商，推进重点项目合作，带动核电成套装备和技术出口。积极参与有关国家风电、

太阳能光伏项目的投资和建设，带动风电、光伏发电国际产能和装备制造合作。积极开展境外电网项目投资、建设和运营，带动输变电设备出口。

（十二）加强境外资源开发，推动化工重点领域境外投资

充分发挥国内技术和产能优势，在市场需求大、资源条件好的发展中国家，加强资源开发和产业投资，建设石化、化肥、农药、轮胎、煤化工等生产线。以满足当地市场需求为重点，开展化工下游精深加工，延伸产业链，建设绿色生产基地，带动国内成套设备出口。

（十三）发挥竞争优势，提高轻工纺织行业国际合作水平

发挥轻纺行业较强的国际竞争优势，在有条件的国家，依托当地农产品、畜牧业资源建立加工厂，在劳动力资源丰富、生产成本低、靠近目标市场的国家投资建设棉纺、化纤、家电、食品加工等轻纺行业项目，带动相关行业装备出口。在境外条件较好的工业园区，形成上下游配套、集群式发展的轻纺产品加工基地。把握好合作节奏和尺度，推动国际合作与国内产业转型升级良性互动。

（十四）通过境外设厂等方式，加快自主品牌汽车走向国际市场

积极开拓发展中国家汽车市场，推动国产大型客车、载重汽车、小型客车、轻型客车出口。在市场潜力大、产业配套强的国家设立汽车生产厂和组装厂，建立当地分销网络和维修维护中心，带动自主品牌汽车整车及零部件出口，提升品牌影响力。鼓励汽车企业在欧美发达国家设立汽车技术和工程研发中心，同国外技术实力强的企业开展合作，提高自主品牌汽车的研发和制造技术水平。

（十五）推动创新升级，提高信息通信行业国际竞争力

发挥大型通信和网络设备制造企业的国际竞争优势，巩固传统优势市场，开拓发达国家市场，以用户为核心，以市场为导向，加强与当地运营商、集团用户的合作，强化设计研发、技术支持、运营维护、信息安全的体系建设，提高在全球通信和网络设备市场的竞争力。鼓励电信运营企业、互联网企业采取兼并收购、投资建设、设施运营等方式“走出去”，在海外建设运营信息网络、数据中心等基础设施，与通信和网络制造企业合作。鼓励企业在海外设立研发机构，利用全球智力资源，加强新一代信息技术的研发。

（十六）整合优势资源，推动工程机械等制造企业完善全球业务网络

加大工程机械、农业机械、石油装备、机床工具等制造企业的市场开拓力度，积极开展融资租赁等业务，结合境外重大建设项目的实施，扩大出口。鼓励企业在有条件的国家投资建厂，完善运营维护服务网络建设，提高综合竞争能力。支持企业同具有品牌、技术和市场优势的国外企业合作，鼓励在发达国家设立研发中心，提高机械制造企业产品的品牌影响力和技术水平。

（十七）加强对外合作，推动航空航天装备对外输出

大力开拓发展中国家航空市场，在亚洲、非洲条件较好的国家探索设立合资航空运营企业，建设后勤保障基地，逐步形成区域航空运输网，打造若干个辐射周边国家的区域航空中心，加快与有关国家开展航空合作，带动国产飞机出口。积极开拓发达国家航空市场，推动通用飞机出口。支持优势航空企业投资国际先进制造和研发企业，建立海外研发中心，提高国产飞机的质量和水平。加强与发展中国家航天合作，积极推进对外发射服务。加强与发达国家在卫星设计、零部件制造、有效载荷研制等方面的合作，支持有条件的企业投资国外特色优势企业。

（十八）提升产品和服务水平，开拓船舶和海洋工程装备高端市场

发挥船舶产能优势，在巩固中低端船舶市场的同时，大力开拓高端船舶和海洋工程装备

市场，支持有实力的企业投资建厂、建立海外研发中心及销售服务基地，提高船舶高端产品的研发和制造能力，提升深海半潜式钻井平台、浮式生产储卸装置、海洋工程船舶、液化天然气船等产品国际竞争力。

四、提高企业“走出去”能力和水平

（十九）发挥企业市场主体作用

各类企业包括民营企业要结合自身发展需要和优势，坚持以市场为导向，按照商业原则和国际惯例，明确工作重点，制定实施方案，积极开展国际产能和装备制造合作，为我拓展国际发展新空间作出积极贡献。

（二十）拓展对外合作方式

在继续发挥传统工程承包优势的同时，充分发挥我资金、技术优势，积极开展“工程承包+融资”、“工程承包+融资+运营”等合作，有条件的项目鼓励采用BOT、PPP等方式，大力开拓国际市场，开展装备制造合作。与具备条件的国家合作，形成合力，共同开发第三方市场。国际产能合作要根据所在国的实际和特点，灵活采取投资、工程建设、技术合作、技术援助等多种方式，与所在国政府和企业开展合作。

（二十一）创新商业运作模式

积极参与境外产业集聚区、经贸合作区、工业园区、经济特区等合作园区建设，营造基础设施相对完善、法律政策配套的具有集聚和辐射效应的良好区域投资环境，引导国内企业抱团出海、集群式“走出去”。通过互联网借船出海，借助互联网企业境外市场、营销网络平台，开辟新的商业渠道。通过以大带小合作出海，鼓励大企业率先走向国际市场，带动一批中小配套企业“走出去”，构建全产业链战略联盟，形成综合竞争优势。

（二十二）提高境外经营能力和水平

认真做好所在国政治、经济、法律、市场的分析和评估，加强项目可行性研究和论证，建立效益风险评估机制，注重经济性和可持续性，完善内部投资决策程序，落实各方面配套条件，精心组织实施。做好风险应对预案，妥善防范和化解项目执行中的各类风险。鼓励扎根当地、致力于长期发展，在企业用工、采购等方面努力提高本地化水平，加强当地员工培训，积极促进当地就业和经济发展。

（二十三）规范企业境外经营行为

企业要认真遵守所在国法律法规，尊重当地文化、宗教和习俗，保障员工合法权益，做好知识产权保护，坚持诚信经营，抵制商业贿赂。注重资源节约利用和生态环境保护，承担社会责任，为当地经济和社会发展积极作贡献，实现与所在国的互利共赢、共同发展。建立企业境外经营活动考核机制，推动信用制度建设。加强企业间的协调与合作，遵守公平竞争的市场秩序，坚决防止无序和恶性竞争。

五、加强政府引导和推动

（二十四）加强统筹指导和协调

根据国家经济社会发展总体规划，结合“一带一路”建设、周边基础设施互联互通、中非“三网一化”合作等，制定国际产能合作规划，明确重点方向，指导企业有重点、有目标、有组织地开展对外工作。

（二十五）完善对外合作机制

充分发挥现有多双边高层合作机制的作用，与重点国家建立产能合作机制，加强政府间交流协调以及与相关国际和地区组织的合作，搭建政府和企业对外合作平台，推动国际产能和装备制造合作取得积极进展。完善与有关国家在投资保护、金融、税收、海关、人员往来等方面合作机制，为国际产能和装备制造合作提供全方位支持和综合保障。

（二十六）改革对外合作管理体制

进一步加大简政放权力度，深化境外投资管理制度改革，取消境外投资审批，除敏感类投资外，境外投资项目和设立企业全部实行告知性备案，做好事中事后监管工作。完善对中央和地方国有企业的境外投资管理方式，从注重事前管理向加强事中事后监管转变。完善对外承包工程管理，为企业开展对外合作创造便利条件。

（二十七）做好外交服务工作

外交部门和驻外使领馆要进一步做好驻在国政府和社会各界的工作，加强对我企业的指导、协调和服务，及时提供国别情况、有关国家合作意向和合作项目等有效信息，做好风险防范和领事保护工作。

（二十八）建立综合信息服务平台

完善信息共享制度，指导相关机构建立公共信息平台，全面整合政府、商协会、企业、金融机构、中介服务机构等信息资源，及时发布国家“走出去”有关政策，以及全面准确的国外投资环境、产业发展和政策、市场需求、项目合作等信息，为企业“走出去”提供全方位的综合信息支持和服务。

（二十九）积极发挥地方政府作用

地方政府要结合本地区产业发展、结构调整和产能情况，制定有针对性的工作方案，指导和鼓励本地区有条件的企业积极有序推进国际产能和装备制造合作。

六、加大政策支持力度

（三十）完善财税支持政策

加快与有关国家商签避免双重征税协定，实现重点国家全覆盖。

（三十一）发挥优惠贷款作用

根据国际产能和装备制造合作需要，支持企业参与大型成套设备出口、工程承包和大型投资项目。

（三十二）加大金融支持力度

发挥政策性银行和开发性金融机构的积极作用，通过银团贷款、出口信贷、项目融资等多种方式，加大对国际产能和装备制造合作的融资支持力度。鼓励商业性金融机构按照商业可持续和风险可控原则，为国际产能和装备制造合作项目提供融资支持，创新金融产品，完善金融服务。鼓励金融机构开展 PPP 项目贷款业务，提升我国高铁、核电等重大装备和产能“走出去”的综合竞争力。鼓励国内金融机构提高对境外资产或权益的处置能力，支持“走出去”企业以境外资产和股权、矿权等权益为抵押获得贷款，提高企业融资能力。加强与相关国家的监管协调，降低和消除准入壁垒，支持中资金融机构加快境外分支机构和服务网点布局，提高融资服务能力。加强与国际金融机构的对接与协调，共同开展境外重大项目合作。

（三十三）发挥人民币国际化积极作用

支持国家开发银行、中国进出口银行和境内商业银行在境外发行人民币债券并在境外使用，取消在境外发行人民币债券的地域限制。加快建设人民币跨境支付系统，完善人民币全球清算服务体系，便利企业使用人民币进行跨境合作和投资。鼓励在境外投资、对外承包工程、大型成套设备出口、大宗商品贸易及境外经贸合作区等使用人民币计价结算，降低“走出去”的货币错配风险。推动人民币在“一带一路”建设中的使用，有序拓宽人民币回流渠道。

（三十四）扩大融资资金来源

支持符合条件的企业和金融机构通过发行股票、债券、资产证券化产品在境内外市场募集资金，用于“走出去”项目。实行境外发债备案制，募集低成本外汇资金，更好地支持企业“走出去”资金需求。

（三十五）增加股权投资来源

发挥中国投资有限责任公司作用，设立业务覆盖全球的股权投资公司（即中投海外直接投资公司）。充分发挥丝路基金、中非基金、东盟基金、中投海外直接投资公司等作用，以股权投资、债务融资等方式，积极支持国际产能和装备制造合作项目。鼓励境内私募股权基金管理机构“走出去”，充分发挥其支持企业“走出去”开展绿地投资、并购投资等的作用。

（三十六）加强和完善出口信用保险

建立出口信用保险支持大型成套设备的长期制度性安排，对风险可控的项目实现应保尽保。发挥好中长期出口信用保险的风险保障作用，扩大保险覆盖面，以有效支持大型成套设备出口，带动优势产能“走出去”。

七、强化服务保障和风险防控

（三十七）加快中国标准国际化推广

提高中国标准国际化水平，加快认证认可国际互认进程。积极参与国际标准和区域标准制定，推动与主要贸易国之间的标准互认。尽早完成高铁、电力、工程机械、化工、有色、建材等行业技术标准外文版翻译，加大中国标准国际化推广力度，推动相关产品认证认可结果互认和采信。

（三十八）强化行业协会和中介机构作用

鼓励行业协会、商会、中介机构发挥积极作用，为企业“走出去”提供市场化、社会化、国际化的法律、会计、税务、投资、咨询、知识产权、风险评估和认证等服务。建立行业自律与政府监管相结合的管理体系，完善中介服务执业规则与管理制度，提高中介机构服务质量，强化中介服务机构的责任。

（三十九）加快人才队伍建设

加大跨国经营管理人才培训力度，坚持企业自我培养与政府扶持相结合，培养一批复合型跨国经营管理人才。以培养创新型科技人才为先导，加快重点行业专业技术人才队伍建设。加大海外高层次人才引进力度，建立人才国际化交流平台，为国际产能和装备制造合作提供人才支撑。

（四十）做好政策阐释工作

积极发挥国内传统媒体和互联网新媒体作用，及时准确通报信息。加强与国际主流媒体交流合作，做好与所在国当地媒体、智库、非政府组织的沟通工作，阐释平等合作、互利共赢、共同发展的合作理念，积极推介我国装备产品、技术、标准和优势产业。

（四十一）加强风险防范和安全保障

建立健全支持“走出去”的风险评估和防控机制，定期发布重大国别风险评估报告，及时警示和通报有关国家政治、经济和社会重大风险，提出应对预案和防范措施，妥善应对国际产能和装备制造合作重大风险。综合运用外交、经济、法律等手段，切实维护我国企业境外合法权益。充分发挥境外中国公民和机构安全保护工作部际联席会议制度的作用，完善境外安全风险预警机制和突发安全事件应急处理机制，及时妥善解决和处置各类安全问题，切实保障公民和企业的境外安全。

国务院关于大力推进大众创业万众创新若干政策措施的意见

国发〔2015〕32号　2015年6月11日

各省、自治区、直辖市人民政府，国务院各部委、各直属机构：

推进大众创业、万众创新，是发展的动力之源，也是富民之道、公平之计、强国之策，对于推动经济结构调整、打造发展新引擎、增强发展新动力、走创新驱动发展道路具有重要意义，是稳增长、扩就业、激发亿万群众智慧和创造力，促进社会纵向流动、公平正义的重大举措。根据2015年《政府工作报告》部署，为改革完善相关体制机制，构建普惠性政策扶持体系，推动资金链引导创业创新链、创业创新链支持产业链、产业链带动就业链，现提出以下意见：

一、充分认识推进大众创业、万众创新的重要意义

——推进大众创业、万众创新，是培育和催生经济社会发展新动力的必然选择。随着我国资源环境约束日益强化，要素的规模驱动力逐步减弱，传统的高投入、高消耗、粗放式发展方式难以为继，经济发展进入新常态，需要从要素驱动、投资驱动转向创新驱动。推进大众创业、万众创新，就是要通过结构性改革、体制机制创新，消除不利于创业创新发展的各种制度束缚和桎梏，支持各类市场主体不断开办新企业、开发新产品、开拓新市场，培育新兴产业，形成小企业“铺天盖地”、大企业“顶天立地”的发展格局，实现创新驱动发展，打造新引擎、形成新动力。

——推进大众创业、万众创新，是扩大就业、实现富民之道的根本举措。我国有13亿多人口、9亿多劳动力，每年高校毕业生、农村转移劳动力、城镇困难人员、退役军人数量较大，人力资源转化为人力资本的潜力巨大，但就业总量压力较大，结构性矛盾凸显。推进大众创业、万众创新，就是要通过转变政府职能、建设服务型政府，营造公平竞争的创业环境，使有梦想、有意愿、有能力的科技人员、高校毕业生、农民工、退役军人、失业人员等各类市场创业主体“如鱼得水”，通过创业增加收入，让更多的人富起来，促进收入分配结构调整，实现创新支持创业、创业带动就业的良性互动发展。

——推进大众创业、万众创新，是激发全社会创新潜能和创业活力的有效途径。目前，我国创业创新理念还没有深入人心，创业教育培训体系还不健全，善于创造、勇于创业的能力不足，鼓励创新、宽容失败的良好环境尚未形成。推进大众创业、万众创新，就是要通过加强全社会以创新为核心的创业教育，弘扬“敢为人先、追求创新、百折不挠”的创业精神，厚植创新文化，不断增强创业创新意识，使创业创新成为全社会共同的价值追求和行为习惯。

二、总体思路

按照“四个全面”战略布局，坚持改革推动，

加快实施创新驱动发展战略，充分发挥市场在资源配置中的决定性作用和更好发挥政府作用，加大简政放权力度，放宽政策、放开市场、放活主体，形成有利于创业创新的良好氛围，让千千万万创业者活跃起来，汇聚成经济社会发展的巨大动能。不断完善体制机制、健全普惠性政策措施，加强统筹协调，构建有利于大众创业、万众创新蓬勃发展的政策环境、制度环境和公共服务体系，以创业带动就业、创新促进发展。

——坚持深化改革，营造创业环境。通过结构性改革和创新，进一步简政放权、放管结合、优化服务，增强创业创新制度供给，完善相关法律法规、扶持政策和激励措施，营造均等普惠环境，推动社会纵向流动。

——坚持需求导向，释放创业活力。尊重创业创新规律，坚持以人为本，切实解决创业者面临的资金需求、市场信息、政策扶持、技术支撑、公共服务等瓶颈问题，最大限度释放各类市场主体创业创新活力，开辟就业新空间，拓展发展新天地，解放和发展生产力。

——坚持政策协同，实现落地生根。加强创业、创新、就业等各类政策统筹，部门与地方政策联动，确保创业扶持政策可操作、能落地。鼓励有条件的地区先行先试，探索形成可复制、可推广的创业创新经验。

——坚持开放共享，推动模式创新。加强创业创新公共服务资源开放共享，整合利用全球创业创新资源，实现人才等创业创新要素跨地区、跨行业自由流动。依托“互联网+”、大数据等，推动各行业创新商业模式，建立和完善线上与线下、境内与境外、政府与市场开放合作等创业创新机制。

三、创新体制机制，实现创业便利化

（一）完善公平竞争市场环境

进一步转变政府职能，增加公共产品和服务供给，为创业者提供更多机会。逐步清理并废除妨碍创业发展的制度和规定，打破地方保护主义。加快出台公平竞争审查制度，建立统一透明、有序规范的市场环境。依法反垄断和反不正当竞争，消除不利于创业创新发展的垄断协议和滥用市场支配地位以及其他不正当竞争行为。清理规范涉企收费项目，完善收费目录管理制度，制定事中事后监管办法。建立和规范企业信用信息发布制度，制定严重违法企业名单管理办法，把创业主体信用与市场准入、享受优惠政策挂钩，完善以信用管理为基础的创业创新监管模式。

（二）深化商事制度改革

加快实施工商营业执照、组织机构代码证、税务登记证“三证合一”“一照一码”，落实“先照后证”改革，推进全程电子化登记和电子营业执照应用。支持各地结合实际放宽新注册企业场所登记条件限制，推动“一址多照”、集群注册等住所登记改革，为创业创新提供便利的工商登记服务。建立市场准入等负面清单，破除不合理的行业准入限制。开展企业简易注销试点，建立便捷的市场退出机制。依托企业信用信息公示系统建立小微企业名录，增强创业企业信息透明度。

（三）加强创业知识产权保护

研究商业模式等新形态创新成果的知识产权保护办法。积极推进知识产权交易，加快建立全国知识产权运营公共服务平台。完善知识产权快速维权与维权援助机制，缩短确权审查、侵权处理周期。集中查处一批侵犯知识产权的大案要案，加大对反复侵权、恶意侵权等行为的处罚力度，探索实施惩罚性赔偿制度。完善权利人维权机制，合理划分权利人举证责任，完善行政调解等非诉讼纠纷解决途径。

（四）健全创业人才培养与流动机制

把创业精神培育和创业素质教育纳入国民教育体系，实现全社会创业教育和培训制度化、体系化。加快完善创业课程设置，加强创业实训体系建设。加强创业创新知识普及教育，使大众创业、万众创新深入人心。加强创业导师队伍建设，提高创业服务水平。加快推进社会保障制度改革，破除人才自由流动制度障碍，实现党政机关、企事业单位、社会各方面人才顺畅流动。加快建立创业创新绩效评价机制，让一批富有创业精神、勇于承担风险的人才脱颖而出。

四、优化财税政策，强化创业扶持

（五）加大财政资金支持和统筹力度

各级财政要根据创业创新需要，统筹安排各类支持小微企业和创业创新的资金，加大对创业创新支持力度，强化资金预算执行和监管，加强资金使用绩效评价。支持有条件的地方政府设立创业基金，扶持创业创新发展。在确保公平竞争前提下，鼓励对众创空间等孵化机构的办公用房、用水、用能、网络等软硬件设施给予适当优惠，减轻创业者负担。

（六）完善普惠性税收措施

落实扶持小微企业发展的各项税收优惠政策。落实科技企业孵化器、大学科技园、研发费用加计扣除、固定资产加速折旧等税收优惠政策。对符合条件的众创空间等新型孵化机构适用科技企业孵化器税收优惠政策。按照税制改革方向和要求，对包括天使投资在内的投向种子期、初创期等创新活动的投资，统筹研究相关税收支持政策。修订完善高新技术企业认定办法，完善创业投资企业享受70%应纳税所得额税收抵免政策。抓紧推广中关村国家自主创新示范区税收试点政策，将企业转增股本分期缴纳个人所得税试点政策、股权奖励分期缴纳个人所得税试点政策推广至全国范围。落实促进高校毕业生、残疾人、退役军人、登记失业人员等创业就业税收政策。

（七）发挥政府采购支持作用

完善促进中小企业发展的政府采购政策，加强对采购单位的政策指导和监督检查，督促采购单位改进采购计划编制和项目预留管理，增强政策对小微企业发展的支持效果。加大创新产品和服务的采购力度，把政府采购与支持创业发展紧密结合起来。

五、搞活金融市场，实现便捷融资

（八）优化资本市场

支持符合条件的创业企业上市或发行票据融资，并鼓励创业企业通过债券市场筹集资金。积极研究尚未盈利的互联网和高新技术企业到创业板发行上市制度，推动在上海证券交易所建立战略新兴产业板。加快推进全国中小企业股份转让系统向创业板转板试点。研究解决特殊股权结构类创业企业在境内上市的制度性障碍，完善资本市场规则。规范发展服务于中小微企业的区域性股权市场，推动建立工商登记部门与区域性股权市场的股权登记对接机制，支持股权质押融资。支持符合条件的发行主体发行小微企业增信集合债等企业债券创新品种。

（九）创新银行支持方式

鼓励银行提高针对创业创新企业的金融服务专业化水平，不断创新组织架构、管理方式和金融产品。推动银行与其他金融机构加强合作，对创业创新活动给予有针对性的股权和债权融资支持。鼓励银行业金融机构向创业企业提供结算、融资、理财、咨询等一站式系统化的金融服务。

（十）丰富创业融资新模式

支持互联网金融发展，引导和鼓励众筹融资平台规范发展，开展公开、小额股权众筹融资试点，加强风险控制和规范管理。丰富完善创业担保贷款政策。支持保险资金参与创业创新，发展相互保险等新业务。完善知识产权估值、质押和流转体系，依法合规推动知识产权质押融资、专利许可费收益权证券化、专利保险等服务常态化、规模化发展，支持知识产权金融发展。

六、扩大创业投资，支持创业起步成长

（十一）建立和完善创业投资引导机制

不断扩大社会资本参与新兴产业创投计划参股基金规模，做大直接融资平台，引导创业

投资更多向创业企业起步成长的前端延伸。不断完善新兴产业创业投资政策体系、制度体系、融资体系、监管和预警体系，加快建立考核评价体系。加快设立国家新兴产业创业投资引导基金和国家中小企业发展基金，逐步建立支持创业创新和新兴产业发展的市场化长效运行机制。发展联合投资等新模式，探索建立风险补偿机制。鼓励各地方政府建立和完善创业投资引导基金。加强创业投资立法，完善促进天使投资的政策法规。促进国家新兴产业创业投资引导基金、科技型中小企业创业投资引导基金、国家科技成果转化引导基金、国家中小企业发展基金等协同联动。推进创业投资行业协会建设，加强行业自律。

（十二）拓宽创业投资资金供给渠道

加快实施新兴产业“双创”三年行动计划，建立一批新兴产业“双创”示范基地，引导社会资金支持大众创业。推动商业银行在依法合规、风险隔离的前提下，与创业投资机构建立市场化长期性合作。进一步降低商业保险资金进入创业投资的门槛。推动发展投贷联动、投保联动、投债联动等新模式，不断加大对创业创新企业的融资支持。

（十三）发展国有资本创业投资

研究制定鼓励国有资本参与创业投资的系统性政策措施，完善国有创业投资机构激励约束机制、监督管理机制。引导和鼓励中央企业和其他国有企业参与新兴产业创业投资基金、设立国有资本创业投资基金等，充分发挥国有资本在创业创新中的作用。研究完善国有创业投资机构国有股转持豁免政策。

（十四）推动创业投资“引进来”与“走出去”

抓紧修订外商投资创业投资企业相关管理规定，按照内外资一致的管理原则，放宽外商投资准入，完善外资创业投资机构管理制度，简化管理流程，鼓励外资开展创业投资业务。放宽对外资创业投资基金投资限制，鼓励中外合资创业投资机构发展。引导和鼓励创业投资机构加大对境外高端研发项目的投资，积极分享境外高端技术成果。按投资领域、用途、募集资金规模，完善创业投资境外投资管理。

七、发展创业服务，构建创业生态

（十五）加快发展创业孵化服务

大力发展创新工场、车库咖啡等新型孵化器，做大做强众创空间，完善创业孵化服务。引导和鼓励各类创业孵化器与天使投资、创业投资相结合，完善投融资模式。引导和推动创业孵化与高校、科研院所等技术成果转移相结合，完善技术支撑服务。引导和鼓励国内资本与境外合作设立新型创业孵化平台，引进境外先进创业孵化模式，提升孵化能力。

（十六）大力发展第三方专业服务

加快发展企业管理、财务咨询、市场营销、人力资源、法律顾问、知识产权、检验检测、现代物流等第三方专业化服务，不断丰富和完善创业服务。

（十七）发展“互联网+”创业服务

加快发展“互联网+”创业网络体系，建设一批小微企业创业创新基地，促进创业与创新、创业与就业、线上与线下相结合，降低全社会创业门槛和成本。加强政府数据开放共享，推动大型互联网企业和基础电信企业向创业者开放计算、存储和数据资源。积极推广众包、用户参与设计、云设计等新型研发组织模式和创业创新模式。

（十八）研究探索创业券、创新券等公共服务新模式

有条件的地方继续探索通过创业券、创新券等方式对创业者和创新企业提供社会培训、管理咨询、检验检测、软件开发、研发设计等服务，建立和规范相关管理制度和运行机制，逐步形成可复制、可推广的经验。

八、建设创业创新平台，增强支撑作用

（十九）打造创业创新公共平台

加强创业创新信息资源整合，建立创业政

策集中发布平台，完善专业化、网络化服务体系，增强创业创新信息透明度。鼓励开展各类公益讲坛、创业论坛、创业培训等活动，丰富创业平台形式和内容。支持各类创业创新大赛，定期办好中国创新创业大赛、中国农业科技创新创业大赛和创新挑战大赛等赛事。加强和完善中小企业公共服务平台网络建设。充分发挥企业的创新主体作用，鼓励和支持有条件的大型企业发展创业平台、投资并购小微企业等，支持企业内外部创业者创业，增强企业创业创新活力。为创业失败者再创业建立必要的指导和援助机制，不断增强创业信心和创业能力。加快建立创业企业、天使投资、创业投资统计指标体系，规范统计口径和调查方法，加强监测和分析。

（二十）用好创业创新技术平台

建立科技基础设施、大型科研仪器和专利信息资源向全社会开放的长效机制。完善国家重点实验室等国家级科研平台（基地）向社会开放机制，为大众创业、万众创新提供有力支撑。鼓励企业建立一批专业化、市场化的技术转移平台。鼓励依托三维（3D）打印、网络制造等先进技术和发展模式，开展面向创业者的社会化服务。引导和支持有条件的领军企业创建特色服务平台，面向企业内部和外部创业者提供资金、技术和服务支撑。加快建立军民两用技术项目实施、信息交互和标准化协调机制，促进军民创新资源融合。

（二十一）发展创业创新区域平台

支持开展全面创新改革试验的省（区、市）、国家综合配套改革试验区等，依托改革试验平台在创业创新体制机制改革方面积极探索，发挥示范和带动作用，为创业创新制度体系建设提供可复制、可推广的经验。依托自由贸易试验区、国家自主创新示范区、战略性新兴产业集聚区等创业创新资源密集区域，打造若干具有全球影响力的创业创新中心。引导和鼓励创业创新型城市完善环境，推动区域集聚发展。推动实施小微企业创业基地城市示范。鼓励有条件的地方出台各具特色的支持政策，积极盘活闲置的商业用房、工业厂房、企业库房、物流设施和家庭住所、租赁房等资源，为创业者提供低成本办公场所和居住条件。

九、激发创造活力，发展创新型创业

（二十二）支持科研人员创业

加快落实高校、科研院所等专业技术人员离岗创业政策，对经同意离岗的可在3年内保留人事关系，建立健全科研人员双向流动机制。进一步完善创新型中小企业上市股权激励和员工持股计划制度规则。鼓励符合条件的企业按照有关规定，通过股权、期权、分红等激励方式，调动科研人员创业积极性。支持鼓励学会、协会、研究会等科技社团为科技人员和创业企业提供咨询服务。

（二十三）支持大学生创业

深入实施大学生创业引领计划，整合发展高校毕业生就业创业基金。引导和鼓励高校统筹资源，抓紧落实大学生创业指导服务机构、人员、场地、经费等。引导和鼓励成功创业者、知名企业家、天使和创业投资人、专家学者等担任兼职创业导师，提供包括创业方案、创业渠道等创业辅导。建立健全弹性学制管理办法，支持大学生保留学籍休学创业。

（二十四）支持境外人才来华创业

发挥留学回国人才特别是领军人才、高端人才的创业引领带动作用。继续推进人力资源市场对外开放，建立和完善境外高端创业创新人才引进机制。进一步放宽外籍高端人才来华创业办理签证、永久居留证等条件，简化开办企业审批流程，探索由事前审批调整为事后备案。引导和鼓励地方对回国创业高端人才和境外高端人才来华创办高科技企业给予一次性创业启动资金，在配偶就业、子女入学、医疗、住房、社会保障等方面完善相关措施。加强海外科技人才离岸创业基地建设，把更多的国外创业创新资源引入国内。

十、拓展城乡创业渠道，实现创业带动就业

（二十五）支持电子商务向基层延伸

引导和鼓励集办公服务、投融资支持、创业辅导、渠道开拓于一体的市场化网商创业平台发展。鼓励龙头企业结合乡村特点建立电子商务交易服务平台、商品集散平台和物流中心，推动农村依托互联网创业。鼓励电子商务第三方交易平台渠道下沉，带动城乡基层创业人员依托其平台和经营网络开展创业。完善有利于中小网商发展的相关措施，在风险可控、商业可持续的前提下支持发展面向中小网商的融资贷款业务。

（二十六）支持返乡创业集聚发展

结合城乡区域特点，建立有市场竞争力的协作创业模式，形成各具特色的返乡人员创业联盟。引导返乡创业人员融入特色专业市场，打造具有区域特点的创业集群和优势产业集群。深入实施农村青年创业富民行动，支持返乡创业人员因地制宜围绕休闲农业、农产品深加工、乡村旅游、农村服务业等开展创业，完善家庭农场等新型农业经营主体发展环境。

（二十七）完善基层创业支撑服务

加强城乡基层创业人员社保、住房、教育、医疗等公共服务体系建设，完善跨区域创业转移接续制度。健全职业技能培训体系，加强远程公益创业培训，提升基层创业人员创业能力。引导和鼓励中小金融机构开展面向基层创业创新的金融产品创新，发挥社区地理和软环境优势，支持社区创业者创业。引导和鼓励行业龙头企业、大型物流企业发挥优势，拓展乡村信息资源、物流仓储等技术和服务网络，为基层创业提供支撑。

十一、加强统筹协调，完善协同机制

（二十八）加强组织领导

建立由发展改革委牵头的推进大众创业、万众创新部际联席会议制度，加强顶层设计和统筹协调。各地区、各部门要立足改革创新，坚持需求导向，从根本上解决创业创新中面临的各种体制机制问题，共同推进大众创业、万众创新蓬勃发展。重大事项要及时向国务院报告。

（二十九）加强政策协调联动

建立部门之间、部门与地方之间政策协调联动机制，形成强大合力。各地区、各部门要系统梳理已发布的有关支持创业创新发展的各项政策措施，抓紧推进“立、改、废”工作，将对初创企业的扶持方式从选拔式、分配式向普惠式、引领式转变。建立健全创业创新政策协调审查制度，增强政策普惠性、连贯性和协同性。

（三十）加强政策落实情况督查

加快建立推进大众创业、万众创新有关普惠性政策措施落实情况督查督导机制，建立和完善政策执行评估体系和通报制度，全力打通决策部署的“最先一公里”和政策落实的“最后一公里”，确保各项政策措施落地生根。

各地区、各部门要进一步统一思想认识，高度重视、认真落实本意见的各项要求，结合本地区、本部门实际明确任务分工、落实工作责任，主动作为、敢于担当，积极研究解决新问题，及时总结推广经验做法，加大宣传力度，加强舆论引导，推动本意见确定的各项政策措施落实到位，不断拓展大众创业、万众创新的空间，汇聚经济社会发展新动能，促进我国经济保持中高速增长、迈向中高端水平。

国务院办公厅关于促进跨境电子商务健康快速发展的指导意见

国办发〔2015〕46号　2015年6月16日

各省、自治区、直辖市人民政府，国务院各部委、各直属机构：

近年来，我国跨境电子商务快速发展，已经形成了一定的产业集群和交易规模。支持跨境电子商务发展，有利于用“互联网＋外贸”实现优进优出，发挥我国制造业大国优势，扩大海外营销渠道，合理增加进口，扩大国内消费，促进企业和外贸转型升级；有利于增加就业，推进大众创业、万众创新，打造新的经济增长点；有利于加快实施共建“一带一路”等国家战略，推动开放型经济发展升级。为促进我国跨境电子商务健康快速发展，经国务院批准，现提出以下意见：

一、支持国内企业更好地利用电子商务开展对外贸易

加快建立适应跨境电子商务特点的政策体系和监管体系，提高贸易各环节便利化水平。鼓励企业间贸易尽快实现全程在线交易，不断扩大可交易商品范围。支持跨境电子商务零售出口企业加强与境外企业合作，通过规范的“海外仓”、体验店和配送网店等模式，融入境外零售体系，逐步实现经营规范化、管理专业化、物流生产集约化和监管科学化。通过跨境电子商务，合理增加消费品进口。

二、鼓励有实力的企业做大做强

培育一批影响力较大的公共平台，为更多国内外企业沟通、洽谈提供优质服务；培育一批竞争力较强的外贸综合服务企业，为跨境电子商务企业提供全面配套支持；培育一批知名度较高的自建平台，鼓励企业利用自建平台加快品牌培育，拓展营销渠道。鼓励国内企业与境外电子商务企业强强联合。

三、优化配套的海关监管措施

在总结前期试点工作基础上，进一步完善跨境电子商务进出境货物、物品管理模式，优化跨境电子商务海关进出口通关作业流程。研究跨境电子商务出口商品简化归类的可行性，完善跨境电子商务统计制度。

四、完善检验检疫监管政策措施

对跨境电子商务进出口商品实施集中申报、集中查验、集中放行等便利措施。加强跨境电子商务质量安全监管，对跨境电子商务经营主体及商品实施备案管理制度，突出经营企业质量安全主体责任，开展商品质量安全风险监管。进境商品应当符合我国法律法规和标准要求，对违反生物安全和其他相关规定的行为要依法查处。

五、明确规范进出口税收政策

继续落实现行跨境电子商务零售出口货物增值税、消费税退税或免税政策。关于跨境电子商务零售进口税收政策，由财政部按照有利

于拉动国内消费、公平竞争、促进发展和加强进口税收管理的原则，会同海关总署、税务总局另行制定。

六、完善电子商务支付结算管理

稳妥推进支付机构跨境外汇支付业务试点。鼓励境内银行、支付机构依法合规开展跨境电子支付业务，满足境内外企业及个人跨境电子支付需要。推动跨境电子商务活动中使用人民币计价结算。支持境内银行卡清算机构拓展境外业务。加强对电子商务大额在线交易的监测，防范金融风险。加强跨境支付国内与国际监管合作，推动建立合作监管机制和信息共享机制。

七、提供积极财政金融支持

鼓励传统制造和商贸流通企业利用跨境电子商务平台开拓国际市场。利用现有财政政策，对符合条件的跨境电子商务企业走出去重点项目给予必要的资金支持。为跨境电子商务提供适合的信用保险服务。向跨境电子商务外贸综合服务企业提供有效的融资、保险支持。

八、建设综合服务体系

支持各地创新发展跨境电子商务，引导本地跨境电子商务产业向规模化、标准化、集群化、规范化方向发展。鼓励外贸综合服务企业为跨境电子商务企业提供通关、物流、仓储、融资等全方位服务。支持企业建立全球物流供应链和境外物流服务体系。充分发挥各驻外经商机构作用，为企业开展跨境电子商务提供信息服务和必要的协助。

九、规范跨境电子商务经营行为

加强诚信体系建设，完善信用评估机制，实现各监管部门信息互换、监管互认、执法互助，构建跨境电子商务交易保障体系。推动建立针对跨境电子商务交易的风险防范和预警机制，健全消费者权益保护和售后服务制度。引导跨境电子商务主体规范经营行为，承担质量安全主体责任，营造公平竞争的市场环境。加强执法监管，加大知识产权保护力度，坚决打击跨境电子商务中出现的各种违法侵权行为。通过有效措施，努力实现跨境电子商务在发展中逐步规范、在规范中健康发展。

十、充分发挥行业组织作用

推动建立全国性跨境电子商务行业组织，指导各地行业组织有效开展相关工作。发挥行业组织在政府与企业间的桥梁作用，引导企业公平竞争、守法经营。加强与国内外相关行业组织交流合作，支持跨境电子商务企业与相关产业集群、专业商会在境外举办实体展会，建立营销网络。联合高校和职业教育机构开展跨境电子商务人才培养培训。

十一、加强多双边国际合作

加强与“一带一路”沿线国家和地区的电子商务合作，提升合作水平，共同打造若干畅通安全高效的电子商务大通道。通过多双边对话，与各经济体建立互利共赢的合作机制，及时化解跨境电子商务进出口引发的贸易摩擦和纠纷。

十二、加强组织实施

国务院有关部门要制订和完善配套措施，做好跨境电子商务的中长期总体发展规划，定期开展总结评估，支持和推动各地监管部门出台相关措施。同时，对有条件、有发展意愿的地区，就本意见的组织实施做好协调和服务等相关工作。依托现有工作机制，加强部门间沟通协作和相关政策衔接，全力推动中国（杭州）跨境电子商务综合试验区和海峡两岸电子商务经济合作实验区建设，及时总结经验，适时扩大试点。在此基础上，逐步建立适应跨境电子商务发展特点的政策体系和监管体系。

地方各级人民政府要按照本意见要求，结合实际情况，制订完善发展跨境电子商务的工作方案，切实履行指导、督查和监管责任。组建高效、便利、统一的公共服务平台，构建可追溯、可比对的数据链条，既符合监管要求，又简化企业申报办理流程。加大对重点企业的支持力度，主动与相关部门沟通，及时协调解决组织实施工作中遇到的困难和问题。

国家发展和改革委员会 科学技术部 人力资源和社会保障部等关于促进东北老工业基地创新创业发展打造竞争新优势的实施意见

发改振兴〔2015〕1488号　2015年6月26日

辽宁省、吉林省、黑龙江省、内蒙古自治区、大连市发展改革委，科技厅（局），人力资源社会保障厅（局），中科院有关院属机构：

实施东北地区等老工业基地振兴战略以来，东北地区自主创新能力不断提升，创新创业环境得到改善，但制约科技与经济结合的体制机制障碍依然突出，创业活动不活跃，新兴产业发展滞后，科教优势未能有效转化为经济优势。为贯彻落实《国务院关于近期支持东北振兴若干重大政策举措的意见》(国发〔2014〕28号)，应对东北经济不断加大的下行压力，推动东北老工业基地发展方式由主要依靠要素驱动向更多依靠创新驱动转变，再造区域竞争新优势，提出以下意见：

一、总体要求

（一）指导思想

贯彻落实党的十八大和十八届三中、四中全会精神，深入学习贯彻习近平总书记系列重要讲话精神，按照党中央、国务院决策部署，深刻认识、主动适应经济发展新常态，深化体制机制改革，完善创新创业发展环境，实施创新驱动发展战略，激发区域创新活力和创业热情，推进全民创业带动产业繁荣，推动东北老工业基地经济保持中高速增长、产业结构向中高端迈进。

（二）基本原则

问题导向，重点突破。坚持把破解制约东北创新创业发展的突出矛盾作为出发点，打通科技成果向现实生产力有效转化通道，依靠创新创业促进产业转型升级。

深化改革，激发活力。围绕提升东北地区市场化程度、深化国有企业和科研院所管理体制改革、推进全面创业等重点施策，充分释放区域创新创业活力。

创新驱动，转型升级。在东北地区建立市场导向的技术创新体系，围绕产业链部署创新链，依托“互联网+”、云计算、大数据等，促进传统产业提质增效，支持新兴产业和新业态大发展，形成发展新动力。

人才为本，强化激励。把留住人才放在优先位置，积极引进人才，使科研人员获得与贡献相匹配的待遇和尊严，使创新创业在东北老工业基地蔚然成风。

上下联动，形成合力。统筹好中央政府顶层设计和地方政府责任主体之间的关系。国务院有关部门加强指导和协调，东北地方政府相关部门充分发挥主观能动性，扎实推进各项工作。

二、完善促进创新创业发展的体制机制

（三）进一步推进政府简政放权

东北地方政府相关部门要进一步深化行政审批制度改革，全面清理、调整与创新创业相关的审批、认证、收费、评奖事项，将保留事项向社会公布。深化商事制度改革，市场主体住所（经营场所）登记允许“一址多照”和“一照多址”，实现营业执照、组织机构代码证、税务登记证和社会保险登记证等“多证合一”。完善市场准入“一个窗口”制度，推进“先照后证”改革。按照《辽宁省企业投资项目管理体制改革试点方案》要求，抓好鞍山市、沈阳市铁西区投资项目管理体制改革试点，尽快形成可复制可推广的经验并全面实施。

（四）建立健全产权保护机制

加强专利执法、商标执法和版权执法，加强行政执法部门与司法机关之间信息互联互通。加强对重点产业、关键核心技术、基础前沿领域知识产权保护力度。支持企业、产业技术联盟构建专利池，建设基于互联网的研究开发、技术转移、检测认证、知识产权与标准、科技咨询等服务平台。加强对各类企业法人财产权的保护。依法保护企业家创新收益。企业以法人财产权依法自主经营、自负盈亏，有权拒绝任何组织和个人无法律依据的要求。

（五）完善科技创新资金分配机制

深化地方科技计划（专项、基金等）管理改革，优化整合资源，建立目标明确和绩效导向的管理制度。地方财政科技资金进一步加大对科技型中小微企业支持力度，积极引导社会资本和金融资本支持创新创业。更多运用财政后补助、间接投入等方式，支持企业开展创新活动。探索采用创新券、创业券等方式，支持企业购买高校和科研院所科技成果和科技服务。

（六）加快社会信用体系建设

选择有条件的地区，开展重点高新技术企业信用评级试点工作，建立高新技术企业信用报告制度，开展信用融资。推动地方政府建立完善覆盖所有社会成员的统一信用信息共享平台，实现信用信息的互联互通与资源共享，构建“互联网+监管”机制。开展信用“红、黑名单”建设，构建守信激励和失信惩戒机制，营造“守信光荣、失信可耻”的社会舆论氛围。

（七）深化国有企业改革，提升创新效率

坚持国有企业改革的市场化方向，探索混合所有制的多种实现形式，增强企业的创新活力和竞争力。推动总部在东北的商业类中央企业将产能严重过剩领域的国有资本有序向关键性、战略性、基础性和先导性行业领域调整集中。东北各省（自治区）修订省属国企负责人考核制度，针对不同行业分类指导，加大技术创新指标在业绩考核中的比重，在本省（自治区）各选择若干个国有企业开展研发投入按一定比例视作经营利润的考核改革试点。研究制定国有企业对重要技术人员和经营管理人员实施股权激励和分红激励的实施办法。

（八）支持民营企业提高创新能力

鼓励有条件的民营企业设立院士专家工作站，加强科研基地建设。落实和完善政府采购促进中小创新企业发展的相关措施，放宽民营企业进入军品科研生产和维修的准入领域和采购范围。支持民营企业牵头承担国家科技项目，组建产业与技术创新联盟。推动完善中小企业创新服务体系，建立中小企业公共技术服务联盟。东北高校和科研院所要积极面向社会开放科研和检测平台，为中小企业创新创业活动提供仪器设备和人才支撑。

（九）营造鼓励创新创业的文化氛围

树立崇尚创新、宽容失败的价值导向，大力培育企业家精神和创客文化。高校、科研院所和职业院校要深化教育改革，营造敢为人先、敢冒风险的氛围与环境，培养学生创新精神、创业意识和创新创业能力。充分利用微博、微信等网络新媒体，生动讲述老工业基地艰苦奋斗、开拓进取的创新创业故事。充分发挥社会组织的作用，积极开展各类公益活动。

三、建立市场导向的技术创新体系

（十）以企业为主体推进创新链整合

以突破制约东北产业发展关键核心技术、延伸产业链条、培育新兴产业集群为目标，组织实施东北振兴重大创新工程，打通基础研究、应用开发、中试和产业化之间的创新链条。支持机器人、轨道交通、石墨等东北现有国家级产业与技术创新联盟开展协同创新，突破产业发展技术瓶颈。加强航空装备、半导体装备、生物制药等东北现有省级产业与技术创新联盟能力建设。在现代农牧业机械装备、碳纤维、光电晶体材料装备、生物育种、云计算等领域积极培育发展一批产业与技术创新联盟。实施企业创新百强工程，开展区域骨干企业创新转型试点。深入实施国家技术创新工程。以产业与技术创新联盟为重点，支持东北创新链整合。

（十一）大力促进高校和科研院所成果转化

推行职称分类评审，将科技成果转化情况和技术合同成交额作为高校院所考核评价的重要指标，将科技成果转化纳入科技人员考评体系，对在技术转移、科技成果转化中贡献突出的，可破格评定相应专业技术职称。东北地区高校和科研院所要明确科技成果使用权、处置权和收益权管理的办事机构及工作流程。结合事业单位养老保险制度改革，支持东北地区制定出台科研人员在企业与事业单位之间流动社保关系转移接续政策措施。

（十二）建设创新基础平台

在吉林省布局综合极端条件试验装置、在黑龙江省布局空间环境地面模拟装置等国家重大科技基础设施。鼓励中科院院级技术创新与转化平台、黑龙江省工业技术研究院、沈鼓—大工研究院、远大科技园和长春中俄科技园等探索支持创新创业发展的新模式。实施中科院“率先行动”计划，在东北地区共同支持建设沈阳材料科学国家（联合）实验室、中科院机器人与智能制造创新研究院、吉林省精密光电领域国家重大创新基地。支持中国农业科学院果树研究所（兴城）建立北方果树良种苗木繁育和技术转化中心。

（十三）打造东北创新创业发展新高地

在沈阳开展全面创新改革试验，授权其在知识产权、科研院所、高等教育、人才流动、国际合作、金融创新、激励机制、市场准入等方面进行改革试验，研究提出一批适合东北特点和实际的创新政策，及时总结推广经验，发挥示范带动作用。支持大连金普新区等国家级新区加强体制机制创新和自主创新，引领发展方式转变。积极推动沈阳—大连高新区设立国家自主创新示范区，研究国家自主创新示范区在东北其他地区的布局，形成东北创新创业发展的重要支撑带。开展创新型省份建设试点，推进沈阳、大连、长春、哈尔滨等创新型试点城市建设，带动区域创新驱动发展。依托城区老工业区或其搬迁改造承接区，建设老工业基地创新创业发展示范区，打造老工业城市竞争新优势，中央预算内城区老工业区搬迁改造等专项资金支持示范区创新创业能力建设。鼓励铁岭、四平、通辽等地开展协同创新合作，做大做强东北省际间经济发展带，培育后发优势区域。深化与京津冀、环渤海地区融合发展，建设东戴河中关村合作园区，积极承接中关村、中科院产业转移和科技成果转化。通过打造创新创业发展新高地，形成东北新的增长极和增长带。

（十四）加强对外创新合作

通过双边科技合作机制，推进东北地区与周边国家科技合作，推动农业相关园区与美大地区创新合作。加强哈尔滨、长春、呼伦贝尔、丹东、延边等地国家国际科技合作基地建设。支持沈阳中德高端装备制造产业园、大连中日韩循环经济示范基地、大连中以高技术产业合作重点区域建设。按照国务院统一部署，支持大连跨境电商综合试验区建设。优先支持东北装备“走出去”和国际产能合作，支持装备制造企业并购海外科技型企业，设立海外研发机构，开展国际行业标准对接和产品认证，鼓励依托互联网建设“走出去”综合服务平台。加强边境口岸改造及查验设施建设，实现统一电子通关，促进发展跨境电子商务。

四、促进大众创业

（十五）推动壮大创业者群体

东北地方政府相关部门要积极出台扶持本地创业的政策举措。组织实施东北地区创业导师计划，建设一批高水平创业导师队伍。对于高校、科研院所等事业单位专业技术人员离岗创业的，经原单位同意可在3年内保留人事关系，与原单位其他在岗人员同等享有参加职称评聘、岗位等级晋升和社会保险等方面的权利。鼓励高校和科研院所开发开设大学生创新创业教育课程，依托科技企业孵化器、大学科技园等机构搭建创业教育实践平台。支持高校为有意愿、有潜质的学生制定创新创业培养计划，设立学生创业基金，建设学生创业孵化器。允许学生在完成学业的前提下休学创业。落实支持劳动者创业的税费减免、担保贷款、场地安排等扶持政策，加强培训和服务，支持下岗失业人员、退役军人、返乡农民工等群体创业。鼓励利用现有乡镇工业园区、闲置厂房校舍和科研培训设施等为农民创新创业提供孵化服务。

（十六）加快构建众创空间

支持东北地区汽车电子、生物医药等特色专业孵化器建设。改造利用老厂区老厂房，为创业者提供个性化的创业空间。鼓励发展“大连科技指南针”等科技创业服务平台，葫芦岛泳装产业、辽源袜业等电子商务公共服务平台。支持沈阳、哈尔滨开展小微企业创业创新基地城市示范工作。在东北地区组织开展创新创业大赛、科技创新创业人才投融资集训营，为创业者与投资机构提供对接平台。

（十七）加大创业投资支持

推动各类政策性产业投资基金、创业投资引导基金加大对东北地区的支持。加快推进东北有条件的地区设立创业投资引导基金。鼓励国家级、省级经济技术开发区和高新技术开发区设立创业投资引导基金。创新债券品种，通过专项债券支持东北地区创新创业。全面落实创业投资税收优惠政策，完善外商投资创业投资企业规定，引导支持大众创业。

五、打造产业竞争新优势

（十八）推动“互联网＋现代农业”发展

推动互联网与农业生产、经营、管理、服务各环节加速融合，培育一批网络化、智能化、精细化的现代种养模式，加快完善新型农业经营体系，建立健全农产品质量安全保障、农业信息监测预警等管理服务体系，打造高端绿色有机食品产业，推进农村一二三产业融合发展。大力推进绿色食品、地理标志农产品品牌建设，培育五常大米、大小兴安岭和长白山林区林特产品、蒙东牛羊肉、辽东海产品等一批国内外知名品牌。鼓励建设东北优质农畜产品展示展销中心，积极开展网上经营，加强农产品全程冷链物流体系建设，实现线上线下融合发展。

（十九）促进传统制造业提质增效

加快推进新一代信息技术与制造业深度融合，促进工业互联网、云计算、大数据在企业研发设计、生产制造、经营管理、销售服务等全流程和全产业链的综合集成应用。在东北地区实施服务型制造行动计划，引导和支持制造业企业延伸服务链条，从主要提供产品制造向提供产品和服务转变。鼓励优势制造业企业剥离生产性服务业，通过业务流程再造，提供社会化、专业化服务。推进钢铁、有色、化工、建材等行业绿色改造升级，加快机械、船舶、汽车、食品等行业智能化改造，加强质量、品牌和标准建设，打造一批具有国际竞争力的产业基地和区域特色产业集群。支持沈阳、大连、长春、哈尔滨、齐齐哈尔、葫芦岛等地先进装备制造业发展，在电力装备、轨道交通、造船、海工装备等领域形成一批世界级产业基地。支持打造阜新液压、丹东仪器仪表、铁岭和四平专用车、大庆石油石化装备、霍林郭勒高端铝材等产业集群。推动在沈阳、大连、哈尔滨设立军民融合发展示范园区工作，发展军民两用高技术产业，积极布局国家大型军工项目，形成从主机到配套的完整产业链。实施一批重点技术装备首台（套）项目，将东北重大技术装备产品纳入《首台（套）重大技术装备推广应用指导目录》。实施首台（套）重大技术装备保险补偿机制试点，中央财政对符合条件的东北地区投保企业保费补贴予以支持。

（二十）发展壮大新兴产业

出台实施东北地区培育和发展新兴产业三年行动计划，拓展新兴产业市场空间，发展一批有基础、有优势、有竞争力的新兴产业。支持中心城市打造国内领先的新兴产业集群。加快推进沈阳、哈尔滨等地壮大工业机器人及智能装备产业规模，形成优势产业集群。推进沈飞、哈飞等企业与国际大型航空企业开展重大项目合作，在沈阳、哈尔滨建设国家级航空产业基地。扶持沈阳、大连集成电路设计、制造及装备产业发展，完善集成电路产业链。壮大长春光电子、卫星应用、生物制药等新兴产业规模。积极打造东北二三线城市新兴产业名片。支持本溪、通化等地加快化学创新药物、现代中药等新品种研制及产业化。发展高纯石墨、石墨烯等高端产品，在鸡西、鹤岗等地建设石墨及深加工产业集群。支持大庆、铁岭等地发展高端碳纤维、玄武岩纤维、聚酰亚胺纤维等高性能纤维。发挥森林、草原、湿地、湖泊、冰雪、民俗、边境等资源优势，建设国内知名生态旅游和休闲养老目的地。

（二十一）促进新业态大发展

积极实施“互联网+”行动计划，围绕各行业产品、生产线、供应链及商业模式等环节，开展跨界融合创新。依托本地实体经济，积极发展电子商务、供应链物流、互联网金融等新兴业态。支持电子商务向基层延伸，鼓励在电子商务领域就业创业。支持企业利用互联网开展面向全球的技术资源合作、在线科技服务、创新众筹，促进智能设计、众创研发、协同制造、网络化实时服务等产业组织模式创新。支持沈阳加快智慧城市建设。加强对吉林市等电子商务示范城市的支持。推进哈尔滨、葫芦岛、绥芬河开展跨境电子商务（出口），支持当地非金融机构开展第三方支付业务。

六、建设富有创新创业精神的人才队伍

（二十二）把留住人才放在优先位置

完善人才激励机制，鼓励高校、科研院所和国有企业强化对科技、管理人才的激励，建立健全充分体现智力劳动价值的分配机制。东北地区高校和科研院所科技成果转化所获收益用于奖励科研负责人、骨干技术人员等重要贡献人员和团队的比例，可以提高到不低于50%。鼓励设立高校毕业生创新创业基金，通过创业本金补助、贷款补贴等方式，引导大学毕业生在本地就业创业。个人以非货币性资产投资东北地区高新技术企业的，投资者在取得股息红利或转让股权时一并缴纳个人所得税。东北地区高新技术企业以非货币性资产评估增值部分转增个人投资者股本的，投资者在取得股息红利或转让股权时一并缴纳个人所得税。

（二十三）加强人才培养与引进

依托职业院校、技工院校，加强东北重点产业急需技能人才培训，发展现代职业教育。国家“千人计划”“万人计划”、中科院“百人计划”等人才计划，积极支持东北地区人才培养与引进。积极开展引进国外智力工作，建立国家高层次科技人才及团队柔性引进机制，鼓励东北各省（自治区）加大引进国外智力专项投入，集聚海外高层次创新创业人才和智力。在沈阳、大连、长春、哈尔滨和大庆开展人才引进改革试点，建立人才引进专项基金，支持引进高层次人才。组织实施东北地区高层次人才援助计划，通过建设科技领军人才创新驱动中心等方式，带动技术、智力、管理、信息等创新要素流向东北地区。鼓励东北省级以上高新区与北京中关村、上海张江等国家自主创新示范区建立人员交流机制。

（二十四）培育一批引领创新创业发展的企业家

充分发挥企业家在创新决策中的重要作用，建立常态化的政府与企业间创新交流咨询制度。依托知名跨国公司、国外高水平大学和境外培训机构，培育具有世界眼光、战略思维、创新精神和开拓能力的优秀企业家。借助沈阳制博会、东北亚博览会、中国—俄罗斯博览会等展会平台，以及组织参加海外展览会等方式，引导企业家参与国际合作与竞争，提高经营管理水平和国际视野。鼓励地方人民政府实施本地优秀企业家培育计划。在东北地区率先实施职业经理人试点。

七、加强政策保障和组织实施

（二十五）强化政策支持

支持沈阳、长春、哈尔滨、大连等城市开展促进科技和金融结合试点。支持一批成长性好、发展潜力大、符合条件的科技型企业优先上市。探索建立农业科技成果交易中心。支持大连商品交易所开发上市新品种，试点农产品期货期权。支持符合条件的企业通过发行公司债券、资产证券化方式融资，拓展融资渠道。在东北地区开展外债宏观审慎管理试点。在东北地区发展创业投资和区域性股权市场，服务中小微企业融资。支持政策性银行、开发性金融机构、商业银行与创业投资、股权投资机构结合，探索投贷联动、债贷结合等融资模式。东北中小企业信用再担保股份有限公司等担保机构要加大对创新型企业的支持力度。鼓励东北地区民间资本依法发起设立民营银行、互联网金融机构等，支持中小微企业和新兴产业发展。支持东北地区金融机构开展知识产权(技术、产品和服务）质押贷款，在符合国家规定的前提下依托现有产权交易场所开展知识产权交易。跨认定机构区域转移生产能力又被迁入地认定的高新技术企业，继续享受原有所得税减免优惠政策。

（二十六）抓好组织实施

发展改革委、科技部、人力资源社会保障部、中科院等有关部门按照职能分工，抓紧落实促进创新创业的各项政策措施，形成政策合力。东北三省和内蒙古自治区人民政府相关部门作为责任主体，要高度重视推进创新创业工作，密切配合，加强组织协调，结合地方实际制定具体实施方案，明确工作部署，落实责任分工，省级发展改革部门负责牵头每半年将实施情况汇总上报。

国务院关于积极推进“互联网+”行动的指导意见

国发〔2015〕40号 2015年7月1日

各省、自治区、直辖市人民政府，国务院各部委、各直属机构：

“互联网 +”是把互联网的创新成果与经济社会各领域深度融合，推动技术进步、效率提升和组织变革，提升实体经济创新力和生产力，形成更广泛的以互联网为基础设施和创新要素的经济社会发展新形态。在全球新一轮科技革命和产业变革中，互联网与各领域的融合发展具有广阔前景和无限潜力，已成为不可阻挡的时代潮流，正对各国经济社会发展产生着战略性和全局性的影响。积极发挥我国互联网已经形成的比较优势，把握机遇，增强信心，加快推进“互联网+”发展，有利于重塑创新体系、激发创新活力、培育新兴业态和创新公共服务模式，对打造大众创业、万众创新和增加公共产品、公共服务“双引擎”，主动适应和引领经济发展新常态，形成经济发展新动能，实现中国经济提质增效升级具有重要意义。

近年来，我国在互联网技术、产业、应用以及跨界融合等方面取得了积极进展，已具备加快推进“互联网+”发展的坚实基础，但也存在传统企业运用互联网的意识和能力不足、互联网企业对传统产业理解不够深入、新业态发展面临体制机制障碍、跨界融合型人才严重匮乏等问题，亟待加以解决。为加快推动互联网与各领域深入融合和创新发展，充分发挥“互联网+”对稳增长、促改革、调结构、惠民生、防风险的重要作用，现就积极推进“互联网+”行动提出以下意见：

一、行动要求

（一）总体思路

顺应世界“互联网+”发展趋势，充分发挥我国互联网的规模优势和应用优势，推动互联网由消费领域向生产领域拓展，加速提升产业发展水平，增强各行业创新能力，构筑经济社会发展新优势和新动能。坚持改革创新和市场需求导向，突出企业的主体作用，大力拓展互联网与经济社会各领域融合的广度和深度。着力深化体制机制改革，释放发展潜力和活力；着力做优存量，推动经济提质增效和转型升级；着力做大增量，培育新兴业态，打造新的增长点；着力创新政府服务模式，夯实网络发展基础，营造安全网络环境，提升公共服务水平。

（二）基本原则

坚持开放共享。营造开放包容的发展环境，将互联网作为生产生活要素共享的重要平台，最大限度优化资源配置，加快形成以开放、共享为特征的经济社会运行新模式。

坚持融合创新。鼓励传统产业树立互联网思维，积极与“互联网+”相结合。推动互联网向经济社会各领域加速渗透，以融合促创新，最大程度汇聚各类市场要素的创新力量，推动融合性新兴产业成为经济发展新动力和新支柱。

坚持变革转型。充分发挥互联网在促进产业升级以及信息化和工业化深度融合中的平台作用，引导要素资源向实体经济集聚，推动生产方式和发展模式变革。创新网络化公共服务模式，大幅提升公共服务能力。

坚持引领跨越。巩固提升我国互联网发展优势，加强重点领域前瞻性布局，以互联网融合创新为突破口，培育壮大新兴产业，引领新一轮科技革命和产业变革，实现跨越式发展。

坚持安全有序。完善互联网融合标准规范和法律法规，增强安全意识，强化安全管理和防护，保障网络安全。建立科学有效的市场监管方式，促进市场有序发展，保护公平竞争，防止形成行业垄断和市场壁垒。

（三）发展目标

到2018年，互联网与经济社会各领域的融合发展进一步深化，基于互联网的新业态成为新的经济增长动力，互联网支撑大众创业、万众创新的作用进一步增强，互联网成为提供公共服务的重要手段，网络经济与实体经济协同互动的发展格局基本形成。

——经济发展进一步提质增效。互联网在促进制造业、农业、能源、环保等产业转型升级方面取得积极成效，劳动生产率进一步提高。基于互联网的新兴业态不断涌现，电子商务、互联网金融快速发展，对经济提质增效的促进作用更加凸显。

——社会服务进一步便捷普惠。健康医疗、教育、交通等民生领域互联网应用更加丰富，公共服务更加多元，线上线下结合更加紧密。社会服务资源配置不断优化，公众享受到更加公平、高效、优质、便捷的服务。

——基础支撑进一步夯实提升。网络设施和产业基础得到有效巩固加强，应用支撑和安全保障能力明显增强。固定宽带网络、新一代移动通信网和下一代互联网加快发展，物联网、云计算等新型基础设施更加完备。人工智能等技术及其产业化能力显著增强。

——发展环境进一步开放包容。全社会对互联网融合创新的认识不断深入，互联网融合发展面临的体制机制障碍有效破除，公共数据资源开放取得实质性进展，相关标准规范、信用体系和法律法规逐步完善。

到2025年，网络化、智能化、服务化、协同化的“互联网+”产业生态体系基本完善，“互联网+”新经济形态初步形成，“互联网+”成为经济社会创新发展的重要驱动力量。

二、重点行动

（一）“互联网+”创业创新

充分发挥互联网的创新驱动作用，以促进创业创新为重点，推动各类要素资源聚集、开放和共享，大力发展众创空间、开放式创新等，引导和推动全社会形成大众创业、万众创新的浓厚氛围，打造经济发展新引擎。（发展改革委、科技部、工业和信息化部、人力资源社会保障部、商务部等负责，列第一位者为牵头部门，下同）

1. 强化创业创新支撑。鼓励大型互联网企业和基础电信企业利用技术优势和产业整合能力，向小微企业和创业团队开放平台入口、数据信息、计算能力等资源，提供研发工具、经营管理和市场营销等方面的支持和服务，提高小微企业信息化应用水平，培育和孵化具有良好商业模式的创业企业。充分利用互联网基础条件，完善小微企业公共服务平台网络，集聚创业创新资源，为小微企业提供找得着、用得起、有保障的服务。

2. 积极发展众创空间。充分发挥互联网开放创新优势，调动全社会力量，支持创新工场、创客空间、社会实验室、智慧小企业创业基地等新型众创空间发展。充分利用国家自主创新示范区、科技企业孵化器、大学科技园、商贸企业集聚区、小微企业创业示范基地等现有条件，通过市场化方式构建一批创新与创业相结合、线上与线下相结合、孵化与投资相结合的众创空间，为创业者提供低成本、便利化、全要素的工作空间、网络空间、社交空间和资源共享空间。实施新兴产业“双创”行动，建立一批新兴产业“双创”示范基地，加快发展“互联网+”创业网络体系。

3. 发展开放式创新。鼓励各类创新主体充分利用互联网，把握市场需求导向，加强创新资源共享与合作，促进前沿技术和创新成果及时转化，构建开放式创新体系。推动各类创业创新扶持政策与互联网开放平台联动协作，为创业团队和个人开发者提供绿色通道服务。加快发展创业服务业，积极推广众包、用户参与设计、云设计等新型研发组织模式，引导建立社会各界交流合作的平台，推动跨区域、跨领域的技术成果转移和协同创新。

（二）“互联网+”协同制造

推动互联网与制造业融合，提升制造业数字化、网络化、智能化水平，加强产业链协作，发展基于互联网的协同制造新模式。在重点领域推进智能制造、大规模个性化定制、网络化协同制造和服务型制造，打造一批网络化协同制造公共服务平台，加快形成制造业网络化产业生态体系。（工业和信息化部、发展改革委、科技部共同牵头）

1. 大力发展智能制造。以智能工厂为发展方向，开展智能制造试点示范，加快推动云计算、物联网、智能工业机器人、增材制造等技术在生产过程中的应用，推进生产装备智能化升级、工艺流程改造和基础数据共享。着力在工控系统、智能感知元器件、工业云平台、操作系统和工业软件等核心环节取得突破，加强工业大数据的开发与利用，有效支撑制造业智能化转型，构建开放、共享、协作的智能制造产业生态。

2. 发展大规模个性化定制。支持企业利用互联网采集并对接用户个性化需求，推进设计研发、生产制造和供应链管理等关键环节的柔性化改造，开展基于个性化产品的服务模式和商业模式创新。鼓励互联网企业整合市场信息，挖掘细分市场需求与发展趋势，为制造企业开展个性化定制提供决策支撑。

3. 提升网络化协同制造水平。鼓励制造业骨干企业通过互联网与产业链各环节紧密协同，促进生产、质量控制和运营管理系统全面互联，推行众包设计研发和网络化制造等新模式。鼓励有实力的互联网企业构建网络化协同制造公共服务平台，面向细分行业提供云制造服务，促进创新资源、生产能力、市场需求的集聚与对接，提升服务中小微企业能力，加快全社会多元化制造资源的有效协同，提高产业链资源整合能力。

4. 加速制造业服务化转型。鼓励制造企业利用物联网、云计算、大数据等技术，整合产品全生命周期数据，形成面向生产组织全过程的决策服务信息，为产品优化升级提供数据支撑。鼓励企业基于互联网开展故障预警、远程维护、质量诊断、远程过程优化等在线增值服务，拓展产品价值空间，实现从制造向“制造+服务”的转型升级。

（三）“互联网+”现代农业

利用互联网提升农业生产、经营、管理和服务水平，培育一批网络化、智能化、精细化的现代“种养加”生态农业新模式，形成示范带动效应，加快完善新型农业生产经营体系，培育多样化农业互联网管理服务模式，逐步建立农副产品、农资质量安全追溯体系，促进农业现代化水平明显提升。（农业部、发展改革委、科技部、商务部、质检总局、食品药品监管总局、林业局等负责）

1. 构建新型农业生产经营体系。鼓励互联网企业建立农业服务平台，支撑专业大户、家庭农场、农民合作社、农业产业化龙头企业等新型农业生产经营主体，加强产销衔接，实现农业生产由生产导向向消费导向转变。提高农业生产经营的科技化、组织化和精细化水平，推进农业生产流通销售方式变革和农业发展方式转变，提升农业生产效率和增值空间。规范用好农村土地流转公共服务平台，提升土地流转透明度，保障农民权益。

2. 发展精准化生产方式。推广成熟可复制的农业物联网应用模式。在基础较好的领域和地区，普及基于环境感知、实时监测、自动控制的网络化农业环境监测系统。在大宗农产品规模生产区域，构建天地一体的农业物联网测控体系，实施智能节水灌溉、测土配方施肥、农机定位耕种等精准化作业。在畜禽标准化规模养殖基地和水产健康养殖示范基地，推动饲料精准投放、疾病自动诊断、废弃物自动回收等智能设备的应用普及和互联互通。

3. 提升网络化服务水平。深入推进信息进村入户试点，鼓励通过移动互联网为农民提供政策、市场、科技、保险等生产生活信息服务。支持互联网企业与农业生产经营主体合作，综合利用大数据、云计算等技术，建立农业信息监测体系，为灾害预警、耕地质量监测、重大动植物疫情防控、市场波动预测、经营科学决策等提供服务。

4. 完善农副产品质量安全追溯体系。充分利用现有互联网资源，构建农副产品质量安全追溯公共服务平台，推进制度标准建设，建立产地准出与市场准入衔接机制。支持新型农业生产经营主体利用互联网技术，对生产经营过程进行精细化信息化管理，加快推动移动互联网、物联网、二维码、无线射频识别等信息技术在生产加工和流通销售各环节的推广应用，强化上下游追溯体系对接和信息互通共享，不断扩大追溯体系覆盖面，实现农副产品“从农田到餐桌”全过程可追溯，保障“舌尖上的安全”。

（四）“互联网+”智慧能源

通过互联网促进能源系统扁平化，推进能源生产与消费模式革命，提高能源利用效率，推动节能减排。加强分布式能源网络建设，提高可再生能源占比，促进能源利用结构优化。加快发电设施、用电设施和电网智能化改造，提高电力系统的安全性、稳定性和可靠性。（能源局、发展改革委、工业和信息化部等负责）

1. 推进能源生产智能化。建立能源生产运行的监测、管理和调度信息公共服务网络，加强能源产业链上下游企业的信息对接和生产消费智能化，支撑电厂和电网协调运行，促进非化石能源与化石能源协同发电。鼓励能源企业运用大数据技术对设备状态、电能负载等数据进行分析挖掘与预测，开展精准调度、故障判断和预测性维护，提高能源利用效率和安全稳定运行水平。

2. 建设分布式能源网络。建设以太阳能、风能等可再生能源为主体的多能源协调互补的能源互联网。突破分布式发电、储能、智能微网、主动配电网等关键技术，构建智能化电力运行监测、管理技术平台，使电力设备和用电终端基于互联网进行双向通信和智能调控，实现分布式电源的及时有效接入，逐步建成开放共享的能源网络。

3. 探索能源消费新模式。开展绿色电力交易服务区域试点，推进以智能电网为配送平台，以电子商务为交易平台，融合储能设施、物联网、智能用电设施等硬件以及碳交易、互联网金融等衍生服务于一体的绿色能源网络发展，实现绿色电力的点到点交易及实时配送和补贴结算。进一步加强能源生产和消费协调匹配，推进电动汽车、港口岸电等电能替代技术的应用，推广电力需求侧管理，提高能源利用效率。基于分布式能源网络，发展用户端智能化用能、能源共享经济和能源自由交易，促进能源消费生态体系建设。

4. 发展基于电网的通信设施和新型业务。推进电力光纤到户工程，完善能源互联网信息通信系统。统筹部署电网和通信网深度融合的网络基础设施，实现同缆传输、共建共享，避免重复建设。鼓励依托智能电网发展家庭能效管理等新型业务。

（五）“互联网 +”普惠金融

促进互联网金融健康发展，全面提升互联网金融服务能力和普惠水平，鼓励互联网与银行、证券、保险、基金的融合创新，为大众提供丰富、安全、便捷的金融产品和服务，更好满足不同层次实体经济的投融资需求，培育一批具有行业影响力的互联网金融创新型企业。（人民银行、银监会、证监会、保监会、发展改革委、工业和信息化部、网信办等负责）

1. 探索推进互联网金融云服务平台建设。探索互联网企业构建互联网金融云服务平台。在保证技术成熟和业务安全的基础上，支持金融企业与云计算技术提供商合作开展金融公共云服务，提供多样化、个性化、精准化的金融产品。支持银行、证券、保险企业稳妥实施系统架构转型，鼓励探索利用云服务平台开展金融核心业务，提供基于金融云服务平台的信用、认证、接口等公共服务。

2. 鼓励金融机构利用互联网拓宽服务覆盖面。鼓励各金融机构利用云计算、移动互联网、大数据等技术手段，加快金融产品和服务创新，在更广泛地区提供便利的存贷款、支付结算、信用中介平台等金融服务，拓宽普惠金融服务范围，为实体经济发展提供有效支撑。支持金融机构和互联网企业依法合规开展网络借贷、网络证券、网络保险、互联网基金销售等业务。扩大专业互联网保险公司试点，充分发挥保险业在防范互联网金融风险中的作用。推动金融集成电路卡（IC 卡）全面应用，提升电子现金的使用率和便捷性。发挥移动金融安全可信公共服务平台（MTPS）的作用，积极推动商业银行开展移动金融创新应用，促进移动金融在电子商务、公共服务等领域的规模应用。支持银行业金融机构借助互联网技术发展消费信贷业务，支持金融租赁公司利用互联网技术开展金融租赁业务。

3. 积极拓展互联网金融服务创新的深度和广度。鼓励互联网企业依法合规提供创新金融产品和服务，更好满足中小微企业、创新型企业和个人的投融资需求。规范发展网络借贷和互联网消费信贷业务，探索互联网金融服务创新。积极引导风险投资基金、私募股权投资基金和产业投资基金投资于互联网金融企业。利用大数据发展市场化个人征信业务，加快网络征信和信用评价体系建设。加强互联网金融消费权益保护和投资者保护，建立多元化金融消费纠纷解决机制。改进和完善互联网金融监管，提高金融服务安全性，有效防范互联网金融风险及其外溢效应。

（六）“互联网+”益民服务

充分发挥互联网的高效、便捷优势，提高资源利用效率，降低服务消费成本。大力发展以互联网为载体、线上线下互动的新兴消费，加快发展基于互联网的医疗、健康、养老、教育、旅游、社会保障等新兴服务，创新政府服务模式，提升政府科学决策能力和管理水平。（发展改革委、教育部、工业和信息化部、民政部、人力资源社会保障部、商务部、卫生计生委、质检总局、食品药品监管总局、林业局、旅游局、网信办、信访局等负责）

1. 创新政府网络化管理和服务。加快互联网与政府公共服务体系的深度融合，推动公共数据资源开放，促进公共服务创新供给和服务资源整合，构建面向公众的一体化在线公共服务体系。积极探索公众参与的网络化社会管理服务新模式，充分利用互联网、移动互联网应用平台等，加快推进政务新媒体发展建设，加强政府与公众的沟通交流，提高政府公共管理、公共服务和公共政策制定的响应速度，提升政府科学决策能力和社会治理水平，促进政府职能转变和简政放权。深入推进网上信访，提高信访工作质量、效率和公信力。鼓励政府和互联网企业合作建立信用信息共享平台，探索开展一批社会治理互联网应用试点，打通政府部门、企事业单位之间的数据壁垒，利用大数据分析手段，提升各级政府的社会治理能力。加强对“互联网+”行动的宣传，提高公众参与度。

2. 发展便民服务新业态。发展体验经济，支持实体零售商综合利用网上商店、移动支付、智能试衣等新技术，打造体验式购物模式。发展社区经济，在餐饮、娱乐、家政等领域培育线上线下结合的社区服务新模式。发展共享经济，规范发展网络约租车，积极推广在线租房等新业态，着力破除准入门槛高、服务规范难、个人征信缺失等瓶颈制约。发展基于互联网的文化、媒体和旅游等服务，培育形式多样的新型业态。积极推广基于移动互联网入口的城市服务，开展网上社保办理、个人社保权益查询、跨地区医保结算等互联网应用，让老百姓足不出户享受便捷高效的服务。

3. 推广在线医疗卫生新模式。发展基于互联网的医疗卫生服务，支持第三方机构构建医学影像、健康档案、检验报告、电子病历等医疗信息共享服务平台，逐步建立跨医院的医疗数据共享交换标准体系。积极利用移动互联网提供在线预约诊疗、候诊提醒、划价缴费、诊疗报告查询、药品配送等便捷服务。引导医疗机构面向中小城市和农村地区开展基层检查、上级诊断等远程医疗服务。鼓励互联网企业与医疗机构合作建立医疗网络信息平台，加强区域医疗卫生服务资源整合，充分利用互联网、大数据等手段，提高重大疾病和突发公共卫生事件防控能力。积极探索互联网延伸医嘱、电子处方等网络医疗健康服务应用。鼓励有资质的医学检验机构、医疗服务机构联合互联网企业，发展基因检测、疾病预防等健康服务模式。

4. 促进智慧健康养老产业发展。支持智能健康产品创新和应用，推广全面量化健康生活新方式。鼓励健康服务机构利用云计算、大数据等技术搭建公共信息平台，提供长期跟踪、预测预警的个性化健康管理服务。发展第三方在线健康市场调查、咨询评价、预防管理等应用服务，提升规范化和专业化运营水平。依托现有互联网资源和社会力量，以社区为基础，搭建养老信息服务网络平台，提供护理看护、健康管理、康复照料等居家养老服务。鼓励养老服务机构应用基于移动互联网的便携式体检、紧急呼叫监控等设备，提高养老服务水平。

5. 探索新型教育服务供给方式。鼓励互联网企业与社会教育机构根据市场需求开发数字教育资源，提供网络化教育服务。鼓励学校利用数字教育资源及教育服务平台，逐步探索网络化教育新模式，扩大优质教育资源覆盖面，促进教育公平。鼓励学校通过与互联网企业合作等方式，对接线上线下教育资源，探索基础教育、职业教育等教育公共服务提供新方式。推动开展学历教育在线课程资源共享，推广大规模在线开放课程等网络学习模式，探索建立网络学习学分认定与学分转换等制度，加快推动高等教育服务模式变革。

（七）“互联网 +”高效物流

加快建设跨行业、跨区域的物流信息服务平台，提高物流供需信息对接和使用效率。鼓励大数据、云计算在物流领域的应用，建设智能仓储体系，优化物流运作流程，提升物流仓储的自动化、智能化水平和运转效率，降低物流成本。（发展改革委、商务部、交通运输部、网信办等负责）

1. 构建物流信息共享互通体系。发挥互联网信息集聚优势，聚合各类物流信息资源，鼓励骨干物流企业和第三方机构搭建面向社会的物流信息服务平台，整合仓储、运输和配送信息，开展物流全程监测、预警，提高物流安全、环保和诚信水平，统筹优化社会物流资源配置。构建互通省际、下达市县、兼顾乡村的物流信息互联网络，建立各类可开放数据的对接机制，加快完善物流信息交换开放标准体系，在更广范围促进物流信息充分共享与互联互通。

2. 建设深度感知智能仓储系统。在各级仓储单元积极推广应用二维码、无线射频识别等物联网感知技术和大数据技术，实现仓储设施与货物的实时跟踪、网络化管理以及库存信息的高度共享，提高货物调度效率。鼓励应用智能化物流装备提升仓储、运输、分拣、包装等作业效率，提高各类复杂订单的出货处理能力，缓解货物囤积停滞瓶颈制约，提升仓储运管水平和效率。

3. 完善智能物流配送调配体系。加快推进货运车联网与物流园区、仓储设施、配送网点等信息互联，促进人员、货源、车源等信息高效匹配，有效降低货车空驶率，提高配送效率。鼓励发展社区自提柜、冷链储藏柜、代收服务点等新型社区化配送模式，结合构建物流信息互联网络，加快推进县到村的物流配送网络和村级配送网点建设，解决物流配送“最后一公里”问题。

（八）“互联网 +”电子商务

巩固和增强我国电子商务发展领先优势，大力发展农村电商、行业电商和跨境电商，进一步扩大电子商务发展空间。电子商务与其他产业的融合不断深化，网络化生产、流通、消费更加普及，标准规范、公共服务等支撑环境基本完善。（发展改革委、商务部、工业和信息化部、交通运输部、农业部、海关总署、税务总局、质检总局、网信办等负责）

1. 积极发展农村电子商务。开展电子商务进农村综合示范，支持新型农业经营主体和农产品、农资批发市场对接电商平台，积极发展以销定产模式。完善农村电子商务配送及综合服务网络，着力解决农副产品标准化、物流标准化、冷链仓储建设等关键问题，发展农产品个性化定制服务。开展生鲜农产品和农业生产资料电子商务试点，促进农业大宗商品电子商务发展。

2. 大力发展行业电子商务。鼓励能源、化工、钢铁、电子、轻纺、医药等行业企业，积极利用电子商务平台优化采购、分销体系，提升企业经营效率。推动各类专业市场线上转型，引导传统商贸流通企业与电子商务企业整合资源，积极向供应链协同平台转型。鼓励生产制造企业面向个性化、定制化消费需求深化电子商务应用，支持设备制造企业利用电子商务平台开展融资租赁服务，鼓励中小微企业扩大电子商务应用。按照市场化、专业化方向，大力推广电子招标投标。

3. 推动电子商务应用创新。鼓励企业利用电子商务平台的大数据资源，提升企业精准营销能力，激发市场消费需求。建立电子商务产品质量追溯机制，建设电子商务售后服务质量检测云平台，完善互联网质量信息公共服务体系，解决消费者维权难、退货难、产品责任追溯难等问题。加强互联网食品药品市场监测监管体系建设，积极探索处方药电子商务销售和监管模式创新。鼓励企业利用移动社交、新媒体等新渠道，发展社交电商、“粉丝”经济等网络营销新模式。

4. 加强电子商务国际合作。鼓励各类跨境电子商务服务商发展，完善跨境物流体系，拓展全球经贸合作。推进跨境电子商务通关、检验检疫、结汇等关键环节单一窗口综合服务体系建设。创新跨境权益保障机制，利用合格评定手段，推进国际互认。创新跨境电子商务管理，促进信息网络畅通、跨境物流便捷、支付及结汇无障碍、税收规范便利、市场及贸易规则互认互通。

（九）“互联网 +”便捷交通

加快互联网与交通运输领域的深度融合，通过基础设施、运输工具、运行信息等互联网化，推进基于互联网平台的便捷化交通运输服务发展，显著提高交通运输资源利用效率和管理精细化水平，全面提升交通运输行业服务品质和科学治理能力。（发展改革委、交通运输部共同牵头）

1. 提升交通运输服务品质。推动交通运输主管部门和企业将服务性数据资源向社会开放，鼓励互联网平台为社会公众提供实时交通运行状态查询、出行路线规划、网上购票、智能停车等服务，推进基于互联网平台的多种出行方式信息服务对接和一站式服务。加快完善汽车健康档案、维修诊断和服务质量信息服务平台建设。

2. 推进交通运输资源在线集成。利用物联网、移动互联网等技术，进一步加强对公路、铁路、民航、港口等交通运输网络关键设施运行状态与通行信息的采集。推动跨地域、跨类型交通运输信息互联互通，推广船联网、车联网等智能化技术应用，形成更加完善的交通运输感知体系，提高基础设施、运输工具、运行信息等要素资源的在线化水平，全面支撑故障预警、运行维护以及调度智能化。

3. 增强交通运输科学治理能力。强化交通运输信息共享，利用大数据平台挖掘分析人口迁徙规律、公众出行需求、枢纽客流规模、车辆船舶行驶特征等，为优化交通运输设施规划与建设、安全运行控制、交通运输管理决策提供支撑。利用互联网加强对交通运输违章违规行为的智能化监管，不断提高交通运输治理能力。

（十）“互联网 +”绿色生态

推动互联网与生态文明建设深度融合，完善污染物监测及信息发布系统，形成覆盖主要生态要素的资源环境承载能力动态监测网络，实现生态环境数据互联互通和开放共享。充分发挥互联网在逆向物流回收体系中的平台作用，促进再生资源交易利用便捷化、互动化、透明化，促进生产生活方式绿色化（发展改革委、环境保护部、商务部、林业局等负责）

1. 加强资源环境动态监测。针对能源、矿产资源、水、大气、森林、草原、湿地、海洋等各类生态要素，充分利用多维地理信息系统、智慧地图等技术，结合互联网大数据分析，优化监测站点布局，扩大动态监控范围，构建资源环境承载能力立体监控系统。依托现有互联网、云计算平台，逐步实现各级政府资源环境动态监测信息互联共享。加强重点用能单位能耗在线监测和大数据分析。

2. 大力发展智慧环保。利用智能监测设备和移动互联网，完善污染物排放在线监测系统，增加监测污染物种类，扩大监测范围，形成全天候、多层次的智能多源感知体系。建立环境信息数据共享机制，统一数据交换标准，推进区域污染物排放、空气环境质量、水环境质量等信息公开，通过互联网实现面向公众的在线查询和定制推送。加强对企业环保信用数据的采集整理，将企业环保信用记录纳入全国统一的信用信息共享交换平台。完善环境预警和风险监测信息网络，提升重金属、危险废物、危险化学品等重点风险防范水平和应急处理能力。

3. 完善废旧资源回收利用体系。利用物联网、大数据开展信息采集、数据分析、流向监测，优化逆向物流网点布局。支持利用电子标签、二维码等物联网技术跟踪电子废物流向，鼓励互联网企业参与搭建城市废弃物回收平台，创新再生资源回收模式。加快推进汽车保险信息系统、“以旧换再”管理系统和报废车管理系统的标准化、规范化和互联互通，加强废旧汽车及零部件的回收利用信息管理，为互联网企业开展业务创新和便民服务提供数据支撑。

4. 建立废弃物在线交易系统。鼓励互联网企业积极参与各类产业园区废弃物信息平台建设，推动现有骨干再生资源交易市场向线上线下结合转型升级，逐步形成行业性、区域性、全国性的产业废弃物和再生资源在线交易系统，完善线上信用评价和供应链融资体系，开展在线竞价，发布价格交易指数，提高稳定供给能力，增强主要再生资源品种的定价权。

（十一）“互联网 +”人工智能

依托互联网平台提供人工智能公共创新服务，加快人工智能核心技术突破，促进人工智能在智能家居、智能终端、智能汽车、机器人等领域的推广应用，培育若干引领全球人工智能发展的骨干企业和创新团队，形成创新活跃、开放合作、协同发展的产业生态。（发展改革委、科技部、工业和信息化部、网信办等负责）

1. 培育发展人工智能新兴产业。建设支撑超大规模深度学习的新型计算集群，构建包括语音、图像、视频、地图等数据的海量训练资源库，加强人工智能基础资源和公共服务等创新平台建设。进一步推进计算机视觉、智能语音处理、生物特征识别、自然语言理解、智能决策控制以及新型人机交互等关键技术的研发和产业化，推动人工智能在智能产品、工业制造等领域规模商用，为产业智能化升级夯实基础。

2. 推进重点领域智能产品创新。鼓励传统家居企业与互联网企业开展集成创新，不断提升家居产品的智能化水平和服务能力，创造新的消费市场空间。推动汽车企业与互联网企业设立跨界交叉的创新平台，加快智能辅助驾驶、复杂环境感知、车载智能设备等技术产品的研发与应用。支持安防企业与互联网企业开展合作，发展和推广图像精准识别等大数据分析技术，提升安防产品的智能化服务水平。

3. 提升终端产品智能化水平。着力做大高端移动智能终端产品和服务的市场规模，提高移动智能终端核心技术研发及产业化能力。鼓励企业积极开展差异化细分市场需求分析，大力丰富可穿戴设备的应用服务，提升用户体验。推动互联网技术以及智能感知、模式识别、智能分析、智能控制等智能技术在机器人领域的深入应用，大力提升机器人产品在传感、交互、控制等方面的性能和智能化水平，提高核心竞争力。

三、保障支撑

（一）夯实发展基础

1. 巩固网络基础。加快实施“宽带中国”战略，组织实施国家新一代信息基础设施建设工程，推进宽带网络光纤化改造，加快提升移动通信网络服务能力，促进网间互联互通，大幅提高网络访问速率，有效降低网络资费，完善电信普遍服务补偿机制，支持农村及偏远地区宽带建设和运行维护，使互联网下沉为各行业、各领域、各区域都能使用，人、机、物泛在互联的基础设施。增强北斗卫星全球服务能力，构建天地一体化互联网络。加快下一代互联网商用部署，加强互联网协议第 6 版（IPv6）地址管理、标识管理与解析，构建未来网络创新试验平台。研究工业互联网网络架构体系，构建开放式国家创新试验验证平台。（发展改革委、工业和信息化部、财政部、国资委、网信办等负责）

2. 强化应用基础。适应重点行业融合创新发展需求，完善无线传感网、行业云及大数据平台等新型应用基础设施。实施云计算工程，大力提升公共云服务能力，引导行业信息化应用向云计算平台迁移，加快内容分发网络建设，优化数据中心布局。加强物联网网络架构研究，组织开展国家物联网重大应用示范，鼓励具备

条件的企业建设跨行业物联网运营和支撑平台。（发展改革委、工业和信息化部等负责）

3. 做实产业基础。着力突破核心芯片、高端服务器、高端存储设备、数据库和中间件等产业薄弱环节的技术瓶颈，加快推进云操作系统、工业控制实时操作系统、智能终端操作系统的研发和应用。大力发展云计算、大数据等解决方案以及高端传感器、工控系统、人机交互等软硬件基础产品。运用互联网理念，构建以骨干企业为核心、产学研用高效整合的技术产业集群，打造国际先进、自主可控的产业体系。（工业和信息化部、发展改革委、科技部、网信办等负责）

4. 保障安全基础。制定国家信息领域核心技术设备发展时间表和路线图，提升互联网安全管理、态势感知和风险防范能力，加强信息网络基础设施安全防护和用户个人信息保护。实施国家信息安全专项，开展网络安全应用示范，提高“互联网 +”安全核心技术和产品水平。按照信息安全等级保护等制度和网络安全国家标准的要求，加强“互联网 +”关键领域重要信息系统的安全保障。建设完善网络安全监测评估、监督管理、标准认证和创新能力体系。重视融合带来的安全风险，完善网络数据共享、利用等的安全管理和技术措施，探索建立以行政评议和第三方评估为基础的数据安全流动认证体系，完善数据跨境流动管理制度，确保数据安全。（网信办、发展改革委、科技部、工业和信息化部、公安部、安全部、质检总局等负责）

（二）强化创新驱动

1. 加强创新能力建设。鼓励构建以企业为主导，产学研用合作的“互联网 +”产业创新网络或产业技术创新联盟。支持以龙头企业为主体，建设跨界交叉领域的创新平台，并逐步形成创新网络。鼓励国家创新平台向企业特别是中小企业在线开放，加大国家重大科研基础设施和大型科研仪器等网络化开放力度。（发展改革委、科技部、工业和信息化部、网信办等负责）

2. 加快制定融合标准。按照共性先立、急用先行的原则，引导工业互联网、智能电网、智慧城市等领域基础共性标准、关键技术标准的研制及推广。加快与互联网融合应用的工控系统、智能专用装备、智能仪表、智能家居、车联网等细分领域的标准化工作。不断完善“互联网 +”融合标准体系，同步推进国际国内标准化工作，增强在国际标准化组织（ISO）、国际电工委员会（IEC）和国际电信联盟（ITU）等国际组织中的话语权。（质检总局、工业和信息化部、网信办、能源局等负责）

3. 强化知识产权战略。加强融合领域关键环节专利导航，引导企业加强知识产权战略储备与布局。加快推进专利基础信息资源开放共享，支持在线知识产权服务平台建设，鼓励服务模式创新，提升知识产权服务附加值，支持中小微企业知识产权创造和运用。加强网络知识产权和专利执法维权工作，严厉打击各种网络侵权假冒行为。增强全社会对网络知识产权的保护意识，推动建立“互联网 +”知识产权保护联盟，加大对新业态、新模式等创新成果的保护力度。（知识产权局牵头）

4. 大力发展开源社区。鼓励企业自主研发和国家科技计划（专项、基金等）支持形成的软件成果通过互联网向社会开源。引导教育机构、社会团体、企业或个人发起开源项目，积极参加国际开源项目，支持组建开源社区和开源基金会。鼓励企业依托互联网开源模式构建新型生态，促进互联网开源社区与标准规范、知识产权等机构的对接与合作。（科技部、工业和信息化部、质检总局、知识产权局等负责）

（三）营造宽松环境

1. 构建开放包容环境。贯彻落实《中共中央国务院关于深化体制机制改革加快实施创新驱动发展战略的若干意见》，放宽融合性产品和服务的市场准入限制，制定实施各行业互联网准入负面清单，允许各类主体依法平等进入未纳入负面清单管理的领域。破除行业壁垒，推动各行业、各领域在技术、标准、监管等方面充分对接，最大限度减少事前准入限制，加强事中事后监管。继续深化电信体制改革，有序开放电信市场，加快民营资本进入基础电信业务。加快深化商事制度改革，推进投资贸易便利化。（发展改革委、网信办、教育部、科技部、工业和信息化部、民政部、商务部、卫生计生委、工商总局、质检总局等负责）

2. 完善信用支撑体系。加快社会征信体系建设，推进各类信用信息平台无缝对接，打破信息孤岛。加强信用记录、风险预警、违法失信行为等信息资源在线披露和共享，为经营者提供信用信息查询、企业网上身份认证等服务。充分利用互联网积累的信用数据，对现有征信体系和评测体系进行补充和完善，为经济调节、市场监管、社会管理和公共服务提供有力支撑。（发展改革委、人民银行、工商总局、质检总局、网信办等负责）

3. 推动数据资源开放。研究出台国家大数据战略，显著提升国家大数据掌控能力。建立国家政府信息开放统一平台和基础数据资源库，开展公共数据开放利用改革试点，出台政府机构数据开放管理规定。按照重要性和敏感程度分级分类，推进政府和公共信息资源开放共享，支持公众和小微企业充分挖掘信息资源的商业价值，促进互联网应用创新。（发展改革委、工业和信息化部、国务院办公厅、网信办等负责）

4. 加强法律法规建设。针对互联网与各行业融合发展的新特点，加快“互联网 +”相关立法工作，研究调整完善不适应“互联网 +”发展和管理的现行法规及政策规定。落实加强网络信息保护和信息公开有关规定，加快推动制定网络安全、电子商务、个人信息保护、互联网信息服务管理等法律法规。完善反垄断法配套规则，进一步加大反垄断法执行力度，严格查处信息领域企业垄断行为，营造互联网公平竞争环境。（法制办、网信办、发展改革委、工业和信息化部、公安部、安全部、商务部、工商总局等负责）

（四）拓展海外合作

1. 鼓励企业抱团出海。结合“一带一路”等国家重大战略，支持和鼓励具有竞争优势的互联网企业联合制造、金融、信息通信等领域企业率先走出去，通过海外并购、联合经营、设立分支机构等方式，相互借力，共同开拓国际市场，推进国际产能合作，构建跨境产业链体系，增强全球竞争力。（发展改革委、外交部、工业和信息化部、商务部、网信办等负责）

2. 发展全球市场应用。鼓励“互联网 +”企业整合国内外资源，面向全球提供工业云、供应链管理、大数据分析等网络服务，培育具有全球影响力的“互联网 +”应用平台。鼓励互联网企业积极拓展海外用户，推出适合不同市场文化的产品和服务。（商务部、发展改革委、工业和信息化部、网信办等负责）

3. 增强走出去服务能力。充分发挥政府、产业联盟、行业协会及相关中介机构作用，形成支持“互联网 +”企业走出去的合力。鼓励中介机构为企业拓展海外市场提供信息咨询、法律援助、税务中介等服务。支持行业协会、产业联盟与企业共同推广中国技术和中国标准，以技术标准走出去带动产品和服务在海外推广应用。（商务部、外交部、发展改革委、工业和信息化部、税务总局、质检总局、网信办等负责）

（五）加强智力建设

1. 加强应用能力培训。鼓励地方各级政府采用购买服务的方式，向社会提供互联网知识技能培训，支持相关研究机构和专家开展“互联网 +”基础知识和应用培训。鼓励传统企业与互联网企业建立信息咨询、人才交流等合作机制，促进双方深入交流合作。加强制造业、农业等领域人才特别是企业高层管理人员的互联网技能培训，鼓励互联网人才与传统行业人才双向流动。（科技部、工业和信息化部、人力资源社会保障部、网信办等负责）

2. 加快复合型人才培养。面向“互联网 +”融合发展需求，鼓励高校根据发展需要和学校办学能力设置相关专业，注重将国内外前沿研究成果尽快引入相关专业教学中。鼓励各类学校聘请互联网领域高级人才作为兼职教师，加

强“互联网 +”领域实验教学。（教育部、发展改革委、科技部、工业和信息化部、人力资源社会保障部、网信办等负责）

3. 鼓励联合培养培训。实施产学合作专业综合改革项目，鼓励校企、院企合作办学，推进“互联网 +”专业技术人才培训。深化互联网领域产教融合，依托高校、科研机构、企业的智力资源和研究平台，建立一批联合实训基地。建立企业技术中心和院校对接机制，鼓励企业在院校建立“互联网 +”研发机构和实验中心。（教育部、发展改革委、科技部、工业和信息化部、人力资源社会保障部、网信办等负责）

4. 利用全球智力资源。充分利用现有人才引进计划和鼓励企业设立海外研发中心等多种方式，引进和培养一批“互联网 +”领域高端人才。完善移民、签证等制度，形成有利于吸引人才的分配、激励和保障机制，为引进海外人才提供有利条件。支持通过任务外包、产业合作、学术交流等方式，充分利用全球互联网人才资源。吸引互联网领域领军人才、特殊人才、紧缺人才在我国创业创新和从事教学科研等活动。（人力资源社会保障部、发展改革委、教育部、科技部、网信办等负责）

（六）加强引导支持

1. 实施重大工程包。选择重点领域，加大中央预算内资金投入力度，引导更多社会资本进入，分步骤组织实施“互联网 +”重大工程，重点促进以移动互联网、云计算、大数据、物联网为代表的新一代信息技术与制造、能源、服务、农业等领域的融合创新，发展壮大新兴业态，打造新的产业增长点。（发展改革委牵头）

2. 加大财税支持。充分发挥国家科技计划作用，积极投向符合条件的“互联网 +”融合创新关键技术研发及应用示范。统筹利用现有财政专项资金，支持“互联网 +”相关平台建设和应用示范等。加大政府部门采购云计算服务的力度，探索基于云计算的政务信息化建设运营新机制。鼓励地方政府创新风险补偿机制，探索“互联网 +”发展的新模式。（财政部、税务总局、发展改革委、科技部、网信办等负责）

3. 完善融资服务。积极发挥天使投资、风险投资基金等对“互联网 +”的投资引领作用。开展股权众筹等互联网金融创新试点，支持小微企业发展。支持国家出资设立的有关基金投向“互联网 +”，鼓励社会资本加大对相关创新型企业的投资。积极发展知识产权质押融资、信用保险保单融资增信等服务，鼓励通过债券融资方式支持“互联网 +”发展，支持符合条件的“互联网 +”企业发行公司债券。开展产融结合创新试点，探索股权和债权相结合的融资服务。降低创新型、成长型互联网企业的上市准入门槛，结合证券法修订和股票发行注册制改革，支持处于特定成长阶段、发展前景好但尚未盈利的互联网企业在创业板上市。推动银行业金融机构创新信贷产品与金融服务，加大贷款投放力度。鼓励开发性金融机构为“互联网 +”重点项目建设提供有效融资支持。（人民银行、发展改革委、银监会、证监会、保监会、网信办、开发银行等负责）

（七）做好组织实施

1. 加强组织领导。建立“互联网 +”行动实施部际联席会议制度，统筹协调解决重大问题，切实推动行动的贯彻落实。联席会议设办公室，负责具体工作的组织推进。建立跨领域、跨行业的“互联网 +”行动专家咨询委员会，为政府决策提供重要支撑。（发展改革委牵头）

2. 开展试点示范。鼓励开展“互联网 +”试点示范，推进“互联网 +”区域化、链条化发展。支持全面创新改革试验区、中关村等国家自主创新示范区、国家现代农业示范区先行先试，积极开展“互联网 +”创新政策试点，破除新兴产业行业准入、数据开放、市场监管等方面政策障碍，研究适应新兴业态特点的税收、保险政策，打造“互联网 +”生态体系。（各部门、各地方政府负责）

3. 有序推进实施。各地区、各部门要主动作为，完善服务，加强引导，以动态发展的眼光看待“互联网 +”，在实践中大胆探索拓展，相互借鉴“互联网+”融合应用成功经验，促进“互联网+”新业态、新经济发展。有关部门要加强统筹规划，提高服务和管理能力。各地区要结合实际，研究制定适合本地的“互联网+”行动落实方案，因地制宜，合理定位，科学组织实施，杜绝盲目建设和重复投资，务实有序推进“互联网+”行动。（各部门、各地方政府负责）

国务院办公厅关于促进进出口稳定增长的若干意见

国办发〔2015〕55号　2015年7月22日

各省、自治区、直辖市人民政府，国务院各部委、各直属机构：

推进新一轮更高水平对外开放，是经济提质增效升级的重要支撑。要进一步推动对外贸易便利化，改善营商环境，为外贸企业减负助力，促进进出口稳定增长，培育国际竞争新优势。为此，经国务院同意，现提出如下意见：

一、坚决清理和规范进出口环节收费

深入开展全国范围内的涉企收费集中整治专项行动。对依法合规设立的进出口环节行政事业性收费、政府性基金以及实施政府定价或指导价的经营服务性收费实行目录清单管理，未列入清单的一律按乱收费查处。加大对取消收费项目落实情况的督查力度，形成外贸企业松绑减负长效机制，防止乱收费问题反弹。增强口岸查验针对性和有效性，对查验没有问题的免除企业吊装、移位、仓储等费用，此类费用由中央财政负担；对有问题的企业依法加大处罚力度。（发展改革委、工业和信息化部、财政部、交通运输部根据各自职责分别牵头）

二、保持人民币汇率在合理均衡水平上基本稳定

完善人民币汇率市场化形成机制，扩大人民币汇率双向浮动区间。进一步提高跨境贸易人民币结算的便利化水平，扩大结算规模。研究推出更多避险产品，帮助企业规避汇率风险，减少汇兑损失。（人民银行、外汇局负责）

三、加大出口信用保险支持力度

进一步扩大短期出口信用保险规模，加大对中小微企业及新兴市场开拓的支持力度。实现大型成套设备出口融资保险应保尽保，进一步简化程序。（财政部、商务部、进出口银行、中国出口信用保险公司负责）

四、加快推进外贸新型商业模式发展

抓紧落实《国务院办公厅关于促进跨境电子商务健康快速发展的指导意见》（国办发〔2015〕46号）。积极推进中国（杭州）跨境电子商务综合试验区建设。抓紧启动扩大市场采购贸易方式试点工作，将江苏海门叠石桥国际家纺城、浙江海宁皮革城列入试点范围。制订支持外贸综合服务企业发展的政策措施。2015年底前提出进一步扩大相关试点范围和推广外贸新型商业模式的方案，于2016年初开始实施。（商务部、发展改革委、财政部、海关总署、税务总局、工商总局、质检总局、外汇局负责）

五、继续加强进口工作

扩大优惠利率进口信贷覆盖面，将《鼓励

进口技术和产品目录》纳入支持范围。2015年7月底前调整出台《鼓励进口技术和产品目录》，相应调整进口贴息政策支持范围，促进国内产业升级。完善消费品进口相关政策，对部分国内需求较大的日用消费品开展降低进口关税试点，适度增设口岸进境免税店，合理扩大免税品种，增加一定数量的免税购物额，丰富国内消费者购物选择。（商务部、发展改革委、财政部、工业和信息化部、海关总署、税务总局、质检总局、进出口银行负责）

六、进一步提高贸易便利化水平

进一步简政放权，提高服务效率。进一步落实出口退税企业分类管理办法，加快出口退税进度，确保及时足额退税。提高口岸通关效率，强化跨部门、跨地区通关协作，加快推进形成全国一体化通关管理格局。加快复制推广自由贸易试验区的贸易便利化措施，在沿海各口岸开展国际贸易“单一窗口”试点。（海关总署、税务总局、质检总局、商务部、财政部、交通运输部、外汇局负责）

七、切实改善融资服务

加大对有订单、有效益企业的融资支持。鼓励采取银团贷款、混合贷款、项目融资等方式支持企业开拓国际市场，开展国际产能合作，推动中国装备“走出去”。支持金融机构开展出口退税账户托管贷款等融资业务。鼓励商业银行按照风险可控、商业可持续原则开展出口信用保险保单融资业务。大力拓展外汇储备委托贷款平台业务，继续扩大外汇储备委托贷款规模和覆盖范围，进一步推进外汇储备多元化运用。在宏观和微观审慎管理框架下，稳步放宽境内企业人民币境外债务融资，进一步便利跨国企业开展人民币双向资金池业务。（人民银行、银监会、财政部、商务部、外汇局、进出口银行、中国出口信用保险公司负责）

各地区、各部门要进一步提高认识，更加重视外贸工作，加强组织领导，顾全大局，增强工作主动性、针对性和有效性。要深化与“一带一路”沿线国家的经贸合作，突出创新驱动，切实加大稳增长政策落实力度，共同推动对外贸易平稳健康发展。各地区要结合实际主动作为，多措并举，促进本地区对外贸易稳定增长和转型升级。各部门要根据本意见制订具体工作方案，并进一步在简化手续、减免收费等方面加力增效，用便利和稳定增长的进出口助力经济发展。商务部要加强指导、督促检查，确保各项政策措施落实到位。

商务部关于支持自由贸易试验区创新发展的意见

商资发〔2015〕313号　2015年8月25日

天津市、上海市、福建省、广东省商务主管部门：

为落实党中央、国务院部署，积极推进自由贸易试验区（以下简称自贸试验区）建设，发挥自贸试验区改革开放排头兵、创新发展先行者的作用，现提出以下意见：

一、统筹协调方案实施

（一）积极发挥国务院自由贸易试验区工作部际联席会议统筹协调职能，做好联席会议办公室工作，会同有关部门按照任务分工支持自贸试验区推进方案全面落实；对于自贸试验区在发展过程中遇到的问题，及时协调有关部门研究解决，重大问题提请联席会议协调；组织开展改革开放试点事项的总结评估，会同有关部门提出向全国复制推广的建议。

二、促进对外贸易转型升级

（二）支持在自贸试验区试点设立加工贸易采购、分拨和结算中心，鼓励跨国公司开展离岸结算业务，促进加工贸易转型升级。

（三）依托自贸试验区产业集群优势，支持区内企业开展航空维修等面向国内外市场的高技术含量、高附加值的检测维修业务。

（四）支持自贸试验区发展跨境电子商务，在总结评估中国（杭州）跨境电子商务综合试验区试点情况的基础上，将海关监管、检验检疫、进出口税收和结售汇等方面的政策，优先向自贸试验区复制推广，促进跨境电子商务健康快速发展。

（五）促进自贸试验区内设立的外贸综合服务企业健康规范发展，建立重点企业联系制度，在有效防范各类监管风险的前提下，向符合条件的重点外贸综合服务企业提供快速通关、简易退税和财政金融等支持，提高企业综合竞争力。

（六）在自贸试验区推进自动进口许可证通关作业无纸化试点和电子许可证的推广工作，建立和完善电子许可证应用服务系统，推动国际贸易单一窗口的建设。

（七）充分发挥自贸试验区现代服务业集聚作用，认定一批特色服务出口基地，开展服务贸易统计试点，培育一批创新发展的服务贸易龙头企业和具备较强国际竞争力的服务品牌。积极发展服务外包业务，研究将服务外包示范城市的支持政策扩大至自贸试验区。

（八）支持上海市牵头在上海自贸试验区推进亚太示范电子口岸网络建设，尽快启动亚太示范电子口岸网络运营中心，加强国际贸易互联互通。

（九）支持天津市牵头在天津自贸试验区加快建设亚太经济合作组织绿色供应链合作网络天津示范中心，探索建立绿色供应链管理体系，鼓励开展绿色贸易。

（十）支持福建自贸试验区探索创新管理方式和监管模式，促进对台小额贸易规范发展，会同有关部门建立工作协调机制，及时总结评估、加强风险防范。

三、降低投资准入门槛

（十一）支持自贸试验区所在地省级人民政府进一步简政放权，在法定职权范围内可依照法定程序，将省级商务部门外商投资、对外投资、融资租赁、典当、拍卖等管理权限委托给自贸试验区管理机构。商务部将做好业务指导和有关技术支持服务。

（十二）放宽自贸试验区内外商投资企业申请直销经营许可资质的条件，取消外国投资者需具备3年以上在中国境外从事直销活动经验的要求。

（十三）支持自贸试验区开展商业保理试点，探索适合商业保理发展的外汇管理模式，积极发展国际保理业务，充分发挥商业保理在扩大出口、促进流通、解决中小企业融资难等方面的积极作用。

（十四）允许外国投资者在自贸试验区投资设立典当企业，设立条件、监督管理与内资典当企业保持一致，参照《典当管理办法》进行管理。

（十五）支持自贸试验区内企业加大融资租赁业务创新力度，允许符合条件的融资租赁公司设立专业子公司；支持融资租赁公司在符合相关规定的前提下，设立项目公司经营大型设备、成套设备等融资租赁业务，并开展境内外租赁业务。允许注册在自贸试验区内的内资融资租赁企业享受与现行内资融资租赁试点企业同等待遇。

（十六）允许外国投资者以独资形式在自贸试验区内设立企业，从事加油站的建设、经营，不受门店数量的限制。

（十七）研究支持广东自贸试验区在《内地与香港/澳门关于建立更紧密经贸关系的安排》框架下，进一步取消或放宽对港澳服务提供者的资质要求、持股比例、经营范围等准入限制。

四、完善市场竞争环境

（十八）支持自贸试验区开展汽车平行进口，建立多渠道、多元化汽车流通模式。试点企业可以向商务部申领汽车产品自动进口许可证。

（十九）指导自贸试验区开展大宗商品现货交易试点，建立完善制度规则，加强风险防范，推动大宗商品现货交易和资源配置平台建设。

（二十）在自贸试验区内试点开展融资租赁管理改革，统一内外资融资租赁企业的管理模式，建立统一的现场监管、机构约谈、信息报送及核查等监管制度，探索建立登记备案、经营异常名录管理、监管评级等制度。

（二十一）支持自贸试验区开展外商投资统计改革试点，实施外商投资统计直报。

（二十二）指导自贸试验区建立健全外商投资投诉受理机构，创新涉及政府行为的投资纠纷解决机制，不断提高外国投资者在华投资保护水平。

（二十三）支持自贸试验区建设“走出去”综合信息服务平台，利用政府、商协会、企业、金融机构、中介组织等渠道，及时发布相关政策，提供市场需求、项目合作等信息资源，为区内企业“走出去”提供综合信息服务。

（二十四）支持自贸试验区配合商务部开展经营者集中反垄断审查工作。受商务部委托，督促达到国务院规定申报标准的企业向商务部进行经营者集中申报，对发现的应申报而未申报或未获批准而启动实施的经营者集中向商务部报告，在本区域内协助商务部开展案件调查工作，协助商务部对禁止性、附加限制性条件的经营者集中案件进行监督和执行。

（二十五）指导自贸试验区建立产业安全预警体系，以《对外贸易法》为依据，结合自贸试验区的开放特点，以“四体联动”机制为基础，创建与之相适应的预警体系，在扩大开放的同时，保障我国产业安全。

五、做好试点总结评估

（二十六）天津市、上海市、福建省、广东省商务主管部门要坚决贯彻简政放权、放管结合、优化服务的要求，支持自贸试验区以市场为导向，先行先试，大胆创新，扎实推进商务领域各项试点任务的实施，及时总结评估试点成效。

国务院办公厅关于印发加快海关特殊监管区域整合优化方案的通知

国办发〔2015〕66号　2015年8月28日

各省、自治区、直辖市人民政府，国务院各部委、各直属机构：

《加快海关特殊监管区域整合优化方案》已经国务院同意，现印发给你们，请认真贯彻执行。

附件：加快海关特殊监管区域整合优化方案

附件

加快海关特殊监管区域整合优化方案

海关特殊监管区域是我国开放型经济发展的先行区，是加工贸易转型升级的集聚区，为承接国际产业转移、推进区域经济协调发展、促进对外贸易和扩大就业等作出了积极贡献。当前，深化改革扩大开放对海关特殊监管区域发展提出了新的更高要求。为加快海关特殊监管区域整合优化，促进海关特殊监管区域科学发展，制定本方案。

一、总体要求

（一）指导思想

深入贯彻落实党的十八大和十八届二中、三中、四中全会精神，按照党中央、国务院决策部署，主动适应经济发展新常态，紧紧围绕国家战略，解放思想、改革创新，简政放权、转变职能，依法行政、强化监管，优化服务、促进发展，加快海关特殊监管区域整合优化，推动海关特殊监管区域创新升级，提高发展质量和效益。

（二）发展目标

增强科学发展内生动力。完善政策、创新制度、拓展功能、优化管理，营造国际化、市场化、法治化环境，促进区内企业参与国际市场竞争，更好地服务外向型经济发展和改革开放，推动海关特殊监管区域量质并举。

促进加工贸易转型升级。优化产业结构，推进加工贸易向中西部和东北地区梯度转移、向海关特殊监管区域集中，充分发挥海关特殊监管区域统筹国际国内两个市场、两种资源的作用。

发挥要素集聚和辐射带动作用。服务“一带一路”、京津冀协同发展和长江经济带等重大国家战略实施，促进区域经济协调发展。

（三）基本原则

坚持市场导向。充分发挥市场在资源配置中的决定性作用，尊重企业的主体地位，促进企业按照市场规律利用国际国内两个市场、两种资源，培育公平、开放、便利的市场环境。

坚持问题导向。抓住发展中存在的主要矛盾和突出问题，分类施策、综合协调、创新驱动，使海关特殊监管区域不断适应新的发展和需求。

坚持法治导向。建立健全与海关特殊监管区域发展要求相适应的法律法规体系，实现法治建设和创新发展相衔接，提升管理的制度化、规范化、科学化水平。

坚持效能导向。牢牢把握发展大势，坚持稳中求进，加快政府职能转变，优化指导和服务；建立保护知识产权、维护质量安全、促进守法便利、维护公平、奖优惩劣、互联互通的管理机制，为海关特殊监管区域发展营造更好的环境。

（四）重点任务

创新制度。借鉴自由贸易试验区创新制度的成功经验，进一步优化作业流程，创新管理模式，提高管理效能，激发企业活力。

统一类型。统筹考虑不同地区经济发展特点和需求，因地制宜，加快存量整合。结合实施《推进“三个1亿人”城镇化实施方案》，支持中西部和东北地区符合条件的大中城市设立综合保税区。逐步统一各类海关特殊监管区域的监管模式，规范海关特殊监管区域政策。

拓展功能。在大力发展高端制造业的基础上，促进区内产业向研发、物流、销售、维修、再制造等产业链高端发展，提升附加值，促进新技术、新产品、新业态、新商业模式发展，促进海关特殊监管区域产业转型升级和多元化发展。

规范管理。切实落实好准入、退出机制，坚持按需设立，适度控制增量，整合优化存量，规范运行管理。严格执行土地管理政策，提高土地利用率和综合运营效益，对土地利用率低、运行效益差的，责令整改、核减面积或予以撤销。

二、推进海关特殊监管区域整合

（五）整合类型

逐步将现有出口加工区、保税物流园区、跨境工业区、保税港区及符合条件的保税区整合为综合保税区。新设立的海关特殊监管区域统一命名为综合保税区。

（六）整合功能

逐步整合海关特殊监管区域保税功能，使其具有服务外向型经济发展和改革开放，连接国际国内两个市场、支持企业创新发展、满足产业多元化需求、发挥集约用地和要素集聚辐射带动作用等基本功能。

（七）整合政策

规范、完善海关特殊监管区域税收政策，促进区内企业参与国际市场竞争，同时为其参与国内市场竞争创造公平的政策环境。

（八）整合管理

逐步统一海关特殊监管区域信息化管理系统，统一监管模式。整合管理资源，加快完善管理部门间的合作机制，实现相关管理部门信息互换、监管互认、执法互助（以下称“三互”），加强事中事后监管。简化整合、新设海关特殊监管区域的审核和验收程序，提高行政效率。

三、实现海关特殊监管区域优化

（九）优化产业结构

鼓励辐射带动能力强的大型项目入区发展。引导加工贸易向中西部和东北地区转移，鼓励加工贸易企业向与当地产业结构相配套的海关特殊监管区域集中，延伸产业链，充分发挥海关特殊监管区域辐射带动作用。推动区内制造企业实现技术创新和产业转型，促进与制造业相关联的销售、结算、物流、检测、维修和研发等生产性服务业有序发展。在自由贸易试验区内的海关特殊监管区域积极推进内销选择性征收关税政策先行先试。

（十）优化业务形态

促进海关特殊监管区域发展保税加工、保税物流和保税服务等多元化业务。支持区内企业利用剩余产能承接境内区外委托加工。促进企业提高统筹两个市场、利用两种资源能力，助推企业提升创新能力和核心竞争力。在中国（上海）自由贸易试验区、中国（福建）自由贸易试验区的海关特殊监管区域统筹研究推进货物状态分类监管试点。继续推进苏州、重庆贸易多元化试点。

（十一）优化贸易方式

鼓励区内企业开展高技术含量、高附加值项目的境内外维修、再制造业务。支持企业运用跨境电子商务开拓国际市场，按照公平竞争原则开展跨境电子商务进口业务。支持海关特殊监管区域企业开展期货保税交割和仓单质押融资等业务，允许在海关特殊监管区域内设立保税展示交易平台。支持开展融资租赁业务，对注册在中国（广东）自由贸易试验区、中国（天津）自由贸易试验区海关特殊监管区域内的融资租赁企业进出口飞机、船舶和海洋工程结构物等大型设备涉及跨关区的，在执行现行相关税收政策前提下，根据物流实际需要，实行海关异地委托监管。

（十二）优化监管服务

创新通关监管服务模式，深化“一线放开”、“二线安全高效管住”贸易便利化改革。落实“三互”推进大通关建设，创新监管查验机制。优化保税货物流转管理系统，实现海关特殊监管区域间保税货物流转便利化。加强口岸与海关特殊监管区域以及海关特殊监管区域间联动发展，将海关特殊监管区域纳入通关一体化格局。加快推广中国（上海）自由贸易试验区“单一窗口”建设试点经验。加快复制推广自由贸易试验区及海关特殊监管区域试点成熟的创新制度措施。

四、实施步骤

（十三）近期目标（2015—2016 年）

严格准入退出，推进简政放权，强化部门协作，创新监管制度，积极推动试点工作。

1. 按照《海关特殊监管区域设立审核办法》，严格新设审批，推动条件成熟的地区设立综合保税区。

2. 推动符合条件的各类海关特殊监管区域整合为综合保税区。

3. 落实《海关特殊监管区域退出管理办法》，对现有海关特殊监管区域开展复核评估，对土地节约集约利用及运行效益较差的，责令整改、核减面积或予以撤销。

4. 简化海关特殊监管区域整合、新设的审核和验收程序。

5. 加快信息化系统建设步伐，探索实现相关管理部门“三互”，加快推广中国（上海）自由贸易试验区“单一窗口”建设试点经验。

6. 在自由贸易试验区内的海关特殊监管区域积极推进内销选择性征收关税政策先行先试。

7. 扎实做好苏州、重庆贸易多元化试点工作，及时总结评估，适时研究扩大试点。

8. 研究制定方案，在中国（上海）自由贸易试验区、中国（福建）自由贸易试验区的海关特殊监管区域内统筹推进货物状态分类监管试点。

9. 按照公平竞争原则开展并扩大跨境电子商务进口业务。

10. 支持区内企业利用剩余产能承接境内区外委托加工。

11. 推广期货保税交割海关监管制度、境内外维修海关监管制度，在中国（广东）自由贸易试验区、中国（天津）自由贸易试验区试点融资租赁海关监管制度。

12. 推动口岸与海关特殊监管区域以及海关特殊监管区域间联动发展，将海关特殊监管区域纳入通关一体化格局。

（十四）中期目标（2017—2018 年）

总结经验，制定相配套的管理办法，复制推广创新制度措施。

1. 在总结前期试点经验和成效的基础上，加快复制推广自由贸易试验区、海关特殊监管区域试点成熟的创新制度措施。

2. 将海关保税港区管理暂行办法修订为海关综合保税区管理办法。

3. 构建海关特殊监管区域发展绩效评估体系，引导海关特殊监管区域科学发展。

4. 建立健全与海关特殊监管区域发展要求相适应、相配套的制度体系。

（十五）远期目标（2019—2020 年）

健全法制，完善政策，全面实现发展目标，促进海关特殊监管区域又好又快发展。

1. 按程序制定海关综合保税区管理条例。

2. 完善促进海关特殊监管区域科学发展的相关政策。

3. 按照国际化、法治化标准，不断培育海关特殊监管区域竞争新优势，努力将海关特殊监管区域打造为自由贸易试验区的重要载体。

4. 服务“一带一路”发展战略，推进跨国产业联动发展。建立与沿线国家海关特殊监管区域的常态化和务实性合作机制，共商合作规划、合作内容，开展海关制度、建设标准和数据交换等各领域的务实合作。

五、组织保障

（十六）统筹推进海关特殊监管区域整合优化工作

海关总署要会同各有关部门做好业务指导和服务工作，及时督促检查并跟踪了解海关特殊监管区域整合优化工作进展情况；各有关部门要加强协作，密切配合，共同研究解决整合优化过程中出现的困难和问题。各省（区、市）人民政府要根据本方案和当地的实际情况，制定相应的实施方案，加强统筹，落实责任，稳妥推进相关工作，确保海关特殊监管区域整合优化取得实效。

国务院关于加快构建大众创业万众创新支撑平台的指导意见

国发〔2015〕53号　2015年9月23日

各省、自治区、直辖市人民政府，国务院各部委、各直属机构：

当前，全球分享经济快速增长，基于互联网等方式的创业创新蓬勃兴起，众创、众包、众扶、众筹（以下统称“四众”）等大众创业、万众创新支撑平台快速发展，新模式、新业态不断涌现，线上线下加快融合，对生产方式、生活方式、治理方式产生广泛而深刻的影响，动力强劲，潜力巨大。同时，在四众发展过程中也面临行业准入、信用环境、监管机制等方面的问题。为落实党中央、国务院关于大力推进大众创业、万众创新和推动实施“互联网+”行动的有关部署，现就加快构建大众创业、万众创新支撑平台、推进四众持续健康发展提出以下意见：

一、把握发展机遇，汇聚经济社会发展新动能

四众有效拓展了创业创新与市场资源、社会需求的对接通道，搭建了多方参与的高效协同机制，丰富了创业创新组织形态，优化了劳动、信息、知识、技术、管理、资本等资源的配置方式，为社会大众广泛平等参与创业创新、共同分享改革红利和发展成果提供了更多元的途径和更广阔的空间。

众创，汇众智搞创新，通过创业创新服务平台聚集全社会各类创新资源，大幅降低创业创新成本，使每一个具有科学思维和创新能力的人都可参与创新，形成大众创造、释放众智的新局面。

众包，汇众力增就业，借助互联网等手段，将传统由特定企业和机构完成的任务向自愿参与的所有企业和个人进行分工，最大限度利用大众力量，以更高的效率、更低的成本满足生产及生活服务需求，促进生产方式变革，开拓集智创新、便捷创业、灵活就业的新途径。

众扶，汇众能助创业，通过政府和公益机构支持、企业帮扶援助、个人互助互扶等多种方式，共助小微企业和创业者成长，构建创业创新发展的良好生态。

众筹，汇众资促发展，通过互联网平台向社会募集资金，更灵活高效满足产品开发、企业成长和个人创业的融资需求，有效增加传统金融体系服务小微企业和创业者的新功能，拓展创业创新投融资新渠道。

当前我国正处于发展动力转换的关键时期，加快发展四众具有极为重要的现实意义和战略意义，有利于激发蕴藏在人民群众之中的无穷智慧和创造力，将我国的人力资源优势迅速转化为人力资本优势，促进科技创新，拓展就业空间，汇聚发展新动能；有利于加快网络经济和实体经济融合，充分利用国内国际创新资源，提高生产效率，助推“中国制造2025”，加快转型升级，壮大分享经济，培育新的经济增长点；有利于促进政府加快完善与新经济形态相适应的体制机制，创新管理方式，提升服务能力，释放改革红利；有利于实现机会公平、权利公平、人人参与又人人受益的包容性增长，探索

一条中国特色的众人创富、劳动致富之路。

二、创新发展理念，着力打造创业创新新格局

全面贯彻党的十八大和十八届二中、三中、四中全会精神，按照党中央、国务院决策部署，加快实施创新驱动发展战略，不断深化改革，顺应“互联网+”时代大融合、大变革趋势，充分发挥我国互联网应用创新的综合优势，充分激发广大人民群众和市场主体的创业创新活力，推动线上与线下相结合、传统与新兴相结合、引导与规范相结合，按照“坚持市场主导、包容创业创新、公平有序发展、优化治理方式、深化开放合作”的基本原则，营造四众发展的良好环境，推动各类要素资源集聚、开放、共享，提高资源配置效率，加快四众广泛应用，在更大范围、更高层次、更深程度上推进大众创业、万众创新，打造新引擎，壮大新经济。

——坚持市场主导。充分发挥市场在资源配置中的决定性作用，强化企业和劳动者的主体地位，尊重市场选择，积极发展有利于提高资源利用效率、激发大众智慧、满足人民群众需求、创造经济增长新动力的新模式、新业态。

——包容创业创新。以更包容的态度、更积极的政策营造四众发展的宽松环境，激发人民群众的创业创新热情，鼓励各类主体充分利用互联网带来的新机遇，积极探索四众的新平台、新形式、新应用，开拓创业创新发展新空间。

——公平有序发展。坚持公平进入、公平竞争、公平监管，破除限制新模式新业态发展的不合理约束和制度瓶颈，营造传统与新兴、线上与线下主体之间公平发展的良好环境，维护各类主体合法权益，引导各方规范有序发展。

——优化治理方式。转变政府职能，进一步简政放权，强化事中事后监管，优化提升公共服务，加强协同，创新手段，发挥四众平台企业内部治理和第三方治理作用，健全政府、行业、企业、社会共同参与的治理机制，推动四众持续健康发展。

——深化开放合作。“引进来”与“走出去”相结合，充分利用四众平台，优化配置国际创新资源，借鉴国际管理经验，积极融入全球创新网络。鼓励采用四众模式搭建对外开放新平台，面向国际市场拓展服务领域，深化创业创新国际合作。

三、全面推进众创，释放创业创新能量

（一）大力发展专业空间众创

鼓励各类科技园、孵化器、创业基地、农民工返乡创业园等加快与互联网融合创新，打造线上线下相结合的大众创业、万众创新载体。鼓励各类线上虚拟众创空间发展，为创业创新者提供跨行业、跨学科、跨地域的线上交流和资源链接服务。鼓励创客空间、创业咖啡、创新工场等新型众创空间发展，推动基于“互联网+”的创业创新活动加速发展。

（二）鼓励推进网络平台众创

鼓励大型互联网企业、行业领军企业通过网络平台向各类创业创新主体开放技术、开发、营销、推广等资源，鼓励各类电子商务平台为小微企业和创业者提供支撑，降低创业门槛，加强创业创新资源共享与合作，促进创新成果及时转化，构建开放式创业创新体系。

（三）培育壮大企业内部众创

通过企业内部资源平台化，积极培育内部创客文化，激发员工创造力；鼓励大中型企业通过投资员工创业开拓新的业务领域、开发创新产品，提升市场适应能力和创新能力；鼓励企业建立健全股权激励机制，突破成长中的管理瓶颈，形成持续的创新动力。

四、积极推广众包，激发创业创新活力

（四）广泛应用研发创意众包

鼓励企业与研发机构等通过网络平台将部分设计、研发任务分发和交付，促进成本降低和提质增效，推动产品技术的跨学科融合创新。鼓励企业通过网络社区等形式广泛征集用户创

意，促进产品规划与市场需求无缝对接，实现万众创新与企业发展相互促动。鼓励中国服务外包示范城市、技术先进型服务企业和服务外包重点联系企业积极应用众包模式。

（五）大力实施制造运维众包

支持有能力的大中型制造企业通过互联网众包平台聚集跨区域标准化产能，满足大规模标准化产品订单的制造需求。结合深化国有企业改革，鼓励采用众包模式促进生产方式变革。鼓励中小制造企业通过众包模式构筑产品服务运维体系，提升用户体验，降低运维成本。

（六）加快推广知识内容众包

支持百科、视频等开放式平台积极通过众包实现知识内容的创造、更新和汇集，引导有能力、有条件的个人和企业积极参与，形成大众智慧集聚共享新模式。

（七）鼓励发展生活服务众包

推动交通出行、无车承运物流、快件投递、旅游、医疗、教育等领域生活服务众包，利用互联网技术高效对接供需信息，优化传统生活服务行业的组织运营模式。推动整合利用分散闲置社会资源的分享经济新型服务模式，打造人民群众广泛参与、互助互利的服务生态圈。发展以社区生活服务业为核心的电子商务服务平台，拓展服务性网络消费领域。

五、立体实施众扶，集聚创业创新合力

（八）积极推动社会公共众扶

加快公共科技资源和信息资源开放共享，提高各类公益事业机构、创新平台和基地的服务能力，推动高校和科研院所向小微企业和创业者开放科研设施，降低大众创业、万众创新的成本。鼓励行业协会、产业联盟等行业组织和第三方服务机构加强对小微企业和创业者的支持。

（九）鼓励倡导企业分享众扶

鼓励大中型企业通过生产协作、开放平台、共享资源、开放标准等方式，带动上下游小微企业和创业者发展。鼓励有条件的企业依法合规发起或参与设立公益性创业基金，开展创业培训和指导，履行企业社会责任。鼓励技术领先企业向标准化组织、产业联盟等贡献基础性专利或技术资源，推动产业链协同创新。

（十）大力支持公众互助众扶

支持开源社区、开发者社群、资源共享平台、捐赠平台、创业沙龙等各类互助平台发展。鼓励成功企业家以天使投资、慈善、指导帮扶等方式支持创业者创业。鼓励通过网络平台、线下社区、公益组织等途径扶助大众创业就业，促进互助互扶，营造深入人心、氛围浓厚的众扶文化。

六、稳健发展众筹，拓展创业创新融资

（十一）积极开展实物众筹

鼓励消费电子、智能家居、健康设备、特色农产品等创新产品开展实物众筹，支持艺术、出版、影视等创意项目在加强内容管理的同时，依法开展实物众筹。积极发挥实物众筹的资金筹集、创意展示、价值发现、市场接受度检验等功能，帮助将创新创意付诸实践，提供快速、便捷、普惠化服务。

（十二）稳步推进股权众筹

充分发挥股权众筹作为传统股权融资方式有益补充的作用，增强金融服务小微企业和创业创新者的能力。稳步推进股权众筹融资试点，鼓励小微企业和创业者通过股权众筹融资方式募集早期股本。对投资者实行分类管理，切实保护投资者合法权益，防范金融风险。

（十三）规范发展网络借贷

鼓励互联网企业依法合规设立网络借贷平台，为投融资双方提供借贷信息交互、撮合、资信评估等服务。积极运用互联网技术优势构建风险控制体系，缓解信息不对称，防范风险。

七、推进放管结合，营造宽松发展空间

（十四）完善市场准入制度

积极探索交通出行、无车承运物流、快递、金融、医疗、教育等领域的准入制度创新，通

过分类管理、试点示范等方式，依法为众包、众筹等新模式新业态的发展营造政策环境。针对众包资产轻、平台化、受众广、跨地域等特点，放宽市场准入条件，降低行业准入门槛。（交通运输部、邮政局、人民银行、证监会、银监会、卫生计生委、教育部等负责）

（十五）建立健全监管制度

适应新业态发展要求，建立健全行业标准规范和规章制度，明确四众平台企业在质量管理、信息内容管理、知识产权、申报纳税、社会保障、网络安全等方面的责任、权利和义务。（质检总局、新闻出版广电总局、知识产权局、税务总局、人力资源社会保障部、网信办、工业和信息化部等负责）因业施策，加快研究制定重点领域促进四众发展的相关意见。（交通运输部、邮政局、人民银行、证监会、银监会、卫生计生委、教育部等负责）

（十六）创新行业监管方式

建立以信用为核心的新型市场监管机制，加强跨部门、跨地区协同监管。建立健全事中事后监管体系，充分发挥全国统一的信用信息共享交换平台、企业信用信息公示系统等的作用，利用大数据、随机抽查、信用评价等手段加强监督检查和对违法违规行为的处置。（发展改革委、工业和信息化部、工商总局、相关行业主管部门负责）

（十七）优化提升公共服务

加快商事制度改革，支持各地结合实际放宽新注册企业场所登记条件限制，推动“一址多照”、集群注册等住所登记改革，为创业创新提供便利的工商登记服务。简化和完善注销流程，开展个体工商户、未开业企业、无债权债务企业简易注销登记试点。推进全程电子化登记和电子营业执照应用，简化行政审批程序，为企业发展提供便利。加强行业监管、企业登记等相关部门与四众平台企业的信息互联共享，推进公共数据资源开放，加快推行电子签名、电子认证，推动电子签名国际互认，为四众发展提供支撑。进一步清理和取消职业资格许可认定，研究建立国家职业资格目录清单管理制度，加强对新设职业资格的管理。（工商总局、发展改革委、科技部、工业和信息化部、人力资源社会保障部、相关行业主管部门负责）

（十八）促进开放合作发展

有序引导外资参与四众发展，培育一批国际化四众平台企业。鼓励四众平台企业利用全球创新资源，面向国际市场拓展服务。加强国际合作，鼓励小微企业和创业者承接国际业务。（商务部、发展改革委牵头负责）

八、完善市场环境，夯实健康发展基础

（十九）加快信用体系建设

引导四众平台企业建立实名认证制度和信用评价机制，健全相关主体信用记录，鼓励发展第三方信用评价服务。建立四众平台企业的信用评价机制，公开评价结果，保障用户的知情权。建立完善信用标准化体系，制定四众发展信用环境相关的关键信用标准，规范信用信息采集、处理、评价、应用、交换、共享和服务。依法合理利用网络交易行为等在互联网上积累的信用数据，对现有征信体系和评测体系进行补充和完善。推进全国统一的信用信息共享交换平台、企业信用信息公示系统等与四众平台企业信用体系互联互通，实现资源共享。（发展改革委、人民银行、工商总局、质检总局牵头负责）

（二十）深化信用信息应用

鼓励发展信用咨询、信用评估、信用担保和信用保险等信用服务业。建立健全守信激励机制和失信联合惩戒机制，加大对守信行为的表彰和宣传力度，在市场监管和公共服务过程中，对诚实守信者实行优先办理、简化程序等“绿色通道”支持激励政策，对违法失信者依法予以限制或禁入。（发展改革委、人民银行牵头负责）

（二十一）完善知识产权环境

加大网络知识产权执法力度，促进在线创意、研发成果申请知识产权保护，研究制定四

众领域的知识产权保护政策。运用技术手段加强在线创意、研发成果的知识产权执法，切实维护创业创新者权益。加强知识产权相关法律法规、典型案例的宣传和培训，增强中小微企业知识产权意识和管理能力。（知识产权局牵头负责）

九、强化内部治理，塑造自律发展机制

（二十二）提升平台治理能力

鼓励四众平台企业结合自身商业模式，积极利用信息化手段加强内部制度建设和管理规范，提高风险防控能力、信息内容管理能力和网络安全水平。引导四众平台企业履行管理责任，建立用户权益保障机制。（网信办、工业和信息化部、工商总局等负责）

（二十三）加强行业自律规范

强化行业自律，规范四众从业机构市场行为，保护行业合法权益。推动行业组织制定各类产品和服务标准，促进企业之间的业务交流和信息共享。完善行业纠纷协调和解决机制，鼓励第三方以及用户参与平台治理。构建在线争议解决、现场接待受理、监管部门受理投诉、第三方调解以及仲裁、诉讼等多元化纠纷解决机制。（相关行业主管部门、行政执法部门负责）

（二十四）保障网络信息安全

四众平台企业应当切实提升技术安全水平，及时发现和有效应对各类网络安全事件，确保网络平台安全稳定运行。妥善保管各类用户资料和交易信息，不得买卖、泄露用户信息，保障信息安全。强化守法、诚信、自律意识，营造诚信规范发展的良好氛围。（网信办、工业和信息化部牵头负责）

十、优化政策扶持，构建持续发展环境

（二十五）落实财政支持政策

创新财政科技专项资金支持方式，支持符合条件的企业通过众创、众包等方式开展相关科技活动。充分发挥国家新兴产业创业投资引导基金、国家中小企业发展基金等政策性基金作用，引导社会资源支持四众加快发展。降低对实体营业场所、固定资产投入等硬性指标要求，将对线下实体众创空间的财政扶持政策惠及网络众创空间。加大中小企业专项资金对小微企业创业基地建设的支持力度。大力推进小微企业公共服务平台和创业基地建设，加大政府购买服务力度，为采用四众模式的小微企业免费提供管理指导、技能培训、市场开拓、标准咨询、检验检测认证等服务。（财政部、发展改革委、工业和信息化部、科技部、商务部、质检总局等负责）

（二十六）实行适用税收政策

加快推广使用电子发票，支持四众平台企业和采用众包模式的中小微企业及个体经营者按规定开具电子发票，并允许将电子发票作为报销凭证。对于业务规模较小、处于初创期的从业机构符合现行小微企业税收优惠政策条件的，可按规定享受税收优惠政策。（财政部、税务总局牵头负责）

（二十七）创新金融服务模式

引导天使投资、创业投资基金等支持四众平台企业发展，支持符合条件的企业在创业板、新三板等上市挂牌。鼓励金融机构在风险可控和商业可持续的前提下，基于四众特点开展金融产品和服务创新，积极发展知识产权质押融资。大力发展政府支持的融资担保机构，加强政府引导和银担合作，综合运用资本投入、代偿补偿等方式，加大财政支持力度，引导和促进融资担保机构和银行业金融机构为符合条件的四众平台企业提供快捷、低成本的融资服务。（人民银行、证监会、银监会、保监会、发展改革委、工业和信息化部、财政部、科技部、商务部、人力资源社会保障部、知识产权局、质检总局等负责）

（二十八）深化科技体制改革

全面落实下放科技成果使用、处置和收益权，鼓励科研人员双向流动等改革部署，激励更多科研人员投身创业创新。加大科研基础设施、大型科研仪器向社会开放的力度，为更多

小微企业和创业者提供支撑。(科技部牵头负责)

(二十九) 繁荣创业创新文化

设立“全国大众创业万众创新活动周”，加强政策宣传，展示创业成果，促进投资对接和互动交流，为创业创新提供展示平台。继续办好中国创新创业大赛、中国农业科技创新创业大赛等赛事活动。引导各类媒体加大对四众的宣传力度，普及四众知识，发掘典型案例，推广成功经验，培育尊重知识、崇尚创造、追求卓越的创新文化。(发展改革委、科技部、工业和信息化部、中央宣传部、中国科协等负责)

(三十) 鼓励地方探索先行

充分尊重和发挥基层首创精神，因地制宜，突出特色。支持各地探索适应新模式新业态发展特点的管理模式，及时总结形成可复制、可推广的经验。支持全面创新改革试验区、自由贸易试验区、国家自主创新示范区、战略性新兴产业集聚区、国家级经济技术开发区、跨境电子商务综合试验区等加大改革力度，强化对创业创新公共服务平台的扶持，充分发挥四众发展的示范带动作用。(发展改革委、科技部、商务部、相关地方省级人民政府等负责)

各地区、各部门应加大对众创、众包、众扶、众筹等创业创新活动的引导和支持力度，加强统筹协调，探索制度创新，完善政府服务，科学组织实施，鼓励先行先试，不断开创大众创业、万众创新的新局面。

国家发展和改革委员会 科技部 民政部等关于促进具备条件的开发区向城市综合功能区转型的指导意见

发改规划〔2015〕2832号　2015年12月2日

各省、自治区、直辖市发展改革委、科技厅、民政厅、国土资源厅、环境保护厅、住房和城乡建设厅、商务厅（委、局），直辖市建委及有关部门：

开发区作为带动区域经济增长的重要载体和引擎，在改革开放、科技创新、聚集产业等方面发挥了积极作用。但随着发展阶段和条件变化，部分开发区单一生产功能、公共服务和社会管理功能不足、管理体制不畅等现状已难以适应新型城镇化发展要求。《国家新型城镇化规划（2014—2020年）》明确提出，要加强现有开发区城市功能改造，推动单一生产功能向城市综合功能转型。据此，特提出以下意见：

一、总体要求

(一) 指导思想

全面贯彻落实党的十八大和十八届三中、四中、五中全会精神，深入贯彻习近平总书记系列重要讲话精神，主动适应引领经济发展新常态，积极顺应开发区转型升级和政府职能转变背景下的新要求，以增强开发区城市综合功能为核心任务，按照人口经济与资源环境协调发展、生产生活生态功能有机融合的理念，推动具备条件的开发区城市综合功能改造，合理配置生产生活生态空间，优化开发区行政管理体制，促进与所依托行政区深度融合发展，更好发挥开发区对推动以人为核心的新型城镇化、带动经济提质增效升级的积极作用。

（二）基本原则

因地制宜，分类施策。坚持功能体系与发展阶段相匹配，优先开展产业人口集聚度较高、综合功能需求迫切、财力支撑能力较强的开发区城市功能改造，并根据开发区实际情况选择不同的转型路径、实施差别化的转型政策。

规划引领，长远谋划。坚持以规划引领开发区功能改造，做好开发区功能拓展、产业升级、结构调整的中长期规划，提升规划的前瞻性和科学性，并做好与所在地经济社会发展总体规划、城乡规划、土地利用总体规划和生态环境保护规划的衔接。

优化功能，提质增效。坚持以人为本、补齐功能短板，以服务经济为重点完善产业功能，以公共服务和社会管理为重点完善城市功能，以生活和服务设施为重点改善基础设施条件，促进开发区提高综合承载能力和人口集聚能力。

改革创新，协同推进。坚持以制度创新支撑开发区转型，以开发区与行政区融合发展为导向，在土地管理、公共服务、社会管理、投融资等方面探索创新性制度安排，理顺管理体制，消除开发区转型发展制度障碍，形成各部门、各领域协同推进合力。

（三）主要目标

加快推动开发区城市功能改造，到2020年实现开发区功能明显优化，产业竞争力明显提升，土地利用效率明显提高，公共服务和社会管理效能明显改善，集聚和吸纳人口能力明显增强，使具备条件的开发区成为产城融合、集约紧凑、功能完善、生态良好、管理高效的现代化城市综合功能区。

（四）适用范围

经济基础较好，围绕主导产业已形成一定规模的产业集群，就业特别是外来人口和农村转移人口就业规模较大；有较强转型意愿，产业转型升级压力较大，提升公共服务和社会管理能力、进一步增加生产生活服务配套的需求迫切；安全和环境风险较小、可控，贯彻执行环境保护政策法规情况较好，近两年未受到区域限批、挂牌督办和未发生重大安全及环境事件；符合所在行政区的土地利用总体规划和城市（镇）总体规划的国家级经济技术开发区、高新技术产业开发区、边境经济合作区以及列入《中国开发区审核公告目录》的省级经济开发区、高新技术产业园区、特色工业园区。

二、提升开发区城市综合功能

（五）增强居住和生活功能

优化开发区功能布局，统筹产业发展、居住、商业服务业、公共管理和公共服务设施、工业物流仓储等用地和设施规划建设，合理配置各类功能比例。以减少职住分离、缩短通勤距离和通勤时间为目标，探索增加开发区内居住功能，重点建设稳定的职工生活社区。农民工集中的开发区根据实际需求可以建设单元型或宿舍型公共租赁住房，农民工数量较多的企业可在其用地范围内按规定标准建设农民工集体宿舍。根据开发区人口的年龄、职业等特征，引进和丰富区内商业业态，完善购物、餐饮、娱乐、休闲等服务功能。

（六）完善公共服务功能

根据开发区常住人口规模和增长趋势，配套建设学校、医疗卫生机构、文化设施、养老服务设施、体育场所、社区综合服务设施等公共服务设施。完善开发区公共交通体系，改善从业人员和居民出行条件。优化开发区及周边学校和教学点布局，提升各级学校办学水平，逐步实现常住人口子女就近入学。加强开发区社区医疗卫生服务机构建设，鼓励开发区内的医疗机构与国际国内医疗机构开展合作。建立健全开发区公共文化服务体系，丰富从业人员和居民精神文化生活。探索适应开发区特点、服务创新创业的公共服务提供方式，发展创新创业区域平台。

（七）加强基础设施建设

按照内通外畅的原则，提高区域交通路网建设和管理水平，加强开发区与主城区和周边地区道路联通，发展低碳便捷的交通体系。根据实际需求推动开发区立体停车场建设。完善开发区内供排水、供电、供气、供热和污水及垃圾处理等市政公用设施。按照规划先行、标准明确、设计优先、质量保证的原则，加快开发区地下综合管廊建设，同步配套消防、供电、照明、通风、供排水、视频、标识、安全与报警、智能管理等附属设施。鼓励开发区开展智慧园区建设，推动信息化基础设施建设，构建安全融合、经济高效、支持创新创业的信息基础设施和服务体系。

（八）强化生态环境保护

将生态文明理念融入开发区转型发展，提高绿色发展水平。科学布局各类空间，合理建设绿色生态廊道。大力发展绿色建筑和低碳、便捷的交通体系。积极推进产业园区循环化改造。加强污染物综合治理，提高污水、垃圾处理设施建设、运行、管理水平。严格落实最小生态安全距离及有关标准和规定，完善环境风险防范和应急联动机制，切实防范安全和环境风险。

三、强化开发区产业支撑

（九）巩固提升开发区产业集聚优势

依托开发区产业基础，充分发挥开发区在技术、资金和人力资本等方面的优势，推动开发区产业向中高端升级。实施创新驱动发展战略，支持建立产业关键技术和共性平台，建设服务于产业集群的信息服务平台，推动创新集群与产业集群融合发展，加强不同产业链条和不同企业的协同协作。统筹规划开发区空间布局、产业布局，优化资源配置，推进开发区企业间资源共享，共同使用基础设施。巩固提升开发区政府职能精简高效的优势，通过营造良好创新创业环境和便利生活环境，加强创新创业信息资源整合，增强人才和资本等要素集聚能力。

（十）培育壮大服务经济

在巩固提升现有制造业的基础上，鼓励发展研发设计、信息服务、专业维修服务和金融、审计等生产性服务业，鼓励开展面向创业者的社会化服务，促进生产性服务业与制造业融合发展。顺应开发区就业和居住人口变化趋势，合理布局区内生活性服务业。切实贯彻落实研发设计激励政策，发挥创新对开发区转型发展的驱动作用。

四、完善开发区土地政策

（十一）优化土地利用结构

按照规模合理、布局集中、用地集约、产业集聚的要求，在严格符合当地土地利用总体规划和城市总体规划的前提下，根据开发区发展阶段和实际，适当调整开发区用地结构和功能布局，支撑开发区由单一功能向城市功能转型。加强开发区公共配套服务设施、交通基础设施、市政公用设施、公共绿地和保障性住房等用地保障，适当增加生活性和生产性服务业用地供给。加强开发区用地功能改造，健全土地功能调整转换机制，提高土地利用经济、社会、生态综合效益。经依法批准后，鼓励闲置划拨土地上的工业厂房、仓库等用于养老、流通、服务、旅游、文化创意等行业发展，在一定时间内可继续以划拨方式使用土地，暂不变更土地使用性质。

（十二）强化土地节约集约利用

提高土地利用效率，盘活存量工业用地，为开发区城市功能改造释放空间。强化对开发区建设用地开发强度、土地投资强度、人均用地指标的管控和综合效益评价，鼓励对现有工业用地追加投资、转型改造。对新兴产业发展快、用地集约且需求大的开发区，可在安排年度新增建设用地指标时给予适度倾斜。探索存量用地二次开发的激励约束机制，严格执行依法收回闲置用地或征收土地闲置费的规定。加大节地技术和模式的推广应用力度。重点推广城市公交场站、大型批发市场、会展和文体中心建设中的地上地下空间立体开发、综合利用。

（十三）探索功能混合布局和复合开发

在符合规划建设要求、安全防护和环境保

护规定等基础上，因地制宜推动土地功能混合布局和复合开发。完善基础设施、公共服务设施、交通枢纽等公共空间土地综合开发利用模式和供地方式。按照用途相近、功能兼容、控制比例的原则探索引入综合用地类型。适当提高新兴产业工业项目中生产性服务设施用地比例，并可按工业用途管理。鼓励工业企业建设多层厂房，进行生产、研发、设计、经营多功能复合利用。

五、创新开发区管理体制

（十四）增强管理服务效能

鼓励开发区精简高效设置职能机构，简化审批程序、提高审批效率，加快建设统一高效的综合管理体制。加强开发区与行政区职能的统筹协调，充分依托所在行政区开展行政管理事务，加强公共服务功能，提升社会服务和城市综合运营管理能力，强化开发区安全、环保、质量监管、市场监管职能。在招商引资、产业集聚、公共服务和社会管理等方面，促进开发区与所在行政区形成功能互补、良性互动的合作格局。

（十五）适时调整优化行政区划设置

根据开发区发展阶段、发展需求和区位条件，通过合理调整行政区划，推动具备条件的开发区与行政区深度融合发展。对位于中心城区或者与城区连片发展的开发区，可探索开发区与行政区体制合一或适度调整城区规模结构，整合机构职能；对远离中心城区，且条件成熟、需求迫切的开发区，在不增加行政建制的前提下，可整合周边区域，探索设立行政区。相关行政区划调整，要按照法定标准和程序报国务院审批。

（十六）创新开发区社会治理方式

鼓励开发区完善落户政策和流动人口服务管理制度，促进外来人口更好融入开发区。在党委领导和政府主导下，发挥社区和社会组织在开发区社会治理中的基础作用。健全以社区服务站、邻里中心等为依托的社区综合服务管理平台，构建新型社区服务管理体系。建立健全邻里沟通机制与社区矛盾化解机制，鼓励和支持社区居民自治组织、驻区单位、社区社会组织、社区居民积极参与社区公共事务和公益事业，进行自我管理。大力推进社区公共服务综合信息平台建设和智慧社区建设。

六、拓宽开发区建设投融资渠道

（十七）采用多元化投融资工具

鼓励开发性和政策性金融机构在基础设施、公用事业及产业转型升级等方面给予开发区中长期信贷支持。允许具备条件的开发区开发运营企业依照国家有关规定上市和发行企业债券、中期票据、短期融资券等债券产品。支持国家级开发区同投资机构、保险公司、担保机构及商业银行合作，探索建立投保贷序时融资安排模式。建立开发区债务管理及风险预警机制，严格控制开发区负债规模。积极推广北京中关村、上海张江经验，支持有条件的开发区率先探索知识产权贷款、信用保险和科技保险等金融创新。

（十八）积极引入社会资本。采取特许经营、公建民营、民办公助等方式，鼓励社会资本参与开发区公共产品和公共服务提供。优先在基础设施、资源环境、公共服务等领域推广政府和社会资本合作模式。探索开发区将基础设施、公益性基础建设项目及产业招商等服务项目整体外包。鼓励社会资本参与开发区融资平台公司存量公共服务项目改造运营。逐步扩大教育、医疗、养老、体育、文化等服务购买范围。

各有关部门要加强宏观指导和协调配合，适时研究出台支持开发区转型的政策措施，及时总结可推广复制的先进经验，在按规定对各类开发区进行评价时，应注重考虑经济提质增效升级、土地集约利用、创新能力、公共服务、生态环境和行政效能等方面的因素。各有关地区要结合本地区和开发区实际情况，科学制定实施方案，加强对转型情况的动态跟踪，主动作为、开拓创新，积极有序推进实施。

科技部 财政部关于印发《国家科技成果转化引导基金贷款风险补偿管理暂行办法》的通知

国科发资〔2015〕417号 2015年12月4日

各省、自治区、直辖市及计划单列市科技厅（委、局）、财政厅（局），新疆生产建设兵团科技局、财务局：

根据《国家科技成果转化引导基金管理暂行办法》（财教〔2011〕289号），为规范国家科技成果转化引导基金贷款风险补偿工作，科技部、财政部制定了《国家科技成果转化引导基金贷款风险补偿管理暂行办法》。现予印发，请遵照执行。

附件：国家科技成果转化引导基金贷款风险补偿管理暂行办法

附件

国家科技成果转化引导基金贷款风险补偿管理暂行办法

第一条 为规范国家科技成果转化引导基金（以下简称“转化基金”）贷款风险补偿工作，根据《国家科技成果转化引导基金管理暂行办法》，制定本办法。

第二条 贷款风险补偿是指转化基金对合作银行发放用于转化国家科技成果转化项目库中科技成果的贷款（以下简称“科技成果转化贷款”）给予一定的风险补偿。

第三条 科技成果转化贷款应符合以下条件：

（一）向年销售额3亿元以下的科技型中小企业发放用于科技成果转化和产业化的贷款；

（二）贷款期限为1年期（含1年）以上。

第四条 转化基金按照政府引导、共同支持、风险分担、适当补偿的原则，与设立贷款风险补偿资金的省、自治区、直辖市、计划单列市等（以下简称“省市”）联合实施贷款风险补偿工作。

第五条 省市科技部门、财政部门应根据本办法，与合作银行省市机构等协商制定本地开展贷款风险补偿工作的具体实施方案，报科技部、财政部备案。

第六条 科技部、财政部委托转化基金受托管理机构（以下简称“受托管理机构”）负责科技成果转化贷款风险补偿日常管理工作。

第七条 受托管理机构通过招标确定合作银行，向社会公告；报科技部、财政部批准后，与合作银行签订贷款风险补偿合作协议。合作协议有效期一般为三年。

第八条 合作银行应具备下列条件：

（一）在中国大陆境内注册，具有开展人民币贷款业务资格的银行业金融机构；

（二）自身实力较强，服务网点较多；

（三）资产状况良好，科技信贷管理机制较完善，具有较强的风险控制能力和较好的经营业绩，无重大违法违规行为。

第九条 合作银行应明确科技成果转化贷款的条件、标准和程序等，并在转化基金及合作银行等网站上公布。对于符合条件的贷款，合作银行应在综合评审、合理定价、风险可控的条件下积极支持，降低贷款成本，提高贷款效率。

第十条 对合作银行年度风险补偿额按照合作银行当年实际发放的科技成果转化贷款额进行核定，最高不超过合作银行当年实际发放的科技成果转化贷款额的2%。具体比例另行核定。

第十一条 合作银行省市机构向省级科技部门报送在当地发生的科技成果转化贷款项目。省级科技部门会同同级财政部门对符合科技成果转化贷款条件的贷款项目进行确认。

第十二条 省级科技部门、财政部门应将确认结果及时反馈合作银行省市机构，同时报送受托管理机构。

第十三条 合作银行总行应汇总、审核其省市机构上一年度发生的经确认的科技成果转化贷款项目情况，于每年第一季度向受托管理机构提交贷款风险补偿申请。

第十四条 受托管理机构应根据核定的补偿比例以及省级科技部门、财政部门报送的科技成果转化贷款项目情况等，审核合作银行的贷款风险补偿申请，拟定年度科技成果转化贷款风险补偿方案，并提交转化基金理事会审议。

第十五条 受托管理机构根据转化基金理事会的审议意见，向科技部提交年度科技成果转化贷款风险补偿方案。

第十六条 科技部对年度科技成果转化贷款风险补偿方案进行合规性审查，提出转化基金贷款风险补偿年度预算安排建议，报财政部批复。按照财政部批复的预算和财政国库管理制度有关规定，向合作银行支付贷款风险补偿资金。

第十七条 合作银行对贷款风险补偿金按照金融企业财务制度的有关规定处理。

第十八条 科技部、财政部委托转化基金理事会对贷款风险补偿工作的实施情况开展绩效评价。

第十九条 联合开展贷款风险补偿资金的省市应于每年一季度向受托管理机构报送本地贷款风险补偿工作开展情况，不能有效开展工作的，科技部、财政部将暂停直至终止与其联合实施贷款风险补偿工作。

第二十条 受托管理机构负责对合作银行开展的科技成果转化贷款增长、服务能力、科技金融专业团队建设情况等绩效情况进行评估，根据评估结果提出续约、经整改后续约、不续约和取消合作资格的建议，经转化基金理事会审议后报科技部、财政部同意后实施。

第二十一条 合作银行弄虚作假骗取贷款风险补偿资金的，一经查实，除收回有关资金、取消合作资格外，按照有关规定进行处理，并向社会通报。

第二十二条 受托管理机构不能有效履行职责、发生重大过失或违规行为等造成恶劣影响的，科技部、财政部视情况给予批评、警告直至取消其受托管理资格的处理。处理结果向社会公告。

第二十三条 本办法由科技部、财政部负责解释。

第二十四条 本办法自2016年1月1日起施行。

国务院关于加快实施自由贸易区战略的若干意见

国发〔2015〕69号 2015年12月6日

各省、自治区、直辖市人民政府，国务院各部委、各直属机构：

加快实施自由贸易区战略是我国新一轮对外开放的重要内容。党的十八大提出加快实施自由贸易区战略，十八届三中、五中全会进一步要求以周边为基础加快实施自由贸易区战略，形成面向全球的高标准自由贸易区网络。当前，全球范围内自由贸易区的数量不断增加，自由贸易区谈判涵盖议题快速拓展，自由化水平显著提高。我国经济发展进入新常态，外贸发展机遇和挑战并存，“引进来”、“走出去”正面临新的发展形势。加快实施自由贸易区战略是我国适应经济全球化新趋势的客观要求，是全面深化改革、构建开放型经济新体制的必然选择。为加快实施自由贸易区战略，现提出如下意见：

一、总体要求

（一）指导思想

全面贯彻党的十八大和十八届三中、四中、五中全会精神，认真落实党中央、国务院决策部署，按照“四个全面”战略布局要求，坚持使市场在资源配置中起决定性作用和更好发挥政府作用，坚持统筹考虑和综合运用国际国内两个市场、两种资源，坚持与推进共建“一带一路”和国家对外战略紧密衔接，坚持把握开放主动和维护国家安全，逐步构筑起立足周边、辐射“一带一路”、面向全球的高标准自由贸易区网络。

（二）基本原则

一是扩大开放，深化改革。加快实施更加主动的自由贸易区战略，通过自由贸易区扩大开放，提高开放水平和质量，深度参与国际规则制定，拓展开放型经济新空间，形成全方位开放新格局，开创高水平开放新局面，促进全面深化改革，更好地服务国内发展。

二是全面参与，重点突破。全方位参与自由贸易区等各种区域贸易安排合作，重点加快与周边、“一带一路”沿线以及产能合作重点国家、地区和区域经济集团商建自由贸易区。

三是互利共赢，共同发展。树立正确义利观，兼顾各方利益和关切，考虑发展中经济体和最不发达经济体的实际情况，寻求利益契合点和合作公约数，努力构建互利共赢的自由贸易区网络，推动我国与世界各国、各地区共同发展。

四是科学评估，防控风险。加强科学论证，做好风险评估，努力排除自由贸易区建设中的风险因素。同时，提高开放环境下的政府监管能力，建立健全并严格实施安全审查、反垄断和事中事后监管等方面的法律法规，确保国家安全。

（三）目标任务

近期，加快正在进行的自由贸易区谈判进程，在条件具备的情况下逐步提升已有自由贸易区的自由化水平，积极推动与我国周边大部分国家和地区建立自由贸易区，使我国与自由贸易伙伴的贸易额占我国对外贸易总额的比重达到或超过多数发达国家和新兴经济体水平；中长期，形成包括邻近国家和地区、涵盖“一带一路”沿线国家以及辐射五大洲重要国家的全球自由贸易区网络，使我国大部分对外贸易、双向投资实现自由化和便利化。

二、进一步优化自由贸易区建设布局

（四）加快构建周边自由贸易区

力争与所有毗邻国家和地区建立自由贸易区，不断深化经贸关系，构建合作共赢的周边大市场。

（五）积极推进“一带一路”沿线自由贸易区

结合周边自由贸易区建设和推进国际产能合作，积极同“一带一路”沿线国家商建自由贸易区，形成“一带一路”大市场，将“一带一路”打造成畅通之路、商贸之路、开放之路。

（六）逐步形成全球自由贸易区网络

争取同大部分新兴经济体、发展中大国、主要区域经济集团和部分发达国家建立自由贸易区，构建金砖国家大市场、新兴经济体大市场和发展中国家大市场等。

三、加快建设高水平自由贸易区

（七）提高货物贸易开放水平

坚持进出口并重，通过自由贸易区改善与自由贸易伙伴双向市场准入，合理设计原产地规则，促进对自由贸易伙伴贸易的发展，推动构建更高效的全球和区域价值链。在确保经济安全、产业安全和考虑产业动态发展需要的前提下，稳步扩大货物贸易市场准入。同时，坚持与自由贸易伙伴共同削减关税和非关税壁垒，相互开放货物贸易市场，实现互利共赢。

（八）扩大服务业对外开放

通过自由贸易区等途径实施开放带动战略，充分发挥服务业和服务贸易对我国调整经济结构、转变经济发展方式和带动就业的促进作用。推进金融、教育、文化、医疗等服务业领域有序开放，放开育幼养老、建筑设计、会计审计、商贸物流、电子商务等服务业领域外资准入限制。

加快发展对外文化贸易，创新对外文化贸易方式，推出更多体现中华优秀文化、展示当代中国形象、面向国际市场的文化产品和服务。讲好中国故事、传播好中国声音、阐释好中国特色，更好地推动中华文化“走出去”。吸引外商投资于法律法规许可的文化产业领域，积极吸收借鉴国外优秀文化成果，切实维护国家文化安全。

在与自由贸易伙伴协商一致的基础上，逐步推进以负面清单模式开展谈判，先行先试、大胆探索、与时俱进，积极扩大服务业开放，推进服务贸易便利化和自由化。

（九）放宽投资准入

大力推进投资市场开放和外资管理体制改革，进一步优化外商投资环境。加快自由贸易区投资领域谈判，有序推进以准入前国民待遇加负面清单模式开展谈判。在维护好我国作为投资东道国利益和监管权的前提下，为我国投资者“走出去”营造更好的市场准入和投资保护条件，实质性改善我国与自由贸易伙伴双向投资准入。在自由贸易区内积极稳妥推进人民币资本项目可兑换的各项试点，便利境内外主体跨境投融资。加强与自由贸易伙伴货币合作，促进贸易投资便利化。

（十）推进规则谈判

结合全面深化改革和全面依法治国的要求，对符合我国社会主义市场经济体制建设和经济社会稳定发展需要的规则议题，在自由贸易区谈判中积极参与。参照国际通行规则及其发展趋势，结合我国发展水平和治理能力，加快推进知识产权保护、环境保护、电子商务、竞争政策、政府采购等新议题谈判。

知识产权保护方面，通过自由贸易区建设，为我国企业“走出去”营造更加公平的知识产权保护环境，推动各方完善知识产权保护制度，加大知识产权保护和执法力度，增强企业和公众的知识产权保护意识，提升我国企业在知识产权保护领域的适应和应对能力。

环境保护方面，通过自由贸易区建设，进一步加强环境保护立法和执法工作，借鉴国际经验，探讨建立有关环境影响评价机制的可行性，促进贸易、投资与环境和谐发展。

电子商务方面，通过自由贸易区建设推动我国与自由贸易伙伴电子商务企业的合作，营造对彼此有利的电子商务规则环境。

竞争政策方面，发挥市场在资源配置中的决定性作用，通过自由贸易区建设进一步促进完善我国竞争政策法律环境，构建法治化、国际化的营商环境。

政府采购方面，条件成熟时与自由贸易伙伴在自由贸易区框架下开展政府采购市场开放谈判，推动政府采购市场互惠对等开放。

（十一）提升贸易便利化水平

加强原产地管理，推进电子联网建设，加强与自由贸易伙伴原产地电子数据交换，积极探索在更大范围实施经核准出口商原产地自主声明制度。改革海关监管、检验检疫等管理体制，加强关检等领域合作，逐步实现国际贸易“单一窗口”受理。简化海关通关手续和环节，加速放行低风险货物，加强与自由贸易伙伴海关的协调与合作，推进实现“经认证经营者”互认，提升通关便利化水平。提高检验检疫效率，实行法检目录动态调整。加快推行检验检疫申报无纸化，完善检验检疫电子证书联网核查，加强与自由贸易伙伴电子证书数据交换。增强检验检疫标准和程序的透明度。

（十二）推进规制合作

加强与自由贸易伙伴就各自监管体系的信息交换，加快推进在技术性贸易壁垒、卫生与植物卫生措施、具体行业部门监管标准和资格等方面的互认，促进在监管体系、程序、方法和标准方面适度融合，降低贸易成本，提高贸易效率。

（十三）推动自然人移动便利化

配合我国“走出去”战略的实施，通过自由贸易区建设推动自然人移动便利化，为我国境外投资企业的人员出入境提供更多便利条件。

（十四）加强经济技术合作

不断丰富自由贸易区建设内涵，适当纳入产业合作、发展合作、全球价值链等经济技术合作议题，推动我国与自由贸易伙伴的务实合作。

四、健全保障体系

（十五）继续深化自由贸易试验区试点

上海等自由贸易试验区是我国主动适应经济发展新趋势和国际经贸规则新变化、以开放促改革促发展的试验田。可把对外自由贸易区谈判中具有共性的难点、焦点问题，在上海等自由贸易试验区内先行先试，通过在局部地区进行压力测试，积累防控和化解风险的经验，探索最佳开放模式，为对外谈判提供实践依据。

（十六）完善外商投资法律法规

推动修订中外合资经营企业法、中外合作经营企业法和外资企业法，研究制订新的外资基础性法律，改革外商投资管理体制，实行准入前国民待遇加负面清单的管理模式，完善外商投资国家安全审查制度，保持外资政策稳定、透明、可预期。

（十七）完善事中事后监管的基础性制度

按照全面依法治国的要求，以转变政府职能为核心，在简政放权的同时，加强事中事后监管，通过推进建立社会信用体系、信息共享和综合执法制度、企业年度报告公示和经营异常名录制度、社会力量参与市场监督制度、外商投资信息报告制度、外商投资信息公示平台、境外追偿保障机制等，加强对市场主体“宽进”以后的过程监督和后续管理。

（十八）继续做好贸易救济工作

在扩大产业开放的同时，有效运用世贸组织和自由贸易协定的合法权利，依法开展贸易救济调查，加大对外交涉力度，维护国内产业企业合法权益。强化中央、地方、行业协会商会、企业四体联动的贸易摩擦综合应对机制，指导企业做好贸易摩擦预警、咨询、对话、磋商、诉讼等工作。

（十九）研究建立贸易调整援助机制

在减少政策扭曲、规范产业支持政策的基础上，借鉴有关国家实践经验，研究建立符合世贸组织规则和我国国情的贸易调整援助机制，对因关税减让而受到冲击的产业、企业和个人提供援助，提升其竞争力，促进产业调整。

五、完善支持机制

（二十）完善自由贸易区谈判第三方评估制度

参照我国此前自由贸易区谈判经验，借鉴其他国家开展自由贸易区谈判评估的有益做法，进一步完善第三方评估制度，通过第三方机构对自由贸易区谈判进行利弊分析和风险评估。

（二十一）加强已生效自由贸易协定实施工作

商务部要会同国内各有关部门、地方政府，综合协调推进协定实施工作。优化政府公共服务，全面、及时提供有关自由贸易伙伴的贸易、投资及其他相关领域法律法规和政策信息等咨询服务。加强地方和产业对自由贸易协定实施工作的参与，打造协定实施的示范地区和行业。特别要加强西部地区和有关产业的参与，使自由贸易区建设更好地服务西部地区经济社会建设，促进我国区域协调发展。做好宣传推介，定期开展评估和分析，查找和解决实施中存在的问题，不断挖掘协定潜力，研究改进实施方法，提升企业利用自由贸易协定的便利性，提高协定利用率，用足用好优惠措施。

（二十二）加强对自由贸易区建设的人才支持

增强自由贸易区谈判人员配备，加大对外谈判人员教育培训投入，加强经济外交人才培养工作，逐步建立一支政治素质好、全局意识强、熟悉国内产业、精通国际经贸规则、外语水平高、谈判能力出色的自由贸易区建设领导、管理和谈判人才队伍。积极发挥相关领域专家的作用，吸收各类专业人士参与相关谈判的预案研究和政策咨询。

六、加强组织实施

加快实施自由贸易区战略是一项长期、涉及面广的系统工作，各有关方面要加强协调，形成合力。商务部要会同相关部门研究制订加快实施自由贸易区战略的行动计划，建立协调工作机制。地方各级人民政府要结合本地实际，围绕实施自由贸易区战略推进地方相关工作，调动有关企业充分利用自由贸易协定的积极性，提高协定利用率。

国务院关于新形势下加快知识产权强国建设的若干意见

国发〔2015〕71号　2015年12月18日

各省、自治区、直辖市人民政府，国务院各部委、各直属机构：

国家知识产权战略实施以来，我国知识产权创造运用水平大幅提高，保护状况明显改善，全社会知识产权意识普遍增强，知识产权工作取得长足进步，对经济社会发展发挥了重要作用。同时，仍面临知识产权大而不强、多而不优、保护不够严格、侵权易发多发、影响创新创业热情等问题，亟待研究解决。当前，全球新一轮科技革命和产业变革蓄势待发，我国经济发展方式加快转变，创新引领发展的趋势更加明显，知识产权制度激励创新的基本保障作用更加突出。为深入实施创新驱动发展战略，深化知识产权领域改革，加快知识产权强国建设，现提出如下意见：

一、总体要求

（一）指导思想

全面贯彻党的十八大和十八届二中、三中、四中、五中全会精神，按照“四个全面”战略布局和党中央、国务院决策部署，深入实施国家知识产权战略，深化知识产权重点领域改革，有效促进知识产权创造运用，实行更加严格的知识产权保护，优化知识产权公共服务，促进新技术、新产业、新业态蓬勃发展，提升产业国际化发展水平，保障和激励大众创业、万众创新，为实施创新驱动发展战略提供有力支撑，为推动经济保持中高速增长、迈向中高端水平，实现“两个一百年”奋斗目标和中华民族伟大复兴的中国梦奠定更加坚实的基础。

（二）基本原则

坚持战略引领。按照创新驱动发展战略和“一带一路”等战略部署，推动提升知识产权创造、运用、保护、管理和服务能力，深化知识产权战略实施，提升知识产权质量，实现从大向强、从多向优的转变，实施新一轮高水平对外开放，促进经济持续健康发展。

坚持改革创新。加快完善中国特色知识产权制度，改革创新体制机制，破除制约知识产权事业发展的障碍，着力推进创新改革试验，强化分配制度的知识价值导向，充分发挥知识产权制度在激励创新、促进创新成果合理分享方面的关键作用，推动企业提质增效、产业转型升级。

坚持市场主导。发挥市场配置创新资源的决定性作用，强化企业创新主体地位和主导作用，促进创新要素合理流动和高效配置。加快简政放权、放管结合、优化服务，加强知识产权政策支持、公共服务和市场监管，着力构建公平公正、开放透明的知识产权法治环境和市场环境，促进大众创业、万众创新。

坚持统筹兼顾。统筹国际国内创新资源，形成若干知识产权领先发展区域，培育我国知识产权优势。加强全球开放创新协作，积极参与、推动知识产权国际规则制定和完善，构建公平合理国际经济秩序，为市场主体参与国际竞争创造有利条件，实现优进优出和互利共赢。

（三）主要目标

到 2020 年，在知识产权重要领域和关键环节改革上取得决定性成果，知识产权授权确权和执法保护体系进一步完善，基本形成权界清晰、分工合理、责权一致、运转高效、法治保障的知识产权体制机制，知识产权创造、运用、保护、管理和服务能力大幅提升，创新创业环境进一步优化，逐步形成产业参与国际竞争的知识产权新优势，基本实现知识产权治理体系和治理能力现代化，建成一批知识产权强省、强市，知识产权大国地位得到全方位巩固，为建成中国特色、世界水平的知识产权强国奠定坚实基础。

二、推进知识产权管理体制机制改革

（四）研究完善知识产权管理体制

完善国家知识产权战略实施工作部际联席会议制度，由国务院领导同志担任召集人。积极研究探索知识产权管理体制机制改革。授权地方开展知识产权改革试验。鼓励有条件的地方开展知识产权综合管理改革试点。

（五）改善知识产权服务业及社会组织管理

放宽知识产权服务业准入，促进服务业优质高效发展，加快建设知识产权服务业集聚区。扩大专利代理领域开放，放宽对专利代理机构股东或合伙人的条件限制。探索开展知识产权服务行业协会组织“一业多会”试点。完善执业信息披露制度，及时公开知识产权代理机构和从业人员信用评价等相关信息。规范著作权集体管理机构收费标准，完善收益分配制度，让著作权人获得更多许可收益。

（六）建立重大经济活动知识产权评议制度

研究制定知识产权评议政策。完善知识产权评议工作指南，规范评议范围和程序。围绕国家重大产业规划、高技术领域重大投资项目等开展知识产权评议，建立国家科技计划知识产权目标评估制度，积极探索重大科技活动知识产权评议试点，建立重点领域知识产权评议报告发布制度，提高创新效率，降低产业发展风险。

（七）建立以知识产权为重要内容的创新驱动发展评价制度

完善发展评价体系，将知识产权产品逐步纳入国民经济核算，将知识产权指标纳入国民经济和社会发展规划。发布年度知识产权发展状况报告。在对党政领导班子和领导干部进行综合考核评价时，注重鼓励发明创造、保护知识产权、加强转化运用、营造良好环境等方面的情况和成效。探索建立经营业绩、知识产权和创新并重的国有企业考评模式。按照国家有关规定设置知识产权奖励项目，加大各类国家奖励制度的知识产权评价权重。

三、实行严格的知识产权保护

（八）加大知识产权侵权行为惩治力度

推动知识产权保护法治化，发挥司法保护的主导作用，完善行政执法和司法保护两条途径优势互补、有机衔接的知识产权保护模式。提高知识产权侵权法定赔偿上限，针对情节严重的恶意侵权行为实施惩罚性赔偿并由侵权人承担实际发生的合理开支。进一步推进侵犯知识产权行政处罚案件信息公开。完善知识产权快速维权机制。加强海关知识产权执法保护。加大国际展会、电子商务等领域知识产权执法力度。开展与相关国际组织和境外执法部门的联合执法，加强知识产权司法保护对外合作，推动我国成为知识产权国际纠纷的重要解决地，构建更有国际竞争力的开放创新环境。

（九）加大知识产权犯罪打击力度

依法严厉打击侵犯知识产权犯罪行为，重点打击链条式、产业化知识产权犯罪网络。进一步加强知识产权行政执法与刑事司法衔接，加大涉嫌犯罪案件移交工作力度。完善涉外知识产权执法机制，加强刑事执法国际合作，加大涉外知识产权犯罪案件侦办力度。加强与有关国际组织和国家间打击知识产权犯罪行为的司法协助，加大案情通报和情报信息交换力度。

（十）建立健全知识产权保护预警防范机制

将故意侵犯知识产权行为情况纳入企业和个人信用记录。推动完善商业秘密保护法律法规，加强人才交流和技术合作中的商业秘密保护。开展知识产权保护社会满意度调查。建立收集假冒产品来源地相关信息的工作机制，发布年度中国海关知识产权保护状况报告。加强大型专业化市场知识产权管理和保护工作。发挥行业组织在知识产权保护中的积极作用。运用大数据、云计算、物联网等信息技术，加强在线创意、研发成果的知识产权保护，提升预警防范能力。加大对小微企业知识产权保护援助力度，构建公平竞争、公平监管的创新创业和营商环境。

（十一）加强新业态新领域创新成果的知识产权保护

完善植物新品种、生物遗传资源及其相关传统知识、数据库保护和国防知识产权等相关法律制度。适时做好地理标志立法工作。研究完善商业模式知识产权保护制度和实用艺术品外观设计专利保护制度。加强互联网、电子商务、大数据等领域的知识产权保护规则研究，推动完善相关法律法规。制定众创、众包、众扶、众筹的知识产权保护政策。

（十二）规制知识产权滥用行为

完善规制知识产权滥用行为的法律制度，制定相关反垄断执法指南。完善知识产权反垄断监管机制，依法查处滥用知识产权排除和限制竞争等垄断行为。完善标准必要专利的公平、合理、无歧视许可政策和停止侵权适用规则。

四、促进知识产权创造运用

（十三）完善知识产权审查和注册机制

建立计算机软件著作权快速登记通道。优化专利和商标的审查流程与方式，实现知识产权在线登记、电子申请和无纸化审批。完善知识产权审查协作机制，建立重点优势产业专利申请的集中审查制度，建立健全涉及产业安全的专利审查工作机制。合理扩大专利确权程序依职权审查范围，完善授权后专利文件修改制度。拓展“专利审查高速路”国际合作网络，加快建设世界一流专利审查机构。

（十四）完善职务发明制度

鼓励和引导企事业单位依法建立健全发明报告、权属划分、奖励报酬、纠纷解决等职务发明管理制度。探索完善创新成果收益分配制度，提高骨干团队、主要发明人收益比重，保障职务发明人的合法权益。按照相关政策规定，鼓励国有企业赋予下属科研院所知识产权处置和收益分配权。

（十五）推动专利许可制度改革

强化专利以许可方式对外扩散。研究建立专利当然许可制度，鼓励更多专利权人对社会公开许可专利。完善专利强制许可启动、审批和实施程序。鼓励高等院校、科研院所等事业单位通过无偿许可专利的方式，支持单位员工和大学生创新创业。

（十六）加强知识产权交易平台建设

构建知识产权运营服务体系，加快建设全国知识产权运营公共服务平台。创新知识产权投融资产品，探索知识产权证券化，完善知识产权信用担保机制，推动发展投贷联动、投保联动、投债联动等新模式。在全面创新改革试验区域引导天使投资、风险投资、私募基金加强对高技术领域的投资。细化会计准则规定，推动企业科学核算和管理知识产权资产。推动高等院校、科研院所建立健全知识产权转移转化机构。支持探索知识产权创造与运营的众筹、众包模式，促进“互联网＋知识产权”融合发展。

（十七）培育知识产权密集型产业

探索制定知识产权密集型产业目录和发展规划。运用股权投资基金等市场化方式，引导社会资金投入知识产权密集型产业。加大政府采购对知识产权密集型产品的支持力度。试点建设知识产权密集型产业集聚区和知识产权密集型产业产品示范基地，推行知识产权集群管理，推动先进制造业加快发展，产业迈向中高端水平。

（十八）提升知识产权附加值和国际影响力

实施专利质量提升工程，培育一批核心专利。加大轻工、纺织、服装等产业的外观设计专利保护力度。深化商标富农工作。加强对非物质文化遗产、民间文艺、传统知识的开发利用，推进文化创意、设计服务与相关产业融合发展。支持企业运用知识产权进行海外股权投资。积极参与国际标准制定，推动有知识产权的创新技术转化为标准。支持研究机构和社会组织制定品牌评价国际标准，建立品牌价值评价体系。支持企业建立品牌管理体系，鼓励企业收购海外知名品牌。保护和传承中华老字号，大力推动中医药、中华传统餐饮、工艺美术等企业“走出去”。

（十九）加强知识产权信息开放利用

推进专利数据信息资源开放共享，增强大数据运用能力。建立财政资助项目形成的知识产权信息披露制度。加快落实上市企业知识产权信息披露制度。规范知识产权信息采集程序和内容。完善知识产权许可的信息备案和公告制度。加快建设互联互通的知识产权信息公共服务平台，实现专利、商标、版权、集成电路布图设计、植物新品种、地理标志等基础信息免费或低成本开放。依法及时公开专利审查过程信息。增加知识产权信息服务网点，完善知识产权信息公共服务网络。

五、加强重点产业知识产权海外布局和风险防控

（二十）加强重点产业知识产权海外布局规划

加大创新成果标准化和专利化工作力度，推动形成标准研制与专利布局有效衔接机制。研究制定标准必要专利布局指南。编制发布相关国家和地区专利申请实务指引。围绕战略性新兴产业等重点领域，建立专利导航产业发展工作机制，实施产业规划类和企业运营类专利导航项目，绘制服务我国产业发展的相关国家和地

区专利导航图，推动我国产业深度融入全球产业链、价值链和创新链。

（二十一）拓展海外知识产权布局渠道

推动企业、科研机构、高等院校等联合开展海外专利布局工作。鼓励企业建立专利收储基金。加强企业知识产权布局指导，在产业园区和重点企业探索设立知识产权布局设计中心。分类制定知识产权跨国许可与转让指南，编制发布知识产权许可合同范本。

（二十二）完善海外知识产权风险预警体系

建立健全知识产权管理与服务等标准体系。支持行业协会、专业机构跟踪发布重点产业知识产权信息和竞争动态。制定完善与知识产权相关的贸易调查应对与风险防控国别指南。完善海外知识产权信息服务平台，发布相关国家和地区知识产权制度环境等信息。建立完善企业海外知识产权问题及案件信息提交机制，加强对重大知识产权案件的跟踪研究，及时发布风险提示。

（二十三）提升海外知识产权风险防控能力

研究完善技术进出口管理相关制度，优化简化技术进出口审批流程。完善财政资助科技计划项目形成的知识产权对外转让和独占许可管理制度。制定并推行知识产权尽职调查规范。支持法律服务机构为企业提供全方位、高品质知识产权法律服务。探索以公证方式保管知识产权证据、证明材料。推动企业建立知识产权分析评议机制，重点针对人才引进、国际参展、产品和技术进出口等活动开展知识产权风险评估，提高企业应对知识产权国际纠纷能力。

（二十四）加强海外知识产权维权援助

制定实施应对海外产业重大知识产权纠纷的政策。研究我驻国际组织、主要国家和地区外交机构中涉及知识产权事务的人力配备。发布海外和涉外知识产权服务和维权援助机构名录，推动形成海外知识产权服务网络。

六、提升知识产权对外合作水平

（二十五）推动构建更加公平合理的国际知识产权规则

积极参与联合国框架下的发展议程，推动《TRIPS 协定与公共健康多哈宣言》落实和《视听表演北京条约》生效，参与《专利合作条约》《保护广播组织条约》《生物多样性公约》等规则修订的国际谈判，推进加入《工业品外观设计国际注册海牙协定》和《马拉喀什条约》进程，推动知识产权国际规则向普惠包容、平衡有效的方向发展。

（二十六）加强知识产权对外合作机制建设

加强与世界知识产权组织、世界贸易组织及相关国际组织的合作交流。深化同主要国家知识产权、经贸、海关等部门的合作，巩固与传统合作伙伴的友好关系。推动相关国际组织在我国设立知识产权仲裁和调解分中心。加强国内外知名地理标志产品的保护合作，促进地理标志产品国际化发展。积极推动区域全面经济伙伴关系和亚太经济合作组织框架下的知识产权合作，探索建立“一带一路”沿线国家和地区知识产权合作机制。

（二十七）加大对发展中国家知识产权援助力度

支持和援助发展中国家知识产权能力建设，鼓励向部分最不发达国家优惠许可其发展急需的专利技术。加强面向发展中国家的知识产权学历教育和短期培训。

（二十八）拓宽知识产权公共外交渠道

拓宽企业参与国际和区域性知识产权规则制修订途径。推动国内服务机构、产业联盟等加强与国外相关组织的合作交流。建立具有国际水平的知识产权智库，建立博鳌亚洲论坛知识产权研讨交流机制，积极开展具有国际影响力的知识产权研讨交流活动。

七、加强组织实施和政策保障

（二十九）加强组织领导

各地区、各有关部门要高度重视，加强组织领导，结合实际制定实施方案和配套政策，推动各项措施有效落实。国家知识产权战略实施工作部际联席会议办公室要在国务院领导下，加强统筹协调，研究提出知识产权“十三五”规划等具体政策措施，协调解决重大问题，加强对有关政策措施落实工作的指导、督促、检查。

（三十）加大财税和金融支持力度

运用财政资金引导和促进科技成果产权化、知识产权产业化。落实研究开发费用税前加计扣除政策，对符合条件的知识产权费用按规定实行加计扣除。制定专利收费减缴办法，合理降低专利申请和维持费用。积极推进知识产权海外侵权责任保险工作。深入开展知识产权质押融资风险补偿基金和重点产业知识产权运营基金试点。

（三十一）加强知识产权专业人才队伍建设

加强知识产权相关学科建设，完善产学研联合培养模式，在管理学和经济学中增设知识产权专业，加强知识产权专业学位教育。加大对各类创新人才的知识产权培训力度。鼓励我国知识产权人才获得海外相应资格证书。鼓励各地引进高端知识产权人才，并参照有关人才引进计划给予相关待遇。探索建立知识产权国际化人才储备库和利用知识产权发现人才的信息平台。进一步完善知识产权职业水平评价制度，稳定和壮大知识产权专业人才队伍。选拔培训一批知识产权创业导师，加强青年创业指导。

（三十二）加强宣传引导

各地区、各有关部门要加强知识产权文化建设，加大宣传力度，广泛开展知识产权普及型教育，加强知识产权公益宣传和咨询服务，提高全社会知识产权意识，使尊重知识、崇尚创新、诚信守法理念深入人心，为加快建设知识产权强国营造良好氛围。

国务院关于支持沿边重点地区开发开放若干政策措施的意见

国发〔2015〕72号　2015年12月24日

各省、自治区、直辖市人民政府，国务院各部委、各直属机构：

重点开发开放试验区、沿边国家级口岸、边境城市、边境经济合作区和跨境经济合作区等沿边重点地区是我国深化与周边国家和地区合作的重要平台，是沿边地区经济社会发展的重要支撑，是确保边境和国土安全的重要屏障，正在成为实施“一带一路”战略的先手棋和排头兵，在全国改革发展大局中具有十分重要的地位。为落实党中央、国务院决策部署，牢固树立并切实贯彻创新、协调、绿色、开放、共享的发展理念，支持沿边重点地区开发开放，构筑经济繁荣、社会稳定的祖国边疆，现提出以下意见：

一、深入推进兴边富民行动，实现稳边安边兴边

（一）支持边民稳边安边兴边

加大对边境地区民生改善的支持力度，通过扩大就业、发展产业、创新科技、对口支援稳边安边兴边。积极推进大众创业、万众创新，降低创业创新门槛，对于边民自主创业实行“零成本”注册，符合条件的边民可按规定申请10万元以下的创业担保贷款。鼓励边境地区群众搬迁安置到距边境0～3公里范围，省级人民政府可根据实际情况建立动态的边民补助机制，

中央财政通过一般性转移支付给予支持。加大对边境回迁村（屯）的扶持力度，提高补助标准，鼓励边民自力更生发展生产。以整村推进为平台，加快改善边境地区贫困村生产生活条件，因人因地施策，对建档立卡贫困人口实施精准扶贫、精准脱贫，对“一方水土养不起一方人”的实施易地扶贫搬迁，对生态特别重要和脆弱的实行生态保护扶贫，使边境地区各族群众与全国人民一道同步进入全面小康社会。对于在沿边重点地区政府部门、国有企事业单位工作满20年以上且无不良记录的工作人员，所在地省级人民政府可探索在其退休时按照国家规定给予表彰。大力引进高层次人才，为流动人才提供短期住房、教育培训、政策咨询、技术服务和法律援助等工作生活保障。加强沿边重点地区基层组织建设，抓好以村级党组织为核心的村级组织建设，充分发挥基层党组织推动发展、服务群众、凝聚人心、促进和谐的战斗堡垒作用，带领沿边各族人民群众紧密团结在党的周围。（人力资源社会保障部、财政部、教育部、国家民委、中央组织部、民政部、扶贫办负责）

（二）提升基本公共服务水平

加大对边境地区居民基本社保体系的支持力度，对于符合条件的边民参加新型农村合作医疗的，由政府代缴参保费用。提高新型农村合作医疗报销比例，按规定将边境地区城镇贫困人口纳入城镇基本医疗保险。以边境中心城市、边境口岸、交通沿线城镇为重点，加大对边境基层医疗卫生服务机构对口支援力度。在具备条件的地方实施12年免费教育政策。实行中等职业教育免学费制度。选派教师驻边支教，支持当地教师队伍建设。加大教育对外开放力度，支持边境城市与国际知名院校开展合作办学。加快完善电信普遍服务，加强通信基础设施建设，提高信息网络覆盖水平，积极培育适合沿边重点地区的信息消费新产品、新业态、新模式。提升政府公共信息服务水平，加快推进电子政务、电子商务、远程教育、远程医疗等信息化建设，为当地居民提供医疗、交通、治安、就业、维权、法律咨询等方面的公共服务信息。深入推进农村社区建设试点工作，提高农村公共服务能力。加强沿边重点地区基层公共文化设施建设，着力增加弘扬社会主义核心价值观的优秀文化产品供给。（卫生计生委、人力资源社会保障部、民政部、教育部、工业和信息化部、财政部、文化部、新闻出版广电总局负责）

（三）提升边境地区国际执法合作水平

推动边境地区公安机关在省（区）、市（州、盟）、县（旗）三级设立国际执法安全合作部门，选强配齐专职人员。建立边境地区国际执法合作联席会议机制，定期研判周边国家和地区安全形势，及时警示和应对边境地区安全风险。加大对边境地区开展执法合作的授权，支持边境地区公安机关与周边国家地方警务、边检（移民）、禁毒、边防等执法部门建立对口合作机制，进一步加强在禁毒禁赌以及防范和打击恐怖主义、非法出入境、拐卖人口、走私等方面的边境执法合作，共同维护边境地区安全稳定。加大边境地区国际执法合作投入。加强文化执法合作，强化文化市场监管，打击非法文化产品流入和非法传教，构筑边疆地区文化安全屏障。（公安部、外交部、文化部、宗教局负责）

二、改革体制机制，促进要素流动便利化

（四）加大简政放权力度

进一步取消和下放涉及沿边国家级口岸通关及进出口环节的行政审批事项，明确审查标准，承诺办理时限，优化内部核批程序，减少审核环节。加快推进联合审批、并联审批。加大沿边口岸开放力度，简化口岸开放和升格的申报、审批、验收程序以及口岸临时开放的审批手续，简化沿边道路、桥梁建设等审批程序，推进边境口岸的对等设立和扩大开放。创新事中事后监管，做到放管结合、优化服务、高效便民。（海关总署、质检总局、公安部、交通运输部、外交部、发展改革委负责）

（五）提高贸易便利化水平

创新口岸监管模式，通过属地管理、前置服务、后续核查等方式将口岸通关现场非必要的执法作业前推后移。优化查验机制，进一步提高非侵入、非干扰式检查检验的比例，提高查验效率。实施分类管理，拓宽企业集中申报、提前申报的范围。按照既有利于人员、货物、交通运输工具进出方便，又有利于加强查验监管的原则，在沿边重点地区有条件的海关特殊监管区域深化“一线放开”、“二线安全高效管住”的监管服务改革，推动货物在各海关特殊监管区域之间自由便捷流转。推动二线监管模式与一线监管模式相衔接。加强沿边、内陆、沿海通关协作，依托电子口岸平台，推进沿边口岸国际贸易“单一窗口”建设，实现监管信息同步传输，推进企业运营信息与监管系统对接。加强与“一带一路”沿线国家口岸执法机构的机制化合作，推进跨境共同监管设施的建设与共享，加强跨境监管合作和协调。（海关总署、商务部、公安部、交通运输部、财政部、税务总局、质检总局、外汇局、工业和信息化部负责）

（六）提高投资便利化水平

扩大投资领域开放，借鉴国际通行规则，支持具备条件的沿边重点地区借鉴上海等自由贸易试验区可复制可推广试点经验，试行准入前国民待遇加负面清单的外商投资管理模式。落实商事制度改革，推进沿边重点地区工商注册制度便利化。鼓励沿边重点地区与东部沿海城市建立对口联系机制，交流借鉴开放经验，探索符合沿边实际的开发开放模式。加强与毗邻国家磋商，建立健全投资合作机制。（发展改革委、商务部、外交部、工商总局负责）

（七）推进人员往来便利化

加强与周边国家出入境管理和边防检查领域合作，积极推动与周边国家就便利人员往来等事宜进行磋商。下放赴周边国家因公出国（境）审批权限，允许重点开发开放试验区自行审批副厅级及以下人员因公赴毗邻国家（地区）执行任务。在符合条件的沿边国家级口岸实施外国人口岸签证政策，委托符合条件的省（区）、市（州、盟）外事办公室开展领事认证代办业务。加强与毗邻国家协商合作，推动允许两国边境居民持双方认可的有效证件依法在两国边境许可范围内自由通行，对常驻沿边市（州、盟）从事商贸活动的非边境地区居民实行与边境居民相同的出入境政策。为涉外重大项目投资合作提供出入境便利，建立周边国家合作项目项下人员出入境绿色通道。结合外方意愿，综合研究推进周边国家在沿边重点地区开放设领城市设立领事机构。探索联合监管，推广旅客在同一地点办理出入境手续的“一地两检”查验模式，推进旅客自助通关。提高对外宣介相关政策的能力和水平。（外交部、公安部、旅游局、海关总署、质检总局、总参作战部、中央宣传部负责）

（八）促进运输便利化

加强与周边国家协商合作，加快签署中缅双边汽车运输协定以及中朝双边汽车运输协定议定书，修订已有双边汽车运输协定。推进跨境运输车辆牌证互认，为从事跨境运输的车辆办理出入境手续和通行提供便利和保障。授予沿边省（区）及边境城市自驾车出入境旅游审批权限，积极推动签署双边出入境自驾车（八座以下）管理的有关协定，方便自驾车出入境。（交通运输部、旅游局、外交部、商务部、公安部、海关总署、质检总局负责）

三、调整贸易结构，大力推进贸易方式转变

（九）支持对外贸易转型升级

优化边境地区转移支付资金安排的内部结构。有序发展边境贸易，完善边贸政策，支持边境小额贸易向综合性多元化贸易转变，探索发展离岸贸易。支持沿边重点地区开展加工贸易，扩大具有较高技术含量和较强市场竞争力的产品出口，创建出口商品质量安全示范区。对开展加工贸易涉及配额及进口许可证管理的资源类商品，在配额分配和有关许可证办理方面给予适当倾斜。支持具有比较优势的粮食、棉

花、果蔬、橡胶等加工贸易发展，对以边贸方式进口、符合国家《鼓励进口技术和产品目录》的资源类商品给予进口贴息支持。支持沿边重点地区发挥地缘优势，推广电子商务应用，发展跨境电子商务。（商务部、发展改革委、财政部、工业和信息化部、海关总署、质检总局负责）

（十）引导服务贸易加快发展

发挥财政资金的杠杆作用，引导社会资金加大投入，支持沿边重点地区结合区位优势和特色产业，做大做强旅游、运输、建筑等传统服务贸易。逐步扩大中医药、服务外包、文化创意、电子商务等新兴服务领域出口，培育特色服务贸易企业加快发展。推进沿边重点地区金融、教育、文化、医疗等服务业领域有序开放，逐步实现高水平对内对外开放；有序放开育幼养老、建筑设计、会计审计、商贸物流、电子商务等服务业领域外资准入限制。外经贸发展专项资金安排向沿边重点地区服务业企业倾斜，支持各类服务业企业通过新设、并购、合作等方式，在境外开展投资合作，加快建设境外营销网络，增加在境外的商业存在。支持沿边重点地区服务业企业参与投资、建设和管理境外经贸合作区。（商务部、财政部、海关总署、发展改革委、工业和信息化部、卫生计生委、人民银行、银监会、质检总局负责）

（十一）完善边民互市贸易

加强边民互市点建设，修订完善《边民互市贸易管理办法》和《边民互市进口商品不予免税清单》，严格落实国家规定范围内的免征进口关税和进口环节增值税政策。清理地方各级政府自行颁布或实施的与中央政策相冲突的有关边民互市贸易的政策和行政规章。（商务部、财政部、海关总署、税务总局负责）

四、实施差异化扶持政策，促进特色优势产业发展

（十二）实行有差别的产业政策

支持沿边重点地区大力发展特色优势产业，对符合产业政策、对当地经济发展带动作用强的项目，在项目审批、核准、备案等方面加大支持力度。支持在沿边重点地区优先布局进口能源资源加工转化利用项目和进口资源落地加工项目，发展外向型产业集群，形成各有侧重的对外开放基地，鼓励优势产能、装备、技术走出去。支持沿边重点地区发展风电、光电等新能源产业，在风光电建设规模指标分配上给予倾斜。推动移动互联网、云计算、大数据、物联网等与制造业紧密结合。适时修订《西部地区鼓励类产业目录》，对沿边重点地区产业发展特点予以充分考虑。（发展改革委、财政部、能源局、工业和信息化部、商务部、税务总局负责）

（十三）研究设立沿边重点地区产业发展（创业投资）基金

研究整合现有支持产业发展方面的资金，设立沿边重点地区产业发展（创业投资）基金，吸引投资机构和民间资本参与基金设立，专门投资于沿边重点地区具备资源和市场优势的特色农业、加工制造业、高技术产业、服务业和旅游业，支持沿边重点地区承接国内外产业转移。（发展改革委、财政部、工业和信息化部、商务部、证监会负责）

（十四）加强产业项目用地和劳动力保障

对符合国家产业政策的重大基础设施和产业项目，在建设用地计划指标安排上予以倾斜。对入驻沿边重点地区的加工物流、文化旅游等项目的建设用地加快审批。允许按规定招用外籍人员。（国土资源部、财政部、人力资源社会保障部负责）

五、提升旅游开放水平，促进边境旅游繁荣发展

（十五）改革边境旅游管理制度

修订《边境旅游暂行管理办法》，放宽边境旅游管制。将边境旅游管理权限下放到省（区），放宽非边境地区居民参加边境旅游的条件，允许边境旅游团队灵活选择出入境口岸。鼓励沿边重点地区积极创新管理方式，在游客出入境比较集中的口岸实施“一站式”通关模式，设

置团队游客绿色通道。(旅游局、公安部、外交部、交通运输部、海关总署、质检总局负责)

(十六)研究发展跨境旅游合作区

按照提高层级、打造平台、完善机制的原则,深化与周边国家的旅游合作,支持满洲里、绥芬河、二连浩特、黑河、延边、丹东、西双版纳、瑞丽、东兴、崇左、阿勒泰等有条件的地区研究设立跨境旅游合作区。通过与对方国家签订合作协议的形式,允许游客或车辆凭双方认可的证件灵活进入合作区游览。支持跨境旅游合作区利用国家旅游宣传推广平台开展旅游宣传工作,支持省(区)人民政府与对方国家联合举办旅游推广和节庆活动。鼓励省(区)人民政府采取更加灵活的管理方式和施行更加特殊的政策,与对方国家就跨境旅游合作区内旅游资源整体开发、旅游产品建设、旅游服务标准推广、旅游市场监管、旅游安全保障等方面深化合作,共同打造游客往来便利、服务优良、管理协调、吸引力强的重要国际旅游目的地。(旅游局、交通运输部、公安部、外交部、海关总署、质检总局负责)

(十七)探索建设边境旅游试验区

依托边境城市,强化政策集成和制度创新,研究设立边境旅游试验区(以下简称"试验区")。鼓励试验区积极探索"全域旅游"发展模式。允许符合条件的试验区实施口岸签证政策,为到试验区的境外游客签发一年多次往返出入境证件。推行在有条件的边境口岸设立交通管理服务站点,便捷办理临时入境机动车牌证。鼓励发展特色旅游主题酒店和特色旅游餐饮,打造一批民族风情浓郁的少数民族特色村镇。新增建设用地指标适当向旅游项目倾斜,对重大旅游项目可向国家主管部门申请办理先行用地手续。积极发展体育旅游、旅游演艺,允许外资参股由中方控股的演出经纪机构。(旅游局、财政部、公安部、外交部、国家民委、交通运输部、国土资源部、体育总局、海关总署、质检总局负责)

(十八)加强旅游支撑能力建设

加强沿边重点地区旅游景区道路、标识标牌、应急救援等旅游基础设施和服务设施建设。支持旅游职业教育发展,支持内地相关院校在沿边重点地区开设分校或与当地院校合作开设旅游相关专业,培养旅游人才。(旅游局、交通运输部、教育部负责)

六、加强基础设施建设,提高支撑保障水平

(十九)加快推动互联互通境外段项目建设

加强政府间磋商,充分利用国际国内援助资金、优惠性质贷款、区域性投资基金和国内企业力量,加快推进我国与周边国家基础设施互联互通建设。积极发挥丝路基金在投融资方面的支持作用,推动亚洲基础设施投资银行为互联互通建设提供支持。重点推动中南半岛通道、中缅陆水联运通道、孟中印缅国际大通道、东北亚多式联运通道以及新亚欧大陆桥、中蒙俄跨境运输通道、中巴国际运输通道建设。(发展改革委、商务部、外交部、财政部、人民银行、工业和信息化部、交通运输部、公安部、中国铁路总公司、铁路局、总后军交运输部负责)

(二十)加快推进互联互通境内段项目建设

将我国与周边国家基础设施互联互通境内段项目优先纳入国家相关规划,进一步加大国家对项目建设的投资补助力度,加快推进项目建设进度。铁路方面,实施长春—白城铁路扩能改造,重点推进四平—松江河、敦化—白河、松江河—漫江等铁路建设,推动川藏铁路建设,统筹研究雅安—林芝铁路剩余段建设,适时启动滇藏、新藏铁路以及日喀则—亚东、日喀则—樟木等铁路建设。公路水运方面,加快推进百色—龙邦高速公路、喀什—红其拉甫公路等重点口岸公路,以及中越、中朝、中俄跨境桥梁、界河码头等项目建设。加快完善沿边重点地区公路网络。(发展改革委、交通运输部、中国铁路总公司、铁路局、商务部、公安部、外交部、财政部、工业和信息化部、总后军交运输部负责)

(二十一)加强边境城市航空口岸能力建设

支持边境城市合理发展支线机场和通用机

场，提升军民双向保障能力和客货机兼容能力；推进边境城市机场改扩建工程，提升既有机场容量；加强边境城市机场空管设施建设，完善和提高机场保障能力。支持开通“一带一路”沿线国际旅游城市间航线；支持开通和增加国内主要城市与沿边旅游目的地城市间的直飞航线航班或旅游包机。（发展改革委、民航局、交通运输部、财政部、公安部、外交部、旅游局、总参作战部、总后军交运输部负责）

（二十二）加强口岸基础设施建设

支持沿边重点地区完善口岸功能，有序推动口岸对等设立与扩大开放，加快建设“一带一路”重要开放门户和跨境通道。支持在沿边国家级口岸建设多式联运物流监管中心，进一步加大资金投入力度，加强口岸查验设施建设，改善口岸通行条件。统筹使用援外资金，优先安排基础设施互联互通涉及的口岸基础设施、查验场地和设施建设。以共享共用为目标，整合现有监管设施资源，推动口岸监管设施、查验场地和转运设施集中建设。尽快制定口岸查验场地和设施建设标准，建立口岸通关便利化设施设备运行维护保障机制，支持国家级口岸检验检疫、边防检查、海关监管等查验设施升级改造，建立公安边防检查站口岸快速查验通关系统，开设进出边境管理区绿色通道。按照适度超前、保障重点、分步实施的建设理念，建立和完善、更新边境监控系统，实现边检执勤现场、口岸限定区域和重点边境地段全覆盖，打造“智慧边境线”。（发展改革委、海关总署、公安部、商务部、质检总局、交通运输部、外交部、财政部、中国铁路总公司负责）

七、加大财税等支持力度，促进经济社会跨越式发展

（二十三）增加中央财政转移支付规模

加大中央财政转移支付支持力度，逐步缩小沿边重点地区地方标准财政收支缺口，推进地区间基本公共服务均等化。建立边境地区转移支付的稳定增长机制，完善转移支付资金管理办法，支持边境小额贸易企业能力建设，促进边境地区贸易发展。（财政部、海关总署、商务部负责）

（二十四）强化中央专项资金支持

中央财政加大对沿边重点地区基础设施、城镇建设、产业发展等方面的支持力度。提高国家有关部门专项建设资金投入沿边重点地区的比重，提高对公路、铁路、民航、通信等建设项目投资补助标准和资本金注入比例。国家专项扶持资金向沿边重点地区倾斜。（财政部、发展改革委、工业和信息化部、交通运输部、外交部、旅游局、民航局、中国铁路总公司负责）

（二十五）实行差别化补助政策

中央安排的公益性建设项目，取消县以下（含县）以及集中连片特殊困难地区市级配套资金。中央财政对重点开发开放试验区在一定期限内给予适当补助。继续对边境经济合作区以及重点开发开放试验区符合条件的公共基础设施项目贷款给予贴息支持。（财政部、发展改革委、商务部负责）

（二十六）加大税收优惠力度

国家在沿边重点地区鼓励发展的内外资投资项目，进口国内不能生产的自用设备及配套件、备件，继续在规定范围内免征关税。根据跨境经济合作区运行模式和未来发展状况，适时研究适用的税收政策。加强与相关国家磋商，积极稳妥推进避免双重征税协定的谈签和修订工作。（财政部、税务总局、海关总署负责）

（二十七）比照执行西部大开发相关政策

非西部省份的边境地区以县为单位，在投资、金融、产业、土地、价格、生态补偿、人才开发和帮扶等方面，享受党中央、国务院确定的深入实施西部大开发战略相关政策，实施期限暂定到2020年。（财政部、发展改革委负责）

八、鼓励金融创新与开放，提升金融服务水平

（二十八）拓宽融资方式和渠道

鼓励金融机构加大对沿边重点地区的信贷

支持力度，在遵循商业原则及风险可控前提下，对沿边重点地区分支机构适度调整授信审批权限。引导沿边重点地区金融机构将吸收的存款主要用于服务当地经济社会发展，对将新增存款一定比例用于当地并达到有关要求的农村金融机构，继续实行优惠的支农再贷款和存款准备金政策。培育发展多层次资本市场，支持符合条件的企业在全国中小企业股份转让系统挂牌；规范发展服务中小微企业的区域性股权市场，引导产业发展（创业投资）基金投资于区域性股权市场挂牌企业；支持期货交易所研究在沿边重点地区设立商品期货交割仓库；支持沿边重点地区利用本地区和周边国家丰富的矿产、农业、生物和生态资源，规范发展符合法律法规和国家政策的矿产权、林权、碳汇权和文化产品等交易市场。（人民银行、银监会、证监会负责）

（二十九）完善金融组织体系

支持符合条件的外资金融机构到沿边重点地区设立分支机构。支持大型银行根据自身发展战略，在风险可控、商业可持续前提下，以法人名义到周边国家设立机构。支持沿边重点地区具备条件的民间资本依法发起设立民营银行，探索由符合条件的民间资本发起设立金融租赁公司等金融机构。支持银行业金融机构在风险可控、商业可持续前提下，为跨境并购提供金融服务。（银监会、人民银行、外汇局负责）

（三十）鼓励金融产品和服务创新

研究将人民币与周边国家货币的特许兑换业务范围扩大到边境贸易，并提高相应兑换额度，提升兑换服务水平。探索发展沿边重点地区与周边国家人民币双向贷款业务。支持资质良好的信托公司和金融租赁公司在沿边重点地区开展业务，鼓励开展知识产权、收益权、收费权、应收账款质押融资和林权抵押贷款业务，扶持符合当地产业发展规划的行业和企业发展。依法探索扩大沿边重点地区可用于担保的财产范围，创新农村互助担保机制和信贷风险分担机制，逐步扩大农业保险覆盖范围，积极开展双边及多边跨境保险业务合作。加快推进沿边重点地区中小企业信用体系建设和农村信用体系建设。完善沿边重点地区信用服务市场，推动征信产品的应用。（人民银行、银监会、保监会、财政部、发展改革委负责）

（三十一）防范金融风险

在沿边重点地区建立贴近市场、促进创新、信息共享、风险可控的金融监管平台和协调机制。进一步加强沿边重点地区金融管理部门、反洗钱行政主管部门、海关和司法机关在反洗钱和反恐怖融资领域的政策协调与信息沟通。加强跨境外汇和人民币资金流动监测工作，完善反洗钱的资金监测和分析，督促金融机构严格履行反洗钱和反恐怖融资义务，密切关注跨境资金异常流动，防范洗钱和恐怖融资犯罪活动的发生，确保跨境资金流动风险可控、监管有序。（人民银行、银监会、外汇局负责）

沿边重点地区开发开放事关全国改革发展大局，对于推进“一带一路”建设和构筑繁荣稳定的祖国边疆意义重大。各地区、各部门要坚持扩大对外开放和加强对内监管同步推进，在禁毒、禁赌、防范打击恐怖主义等方面常抓不懈，坚决打击非法出入境、拐卖人口、走私贩私，避免盲目圈地占地、炒作房地产和破坏生态环境，抓好发展和安全两件大事，不断提高沿边开发开放水平。国务院有关部门要高度重视、各司其职、各负其责，按照本意见要求，制定具体实施方案；密切配合、通力协作，抓紧修订完善有关规章制度；建立动态反馈机制，深入实地开展督查调研，及时发现问题，研究提出整改建议，不断加大对沿边重点地区开发开放的支持力度。对重点建设项目，发展改革、国土资源、环境保护、财政、金融等有关部门要给予重点支持。沿边省（区）和沿边重点地区要充分发挥主体作用，强化组织领导，周密安排部署，确保促进开发开放的各项工作落到实处。

专题研究篇

投融资运作的重心在于项目的效率和效益

文/天津经济技术开发区政策研究室　张瑞华

融资和投资这两种看似完全相反的活动，事实上却是互为前提、不可分割的。这是因为：融资的最终目的实为投资，否则，离开了融资支持的投资就会成为无源之水；而投资的效率和效益又决定着融资的可能性。也就是说，如果投资项目的收益不能覆盖成本，融资也就失去了基础，更不可能持续。

在开发区的发展过程中，土地整理、能源配套、科技平台、社会服务设施等各类项目的建设始终保持着“进行时”的状态，也正因如此，如何筹措充足的建设资金并加以高效利用，是开发区必须面对和解决的最基本问题。

与一般的商业化项目类似，开发区投融资工作的持续、顺畅运转也依托于财务的可行性，且以投资收益大于投资成本为基本要求。只是，这二者的区别在于，开发区投资建设的项目大多具有公益性，一般较难实现财务平衡，除项目带来的直接效益外，投资收益将更多地体现为区域整体的产业情况以及经济发展所产生的财政收益。这一特点也使开发区投融资运作的系统性相对更为明显，也更加复杂。

“资金大循环”模式的优与困

总体而言，开发区的建设资金不外乎有四个来源，即启动建设之初的资本金注入、财政收入（包括土地出让金、税收等）、银行贷款以及市场化融资（包括在资本市场发行债券、股票，运用 BOT、BT、PPP 等手段引进社会化投资等）。

20 世纪 80 年代，由于资金极度匮乏，中央财政和地方财政均无力为创建之初的开发区注入启动建设所需的资本金，加之财政收入和市场化融资更是无从谈起，当时唯一可选择的路径只能是银行贷款、负债开发。经国务院批准，首批 14 家开发区申领到总额 22 亿元的专项开发贷款，用于起步区的开发建设。同时，考虑到开发区从零起步，初期投入多、收益少的现实情况，中央赋予开发区 10 年内税收不上缴、不上解，全部用于自身建设发展的政策。

在实际操作中，由于政府无法作为负债主体，且土地开发和基础设施建设项目的盈利性较差，甚至并不具备持续运营投入所需的市场化运作条件，因此，大部分开发区选择了“管委会 + 总公司”的运行架构。具体而言，管委会作为地方政府的派出机构，全面负责开发区的建设与管理；总公司作为直属管委会的国有企业，在财政担保的支持下开展融资，具体实施能源、基础设施等各类项目的建设工作；同时，管委会和总公司对建设资金实行“统贷统还”，即统一制定资金计划、统一筹集、统一拨付、统一回收和还贷，初步建立起了开发区“资金大循环”的投融资模式。

分析可见，“资金大循环”的核心逻辑是：通过引进项目、实现产业发展，带来土地和税收收入，以覆盖前期的投资成本和政策性亏损，最终完成还本付息并形成可供持续开发的财力基础。由于土地和能源价格需要“随行就市”，致使开发区通过自身努力实现增收的空间有限，因此，循环得以成立的关键就在于过程“两端”，即对投资成本和投资节奏的合理控制，以及财政收入的及时、足额实现。其中，前者主要依靠科学的项目投资决策程序以及严格、规范的项目管理制度（如招投标制度的落实），后者则完全依赖于招商引资和产业经营的具体情况。

在建立之初的七八年时间里，开发区引进项目的数量普遍较少且水平一般，由此，财政增长较为缓慢与自有财力有限的实际情况决定了“开发一片、建成一片、收益一片”的滚动开发模式成为这一阶段的主流。

进入第二个十年，随着产业的加速发展，各开发区自有财力迅速增强，资金运作规模明显扩大，纷纷开始推进成片开发，投融资体制也随之发生了一系列变化：一是国内资金匮乏的情况得到完全逆转，公用事业领域的社会化投资力量逐渐形成，并开始参与部分区域的能源设施建设和运营；二是针对政企不分、“统贷统还”框架下日益突出的国有企业预算软约束、投资效率低、管理漏洞大等问题，部分开发区开始实施改革和调整，厘清政府和企业各自的权利与责任，实现“亲兄弟、明算账”；三是国内资本市场初步发育，少数开发区开始尝试上市融资和发行建设债券。尽管经过上述变化，开发区的投融资模式与建区之初相比已大有不同，但是“资金大循环”的内在逻辑却依然如旧。换言之，以产业发展的财政收益补贴土地开发和基础设施领域亏损的循环路径并未发生根本性改变。

近十年来，房地产市场的火爆致使商业用地价格飙升，也使开发区的投融资体制发生了重大变化。一方面，土地收入高企，加之全社会对土地升值的强烈预期，使通过土地抵押取得高额银行贷款变得相对容易，开发区由此获得了更多的建设资金，大规模扩区和成片开发蔚然成风。另一方面，以商业开发收益补贴工业开发亏损成为一种通行做法。依托商业开发快速实现的土地收入和房地产开发税费，不仅能够支撑工业用地的低价出让，而且可以为引进项目的政策设计提供更大的空间和更多的可能。这一阶段，“资金大循环”的运作逻辑被彻底改变——“细水长流”的产业项目税收已经不再是最重要的支撑要素，取而代之的是一次性获得的土地收入。这种现状也直接导致了部分开发区对于招商项目“但求所有”，而对于其实际的财政贡献却忽略不计的怪象，进而在一定程度上加剧了开发区之间围绕优惠政策的过度“竞争”。

诚然，上述情况可谓是全国各地普遍存在的现象，并非开发区独有，且由于掌握的土地资源有限，开发区的“土地财政”问题实际上也并不突出，甚至可以说是被外部环境“裹挟”所致。但现如今，我国房地产市场开工量与销售量遭遇“双冷”，且住宅用地出让不再火爆，依托土地资源获取财政收入和撬动银行贷款的空间已变得十分狭小；同时，前一阶段大规模开发积累的债务相当可观，还本付息压力巨大，加之近年来新引进项目的财政贡献增长缓慢，这些问题都严重影响了开发区的可支配财力。只是，尽管现状已由“钱多”变为“钱紧”，但基于区域开发建设的惯性，已经铺开的摊子和已然开工的项目不可能骤然停止，投资的需求也依然旺盛，自然使部分开发区的投融资运作陷入了一定困境。

优化运行模式 提升投资效率

当前，我国的资本市场发展日趋成熟，除银行贷款外，融资租赁、投资基金、信托投资、建设债券等各类创新性金融产品齐备；与此同时，社会资本参与公共事业投资的政策环境日臻完善，而上述这些变化均为开发区灵活运用各类渠道和工具、实现更高效率的融资提供了便利和可能。特别是当前我国资金供给相当充裕，M2 存量已接近 GDP 总量的 2 倍，因此，只要拟投资项目能够产生足够的现金回流，达到一定的盈利水平，获取融资都不会存在太大的困难。但仍需注意的是，绝不能仅从融资方面入手，一味地将注意力集中于如何获取更多的资金，而是必须调整思路，充分认识投融资运作的重心并不在于取得融资的难易程度，而是在于项目运作的效率和效益。

实际上，开发区的区域开发投资可谓是“失之东隅、收之桑榆”，因为大部分土地整理、市政配套、服务设施等投资项目本身并不具备盈利能力，仅仅是可以通过促进产业发展的方法，在获取财政收入后得到一定补偿。因此，最终决定能否取得融资的关键并不在于某个具体的投资项目，而是取决于开发区财务运行的整体情况。换言之，现阶段开发区普遍面临的融资困难，其直接原因并非是投资项目的差异性，而是债务存量过大引致的财政偿付能力相对不足。有鉴于此，未来，开发区投融资工作调整的方向应集中于投资效率的提升和财政运行模式的优化。

理性控制投资规模。近年来，一些开发区已经为其过于超前的开发建设付出了代价：一方面，整备好的大片土地空置、能源设施闲置，造成开发收益迟迟无法实现，财务成本不断沉淀；另一方面，由于在开发过程中过度融资，寅吃卯粮，自身财力不断透支，后续发展无以为继。

必须认识到，当前我国已经进入中速发展阶段，工业领域的产业投资增长将逐步减缓。在此形势下，开发区投资规模的确定既要考虑区域发展的实际需求，也须兼顾自身财力、量入为出，绝不可盲目求大、求快。由此应适度调整建设节奏和建设规模，以更加务实的态度，实事求是地把握具体项目的建设标准，切忌一味地追求“最高水平”。

合理界定投资领域。开发区的建设是一项系统工程，涉及征地拆迁、市政道桥、能源绿化、文化体育、教育卫生、商业餐饮等各类项目，而与之相比，政府的财力却十分有限，不可能“包打天下”，必须突出重点，做到有所为、有所不为。具体而言，政府投资应基本限定于土地一级开发和公益性项目范围，而其他各类投资项目应向专业化、社会化投资力量全面开放。同时，诸如能源设施等投资回报较低的项目，也可通过适度的财政补贴支持，使其达到社会投资要求的收益水平，尽量实现社会化投资。当然，具体的划分标准应结合实际、因地制宜，如在开发区建设的起步阶段，餐饮、酒店等原本纯粹商业化的投资项目会因市场支撑不足、却又为投资环境所必需的现实而具有一定的公益性色彩，此种情况下，政府投资应做到适时介入，并提前规划好逐步退出的步骤与策略。

积极对接市场化运作机制。汪洋副总理在2014 年召开的全国国家级经济技术开发区工作会议上提出了开发区发展思路的“四个转变”，其中，“由政府主导向市场主导转变”即是要求开发区率先贯彻党的十八届三中全会“发挥市场在资源配置中的决定性作用”的精神，更多地引进并应用市场化手段。具体到开发区投融资的市场化运作方面，一是要推动市场化融资，广泛吸引社会资源，运用 BOT、BOO、PPP 等项目建设模式，补充自身建设资金的不足；二是要在政府投资项目中积极运用市场化操作机制，通过“代建制”、委托经营等方式，更加有效地借助专业化市场主体的力量，以减少政府投资低效和国有企业经营的代理人问题。

优化财政运行模式。毋庸置疑，无论何种形式的融资都不会是“免费的午餐”，开发区债务融资的还本付息、股权融资的回报保证，最终还是要依赖于自身可支配财力的支撑。由此，财政的可持续性是开发区投融资运作的基础所在，唯有保持财政的健康运转，方能支撑投融资工作的顺畅开展。第一，开发区要努力“节流”，不仅要在投资上精打细算控制规模、提高效率，而且还要厉行节约，严格控制“三公”经费等日常性支出。第二，必须大力“开源”，在做好税收征管工作、实现应收尽收的基础上，更加重视新税源的开发，特别要逐步调整招商政策体系，强化增量项目的经济核算，应将每个新项目在达产后都能够形成实实在在的财政贡献作为最低标准，彻底摆脱政策过度竞争下“赔本赚吆喝”的被动局面。第三，要做好存量国有资产的盘活工作，积极运用出售、转让和资产证券化等多种运作手段，实现资产变现，使沉淀的、固化的国有资产逐步转化为现实可用的建设资金。

深化行政审批制度改革 激发园区发展新活力

文/苏州工业园区工委、管委会研究室

推进行政审批制度改革是激发市场活力、真正发挥市场决定性作用的核心和关键，也是转变政府职能、提高行政效率的基础和前提。自成立之日起，苏州工业园区便致力于打造服务型政府，率先开展一系列围绕体制机制创新的先行探索。其中，通过组建“一站式”服务中心进行行政审批制度改革，是园区学习借鉴新加坡经验、在全国率先开启的独具特色的行政审批服务模式，不仅为区域经济的可持续发展提供了重要保障，也为进一步深化行政审批制度改革积累了重要经验。

借鉴、融合、提升的探索实践

第一阶段：借鉴与学习。作为中新两国政府合作项目，学习借鉴新方的“管理软件”自然是合作的重点内容之一。为此，园区在开发建设初期，经济发展、规划建设和人力资源三个部门分别在三间临时办公室集中办公，对外开展企业注册、开工建设、员工招聘的现场咨询以及手续办理等业务，具有园区特色的政府行政审批服务模式初现雏形。2000 年，国际大厦投入使用，各部门在二楼大厅派驻人员为企业提供“收发室式”的前台服务，“进一门办事”的行政审批服务模式崭露头角。2002 年，“一站式”服务中心成立，并于 2003 年 1 月 1 日正式办公。

作为园区管委会下设的独立机构（财政全额拨款事业单位），“一站式”服务中心代表管委会统一对外办理国内外企业登记的相关手续，履行集中审批事项的组织协调以及管理监督和指导服务职能，是迄今为止全国唯一一家以授权模式实现前台受理、前台办结的具有行政审批职权功能的行政服务中心。2005 年，“一站式”服务中心新增社会事务处，使行政审批服务进入了快速发展时期。

第二阶段：融合与创新。在借鉴经验的基础上，园区依据我国国情和苏州实际，坚持以顾客（企业和公民）为关注焦点，秉承为辖区企业和居民提供“透明、优质、高效、快捷”的全方位行政审批服务的原则，形成了“大厅一站式、网络 E 站式”的行政审批模式。

一方面，由各部门对审批业务进行梳理，管委会统一发文，将所有审批业务一次性授权给“一站式”服务中心；同时，条线式管理部门（如工商、公安等）具有审批权的处室整体入驻“一站式”服务中心。截至 2013 年年底，服务中心内已入驻工商、国税、地税、消防、公安、质监 6 个条线部门。另一方面，加强信息化建设。2004 年，试水跨部门联网审批，打造“园区加工贸易综合服务平台”，成为商务部首家加工贸易联网审批试点，并被列为国家级部委联网的专门项目。2009 年，建设跨部门数据共享平台“苏州工业园区企业数据共享平台——企业法人数据库”，通过信息整合，有效减少了重复录入，缩短了行政审批链条，全面提高了各部门的行政服务效能。2012 年，打造全新的行政审批智能导服系统，并在 Apple Store 上架，随后又推出安卓版，在全国率先引领行政审批服务跨入 3G 时代。此外，园区还推出了全省首家 3D 出入境服务大厅、首家县级港澳个人旅游单签注自助申请机和首家工商E登记等现代化的行政审批服务新举措，实现了“有网络的地方就有‘一站式’”的目标。

第三阶段：完善与提升。为加快落实国务院常务会议关于推进企业工商登记制度改革的部署，2014年3月，《苏州工业园区工商登记制度改革实施方案》正式发布，强力支持园区与国际接轨，并借鉴上海自贸区的经验，取消企业注册在资金、地址等方面的限制，降低市场准入门槛，简化流程，提高效率，更好地激发市场活力和内生动力。同时，针对辖区内人口、企业增多，“一站式”大厅已不能满足现有需求的情况，从2014年开始，创新性地将行政审批服务延伸至街道，利用“一站式”服务中心和街道经济服务中心现有的行政服务资源，拓展“一站式”服务外延，形成覆盖整个园区并提供就近服务的新型行政审批服务网络，实现了为群众服务到“最后一公里”的承诺。

主动、全面、精细的行政服务

整合审批事项，打破部门壁垒。早在2002年，园区党工委、管委会就进一步规范了“一站式”的职能定位和审批权限，公布了各部门行政审批事项授权清单，这种集约式的行政审批服务模式有效打破了部门壁垒，实现了行政审批事项和流程的整合。由此，从企业设立前期的立项，到设立后的开工建设，再到竣工后的各项验收，以及日常运行过程中的加工贸易审核、变更、价格审查、特殊工时审批、人员进出国境等涵盖企业全生命周期的管理与服务均可在“一站式”服务中心办理。

增加授权事项，拓展业务范围。作为全省乃至全国的行政审批制度改革试点，园区党工委、管委会赋予“一站式”服务中心充分的对外审批权限和完整的对内管理权限，并针对所授权业务，及时提供政策和业务指导，规范前台操作，为园区高品质的行政审批服务提供了强有力的后盾。同时，各部门坚持行政事项“能进则进、充分授权”的原则，不断向“一站式”服务中心扩大授权范围、增加授权事项，不仅拓展了业务范围，延伸了行政审批服务链条，而且丰富了“一站式”服务的内涵。

尤为值得一提的是，针对条线管理部门开展业务，园区创新了特色化的“授权+入驻”式的行政审批服务模式——业务上受该条线部门的监督和指导，审批可在“一站式”服务中心窗口办结，人员也由服务中心统一考核。充分授权后，“一站式”服务中心不仅拥有窗口受理权，更拥有最终审核权，这种既管人又管事的独立机构新模式，确保了“一站式”服务的优质和高效。目前，“一站式”大厅可提供128类1 000余项的审批服务，其中85%的审批可实现当场办结，10%的审批可在1～2个工作日办结，仅有5%的业务需3～5个工作日办结。

加强平台建设，实现信息联网。园区高度重视信息化建设，从最初的以官网宣传为主逐步过渡到外网宣传与内网审批并重，从内部审核上网逐步过渡到为顾客提供电子申报途径，从单个业务试点逐步过渡到全部业务上线，从2006年启动电子化申报到2008年年底全部实现许可类业务100%网上审核和审批，从2004年试水跨部门联网审批到2009年率先建设跨部门数据共享平台等。如今，“一站式”服务中心已将行政审批服务由有限的大厅扩展至无限空间，极大地缩短了政府与企业和群众的距离，基本实现了“顾客无往返、衔接无缝隙、服务更快捷、顾客更满意”的目标，创下了业务增、人员不增的政企双赢局面。

完善服务方式，实现效果最优。为提供更为人性化和个性化的服务，园区“一站式”服务中心推出了一系列创新服务举措，从不同角度满足不同需求，努力做到以最优质的服务打造政企互动的桥梁。比如，提供多语种窗口服务（英语、日语、韩语等），满足不同国籍顾客的需求；提供午间值班服务，实现工作日的“全天候”；周六照常受理个人业务，为工作日无法办理业务的顾客提供方便；非工作时间预约服务，可满足顾客对行政服务时间的特殊需求；

开通提前介入式绿色通道，为重大项目提供超前咨询服务；提供分总机式热线电话，使咨询更具针对性和更有效率；此外还送服务到社区、企业、学校，为集中办理单一业务提供便利。

充分授权 深化行政审批制度改革

统筹规划引领，顶层设计先行。行政审批是现代国家管理社会政治、经济、文化等各方面事务的一种事前控制手段，对于保障和促进我国经济社会发展发挥了重要作用，成为国家管理行政事务不可缺少的一项制度。但是，随着社会主义市场经济体制的建立和完善，在行政审批中长期存在的各类问题也日益突出，有些甚至成为制约生产力发展的体制性障碍。

为此，借鉴“一站式”服务的经验、推进政务中心建设，首要的也是最为关键的一点，就是要坚持统筹规划引领、顶层设计先行的原则，真正打破部门利益障碍。要按照中央的总体要求，立足当前、着眼长远、连环配套、梯次推进，全面梳理各类政策和文件，凡是不利于市场决定性作用的发挥、不利于各种市场主体活力的迸发、不利于营造公平竞争环境的各种障碍和部门利益，都要勇于突破和调整，切实解决行政审批中的运行机制和法律保障等基础性工作，将行政审批纳入法制化、规范化的轨道。

建设效能政府，实现充分授权。党的十八大以来，中央反复强调“法无禁止即授权”，其中的关键就是要切实转变政府职能，做到“充分授权”，最大限度地减少政府对不该管、管不好的微观事物的管理，使各种市场主体真正实现公平自由竞争。对于园区而言，国务院先后以一系列文件赋予了“不特有特，特中有特”的特殊政策，明确了各项创新举措都能在园区先行先试，江苏省苏州市和各相关部门也赋予了园区充分的行政许可管理权和审批权。但截至目前，包括卫生许可、进口设备机电证、外国人就业证等在内的多项与企业设立、居民生活息息相关的行政审批事项仍未纳入园区“一站式”审批服务范围，且现代服务业和社会管理领域的许多审批权限也依然集中在省、市两级。

同时，“一站式”服务中心借工商登记制度改革之风力促的联办窗口制度，虽然参照上海自贸区的做法，对于国家没有明确限制和禁止的行业，均可在自行制定的审批及管理办法下予以准入，但也依然存在一些与现有政策文件及部门利益不符的矛盾或障碍。因此，要在深化行政审批制度改革方面实现更大突破，就必须自上而下地出台和完善相关的政策文件，通过实现更多的充分授权，更好地支持“一站式”服务先行先试，积极破冰。

打破条块分割，创新业务办理。推进行政审批制度改革的根本目的是为了消除各种行政壁垒，最大限度地释放市场活力，从而为各种市场主体和居民提供更好的服务。

目前，各地均普遍实行了行政服务“一站式”、便民服务“一站式”等单一功能的“一站式”服务，但要真正建成政府转型的窗口，还需协调各部门整合资源、全方位加大授权、努力打破条块分割，通过建设综合服务机构，真正实现政务服务的“一站式”。同时，要创新业务办理方式，这不仅有利于提升政务服务效能、加大行政审批资源的整合力度，也有利于健全行政服务链条，完善行政服务体系。

健全服务网络，规范检查监督。要不断加大信息化建设力度，实现“外网接受、内网办理、双网反馈、全程监督”；健全中心服务链，逐步形成网内外互补、上下联动、功能完善、数据共享、运行高效的行政服务体系；强化创优意识，在服务质量和品牌形象上实现新的提升。同时，要进一步建立健全政务监督体系，强化行政审批效能督查，完善行政服务体系绩效考核与责任追究，确保各项行政审批制度的有效落实。

精准把握开发区规划建设的原则和路径

文/住房和城乡建设部城乡规划司　汪 科

目前，我国各类开发区的规划面积高达9万多平方公里，建成区面积近3万平方公里，而全国的城市建成区面积约为4.78万平方公里。可见，以产业集聚为主要功能定位的开发区已经成为城市空间的重要组成部分。

遵循城市规划是开发区健康发展的前提

城市规划对开发区的建设发展有两方面的重要意义。

第一，只有遵循规划要求、符合城市规划，才能确保依法推进园区的开发建设。目前，国务院下发的《关于促进国家级经济技术开发区转型升级创新发展的若干意见》（以下简称《若干意见》）明确提出，要“推动国家级开发区依法规范发展”，这里的“法”主要是指《城乡规划法》。其中尤为值得注意的是，《城乡规划法》规定，在城市、镇总体规划确定的建设用地范围外，不得设立各类开发区和城市新区；同时，在国有土地使用权出让前，要依据控制性详细规划，提出规划设计条件。由此便形成了一个严格的法律链条，即控制性详细规划要符合城市总体规划，而土地出让要符合控制性详细规划。时至今日，许多投资者也日益关注规划的合法性问题，认识到“没有获得批准的规划，投资便没有保障”，这实际上也起到了一种良好的社会监督作用。

第二，无论是城市总体规划或是控制性详细规划，均是开发区全面、健康、有序发展的重要保障。城市规划是一项战略性、总体性、综合性和系统性的工作，只有科学编制并严格实施规划，才能有效避免开发区的重复建设，尽可能提高土地利用效率，从而确保基础设施、公共服务设施的投资效益和社会效益。《若干意见》中要求的，开发区要“严格依据土地利用总体规划和城市总体规划开发建设”“国家级经开区内控制性详细规划应经批准并实现全覆盖”，其意义也在于保证投资效益和社会效益。近年来，一些地区在其辖区范围内的各级行政区盲目设立各类开发区，但一个地域在一定时期内的产业发展潜力和规模毕竟是有限的，这种做法不仅造成了土地资源的严重浪费，而且也增加了开发建设的风险，必将导致各开发区之间的恶性竞争。

有鉴于此，长期以来，住房和城乡建设部对开发区的规划审核工作一直坚持两个原则：一是坚持开发区的规划布局要符合城市的总体规划；二是坚持城乡规划的集中统一管理，不得下放市一级城市规划管理权，防止“肢解”城市。

为此，在新的形势下，按照国务院的部署要求，开发区在制定规划时更应注意两方面问题。首先，开发区的发展建设要严格遵循城市总体规划，并以此为基础，积极完善建设用地规划，落实工业用地和公共服务设施用地布局，有序安排基础设施建设，包括各类地下管线的规划建设。其次，要根据城市总体规划，深化形成开发区总体规划，并完善控制性详细规划。虽然当前各地开发区都有总体规划，但这个所谓的“总体规划”在本质上还是城市的分区规划，而在城市规划工作中，必须坚持“一级政府、一级事权；一级政府、一个总体规划”的理念。

将绿色集约发展置于规划目标首位

当前，我国已经进入城镇化发展的关键时期，预计到2035年前后，城镇化将进入饱和、稳定状态。在这一背景下，推进开发区的绿色发展、循环发展和低碳发展，意义十分重大，工作十分紧迫。

《若干意见》指出，国家级经开区要“成为科技创新驱动和绿色集约发展的示范区”，要“由追求速度向追求质量转变”“支持国家级经开区创建生态工业示范园区”。应当说，这些要求均是开发区实现可持续发展的客观选择，而作为产业转型发展的先行区，国家级经开区理应成为我国新型城镇化的先行区和城市低碳生态绿色发展的示范区。

注重建设用地的集约混合使用。开发区虽是产业聚集区，但绝不是工业用地的连片发展区，这就意味着，在规划布局中，必须充分考虑生活用地和公共服务设施的配套问题。具体而言，新城建设用地人口密度应大于每平方公里1万人，建成区毛容积率应大于1.2。同时，要注重职住（就业住房）平衡，职住平衡指数应大于50%，也要注重用地的混合使用以及建筑的多功能化。

注重高耗能、高排放项目的节能。为大幅降低能耗，一些开发区选择了拒绝高能耗、高排放企业入区发展，但如果从全国和区域产业发展的总体情况看，某些产业类型实际上是无法完全避免的，一味地要求过高、过于完美，必将导致污染企业向西部地区或中小城市转移，其实际效果堪忧。因此，推行开发区绿色发展、循环发展、低碳发展的重点，不是简单地限制高能耗、高排放企业入区，而是要引导和推进企业的节能减排。

注重绿色建筑发展和既有建筑改造。绿色建筑是指在建筑的全寿命周期内，最大限度地节约资源（节能、节地、节水、节材）、保护环境、减少污染，为人们提供健康、适用和高效的使用空间，与自然和谐共生的建筑。自2014年起，北京、天津、河北3省市已经开始要求新建建筑为绿色建筑的达标率为100%；且在绿色生态示范城区，也要求绿色建筑比例达到80%以上。

注重可再生能源、资源的利用。要积极推进分布式能源站建设；加强太阳能利用，促进光电、光热转换；加强雨洪利用、中水回用；促进垃圾减量化、资源化利用。

注重城市生态环境的优化建设。着力推行节约型园林、低冲击开发模式和海绵城市建设，特别要注重生物多样性；注重本地物种在区内全部植物物种中所占比例，保证本地植物指数不低于0.7；同时，应保证绿化覆盖率不低于30%，并关注城市水域面积的控制率。

注重绿色交通环境的构建。发展绿色交通应把握一个逻辑关系，即优先推进步行和自行车系统建设，再实施公交优先战略；重点是形成有利于步行和自行车出行的道路间距，每个街区长度不超过180米；强调绿色出行比例，在绿色生态示范城区，要求步行、自行车、公共交通出行分担率的总和高于65%。

自主借鉴再创新　全面提升社会治理水平

文/ 苏州工业园区工委、管委会研究室

新加坡是一个名副其实的、可被称之为“不断创造奇迹的国家”。这是因为，其不仅在经济发展上取得了令人瞩目的成就，更令人称道的是，探索出了一条既根植于东方传统文化又充分融合现代文明的社会治理之路，从而成功打造了一个政治稳定、社会和谐、环境宜居的包容性社会。如果要归纳其社会治理方面的相关经验，可以从五个方面略谈一二。

一是“法治与德治”良性互动。在执法严格、司法公正以及公民对法治普遍信仰的基础上，新加坡重视集儒家学说思想和现代管理经验于一体的德治教化，并且形成了一种相互促进的良性互动，使肇始于西方文明的法治，在具有东方文化传统的国度生根开花。

二是“多元与和谐”相得益彰。在设计制度框架和政策体系时，新加坡优先考虑种族和谐问题，使“落叶归根”的种族意识逐渐被“落地生根”的国民意识所取代，形成了“一个国家、一个民族、多元文化”的强大凝聚力。

三是“民主与集中”有机统一。在民主的基础上，新加坡确保政府的强大执行力；通过制度创新走出了具有自身特色的政治道路，使民主与集中、公平与效率得到有效协调。

四是“创新与固守”协同并重。“珍惜有限，创造无限；驾驭变迁，倡导创新”是新加坡人津津乐道的发展精髓。也正是通过创新，成就了诸多“无中生有”的奇迹——把一个根本没有地方种植花卉的国家发展成为世界最大的兰花出口国，把一个根本不产原油的国家建设成为世界第三大炼油国，把一个原本连饮用水都需要进口的国家培育成为世界水务枢纽，并且还开创了F1 夜间公路赛的先河。但是，新加坡又有它的坚守，在现代化的建筑丛林里，总是会发现风格迥异的老式建筑，甚至殖民时期的文化遗产也会被妥善保存和悉心呵护。

五是“瞻前与顾后”统筹兼顾。新加坡以“居安思危”的情怀、“未雨绸缪”的意识和“永续发展”的精神，着眼长远、前瞻未来，精心谋划“下一个 50 年的剧本”。

诚然，上述五个方面并不能完全概括出新加坡在社会治理方面的全部成功经验，但却对苏州工业园区在社会管理领域的创新实践给予了诸多启迪。当前，党的十八大和十八届三中全会对创新社会治理提出了新的要求，特别是《中共中央关于全面深化改革若干重大问题的决定》已将创新社会治理体制作为全面深化改革的重要任务。因此，深入剖析新加坡社会治理的有效做法，反复思考其成功经验，并在与我国实际结合的基础上进行再创新，将为更好地开展中新社会管理合作试点、进一步破解社会管理难题和提升社会管理的科学化水平提供有益借鉴。

社会治理方式的经验之道

启示一：政府、企业、公民的共生共赢是社会和谐的基本架构

所谓“授人以鱼不如授人以渔”。因此，新加坡在建国时即宣示为“非福利国家”——政府的主要职责是致力于完善社会保障网络，为国民提供基本保障。比如，中央公积金制度鼓

励国人为退休储蓄、公共住房政策实现“居者有其屋”、以就业奖励和培训计划促进国民就业等，并由此探索形成了一定的政、企、民合作之道与劳、资、政和谐之道。

“久富才能长安”。从建国之初的劳动密集型产业，到20世纪80年代中后期以制造业和服务业双轮驱动经济增长，再到目前的知识密集型产业，新加坡政府通过不断推进产业转型升级，实现了在积累社会财富的同时，为国民创造更多就业机会、拓宽其收入增长空间的目标。

“乐业才能安居”。新加坡社会保障制度的核心是就业促进而并非单纯的失业救济，这种通过“就业奖励”“培训津贴”等方式帮助民众就业的全新理念和运作机制，有效防止了“等、靠、要”情况的发生。

新加坡的劳资关系也十分稳定且富有弹性。

一方面，新加坡建立了劳、资、政三方机制。新加坡职工总会、新加坡雇主协会和政府人力部门三方本着“合作、互信、协商”精神，通过协商、调解或裁决等方式解决日常的劳资纠纷；同时，建立了国家劳动仲裁法庭和劳资纠纷调查委员会，作为处理劳资纠纷的一级国家机构。除此之外，新加坡还成立了全国工资理事会和国家生产委员会，共同形成三方协商谈判机制。

另一方面，新加坡由劳、资、政三方代表共同组成的全国工资理事会，根据新加坡每一年度的经济状况、就业状况以及国际经济环境，提出下一年度的工资增长建议，以确保工资增长与经济增长同步。据统计，过去10年间，新加坡年均生产率增长了1.7%，而同期人民实际收入年均增长了1.6%。这二者的同步增长，极大地降低了劳资纠纷的发生几率。

尤为值得一提的是，全国工资理事会连续3年将工资增长指导线定为20%，政府则强制提高企业缴存公积金的比例，通过巧妙利用产业转型升级和工资增长之间的相互促进关系，在倒逼企业转型升级的同时，也为未来的工资增长打下了坚实基础。

启示二：社区、社会、义工的互融互动是社会服务的活力之源

完备的社区管理机制。新加坡构建了自上而下的细密的组织体系。国家层面的社会与家庭发展部负责社区发展的政策制定、职能策划，并下辖人民协会、社区发展理事会和市镇理事会三个社区管理指导机构。其中，人民协会是全国社区组织的总机构，负责管理公民咨询委员会、民众联络所和居民委员会三个社区服务基层组织；社区发展理事会承担了社区福利工作，其定位是社团组织而非公共机构；市镇理事会属社团法人，主要功能包括控制、管理、维修与改善组屋居住环境，管理包括商业在内的公共配套设施，推进旧组屋及其公共设施的翻新计划等。

活跃的社会组织服务。新加坡的社会组织分为社团注册和公司注册两种方式。如果按照总和计算，每10万人便拥有社会组织近200个，可以说，社会组织已经渗透到社会领域的方方面面。与此同时，简易的注册程序和现代化的注册方式也加速了社会组织的发展——通过社团注册局电子系统（ROSES），社团可在网上提交各类申请和报告，公众也可上网查找注册社团的相关信息，购买其年度报告和章程。当然，新加坡对社会组织的监督机制也十分严密。如，不能从事章程规定以外的任何活动，不能以社团名义进行任何政治活动，未经登记的社团被视为非法组织等。并且，承担政府购买服务的社会组织也要接受严格的评估、审查和审计，以确保符合政府设定的标准和要求。

普及的义工服务制度。在新加坡，大部分从事社区服务的人员是不拿报酬的义工（即志愿者），居民委员会的工作人员则基本上全部为义工。比如，在拥有数万名居民、10个居民委员会的武吉巴督区只有15位专职员工，其日常管理主要由300多位义工兼职完成。据统计，2012年，新加坡参与义工服务的总人数比2010年增长了10%，达到了人口总数的32.3%。人人都可做义工，并乐于做义工，是推动新加坡

社会服务和治理取得成功的又一关键要素。

启示三：硬件、软件、心件的相辅相成是社会管理的发展维度

硬件致力公共空间的营造。按照“扩大公共空间、尊重私人空间”的主张，新加坡政府会根据人口数量，对社区内配套的学校、商店、图书馆、邮政、诊疗所、民众俱乐部、乐龄公寓、体育场馆、游泳中心和公园等各种便民服务设施进行科学规划，在为居民创造良好的工作和居住环境的同时，也从源头上奠定了平安和谐的基础。

软件强调制度体系的建设。从经济社会的统筹发展，到城市的规划建设和居民的生存生活，新加坡的制度建设可谓环环相扣、缜密周全。以城市交通为例，虽然新加坡的人口密度为世界第二，但其交通十分顺畅，也并不存在违章停车等问题。究其原因，主要源于三大措施：强化公交——建设立体交叉、四通八达的地铁、轻轨、公共汽车等交通设施，并制定相对低廉的价格，引导居民选择公共交通出行；科学规划——交通枢纽大都毗邻组屋区和邻里中心，可实现换乘的无缝对接；同时，组屋区还建有大量的多层立体停车库，达到集约利用资源的目的；严格控制——通过实行拥车证制度控制私家车数量，采用限制区电子收费系统（ERP）控制市中心的车辆通行。

心件关注居民素质的提升。在新加坡的精神文明建设中更多地强调共享价值。因此，新加坡人在公共场所多是低声小语，绝无高声喧哗，以避免影响他人。在法治宣传中也强调以法不容情、执法如山确立法的权威并普及和树立法制观念。

“为我所用”的创新升华

近年来，园区在学习借鉴新加坡的社会管理经验方面取得了良好成效。比如，在打造社会治理平台方面，将每个邻里中心 15% 的面积用于设立标准化的“民众联络所”，承担政府公共服务、社会组织培育和社情民意征集等职能；在建立民情联系渠道方面，将每个月的第二个星期日定为“社情民意联系日”，园区领导深入社区，倾听居民和企事业单位代表的意见建议，并严格落实信息流转、限期答复、跟踪评价等工作机制；在构建劳资和谐机制方面，建立了由劳、资、政三方组成的工资指导理事会，成立了以加强劳资合作关系为宗旨的园区工会联合会，促进了劳动用工的规范性、用工成本的合理性以及企业用工的稳定性；在完善邻里守望格局方面，打造了园区防范与救助协会、场所行业治安互助协会、小区物业联合会等特色化的群防群治队伍，成立各类巡逻队 110 余支；在创新司法服务举措方面，创设“假日法庭”，推行双语司法建议书和双语检察建议书，首创“警民恳谈日”活动，形成了服务群众的特色品牌。今后，园区将继续坚持“自主借鉴”原则，根据实际发展需要，做好借鉴再创新工作。

路径一：在建设活力园区上实现新突破

加强民意沟通互动。借鉴新加坡国会议员接待选民的做法，园区进一步完善“社情民意联系日”“民情联系计划”“民情恳谈会”等制度，不断健全具有园区特色的社情民意采集、交流和反馈体系，实现民意沟通的无缝覆盖。同时，通过充分发挥社情民意代表的作用，协助政府了解基层动态、关注热点问题、做好群众工作。

推进社会组织建设。借鉴新加坡“小政府、大社会”的理念，园区构建政、企、民互动合作的“强政府、强社会”格局，充分激发社会治理活力。实施社会组织“增量计划”，建立园区社会组织孵化平台，逐步形成布局合理、功能健全、诚信自律、作用显著的社会组织发展体系。科学制定社会组织扶持政策，逐步将事务性、辅助性、公益性职能转移、授权或委托给具有一定资质的社会组织，并做好标准化建设、跟踪指导和绩效评估等工作。

强化企业社会责任。以园区企业社会责任联盟为依托，引导企业更加关注员工价值以及对消费者、对环境、对社会的贡献，自觉践行慈善关怀、社区公益、保护环境和关爱员工等

活动。

倡导全民志愿服务。借鉴新加坡义工服务的制度经验，园区健全志愿服务活动组织体系、社会化工作体系和规范运行机制，在引导居民积极投身志愿服务的同时，打造一批志愿服务先锋岗，培育一批志愿服务示范项目，亮化一批有影响力的志愿服务品牌。

路径二：在建设智慧园区上成就新作为

推进智慧城市建设。以创建国家智慧城市试点为契机，充分利用信息化手段提高社会综合服务管理水平。加强信息化体制机制创新，深化信息资源的整合共享，突出“宽带、协同、宜居、亲民”特色，探索“以信息化推进新型工业化、以信息化推进城市化、以信息化推进现代化”的智慧城市发展模式。

推动智慧社区工程。以“聚焦需求、民生为本、试点先行、分步推开”为原则，面向社区居民在“吃、住、行、游、购、娱、健”等方面的信息化需求，引导和鼓励社会力量积极参与试点示范的建设工作，推进各类信息化系统向街道延伸，以信息化手段促进居民生活的便利快捷。

加强网络综合管理。健全网络监管、网络舆情引导、网络文化建设“三位一体”的工作机制。建立完善网上舆情研判分析、信息发布和快速反应等机制，进一步加强网评队伍、网络行业管理队伍和网络安全信息员队伍的建设。

路径三：在建设幸福园区上创建新品牌

提升社区服务水平。坚持和完善以“邻里中心”为依托的国际化社区服务管理模式，加快民众联络所建设，更好地满足居民的多元化需求。加强社区配套设施建设，落实社区居民服务配套用房与住宅小区“同步规划、同步建设、同步投入使用”制度；探索建立长效化的投入和运行机制，对居民小区公共设施实施改造修缮；通过“社区提升三年计划”和“社区干部培训三年计划”，加快由街道动迁社区向城市社区的转型。

完善社区协调机制。进一步理顺社区居委会、业委会和物业公司的相互关系，依法合理界定职能边界，增强工作合力。完善由社区党组织牵头的联席会议制度，健全社区各方的沟通、协调、合作机制；加强对业委会的指导、监督和培训，促进其依法履行职能，维护社区居民的合法权益；扩展社区功能，推动社区与企业、社会组织建立合作伙伴关系，进一步增加社区的可调控资源。

优化城市交通出行。完善区域一体化布局，提高公共交通出行分担率，实现常规公交、公共自行车与轨道交通间的无缝对接。加强智能交通管控系统建设，逐步推行立体停车设施和停车诱导系统，有效缓解公共道路、商贸区和小区的停车问题。

路径四：在建设包容园区上体现新进展

完善常住人口服务管理。坚持“以人为本、服务为先”的原则，进一步健全人口政策体系，逐步实现常住人口的基本公共服务均等化；推进公租房、集宿区的精细化管理和商业、文化、娱乐等配套设施建设，满足就业人员的物质和精神需求。

加强外籍人士服务管理。通过信息化、数据化智能平台开创涉外管理与服务的新渠道、新模式。打造外籍人士服务品牌，引导外籍人士融入本地生活，建设开放融合、安居乐业的国际化家园，进一步增强“洋苏州”的国际化魅力。

路径五：在建设平安园区上凸显新成效

加强安全生产监管。不断健全完善全区的安全生产责任网、监督网和保障网，保持安全生产形势的持续稳定，着力实现安全生产监管从注重现场检查向注重企业内部安全监管体系的建立和执行转型，从提升单个企业安全生产水平向提升行业安全生产管理水平转型，从主要依靠政府监管向政府、市场和社会共同参与监管转型。

构建和谐劳资关系。积极创建全国和谐劳动关系综合试验区，不断提升园区的劳动关系和谐度。借鉴新加坡处理劳动争议的模式和雇主协会、职工总会的工作理念，探索解决劳动争议的新机制，逐步形成区域、行业和企业内部的三级集体协商体系。依托企业工会组织，广泛建立企业调解委员会，积极探索针对企业职工的服务措施，切实增强企业工会的凝聚力。

路径六：在建设法治园区上打开新局面

提高公民法治素养。深入开展“六五”普法活动，重点抓好对劳动就业、社会保障、环境保护、安全生产、维权途径等服务民生方面的法律法规的宣传和解读，引导群众依法合理有序地表达诉求。创新宣传教育渠道，形成常规方式与现代手段相结合、有形载体与文化浸润相结合、传统媒体与新型媒体相结合的立体化宣传平台，大力营造学法、遵法、守法、用法的社会氛围。

提升司法公正水平。进一步加强科技、知识产权、金融等领域的司法创新和法律服务，服务园区转型升级的大趋势。借鉴新加坡夜间法庭、工业仲裁庭等做法，打造假日法庭、科技法庭和网络法庭；创新司法服务举措，开展“检察大视野”“防案众家谈”“法官志愿团”等活动，彰显人文关怀。

创新构建“高精尖”的经济结构

文/北京经济技术开发区管委会常务副主任　高言杰

按照中央对北京市“打造高精尖的经济结构、建设成为国家科技创新中心”的定位，北京经济技术开发区结合区域发展实际，有针对性地调整思路，重新明确工作重心，提出打造“科技创新中心主阵地、京津冀协同发展桥头堡、转型升级绿色发展示范区、宜业宜居和谐新城”的发展目标，并将建设科技创新主阵地作为新时期转型提升的关键抓手，进一步激发了经济发展新常态下区域创新创业的活力；进一步拉动了京津冀地区要素资源的有序配置；进一步实现了产业绿色发展的“瘦身健体”；也进一步在吸纳人才的竞争中凸显了环境优势。

截至2014年年底，开发区入驻企业突破10 000家，投资总额超过400亿美元。其中，年产值亿元以上企业157家，世界500强企业投资项目120个，国家级高新技术企业415家，高新技术产业产值占工业总产值的比重连续10年超过80%。2014年全区的生产总值首次突破千亿元，工业用地单位产出强度达到185亿元/平方公里，税收收入和财政收入增长率均达到20%，百亿元GDP创造税收超过30亿元。

以创新中心引领产业结构优化

从美国硅谷、台湾新竹等科技园区的发展经验可见，创新中心应是一个人才集聚、技术集聚、资金集聚、机制灵活、创新活跃、和谐宜居的区域，其特点包括具有技术创新源头、产业集聚空间、创新创业的企业家、风险资本、创业文化氛围以及产学研一体化的合作机制。

立足高端打造“高精尖”的产业结构。高精尖的发展方向究竟应该存在于哪些范畴？在现有基础和潜在优势中，又有哪些产业符合这一发展要求？经过一系列的认真思考和反复研究后提出，对北京经开区而言，高精尖的方向就是要着重培育与国家信息安全相关的集成电路产业，依托3 000亿元的国家集成电路产业基金、300亿元的北京市集成电路制造及装备基金相继落户的重大契机，聚焦设计和制造两个核心环节，积极推进集成电路产业的技术创新、模式创新和制度创新，通过高端环节、强竞争力环节、尖端引领环节带动园区整体转型升级，从而实现全产业链在京津冀地区的合理布局和集群发展。

与此同时，围绕产业发展，一方面，要巩固提升已有的电子信息、生物医药、汽车和装备制造等四大传统主导产业的优势，积极推进北京奔驰、京东方、中芯国际、拜耳医药等重点企业的项目建设，稳定行业龙头企业的高增长态势。另一方面，要高度关注高端服务业、文化创意产业、节能环保产业、临空服务业等四个新型业态，吸引和培育京东商城、酒仙网、惠买在线、中航金网、本来生活、小笨鸟等电子商务企业的发展。

创新二、三产业融合发展新格局。根据全球“技术创新加速、产业创新重构、业态裂变涌现”的趋势和特点，加速推进传统服务业向新兴服务业的转型升级，特别要鼓励价值链向研发成果转化和总部商务聚集转移，鼓励产业链向高端总装集成、全程系统集成、技术模式输出转型，重点发展高端制造业的总装集成、系统集成、总部经济等“心脏环节”。大力发展交钥匙系统集成模式，以尖端技术为核心，通过提供核心装备、自主软件、融资服务等一体化的系统解决方案，实现业务扩张。创新技术输出模式，依托京东方、中芯国际、昭衍、乐视、金风科技等龙头企业，大力发展“母子工厂”，以技术授权为主导，通过在外设立子公司的形式，输出技术和管理经验，形成制造业与服务业融合发展的新格局。全力推动发展绿色总装集成模式，通过实现生产高自动化和高集约化、产品高附加值和高科技化、资金投入高密集化，不断增强产业的影响力和控制力。

构建“五位一体”的科技创新链条。构建好“研究院＋产业联盟＋专利池＋技术授权交易平台＋基金”五位一体的科技创新发展链条，抓好技术创新源建设，以龙头企业为主体，建设集成电路、数字显示、工业机器人等一批符合国家战略、契合市场需求的先导技术研究院。注重发挥产业联盟的作用，支持组建行业标准联盟、产学研用联盟、二三产业融合联盟、先导技术上下游合作联盟等载体平台，鼓励联盟成员通过合资、合作、联合研发、交互许可、供应商契约等方式，共同参与市场竞争。特别要在集成电路、生物医药、云计算等领域，推动一批专业性、开放式的专利池建设，并加快提升专利池的规模影响力和行业竞争力。鼓励龙头企业和技术联盟成员间通过共享、交叉许可和专利授权等方式，提升技术创新的网络效应。

同时，在集成电路、节能环保等领域率先建设一批技术授权交易平台，引进和聚集一批技术认证、技术评估及担保中介服务机构，实现技术授权交易的“一条龙”服务，打通技术交易的“最后一公里”。鼓励“母基金＋子基金”的基金运行模式，引导社会资本形成完整的高科技风投服务链。目前，开发区已引导成立了电子信息、生物医药等 105 只产业引导基金，资金规模达到 3 000 亿元。

以共赢机制促进区域协同发展

加强顶层设计，创新产业协作机制。针对跨省市投资、共建园区、招商引资异地落户等实际情况，在制度设计上进行合理的利益分配和政策安排，探索地区间税收分享和产值分计，促进资源、要素在区域内形成合理流动。

强化辐射带动能力，建立科技资源共享机制。架设区域间信息流通的市场化管道，构建科技信息资源集散中心，进一步扩大首都科技服务、研发设计等生产性服务业的服务半径。同时，深化科技资源合作，推进各类国家工程中心、国家重点实验室、科技条件平台、产业技术联盟等科技资源在京津冀三地间实现开放共享。

科学布局产业链，建立市场化的产业转移机制。立足资源禀赋和发展阶段差异，通过优化制度设计，探索形成跨区域全产业链的协同发展模式，将总部经济、总装集成等高端环节布局在新区，将高端制造业的制造环节布局在合作区域，最终成为面向津冀地区输出先进技术、管理模式的策源地和辐射源。目前，按照“政府引导、协会主导、企业主体、市场运作、多方共赢”的原则，率先以开发区和廊坊永清开展的先期合作为探索，尝试品牌输出、管理输出、模式输出、技术输出、服务输出等多种方式。

以服务支撑提升发展质量水平

绿色理念支撑。促进节能环保技术和产品的系统应用，建成太阳能建筑和相变储能建筑等节能环保示范项目，打造一批碳中和社区，带动技术创新成果产业化。建立和完善符合节能环保产业特点的科技创新成果评价体系，健全产业化项目筛选机制，以股权投资基金等方式，加强财政资金的投入引导作用。进一步对存量项目的环保措施进行提档升级，支持以重点园区、重点产业、重点企业为核心的制造过程能耗减量化。积极推广清洁发展、合同能源管理等市场化节能减排新机制。加强政府引导和示范，引入多元化投资主体，建立开放式的绿色技术投入机制。

高端人才支撑。培育和发展高端人才中介服务业，打通人才流动循环通道。鼓励发展一批集群式的人才创新创业载体，加快建设以“捆绑式创新工场”为代表的新型孵化平台和加速平台。着力建设“引用结合、以用为本”的高端人才开发体系，提升对“千人计划”“国家特支计划”“海聚工程”“海外学人”等多层面的企业高级管理、研发人才的服务水平，切实提高人才政策的激励效用。

金融体系支撑。大力推进建设“6+1+N”金政园企产业金融服务体系，以产业投资为重点，建立和完善产业引导基金；以间接融资为配合，丰富产业资本融通手段；以融资担保为纽带，提高资金使用效率；以科技保险为后盾，降低创新投入风险；以企业信用为基础，促进信用信贷体系建设；以培育上市为目标，放大资本市场效用。通过充分实现六类金融资源与园区企业的有效对接，为产业基金发挥作用提供多点位支撑。

政府服务支撑。一方面，改进和完善对政府决策合法性的审查程序，坚持服务前伸“一公里”，强调靠前服务；创新服务缩短“一层级”，探索个别领域试行负面清单管理。另一方面，在现有制度安排下，结合体制机制精简高效的优势，建立健全项目审批、市场监管、行政执法等环节的绩效评价机制。同时，推动云计算、4G 宽带技术等产业化成果率先应用于开发区基础设施、产业发展、城市管理、智慧社区等领域，切实提升政府部门的服务效能，以“亦庄速度”更好地满足企业需求。

加快提升全价值链的服务能力和资源整合能力

文/上海漕河泾新兴技术开发区发展总公司董事长、党委书记　刘家平

近年来，按照“统一品牌、跨区布局、多点联动、协同发展”的理念，上海漕河泾新兴技术开发区先后在全市范围内设立了包括本部在内的 7 个园区，并在浙江海宁、江苏盐城设立了 2 个分区。实践证明，这种空间上的梯度布局能够更好地满足不同层次企业的多方面需

求。截至目前，开发区已经吸引了3 600余家中外企业，实现了电子信息、智能装备、医疗器械、风能、核能、高端服务等各类特色产业的规模化集聚；并且，生产性服务业的销售收入增幅连续多年超过工业总产值增幅。2014年，开发区的销售收入有望达到2 900亿元。

但与此同时，公司制的运营模式似乎进入了一种两难的尴尬境地，特别是在产业资本与金融资本的有机融合、管理团队的市场化激励等方面，存在着尤为明显的短板。加之目前华夏幸福基业、联东U谷等地产商和园区运营商纷纷进入园区开发领域，在行业外部竞争不断加剧的情势下，使开发区更加缺乏“立于不败之地”的特定优势。为此，必须重新思考和规划开发区以及开发公司的发展定位，作为更好应对外部挑战、提升总体发展质量的首要前提。具体而言表现在两个层面：

在开发区层面，要在坚持发展高科技、实现产业化的同时，创新内外联动的发展模式；在产城融合发展的基础上，尽快建设成为国际化、专业化、市场化、标准化的产业园区。

在开发公司层面，要将开发建设的重心延伸和拓展至价值链上游，加快全价值链的服务能力建设和资源整合能力建设，尽快增强核心竞争力和规模化扩展，使开发公司成为国内一流、国际知名的高科技产业园区的整体方案提供商和国内领先的园区地产金融实践者。

培育特色创新体系

完善孵化接续体系。自20多年前建立首个科技企业孵化器至今，漕河泾开发区已经构建起以国际孵化中心为核心、9家专业机构组成的孵化联盟，孵化企业数量达到1 340家；通过整合创业苗圃、大学生创业创新园、科技企业加速器等多种孵化载体，形成了多层次、接力式、全生命周期的创新创业服务体系。同时，建成了“科技商贸区”，打造了“创新一条街”，以创建样板创新基地推动原创型经济发展。

创新企业孵育手段。将增值服务与基础性服务相结合，以服务套餐形式换取初创企业股权，以投资收益反哺孵化器发展。目前，已经通过服务入股大图医疗、热泛信息、博建电子、研强电子等多个项目。与地方政府合作成立上市企业服务办公室，先后推动50多家创新型科技企业上市，仅2014年就有13家企业挂牌“新三板”，5家挂牌OTC场外市场。同时，主动对接海外创新资源，在美国硅谷投资筹建孵化器，做好孵化器在海外的“试水”，为开发区走出国门、复制品牌布局新空间。

创建科技融资平台。与地方政府、交通银行合作成立科技型中小企业融资平台，以无抵押、无担保信用贷款为优势，累计向191家次企业发放贷款5.6亿元。2013年，向51家次企业发放贷款超过2亿元，有效缓解了中小企业的融资难题，被誉为“交行漕河泾”模式。

强化知识产权保护。以建设“国家知识产权服务业集聚发展试验区”和“国家知识产权试点园区”为契机，建立开发区知识产权服务中心，并引进部分相关服务机构作为后台支撑，为中外企业提供全方位的知识产权服务。

优化提升产业水平

集聚高端项目。始终坚持“产业体现水平”的原则，引进了一批体现“国家战略、上海优势、漕河泾特色”的优质项目。加快建设成为上海服务业“中外环间金腰带”的项目载体，构建现代生产性服务业和高新技术企业的特色产业优势，推动开发区向优二进三、二三产业融合发展转变。其中，重点培育集聚3D打印、物联网等领域的项目，吸引智能终端、智能装备、地理信息、医疗器械、风能、核能等项目入区发展。

提升单位效益。通过加快回购厂房、办公房“拆笼换鸟”等方式，集约节约利用土地，为产业优化升级腾出了新空间。在开发区回购的土地上，建设了投资总额5亿美元、国内规模最大的中外合资综合性医院以及5.7万平方米的研发中心大楼；利用台资英业达集团将笔记本电脑生产线转移到重庆后腾出的土地空间，发展大服务器和云计算业务，成立了“上海市—海峡两岸云计算推广中心”，为海峡两岸 100 多家云计算企业搭建了交流合作的有效载体。

服务塑造优势。始终坚持“服务领域更全面、服务内容更务实、服务项目更细化、服务水平更专业”的原则，为区内企业转型升级提供持续性的优质资源。完善园区商业配套，建立了人力资源综合服务体系，以“大服务”体系推进“美丽漕河泾”生态环境建设和智慧园区建设。其中，特别针对国家服务外包基地、新型工业化产业示范基地、海外高层次人才创新创业基地、知识产权服务业集聚发展试验区、生态工业示范园区等一批示范基地，细化举措、强化服务、形成经验，以期对区内其他企业起到示范推动效应。

做优新兴产业　加速形成新的“千亿级”支撑

文/长春经济技术开发区管委会副主任　赵 旭

一言概之，国家级经济技术开发区实现转型升级、创新发展的主要思路，就是要主动适应新常态、塑造新动力、实现新发展。具体而言，一方面，要抓住机遇，率先突破。所谓“欲粟者务时，欲治者因势”。应当看到，尽管当前的经济下行压力依然较大，但在面临经济结构调整的同时，往往也孕育着一些重大的发展机遇。因此，要努力把握住国内外产业转移和发展的前沿趋势，把握住国家推动开发区转型升级的要求重点，加速实现科学发展。另一方面，要立足创新，融入产业。2014 年中央经济工作会议再次提出，“创新必须落实到创造新的增长点上，把创新成果变成实实在在的产业活动”。正因如此，开发区要将创新牢牢地嵌入产业发展的全过程，真正打造成为汇聚各类创新要素的高地。

积极推动生物基材料产业发展。有数据显示，当前，生物基材料的全球市场需求的年均增速已达 25%，以生物基产品替代石油基产品成为未来发展的一大趋势。预计到 2020 年，全球的生物基材料需求总量将达到 3 000 万吨，其中，被公认为技术最成熟、应用最广泛、价格最低廉、最有望撼动石油基产品的生物化工产品——聚乳酸的需求量将超过 1 000 万吨。而届时，我国市场对聚乳酸的需求量将超过 300 万吨，产值约为 600 亿元，可带动上下游产业形成 3 000 亿元规模以上的产值，前景十分广阔。

为此，长春开发区紧抓这一发展机遇，规划建设了面积约 10 平方公里的长春生物化工产业园，目前，以可降解一次性购物袋和餐盒等为代表的相关产品已经陆续投放市场。同时，依托中粮集团、长春应用化学研究所、同济大学和大成集团搭建的生物基材料创新研发中心也正在筹建中。下一阶段，开发区将积极推动聚乳酸在农用地膜、汽车内饰材料等方面的应用，并逐步将产品链条延伸至纤维材料、医用材料、电子产品、3D 打印材料等高附加值领域，努力打造成为全国聚乳酸及下游制品的核心产业区。

加快推进跨境电子商务发展

来自商务部的统计数据显示，2011 年，我国跨境电子商务交易额为 1.6 万亿元，2012 年为2.3万亿元，至2013年已经达到3.1万亿元，年均增长30%，远远高于传统外贸交易的增幅；2014年的交易规模已超过3.5万亿元，接近进出口总额的13%，跨境电子商务正迎来黄金发展期。以此为契机，长春开发区将发展跨境电子商务作为抓住长吉图国家战略机遇、加快外向型经济发展的重要举措，积极完善和发挥长春兴隆综合保税区的功能平台优势，以对俄开展跨境电商合作为突破口，在互联互通、物流补贴和通关服务等环节取得了关键性进展。

目前，首批跨境电商商品已于2014年11月底通过综保区跨境综合服务平台顺利出关；已同17家电商、网商及综合服务商进行了项目对接，与阿里巴巴、顺丰、申通、宅急送等企业正式签订合同。预计至2018年，综保区日处理包裹量将达到20万件，实现年进出口交货值300亿元，并可有效带动仓储、物流、支付、结算、加工等相关行业的配套发展，形成新的近千亿级的支柱产业。

大力发展新能源汽车产业

中央的高度重视和新一轮产业扶持政策的陆续出台，加速了新能源汽车的推广应用。2014年上半年，我国动力电池产量达到8.04亿瓦时，高于2013年全年的3.6亿瓦时；前11个月的国内新能源汽车产量达到5.67万辆，约为2013年全年总产量的3.3倍。

从产业体系层面看，发展新能源汽车能够有效带动电池、电机、电控产品、轻量化材料（镁铝合金、碳纤维、聚乳酸纤维材料）以及信息技术（智能电网、移动互联网、物联网和大数据）等关联产业的成长，是未来发展汽车产业的重要方向。特别是随着新能源汽车产业化进程的加快、关键零部件产能的提升、市场推广的加速、商业模式的创新、基础设施建设的完善以及政府政策环境的优化，将使产业发展呈现出前所未有的良好态势。

吉林省是我国汽车工业的摇篮，目前，一汽集团已经作出发展新能源汽车产业的战略规划，计划到2020年，新能源汽车产量将占到全国总产量的15%以上。以此为依托，长春开发区将做好同步规划，积极推动新能源汽车产业加快发展，并带动相关产业形成约400亿元产值的规模。

抢占先机　掀起外商投资新热潮

文/广州开发区政策研究室主任　陈永品

广州开发区政策研究室(法制办公室)　梁小玲

改革开放早期制定的《中外合作经营企业法》《中外合资经营企业法》和《外资企业法》，虽然奠定了我国利用外资的法律基础，为推动改革开放进程发挥了重要作用，但随着经济社会的发展，“外资三法”实行的“逐案审批”“商委审批、工商登记”等制度，因程序繁琐、效率低下，已经严重束缚了外商投资企业的活力，且与我国深化体制改革、扩大对外开放、促进外商投资的要求不相适应。还应看到，上海自贸区正式挂牌运作近两年来，在加快政府职能转变、强化事中事后监管、扩大投资领域开放、建立负面清单管理模式等诸多方面进行的新探索、积累的新经验，亟须提炼并上升为法律制度，以便在全国范围内推广实施。因此，按照党的十八届三中全会提出的“探索对外商投资实行准入前国民待遇加负面清单的管理模式”的要求，此次新的《中华人民共和国外国投资法》的制定，正是适应对外开放新形势、构建开放型经济新体制的重要举措。可以预见，新法出台犹如闸门开启，必将掀起新一轮外商投资热潮。

截至 2012 年，我国国家级经济技术开发区累计利用外资总额已达 6 000 亿美元，占全国总量的 42%；区内外资项目平均投资规模超过 1 亿元，是内资项目的近 20 倍。正因如此，与其他特殊经济功能区相比，以外向型经济为主导的国家级经开区，必须以更加敏锐的感知力和更为深刻的洞察力，及早研判、及时适应外商投资管理体制的新变化，以期通过进一步扩大对外开放，激发经济发展的全新活力。

重构框架　接轨国际

以新的法律体系构建国际化、法治化的营商环境。在实际操作中，一方面，由于现行的外资三法与《公司法》《证券法》《合伙企业法》《个人独资企业法》存在部分冲突，致使企业对于如何处理外资三法与其他相关法律的关系问题经常存在争议；另一方面，长期以来，大多数关于外商投资的行政法规和部门规章，是由国务院各部委根据新情况、新形势陆续制定的，由于缺乏通盘考虑，存在着分散繁杂、缺乏协调等问题。因此，本次《外商投资法》的出台，将有效改善我国外商投资法律体系不完善、法律之间存在冲突、法律制度不统一的局面。加之新的《外国投资法》的国际化特点明显，在立法上采取了西方发达国家较为成熟的投资理念和法律体系，特别是负面清单模式、国家安全审查、信息报告等制度更加贴近国际通行规则，有利于构建更为适合外商发展的国际化、法治化的营商环境。

以新的法律框架完善投资贸易便利化环境。现行的《指导外商投资方向暂行规定》和《外商投资产业指导目录》，将外商投资项目分为鼓励类、允许类、限制类和禁止类四大类别，其中鼓励类、限制类和禁止类项目在《外商投资产业指导目录》中有明确列示，其余属允许类项目。在具体操作中，由于限制类、鼓励类、允许类的外商投资项目均需经过商务部门审批，且程序复杂繁琐，使许多外国资本只能望而却步。而本次新《外国投资法》的最大亮点是负面清单管理模式，对外商投资实施包括禁止实施、限制实施两部分的特别管理措施目录——对禁止实施目录的领域，外国投资者不得进入；对限制实施目录的领域，外国投资者需向商务部申请取得准入许可；除此之外的其他领域，外国投资者无需申请即可进入。可以预见，随着负面清单管理模式的实施和推广，充分开放清单以外的广阔投资领域，将使原先因顾虑审批程序繁琐而有所迟疑的外商投资企业重新瞄准中国市场，势必会引发新一轮的外商投资热潮。

以新的审批程序激活外商投资企业发展动力。在现行的法律框架下，政府对外资企业事无巨细地实施了监管和干预，如企业的公司章程、合资合同、股权收购协议、资产收购协议等事项均需获得政府审批后方可进行，但这种保姆式的政府监管方式严重妨碍了外资企业的自主经营权，也禁锢了企业的发展活力。而负面清单模式的实施，无疑将推动政府从强化事先监管向强化事中事后监管的模式转变。以改革后的信息报告制度为例，将股权转让、质押、增资等诸多事项由原来的提前审批变为事后报告，将更有利于促进企业自主经营和参与市场竞争。

以新的认定标准提升开发区外资项目品质。目前，我国对外商投资企业的认定采用的是注册地标准，即投资者不具有中国国籍和投资企业设立时适用外国法律的，均被视为外国投资者，而外国投资者依据中国法律在中国注册的企业则被全部视为外商投资企业。多年来，由于注册地标准的实施，使许多开发区不免出现了国内资本到国外注册企业，再回国内投资的“假外资”现象。

本次新《外国投资法》对外国投资者的认定采用实际控制标准，按照最终控制人（即能够直接或间接控制外国投资者或者外国投资企业的自然人或企业）的具体情况进行企业认定，将最终控制人为中国投资者的企业视作中国投资者的投资。为此，实际控制标准的实施能够有效减少“内资变外资”的现象，筛选出更多优质的“真外资”，进而提高开发区利用外资的水平。

以新的负面清单加速扩大服务业对外开放。2012 年，国家以鼓励外商投资现代服务业为重点修订了《外商投资产业指导目录》，大幅度增加了服务业的鼓励类条目，推动了外商投资服务业的开放进程。随着新《外国投资法》的实施，国家将进一步扩大服务业对外开放，把更多的服务业及其他行业调整为允许类项目，这也为外资进入我国服务业领域扫除了一定障碍。

顺应环境　主动调试

适应新的政府监管职责。对开发区而言，事前审批相对容易实施，而事中和事后监管则更为繁琐复杂，需要投入更多的人力、物力以履行职责。比如，在信息报告制度的改革中，如何指导外资企业做到及时、准确地报告企业相关信息？又应如何甄别企业报送信息的真伪？这些监管职责均对开发区的监管人员提出了新的更高要求。

适应新的限制类准入制度。目前，我国对外商投资企业准入的审查重点是企业内部的治理结构和决策程序。经过多年运行，政府和企业已经熟悉了此套审批规则，并且，各地开发区为提高审批效率而不断创新方式方法，早已练就出了各自的“武林秘籍”。由于新法对限制类企业准入构建了新的规则框架，致使审批内容、审批主体、审批程序等与以往相比均将发生重大变化。比如，政府对限制类外资企业的审查将主要围绕国家安全、能源资源、技术创新、就业、环境保护、安全生产等社会公共利益，行业发展的实际影响和控制力，以及外国投资者和实际控制人的情况等方面展开。因此，开发区管理机构和区内企业就需要及早适应这些新规新政。

适应新的外商投资管理制度。新《外国投资法》对外商投资企业的管理更为规范和严谨。比如，明确规定外国投资者在两年内针对同一投资事项多次实施投资、投资金额累计达到国务院规定的标准金额的，应当将其视为限制类项目予以审批。这一变化将对开发区提出新的考验，即如何能够在“合法”的前提下更好地兼顾“效率”。

抢占先机　以变应变

重视集聚资源与提升服务。早在建区初期，国家级经开区就提出与国际惯例接轨，打造仿真的投资环境的目标。如今，随着法律制度的不断完善和健全，以及开发区政策优势的持续减弱，如何再造投资环境新高地，成为开发区亟待攻克的新课题。谈及应对之策，一方面，要用好政策出台带来的有利机遇，继续发挥高效的运作管理和丰富的外资服务经验优势，通过加强国际创新合作，着力聚集高端创新资源，着力扩大利用外资规模，着力提高利用外资质量；另一方面，必须在投资服务上下足功夫，重新审视现有的投资服务路线图，通过创新优化形成自身的竞争优势，使投资者感到舒适、安全与便捷。

重视深化改革与转变职能。新《外国投资法》规定，商务主管部门对外资企业的审查重点不再是合同、章程，而是外国投资者及其投资行为。这一监管职责的变化，需要开发区进一步解放思想、转变观念、顺势而为。因此，要积极按照国务院行政审批制度改革的相关要求，在进一步转变政府职能、大力实施负面清单管理方式、减少前置审批事项的同时，建立社会信用体系，推行绿色审批，加强事中事后监管，并且要继续探索开发区与行政区优势互补、协调发展的体制机制。

重视服务业突破与民生发展。对于长期以

来以工业为主的开发区而言，服务业发展确实是一块“短板”。因此，在本轮改革中，开发区要全面了解和深入剖析服务业对外商投资开放的领域和行业，加大对允许类的外资服务业的招商力度，着重引进一批与开发区经济发展相配套的服务外包、金融中介、创业投资、知识产权服务等外资项目，重点发展一批与民生密切相关的医疗健康、职业培训等优质外商项目，以此加快开发区产城融合、集约发展的步伐。

重视政策研究与政策宣传。外商投资管理体制的改革，无疑会对开发区产生一系列重大影响。为此，必须未雨绸缪，认真学习研究新法要点，增强对新法出台的敏感性。同时，要加大对新法的宣传力度，及时跟踪立法以及配套制度的最新动向，尽早研究新政策、新制度，提前布局新法实施的贯彻落实方案，以指导区内企业做好应对措施，争取在新法正式实施前赢得主动。

借鉴上海自贸区经验　加速推进企业制度便利化改革

文/商务部国际贸易经济合作研究院亚洲与非洲研究所所长　宋志勇

设立上海自贸区是我国面对国际国内经济新形势所提出的一项重大发展战略，其目的之一是在于通过实施政策创新，收缩政府既已渗透到市场的宽泛边界，从而进一步激发企业和中介组织的市场活力。

事实上，自上海自贸区设立以来，已经在政府职能转变、扩大投资领域开放、促进贸易增长方式转变等诸多方面开展了一系列卓有成效的探索，为入区企业提供了涵盖金融、航运、商贸、文化、社会等多个方面更为优质、便捷和高效的服务。同时，自贸区也致力于构建法制化和国际化的营商环境，建立公平、公开、诚信的社会体系，即要在市场经济条件下，依靠企业自律和完善的社会体系，以“自我约束”的方式提升企业的整体信誉和形象。

“准入前国民待遇＋负面清单”

于我国而言，准入前国民待遇或许是比较新鲜的事物。在实施这一政策前，我国在企业管理方面采用的是“准入后国民待遇”的管理方式，即只有通过行政审批的企业，才能在进入我国后享受相应的国民待遇。与之相反，所谓的准入前国民待遇是指在普遍情况下，如在办理执照的过程中，必须给予外资企业与本国企业同等的准国民待遇。客观而言，准入前国民待遇即是列出了一张负面清单，清单之内的各类事项需要经过批准，而在清单之外则履行“法无禁止即可为”的基础原则。

目前，全球70余个主要发达国家和部分发展中国家均已实行了准入前国民待遇和负面清单制度，不仅有效保障了企业能够拥有更大的经营和发展自主权，而且也使得一些新方法和新模式得以更快投入到市场竞争中。如今，上海自贸区也正在向这一方向努力。

随着互联网的快速发展，各种新兴业态大量涌现，如果按照传统的管理方式，擅自发展尚未被列入许可目录的新兴业态，将会被认定为违法行为，而上海自贸区实施的“负面清单”就彻底解决了这一问题。清单里公示的内容为需要经过审批或禁止操作的范畴，除此之外的任何新业态、新发明、新模式均可以自由发展。从实际情况看，2014版的负面清单较2013版有所进步，减少了50余项条目。但值得注意的是，负面清单仍然属于一种新鲜事物，对其调整也应慎重而为。

可资借鉴的制度改革经验

变审批制为备案制。我国对企业的管理实行审批制，即凭借企业制定的公司章程、合同等一系列有效文件到主管部门进行审批，审批通过后，方可到工商部门登记注册。然而在国外，审批的程序却与此相反，上海自贸区便实施了变企业审批制为备案制的改革。具体而言，投资者在申请设立企业之初，即可以负面清单公示的内容为参照，直接到工商部门办理登记手续，变原有的事中事后审批为前置审批。这一改革使政府由过去的行政审批转向为企业提供更多层面的服务，同时也相应限制了政府的权利边界，将法律咨询等理应由中介机构开展的工作推向市场，进而切实提高了政府的工作效能。

商事登记制度的便利化改革。此前，按照《公司法》的要求，投资者必须将注册资本存入银行账户，并凭借银行出示的资金注入凭证，方可到工商登记部门办理企业设立手续。从现实情况看，虽然许多创业人员拥有一些新的想法和创意，但因为创业资本的缺乏，不得不打消创业念头。而商事登记制度改革的实施，对于投资限额的要求较为灵活，并建立了一种新的创业机制，即可以先注册公司，通过创意或商业模式的发展，吸引风险投资，最终完成注册资本的注入。这一改革可以支持小微企业更好更快地发展，也有利于鼓励企业进行创业投资。

取消出资期限限制。取消原有必须一次性或3天之内缴清出资且第一次出资不低于全部资金的20%或30%的限制；取消原有的企业需要提供验资报告，向政府有关部门证明经营运转情况良好的要求；改变原先特种行业“先证后照”制度为“先照后证”制度。以天然气运输企业的设立为例，原先需要向相关部门证明企业可以达到行业要求的安全性，并取得相关批准证书，再凭借证书到工商部门登记领取营业执照；如今则可以先行办理营业执照，从事与运输天然气相关领域的业务，而并不需要提供特殊证书。

取消企业相关年检。取消企业年检，使企业的经营情况更多地以年报形式对外公开。在国外，企业并无年检制度，更多地是依靠自身诚信，通过各种媒体定期公布年报，且不可作假。否则，一经发现，企业将彻底失去信誉，其交易伙伴和贷款银行都将不再与之合作，企业将为此付出惨痛代价。

建立更深层次的鼓励全面创新的政策体系

文/中关村高科技产业促进中心主任　张年武

中关村作为我国首家高新区和自主创新示范区，始终承担着新政先试和改革先行的重任，现已形成了高端人才、科技资本、创新创业三大服务体系，构建了由领军企业、高校、科研机构以及创新、创业、文化六大要素集成的生态系统。截至目前，全区已承接国家科技重大专项1 300余项，约占全国总量的40%；万元增加值能耗约占全国平均水平的10%；对外投资约占全国总量的33%，示范区内高成长企业的活力不断提升，创新能力持续增强。

自2010年提出“1+6”鼓励科技创新和产业化的一系列改革政策后，国家又再次出台“新四条”，详细部署了试行技术转让企业所得税、企业转增股本个人所得税等多个创新政策的具体实施办法。为此，今后一段时期，中关村将进一步发挥市场配置创新资源的决定性作用，加快建立严格的知识产权保护制度，打破行业垄断和市场分割，健全产业技术创新政策和管理制度，营造激励创新的公平竞争环境；进一步探索企业参与国家创新决策的新机制，完善企业主导产业技术创新的新模式，巩固企业技术创新的主体地位；进一步探索促进创业投资发展的有效政策措施，推进建立多层次支持创新的资本市场，鼓励开展金融市场工具创新，打造有利于创新的金融工作体系，加快建设具有全球影响力的科技创新中心。

协调一致的特色管理体制

上下一体，协调推进。在国家层面，成立由科技部牵头，国家发改委、教育部、科技部、工业和信息化部、财政部等21个国家有关部委和单位组成的中关村示范区部际协调小组，并定期召开协调会议，明确改革创新的宏观思路。在市级层面，成立由市委组织部、市发改委等有关部门、16个区县的相关单位以及部分高等院校、科研院所、高新技术企业的专家和主要负责人组成的中关村示范区领导小组，中关村管委会作为领导小组办公室，承接具体的工作任务。

职能明晰，各有侧重。示范区的实际管理服务团队也分为两个层面。其中，中关村科技园区管理委员会作为市政府派出机构，对中关村科技园区的发展建设进行综合指导，其职能更多地侧重于调研、规划、协调、督办和服务等软性功能，并不承担具体的行政审批工作。管委会实行“双重领导、以区（县）为主”的领导体制，对各分园的整体发展规划、空间规划、产业布局、项目准入标准等重要业务实行统一领导。同时，在区（县）层面，以分园为单位成立分园管委会，承担具体的企业服务、生产监管等硬性行政职能，并由所在区（县）的副区长或副书记担任管委会主要领导，全面协调各方面工作。

机制科学，思路创新。管委会下设人才工作组、科技金融工作组、现代服务业工作组等九大工作小组，按照“自下而上、鼓励创新”的思路开展具体工作。以政策先行先试工作组为例，作为其具体执行部门之一的中关村管委会创新处，在实际工作中提出新的改革探索设想后，可逐级向上级机构申请，最后汇报至部际协调小组，再由科技部协调组内其他成员单位共同商讨，最终报国务院批准。

先行探索的政策创新

扶持有限合伙制创业企业发展。财政部、国家税务总局联合发布的《关于中关村国家自主创新示范区有限合伙制创业投资企业法人合伙人企业所得税试点政策的通知》要求，在示范区内注册的有限合伙制创业投资企业采取股权投资方式投资于未上市的中小高新技术企业2年以上，该有限合伙制创业投资企业的法人合伙人，可在有限合伙制创业投资企业持有未上市高新技术企业股权满2年的当年，按照其投资额的70%，抵扣该法人合伙人从该有限合伙创业投资企业分得的应纳税所得额；当年不足抵扣的，可在以后纳税年度结转抵扣。这是对中关村有限合伙制创业投资企业的法人合伙人给予创业投资企业的所得税优惠政策。

鼓励企业向个人股东转增股本。按照《关于中关村国家自主创新示范区企业转增股本个人所得税试点政策的通知》，对示范区中小高新技术企业以未分配利润、盈余公积、资本公积向个人股东转增股本时，个人股东一次缴纳个人所得税确有困难的，经主管税务机关审核，可在转让或者分红环节分期缴纳，但最长不得超过5年。

激活技术所有权转让市场。根据《关于中关村国家自主创新示范区技术转让企业所得税试点政策的通知》，高校、科研院所和企业实施技术所有权转让或5年以上非独占许可使用权转让，在一个纳税年度内转让所得不超过500万元的部分免征企业所得税，超过500万元的部分减半征收企业所得税。

鼓励文化产业支撑技术发展。科技部、财政部、国家税务总局联合发布《关于在中关村国家自主创新示范区开展高新技术企业认定中文化产业支撑技术等领域范围试点的通知》提出，对中关村从事文化产业支撑技术等领域的企业，按规定认定为高新技术企业的，减按15%税率征收企业所得税。

目前，这些创新政策均取得了明显效果，并成为可资借鉴的有效经验，正在向更大区域和范围推广。如2014年12月召开的国务院常务会议决定，将中关村“新四条”中有限合伙制创业投资企业法人合伙人企业所得税试点、技术转让企业所得税试点和企业转增股本个人所得税试点等政策推广至全部国家自主创新示范区、合芜蚌自主创新综合试验区和绵阳科技城，并将加快落实先期已确定推广的科研项目经费管理改革、非上市中小企业通过股份转让代办系统进行股权融资、扩大税前加计扣除的研发费用范围三项政策，以及此次将股权和分红激励、职工教育经费税前扣除、科技成果使用处置和收益管理改革三项政策推向全国。

深化服务的全新探索

为更加深入挖掘企业的创新活力，自2014年开始，中关村进一步探索激励“大众创业、万众创新”的试点政策。如为改革中央级事业单位科技成果使用、处置管理制度而颁布的《关于开展深化中央级事业单位科技成果使用、处置和收益管理改革试点的通知》，一方面，突破性地建立了符合科技成果转移转化规律的市场定价机制，允许事业单位通过协议定价、挂牌交易和拍卖等方式，自主决定对其持有的科技成果采取转让、许可、作价入股等方式开展转移转化活动。另一方面，将单位科技成果的处置收入从分段按比例留归单位改为全部留归单位，这一做法不仅能够使企业从科技成果转化活动中受益，而且进一步调动了其发展的积极性。更为重要的是，这一政策创新性地建立了规范、合理、有效的对单位科技成果进行转移转化的收入分配和激励制度，细化了科技成果向境外转让、许可的管理制度，在建立科技成果市场定价机制、落实相关职能部门职责等方面也进行了较为全面的规定。

类似地，示范区积极探索股权奖励个人所得税试点政策，对区内高新技术企业和科技型中小企业转化科技成果，以股份或出资比例等股权形式给予本企业相关人员的奖励，实施个人所得税试点政策，由此极大地激发了中小企业的科技创新热情。同时，这一政策也将适用范围从现行仅限于经认定的国家高新技术企业，扩大至经认定的国家高新技术企业和科技型中小企业；在纳税时点方面，也取消了需在5年内分期纳税的限制，调整为取得分红和转让股权环节。

此外，为进一步增强体制机制改革体系的整体性、系统性和协同性，中关村正在研究实施新一轮的系列改革措施，包括外籍高端人才永久居留资格便利化试点政策、放宽人才中介机构外资出资比例限制试点政策、支持中关村研究设立民营银行服务科技企业试点政策、调整存储生物制剂等公用型保税仓库建设标准试点政策等，力争通过积极打造最具吸引力的创业中心，进一步完善创新创业的生态系统，使中关村加快成为具有全球影响力的科技创新中心。

"一颗印章管审批"与"一个部门管市场"的审管分离新探索

文/天津滨海新区商务委员会总经济师　许红球

多年来，涵盖经开区、保税区、高新区以及正在建设的天津自贸区等多种经济功能区的天津滨海新区，不断推进改革创新，加快实施开发开放。2014 年，天津滨海新区实现地区生产总值突破 9 000 亿元，规模以上工业总产值 1.73 万亿元，全社会固定资产投资 5.78 千亿元；新增省部级研发机构 60 家，组织实施 40 项重大自主创新项目；新增科技型中小企业 3 297 家、小巨人企业 201 家；实际利用外资 123 亿美元，累计吸引 140 家世界 500 强企业在滨海新区投资 357 个项目。

当前，按照中央关于"积极探索促进投资与服务贸易便利化综合改革试验，培育发展新优势"的要求，滨海新区积极借鉴上海自贸区的经验，树立了"法无禁止即可为"的准则，确保投资主体可以平等进入清单之外的领域。同时，创新性地提出了"一颗印章管审批、一份清单管边界、一个部门管市场、一支队伍管全部、一个平台管信用、京津冀通关一体化"的简政放权的"六个一"改革举措，着力营造公平高效的行政环境、充分便利化的贸易环境、开放创新的金融环境、公正严明的法制环境和诚实守信的商务环境。

审管分离　创新构建行政审批格局

单设审批部门，集合职能权限。2014 年 5 月，滨海新区成立了我国首个行政审批局，将区政府各部门的审批职能剥离划转，使碎片化的审批集合到一个职能部门，审批的印章由 109 个变为 1 个，实现了"一颗印章管审批"。部门单设后，审批人员由原各委办局的 600 多人减少至 118 人，审批事项由 216 项压缩至 173 项，行政事业性收费每年降低近 6 000 万元。并且，新的审批流程使投资项目、企业设立、单办事项审批用时分别不超过原来的 1/2、1/3 和 1/4。截至 2014 年 12 月，审批局共完成接件 7.6 万件，办结率达到 98.9%，且未发生行政复议和诉讼案件。

实施审管分离，强化制约监督。单设部门负责审批的方式有效构建了审批和监管分离的新格局。一方面，真正破解了企业和群众在审批过程中遇到的多部门跑腿、长时间等待、低效率审批的问题。自审批局成立以来，全区新设立企业 6 787 家，同比增长 62.5%。另一方面，极大强化了制约监督的作用。由审批部门将审批结果推送至监管部门，监管部门按照审批结果进行市场监管的过程，实际上也是对审批工作进行专业化的监督和制约，从而有效防范审批工作中的不作为和乱作为。

审管有效衔接，构建协调机制。在实施审管分离的同时，特别要注意避免因物理分割而使审批和监管"各自为政"的情况发生，更多强调在维护市场秩序过程中的紧密衔接、协调运转。一是建立了信息双推送机制。审批部门将审批档案及时推送至监管部门，由监管部门对审批工作和市场行为实施有效的监督监管，并将发现的问题即时推送回审批部门。二是建立重点方面专项会商制度、审查员审核制度和观察员制度。切实推动审批和监管两个独立职能形成合力，建立起以审批行为推动监管到位、用监管过程制约审批行为的协调运行机制。

规范审批程序，细化服务标准。一是实施审批权力“清单化”。按照“法无授权不可为”的原则，全面梳理政府的管理清单，并制定形成年度版本向社会发布，明确政府行政权利的边界。二是实施审批流程“科学化”。采取合并、简化、取消等方式实行流程再造，真正实现审批事项减少和审批流程简化。三是实施审批标准“规范化”。研究制定审批思想说明书和标准化操作规程，明确规定工作和禁止工作，限制自选工作，使每一个岗位的公务员都有清晰的权责划定。四是实施绩效考核“严格化”。对审批服务窗口和工位定能、定岗、定责、定职，运用科学手段，细化操作系统，实施全面考核。五是实施帮办服务“周到化”。组织专门的帮办队伍，采取政府买单形式，为办事的企业和群众提供服务，实现过程有引导、申报有服务、结果有提醒。

效能建设　推进发展环境持续优化

优化管理体制和管理架构。自 2009 年建立了统一行政化的滨海新区政府后，即按照大部制、扁平化、强基层的改革思路，启动了新一轮管理体制改革，将塘沽、汉沽、大港 3 个行政区整合为 1 个行政区，将 14 个功能区整合为 7 个，将 27 个街镇合并为 19 个。同时，进一步做精做实“行政区统领、功能区支撑、街镇整合提升”的管理架构，并制定出台《新区加快街镇发展的意见》，改革街镇管理体制，全力推进“强街强镇”战略。

协调市场准入和市场监管。大力推进工商注册制度便利化改革，2014 年 3 月 1 日正式实施新的工商注册登记制度，由“先证后照”改为“先照后证”，企业可一天办结“四证一章”；取消注册资本最低限制，推行注册资本认缴登记制，创新经营范围核准方式，放宽住所（经营场所）登记条件，改年检（验照）制度为年度报告制度，实行市场主体异常名录制度。同时，积极探索强化事中事后监管体系建设，加快新区市场监管体制改革，推进整合工商、质监和食品药品监管的市场监管职能，注重强化过程服务和事后监管。

激活金融创新和金融服务。进一步拓展融资租赁范围，完成国内首单钻井平台的融资租赁业务，建立股权、碳排放、金融资产等 10 个创新型交易市场。据统计，2014 年前三季度，天津股权交易所累计挂牌企业 503 家，分布于 29 省的 128 个地市，融资总额达到 246.79 亿元，共计发行 18.23 亿元私募债。

创新涉外投资和涉外合作。2014 年 7 月 1 日，京津冀海关通关一体化改革率先在北京海关和天津海关启动实施，也是全国范围内首次实行通关一体化；中新生态城跨境人民币创新试点业已落地，生态城投资开发公司获得单一的跨境人民币贷款首次达到 5 000 万元；国家外专局发布《关于引进国外智力为天津滨海新区开发开放服务实施意见的行动计划（2014 — 2019 年）》，鼓励滨海新区充分开发和共享国际国内的人才资源。

推动国企监管和民企转型。国有企业方面，理顺国资监管体制，建立国资风险考核和风险防控新体系，并于 2014 年年底前将国有企业整合为 30 家；民营经济方面，成立民营经济工作领导小组和办公室，聚焦民营企业转型升级，狠抓民营企业项目建设，推动民营企业“走出去”进程，谋划出台《滨海新区中小企业转型升级的实施方案》，并计划起草《滨海新区加快民营经济发展的指导意见》。

提升原始创新能力　由“跟随者”向“领跑者”转变

文/国家发展改革委对外经济研究所　李大伟

创新活动可以被视作由四个环节联结而成的一条创新链。其中，第一个环节是原始创意的提出；第二个环节是通过获取知识并与市场需求相结合等方法生产出创新型产品（或工艺、流程、组织方式等），且最终进入市场；第三个环节是对创新型产品加以改进，使之成为更加成熟的产品；第四个环节则是结合市场需求的实际情况，对成熟产品进行的模仿或小幅改进。

值得注意的是，这四个环节所需的要素禀赋并非全然相同。第一个环节的核心要素是创意，是基于对知识的深刻掌握所引发的创造性成果；第二、三个环节的核心要素则是知识和市场法律环境，其关键在于如何通过研发活动将“创意”转化为最终能够满足客户需求的创新型产品与服务。并且，制度环境在这一过程中扮演着十分重要的角色。还需明确的是，由于第二个环节的创新性和风险性明显高于第三个环节，因此，对现有知识存量和创意的持续性要求较高，且需要法制化的营商环境以确保创新者能够实现更高的收益率。相较之下，第四个环节基本属于模仿创新的范畴，对知识存量和创意的要求均低于前两个环节，仅需要创新者具有较强的学习能力和模仿能力，以及保障成熟产品可以获得合理利润的、稳定的市场环境。

事实上，我国仅有纳米材料、通信设备等技术水平较高的部分领域的创新活动能够涵盖上述四个环节，大多数技术水平一般的领域仍然处于从创新链条的第四个环节向第三个环节迈进的阶段。

创新链条的环节支撑评价

现有条件难以全面支持创造性较强的环节取得比较优势。好的创意往往是在掌握大量知识、资讯和信息的前提下，依靠“灵感”产生的，其过程一般需要满足三个基本条件：一是获取各种信息的便利渠道；二是宽容、开放、自由的社会环境；三是具有开拓性思维的人才。但当前，我国在信息获取、高等教育和创意等方面的现实状况并不理想。究其原因，一方面，除少量的出国访问机会外，研发人员与国际优秀同行交流的有效渠道甚少，较难获得关于海外技术、市场等方面的最新情况；另一方面，相当比例的大学生、研究生在学习研究国外相关理论与实验操作等方面虽然表现优异，能够快速了解掌握国外最新科研成果，但创造性地提出新理念、新方法的能力较弱，带有明显的“工匠”气息。受此制约，我国本土企业或人才原创出的产品与服务，特别是核心创意所占的比重较低。

客观环境难以全面支持原创性较强的产品或服务的市场化研发。在创新链条中，创造性较强的第二个环节不仅要求金融体系能够提供足够的资金支持，而且要求市场可以对此类风险系数较高的活动给予一定的预期回报率。但从实际情况看，我国运用创意生产原创型高质量产品与服务的能力依然遭受到严重制约——知识存量虽有显著提升，但在基础研究领域仍然逊色于发达国家；金融体系尚待完善，不足以支持高风险、高回报的创造性创新模式；法制化的营商环境仍在构建中，“劣币驱逐良币”的现象依然存在。加之，受诚信文化不足、“重速度轻质量”等环境因素影响，使我国对创新活动严谨程度的要求明显低于发达国家。

知识存量难以支持第三个环节对先进知识和创意的完全消化吸收。第三个环节创新活动的成功关键在于，能够系统掌握第一、二个环节涵盖的系列知识，并通过小规模的创造性活动进行适当改进。这一环节的存在风险以及对金融体系和市场法律环境的要求虽然明显低于前两个环节，但其对知识和创意完全消化吸收的要求较高。从过去30年的发展情况看，虽然我国的科技水平和劳动者素质不断提高，在全球创新指数(GII)相关领域的排名也逐渐上升，但整体的知识存量仍然无法实现对先进知识和创意的系统性的消化吸收，致使我国的科技水平在第三个环节上的优势并不明显。

支持第四个环节快速形成规模效应的模式最为普遍。总体而言，我国在创新活动第四个环节的比较优势最为明显，虽然这种创新模式处于创新链条中的较低层次，但却是现实中被广泛采用的一种主要模式。这是因为，第四个环节属于完全模仿创新或模仿再创新的范畴，对消化吸收的要求明显降低，甚至仅需要单纯地进行模仿。而多年来，我国现行教育体系培养了大批掌握基础知识程度较高的各类人才，十分有利于我国部分掌握创新型产品的相关创新要素。

另外，创新链条中的前三个环节需要在时间、资本和人员等方面进行大量投入，而在市场秩序不够规范、政策调整较为频繁的背景下，投入的风险系数较高；第四个环节因对技术、人才要求较低，最易形成规模化效应，且从短期促进经济增长的绩效看，因其见效快、风险小的特点，使其作用明显大于创新驱动。

基于上述原因，我国现行的政策体系更为侧重于引导企业将资源投向第四个环节。比如，在中央层面，我国既有专门针对创新环节的系列政策，又有产业层面的激励政策，且后者在实施过程中的政策性金融支持、直接财政补助和税收减免等方面形成的激励效果明显大于前者；在地方层面，虽然人们认识到原始创新对经济发展的重要驱动作用，但在涉及促进自主创新的具体工作时，地方政府往往还是会选择“发展高新技术产业”而非“推动企业自主研发”，即通过给予财税、金融、土地等方面的优惠政策，支持企业直接引进国外先进生产线进行仿制，而对周期长、风险大、见效慢的原创性创新的支持力度则偏弱。

创新能力的国际比较分析

按照世界知识产权委员会、欧盟委员会提供的2013年最新数据，以及对比我国在GII中的各子项排名后不难发现：与印度、巴西等其他新兴市场国家相比，我国在创新指标体系中的各子项排名处于明显领先地位，如在“人力资本与研发”和“市场成熟度”两项指标中，我国均排名第35位，分别高于印度的第105位和49位，以及巴西的第75位和76位；但与世界部分发达国家相比，我国在创新能力与创新水平等方面依然存在较大差距。

创新能力未能取得实质性进展。从科技投入总量指标看，我国博士研究生毕业人数已经超过了美国和欧盟，跃居世界首位；研发支出总额占GDP的比重升至第21位，并且，私人部门和公共部门的研发投入占比均明显上升；技术服务进口和技术产品进口的排名位居世界前列，甚至高于部分发达国家。从知识创意数量指标看，我国第一、二个环节的个别指标已经超过发达国家。GII数据显示，我国每10亿人所创造的专利总数和实用新型总数已经超过了美国、德国和日本，排名世界第一位；单位GDP所发布的科技论文数居世界第58位，与发达国家差距明显缩小；申请国内商标数量排名第12位，处于世界先进水平。

但也要看到的是，目前我国的主要“短板”在于缺乏具有价值的创意和知识。如在世界知识产权组织（WIPO）的知识产权体系下，PCT

专利的申请难度、所需缴纳的费用要高于一般专利，其“含金量”自然更高，而我国的PCT专利数量明显低于欧盟、美国、日本和韩国，并且，在国际商标注册量、文化产品出口规模等方面的指标也同样落后。而据欧盟创新联盟记分牌数据（IUS）统计，在科技引文数量方面，我国被引用的文献指数与美国、欧盟、日本和韩国相比，分别低0.7，0.4，0.1和0.2，与印度和巴西基本持平。

创新所需的软环境指标水平较低。创新链条的第三、四个环节属于将创意和知识转化为最终产品与服务的过程。这之中，既需要能源、交通等硬环境支撑，也需要法律、市场、商业等软环境孵化，是一个需要融合多种创新要素的复杂的系统工程。但目前，我国相当一部分的软环境指标明显低于发达国家，甚至低于部分新兴市场国家。如在获取信贷的难易程度方面，我国排名第68位，远远低于美国、日本等发达国家，甚至低于印度（第22位）；在投资者权益保护方面，我国仅居于第96位；在产学研结合、创新集群、政府与私人部门合作等指标方面也处于较低水平。此外，从与海外资源在创新领域的合作方面看，我国大学的海外学生和外籍教员比例、创新型企业获取的海外资金支持、与海外开展的科技合作等指标均处于较低水平。这表明，我国未能充分利用全球科研资源提升自身创新能力，在创新领域的开放程度有待提高。总体而言，我国虽然拥有不亚于发达国家的知识存量，但却未能使之与先进的创意、理念相结合，并最终通过“化学反应”创造出市场化的创新产品，这已成为制约我国创新能力提升的重要原因。

现行衡量创新能力的指标体系不能反映真实水平。GII数据显示，我国高新技术产品出口额、创意产品出口额两项指标的排名均处于世界前列，高于所有发达国家。但出现这一结果是因为，我国高新技术产品的统计口径仅是对最终产品进行统计，并未考虑产品在全球价值链中所处的地位。以我国通过加工贸易方式生产的笔记本电脑和手机为例，此类劳动密集型IT终端产品的大规模出口仅能反映出我国在低成本劳动力方面的优势，而无法真正反映我国在创新方面的优势，但在统计口径中却被归入高新技术产品范畴。类似的，在IUS关于博士研究生毕业人数的指标排名中，我国同样处于前列，在读博士研究生数量这一项指标，已由1999年的5.4万人增加到2009年的24.63万人，10年内年均增速高达16.3%，居世界第一位。但我国对博士研究生教育要求的严格程度明显低于欧美发达国家，加之教育产业化的不断推进以及“唯学历论”观念的影响，致使博士研究生扩招情况严重。可以说，博士研究生数量规模这一指标严重高估了我国高端研究型人才的实际数量。

提升原始创新能力的实施路径

从低端模仿向原始创新转变。经过多年的发展和积累，我国的知识存量已位居发展中国家的先进水平，具备了全面掌握先进技术并加以改进的能力，如家电、手机等产品已经不止于低层次模仿，而是开始着眼于某些功能的优化和研发。因此，在战略机遇期内，通过立足自身优势，将我国在全球创新链中的位势提升至第三个环节是完全有可能实现的。

同时也应看到，不同领域的创新特征存在较大差别，如在航天、生物医药、纳米等高技术领域，虽然好的创意仍然是取得创新成果的关键因素，但知识积累在创新中的作用实则更为强大。目前，我国在这些高技术领域的部分子领域，已经拥有较强的、甚至高于发达国家水平的知识积累，极有可能在这些方面实现重大技术突破。为此，可选择对知识依赖度较强、且与发达国家差距较小的领域作为突破口，通过积极推动原始创新，快速实现从“跟随者”向“领跑者”的角色转换。

调整产业导向型政策激励机制。目前，学术界从构建创新环境和改变要素禀赋两个层面入手，对提升我国的创新能力和在全球创新链上的位势，提出了诸多政策建议，内容涵盖政府采购、产学研结合、吸收创新人才等多个方面。只是，如果依旧将短期的经济总量增长作为创新的根本目标，就很难在真正意义上激发创新行为，反而容易将大量资源继续投向简单模仿和低水平重复。因此，要更多地通过政策、制度等方面的调整，逐渐消除创新活动在市场环境、科学精神等方面的不利因素。

具体而言，一是应渐进式地调整当前的产业导向型政策激励机制，加大对企业创新活动，特别是改进型、原创型创新活动的资金支持，适当减轻以税收优惠为主的产业政策。二是逐渐减少对市场能够发挥优化配置资源作用的新技术领域的直接补贴，代之以贷款贴息、税收抵扣等间接调控方式。三是改革地方政府绩效机制，将企业创新能力的相关指标列入地方政府考核范围。

深化教育和科研体制改革。要从本质上改变目前“唯成果论”的教育体制，更加注重将独立、严谨、求实的治学精神作为出发点，培养学生的创造性思维能力和独立思考能力。还应特别注意的是，以往过度注重“走出去”、长期派出大量学生赴海外学习的人才培养方式，不仅极易造成人才外流，而且对国内人才的知识促进作用也并不明显。今后，应适当加强“引进来”，积极引入高技术人才、国外培训机构、高等教育机构和相关院所，同时要加大对跨国技术、管理等领域合作的支持力度，减轻跨国人才交流的相关障碍，并为自发性的跨国人才交流创造良好的外部条件。

提升社会对创造性思维的认同。要从“跟随者”角色转变为“领跑者”角色，就必须有相当一部分的创新活动处于创新链条的第一和第二个环节。但从目前实际情况看，现行的社会体制、文化氛围和制度设计难以有效发挥出创造性思维人才的应有作用。一方面，目前的科研管理体制基本集中于数量管理，使创造性思维人才很难在数量上取得突破；另一方面，我国更为注重集体主义精神，相对忽视了个人价值的实现，对所谓的“天才”和“怪才”往往缺乏普遍意义上的价值认同。因此，必须在一定程度上调整对创造性思维的价值认知，全面推进教育、科技等领域的体制改革，为天赋型人才提供更多发展空间。

走好工业园区的产城融合之路

文/上海市人民政府发展研究中心　杨 畅

20 世纪中后期，上海市按照“工业基地”的战略定位，逐步构建起以加工工业为主、产业门类齐全、综合配套能力强、基础雄厚的工业体系，成为向全国提供轻工类和工业装备类产品的综合性工业基地。但近十年来，随着城市总体发展战略和功能定位的逐步调整，上海已经从工业城市转向经济中心城市，并且，到 2020 年将建设成为“国际经济、金融、贸易、航运中心和国际化大都市”。由此，上海工业体系的空间布局已相应由以浦江两岸为主的布局结构向浦东新区、中心城区拓展区、郊区等城市外围扩散。同时，在“人口向城镇集中、产业向园区集中、土地向规模经营集中”的原则推动下，上海市形成了包括国家级开发区、市级工业区、产业基地、产业区块等在内的工业园区载体。

按照城市发展的一般规律，当产业进入集约发展阶段时，对城市功能的要求往往会大为增强：一方面，产业发展需要城市功能的同步提升，从而实现发展所需的各类要素的不断集聚；另一方面，城市的发展也需要产业功能的支撑，以避免成为“空城”，并由此进一步获取可持续发展的动力。近年来，由于城市功能的进一步调整与优化，上海市现有工业园区的历史使命也必然随之发生相应改变。但由于前期过于强调其产业功能而造成的“产”“城”脱节、“业”“居”分离等问题，严重制约了上海市工业园区的进一步拓展和品质提升。

研判阶段特点　践行科学模式

要更好实现工业园区的“产”“城”相辅相成和互相促进，就需要在原先单一产业功能的基础上，逐步增加、附着和提升园区的城市功能，并向复合型、综合性的功能节点与城市节点转型，进而形成产城融合的良好局面，这也已经成为现阶段工业园区发展的重要方向和可行选择。目前，上海市部分工业园区结合自身所处发展阶段和资源禀赋，已经开展了诸多探索和尝试，大体上形成了三种产城融合的可行模式。

就地城市化模式。相对而言，这一模式难度较大、见效较慢，通常以传统老工业园区为主要对象，以土地二次开发为主要手段，通过淘汰落后产能企业，引进新兴产业并叠加社会服务功能，逐步从传统老工业园区向城市化区域转变。比如，吴淞工业区最初起源于上海市区工业向卫星城的大幅扩散，150 余家部、市属大中型企业先后从市区迁出、新建或扩建，聚集形成了上海市 7 个卫星城工业区之一的吴淞工业区。但随着时代变迁，其传统重化工业的发展模式与宝山区乃至上海市的产业发展导向间的矛盾愈加凸显。为此，吴淞工业区选择通过产业转型、环境治理、功能再造等手段，逐步走出了一条功能多元化、服务集群化和环境城区化的新路径，将原有的以生产制造为主要功能的老工业区建设成为全新的产城融合区域，推动了吴淞工业区的蜕变重生。

区域融合化模式。发挥传统工业区资源要素较为集中的比较优势，通过服务周边城区，使生产要素与生活要素实现区域联动、功能联动，从而加速工业园区与周边城区的相互融合发展。以奉贤经济开发区生物科技园区为例，2008 年金融危机后，园区逐步进行产业结构调整，重新确立主导产业，在将部分占地面积大、效益不明显的加工型企业向外转移的同时，集聚总部经济、研发服务外包中心、展览展示销售中心、文化创意等生产性服务业企业，从而实现与周边区域的融合支撑。目前，园区已引入上海漕河泾科技绿洲奉贤园区、上海南郊石油交易中心、上海农业要素交易所等一批行业领先的生产性服务业项目，并逐渐与奉贤城区融为一体。正是由于生产性服务业与城区生活性服务业的密切联动，使园区逐渐成为城区的重要组成部分和产业支撑点。

产城并进化模式。这一模式通常为新兴工业园区所采用，初始阶段即并行规划产业功能和城市功能，注重实现综合开发、产城并进，现已成为上海工业园区产城融合的最新模式。例如，上海临港新城从立项之初便同步推进城市建设与综合开发，尤为注重生产功能、生活功能和生态功能的有机结合；并且，在通过完善服务体系增强区域产业吸引力的同时，也依靠区域产业发展进一步推进服务功能的提升。这种做法既凸显了产业功能与城市功能的复合叠加，又实现了生产、生活、生态的相互促进、相得益彰。具体而言，一方面，建立了以战略性新兴产业和现代物流业为核心、以先进制造业和生产性服务业为重点、以文化创意和主题旅游业为特色的配套完善、高端集聚的产业体系；另一方面，着力完善商业商务以及社会服务体系，不断提高社会服务水平，使临港地区成为社会服务能力较强、服务设施先进、服务品质高端、社会事业发达的临港核心服务功能区和浦东新的高端社会服务中心。

突破现有瓶颈 加速融合步伐

上海市工业园区虽然在工作中探索形成了一些既定模式，但许多园区仍然遇到了一些较为明显的瓶颈问题：一是土地利用结构失衡。工业、仓储和特殊用地占据了较大部分的总体用地，而居住、公共设施和绿化用地的占比却相对较低，导致在产城融合过程中，能够有效利用的土地增量相对不足。二是功能布局存在脱节。一些早期开发的工业园区，因其产业规划、空间规划和功能规划未能得到同步实施，导致区内产业布局和企业分布较为混乱，缺乏规划引导的现象十分明显。三是土地权属较为复杂。在土地二次开发利用过程中，政府、园区、企业等土地管理者、土地权利人和土地需求方之间的利益取向并不一致，协调成本较高、难度较大，即使在土地权利人内部，不同主体对转型调整的迫切性和主动性也存在差别，在一定程度上对拓宽发展空间和优化产业布局带来了诸多不利影响。

针对上述问题，为加快推进上海工业园区特别是传统工业园区的产城融合步伐，下一阶段，可以重点从四个方面进行突破。

建立连续推进的协调机制。一般而言，工业园区从规划编制、二次开发到转型建设，往往需要十年甚至更长的时间。因此，为确保产城融合的顺利连续推进，必须市区联手，尝试建立权威性的协调推进机制，通过合理制定产业规划、空间规划和功能规划，使产城融合过程中的各项工作能够得到快速落实。

试点利益共享的合作模式。可探索建立政府引导、龙头企业带动的方式，即在不违反产业规划、空间规划和功能规划的基础上，实施“企业主导、合资入股”“以房换地”“收益共享”等措施，共同推进工业园区的产城融合进程。

探索灵活高效的土地利用方式。对于符合上海产业发展方向，以及环保和能耗条件的外迁至市内其他园区的企业，可在供地方面给予一定支持；按照功能定位和产业发展的要求，可调整部分区块用地结构，适当提高土地开发强度，提升用地容积率；通过探索带方案、带功能招标的土地出让方式，调动企业参与建设的积极性；同时也可尝试以用地和绿地合理置换的方式，实现绿地总量的综合平衡。

设立产能淘汰调整专项补贴。针对工业园区内关停的严重污染环境、技术与产品落后的企业，可提供产能淘汰调整的专项补贴，并明确企业搬迁的具体补贴标准及方式，争取产业结构调整专项资金及其他相关专项资金的倾斜和支持，以加快工业园区落后产能的淘汰调整。

追求区域结构优化与产业转型升级的良性互动
——基于场景理论的开发区功能转型简析

文/天津经济技术开发区政策研究室 宁巍

哈佛大学城市经济学家爱华德·格莱泽和芝加哥大学城市社会学家特里·克拉克在对美国的纽约、芝加哥、洛杉矶、费城、波士顿和底特律等大城市进行研究后发现，随着制造业外迁和新兴产业崛起，城市产业结构开始向以服务业为主转型，过去围绕“生产”环节构建起的以土地、能源、交通为代表的城市基础设施优势日益减弱，而围绕“消费”环节构建的城市设施便利性和舒适性等新优势在吸引高素质人力资本方面变得更加重要。并且，这一变化将最终导致城市形态从生产导向型向消费导向型转变。进一步研究表明，城市的舒适性和便利性越高，其发展就会越快；反之，其增长就会越为缓慢，甚至可能出现恶化和衰退现象。以美国底特律市为例，工业转型的失败导致经济衰退，而经济衰退又导致城市设施陈旧、犯罪率上升，从而引发了更为严重的企业和人口外迁，由此形成恶性循环。上述情况说明：一个区域的优势和竞争力会随着其自身形态的改变而发生变化。

如今，经过 30 年发展，国家级经济技术开发区已经成为高端制造业的集聚地，但随着产业升级的需要，以服务外包、金融后台、互联网为代表的现代服务业取得了快速发展，使开发区正在进入产业转型的关键时期。与之相适应，开发区的区域功能也在不断走向综合化，正在从单纯的工业区向新城区演变。

然而，在这种区域功能转型的大背景下，开发区也面临着诸多挑战，特别是随着高新技术产业和高端人才的日益聚集，对区域环境的要求已经不再仅仅局限于“硬件条件”，相关的文化活动、城市品质等“软条件”逐渐成为投资者选择的关键因素。针对上述变化，如何以投资者（消费者）为导向，以生活娱乐设施为载体，以文化实践为表现形式，全面提升开发区的城市品质和软实力，形成“城市结构优化”和“产业转型升级”的良性互动，已经成为构筑新的竞争优势所必须考虑的首要问题。

基于场景理论的城市演变内涵

在传统观念中，城市通常被理解为居住区域或生产空间，这是基于居住视角或生产角度对城市进行审视而得出的结论。具体而言，从普通居民的视角出发，城市是充满生活意义的街坊邻里区，优势体现在获得生活必需品的便捷性，并且会由生活居住来定义社会纽带，而健康的社会纽带则意味着亲密的邻里关系。从生产者或投资者的视角出发，城市会被视为一个工业生产区域，即提供就业机会和产品生产空间，可以将劳动力转化成为产品和服务的领域，此时，社会纽带由工作来定义，而健康的社会纽带的形成，则是通过协调基于生产方式所结成的不同群体的各自利益。

与之不同，“场景理论”是从消费者角度看待整个城市，其关注的不再是居住或工作，而是一个集休闲、娱乐、新鲜体验为一体的空间，是充满文化、艺术和价值理念、能够满足个体更高层次需要的区域。该理论实际是将对城市空间的研究从自然与社会属性层面拓展到了区位文化的消费实践层面，认为场景不再是简单的物质设施的堆积或混搭，而是孕育着特殊文化价值的都市休闲娱乐设施与市民组织的混合体，其中不仅蕴含了功能，也传递着文化和价值观。而通过打造特有的城市气质，能够在都市革新时塑造城市性格和品位，并以此吸引高层次人才。

根据场景理论的观点，一个区域的转型发展动力会经历三个连续模式，分别为“传统模式”“人力资本模式”和“都市设施模式”，这三种驱动模式可能相互交叉和衔接，但最终都将被转换为“都市设施模式”。并且，都市设施的不同组合蕴含着不同的文化消费倾向，会吸引特定的“创造性群体”等优秀人力资源聚集，使区域发展从经济因素驱动向文化消费和生活方式驱动转变，并由此形成新的区域发展模式。

总体而言，后工业城市增长的新动力主要来源于城市的更新和转型，其核心是通过营造具有独特文化气质的“场景”，提高城市生活的舒适性和便利性，以培育和吸引高素质人力资本，进而推动城市发展。

构建具有针对性的舒适“场景”

当前，开发区的城市化发展仍属于“传统模式”和“人力资本模式”并存的阶段，这就使其在追求“规模”和“效益”之间，往往会不可避免地面临一些“矛盾”。在此情况下，“都市设施模式”可以将上述两种模式有机结合在一起，即以“人力资本模式”为中介，通过强调都市设施构成的“场景”及其所体现的价值观的作用，实现与“传统模式”的链接。如果都市设施所彰显的价值观与创造性群体等优秀人力资源所珍视的价值相吻合，就可以对这些优秀人力资源的居住地选择及空间迁移产生影响，从而为开发区的经济社会发展提供有力的支持。

因此，在未来的区域转型过程中，开发区要抓住传统产业和新兴产业各自的特点，构建具有针对性的“场景”，增加不同目标客户所珍视的舒适性和便利性。比如，对传统产业要提高蓝领工人的生活设施便利性，对新兴产业则要提高高端人才的生活品质，从而推动区域的持续增长和转型。

构建功能全面的区域“场景”

加强交流融合，打造独具特色的文化气质和价值取向。经过多年发展，开发区不但积累了一定规模的物质财富，而且在文化理念上也形成了自身特色。因此，在未来的城市化发展中，应充分利用公共政策导向，加强区内居民、投资者与相关硬件载体的紧密结合，促进区内各类人才的充分交流融合，打造独具一格、开放创新的城市文化气质，形成类似于“中关村=创业天堂”“巴黎左岸=高尚生活”的代名词式的品牌概念，即通过塑造区域场景特色并推动其实现效益最大化，加速实现产业升级和城市化进程。

重视规划引领，协调新建设施与现有场景的有机融合。按照场景理论，城市设施的布局要充分考虑各相关方的利益和使用便利性。对于开发区而言，就要从规划入手，充分考虑区内各个场景因素，将生产者和消费者等区域参与者以及区域设施进行有机结合，以便打造不同特色的微观社区服务综合体；同时，要加强各区域之间的交通联系，使这些设施和活动能够为塑造都市场景发挥更好的作用。

构建数据设施，为政策制定提供真实依据。场景理论提出，应通过建立数据库将区域中的休闲、娱乐、文化等便利设施进行汇集和统筹管理，并在分析该区域潜在蕴涵的价值取向的同时，综合本地的政治环境、自然条件、社区邻里关系以及其他区域背景性资料，作为城市政策制定的前提条件。在多数开发区内，图书馆、酒店、商务设施以及各种文化活动等城市服务设施已经基本完备，下一阶段的关键就在于如何加强不同设施和参与者之间的有效信息沟通。为此，应充分利用当前快速发展的大数据分析的技术手段，整合相关数据资源，建立区域服务设施数据库，综合分析各类设施的目标客户、使用效率和参与者满意程度等关键信息，以此作为制定公共政策的依据。

在“新常态”下实现创新引领的时代使命

文/广州开发区政策研究室副主任　李耀尧

所谓创新，就是做过去从未做过且有价值的事情。

从理论上看，创新始于熊彼特理论，包含技术创新和制度创新两个方面。事实上，纵观我国开发区的成功，即是凭借独特的“小气候”与“小环境”，保障各类要素实现有效配置与重新组合，不断焕发出创新创业活力，并以此推动技术创新和制度创新；同时，这两种创新又反向强化了开发区模式的发展活力，并最终形成一种良性循环。

从发展历程上看，我国创立开发区模式的初衷，即是运用政策工具，建设具有创新引领的产业集约化工业园区或高科技园区，这一定位在最早的“三为主、一致力”和“三为主、二致力、一促进”的发展方针中便已明确。可以说，开发区从诞生之日起就被赋予了创新发展的使命，且在30年的发展实践中，其运行模式也确实在吸引外资、自主创新等方面发挥了显著的创新驱动作用，开创了经济发展的新路径，成为中国经济奇迹的重要组成部分。

从发展模式上看，现代经济理论认为，经济发展需要具备两个属性：一是时间属性，具体表现为经济增长的可持续性；二是空间属性，具体表现为经济增长的空间地理结构。其中，后者因善于挖掘和促成集聚效应，而在空间地理上尽显强中心格局优势，发挥着重要的中心辐射效应。开发区模式即属于这种独特的空间集聚发展模式：技术、产业与管理的外部性效应可使各方受益，利于产业专业化、规模化发展，可谓是经济发展中的创新模式。由此可见，当前，国家级开发区加快转型升级、创新发展的实质，就在于推动开发区深化改革、在新常态下更好地发挥自身的创新主体作用，积极构建新型机制和创新集群范式，以此实现创新引领的时代使命。

破解发展瓶颈问题刻不容缓

自主创新能力不足问题。从外资技术提升的角度看，因我国部分领域的技术水平无法与世界先进机械设备的技术要求相匹配，导致一些外资企业在中国大陆的生产机械化程度较发达国家本土低；从内资自主创新的角度看，虽然开发区拥有一批科技含量较高的创新平台，但是却远未能满足发展的各种需求。比如，缺乏顶层设计与整体规划，创新资源分散，布局有待进一步协调；财政投入总量不够，配置仍需完善；管理体制与方式无法适应科技创新的要求，共享机制缺乏，相应的政策法规尚需跟进；评价和激励机制有待改进，高级人才队伍不稳等。

内外资企业创新环境问题。开发区普遍债务融资规模较小，负债比率难以控制在国际警戒线以内；股权融资有待培育，风险投资、天使投资和私募基金等尚未真正成熟；部分开发区甚至存在资产闲置问题，且通过股权流通盘活资产的操作空间十分有限；加之科技金融未能充分发挥金融杠杆作用，制约了科技企业的发展。

土地等重要资源约束问题。土地将成为制约开发区未来发展的关键因素，特别是在经济发展的“新常态”下，开发区依靠土地等资源拉动增长的传统资源驱动型模式必将难以为继。而与国家级新区、自贸区相比，开发区资源集聚空间相对不足，必须提高原有土地的开发效率，积极探寻新的增长模式，进一步发挥开发区模式的新作用。

传统支柱产业转型升级问题。由于特定历史原因，开发区对产业空间的关注程度通常高于对人居空间的关注度，致使整体居住用地比例较低且与工业用地比例关系失衡，呈现产城分割发展态势，甚至可能最终影响社会消费能力档次的提升和城市商业服务业、房地产业的发展。目前，广州开发区一、二、三次产业的比重为0.3∶69∶30.7，这一指标虽已有较大改善，但传统的加工、生产等产业占比仍然偏大。

构建新型发展机制是破题之法
——以广州开发区为例

创新驱动有赖于发展机制的创新，机制越好，经济社会发展的成效就越大，这在国家级开发区30年的具体实践中已经得到充分证实。因此，国家级开发区要致力于产业竞争力与自主创新能力的“双提升”，推动外源型经济与内源型经济“双驱动”，成为所在城市创新经济的重要增长极。

构建转型升级新平台，推动传统产业园区向创新园区转变。重点打造“两城一岛”，即知识城、科学城和生物岛。其中，中新广州知识城是广东省与新加坡合作的示范性项目，按照“汇聚高端产业、聚集高端人才、提供高端服务”的理念，重点发展总部经济和文化创意、科教服务、新材料、生物与健康等产业，致力于打造知识经济发展的新引擎、汇聚全球精英的人才高地；广州科学城是珠三角要地科技研发和产业化基地，已建成总面积超过400万平方米的科技企业孵化器和加速器集群，打造了电子信息、生物医药、新材料三大公共技术平台，聚集了440余家研发机构、2200余家科技企业；广州国际生物岛是广州国家生物产业基地的核心区，搭建了中英、中以生物科技桥，建成23万平方米的生物产业单元，引进了军事医学科学院华南分院等43个项目入驻，正在向世界级生物产业技术创新基地的目标迈进。

构建创新驱动新体制，推动开发区制造向开发区创造转变。遵循科技创新发展规律，实施科技企业成长路线图计划，鼓励企业从加工制造环节向研发、设计、品牌、营销等高端环节延伸，从出产品走向出技术、出标准、出专利。一方面，构建协同创新网络，注重整合优势资源、加强技术合作，形成“政府—企业—院校”三螺旋优势互动的发展模式。近年来，广州开发区先后与北京大学等高校和科研院所合作建立了8所技术创新研究院，与72所高校和科研院所建立了科技项目合作机制，与32家国家和省级重点实验室建立了资源共享机制，建立了中国科学院生命与健康研究院、华南新药创制中心等12家开放实验室，组建了液晶面板、基因检测等9个技术创新联盟。另一方面，实施人才引领战略，积极搭建“百千万人才金字塔”，引进培育100名科技领军人才、1000名科技骨干人才和10000名技能人才；建设院士专家创新创业园，吸引27名两院院士、20名国务院特殊津贴专家入园创新创业，引进45名国家“千人计划”人才，建立24个博士后工作站；首创国家级留学人员科技交流会，在海外设立人才工作站，吸引了2000余名海外留学人员入区创办700余家企业，并获批为“国家海外高层次人才创新创业基地”。

构建国际合作新模式，推动外向型经济优势向开放式创新优势转变。以开放型创新为理念，将发展外向型经济所形成的人才、资本、管理和市场优势，转化为促进自主创新的优势。深化与欧盟国家在技术创新、产业转型、新能源等方面的合作，成为全国首家中欧区域政策合作试点区；深化与以色列的高技术产业合作，成为国家首批中以高技术产业合作重点区域。同时，抓住研发全球化机遇，扶持跨国公司设立研发中心，从以承接产业转移为重点转向以促进研发转移为重点。目前，IBM、三星等80余家世界500强企业均已在区内设立了研发中心，英国天祥、瑞士通标等20余家国际检测认证机构入驻发展。近5年来，全区累计合同利用外资超过85亿美元，实际利用外资约50亿美元，引进项目500余个，其中，世界500强企业投资项目112个。

构建创新服务新机制，推动产业环境优化向创新环境优化转变。围绕创新创业活动，不断延伸创新服务链条，打造创新服务品牌。建立“创业导师、辅导员、联络员”三级联动的创业辅导体系，为科技型中小企业提供创业导师、种子基金和上市辅导服务。同时，设立4.4亿元科技发展资金、10亿元创业投资引导基金和3亿元担保基金，聚集风险资本约100亿元；吸引广州股权交易中心、广州股权投资基地落户，资助27家科技企业上市或在“新三板”挂牌。此外，广州开发区还着力打造知识产权示范区，开展国家知识产权保护和服务综合改革试点，规划建设知识产权服务聚集区，引进国家知识产权局专利局专利审查协作广东中心、知识产权研究与发展中心等一批服务平台，完善知识产权的服务体系；设立知识产权法院，引进广州知识产权仲裁院，建立知识产权保护体系；创建我国与新加坡知识产权领域合作示范区，引进新加坡知识产权学院等国际培训机构，建立国际合作交流体系，充分发挥知识产权对产业转型、科技创新的重要支撑作用。2014 年，全区专利申请量、授权量分别达到 5 488 件和 3 760 件，同比分别增长 10% 和 19.4%。

提升发展质量和效益是点睛之笔

制度创新，激发活力。在地方政府层面，要把开发区模式作为改革创新的重要试验田，不应过分强制要求开发区套用行政区框架，而应注重充分授权、集聚优势资源以推动开发区发展，使其在开放型经济和创新型经济中发挥龙头带动作用。特别是对于与行政区合并的开发区而言，地方政府更应推动开发区将新体制覆盖到行政区，创造出两区优势互补、互动发展的新型体制。在开发区层面，必须自我加压、大胆改革创新，依靠市场化理念，在管理体制、运行机制、人事制度等多方面展开创新，这也是国家级开发区能否充分激发活力、实现创新驱动的关键所在。

开放创新，整合资源。要整合区内外、国内外资源，将开发区产业价值链置于全球平台，突出开发区与区外资源的协同发展和创新。目前，部分国家级开发区同时拥有出口加工区、保税区，更具开发开放的基础优势，完全有条件在开放型经济和开放创新中焕发青春活力。

特色创新，差异发展。要走差异化发展之路，结合自身实际确立特色支柱产业，避免开发区之间的产业同构、同质竞争。在国家层面，建议构建开发区宏观经济协调机制，对国家级开发区产业发展进行政策指导，鼓励各开发区按照特色产业方向发展。

集群创新，效益优先。要在开发区现有经济体量上实施产业集群化升级，大力推动产业园区化、园区集群化，推进产业园中园建设，提高产业集群化水平。当然，这一举措应与周边、区外经济合作有机结合，采取区内高端制造或总部、研发型经济与区外生产对接的模式，并对其给予鼓励和支持。

转型创新，提升效率。要在传统产业园区的基础上进行二次开发，切实用好有限的土地存量，通过对传统低端型产业的改造升级，全面提升现有土地的集约利用率。同时，结合对开发区二次开发的专题性研究，可适度给予土地增量，并提出指导各开发区的建设标准与政策体系。

创新为本　激发转型升级新活力

文/江苏省商务厅副厅长　赵进

为进一步深入贯彻落实国务院办公厅《关于促进国家级经济技术开发区转型升级创新发展的若干意见》(国办发〔2014〕54 号）的要求，积极适应经济发展新常态和全面深化改革新形势，江苏省结合全省开发区的发展实际，研究出台了《江苏省人民政府关于加快全省经济技术开发区转型升级创新发展的若干意见》(苏政发〔2014〕133 号，以下简称《若干意见》)。该意见分为七个部分，共计 27 条内容，对新时期新形势下开发区的转型发展，明确了宏观思路规划，提出了具体实施细则。

科学规划转型升级体系

明确开发区发展定位。按照《若干意见》的要求，江苏省开发区要成为带动区域经济发展和实施区域共同发展战略的重要载体，成为构建开放型经济新体制和培育吸引外资新优势的排头兵，成为科技创新驱动和绿色集约发展的示范区，成为企业国际化、城市国际化和人才国际化的先行区，在全省新型工业化、信息化、城镇化和城乡发展一体化建设中发挥示范带头作用。同时，将进一步创新开发区体制机制，修订和完善《江苏省经济技术开发区管理条例》，推动开发区创新行政管理体制，推进行政审批制度改革及社会事业改革。

促进开放型经济发展。提高开发区外资利用的质量与水平；推动有条件的开发区"走出去"参与境外经贸合作区和产业集聚区的建设；优化整合海关特殊监管区，推进海关特殊监管区域整合优化和联动发展，争取率先复制推广上海自贸区贸易便利化和监管制度创新；支持符合条件的出口加工区升格为综合保税区；推进中外合作园区建设，支持开发区开展多种形式的国际合作。

加速区内产业转型升级。优化产业结构和布局，增强开发区的科技创新驱动能力，加强人才体系建设，创新投融资体制，提高信息化水平；坚持绿色集约发展和低碳循环发展，建立健全开发区土地节约集约利用评价、考核与奖惩制度；积极促进区内产业特色发展和协调发展，推进共建园区建设，推动苏南地区开发区的产业、科技、人才、资本等要素向苏中、苏北地区转移。

完善营商服务体系。优化营商环境，积极发展中介组织；规范招商引资活动，节俭务实地开展招商引资活动，以产业规划为指导，提高专业化招商、产业链招商水平，加大对违规招商的巡查和处罚力度；同时，建立健全政企沟通机制，以提升投资者满意度为中心，着力打造法治化、国际化的营商环境。

具体细化创新发展措施

调适管理和支持政策。在体制机制方面，保障国家级开发区和有条件的省级开发区根据授权行使省辖市、县(市)级人民政府行政审批、经济协调与管理等职能，同时赋予其必要的公共服务及行政执法等社会事务管理权限；将开发区机构编制纳入当地机构编制管理部门统一管理，开发区所需行政编制由所在地现有行政编制总数内调剂解决；进一步下放审批权限，支持开发区进行外商投资管理体制改革试点，对国家级高新技术产业开发区实行外资单列管理，赋予省级外资审批权限。同时，对两国政府之间确定的国际合作园区给予支持；对获批国家级、省级知识产权试点示范园区予以扶持和奖励；省级环保资金向生态工业园区倾斜使用；重点扶持建设50家省级以上特色产业园区，对经考核列全省前10位的园区给予平台奖励。

增加改革试点内容。开展行政审批制度改革试点，试行"园内事园内办结"，促进开发区行政管理和服务创新；开展社会管理改革试点，探索社会治理的有效途径，促进开发区社会管理体制的创新；特别注重加速工商登记制度改革，试行推进并联审批，实行工商营业执照、组织机构代码证、国税和地税税务登记证"三证合一"等模式。同时，推进苏州工业园区贸易多元化试点，落实相关税收政策，完善贸易功能，力争形成有效经验并向省内其他综合保税区推广。

强化分类指导方式。在加强苏南、苏中、苏北开发区分类指导的同时，要求国家级开发区突出创新功能和社会功能的提升，率先实现转型发展，继续提高开放水平，在更高层次上参与国际经济合作与竞争，提高在全球价值链及国际分工中的地位；要求省级开发区突出总量提升，完善基础设施，提升项目承载能力，着力打造特色和优势主导产业，防止低水平重复建设，促进现代化产业集群迅速发展。

细化动态管理内容。对土地资源利用效率

低、环保不达标、发展长期滞后的开发区予以警告、通报、限期整改、退出等处罚。具体而言，对当年经考核列全省后3位的开发区进行通报和督促整改；对连续2年列全省后3位的开发区予以黄牌警告；对连续3年列全省后3位的开发区实行退出机制，并对机构建制作相应调整。

凸显国际化领先地位。在开发区建设发展的指导思想方面，增加了体现江苏省对外开放重点的区域特色内容，即在发展中将开发区建设置于更加突出的位置，围绕企业国际化、城市国际化和人才国际化，推动对内对外开放互动并进，促进国际国内要素有序流动，加快培育开发区竞争发展新优势。

打造产业发展载体。支持和鼓励开发区建设创新型园区、智慧园区、金融合作创新园区、生态工业园区、特色产业园区、知识产权园区、海关特殊监管区和共建园区等“一区八园”，加快全省开发区实现特色发展、创新发展、和谐发展；大力发展特色产业，重点培育新兴产业类、先进制造业类、高新技术产业类、现代服务业类和现代农业类的特色产业园区。

加速园区合作建设。在国际合作层面，进一步发挥中新苏州工业园区的示范、辐射和带动作用；支持和推进中瑞镇江生态产业园、中奥苏通科技产业园、新加坡•南京生态科技岛等国际合作园区的建设。在省内共建层面，建立健全以政府推动、市场驱动为主的南北共建机制，加强产业配套，不断提升南北共建园区的承载能力，同时完善考核奖励激励机制，引导共建园区提升整体发展水平。

率先破题　创新攻坚

文/浙江省商务厅副厅长　马洪涛

目前，浙江省经国家批准的各类开发区（园区）共计117家，基本形成了布局合理、层次分明、种类齐全、相互支撑的区域开放发展格局，且近10年来主要经济指标始终保持两位数的高速增长，以约占全省7%的土地面积，贡献了全省50%以上的实际外资和工业增加值、40%以上的进出口额和30%以上的税收，已真正成为开放的主平台、发展的排头兵、经济的强引擎和区域的增长极。2014年，全省开发区实现工业增加值7 319亿元，同比增长8.5%；出口总额1 212亿美元，同比增长12.9%；进口总额535亿美元，同比增长3.9%；合同外资额133.4亿美元，同比增长13.3%；实际到账外资90.9亿美元，同比增长15.6%。

实现转型发展新突破

以深化改革为路径，推进体制机制创新。2014年开始，浙江省开发区开展了“两类十大项目”的深化重点领域改革试点工作，在要素市场化、综合执法改革、审批制度等领域初步形成了有内容、有数字、有制度的“成绩单”。海宁开发区的资源要素市场化配置改革，通过完善企业绩效评价体系，实施差别化城镇土地使用税、差别化资源要素价格、市场化用能指标、排污权交易机制，以及强化金融要素配置和市场监管等配套改革，使要素节约集约利用水平得到显著提升；杭州开发区的行政审批改革，保留权力事项721项，省市级下放权力事项248项，累计清理减少权力事项907项，清减率达到56%，同时取消文明施工、计划生育等“搭车”审批，真正实现了行政审批“大瘦身”。

以国际园区为主体，构建开放经济新体制。谋划建设一批产业层次高、合作深度大、具有影响力的国际合作产业园，以此带动浙江加快融入“一带一路”建设，提升在国际产业分工体系中的话语权。目前，全省已有13家国际合作园，其中余姚“中意宁波生态园”已纳入两国签署备忘录。并且，以开发区合作园为基础的国际合作，已从“单向引进”深化为“双向互动”，由工业企业调整为二、三产业联动，从简单的产业输出走向资本运营交叉参股等模式。宁海开发区的“中瑞汽配产业园”以入股瑞典汽车产业园并带动园内企业在宁海投资的方式，走出了一条“先走出去整合资源、再引进来发展产业”的创新之路；温州开发区的韩国产业园与韩国共建大型医疗综合体“医乐园”项目，总投资额达到12亿美元；平湖开发区通过打造专向日商服务的“樱花小镇”，全面营造高度仿真的国别环境。

以智慧经济为抓手，实现科技创新驱动。在全省范围内鼓励开发区增强科技创新驱动能力，从园区智慧化、智慧产业化、产业智慧化三个方面进行创新，通过提升园区管理的信息化和智能化水平，促进区内企业和产业的智能升级，推动工业、服务业、社区、交通等方面的科技化和信息化进程，进而打造新时期的“智慧园区”。萧山开发区创建“智慧谷”，集聚了智慧医疗、智慧生活等一批网络创新项目；富阳开发区打造“富春硅谷”，将成为国内少数可以实现管理集成与服务智能化的园区；余杭开发区通过“机器换人”和智能工厂改造，进一步推动产业转型提升。

实践体制机制新模式

投融资模式创新不断深化。部分开发区与各类金融机构深度对接，在争取政策性银行、开发性金融机构给予信贷支持，与投资机构、保险公司、担保机构及商业银行开展战略合作，探索建立投保贷序时融资安排模式等方面进行了尝试，PPP模式也已进入实施研究阶段。湖州开发区与浙江股权交易中心签署了辖内设立运营中心意向书，以兴业银行为代表的浙江金融服务团成员承诺为开发区及区内企业提供不低于30亿元的专用信贷资金支持。

“两外”结合走出战略性投资新路径。基于省内民营经济创新能力较强且大都扎根于本土的优势，许多开发区创新走出了“以民引外”的道路，实现了外资和外经的充分融合发展。目前，富阳开发区的海正药业吸引了辉瑞公司作为合作伙伴；上虞开发区的卧龙集团通过收购奥地利ATB公司拓展欧洲市场；桐乡开发区的华友钴业布局非洲，在业内形成了世界级的影响力。

探索公司化运作模式。衢州开发区创新“管委会协调、公司化运作”模式，在撤并16个内设机构和9个事业单位后，精简为综合办公室、人力资源部、投资促进部等8个部门，管委会层面精简机构约70%；成立的集团公司下设1办4中心6子公司，实行市场化运作、专业化运营，实现了体制机制的二次改革。

“零用地”投资项目持续增多。越来越多的开发区通过技术改造、外资并购等方式，探索在不新增用地的情况下拓展更多投资的新途径。以嘉兴市为例，2014年增资项目合同外资14.89亿美元，增资比例约为33.72%，其中，绝大部分增资项目均为原有厂房增加投资，进一步提高了投资强度。同时，开发区还积极实施“空间换地”，做好空间集约利用的文章。

实施跨区域产业转移

2012年，商务部确定杭州、宁波、大榭经济技术开发区分别与阿克苏开发区、阿克苏纺织工业城、库车经济技术开发区对接，温州、萧山经济技术开发区与阿拉尔市工业园区对接开展对口援疆工作。为此，各开发区按照“政府引导、园区合作、企业为主、市场运作、促进互利”的原则，签订战略合作框架协议，谋划对口支援工作思路，浙江省也于 2014 年 9 月制定出台了《浙江国家级开发区对口援疆三年行动计划》，具体细化和明确了援疆工作任务，鼓励开发区在对口支援新疆园区的同时，积极拓展发展空间、转变发展方式、推动转型升级，实现双向互补共促。

援业经济发展。通过积极加强两地合作交流，经常性地开展“走亲连心”活动，引导开发区企业到受援地区投资经商，帮助其主动承接浙江产业转移，促进就业。如萧山开发区结合自身的“三进三退”战略，宣传和动员适合去阿拉尔投资发展的企业赴当地考察，并做好推介工作和落户工作，目前，100 万元援建资金项目已经启动。

援资民生工程。确保将有限的资金用于改善受援地区各族群众基本生活条件，发挥资金的最大使用效益。自 2011 年开始，杭州开发区每年安排不低于财政收入 0.3% 的援疆资金，仅 2014 年即已核定援疆资金 1 611 万元，同比增加 8%；同时，向阿克苏开发区捐赠了洒水车、巡逻电动车和警用器材等。

援力干部人才。通过双向挂职、两地培训等方式，加大人才智力支援力度。同时，以浙方入疆企业为依托，开展形式多样、灵活便捷的技能培训，帮助当地提升科技创新能力。2013 年，杭州开发区接受阿克苏开发区 4 名干部入区挂职锻炼后，2014 年又接受 2 名干部进入招商局挂职学习，在拓宽新疆干部视野、提高综合业务素质等方面收到了良好的效果。

在对外支援的同时，积极接轨上海、承接自贸区优势外溢也已成为省内诸多市、县，特别是杭、嘉、湖等地发展的重要优势。目前，嘉善已成功与上海自由贸易试验区外高桥保税区联合发展有限公司共同设立中国（上海）自由贸易试验区嘉善项目协作区，成为全省首个实质性对接上海自由贸易试验区的县（市），也成为中国（上海）自由贸易试验区向外辐射过程中设立的首个协作区。作为这一项目的主阵地、主平台，嘉善开发区积极与外高桥保税区联合发展有限公司合作联动，力争第一时间学习、复制相关体制机制，第一时间承接“上海外溢”，第一时间享受发展成果。

积极对接自贸区　探索合作共享新机制

文/ 天津市商务委副巡视员　高丽娟

一直以来，作为天津市经济发展的强力支撑和对外开放、科技创新的重要载体，全市开发区始终坚持深化改革、扩大开放、转型升级、创新驱动，保持着良好的发展态势。截至目前，天津市已有各级开发区 66 家，其中，国家级经济技术开发区 6 家。2014 年，6 家国家级经开区实现地区生产总值 4 350.4 亿元，同比增长 13%，占全市的 25.7%；规模以上工业总产值 12 934 亿元，同比增长 11%，占全市的 46.1%；高新技术企业产值 2 565.9 亿元，占全市的 30.1%；税收收入、进出口额、实际利用外资等指标占全市的比重也均在 40% 以上。

随着 2014 年年底天津自由贸易试验区的获批建设和中新天津生态城建设“国家绿色发展示范区”实施方案的顺利实施，全市开发区深化体制机制改革、增强创新发展，再次迎来了新的机遇，改革试验田和开放排头兵的作用得到进一步凸显。下一阶段，开发区将在科技创新、人才引进、绿色发展等方面继续加大投入，加快打造国际化、法制化、市场化环境，不断提升园区吸引力。

细化政策 融入创新

深化转型升级创新发展的政策环境。国务院办公厅《关于促进国家级经济技术开发区转型升级创新发展的若干意见》出台后，天津市商务委会同天津市有关部门逐条梳理、逐项研究，组织座谈、开展调研，制定了《关于促进天津市国家级经济技术开发区转型升级创新发展的实施意见》（以下简称《实施意见》），即将进入征求意见阶段。

本次的《实施意见》（征求意见稿）特别注重突出三个方面：一是突出实效，既要有明确的目标任务，也要有务实的政策措施；二是突出特色，充分借鉴上海自贸区和自主创新示范区的创新制度、创新政策，以及天津在简政放权、行政审批等方面的先进做法，如在全市范围内正式推行营业执照、组织机构代码证、税务登记证“三证合一”制度等；三是突出落实，针对《实施意见》的每一项条款，均逐一制订了实施方案，并细化了工作任务分工。

有序复制和推广已有的先进经验。按照国务院“在更大范围内推广中关村试点政策”的决定，以及《国务院关于推广中国（上海）自由贸易试验区可复制改革试点经验的通知》（国发〔2014〕65号）的要求，将六项中关村先行先试的政策以及上海自贸区可复制改革事项，率先在国家级经开区推广尝试，并将相关政策写入《关于促进天津市国家级经济技术开发区转型升级创新发展的实施意见》中。

对接合作 成果共享

随着天津自由贸易试验区和自主创新示范区的建设推进，下一阶段，将探索建立开发区与天津自贸区的经验借鉴机制、成果共享机制、合作对接机制，积极借鉴天津自贸区和自主创新示范区的创新制度和政策，将具备复制条件的成果经验优先在开发区内先行先试。

具体而言，参照《中国（天津）自由贸易试验区总体方案》，开发区也将与天津自贸区通力合作，从四个角度推进转型升级工作：

一是以科技创新服务京津冀协同发展，通过增强口岸的辐射功能、推进区域经济转型升级和区域市场一体化、共筑服务机制发展科技创新和人才招聘、发挥中蒙俄经济走廊的重要作用和海上重要合作战略指点作用，推动京津冀地区外向型经济的发展。

二是以金融创新支撑产业转型升级，充分发挥天津实体经济基础雄厚、科技创新潜力巨大的特色优势，全面探索金融创新，利用制度创新开发红利，寻求产业转型升级的新路径。

三是以制度创新激发社会资本活力，总结行政审批制度改革的经验成果，结合自贸区在行政管理体制方面的改革、探索，形成更多可复制、可推广的成功经验。

四是以体制创新助力实体经济发展，充分利用天津在工业方面的发展规模和率先开展体制改革的优势，争取在加速推广成功经验的同时实现新的突破，更好地服务实体经济的发展。

加强规范管理　实现互动合作与错位发展

文/ 山西省商务厅副厅长　张跃建

自 1992 年第一家开发区设立以来，山西省已有开发区 25 家，其中国家级经开区 5 家，总规划面积 275.6 平方公里。2014 年，全省开发区共实现地区生产总值 1 665.84 亿元，同比增长 6.7%，高出全省 GDP 增速 1.8 个百分点；进出口总额 72.92 亿元，同比增长 23.7%，占全省的 44.3%；实际利用外资 12 亿元，占全省的 40.6%；公共财政收入 63.8 亿元，同比增长 31.8%，超过全省平均增速 27.1 个百分点；固定资产投资 1 117 亿元，同比增长 16.4%，超过全省平均增速 4.9 个百分点。可以说，开发区以仅占全省 1.54‰的土地，发挥着支撑和带动全省经济社会发展的重要作用。

分类指导　统筹布局

2012 年获批“国家资源型经济转型综合配套改革试验区”后，山西省紧抓机遇，于 2013 年出台《山西省国家资源型经济转型综合配套改革试验实施方案（2013 — 2015）》，并每年制定对应的详细行动计划。在这些方案与计划中，开发区作为关键平台载体始终被列为重大事项。

试点体制机制创新平台。为解决与地方行政区协同发展问题，创新尝试开发区管委会主任、书记与地方县委书记、地委书记交叉上岗的新模式，从体制上将开发区与地方发展更好地结合起来。目前，孝义开发区和祁县开发区试点运行均十分顺畅；为解决开发区土地制约瓶颈问题，选择太原市民营经济开发区进行异地扩区改革试点，即在阳曲县扩充 40 平方公里，由民营经济开发区负责异地扩区建设；为推进同区域各开发区错位发展，在运城开发区和空港开发区探索开展“一体化”协同发展试点，在侯马开发区和陆港物流园区的基础上整合建设侯马新区试点，现已取得积极成效。

厘清各类园区规划布局。除 25 家开发区外，山西省内共有 196 家省直各部门和各市、县批准设立的各类产业集聚区，如何统筹推进诸多开发区、产业集聚区的协同发展和错位发展，成为当前面临的突出问题。为此，2014 年山西省成立专门机构进行了大量调查研究工作，起草了统筹布局本区域各类园区建设的意见。在此基础上，省商务厅进一步选择了增长潜力大、发展前景好、基础产业雄厚的部分产业园区，拟定了升级名单，并组织进行可行性研究和论证，目前该项工作正在积极推进中。

规范管理　错位发展

全国国家级经济技术开发区工作电视电话会议召开后，山西省积极研究、开展调研，于 2014 年年底召开了山西全省开发区工作会议，结合本省实际情况，重点安排了今后一段时期内的贯彻落实工作。一方面，研究制定《加快全省开发区转型升级创新发展的实施意见》，进一步完善顶层设计。目前，《实施意见》初稿已经起草完成，涵盖了开发区的发展定位、指导思想、转型升级的关键领域、创新发展的主要措施等六个方面，共十七条内容。另一方面，加快研究制定全省开发区设立、升级、扩区和退出的具体管理办法，进一步加强规范管理。

这一次开发区管理模式的调整将改变过去“一事一议”的传统管理方式，重新建立规范化、法制化的管理机制。其中的一项重要内容即为建立动态管理机制，具体而言，对于第一年在综合考核中排列后3位的开发区，将约谈主要领导，仔细研究存在问题和改进方法；第二年仍排列后3位的开发区，将对其进行“黄牌警告”；连续三年排列后3位的开发区必须降低级别、取消相应“名头”，即所谓“退出机制”。

按照上述文件的要求，下一阶段，山西省将在扎实做好转型升级、创新发展工作的同时，着重引导开发区科学制订发展规划、明确主导产业，为每个开发区定位1～3个主导产业，并围绕产业链条进行精准招商、推荐招商和集群化招商，确保主体功能形成特色、规划布局错位发展。

立足特色改革　再塑竞争优势

文/山东省商务厅经济园区处处长　蔡玉祥

目前，山东省共有各类经济开发体161家，其中，国家级开发区15家、省级开发区138家。2014年，全省经济开发区共实现规模以上工业增加值22 182.7亿元，同比增长13.9%，高于全省平均增幅4.3个百分点；公共财政预算收入2 153亿元，同比增长17.1%，高于全省平均增幅6.9个百分点；固定资产投资21 859.6亿元，同比增长17.7%，占全省的52.5%；进出口总额1 577.3亿美元，同比增长4.7%；实际到账外资85.3亿美元，同比增长8.5%。

现阶段，全省经济开发区已形成销售收入百亿元级以上产业集群109个，其中千亿元级产业集群3个，500亿元级产业集群14个；拥有国家级重点实验室28个，国家级企业技术中心和工程技术研究中心108个，院士工作站120个，博士后科研流动站48个，博士后科研工作站82个，在区域经济社会发展中起到了重要的示范和带动作用。

立足实际　试点创新

积极出台《关于促进国家级经济技术开发区转型升级创新发展的若干意见》在省内落地的实际措施。

一方面，自全国国家级经济技术开发区工作电视电话会议和《关于促进国家级经济技术开发区转型升级创新发展的若干意见》出台后，省商务厅通过对省内15个国家级开发区逐一开展调研，归纳出了开发区发展过程中的七类问题，并积极寻找创新解决途径，以便尽早制订全省开发区转型升级、创新发展的实施意见。目前，实施意见的文本已征求省内23个部门的意见，正在进一步完善中。

另一方面，按照国务院《关于推广中国（上海）自由贸易试验区和可复制改革试点经验的通知》要求，省委、省政府本着先易后难的原则，推动海关特殊监管区域在率先复制推广上海自贸区制度创新成果的基础上，结合实际开展再创新和先行先试，尽快推动上海自贸区经验成果在开发区真正落地实施。

加快开发区体制机制创新试点改革。自2014年6月开始，全省开展了开发区体制机制改革创新试点工作，在充分调研的基础上，选择12家开发区从行政管理体制、开发运营机制、项目审批机制、绩效考核机制和市场监管机制五个方面推进创新试点工作。在行政管理体制创新方面，落实开发区审批权限，推动国家和省审批制度改革下放的权限按规定落实到开发区，探索理顺开发区与所辖乡镇（街道）的关系；在开发运营机制创新方面，注重推广市场化开发运作模式，打破政府包办的传统路径，实践政府与社会资本合作（PPP）模式，引入外资和民间资本参与开发区基础设施开发建设、提供公共产品和服务，鼓励开发区与社会资本共建“区中园”；在绩效考核机制创新方面，开展聘任制公务员试点工作，在事业单位探索“档案管理、全员聘用、绩效考核、按岗定薪”的灵活用人机制和分配机制；在市场监管机制创新方面，着力推进综合执法，争取在加强事中事后监管等环节有所突破。

突出特色　动态考评

培育壮大产业集群。坚持“加快转型升级、实现创新驱动”的发展方向，按照全面提升的力度，以“四个转变”为推动力，加快向开放型、创新型、集约型、生态型、和谐型开发区转变。研究制订全省开发区产业集群行动计划，实施“千亿级”重点园区和“千亿级”产业集群培育工程。力争用5年时间，培育主营业务收入超过千亿元的经济园区30个，销售收入千亿元的产业集群10个，500亿元的产业集群30个，100亿元的产业集群150个。鼓励开发区聘请国际知名咨询机构高起点策划产业集群发展项目，引进一批关联度高、辐射力大、带动作用强的战略性投资项目，打造具有较强国际竞争力的产业集群。

加快特色园区建设。支持和鼓励开发区采取“区中园”的形式，发展特色产业园区、国别（地区）园区、生态园区、循环经济示范园区等，推动开发区向高端化、专业化、品牌化园区发展，特别是鼓励国家级开发区和有条件的省级开发区率先探索引进新的园区国际合作模式，打造中美清洁能源合作产业园、中德产业园、中韩产业园等独特的国际合作园区品牌。

完善综合评价办法。进一步完善省级经济开发区综合发展水平评价办法，探索建立第三方评价制度，提高创新能力、品牌建设、土地集约利用、生态环境、知识产权保护、投资环境、新增债务、安全生产等内容所占比重，引导开发区走质量效益型发展之路。同时，探索建立开发区动态管理制度，对考核居后3位的省级经济开发区进行通报警示。

注重发展内涵与质量的“双提升”

文/广东省商务厅综合处副处长　陈沛棋

广东省共有省级以上开发区85家，其中，国家级经开区6家。2014年，全省开发区以占全省3‰的土地面积，实现了全省1/8的GDP、近1/10的财政收入、1/10的税收收入、1/3的外贸进出口和1/5的实际利用外资，主要经济指标连续多年保持两位数增长；目前，全省开发区已累计吸引世界500强项目430个，开放型经济发展整体向好。

整合资源　创新机制

为贯彻落实全国国家级经济技术开发区工作电视电话会议精神和《关于促进国家级经

济技术开发区转型升级创新发展的若干意见》，2014年年底，广东省召开了全省经济开发区工作电视电话会议，对新时期开发区的发展思路和主要工作进行了重要部署。

在体制机制创新方面，鼓励开发区大胆创新管理体制和运行机制，推动形成与市场经济相结合、与国际惯例接轨的体制机制。广州开发区率先推动大部制改革，最早进行土地使用制度改革，变行政化土地为有偿有期限地使用土地；南沙开发区作为广州市第一批商事登记制度改革试点，率先实行“先照后证”制度，充分发挥了体制机制试验田的作用。下一阶段，广州开发区将继续推进资源整合与功能创新，重点联合有关部门共同推进土地二次开发利用，引导开发区以“土地集约”促进“产业集约”，推进企业、产业在园区的集约发展。

在管理模式创新方面，鼓励开发区探索市场化的运营模式。目前，省内中德金属生态城以企业联合会为建设主体，募集产业投资基金10亿元人民币，并成立具有法人地位的投资管理公司，逐步形成了由行业组织牵头、民间投资开发，实行专业化运作、企业化管理的新型园区管理模式。下一阶段，广州开发区将继续做好上海自贸区改革试点经验的复制推广工作，并以此为契机，鼓励开发区进一步创新模式、简政放权，建立健全社会信用体系、经营异常名录、知识产权保护、监管信息共享和综合执法制度等新型管理服务功能。

在国际合作拓展方面，广州开发区先后与德国、瑞士、以色列等国打造共建园区，构建了国际合作的重要平台，成为广东园区经济的新亮点。今后，广州开发区将继续探索建立跨国联合开发、引入战略投资者和吸引跨国公司成片开发的多元合作机制，打造一批国际合作特色园区，提升战略合作层次。

把握重点　优化环境

推进开发区的发展，不仅要加大对开发区的支持力度，为开发区打造良好的外部环境，更要注重开发区发展内涵和质量的提升。为此，在推动产业转型升级方面，积极引导开发区将产业发展定位于“微笑曲线”两端，重点发展研发、设计、销售、配送等生产升值服务。福田保税区以高新技术产业为龙头，带动出口加工业、现代物流业、国际贸易和转口贸易等配套产业发展，建成配套较好、关联度高的高新技术产业链条，推进先进制造业和生产服务业的融合发展；南沙保税港区积极建设国际进口商品展示分销中心、国际采购配送中心，吸引了中国广东合捷公司、美国惠而浦、德国欧司朗、日本松下电器等一批国际知名企业落户。今后，广州开发区将继续鼓励开发区创新招商引资模式，探索由行政化、政府式招商向市场化、商业化招商转变，发挥对外经贸代表处的积极作用，有针对性地瞄准欧美优势产业和行业龙头企业开展精准招商。

在推动科技创新方面，2015年2月，省政府下发《关于加快科技创新的若干政策意见》，各开发区也相应出台了一系列措施。例如，广州开发区推动建设院士专家创新创业园，吸引了27名院士在园内创新创业；首次承办了国家级留学人员科技交流会；在海外设立人才工作站，吸引了2000多名海外留学人员在区内创办企业700多家；获批为国家海外高层次人才创新创业基地等。

“互联网+”时代的产业发展新逻辑

文/天津经济技术开发区政策研究室副主任　张瑞华

当今世界，互联网的应用可谓是“无孔不入”。互联网在推动着人类生活方式发生深刻变革，使“在线”成为一种生活常态的同时，也正在全面渗入各行各业的生产和经营中，一时间，似乎所有行业都无法对其保持“绝缘”。正因如此，如何在互联网的“底色”上重新勾画发展图景，已经成为当下各个行业亟待考虑和必须作答的关键问题。

概而论之，与互联网的融合，意味着相关行业中生产组织方式和商业运营模式等方面的重大变化以及新业态的不断涌现。德国政府提出的“工业4.0”和中国政府提出的“中国制造2025”即已反映出制造业深度接入互联网的基本方向；近年来异常火爆的电子商务、互联网金融、云计算等业态更可谓是其在服务业领域的集中体现。而基于这些现状不难判断：产业发展的“互联网+”时代正在来临，新的发展逻辑已经端倪初现。

“互联网+制造业”：新模式构建新体系

在制造业领域，众所周知的传统模式是由厂商单方面主导产品的研发、设计和生产过程，通过采取大规模、标准化的生产方式，将生产效率和生产成本作为竞争的主要指标；并且，关于消费者需求的市场调研往往也是由厂商或与其关联的组织主导的。在这一模式中，规模经济成为影响厂商经营的基本规律之一，即通过生产能力和产品数量的扩张以降低单位产品的生产成本，进而赢得竞争优势、获取经营利润。由于生产成本的减少能够抵消产品由生产地运至销售市场的运输费用，便使产业集中布局成为可能，逐渐形成“众星捧月”式的空间布局结构，并进而逐步演进为跨国公司生产基地的全球布局，其最终结果是，世界各地的消费者都能够以同样或至少是相近的价格买到同一厂商生产的相同产品。

然而，在“互联网+”时代，这些传统特征将会受到明显冲击。互联网技术的应用，使原先由厂商单边主导的生产过程，转变为消费者通过网络随时干预和介入产品生产的“交互式”生产过程。在这一过程中，消费者不再只是被动地选择和接受厂商向市场提供的产品，而是能够直接参与甚至控制产品的生产过程，使自身的个性化需求在产品中得以体现。由此，符合消费者多样性需求的小批量、多批次的“柔性化”生产方式，对传统的大规模、标准化的生产方式提出了新的挑战。相应的，“长尾理论”开始影响企业的生产组织和营销模式决策，进而对规模经济理论提出质疑。

但总体而言，从目前的宏观形势看，上述新变化还不足以完全颠覆既有的工业生产模式。主要原因在于：一方面，与标准化工业产品相比，个性化订制产品的生产成本明显提高，但大多数消费者未必愿意仅是为了满足自身的独特需求就支付一笔高额费用；另一方面，消费者的个性化需求大多体现在功能组合与外观设计层面，而“交互式”生产将主要出现在终端消费品的制造领域，使其对于零部件生产环节的影响相对有限。

据此分析，未来的“互联网+制造业”将

主要体现出三方面新特征：一是终端消费产品的生产环节布局将不断分散化，贴近市场的小规模生产线将逐渐成为主流；二是生产流程的可变性和弹性要求将持续提高，单一生产线可具备同时加工多种型号产品的能力；三是在空间布局上，零部件与终端产品的生产环节将逐渐分离，且基于"柔性化"生产对零部件的通用性、标准化提出的更高要求，其集中度可能会进一步提高。

"互联网+服务业"：新业态迸发新活力

传统服务业通常具有"本地化"特征，即消费者总是倾向于在距离自己最近的地方获取服务。基于这一特点，服务机构和设施必须贴近服务对象进行设置，且不同类型的机构和设施的服务半径相差很大，如市场、饭店、健身房等日常服务设施的辐射范围通常只有1~2公里，而银行、中介、教育培训等机构的服务范围则会更大。同时，消费者在购买服务的过程中，与其达成协议、完成交易并提供服务的通常是同一个主体，且这些主体都拥有固定的营业场所与合法牌照，这即是传统服务业的另一个特征——"可识别性"。

然而，互联网技术的广泛应用催生了大数据、云服务等许多新概念，并且，其与既有服务行业融合后，形成了电子商务、移动支付、互联网金融等诸多新兴业态。目前，淘宝、腾讯、携程、滴滴等诸多平台已经日益成为人们获取相关服务的重要渠道。这种经"互联网+"改造的服务业，在运营模式上发生了一种革命性变化，也体现出新的特征。

支付与服务环节分离。在互联网覆盖下的服务业，消费者是在"线上"选购服务并支付费用，而在"线下"获取服务，这就使交易、支付环节与服务的具体提供分离开来，且在不同环节中，消费者可能分别与不同的主体进行交易。比如，消费者可以通过"美团网"订餐，用"支付宝"进行支付，最后到所选定的餐厅用餐。

不受地理空间限制。在交易支付与具体服务分离的前提下，不提供具体服务的"线上"交易平台和支付平台逐渐兴起，其布局和服务范围几乎不受地理空间限制。理论而言，只要能够通过互联网实现对接，消费者就能够获取设于任何一个地方的任一网上平台的服务；反之，网上平台的服务也能够覆盖到世界各地的消费者。

业务集中度提高。诸多网上平台在竞争中会逐步形成"赢家通吃"的寡头垄断局面，使业务集中度明显提高。在我国，"淘宝网"占C2C市场的份额高达95%以上，"天猫商城"也占据B2C市场的半壁江山，80%左右的线上支付业务全部通过支付宝完成。

"可识别性"弱化。以"专车"这种新的租车服务业态为例，每一个私家车主都可能成为服务提供商；消费者对于服务品质的要求和预期也不再单纯依赖于商家自身的信誉和承诺，而是更多依靠"线上"平台的口碑及其纠错机制，服务提供者的"可识别性"逐步弱化。

"互联网+开发区"：新姿态迎接新机遇

作为以产业发展为核心业务的经济功能区，开发区应以高度敏感的姿态迎接"互联网+"时代的到来，并主动按照产业发展的新趋势、新特点，调整工作思路和理念，绝不能固步自封，简单沿袭"旧章法"参与"新游戏"。

加快建设完善信息化基础设施。对于"互联网+"产业而言，畅通、快捷的网络系统是其得以运行的基础保障。因此，开发区欲在"互联网+"产业的发展中赢得先机，就必须率先在无线网、有线宽带、数据中心等网络设施的建设上加大投入，并争取足够的国际网络带宽，建成高等级、全覆盖的宽带网络系统，为企业通过互联网连接全球市场提供最大便利，最终形成信息化的环境优势。

调整优化政府管理服务机制。面对"互联网+"产业运行的新模式、新情况，开发区应主动对自身的管理框架、管理手段和政策体系作出调整，以提高政府管理服务工作与新产业运行的“适配性”，减少制度和政策性摩擦。例如：针对制造行业出现的小批量、多批次的个性化定制生产方式，需要创新质量管理、海关通关等方面的制度和工作流程；针对服务业领域经营主体“虚拟化”和交易、支付、服务提供等各环节分离的趋势，需要探索维护市场秩序和保护消费者权益的新举措。

着力强化产业发展的跟踪研究。现阶段，互联网与制造业、服务业的融合正处于“进行时”，发展变化不断加快，机遇和挑战也相应增多。为此，开发区只有针对性地强化产业研究，力求敏锐、准确地把握产业发展的新方向和新亮点，才能做到有的放矢，并在区域经济发展中赢得主动。一方面，可与相关研究机构、行业协会和业内领军企业建立密切联系，形成常态化的信息交流和互动合作机制，及时获取行业发展最前沿、最全面的动态资讯；另一方面，也可借助这些外部资源的影响力，为开发区的招商引资工作提供有力支撑。

大力引进和培育新型产业人才。商业模式重构、生产流程再造、营销手段革新等均需要以大量具备互联网思维、熟悉行业发展特点并精通企业管理或工程技术的高端复合型人才为支撑。为此，开发区要通过专门的政策设计，以及提供创新平台、创业辅导、户籍、住房等方面的优越条件，吸引相关人才入区发展；与此同时，要有意识地加强高校、科研院所与区内企业的合作，整合相关资源，积极开展教育培训、会议研讨等各类活动，促进专业人员间的交流互动，通过传播新理念、新知识，壮大本土化的专业人才队伍。

建设区域金融中心高地仍需创新为本

文/苏州工业园区工委、管委会研究室

从广义上讲，金融中心是指聚集了大量金融机构和相关服务产业，全面集中地开展资本借贷、债券发行、外汇交易、保险等金融服务业的城市或地区。

国际经验表明，为适应区域经济发展的需要，一个国家并非只能存在一个金融中心，而是可以通过划分不同层次且在业务内容上各有侧重的方式建立不同的金融中心，以对不同区域形成一定的辐射作用。

区域金融中心这一概念适应和满足了我国区域经济发展的现实需要。据不完全统计，除上海和北京提出建设国际金融中心外，我国累计已有约 30 个城市提出建设区域金融中心的目标。例如：天津提出建设北方金融中心，广州正在打造珠三角区域金融中心，南京要建设泛长三角区域金融中心，重庆、成都和西安正在竞争西部地区的金融中心，武汉则要建成中部地区的金融中心。

从现实情况看，当前，我国对金融中心的建设尚未形成一套统一固定的标准，特别是对于如何建设区域性金融中心，各地的规划指标存在较大差异。但总体而言，各地均在金融业的总量指标（金融业增加值、金融资产总量等）、结构指标（金融体系、金融机构、上市公司数量等）、业务指标（主要金融机构业务指标、股权投资规模、财富管理水平等）、创新指标（金融创新、金融服务能力等）等方面提出了具体目标和建设区域金融中心的时间表。

体现规模与质量的差异性

为更好地体现区域金融中心禀赋能力的差异性和独特性，除追求总量规模上的突出效益外，更应在结构指标和创新指标上形成突破。具体而言，作为区域金融中心应具有三个基本特征。

金融机构应高度集聚且辐射能力强。能够支撑并带动区域整体发展是区域金融中心的内在要求；而金融体系和要素的完备程度，以及金融机构特别是区域核心金融机构的集聚效应，则是能否保障其集中、高效地处理区域经济金融活动，降低金融运营成本和交易费用，以及充分发挥辐射能力的关键所在。

金融创新应先行先试且突破力度大。在打造金融创新高地，大力推进金融机构、金融业务、金融市场、金融开放等方面先行先试的同时，特别要在重点领域取得创新突破——这既是区域金融中心高地被赋予的重要任务，也是提升区域金融中心影响力的关键举措。

金融生态应优化完善且配套措施健全。金融监管体制机制灵活高效、金融政策配套不断完善、金融人才汇聚等金融生态环境的持续优化，是建设区域金融中心高地必须具备的重要软实力，也是支撑区域金融中心保持良性发展的重要保障。

区域金融中心初具雏形

在开发建设的20余年中，苏州工业园区大力发展金融产业，历经了起步、金融翻倍增长以及推进金融繁荣三个阶段，基本形成了机构集聚、特色鲜明、体系完善、稳步开放的良好局面。近年来，园区结合苏州市建设“对接上海、服务苏州、延伸辐射”的区域金融中心蓝图，按照全市“东部综合商务城”的发展定位，在“新三年金融繁荣计划”的指引下，以建设金融集聚全国领先开发区和国内科技金融服务创新高地为目标，大力推动园区金融产业实现跨越发展，金融创新亮点不断涌现，不仅在机构、业务、政策等方面体现出了独特性、唯一性和领先性，而且形成了独特的金融发展领先优势，被明确定位为“苏州区域金融中心高地”。

金融业务创新突破。一方面，苏州工业园区积极深化中新金融合作，2014 年 6 月初，经人民银行总行批复，中新跨境人民币创新业务试点政策成功落地；8 月初，在苏州市人民银行的大力支持下，园区获国家外管总局批复试点资本金意愿结汇。另一方面，加快打造先行先试平台，苏州工业园区先后获批江苏省首批科技金融合作创新示范区、省创业投资集聚示范区以及省商贸金融集聚示范区，在园区科技金融创新发展、股权投资集聚领先的基础上，进一步加快融资租赁、商业保理等商贸金融行业集聚。同时，努力推动金融业务创新，大力争取开展跨国公司外汇资金便利化运营试点，国家外管局首次扩大试点范围批复的江苏省 2 家企业均设立在园区。

财富管理中心初现。除股权投资行业具有先发优势外，私人银行、信托、资管、第三方财富管理等机构在园区加速集聚并发展迅速，区域财富管理中心初具雏形。数据显示，截至2014 年年底，园区共集聚金融及各类金融服务机构 590 家，其中，金融机构突破 100 家（包括银行 42 家，保险 42 家，证券期货 20 家，信托 1 家）。目前，苏州市内 90% 的银行分行、近50% 的保险分公司均落户在园区，外资银行数量位列全省首位，外资金融机构集聚度全省最高，初步形成了银行、保险、证券期货等多种金融业态并存，全国性、区域性、地方性金融机构多元发展的格局，成为全市乃至全省金融机构种类最为齐全、数量最多、分布最为密集的区域之一。

科技金融发展领先。在平台创新方面，苏州工业园区设立了全国规模最大的 600 亿元国创母基金、全国首家“千人计划”创投中心、全国首个科技型中小企业统贷平台等。在机构创新方面，科技金融业态丰富，股权投资机构达到 368 家，管理资金超 700 亿元；科技支行、科技保险、科技小贷、融资租赁、商业保理、融资担保等机构超过 60 家；市场化的中介服务机构近 80 家，为各类科技型企业提供了全方位的专业金融服务。在产品创新方面，推出了一系列科技金融创新产品，设立风险补偿资金池，全面开展与银行、科技担保、科技保险等金融类机构的合作，推动金融机构加大对不同发展阶段的园区科技型中小企业的贷款支持。目前，累计支持园区科技型中小企业超过 600 家，解决企业融资 25 亿元。

金融业辐射能力有待强化

当前，园区金融业发展仍然存在以下三方方面的问题和不足：

一是金融资源约束，辐射能力有待强化。得益于金融翻倍增长和繁荣计划的大力推动，园区金融产业发展实现了相当的集聚效应，但因园区以及苏州市行政层级较低，且受限于监管部门严格的指标管理、审批程序等因素影响，使区内的金融类机构多为分支机构、地区总部，而法人机构、全国性总部数量偏低（目前仅有东吴证券、苏州银行、苏州信托 3 家本地法人机构）。并且，虽然金融资产总量不低，但单一法人资产少、盈利能力有限，且缺乏一批实力雄厚、辐射能力强的大型金融机构。据统计，截至2014 年年末，园区GDP 总量为2 001 亿元，同期贷款余额为 2 049 亿元，二者规模相当。但国内其他主要金融中心城市的同一指标均超过了 1.5 倍。由此可见，园区金融业的辐射能力有待进一步强化。

二是金融服务同质化，创新深化有待提升。现阶段，虽然园区金融业态较为丰富，但机构趋同性强，新型、特色金融类机构发展仍然面临一定困难。同时，机构之间合作并不活跃，加之特色服务少、业务同质化倾向明显，致使金融资源未能得到充分有效的集约利用。因此，需要进一步提升金融发展的协同效应，持续加大金融创新突破的深度与力度。

三是人才等瓶颈突出，环境建设有待完善。目前，随着金融机构的不断集聚，园区金融从业人员虽然在总量上实现了较快增长，但现有金融人才队伍的结构性矛盾依然较为突出，领军人才、高端专业人才、国际金融人才较少，人才瓶颈问题凸显。此外，由于金融监管理念和机制创新尚未形成特色，与建设区域金融中心高地的要求存在明显差距，金融生态环境建设亟待加强。

打造高端仍需创新引领

借鉴国际经验，提升管理水平。一方面，要充分借鉴新加坡的经验，在国有资产管理、国有企业投融资活动、社会事务管理等领域，鼓励本土金融机构按照市场规律提供解决方案，加快推进公共资源市场化管理。同时，要协调和推动区域内金融机构之间的合作，创新金融产品与服务，在提升区域品牌影响力的同时，带动区域财富管理水平的提升。另一方面，要加快筹建股权交易中心、金融资产交易中心等创新要素交易平台，并利用园区金融机构集聚、金融创新活跃、股权投资先发等优势，推动平台资产交易的中新合作与创新开发，更好地服务于经济转型升级。

深化金融创新，营造全新优势。进一步推进离岸金融及跨境人民币业务创新，扩大园区跨境人民币业务的领先优势。在跨境人民币创新业务试点的基础上，切实推进和深化中新金融合作；同时，围绕贸易融资，要不断扩大跨境人民币业务的品种和范围，进一步改善投资环境和推进对外投资模式创新，营造新的国际竞争优势，努力成为中国对外投资特别是对东盟投资的重要基地。

实施系统规划，构建金融生态圈。加强科技监管，推动信息统筹和集成，进一步完善法治环境和社会信用体系，打造优良的营商环境；进一步发展先进制造业和科技产业，为金融产业发展提供坚实的产业基础；推动法律、会计、信用评级等高端中介服务业集聚发展，创新拓展服务领域，为完善金融生态提供发展助力。

对标国际通行规则　培育贸易投资便利化的营商环境

文/ 中国(上海)自由贸易试验区管委会

自2013年9月挂牌成立以来，上海自由贸易试验区按照国务院批准的《中国（上海）自由贸易试验区总体方案》（以下简称《总体方案》），着力推进制度创新，探索建立与开放型经济发展要求相适应的新体制、新模式，努力建设成为具有国际水准的投资贸易便利、货币兑换自由、监管高效便捷、法治环境规范的自贸区。目前，按照先行先试、风险可控、分步推进、逐步完善的方式，上海自贸区在建立与国际投资贸易通行规则相衔接的基本制度框架方面，取得了重要的阶段性成果。

探索负面清单管理　提高区域投资开放度

为更好地融入世界经济发展格局，培育国际化的营商环境，上海自贸区对标国际通行规则，制定和完善负面清单，扩大服务业对外开放，进一步提高区域投资的开放度、透明度。建立负面清单管理模式，按照内外资一致的原则，依据国家法律法规，2013年制定发布了首份负面清单，2014年又在其基础上进行修订，出台了新的负面清单，将外商投资准入特别管理措施由190条减少到139条，开放度和透明度进一步提高。对于负面清单以外的领域，则将外商投资项目核准制和企业合同章程审批制改为备案制。自负面清单管理模式实施以来，自贸区内新设外资企业的备案率近90%；新增外商投资企业呈逐月递增态势，单月新设企业中的外资企业已由挂牌初期的50家左右、占新设企业比例不足10%，提升到月均200家左右、占比达到25%。

扩大服务业对外开放。2013年，自贸区《总体方案》明确在服务业6个领域、18个行业推出23项开放措施，推动了673个项目落地。2014年，国务院又批准了新一轮共31项开放措施，实现了从服务业向制造业等领域的拓展，现已推动40个项目在自贸区落地。2015年将积极争取在服务业和制造业等领域再推出一批新的扩大开放措施。

加大“走出去”支持力度。为鼓励和支持中国企业“走出去”，自贸区改革境外投资管理模式，实行以备案制为主的管理手段，管委会可在3个工作日内办结全部备案手续，极大地提高了境外投资的便利化程度。自2013年挂牌以来，全区累计办结境外投资备案244个，中方累计投资额达到76.23亿美元。

提高服务企业办事效率。在实施注册资本认缴制等商事制度改革的同时，自贸区探索建立了企业办事“单一窗口”制度，通过线上线下相结合，实现企业新设、变更的“一口受理、信息共享、并联办事、统一发证”，以及组织机构代码实时赋码、税务登记号码网上自动赋码等功能。2015年将拓展延伸“单一窗口”服务功能，探索开展营业执照、组织机构代码证、税务登记证“一证一码”等试点，逐步实现全流程、全事项网上办理。

创新贸易监管制度　加快提升贸易便利化

为充分发挥海关特殊监管区的独特优势，自贸区海关、检验检疫、海事等口岸监管部门积极借鉴国际经验，探索建立具有国际先进水平的贸易监管制度，促进区内货物、服务等各类要素自由流动。2014 年，区内进出口额同比增长 8.3%，高出上海平均增速 3.7 个百分点，达到 7 623 亿元，占全市的 26.6%，其中，出口增量占全市出口增量的 46.7%，极大带动了上海进出口贸易的发展。

创新多部门联动监管服务制度。按照《总体方案》的要求，海关、检验检疫等贸易监管部门从企业的实际需求出发，推出了 60 余项监管服务创新举措，努力营造“一线放开、二线安全高效管住”的区内各类要素自由流动的监管环境。

一方面，以“简政集约、通关便利、安全高效”为出发点，创新提出“由企及物”的监管理念，从原来的“管货物”变成“管企业”，根据企业的海关信用评级实施不同程度的监管，极大地提高了监管效率，特别是“自主报税、自助通关、自动审放、重点稽核”等措施，在国际上均处于领先水平；同时，检验检疫部门提出“分线管理”“第三方检验结果采信”等监管理念，既与国际惯例接轨，提高了监管效率，也显著降低了企业的运营成本。据统计，实行进口机动车检验采信第三方结果后，已累计为企业节省检验费用 4 000 余万元。

另一方面，加强信息化与智能化建设，提高“监管互认、执法互助、信息互换”水平。具体而言，海关、检验检疫部门分别推出了智能化卡口验放和通关无纸化等措施，并联动实施“一次申报、一次查验、一次放行”，有效实现了快捷通关。据统计，货物进区入库时间平均缩短 2 ～ 3 天，企业物流成本降低 10% 左右，通关速度提高 10%。2015 年进一步简化进境备案要素，完善优化凭舱单入区的监管流程，推进以“合格假定”为核心的检验检疫等监管制度创新，进一步提高通关效率。

实施国际贸易“单一窗口”管理制度。为了降低贸易和运输企业的物流成本，自贸区借鉴国际通行规则，建立贸易、运输、加工、仓储等业务的跨部门综合管理服务平台，实现各部门在一个平台上提供高效便捷的综合性服务。企业通过“单一窗口”一点接入、一次性递交相关标准化电子信息，处理结果也通过“单一窗口”进行反馈。目前已先期建设了口岸监管“单一窗口”，在洋山深水港进行一般贸易进出口、船舶出口岸联网核放等 5 个功能的试点；下一阶段将整合涉及贸易监管的商务、外汇、税收、港航、金融等部门，协同推进船舶进出口岸手续、贸易许可、资质办理、支付结算等功能上线，力争建成完整的国际贸易“单一窗口”平台。

探索建立货物状态分类监管制度。为促进内外贸一体化发展，自贸区内实施了“分类监管、分账管理、标识区分、联网监管、实货监控”的监管新模式，对保税货物、非保税货物、口岸货物进行分类监管。目前，海关已制定监管方案和操作规范，4 家物流企业已启动试点，完成了非保货物进出区、库存底账联动整体流程测试，共计开展进出区测试约 150 票，涉及货物总计 1 441 万元。2015 年进一步完善相关监管办法和监管系统，扩大试点企业规模和业务类型，逐步从第三方物流企业扩大到贸易类企业。

借鉴国际先进经验　建立事中事后监管体系

为加强对市场主体“宽进”之后的过程监督和后续管理，自贸区借鉴其他国家的有益经验，以合格假定为前提、以诚信管理为基础、以风险防范为底线，建立了由六大基础性制度和专业监管制度组成的事中事后监管体系，积极探索国际化、市场化、法治化的监管方式。

强化社会信用体系建设。依托上海市公共信用信息服务平台，推动建设自贸区公共信用信息子平台，对区内 3 924 家重点企业、1 172 家海关监管企业、15 000 名企业高管进行批量信用核查。目前，已开通自贸区公共信用信息和金融信用信息综合查询服务，初步建立了社会信用体系的数据基础、制度基础和奖惩机制，正在探索开展事前诚信承诺、事中评估分类、事后联动奖惩的信用管理模式。

完善企业年报公示和经营异常名录制度。企业需要通过信用信息公示系统向工商部门报送年度报告，部分特殊企业还须提交会计师事务所出具的年度审计报告，工商部门按照3%的比例对企业公示信息进行抽样核查。2014年，共有10 477家企业提交年度报告，已发布首批1 467家企业经营异常名录。

加强信息共享和综合执法。加快以大数据中心和信息交换枢纽为主要功能的信息共享平台建设，已汇集口岸和金融等中央在沪单位、市级部门共40多个部门800多万条信息数据，实现了各管理部门监管信息的归集应用和共享，促进了跨部门联合监管。

鼓励社会力量参与市场监督。目前，区内已成立由社会知名人士担任主任委员，由企业、行业协会和商会代表组成的社会参与委员会，企业年报审计工作由会计师事务所等专业服务机构承担，第三方检验机构为试验区进出口商品检验出具鉴定报告，商事纠纷调解中心顺利运转，并已在区内设立上海国际仲裁中心自贸试验区仲裁院。

坚持风险可控原则　增强金融服务功能

为服务实体经济发展，人民银行、银监会、证监会、保监会（以下简称“一行三会”）在坚持宏观审慎、风险可控的前提下推出了51条创新举措，在自由贸易账户体系、投融资汇兑便利、人民币跨境使用、利率市场化、外汇管理改革五个方面形成了宏观审慎的金融制度框架和监管模式。

金融创新业务有序推进。相关金融部门专门制定出台了配套实施细则，其中多数措施均已进入实际操作阶段，自由贸易账户业务也已正式启动。目前，已有13家中资银行、4家外资银行接入自由贸易账户信息监测管理系统，共开立10 980个自由贸易账户，部分企业已通过自由贸易账户开展了贸易融资、跨境并购等活动，账户体系运转良好，资金流动正常。同时，以跨境人民币结算、双向资金池为特征的金融创新业务增长迅速，不仅降低了企业财务成本，拓展了企业融资渠道，而且提高了资金使用效率。下一阶段，相关金融部门将配合监管部门，加快推进建立本外币一体化的自由贸易账户体系，鼓励各类金融机构、金融市场利用自由贸易账户开拓金融创新业务。

金融服务功能不断增强。积极落实金融服务业开放措施，目前已吸引一批金融服务企业和100余家有金融牌照的机构入驻自贸区。上海首家民营银行——华瑞银行已获准开业，4家中资银行已开展离岸业务，离岸客户共计1 778户，中外合资专业健康医疗保险机构——太保安联健康保险股份有限公司已在区内设立；同时，上海国际能源交易中心、上海国际黄金交易中心等一批面向国际的要素市场平台也已正式运营。

金融监管体系不断健全。“一行三会”驻沪机构和上海市政府已经建立起监管协调机制和跨境资金流动监测机制，人民银行上海总部和自贸区管委会也建立了“反洗钱、反恐融资、反逃税”监管机制。同时，进一步完善金融宏观审慎管理措施，切实加强机构自我风险管理的责任，制定异常情况下的应急管理办法，构建开放条件下的金融安全网络。

全力发展租赁业　助推实体经济转型升级

文/ 天津东疆保税港区管委会

从 2006 年 8 月获批设立，到 2012 年实现整体封关运作，再到如今成为天津自由贸易试验区的核心区域，多年来，天津东疆保税港区按照国家优化整合保税区域功能、深入探索涉外经济体制，以及加快开展国际船舶登记制度、航运税收、航运金融、租赁业务等试点的要求，率先推动租赁产业创新发展，并以此积极服务实体经济，推进产业结构转型升级。

租赁业发展初具规模

租赁产业聚集效应初显。截至 2015 年 3 月底，东疆保税港区累计注册租赁公司 1 003 家。其中，内外资融资租赁公司 234 家，单一项目公司 624 家，单船公司 100 家，注册资本金总额达 590.4 亿元人民币。共完成 476 架飞机租赁业务，其中，大飞机 319 架，公务机 115 架，训练机 22 架，直升机 20 架。完成了 11 台发动机、67 艘国际航运船舶、6 座海上石油钻井平台的租赁业务。飞机、船舶、海工设备租赁资产累计达到 291.3 亿美元。

租赁产业板块逐步完善。目前，东疆保税港区已经形成以工银、民生、国银、中国飞机租赁（CALC)、朗业、美国飞机租赁（ALC)、中银航空租赁（BOCA）等为代表的飞机租赁板块；以中海油、建信租赁、远东租赁、汇众租赁、招银租赁等为代表的船舶海工租赁板块；以北车租赁、南车租赁、中水电租赁、北控水务、鑫桥租赁、中侨租赁、大唐租赁、华电租赁、国电租赁、华能租赁等为代表的基础设施和大型设备租赁板块。

租赁产业链条不断拓展。持续关注产业发展需求，培育全产业链条运营模式，为租赁业上、下游企业发展提供全方位服务和支持。现阶段，东疆保税港区已建立了国内首个融资租赁人才库、国内首家通用航空器资产评估和交易公司、租赁资产风险管理公司，配套建立了国家级金融和租赁产业园等，持续推动租赁业全产业链条进一步完善。

信息交流平台日益健全。目前，已建成以中国航空金融发展（东疆）国际论坛、中国海事金融（东疆）国际论坛、中国飞机租赁网、中国租赁网、“东疆租赁服务”微信公众平台等为代表的最具商业价值的沟通交流平台，在金融与租赁产业的全球实时资讯共享、国内外最新政策发布及解读、租赁人才信息储备、业务咨询、数据分析、资产交易及产销对接等方面发挥了重要作用。

专业服务功能日趋多元。在管委会内部培养专业服务团队，设立专业服务公司对接租赁公司各类需求，与海关、外汇、工商、税务、检验检疫、海事等政府部门组成联合服务团队，逐渐形成从基础培训到业务耦合、从政策解读到审批效率、从特事特办到绿色通道的专业性服务团队。

租赁业发展前景广阔　潜力巨大

借力创新，先行先试。在国家对租赁业发展始终给予高度关注的同时，相关部门也陆续出台了诸多引导措施。中国证监会于 2014 年 3 月和 7 月先后出台《金融租赁公司管理办法》《金融租赁公司专业子公司管理暂行规定》，旨在进一步提高金融租赁公司专业化经营管理水平、规范金融租赁公司经营行为；商务部于2015年3月就《外商投资租赁业管理办法》作出补充规定并公开征求意见，或将在取消注册资本下限等方面予以突破。在国家政策支持下，东疆保税港区率先探索并积累经验，不仅融资租赁货物出口退税政策成功向全国复制推广，而且一系列政策创新举措也被上海自贸区借鉴和复制。

支撑升级，助推转型。与其他传统的融资方式相比，融资租赁作为一种创新性金融制度安排，是实体经济和虚拟经济连接的战略纽带，并将成为新常态下推动我国实体经济发展和经济转型升级的有效手段。一是在帮助企业完成技术改造、加快产业升级方面的优势显著，并有利于解决中小企业融资难问题。二是有利于连接消费与交换环节，加快资本的货物流通与消费速度，促进社会再生产速度的提高。三是有利于加快提升我国高端制造业水平，缓解飞机、船舶、机械设备等高端制造业和资本密集型产业的资金压力，为经济转型升级提供资本支持。目前，东疆保税港区已在飞机、船舶、海工租赁等领域发挥了一定的积极作用，还将不断探索拓展“三农”租赁等领域，在为实体经济“输血”等方面发挥更大效用。

内推外引，外向发展。随着“一带一路”建设的逐步推进，沿线国家正在谋划海、陆、空三位一体的交通网络，并不断加强基础设施建设，加大在资源能源、生产贸易等相关领域的投资力度。在此背景下，与之相适应的大量工程机械设备投入将为我国优秀的装备制造业开拓国外市场、服务企业“走出去”提供良好机遇，租赁业也将因此迎来更大的发展空间。目前，东疆保税港区在构筑“走出去”与“引进来”平台，以及促进航空航运企业和飞机、船舶、海工制造产业发展方面已经取得较为明显的成果。2011年，中水电租赁完成首单东欧水电工程成套设备出口租赁，建信租赁、民生租赁将近40艘国产船舶出口租赁给境外用户，实现企业“走出去”的重要突破。尤为值得一提的是，2014年3月，海洋石油工程股份有限公司与招银租赁合作，借助东疆保税港区船舶租赁平台，完成了“海洋石油289”轮的进口租赁业务，其中，“海洋石油289”轮的主发电机组、推进系统、动力定位等系统均为世界领先，内置两台世界最先进的3000米作业水深重型工作级ROV(水下机器人)，填补了我国在这一领域的多项空白。

进一步深化租赁业改革创新

积极抢抓战略发展机遇。目前，我国融资租赁的市场渗透率远远低于欧美发达国家15%～30%的平均水平，融资租赁对全社会固定资产投资的贡献程度仍有较大提升空间。而当前国家重点支持的“走出去”战略、“一带一路”建设、亚投行的设立等均为租赁业加速发展提供了良好机遇，也对租赁业创新提出了新的要求。同时，顺应“互联网+”的发展趋势，将融资租赁与“互联网+”相结合，不断拓展业务领域、创新业务模式、完善产业发展环境，也是深化租赁业改革的良好方向。

积极协调配合形成合力。中国租赁业发展至今，虽然取得了一定成效，但还有一些瓶颈问题尚待突破。深化租赁业改革也并不是单个部门可以独立完成的，而是需要多个部门协调配合，及时出台配套政策，形成推动产业发展的合力，并着力完善产业发展的政策环境。

积极借鉴先进国家的经验。借鉴有关国家的经验，研究出台涵盖财税、产业、保险、外汇等方面的一揽子产业发展政策和优惠政策，并且，要推进租赁业立法，引导企业创新融资租赁模式，有效解决产业发展中的设备需求、融资“瓶颈”和“租赁全产业链”等问题，以此提升租赁企业在国际市场中的竞争力。

贸易多元化、流通自由化、功能国际化的探索创新之路

文/苏州工业园区国际商务区管理委员会

作为全国首个综合保税区，苏州工业园综合保税区现已发展成为苏州工业园区的重要发展板块。多年来，为适应全球经济发展新趋势和解决入区跨国企业多元化发展的实际需要，综保区围绕建设“六个中心”的基本任务，着力引导加工贸易向产业链高端延伸，有力推动了外贸增长和加工贸易转型升级，发挥了重要的辐射、带动和示范作用。2014 年，综保区完成进出口额 220.6 亿美元，实现进出口监管货值 1 024.7 亿美元，监管货运量 366 万吨，受理报关单证 113.3 万份；以占园区 2.9% 的土地，创造了近 10% 的工业总产值和国税、地税入库税额，为区域发展作出了突出贡献。

时至今日，由于加工贸易占进出口的比重已然超过 70%，加之一般贸易占比过低的现状，使传统的综保区发展方式遭遇挑战，政策功能亟待提升和完善。为此，2013 年 10 月，在新加坡召开的中新苏州工业园区第十五次联合协调理事会上，正式决定探索研究促进苏州工业园综合保税区区域贸易多元化的有效途径，并在会后形成了在综保区内设立专门的贸易功能区域的初步实施方案。2014 年 9 月，《国务院关于同意在苏州工业园综合保税区重庆两路寸滩保税港区开展调整相关税收规定促进贸易多元化试点的批复》（国函〔2014〕125 号）政策出台，结合当前国际贸易方式多样化的现实形势，推出了一系列重大改革创新举措，自此，综保区开始了贸易多元化、流通自由化、功能国际化的创新之路。

适应内外贸一体化发展趋势的“整合优化版”

在国际市场持续疲软以及我国转变经济发展方式的大背景下，综保区内企业对国内市场的依赖程度逐步加深；加之金融危机后全球产业结构重新调整，全球分工再行分配，跨国公司亚太运营中心逐渐向我国境内转移，总体呈现出内外贸一体化发展的新趋势。由此，企业发展模式由两头在外的“V”型模式转变为内购、内销、外购、外销相结合的“X”型模式。

与此同时，由于综保区内企业不具备一般纳税人资格，无法开具增值税专用发票的政策限制也造成了极大的贸易阻碍。一方面，区内企业无法以人民币结算方式自行开展面向国内的进口分销业务，特别是在区外企业没有进出口贸易经营权的情况下，只能寻找国内的贸易代理公司代理进出口业务，从而不得不多承担相应的贸易代理费和付汇代理费，且造成了因资金来往信息转移到第三方而引发的商业秘密外泄风险；另一方面，区外企业从申请进出口经营权、委托报关成本和时间、退税手续和时间等角度考虑，往往不愿意办理报关或者不适宜办理报关，而是向区内企业开具增值税发票，将相关税费计入交易价格转嫁给区内企业，而区内企业由于无法开具增值税专用发票，不能进行增值税进项抵扣，致使向区外采购的成本支出大幅增加。

为有效解决上述问题，进一步探索贸易多元化新模式，苏州工业园区在其综合保税区现有规划面积内划出了约 0.69 平方公里的专门区

域，作为贸易功能区区域范围，并对贸易功能区与综合保税区进行物理隔离，实行全封闭式管理。具体而言，单设面向苏州工业园综合保税区外的两进、两出共四道卡口，新建贸易功能区卡口值班房和卡口信息化系统，专门的信息化监管服务平台也正在搭建中。

同时，园区积极组织业务培训，加强对贸易多元化批复政策和具体产业动态的研究学习，国际商务区也继续加强对外宣传力度，在借助新闻媒体报道的同时，通过宣讲会、说明会等形式，宣传贸易功能区的情况和有关政策，并多次组织对园区招商部门的集中专题培训。

目前，贸易功能区已正式通过海关总署、财政部和国税总局的联合验收，并将努力成为全国海关特殊监管区域转型升级的积极参与者、国家扩大进口和促进贸易平衡的有利要素，通过全力承接国际产业转移和参与全球经济竞争，积极打造海关特殊监管区域的“整合优化版”。

设立贸易功能区的实效意义

在综保区内设立贸易功能区试点，本质上是对现行综保区贸易功能的一种延伸与优化，即在彻底消除发展瓶颈，满足企业进行全球采购、分拨、销售的多样性和多元化贸易需求的同时，进一步延长国内增值链条，促进加工贸易向产业链高端延伸，鼓励加工贸易企业向特殊监管区域集中，以便更好地发挥综保区在统筹国内国外两个市场、两种资源中的作用，使其成为引导加工贸易转型升级、优化产业结构、拉动经济发展的重要载体。对于苏州工业园区而言，试点建设也对其引进高端新业态、加快内外贸一体化发展具有重要的现实意义，特别是在投资与贸易便利化方面发挥有效推力。

目前，贸易功能区以做通做强贸易为重点，开展了境内外采购、分拨、销售、进口商品专业市场、仓储、集拼、配送、流通性简单加工、转口、中转、保税商品展示交易等多种符合市场运行规律的贸易业态。比较而言，贸易功能区与现有保税区在国际贸易政策方面基本相同，但也存在一些差异：一是功能相对单一，在区域内开展贸易、物流和流通性简单加工等业务，货物的物理形态不会发生变化，监管风险和难度较现有保税区大大降低；二是不同于现有保税区对非保税货物仅登记备案的模式，贸易功能区以信息化手段为依托，建立起全程电子化作业系统，对区域内保税货物和国内采购货物均采用以企业为单元的料号级电子账册管理，精细化的管理手段能够有效实现监管；三是贸易功能区是在保持综保区功能、政策基本稳定的基础上，对现有功能的进一步完善与优化整合，符合国家特殊监管区域优化整合的发展方向，具有可复制、可推广的价值。

因此，按照国务院《关于促进海关特殊监管区域科学发展的指导意见》（国发〔2012〕58号文）中“促进特殊监管区域向保税加工、保税物流、保税服务等多元化方向发展”和党的十八届三中全会《决定》中“加快海关特殊监管区域整合优化”的要求，贸易功能区正积极从单一化、简单化、主要为出口加工企业服务向多元化、复杂化、具有先进的国际商贸产业功能转变，致力于在小空间内释放大效应，力争成为综保区贸易发展的重要功能平台。

充分发挥跨国资本的作用。多元化的贸易新模式吸引了大批跨国公司将亚太区运营中心设立在综合保税区贸易功能区内，而不再设立于境外，由此也将跨国公司在中国的大量利润和税收从境外转移进来，增强了跨国公司对中国经济发展的贡献作用。

积极提升监管服务能力。以企业为单元的全程电子化作业，做到了账册管理与实货监管的有效衔接，实现了货物流、资金流及联合监管信息的相互印证，也使各监管部门的综合管理能力得到明显提升。

跨境电子商务业务的多元效应

文/杭州出口加工区管委会

近年来，跨境电子商务交易额占外贸进出口总额的比重逐年攀升，年均增速已达30%以上，特别是在进口领域，国内消费需求日益旺盛，发展潜力巨大。2014年11月，国务院办公厅下发《关于加强进口的若干意见》明确提出，“大力发展进口促进平台，加快出台支持跨境电子商务发展的指导意见。”2015年3月，中国(杭州)跨境电子商务综合试验区获批成为全国首个跨境电子商务综合试验区，成为国家促进外贸平衡发展的重要平台。

时至今日，试验区已形成了较为完备的电商生态体系，集聚了天猫国际、苏宁易购、母婴之家等20家平台电商，银泰网、网易考拉网等10家垂直电商，以及中外运、费舍尔等20家电商服务企业；产品门类包括母婴用品、食品、小家电等七大类，海关备案品类数已突破3000个。截至目前，全区累计注册跨境电商企业39家，注册资本超过2.1亿元人民币，实现进口业务155万单，交易金额达3.4亿元人民币。

模式多元　效益明显

管理体制精简高效。试验区坚持“市场主导、政府引导”的总体方向，推动区域、部门间工作联动，着力调动多方主体的积极性，成立了杭州经济技术开发区跨境贸易电子商务产业发展领导小组，由经开区管委会分管领导任组长，海关、商检、招商、综管局主要领导为组员，下设办公室，并抽调业务骨干专职从事相关工作，及时研究并解决试验区中出现的各类问题。

运行机制灵活开放。积极推动试验区工作的“制度创新、管理创新、服务创新”，成功实施了“杭州备货、即买即送”的保税进口模式和“途中申报、货到放行”的直购进口模式，有效引导了相关业务的自由化、便利化、规范化发展。同时，建立“信息互通、监管互认、执法互助”的部门协同监管机制，真正实现了跨境物品“一次申报、一次查验、一次放行”的通关模式。

业务模式安全透明。一方面，借鉴上海自贸区的经验，尝试银泰商城和顺丰嘿客跨境O2O业务，将出口加工区开展的试点业务延伸到核心商圈和社区内，设立跨境电子商务进口商品展示专柜，使进口商品直面消费者群体，解决以往海淘“看不见、摸不着”的短板；另一方面，运用电商担保措施，消除消费者“海外网购”退换货无门的顾虑，在满足当前消费者对海外品质优良商品的实际需求的同时，也极大地丰富了国内消费市场。此外，试验区与上海浦东机场签订了《合作备忘录》，共同建立“绿色”转关通道，利用浦东机场航线的运力资源，优化杭州跨境电子商务进口的发展环境。

配套设施高端完善。试验区启动后，园区一次性投入4000万元收购2.1万平方米物业作为监管核心区域，并持续加大软硬件投入。截至2015年3月，试验区已累计投入资金近7000万元，全面满足了业务需求。并且，在调研其他试点城市、听取监管部门建议的基础上，对核心区域进行了专业规划设置，使查验、仓储、办公、会议等功能区块布局更为合理，其中，保税、直邮监管现场配备了高标准的查验设施，3 条查验线已投入运行；一楼仓储区域通过引进高位货架和自动化设施，达到 100 万件物品的库容。

高度重视信息系统的搭建和完善。为满足电商平台、服务平台、物流服务系统之间的数据传输需要，除公共服务信息平台外，委托专业公司研发关键节点数据接口，仅投入保税进口业务的各类信息系统就已达 8 个、应用模块超过 10 个，并免费提供给入园企业使用，帮助企业快速启动业务。目前，园区各个服务系统同步无缝连接，实现了跨境贸易的全链条和信息化管理，为未来大数据的分析和应用奠定了基础。

模板示范　规模集聚

目前，杭州跨境进口试点已吸引了来自 21 个国家和地区的 301 家各类企业，其中包括阿里巴巴、京东等电商巨头，以及中国邮政、四通一达等知名物流服务企业。园区直购进口规模、保税进口规模分列全国第一、第二名，仅 2014 年“双十一”期间就承接了阿里集团 50% 以上的跨境进口业务，初步形成了电商集聚的规模效应。

电子商务迸发活力。阳光透明的海淘模式既有效解决了传统海淘运输时间长、退换货困难、品质无保障等困扰，又降低了传统贸易方式进口商品由于代理制、分销制所造成的高价格。同时，试验区减少了中间环节，商品价格比其他渠道降低 30 % 左右，货运速度比传统海淘提升 50% 以上，新增就业岗位 4 600 余个。2015 年，跨境园区将在原有基础上发展以 M2C 为重点的跨境贸易电子商务业务，进一步丰富试点业务类型，为综合试验区建设夯实基础。

产业链条得以完善。跨境电子商务进口试点的开展，有效推动了全市企业重构价值链和产业链，初步建立起集航空运输、口岸服务、分拨转运、保税仓储、物流配送于一体的全产业链体系，丰富了 O2O 模式内容，促进了电商平台、电子认证、电子支付等以信息服务为主的现代服务业的发展，实现了与杭州推行智慧产业化、产业智慧化的同频共振。也正因如此，本不是生鲜商品进口口岸的杭州空港近期被国家质检总局正式确定为冰鲜水产品指定进口口岸，这为当地企业进军国内庞大的进口生鲜食品消费市场提供了巨大的发展契机。

社会效益日渐凸显。进口口岸试点不仅直接创造了大量的就业岗位和创业机会，同时衍生了创意、翻译、摄影、美工及广告等配套需求，成为解决创业创新和民生问题的新渠道。同时，一批闲置厂房也借此契机实现华丽转身，变为跨境商品仓库，成为海内外电商的争抢对象，如下沙跨境进口试点园区和周边区域土地、物业价格大幅增值，同比上涨 15%，有力推进了“退二进三”与“腾笼换鸟”。

构建以创新推动转型发展的科学体系

文/ 苏州工业园区工委、管委会研究室

“竞争战略之父”迈克尔•波特指出，一个国家或地区的经济发展，通常需要经历生产要素导向、投资导向、创新导向、富裕导向四个阶段。其中，第三阶段的经济发展引擎即是创新驱动。因此，对于开发区而言，积极转变发展方式，加快从要素驱动向创新驱动的转型升级，既是应对当前挑战的必然选择，也是实现科学发展新跨越的关键所在。

创新驱动发展势在必行

从国际经验看，创新驱动已成为全球竞争力的集中体现。当前，世界各国已经普遍认识到，创新能力直接决定着一国的全球竞争力，并纷纷将科技创新置于更加重要的位置予以推进。以美国硅谷、日本筑波、韩国大德、印度班加罗尔等为代表的国际顶尖高科技产业园区也因此进一步加快了科技创新的步伐，致力于引领世界产业的发展潮流。

从国内环境看，创新驱动是推动经济新一轮发展的重要引擎。现阶段，中国经济正在步入“新常态”，科技创新将逐渐取代人口、资源等要素成为推动经济增长的核心动力。从消费需求看，之前明显的模仿型、排浪式消费阶段已经基本结束，个性化、多样化的消费渐成主流，保证产品质量安全、通过创新供给并激活需求的重要性显著上升；从生产要素相对优势看，我国人口老龄化问题日趋严重，以低成本劳动力为最大优势要素的规模驱动力逐步减弱，经济增长将更多地依靠人力资本质量的提升和技术的进步。

从自身发展看，创新驱动是开发区转型发展的本质要求。经过 30 余年的发展建设，我国国家级经开区在产业、科技、人才等方面集聚了大量的优质资源，具备了实施创新驱动战略、加快转型升级的良好基础。但与此同时也应看到目前存在的突出问题。以苏州工业园区为例，尽管 GDP、工业总产值、公共财政预算收入等主要经济指标年均增幅曾一度连续保持 30% 以上，但自 2008 年开始，这种高速发展的“旧常态”逐渐发生了变化，表现为固定资产投资、工业产值、进出口总额、实际利用外资等经济发展的主要指标告别两位数增长，进入 7% ~ 9% 的中速增长时期。实际上，历经大规模开发和高速度增长后，开发区已经相继步入深度调整期、平稳增长期和转型加速期。对此，唯有确保经济增长动力实现从要素拉动、效率推动向创新驱动的转变，才能克服现阶段产业结构偏重、服务业占比相对不高、资源能源瓶颈约束和生态环境压力加大等方面的问题与挑战。

国内外典型创新评价体系

为更好地衡量、监测创新成效及活跃程度，国内外许多区域均设有与创新驱动发展相关的评价指标体系。目前，认可度较高的创新评价体系有如下五种。

欧盟创新记分牌。该体系由八个模块组成，指标分为创新投入和创新产出两大部分。创新投入部分包括创新驱动因素、知识创造和企业创新。其中，创新驱动因素主要考察与创新相关的人力资本与基础设施；知识创造主要衡量作为知识经济成功关键因素的研发活动的投入情况；企业创新是通过分析参与创新的企业数量与企业对创新的投入，以及信息通讯技术（ICT）投资情况反映企业在创新活动中的投入。创新产出主要是从技术应用与知识产权方面进行分析。其中，技术应用考察企业采用高科技带来的新价值，并将参与高技术生产活动的人员纳入考察范围，从企业活动和劳动力方面考察创新带来的价值增加；知识产权则主要考察专利、商标、外观设计的人均占有量。

国家创新能力指数。该指数是对经济合作与发展组织（OECD）17 个成员国在创新产出、公共创新基础设施质量、特定产业集群创新环境、创新联系质量、与创新产出相关因素五个方面进行测评的指标体系。2002 年，弗里曼、波特和斯特恩联合发表了《国家创新能力的决定因素》，在思想驱动增长理论、国家竞争优势模型和国家创新体系等理论的基础上界定了国家创新能力的内涵，并建立了国家创新能力构成要素相互关系的一般数学模型。他们认为，国家创新能力指标体系包括创新产出、公共创新基础设施质量、特定产业集群创新环境、创新联系质量以及与创新产出相关因素共五个一级指标、20 个二级指标。

世界经济论坛（WEF）《全球竞争力报告》中的国际竞争力评价体系。WEF 将全球竞争力指数的构建过程分为五个步骤：一是构建 12 个竞争力支柱，即制度（包括以产权保护为核心的法律架构、政府管理体制、私人制度）、物质基础设施、宏观经济稳定性、安全、人力资本、商品市场效率、劳动力市场效率、金融市场效率、技术准备度、开放性与市场规模、商业成熟度以及创新等，其数据包括统计数据和调查数据两类；二是构建三类子指数，即保护基本要求、效率增强因素和创新因素；三是将 104 个参评经济体归入五个不同的发展阶段；四是为每个国家估算每类子指数的权重；五是估算全球竞争力指数，即三类子指数的加权平均值以及各部分权重。

中关村指数。该指数由经济增长指数、经济效益指数、技术创新指数、人力资本指数和企业发展指数 5 个分类指数构成，共 15 个指标。该指数主要用于分析影响北京市高新技术产业发展的主要因素，监控不同领域的发展变化情况，从而可以及时、全面地掌握北京市内高新技术企业的发展趋势。

张江创新指数。该指数从创新环境、创新主体、创新人才、创新投入、创新成果和创新水平六个方面定量测算原始创新、集成创新和二次创新能力等自主创新综合能力，是上海科教兴市指标体系的十大核心指标之一，被上海市统计局用以综合评价全市的创新能力和水平。

综上可见，开发区确立创新驱动型的指标体系包含三个基本导向。

一是凸显转型升级导向。开发区要转型成为现代化的科技新城，就必须将强化产业支撑、加快产业集聚作为提升区域综合竞争力的重要举措和实现经济社会跨越式发展的必然要求。因此，评价体系应引导其进一步加快推进产业升级步伐，加快集聚高端创新要素、服务要素和人才要素，建设以科技和管理创新为引领、高端制造业为支撑、现代服务业为主体、较强的自主创新能力为特色的高端产业集聚区。

二是凸显自主创新导向。强调将人才工作与创新驱动相结合，促进人才结构与转型需求相适应，努力形成以人才集聚推动产业集群、以产业集群引导人才集聚的良性循环。同时，加大对人才服务水平的考评力度，引导开发区加快构筑人才社会服务链，实现国际人才与高端产业的交互融通，营造专业人才与服务产业的生态系统，形成公正透明、开放多元、容忍失败、鼓励创新、尊重人才的价值取向。

三是凸显可持续发展导向。评价体系应强调开发区的绿色发展、循环发展、低碳发展的方向，推动经济增长从依靠资源环境消耗，转向依靠技术进步和产业升级，形成节约资源和保护环境的空间格局、产业结构、生产方式与生活方式。

在指标设定中体现内涵式引导

体现发展效率的提高。发展效率是衡量地区发展水平的基础性指标，是评价区域经济是否健康运行的重要标准，关系着区域经济整体增长的质量和水平。因此，在创新指标的选取上，要将是否能够有效反映区域经济发展效率的提升，是否能够对发展效率问题进行较为直观的监测，进而可以动态掌握区域经济发展的效率水平作为衡量依据。具体而言，可重点关注人均地区生产总值、城镇居民人均可支配收入、税收收入占公共财政收入比重、单位 GDP 建设用地、规模以上工业企业全员劳动生产率等指标。

体现产业能级的提升。创新驱动发展的宗旨，归根结底是要通过技术创新的手段和途径，不断提升产业附加值，促进产业价值链向“微笑曲线”的两端延伸，最终构建起具有国际竞争力的现代产业体系。基于这一认知，应引导开发区结合自身产业发展定位，选取能够反映区域产业结构调整情况，便于对区域产业结构变化进行监测的相关指标。比如，重点关注服务业增加值占 GDP 比重、生产性服务业增加值占服务业增加值比重、工业增加值率、服务业增加值率、工业固定资产投资与工业产值比值、高新技术产业产值占规模以上工业总产值比重、新兴产业产值占规模以上工业总产值比重等指标。

体现创新活力的释放。企业是经济活动的基本单元，也是创新的主体。因此，在反映创新活力的指标上，应重点关注企业的创新动态，选取能够衡量企业创新成效的相关指标，以体现企业创新活动所带来的知识、产权、技术以及衍生出的经济效益。比如，每万人有效发明专利授权数、当年新增 PCT 专利申请量、技术市场成交合同总额等指标。而在具体的企业创新活跃程度上，则应关注省级以上研发机构总数、国家级高新技术企业数、工业化与信息化融合示范试点企业数、认定总部机构数、自主品牌企业数量、上市企业数量、地区总部以上金融机构的数量等指标。

体现人才结构的优化。技术的创造和使用需要以人才培养为基础。换言之，经济水平是转型发展的基础，而人才资源则是转型发展的第一资源，也是创新驱动的主要支撑、引领和推动力。因此，在创新指标的选取上，应重点关注与人才发展相关的指标，比如，人才占比、高层次人才密度、海外人才数量、“国家千人计划”的数量等，以此衡量开发区的人才数量和质量。

体现生态环境的可持续。环境保护和生态优化是转型发展不可忽视的重要组成部分，能否使经济社会与生态文明建设同步，最终实现可持续发展也是衡量区域转型成功与否的必要条件。因此，在实施创新驱动、转型发展的过程中，可将规模以上工业单位产值能耗、单位 GDP 综合能耗、单位 GDP 的 CO2 排放量、单位 GDP 的 SO2 排放量、工业固体废物综合利用率等 5 个代表性指标作为监测开发区可持续发展的对照指标，以及判断创新驱动是否成功实现的结果性指标，确保较为全面地衡量开发区的生态保护情况。

“创意+”：开启开发区产业转型新路

文/广州开发区政研室主任　陈永品

毋庸置疑，创意产业将在未来一段时期内快速渗透至开发区产业结构调整的全过程，加之大众创业、万众创新热潮的兴起，以及各路创客的不断涌现，创意产业必将前景广阔、大有可为。顺应这一趋势，部分国家级开发区已经开始主动在优化结构、大力发展现代服务业的过程中，着力打造创意产业，加快构建众创空间。

创意方为创新之源

事实上，创新和创造，只是创意的一种外在表现形式，而一切创新创业活动实则皆起源于创意，一旦脱离了好的创意，任何好的企业、设计和产品便不复存在。这种以头脑经济为核心内容的“无中生有”的产业形态，由于其对有形资源的依赖程度较低，因而成为知识经济的重要内容和形式。

如果从产业链的角度出发，创意产业应被视为产业的最前端，主要包括文化艺术、广播电视、影视制作、软件设计、网络游戏及动漫、广告咨询等诸多业态。几年前，国际上掀起的创意产业发展热潮，就形成了以美国为代表的版权型、以英国为代表的创意型和以韩国为代表的文化型创意产业类型。正是鉴于其强劲带动作用与显著经济效益，国内也开始出现了一批创意产业园和创意产业，如影响力较大的“印象系列”。

当前，经过30余年的建设发展，国家级开发区已经进入了不仅要推动科技创新，而且要实现产业创新的新阶段。正因如此，作为一种新兴业态，创意产业因其占地少、产出高、人才资源丰富等特性，受到了开发区的广泛青睐，许多开发区依托良好的制造业基础、丰富的人才资源和浓厚的创新创业氛围，大力发展工业设计、软件设计、网络游戏、动漫制作、文化出版等创意产业，甚至还有部分开发区直接将废旧厂房改造为创意产业园，并积极予以鼓励和引导，集中发展创意产业中的某一特定门类。但总体看来，由于受到各类资源的制约，开发区创意产业占服务业总量的比重仍然偏低，发展成效不够显著。

只是，经过本轮实践，国家级开发区已经逐渐意识到，重视创意特别是原始创意，要比单纯的创新具有更为深刻的内涵。为此，要推动创新创业，就要大力发展创意产业，并将创意产业作为聚集人才的抓手和推动创新的示范，使创意产业成为各类产业的总引擎。

解析“创意+”的发展路径

“创意+平台”模式。产业发展的实践证明，如果缺乏空间规划，就无法实现产业集聚；纵观各地实践，凡是发展创意产业较有起色的开发区，大都预先建有相应的产业发展平台，也就是说，只有通过物理空间规划充分聚集产业和人才，才能真正推动创意产业发展。对于国家级开发区而言，可以利用旧厂房、闲置物业、孵化器等现有载体规划建设创意产业园，也可以将区内龙头企业作为主体，通过政府引导、市场运作等方式，规划建设创意产业园，实现产业集聚发展。特别是对于首批成立的国家级开发区而言，要积极对早期入区的低效企业实施腾笼换鸟、升级改造，如果能够就地将闲置厂房改建为创意产业园，则既可避免大拆大建，又可适当保留开发建设的历史文化，无疑将是产业发展的最优选择。

“创意+人才”模式。创意产业又被称为智慧产业，特别需要领军人才的加入，创意人才也往往被称为创意高手，是最高端和最稀缺的人才，如广告策划师、工业设计师、影视导演、软件工程师、高级规划师、咨询师等。集聚优秀的创意人才不仅能够促进创意产业的发展，同时也能够繁荣开发区文化。因此，开发区不仅要大力吸引创意人才入区创新创业，将其纳入高层次人才队伍，给予同等政策待遇，更要积极创造有利于创新创业的发展环境，形成浓厚的创意氛围，便于其萌发创作灵感；同时，也要营造良好的生活环境，使其安居乐业。比如，广州开发区设立了国家音乐产业基地，为国内音乐大师预留工作室，旨在吸引其入区创作更多更好的音乐产品。

“创意+文化”模式。创意与文化结合，即形成了文化创意产业。通过创意，能够让传统的文化事业迸发出巨大的经济效益和社会效益，也可在传统的文化产业基础上催生出新的业态。以影视制作行业为例，通过市场调研以及对观众需求的分析研究，创意制作一部宏大的作品，即可产生极大的经济效益，电影《阿凡达》就是一个典型案例。对于国家级开发区而言，文化领域的优秀人才多、发展空间大、产业链条长，无疑是创意产业发展中最大有可为的着力点。如广州开发区内的励丰文化公司以创意方案为引领，实现了由经营代理音箱产品向文化综合体设计与实施的华丽转身，成为区内文化创意产业的杰出代表。

“创意+金融”模式。尽管创意产业占用的有形资源较少，但优秀创意方案的实施往往需要庞大的资金支持，一旦缺乏资金投入的保障，再好的创意也将是一纸空文。因此，国家级开发区鼓励支持创意产业发展，一方面，要设立创意产业发展专项资金，对创意企业租赁办公场地、贷款担保利息、人才引进等给予适当补贴；另一方面，要设立创意产业发展基金，引导社会资本投入创意产业，并鼓励优质文化创意企业上市融资、做大做强。此外，也可探索建立创意产品交易平台，使创意价值得到充分体现。

“创意 + 互联网”模式。互联网经济的迅速发展，对创意产业的影响最为深刻。依托互联网，创意者可以完成展示、交易与交流的全过程，创意使用者也可足不出户地学习借鉴先进技术，并吸纳全球最新、最优的创意成果和创意方案。因此，国家级开发区要借助互联网平台，积极促进其与创意产业的深度融合，推动创意产业资源链接国际化、交流合作多元化、人才聚集专业化。同时，也可开展协同创新，提高创意产业水平，还可通过项目路演、众筹等方式及时争取资金支持，推动创意成果转化。

协同发展　稳步培育创意产业

打通联动渠道，推进创业创意协同发展。伴随大众创业、万众创新热潮和“互联网 +”产业的不断扩展，各地方政府纷纷规划建设众创空间，力争产生更多的创意创造成果。对此，开发区要将各类创意产业园与各种众创空间有机结合，实现资源共享、无缝对接、连片发展。具体而言，创客的创新成果一经扩大，即可进入创意产业园继续孵化发展；创意产业园内的企业也可借力众创空间，进一步深化初始创意。唯有如此，众创空间的创客与创意产业园内的人才才能真正实现相互协作、协同创新。

结合自身实际，培育创意产业核心特色。发展创意产业切不可面面俱到、处处出击，而是应在做好创意产业规划的基础上，进一步明确发展战略重点和实施路径，从而提出切实可行的措施，走专业化、特色化之路。因此，开发区可结合自身的产业基础和环境优势，选择1~2 个方向发展创意产业，形成鲜明特色。比如，广州开发区依托龙头企业大力发展工业设计产业，规划建设国家工业设计产业基地；依托软件企业聚集优势，规划建设文化创意产业园。目前，部分开发区已经获批成为国家网游动漫产业基地、国家广告产业基地、国家软件产业园。在此种情况下，更要注重创意成果与传统产业改造升级的有效对接，通过创意引领，使传统产业焕发活力。

制定扶持政策，优化创意产业发展环境。作为一种新兴产业，创意产业在发展初期也需要通过政策引导进行培育。具体到国家级开发区，一方面，要用足用好各级政府的扶持政策，推动创意产业不断发展壮大；另一方面，要确保科技创新和现代服务政策覆盖创意产业，形成政策集成效应。

加大投入力度，加快创意产业发展步伐。有投入才会有产出，发展创意产业也不例外，为此，发展创意金融显得尤为重要。开发区要着力构建“政府引导、企业主导、市场运作”的投资体制，壮大创意产业发展基金，引导更多的社会资本参与创意产业的发展过程，形成投资多元化、运营市场化的良好局面，全力推动创意与金融的融合发展。同时，要加大对创意产业发展载体的投入力度，营造有利于创意创造的环境氛围，也要加大对创意产业的扶持力度，对创意企业成长的全生命周期实施政策支持。

探析开发区体制机制改革的有效路径

文/宁波经济技术开发区管委会 王一鸣

现有管理体制的主要模式

30年来，各地开发区逐步探索和完善了符合本地实际的管理模式，也形成了一些有效经验和经典路径。虽然运行方式不尽相同，但开发区必备的四项基本职能不可或缺。一是规划职能，“先规划、后开发”和“一张蓝图干到底”是开发区有别于其他地方的重要特色；二是财政职能，即使是采用公司制管理模式的开发区，在一定时期内也需要各级政府通过适当的方式（如转移支付）返还一部分税收（或其他财政收入）给开发管理公司，作为弥补企业管理模式综合财力不足和体现一定管理权限的重要环节；三是招商引资职能，按照开发区产业开发和产业集聚的本质，完整的招商职能是各项工作的重中之重；四是商务经济管理职能，具体包括行政审批、市场监管、劳动用工管理、对外开放和知识产权管理等内容。以上述基本职能为基础，开发区还衍生出了多种地方首创行为。

派出机构模式。由市政府派出管理委员会作为开发区的管理机构，是开发区体系内的主流体制模式。在组织架构方面，管委会作为上级政府的派出机构，代表该级政府行使职权，管委会内部设立若干部门，但无需与上级政府机构一一对应；在人事管理方面，管委会领导班子实行任免制，其成员由上级党委政府任免。据统计，截至2013年，国务院批准的185家国家级经开区中，有171家采用了这一模式。

区政统筹模式。开发区管委会与所在区域的地区政府交叉融合、统筹运作，具有“双轨并行、融合统筹、统一领导、各有侧重”的特点，如宁波开发区、广州开发区等。这一模式又可具体细分为若干街道、乡镇委托开发区管理的垂直统筹管理模式，以及开发区管委会与同级政府融合的平行统筹管理模式。在组织架构方面，管委会和区委、区政府部分领导兼职，下设职能部门统一使用，职能辐射或覆盖的范围均打破了区域界限，开发区侧重于开发建设，区政府侧重于社会管理；在人事管理方面，实行干部统一管理使用、选用制和任免制并存的机制；在财政核算方面，开发区与区政府实行财政独立设账，统筹使用。

企业管理模式。为适应市场化改革方向，以上海漕河泾开发区为代表的部分开发区成立了企业性质的投融资平台——开发公司，除执行开发建设任务外，还依据授权承担部分管理职能或提供公共服务，但一般不承担行政管理职能，其特征可归纳为“人大立法、政府管理、公司运作”。具体而言，这一模式下的组织架构和人事管理一般按照企业体系执行，个别开发区采用政企联合（或一段时间内的政企联合）模式，配有部分行政事业人员；除负责基础设施建设外，开发公司还拥有项目规划、项目环保、外资入区和高新技术企业认定等审批事项的初审权；财务核算按企业标准执行，部分开发区通过土地一次性转让或税收部分返还（或转移支付）享有开发性收益。统计显示，目前已经实行这种模式的开发区占比较低，但随着开发区之间跨区域合作的不断推进，由两家开发区共同投资成立开发公司，并在其开发的次区域内行使一定管理职能的管理模式正在逐渐兴起。

园区模式的主要特点

产业集聚与集群发展。由于交易成本的加大，企业往往更加专注于产业链条中某一个或某几个优势环节的提升，对于并不擅长的其他环节，则一般采取外包生产或采购的方式，而并非沿着产业链向上下游无限扩张。开发区的出现正是适应了这种趋势，其简政放权的投资环境、可共用的完善的基础设施、可共享的便捷的公共服务、便于交流的行业信息和更加集聚的专业人才力量等诸多优势，有效降低了企业的交易成本，彰显出强大的发展优势和吸引力，这也正是开发区特别注重打造支柱产业和产业集群的原因所在。

行政管理与公共服务。开发区建立之初便遵循交易费用最小化的原则，推动公共服务从注重投入和程序向注重结果、绩效和产出转变。近年来，开发区更是按照全面深化改革的要求，在政企分离、引入第三方投资、服务外包、政府购买服务以及试行资产负债表等方面全面推进改革，如在电信服务、自来水、污水处理等过去由政府投资建设、保障供应并实行行政管理的基础设施建设中引入 PPP 模式等，着力创新与提升公共服务和行政管理水平。

债权开发与股权开发。开发区最初探索的市场化开发模式主要包括债权开发和股权开发。其中，债权开发是指通过借贷方式获得资金并进行开发，也是绝大部分开发区采用的模式；股权开发是指引入资金共同组成区域性开发公司，共同投资、共负盈亏，体现了投入和产出、权利与责任的高度统一。比如，苏州工业园区引进新加坡财团法人资金和中方组成联合公司共同开发，中新双方按照国际惯例设立的合资企业 CSSD 作为单一的开发主体；管委会由中方负责，形成了“职责分开、利益共享”的鲜明的体制特点。

新时期体制机制改革的重点方向

体制机制创新必须适应产业化与城市化。实践证明，产业化必将推动城市化的发展，城市化也将更好地促进产业化的进步。对于国家级经开区而言，经过了前 15 年的开发建设，一般会面临产城融合与社会管理的压力与挑战，因此，如何统筹考虑产业化与城市化的同步推进，加强社会治理体系建设，是对开发区体制创新提出的新要求。并且，国务院办公厅发布的《关于促进国家级经济技术开发区转型升级创新发展的若干意见》（国办发〔2014〕54 号）已经明确提出“探索有条件的国家级开发区与行政区融合发展的体制机制”，这无疑将成为开发区未来体制机制创新的重点方向之一。

依靠体制机制创新激发技术创新潜力。国家级经开区不仅承担着经济发展的任务，而且还肩负着技术研发创新的重任，但从发展现状看，相较于经济实力而言，技术创新的潜力显然并未被充分挖掘。当前，我国经济发展进入新常态，国家也提出了“创新驱动”的发展战略，开发区能否将经济、技术进行有机结合，以此带动各个方面的创新，真正走出一条创新驱动的发展之路，将在很大程度上决定开发区是否能够实现科学发展和可持续发展。而充分吸引创新人才、鼓励创新活动、培育创新氛围、激发创新活力，是对开发区体制机制改革提出的新挑战。

探索法定授权机构的新模式。一般而言，法定授权机构包含三个基本要素：一是依法设立、法定授权，承担具体执行性质的职责和权限；二是不属于政府的正式序列，以政府拨款、补贴或其他收费作为经费来源，上级政府对其进行绩效考核，该机构对政府负责；三是其人员不列入公务员编制，执行企业的聘任、薪酬和社保制度。但与此同时，法定授权机构也具有较为鲜明的特点与优势，例如：在满足经济社会发展需要的前提下，最大程度地压缩了政府规模，延伸了政府公共服务的链条和扩大了服务范围，为创设公共服务机构提供了更为灵活的选择；更便于实行绩效管理和绩效考核，提高了财政资金的使用效率；人员编制具有灵活性，为招聘高素质人才创造了有利条件。从现阶段的实际情况看，开发区管委会承担的主要职能大多属于执行性质，因此，下一阶段可尝试依据决策与执行分开的原则，将某些政府部门改为法定授权机构，在机构序列、绩效考核以及人事编制等方面采取与传统科层制行政机构不同的方式。

走进“互联网+”时代的“圆梦空间”

文/ 中关村创业大街运营管理机构 海置科创执行总经理　聂丽霞

Inno Way，取自英文单词“Innovation”（创新）的前半部分，并随即复合组成了中关村创业大街的英文名称——“创新大道”。2014 年 6 月 12 日，这一由海淀图书城步行街升级改造而成的全国首个大规模集聚早期创新创业要素的特色街区正式揭牌开街。这一街区不仅定位为打造创业服务集聚区、科技企业发源地和创业者文化圣地，而且还致力于建设具有极强科技感、展示度、时尚感的创新创业特色景观大道，旨在吸引和培育一批具有国际影响力的一流创业孵化服务机构，构筑起更具生态活力、开放度更大、产业结合性更强的众创空间。

2015 年以来，随着国务院办公厅《关于发展众创空间 推进大众创新创业的指导意见》等文件的陆续出台，开街仅一年的中关村创业大街迎来了难得的发展机遇。如今，在这个仅 220 米长、4.37 万平方米建筑面积的街道上聚集了车库咖啡、3W 咖啡、Binggo 咖啡、36 氪、创业家等 37 家多样化、专业化的创业服务机构，日均孵化创业企业 1.6 家，平均每天便有 1 家企业获得融资，平均融资额可达 500 万元，初步形成了活力充沛的多形态的创业孵化空间。

创业者的梦想乐园

从选址上看，中关村创业大街位于北京创新资源最为密集的中关村西区，周边云集了著名的北京大学、清华大学、中国人民大学、中国科学院等高校院所，聚集着中国国际技术转移中心、中国技术交易所、创新工场等知名科技服务平台，以及腾讯、新浪、微软等优质科技企业。与其他创客空间相比，中关村创业大街不仅社会性资源优势凸显，而且已经拥有了完善的社会文化基础和生活配套设施，加之人才密集、IT 企业多、创新氛围浓的特点，共同汇聚形成了创业者所需的全部条件。正因为如此，在创业已经成为一种时尚的当下，大量来自全国各地甚至来自海外的有创意、有梦想的创业者纷纷到这里交流探讨，验证彼此的创业构思。总体而言，目前的创业者可大致分为四种类型。

一是大公司离职创业者。现阶段，腾讯、新浪、百度等领军企业的管理人员和技术骨干的离职创业已经成为一种潮流，并已逐渐成为占比最大的主力创业群体。这一类人群最初普遍利用业余时间实践创新创意，并以技术入股方式参与已有的创业公司获得一定的股权，到产品开发至一定阶段后，再辞职进行创业，如最典型的优客工场。

二是连续创业者。创业者凭借在屡次创业过程中积累的核心团队、用户、技术、人脉等资源，在新的创业中，能够在产品研发和企业规模方面“更上一层楼”。这类创业人群最具代表性的人物是已经连续创办 X.com，SpaceX，Solar City 等 5 家公司的 Elon Musk。近年来，连续创业者的数量正在显著增加。

三是一流高校毕业生创业者。随着国家对大学生创业在实验室开放、创业导师、资金支持等方面的扶持力度不断加大，加之互联网时代创业成本逐步下降，使这一群体得以迅速壮大。如清华大学建有 X-lab，并配备了专业的指导教师和投资公司支撑，自 2014 年 4 月至今，该平台已孵化项目 300 余个，成立公司 100 余家。

四是跨界融合创业者。在“互联网 +”的时代背景下，产业间的融合发展愈发重要。受互联网创业的影响和激励，刀具、工程机械、食品等许多传统行业的创业者，正在尝试依靠互联网创建新的商业运营模式。

当然，无论是哪种创业群体都离不开能够为其寻找合作伙伴以及寻求资金支持的良好的接入端口。正因如此，在中关村创业大街上便形成了许多特色鲜明的创业咖啡馆。以 3W 咖啡馆为例，其一、二层空间主要用于洽谈和讨论；二楼同时兼具路演活动区和会议室功能，方便创业团队进行陈述路演，以及金牌投资人为创业者开设免费课程；三楼全部为封闭的孵化器，入驻企业工位租金为 999 元 / 月，水电和上网费用全免，并赠送海量云存储空间。相比之下，同在寸土寸金的中关村，仅仅一间办公室的月租金便要翻上几倍。目前，3W 咖啡馆内已有 10 余家创业公司入驻，规模最大的公司约占 8~9 个工位。

2015 年 5 月，北京市科委授予车库咖啡、Binggo 咖啡、北京大学创业训练营、创业家、飞马旅、联想之星、虫洞之家、因果树等 14 家街区入驻机构“北京市众创空间”称号，标志着创业大街的“众创”模式业已悄然形成。

“2+5”创业生态系统

为切实帮助弱小的创业“幼苗”找资金、找人脉、找市场、找导师、找技术、找圈子，保障其以极低的成本也能获取充足的养分，直至有能力“独立行走”，创业大街着力完善创新创业环境，即以创业企业的需求为导向，以全球范围内的服务资源整合为基础，重点打造和提升“创业投融资 + 创业展示”两大核心功能，以及“创业交流 + 创业会客厅 + 创业媒体 + 专业孵化 + 创业培训”五大重点功能。

优化空间环境与服务资源。在硬环境改造方面，针对原街区空间产权散、碎、小的现状，以海淀置业集团为主体，通过回购、回租、置换等市场化方式，结合周边环境整治，将碎片化空间进行重新整理改造，为更多创业服务机构入驻释放了空间资源。截至 2015 年 4 月，街区共投入约 2 亿元资金用于空间资源梳理、硬环境建设和平台建设，累计腾退房屋面积超过 2.5 万平方米。

在软环境提升方面，以打造“创新创业特色街区”为目标，通过出台扶持政策、给予房租优惠、业态调整补贴等多种方式，引导国内外知名的创业服务机构、天使投资机构等加速集聚，构建起服务功能完善的各类专业化服务平台。

构建多元支撑的创业生态服务系统。一方面，高度重视早期创业项目、创新技术和创意，通过国内顶尖配置的创业导师团队的传道、授业、解惑，以及举办“中关村创业大街创业季”“创启未来国际青年科技创业大赛”等活动，加快聚集、发现、培养、使用各类高端创新创业人才；另一方面，积极整合各级各类支持创新创业的政策资源，构筑全链条、无缝隙的综合服务体系，使入驻的创业企业除可获得培训、孵化、天使投资等资源外，还可以建立属于同类型或相关创业者的人脉圈，以便促成未来更大的发展。目前，随着联想之星、36 氪、飞马旅、天使汇等多类型、多模式的专业创业服务机构的进驻，与创业大街合作的天使投资人和投资机构已经超过 2 500 个，创业大街也因此初步形成了以企业为主体，以创业投资和展示为核心，以创业孵化、培训、交流、媒体和公共服务为重点的全业态、全方位、全链条、全要素的街区创业生态。

集聚特色的创业会客厅。在中关村创业大街，集“一站式”服务、创业服务集成、创业政策对接、专业服务预约、创新展示体验五大功能于一体的创业会客厅，通过完善“线上+线下”的双渠道服务功能，以极低的费用甚至免费为创业者提供包括多证联办、政策咨询与申报、科技金融支持、知识产权保护、人力资源保障、法律服务等六个方面的全方位服务。统计显示，开街一年来，创业大街的入驻机构先后举办线上、线下创新创业活动700余场，平均每周有近20场活动；孵化创业企业超过600家，其中入孵创业团队近400个、海归团队超过92个，超过350家企业获得了融资，融资总额超过17.5亿元，更有近200个创业团队实现了收益。

“特别社区”：打造专业的创业创新平台

文/南京经济技术开发区管委会办公室　唐志坚

近年来，南京经济技术开发区致力于打造专业化的创业创新平台，积极与多家公司开展合作，并获得了显著成效。

与TCL投资基金、科技小额贷款公司、南京银行、紫金财产保险等公司开展合作，满足科技项目发展的融资需求。

与智联招聘、佰腾科技等公司合作，上线运营紫金（新港）科创企业人才招聘网络服务平台和专利知识产权网络服务平台。

组建南京市首家独立法人性质的园区科学技术协会，出台大学生创业奖励扶持办法，举办“创青春”大学生创业大赛，并被授予“江苏省大学生创业实践示范基地”。

建立并完善人才创业导师制度，定期举办导师讲堂、专业培训、创业沙龙等形式多样的各类活动，加强人才之间的沟通交流。

如今，按照打造中国人才与创业创新名城的战略部署，南京经济技术开发区积极对接和融入苏南国家自主创新示范区建设，充分发挥南京新港高科技产业园、紫金（新港）科技人才创业特别社区的品牌效应和集聚功能，围绕光电、信息、互联网经济等领域，大力引进高端科技人才和项目，探索出一条“创新驱动、内生增长、绿色发展”的转型升级之路。

启动建设“特别社区”

2011年9月，开发区启动紫金（新港）科技人才创业特别社区（以下简称“特别社区”）建设，并将其作为实施创新驱动的引擎和抓手。为推进工作开展，开发区先后在北京、上海、深圳、武汉等地的高校和科研机构开展特别社区专场推介会，并借助网络、微信等媒介，大力推广科创企业。同时，充分发挥品牌优势，成为苏南国家自主创新示范区的重要组成板块，并先后获批为国家创新人才培养示范基地（“万人计划”基地）、国家级文化和科技融合示范分基地、国家知识产权试点园区、国家级出口光电显示产品质量安全示范区。

截至2014年年底，特别社区已落户第壹有机光电、长青激光、中科煜宸激光等各类孵化企业205家，实际注册资本3.1亿元，其中，近半数企业的产品已经上市，销售总额超过10亿元，累计实现销售收入约 3 亿元。特别是中科煜宸激光、鼎科纳米、人人保车险电商平台 3 家企业，2014 年销售收入已突破亿元。此外，20 多家企业的多项产品填补了国际、国内市场空白，超过 6 家企业推出世界首创技术产品，10 余家企业推出国内首创技术产品，5 家企业的高科技产品在青奥会中推广运用，智能停车、调光玻璃等产品被政府“首购首用”，14 家企业获得 1.43 亿元的外部风险投资，多家科创企业计划登陆“新三板”。

共性与个性相结合的载体平台

根据项目需求和现实条件，开发区通过租用和改造 5 家企业的现有厂房，投用了近 10 万平方米的孵化载体，将激光产业、软件产业等 8 个独立的科创基地作为特别社区的先导区，引进了中科煜宸激光、紫金立德 3D 打印等一批知名科创企业。与此同时，加快推进红枫、创智、兴智、龙港四大科技创业园区、共计 120 万平方米的科创载体建设。此外，开发区还按照功能要求和产业规划，建设了加速器与中试用房、人才公寓、商业街区等配套设施，打造了激光、固体照明、新型显示、光电装备等专业产业园区，积极探索功能体系完备、个性共性相结合的载体建设模式。

打造公共技术服务平台

积极探索“研究院 + 平台公司 + 产业化项目公司 + 产业基金”的四位一体模式，开发区与高校、科研院所开展产学研合作，先后共建了中科院上海光机所南京先进激光技术研究院、北京大学（南京）产业创新研究院、南京大学光电工程研究院、剑桥大学南京先进光电技术创新中心、南京邮电大学南京信息产业技术研究院、国家认监委信息中心等公共技术服务平台。其中，南京先进激光技术研究院、北京大学（南京）光电工程研究院等获批为南京市战略性新兴产业创新中心；国家认监委信息中心已组建了 24 人的研发团队，申请了 6 项软件著作权，其“电子商务服务平台”也将于 2016 年正式上线。截至目前，开发区通过公共技术服务平台已建成 4 个研发平台和 9 个研发中心，培育孵化科技型企业近 40 家。

加速汇聚创新资源

目前，开发区拥有各级工程技术研究中心、企业技术中心 90 余家，日本夏普、德国博世西门子、美国艾欧•史密斯、瑞典阿特拉斯•科普柯等世界 500 强企业均在区内设立了研发机构。与此同时，按照“人才与项目结合，项目与产业匹配”的思路，围绕战略性新兴产业和现代服务业发展，积极面向国内外引进高层次科技创业创新人才。据统计，特别社区现已累计引进院士 6 名、国家“千人计划”专家 26 名、江苏省“双创人才”23 名、南京市领军型科技创业人才 136 名，以及多个海外科技创业创新团队，为开发区创新驱动发展注入了强大动力。

加快培育我国知识产权竞争新优势

文/国家发改委宏观经济研究院产业经济与技术经济研究所 盛朝迅

知识产权作为当今国际通行的产业发展法则，是产业国际化发展的重要名片和通行证。当前，随着我国产业发展水平的提升和产业国际化步伐的加快，知识产权已经成为产业高端化发展的重要标志、产业竞争力提升的重要体现和形成新的竞争优势的关键所在。

近年来，我国知识产权的制度环境逐步完善，部分产业和企业的知识产权实力迅速提升，知识产权在推动产业发展和提升企业竞争力中的作用日益凸显，并逐步形成了一定的依托知识产权促进产业发展的新优势。数据显示，2013 年，我国专利合作条约（PCT）国际专利申请量达到 2.292 4 万件，跃居全球第三位；受理商标注册申请 188.15 万件，连续 12 年位居世界第一，商标累计有效注册量继续保持世界首位；著作权登记量达到 100.97 万件，首次突破百万件。2014 年，全国共受理发明专利申请 92.8 万件，连续 4 年位居世界首位，每万人口发明专利拥有量 4.9 件，比“十二五”规划目标高出 1.6 件。

综合实力显著增强

部分行业知识产权实力实现快速提升。目前，电子信息、装备制造、生物医药等发展速度较快的产业领域的知识产权实力得到大幅提升。国家知识产权局数据显示，2012 年，我国电子信息设备制造业申请专利数、发明专利数和有效发明专利数分别占全部规模以上工业的 16.8%，26.5% 和 30.2%，电气机械制造业占比分别为 15.3%，14.2% 和 11.3%；通用设备制造业占比分别为 8.6%，6.6% 和 8.3%。此外，据世界知识产权组织（WIPO）统计，2004 — 2014 年，我国信息技术领域 PCT 专利申请数占全球比重由 1.58% 快速上升到 18.37%，位列全球第三，仅次于美国和日本；装备制造领域从 1.09% 上升为 7.05%；生物医药领域则从 1.19% 上升至 4.91%。由此可见，我国在全球知识产权版图中的地位正在不断提升。

龙头企业知识产权实力逐渐增强。国家知识产权局规划发展司《2012 年我国规模以上工业企业专利活动与经济效益状况报告》显示，2012 年，我国规模以上工业企业共 34 万余家，其中，进行专利活动的企业 4 万余家，占比为 12.2%，较 2011 年提高 1.9 个百分点。并且，知识产权对提升企业的主营业务收入、新产品销售收入、利润等主要效益指标的正向反馈作用日渐显现。2012 年，全国有专利申请的规模以上工业企业的主营业务收入、新产品销售收入、新产品出口额和利润总额分别为无专利申请企业的 3.1 倍、14.2 倍、16.3 倍和 3.1 倍。与此同时，涌现出华为、中兴等一批知识产权实力雄厚且具有一定国际影响力的大型企业集团。截至 2013 年年底，华为累计申请中国专利 44 168 件、外国专利 18 791 件、国际 PCT 专利 14 555 件，获得专利授权共 36 511 件，其中，发明型专利占比达到 90% 以上；中兴通讯共有超过 5.2 万件专利资产，其中已授权专利超过 1.6 万件，2011 年、2012 年 PCT 申请量蝉联全球第一，2013 年居全球第二。

知识产权的培育环境有待优化

行业及企业间发展不均衡问题凸显。在行业层面，产业间内部发展不均衡问题愈发凸显。电子信息、装备制造、生物医药等行业的发明专利总数占全部工业的比重超过 50%，而皮革、家电、纺织、服装等行业的比重则明显偏低。特别是在 PCT 国际专利申请中，电子信息一业独大，占比近 40%，其他除装备制造（11.7%）、化学与医药(9.5%)外，纺织、材料、环境科技、光学等领域的申请量和占比均较低。在企业层面，企业间的知识产权实力差距也较大。数据显示，2012 年，我国超过 86% 的规模以上工业企业并未开展研发活动；87.8% 的企业无专利申请，仍然依靠传统的低成本优势参与市场竞争，走粗放式发展道路。此外，仍有部分行业的知识产权存在“大而不强”“大而不优”的情况。如，近年来电子信息产业屡遭国外技术专利、商标等方面的技术壁垒和知识产权诉讼纠纷，部分细分行业的发展甚至需要向国外公司支付高额的知识产权许可费。

创造和运维环境有待改善。一是企业投入不足。相当一部分企业将知识产权工作部门视为“花钱的部门”，仅配有 2 ～ 3 名员工。由于知识产权运维投入少、缺乏人才、实际运转困难，最终导致无效专利较多，知识产权成果转移和产业化率较低的情况时有发生。二是服务机构的支撑作用有限。行业协会、专利联盟、事务所等知识产权服务机构对企业的实际支撑作用既无法满足大企业高端、专业的知识产权服务需求，又无法全面覆盖中小企业数量庞大的各类需求，造成了需求与服务的严重脱节。三是维权成本高而侵权成本低。调查显示，2008 年以来，97% 的专利侵权判定最终适用法定赔偿，但平均每个案件的赔偿金额仅为 8 万元，对于动辄数倍、甚至数十倍于此的专利投入而言，企业获得的赔偿显得微乎其微，这种“立法水平高、执法水平低”的现实极大地降低了企业知识产权创造和运维的主动性与积极性。

转化应用渠道仍显不畅。一方面，科研院所的知识产权转化率低，往往重申请而轻运用，加之受公立高校专利属于国有无形资产，对外转让需向教育部、财政部备案审批且审批流程长等因素的影响，直接导致我国高校和科研院所存在大量“沉睡”的知识产权资产。调查显示，目前我国高校每年取得的科技成果为 3 ～ 4 万件，但真正实现成果转化与产业化的却不足 10%。另一方面，受企业竞争态势、知识产权保护环境等因素影响，企业担心转移知识产权不但无法带来一定的经济收益反而可能“招惹”更多的侵权与损害，因而降低了对外转移知识产权的意愿。

还应看到，知识产权转移交易的市场服务体系也尚不完善。目前，我国知识产权交易市场仍然集中在少数城市，辐射范围十分有限，并且，长期存在的跨区域中介服务体系培育不足、交易方式创新不足、融资效率低下、复合型人才匮乏等问题也严重影响了知识产权转移转化的效果。

有效提升发展水平

突出重点领域，夯实竞争优势。要围绕传统制造业转型升级、现代服务业加快发展等产业发展重点，夯实知识产权竞争优势。一是全力推动知识产权密集型产业发展。面向产业集聚区、重点行业和龙头企业实施专利导航试点项目，在电子信息、高端装备、新能源、新材料等关键技术领域形成一批专利组合，构建起能够支撑产业发展和提升企业竞争力的专利储备。鼓励有条件的地区发展区域特色知识产权密集型产业，建立具有产业特色的全国专利运营与产业化服务平台，形成优势互补的产业协调发展格局，打造一批知识产权密集型产业集聚区，构筑产业竞争新优势。二是全力推动传统产业利用知识产权构建新优势。通过参与国际技术标准制定、专利布局和品牌化运作，切实提升我国传统产业的国际竞争力。三是积极构建支撑知识产权服务业发展的政策体系。培育一批能够满足生产型企业需求的知识产权服务企业，促进知识产权服务业实现专业化、特色化、国际化、规模化发展。

营造良好环境，逐步完善知识产权制度体系。全面营造与产业发展相关的知识产权政策环境，围绕产业规模扩张、技术提升、结构调整和竞争力提升等目标，加快建设知识产权风险评估与预警机制，研究制定电子信息、生物、高端装备、新材料等领域的知识产权发展专项行动计划，积极储备知识产权政策工具箱，建立应对国际知识产权纠纷的知识产权联盟，综合运用各类知识产权政策工具促进知识产权的产业化发展。

强化政策支持，提升知识产权国际竞争力。按照我国产业国际化发展和提升竞争力的现实需求，制定实施知识产权国际化发展战略，强化对外贸易中的知识产权保护与运用，推进知识产权及相关产业的国际化发展。一是加强知识产权国际合作。积极跟踪研究有关国家的知识产权法规政策，促进知识产权涉外信息交流与沟通协作，大幅提高专利审查的国际业务承接能力，完善多双边执法合作机制，为我国产业知识产权“走出去”营造良好的国际环境。二是提升知识产权贸易发展水平。充分发挥我国巨额外汇储备优势，鼓励采取灵活多样的方式收购、储备一批境外专利和其他知识产权，将外汇储备优势转化为企业发展的知识产权优势。三是支持知识产权“走出去”。鼓励有条件的企业向国外输出专利、品牌、版权等，开展知识产权转让与许可，盘活知识产权资源，大力提升电子信息、生物制药、集成电路、交通运输设备等知识产权密集型商品的出口比重，积极提升轻工、纺织等一般出口商品的知识产权含量，扩大软件、信息技术、文化创意等知识产权密集型服务的出口。同时，支持我国企业以具有自主知识产权的技术、品牌开展海外投资和跨国经营，切实提高对外投资质量。

推进经济国际化战略 提升产业综合竞争力

文/苏州工业园区工委管委会研究室

多年来，苏州工业园区全力推进经济国际化战略，积极探索扩大开放的有效途径，不断提升利用外资的质量和水平。截至目前，全区累计批准入区外资企业 5 276 家，累计引进 92 家世界 500 强企业投资的 152 个项目，拥有各类外资研发机构 161 家，获得认定的总部企业 52 家。

利用外资与境外投资并重

产业结构不断优化，服务业占比逐年提高。2006 年以来，在园区制造业利用外资逐年下降的同时，服务业利用外资呈逐年上升趋势，新增注册外资中服务业占比从 2010 年的 24.36% 逐渐上升至 2014 年的 64.44%，提高了 1 倍以上。工业项目新增注册外资总额自 2011 年开始逐年下滑，从 2010 年的 75.91% 下降至 2014 年的 35.56%。与此相对应的是，服务业到账外资实现 10 年翻三番。截至目前，园区已累计引进服务业外资项目 2 211 个，实际利用外资 77.24 亿美元，服务业现已成为引进外资的生力军。

利用外资形式多元，并购上市活动增加。截至目前，区内共发生并购案例 107 个，通过并购吸引合同外资 44 733 万美元。其中，制造业项目 42 个，合同外资 6 517 万美元，占项目总数的 39%。区内长电新朋投资有限公司并购全球芯片封测行业排名第四的新加坡上市公司星科金朋，并将重组后的管理总部、研发中心、展示中心和销售总部等功能放到园区，有力推动了园区对外投资服务平台的发展。此外，区内企业旭创科技拟于 2015 年下半年赴美国纳斯达克上市，上市后预计融资额可达 1 亿美元。

双向开放程度较高，“走出去”步伐加快。2010 — 2014 年，园区共有 122 家企业赴境外投资 170 个项目，新批中方境外投资额从 0.9 亿美元增长到 3.3 亿美元，并累计达到 8.2 亿美元，增幅达 300% 以上。2015 年 1 — 5 月，园区新批境外项目 29 个，新批中方境外投资额 1.7 亿美元，同比增长 30.8%。2010 — 2014 年，从投资主体看，民营企业已经成为赴境外投资的主力军，其投资项目数和投资额占比分别为 65.3% 和 58.5%；从业务类型看，园区企业赴境外投资非贸易项目 123 个，占比 72.4%；从行业看，园区企业赴境外投资第三产业项目 134 个，占比 78.8%。

推进企业发展提档升级

引导企业向“总部”转型。建区早期，区内外资企业大多属于“工厂型”，并不具备研发、设计、分拨等功能，且又以“大进大出、两头在外”的加工贸易企业最为典型。近 10 年来，通过出台“总部经济”发展政策，鼓励生产型企业设立总部机构、研发机构、供应链、人力资源等共享服务中心，目前，园区共有经江苏省认定的跨国公司地区总部和功能性机构 32 家，包括百得共享服务中心、卡特彼勒物流中心、三星半导体分拨中心、博世 IT 服务中心等；强生医疗器材有限公司先后在同一厂区设立了亚太区财务共享中心和亚太区研发中心。

引导企业向研发设计环节转型。目前，园区拥有各类外资研发机构 161 家，其中，由原制造企业分离出来的约占 40%。如首家入驻园区的外商独资企业——西万拓听力技术有限公司，早期仅单纯从事助听器的生产，自 2013 年投资建成西门子助听器研究与培训中心以来，紧贴中国市场开展产品技术研发，并开设了听力学和助听器等专业培训课程；百得科技成立了仅次于美国总部的研发中心，成为亚洲区最大的研发中心和测试中心，团队规模近 300 人，在集团发展中发挥了重要作用。

引导企业向中高端制造环节转型。园区积极推动加工贸易企业逐步进入关键零部件和核心技术研制领域，努力提升智能制造水平和产品附加值。以博世集团全球工业 4.0 项目试点工厂之一的博世汽车部件有限公司为例，通过运用物联网、云计算、大数据、机器人、人脸识别等技术，打通了客户端、供应商、货运商等全业务链条，成为了名副其实的“智能工厂”，制造水平和竞争力得到显著提升。此外，希捷科技通过技术更新，导入服务器硬盘等高端产品，提高了产品层级；友达光电通过内设研发机构，依托总部科研力量，开发出具有业内领先水平的平板技术。

引导企业向多元化经营转型。园区鼓励企业发展售后维修、物流配送等生产性服务业。据统计，园区已有近千家企业开展维修（三星液晶显示）、检测（日立医疗）、产品研发（艾默生环境）、临床实验（礼来制药）等服务性业务。以韩国三星集团为例，自 1994 年设立半导体封装项目以来，公司已陆续将显示器模组、电脑、家电、物流、财险、研发中心等项目引入园区，形成了从先进制造业到金融保险、酒店、物流等业态的多元化发展格局。特别是 2011 年与 TCL 合资设立的总投资达 30 亿美元的 8.5 代高世代液晶面板项目，不仅有效带动了华东地区液晶面板产业链上下游行业的集聚，而且促进了我国液晶面板制造水平的显著提升。

引导企业向内外销协同转型。园区鼓励外资加工贸易企业新增或扩大一般贸易，特别是抓住国际金融危机后中国经济率先复苏和扩大内需的新机遇，积极拓展国内市场。如久保田农业机械公司通过建立“三位一体”的销售服务机制，设立了从事国内市场调研、独立产品研发、售后服务三包和产品应用信息反馈的专职部门，目前，企业的内销比重超过75%，部分机种甚至超过90%。

推动创新创业资源集聚

通过项目收购引进国际先进技术。2005年，苏州元禾控股公司联合以色列创投基金投资成立了晶方半导体科技，主要从事集成电路的晶圆级芯片尺寸封装测试业务，而后，通过收购吸收以色列企业Shellcase先进的芯片封装技术，培育壮大研发团队，成功实现量产，成为中国大陆第一家从事影像传感芯片晶圆级芯片尺寸封装的企业，填补了国内空白，并于2014年2月在上海证券交易所上市。目前，公司拥有世界唯一的ShellOC量产线，成功开发出新一代超薄封装技术，真正成为该领域的领军企业。

吸引海外资本推动新兴产业发展。园区着力吸引和发展股权投资机构，先后与以色列英菲尼迪、日本软银等国际知名创投机构开展合作。目前，东沙湖股权投资中心（国家“千人计划”创投中心）已经集聚股权投资机构120多家、管理资金567亿元。其中，10只外资基金总规模6亿美元（实际利用外资4亿美元），共投资项目80个，投资金额约26亿元。近年来，东沙湖股权投资中心已累计为680多家企业提供股权投资，为3 000多家企业提供贷款担保或贷款资金支持，并成功孵化出晶方半导体等一批上市参股科技企业，有力推动了新兴产业的发展。

由国家“千人计划”特聘专家俞德超创办的信达生物制药公司是一家专注于单克隆抗体新药开发和生产的生物制药公司。2015年1月，由联想控股旗下的君联资本、新加坡淡马锡等新投资人和美国富达、礼来亚洲基金、通和资本等共同出资完成了1亿美元的C轮融资。上半年，公司与礼来制药达成战略联盟，联合开发潜在肿瘤治疗药物，成为我国生物制药企业首次与国际制药巨头在高端生物制药领域开展的全面合作，合作潜在总金额达140亿元。此外，天演药业获得富达美元基金和药明康德800万美元的风险投资，景昱医疗获得软银集团领投的约合2 500万美元的投资，思必驰语音获得由国际知名互联网投资机构DCM领投的约2 000万美元的投资。

着力推动开展国际科技交流与合作。2014年10月挂牌成立“新加坡—中国（苏州）创新中心”，以生物医药、纳米技术应用、云计算等领域为重点，聚焦应用研究和创新成果转化、科技企业培育与孵化以及国际科技交流与合作。在纳米技术应用领域，积极与多个国家的技术中心开展合作，分别在苏州纳米城设立了中芬纳米创新中心、捷克中国中心、荷兰高科技中国中心、伊朗中国中心等，有力推动了产业的集聚发展。此外，积极吸引国际一流的科研学术机构开展国际交流合作。2010年，成功推动冷泉港实验室在园区设立了其在海外的首家分支机构，并成为亚太地区常年系统性运行的唯一的高端科学交流平台。截至2014年年底，苏州冷泉港已累计举办国际高端学术会议近80场，吸引了来自全球近60个国家和地区的约11 000人次的科学工作者开展学术交流，形成了浓厚的区域创新氛围。

引导外资企业加速发展现代服务业

推动金融产业后发先行。抢抓长三角一体化和上海国际金融中心建设的契机，园区积极引进包括外资在内的金融和准金融机构，逐步建设成为金融产业高地。园区现已集聚各类金融和准金融机构689家，其中，外资金融机构30家（银行17家、保险13家）。在准金融机构方面，融资租赁及商业保理企业约占全市的60%和50%，且大部分以外商投资为主。在发展高端专业服务业方面，以普华永道、德勤、安永三大国际会计师事务所和25家全国百强专业服务机构集聚为标志，共发展鉴证、评估、咨询、行业组织四大类专业服务机构282家。

推动服务外包转型提升。引导和鼓励服务业外资企业运用大数据、云计算、移动互联网、物联网等新技术，从单纯提供劳务外包向提供解决方案转变。目前，园区累计设立外资服务外包项目522个，其中包括IBM交付中心、微软亚洲工程院、强生财务中心等30多个龙头项目。服务外包合同金额和离岸外包执行金额连续多年保持快速增长；KPO（知识流程外包）份额逐年提升，至2014年占比已达51%，产业结构也由原先的ITO（信息技术外包）一枝独大，转变为KPO迅猛发展、BPO（业务流程外包）较快增长、ITO稳步转型的良好格局。

优化公共服务资源配置。园区引进新加坡国立大学、澳大利亚莫纳什大学等20余所中外合作办学项目，利用外资金额达1.6亿元。在医疗领域，2006年与香港九龙集团合作，投资13.5亿元建设了目前园区唯一一所三级医院——民营九龙医院；在养老领域，2013年，引进新加坡宜康集团投资建设了首个精装酒店式养老公寓，并成为全市目前建设标准最高、服务最优的社会化养老机构；在文化休闲领域，引进久光百货、新光三越、诚品书店、山姆会员店等国际知名商业品牌，以及凯宾斯基、洲际、凯悦等国际著名酒店品牌，高标准提升了环金鸡湖金融商贸区、独墅湖科技创新区、阳澄湖半岛旅游度假区等功能板块的城市功能内涵。

重构动力机制　重塑功能优势——正确认识开发区在“十三五”时期的转型创新发展

文/天津经济技术开发区政研室副主任　张瑞华

2015年是“十三五”规划的制定年。但因当前所处的发展环境与面临的发展任务等一系列深刻变化的不同寻常，使开发区这一“常规动作”的难度系数不免有所增加。

究其原因，一方面，原先以国内宏观经济超高速发展、跨国产业资本向我国快速转移和制造产品占国际市场份额持续扩大的宏观形势为主的规划编制基础已经明显与当前的背景环境不相适应。也就是说，自“十三五”时期开始，开发区将长期面对后金融危机时代国际经贸格局的深刻调整和国内宏观经济运行的“新常态”，其发展的基本条件发生了本质性、系统性的巨大变化。另一方面，长期以来，虽然开发区发展方针的基本内涵得到不断丰富，但万变不离其宗的是，始终是以经济发展为核心，并将产业培育和投资促进置于突出位置；而于2014年出台的《国务院办公厅关于促进国家级经济技术开发区转型升级创新发展的若干意见》提出的“三个成为、四个转变”的原则性导向，实则透露出新的发展信号：即更加强调开发区要积极转变发展模式、提质增效，且对发展规模和发展速度的要求相对弱化。

与此同时，自由贸易试验区、自主创新示范区等新功能区的纷纷设立，也使开发区在发展资源的激烈竞争中必将面临巨大挑战。由此可见，在发展“底色”迥异于前的背景下，全面探究“十三五”时期推动开发区实现转型升级、创新发展的新战略和新路径已经成为亟待厘清的新课题。

开放创新亟待重塑功能优势

客观而言，开发区兴办的前20年间，外商投资企业所得税率15%、“三免两减半”等优惠政策，确实对开发区大规模引进和利用外资、实现产业规模的快速放大起到了十分重要的激励作用。这种有意识地引导外商投资集中发展的政策性工具，完全服务于开发区建设改革开放“试验田”的总体战略，能够有效促进开发区凭借完善的基础设施、规范廉洁的行政行为和高效便利的企业服务，在发展过程中形成“仿真的国际投资环境”，并最终超乎于单纯的税收政策，成为其吸引外商入区投资的真正魅力所在。正因如此，自2008年《中华人民共和国企业所得税法》实施以来，“两税合一”看似使开发区失去了税收方面的政策优势，但其利用外资却依旧保持了较高水平，并继续成为所在区域产业投资最为活跃的板块。

与此同时也要看到，伴随我国全面开放格局的形成，开发区基本不再具备曾经拥有的对接国际市场、开展国际经贸合作的“试验田”功能，且与过去相比，在体制机制创新方面的空间也明显缩小。加之与自贸区广泛的制度创新功能、自主创新示范区和高新区的科技研发转化功能、海关特殊监管区的贸易便利化政策创新功能相比，并没有任何可与之匹敌的政策性工具，因而往往在竞争发展资源时陷入“无招可出”的尴尬境地。

临渊羡鱼，不如退而结网。如果只是单纯地寄望于参照、复制其他功能区的特殊政策，只会令开发区始终处于“跟进者”的角色位置，难以重塑真正的竞争新优势。而要改变当前的被动局面，就必须另辟蹊径，结合新时期深化改革开放的整体部署，找准自身发力点，以便在国家战略的“大盘子”中重新确立起先行先试的“探路者”地位。具体而言，要将“三个成为”作为努力的重点方向，其中“构建开放型经济新体制的排头兵”尤为值得重视。这是因为，构建开放型经济新体制不仅是我国现阶段全面深化改革的战略目标之一，更是我国更深层次融入全球经贸体系、增强话语权和影响力的必由之路；并且，开发区的开放型经济发展水平较高，已经充分具备了成为“率先推进相关改革创新、充分释放改革红利”的“排头兵”的优越基础。

重获路径资源亟待重构动力机制

纵观现有的219个国家级经开区，虽然创建时间不同、所处的发展阶段各异，但发展模式却多有类似——大多数开发区均是以新增土地空间、容纳增量项目资源为主要发展动力，且以招商引资和载体建设为工作核心。其中，招商引资的重点主要是瞄准全球范围内的行业领域，广泛寻求投资机会；载体建设包括土地整备及厂房、办公楼和研发设施的建造等。

只是，上述发展模式正面临着与日俱增的挑战。第一，新增产业投资的“蛋糕”正相对缩小。我国资源禀赋的改变直接导致了跨国资本投资的结构性调整，具象地表现为制造业投资的持续下滑。数据显示，2015年上半年，制造业投资占我国实际利用外资总量的比例仅为1/3，而服务业投资虽然相对活跃，但因开发区城市功能发展相对滞后，致使当前服务业的发展优势仍然不够明显。由于我国传统行业普遍存在产能过剩，新兴产业发展又不够充分，直接导致了实业投资的市场空间愈发局促。第二，盲目让利于有限的项目资源。尽管新增项目往往在一定时期内“无利可图”，但由于项目资源的竞争日趋白热化，各开发区便不得不对其给予一定的优惠和让利，而这种做法将对地方区域开发的财务运作带来不小风险。第三，需要走向内涵式发展道路。大多数创建较早的开发区的规划面积或管辖面积已经不断扩大，部分开发区已扩张至上百甚至数百平方公里。但受制于有限的市场容量和资源承载能力，未来开发区不可能如此一味地继续无限扩张下去，而是必须理性地选择暂停或者大幅度放缓扩张步伐，转向以内涵提升为主的发展道路。

转变发展模式的核心是要改变驱动发展的动力机制。由此，于开发区而言，改变发展资源的获取方式就显得至关重要，必须由一味向外的招商引资，转向“招”“育”并行，在本地企业的培育上下足功夫。一方面，要积极完善创业服务平台，不断丰富扶持手段，形成有助于中小微企业发展的优越环境，为“幼苗”成长为“大树”提供适宜的呵护与帮助；另一方面，应大力推动已引进项目的“本土化”发展，从产业链配套、政策引导等多方面入手，在加强对既有优势产业深耕细作的同时，营造高品质的产业发展生态系统，着力推动产业集群化发展，努力形成类似中关村在互联网领域、珠三角地区在数字和通讯产品领域的独具特色的“产业凝聚力”，促使引进项目由“逐利而居”的“候鸟”变为与区域共荣、共赢的“留鸟”。

可持续发展亟待凸显创新驱动

“大众创业、万众创新”“中国制造2025”等国家战略的实施均剑指激发创新活力，以技术创新推动产业升级，进而实现我国由制造大国向“智造”大国的飞跃。在这一背景之下，加强科技创新是开发区适应新形势、主动落实国家战略的必然之举，同时也具有特别的现实意义。

长期以来，为各界所广泛认可的关于开发区转型升级的最终归宿，即是走向“科技工业园”，由此足见提升科技创新能力对开发区发展的重要性。并且，科技创新不仅是既有产业转型升级的根本动力，也是催生新产品、新业态甚至新行业的源头所在。因此，作为产业功能区，开发区必须基于强大的科技创新能力，才能有机会真正立于产业发展的最前沿。

诚然，科技事业的发展并非“种瓜得瓜、种豆得豆”般简单，其本身蕴含着较高的风险与不确定性。为此，开发区应树立起“从短期看，重视科技创新未必有成效；从长期看，不重视科技创新一定没出路”的共同认知。在具体的推进过程中，要实行“创新”和“驱动”两手抓——既要注重研发载体建设与创新资源聚集，全面促进研发机构和科研人员多出成果，又要注重科技成果转化，建立起科技与产业高效对接的平台和机制，促进创新成果和发明专利更多、更快地转化为实实在在的生产力。

在面对高新区、自主创新示范区的政策优势时，开发区绝不可妄自菲薄，而是要认清自身的独特优势，即业已拥有的雄厚的产业基础。与其他类型功能区相比，开发区聚集的工业企业繁多、制造业发展实力强劲已经成为不争的事实。而高度集中的生产活动，不仅会不断提出对技术进步和生产工艺改进的现实需求，而且更能够为科技成果的应用、转化提供广阔舞台，有利于科技和产业的融合联动发展。

同时也应注意，开发区要科学选择科技创新的培育模式和发展道路。在方向选择上，要根除“胡子眉毛一把抓”的四面出击行为，以及一哄而上式的跟风倾向，必须在认真研究自身基础和发展优势的前提下，锁定与主导产业相关的生产工艺和产品创新领域，并集中投入公共资源。在成果考查上，也不应局限于研发机构、领军人才、专利数量等表象指标，而应更加关注科技对区域经济发展的实际贡献，并适度增加科技成果产业化、形成直接经济产出、技术改造带来的经济效益等因素在科技工作评价中的权重。

提升现有能级亟待推进产城融合发展

近年来，投资者对生活环境、休闲娱乐、文化服务等方面的要求与日俱增，城市服务功能对产业发展的支撑作用不断凸显，产城融合发展无疑成为各开发区的共同选择，并纷纷在公共资源配置、空间布局等方面展开了一系列探索和实践。

由于大部分开发区的国批面积空间有限，难以同时支撑产业功能和城市功能的充分发展，因此就需要按照“跨界思维”从区域整体角度出发，通过规划的有机衔接，实现与周边区域的协同联动发展，以弥补自身空间不足带来的缺憾。在具体实施中，许多开发区采取了托管乡镇或与地方政府合并的方式，这种做法虽然有利于统筹区域发展，形成“一盘棋”的合力，但其缺陷在于，开发区将由此背负起较为沉重的社会管理负担，且新老体制的相互磨合与适应往往需要付出较大的效率成本和时间成本。

从实践可见，事实上，社会管理所耗费的人力资源往往要大于经济管理——同样面积的生活区与工业区相比，显然需要配置更多的管理人员。而开发区要发展城市功能就必然会带来大量的社会管理事务，也需要相应人力、物力的投入，这便对机构、人员高度精简的管委会体制形成巨大挑战：如果因事设岗，增加人员和机构，将面临上级政府的严格限制；选择墨守“精简”成规不作调整，又必然左右支绌、捉襟见肘，无法确保管理到位。面对这一“两难”境地，就需要破除“为精简而精简”的惯性思维，实事求是地对人员和机构进行调整与充实。

需要认识到，开发区的本质属性是经济功能区，这就决定了其发展城市功能的最终目的绝非是建设“新城市”，而是为了建设具有高水平城市服务功能的“综合性产业功能区”。由此，产城融合发展的着眼点应是以更加完善和更高品质的城市功能服务于产业发展，而并非单纯地提升自身的城市化水平。换言之，在推动产城融合发展的过程中，要始终将有利于产业规模扩大和产业能级提升作为首要考量因素，对城市功能建设则要设定一个合理限度，无需追求各种功能和设施的齐头并进、面面俱到，而是要突出重点，围绕产业发展的实际需求集中投入。

深挖土地使用效益的市场化之路
——以上海临港产业区为例

文/上海临港经济发展（集团）有限公司 邓浩强

目前，上海市已经正式明确“至2020年严格锁定建设用地规模总量为3 226平方公里”。如果以2013年的建设用地规模为基础进行测算，2020年以前，全市新增建设用地总量至多仅有150平方公里。因此，在土地总量锁定而增量有限的背景下，如何充分发挥市场在土地资源配置中的决定性作用，切实依靠土地利用方式的转变有效盘活存量土地以支持产业发展，已经成为开发区亟待解决的重要课题。

土地利用进入“新常态”

从“增量时代”转向“存量时代”。随着开发建设的不断深入，增量土地资源的“紧约束”日益凸显。截至2014年年底，临港重装备区已用工业用地的比重达到总量的60%；并且，全市明确实施的“总量锁定、增量递减、存量优化、流量增效、质量提高”的土地管理新策略，将新增建设用地指标与集建区外的低效建设用地减量化挂钩，即要“增”须先“减”，这就使包括新增建设用地指标和耕地占补平衡指标等在内的土地指标日益紧缺。面对这些全新情况，将工作重点转向存量土地，并设法提高存量土地的利用绩效，自然成为临港产业区土地利用的主要任务。

从“产业为主”转向“产城融合”。建设初期，临港产业区以产业开发为主，主要通过工业化带动城市化发展。如今，伴随产业基础的逐步夯实和人气的不断集聚，产业区开始步入“产城融合”发展的新阶段，走上了“工业化”与“城市化”并举的发展之路。相应地，土地利用也由开发初期的以工业用地开发为主转向工业、居住、商业、商务办公、旅游休闲等类型土地的融合开发。受此影响，新增工业用地的比重势必将进一步下降。而若要继续发展先进制造业和高新技术产业，就必须对存量工业用地进行有效的挖潜利用。

从“单一利用”转向“复合利用”。过去，临港产业区的土地利用以单一的制造功能为主，主要用于支持先进制造业的发展。未来，除要继续夯实既有的先进制造业基础外，还将着力发展 IT、TMT 等新兴产业，为此就要充分认识新兴产业对土地利用需求具有的复合性特点，讲求办公、居住、休闲、学习等多功能的融合。

“特福隆”案例的特别意义

2014 年 3 月，临港产业区促成特福隆（上海）科技有限公司与临港集团下属新经济园开发公司签订土地转让合同，特福隆公司受让对方节余工业用地 68 亩（4.53 公顷），并于 2015 年 5 月办结房地产权属登记，成为全市首例成功分割转让工业企业节余土地的案例，开创了一条盘活存量土地的新路径，对开发区创新存量土地盘活方式、提高土地集约利用水平具有一定的示范意义。

规范化的分割转让操作流程。尽管土地分割转让的行为有法可依，但在临港特福隆案例成功之前，尚无先例可循。因此，其规范化的土地分割转让操作流程，必将对后续同类型项目的操作产生较强的借鉴意义。第一，由拟分割转让土地的土地使用权人向原出让土地的土地管理部门提出分割转让申请，并提交高新技术产业化和重大产业项目认定证明等材料。第二，土地管理部门对转让申请进行审核，确定可转让地块的面积及规划条件。第三，签订土地使用权转让合同。土地使用权人与意向受让人根据审核意见签订土地使用权转让意向书，并在土地交易市场进行公示。公示期满且无异议后，由当事人签订国有土地使用权转让合同，并按国家规定缴纳有关税费。第四，变更原土地出让合同。土地管理部门与原土地使用权人变更出让合同，与受让人签订出让合同。原土地使用权人与受让人依据相关规定，申请办理房地产登记。

强化土地分割转让的对标审查。根据规定，工业企业分割转让节余土地需要满足四个条件：一是受让项目必须为高新技术产业化项目或战略性新兴产业项目。特福隆项目的主要产品为智能型电动执行器，是一种高性能、多功能的具有网络总线控制功能的自动化控制设备，属于临港产业区鼓励发展的新能源装备制造产业的关键核心部件的研发制造环节，对提升产业能级具有重要意义。项目建成投产后，预计将年产 50 000 台智能型电动执行器，产值超过 18 亿元，每年税收超过 1.8 亿元，经济效益良好。并且，该项目已于 2013 年 11 月经《关于支持 2013 年战略性新兴产业项目（第三批）土地指标的函》（沪规土资综〔2013〕777 号）被认定为战略性新兴产业项目，符合分割转让的条件要求。二是原用地项目的用地手续合法合规，且用地水平符合合同要求。特福隆项目用地原属于临港新经济园公司，是该公司一期标准厂房项目的三标段用地，整个项目用地约 16.29 公顷，于 2006 年通过出让方式合法取得。截至 2013 年年底，项目一标段和二标段的标准厂房已建成投产，累计固定资产投资达 25 944 万元，完成工业总产值 122 200 万元，主营业务收入 94 000 万元，利润 28 200 万元，税收 9 400 万元，已经达到核准备案时承诺的产业用地指标。三是企业已用土地面积不少于出让总面积的 50%。截至 2013 年年底，新经济园一期标准厂房项目已建成土地 10.41 公顷，节余土地 5.88 公顷，已开发土地的比例为 63.9%。四是节余土地满足规划分割条件并可独立开发。新经济园项目的节余土地现状为空地，规划用途为工业用地；已建标准厂房均与现有空地在空间上相互独立，现有空地的分割转让开发不影响已建工程。

利用节余土地推动产业升级

充分认识利用节余土地的优势。利用节余土地是顺应国家推行土地集约利用方针的一项基本举措，对企业和园区的长远发展均具有一定的积极意义。一是操作简便，利于项目快速落地。企业节余土地的用地条件成熟，不涉及拆迁和土地指标，仅需办结土地分割转让手续，即可合法合规地进行再利用和开发，有利于适宜项目的快速落地。二是切实提升土地使用效益。企业将节余土地分割供给新企业，从而使自身的用地面积减少，在经济产出等指标保持不变的情况下，企业的土地集约利用水平自然得到显著提升。

注重发挥园区开发主体的统筹功能。由于土地升值的利益趋向，那些并非园区开发主体可以控制的企业对于分割节余土地的态度往往较为消极，因而，前期进行的沟通和说服工作就显得尤为关键和必要。只有通过细致到位的沟通并辅以必要的配套激励措施，才有可能促成原用地企业腾出节余土地。基于这一经验，建议在供地环节更多地配置标准厂房用地、研发用地等产业用地提供给园区开发主体，确保其能够有效地发挥开发主体的产业服务功能和资源调配功能。

加强规划联动与信息沟通。受现行城市控制性详细规划、周边配套设施以及产业项目本身用地情况的特定影响，使部分企业即使存有一定规模的节余土地，也难以真正实施分割转让，这在某种程度上导致了土地资源的闲置与浪费。对此，土地利用的规划编制应从“源头”视角出发，保留适度的灵活性和兼容性，在两者的紧密互动中，使规划能够为利用节余土地创造有利条件。同时，园区开发主体应与区内用地企业建立紧密的信息沟通联系机制，及时把握企业投资计划变更意向和用地进度，对有潜力节余土地的企业进行重点跟踪和服务。此外，建议可在总结特福隆案例规范化操作流程的基础上，进一步出台操作指引，以便更好地指导园区和企业开展节余土地的分割转让工作。

综 合 篇

2015年北京市开发区发展情况综述

一、数据情况

北京市经国家发改委审核公告的开发区数量为19个，其中国家级开发区3个，市级开发区16个。3个国家级开发区分别为中关村自主创新示范区、北京经济技术开发区、北京天竺综合保税区。2015年，北京市开发区主要经济指标持续增长，企业经济效益明显改善，开发区招商工作取得明显成效，土地集约利用水平进一步提高。

1. 开发区经济规模稳步扩大，总收入和利润总额同比增长。2015年，北京市开发区实现总收入4.6万亿元，同比增长12.5%。其中，中关村国家自主创新示范区实现总收入4.1万亿元；16个市级开发区实现总收入4 907亿元。北京市开发区实现利润总额384.6亿元，同比增长54.1%。其中，中关村国家自主创新示范区实现利润总额3 404.5亿元；16个市级开发区实现利润总额250.5亿元。

2. 招商引资工作取得丰硕成果。2015年内，北京市国家级开发区招商项目个数共计52 574个，项目总投资1.82万亿元，注册资本1.61万亿元。其中，三资企业注册资本2 267.1亿元；外商实际投资225.3亿美元。市级开发区招商项目个数共计18 888个，项目总投资3 254.1亿元，注册资本2 265.1亿元。其中，三资企业注册资本332.6亿元；外商实际投资60.3亿美元。中关村国家自主创新示范区招商项目个数40 443个，项目总投资1.46万亿元，注册资本1.27亿元。其中，三资企业注册资本1 821.4亿元；外商实际投资176亿美元。

3. 土地集约利用率有所提高。2015年，北京市开发区规划面积466.9平方公里，比2014年增加41.1平方公里。其中，3家国家级开发区规划面积421.9平方公里，占全市开发区面积的97%。截至年底，全市开发区累计开发土地面积和累计供应土地面积分别为315.3平方公里和287.9平方公里，占规划面积的比重分别为67.5%和61.7%。累计已建成城镇建设用地面积254.7平方公里，占规划面积的比重为54.6%。全市开发区已建成城镇建设用地每公顷土地实现总收入14 589.3万元。其中，中关村国家自主创新示范区每公顷土地实现总收入14 246.5万元。

二、积极推进生态工业园区建设工作

2015年是贯彻落实《北京市2013—2017年清洁空气行动计划》，推进市级以上开发区生态化建设工作的第一年，也是检验北京市开发区生态化建设成效的关键年。2015年共组织27个开发区开展了生态化建设自评并完成方案编制工作，落实了一批生态化建设项目，完成了13个开发区的评定申报及现场考察工作，共计10个开发区通过北京市生态工业园评定。评定的具体内容为：一是生态化组织协调机制实现实质运转；二是组织开发区开展自评并完成方案编制工作；三是推进北京市级以上开发区生态化建设项目，积极争取财政部门资金支持；四是组织开展2015年度“北京市生态工业园区”评定工作。

三、北京市开发区发展空间调查与高精尖产业布局工作

2015年，北京市经信委开展了北京市开发

区产业空间发展现状调查和高精尖产业布局工作，通过对开发区土地空间以及区内企业发展情况的调研分析，为北京市产业结构调整工作和下一步合理配置资源、优化布局，促进高精尖产业发展提供有力支撑。

一方面，北京市经信委与北京市统计局、市规委、市国土局、市工商局、区县多渠道对接获取了北京市开发区内 6 868 家工业企业（其中规模以上工业企业 1 923 家）有关数据，特别是北京市开发区内单个工业企业用地和租用标准厂房数据以及经济指标数据。另一方面，开展数据整理分析工作，以开发区集约评价和禁限目录为两把尺子，调查测算出全市开发区存量土地空间和企业调整腾退空间。同时研究提出支撑高精尖产业发展空间的措施建议，并已经形成了初步成果。

四、推进新型工业化产业示范基地建设

按照工业和信息化部的要求，北京市经信委组织了“软件和信息服务·北京中关村科技园区海淀园”和“军民结合·北京大兴区”第三批示范基地复核工作，组织推荐了“工业设计·北京大兴经济开发区”申报工信部第七批国家新型工业化产业示范基地，通过新型工业化产业示范基地的创建，极大地调动了北京市各区县推动开发区升级改造的积极性，进一步提高了北京市开发区的发展质量和水平。

（北京市开发区协会）

2015年上海市开发区发展情况综述

一、概况

“十三五”期间，上海市产业空间布局进一步优化。2006 年经国家开发区清理整顿后，形成了 41 个公告开发区，其中 38 个为工业开发区；2009 年全市实施产业区块梳理和“两规合一”，（“两规”即城市总体规划和土地利用总体规划），形成了 104 个园区，总规划面积约为 789.3 平方公里，分为公告开发区、产业基地、城镇工业地块三类。其中，国家公告开发区 487.7 平方公里，产业基地 179.4 平方公里，城镇工业地块 122.2 平方公里。

2015 年上海市开发区经济运行呈现以下主要特点：

二、开发区经济规模保持稳定

2015 年，上海市开发区在经济呈现新常态的情况下，实现营业总收入 628 843.54 亿元，同比增长 0.39%。2015 年全市营业总收入千亿元以上的开发区（产业基地）有 12 个，上海综合保税区产业规模继续保持 1.5 万亿元以上，上海金桥经济技术开发区和国际汽车城的经济规模接近 6 000 亿元，张江高科技园区和漕河泾新兴技术开发区规模超过 3 000 亿元，嘉定工业区超过 2 800 亿元，康桥工业区、上海松江经济技术开发区、上海市市北高新技术服务业园区、上海青浦工业园区、松江出口加工区和莘庄工业区等超过 1 000 亿元，成为全市开发区经济能级持续提升的龙头和重要引擎。

三、开发区转型升级的成效明显，园区三产比重进一步增大

2015 年，上海市开发区二、三产业营业收入之比为 46.83∶53.17，产业结构中三产所占比重比 2014 年进一步提高 1 个多百分点。2015 年全市开发区第三产业比重首次超过第二产业后，以市级开发区为代表的制造型园区的第三产业也呈现快速发展态势，出现二、三产业互相良性促进的局面，开发区产业结构趋于合理，转型升级进一步取得成效。

受中国（上海）自由贸易试验区三产比重超 95% 的影响，浦东新区三产比重超过 50%。园区中上海市市北高新技术服务业园区、中国（上海）自由贸易试验区三产比重超过 95%。

四、工业生产出现可比下降，开发区占全市比重有所下降

2015 年，上海市开发区规模以上工业企业完成工业总产值 24 162.84 亿元，占全市规模以上工业总产值的 77.7%，可比下降 1.3%。近 4 年全市开发区工业生产总体平稳，开发区规模以上企业工业生产占全市工业生产的比重从 2010 年的 72.91% 增加到 2014 年的 79.3%，2015 年比重下降 1 个多百分点，为 77.7%，可比增长在较窄范围内上下波动，呈现出新常态。

工业向园区集中进一步提升，园区规模基本保持稳定。浦东新区、嘉定区和松江区是本市开发区生产规模最大的前 3 个区县，3 个区县共完成产值 15 762.29 亿元，占全市开发区规模以上企业完成产值的 59.9%，比重比 2014 年提升 1 个百分点。

对园区的经济总量进行分析，2015 年国际汽车城以 2 990.83 亿元排名第一，上海浦东康桥工业园区以 1 827.23 亿元排名第二，上海金桥经济技术开发区以 1 825.63 亿元排名第三；松江出口加工区、上海松江经济技术开发区、嘉定试点园区和青浦工业区（试点园区）是全市开发区工业企业 2015 年超千亿元的园区。从重点园区增幅分析，上海浦东康桥工业园区以 18.2% 排名上海市重点开发区增速第一，张江高科技园区紧随其后。

开发区工业对外出口受“一带一路”影响，竞争力有所提升。2015 年上海市开发区规模以上企业出口交货值实现 6 594.76 亿元，同比下降 1.1%，占全市开发区规模以上工业总产值比重的 27.34%，占全市工业出口产值的 87.1%。

上海市市级以上开发区出口交货值从 2005 年到 2010 年呈现金额增加而占比下降趋势，从 2011 年到 2014 年开始呈现金额与占比双降趋势，2015 年呈现金额下降而占比上升的趋势，说明开发区工业企业外向依存度已经触底，国外市场随着“一带一路”逐渐受重视，开发区内的内资企业在重视国内市场的同时逐渐向国际市场发展，扩大生产规模，化解产能过剩和国内市场不足的矛盾。

单位土地产出水平逐步提高。上海市开发区工业用地 2015 年平均产出率为 83.8 亿元 / 平方公里(按已建成工业用地计算)。分析各区(县)的情况，闸北区和嘉定区以超过 140 亿元 / 平方公里排在前两名，浦东新区以 138.9 亿元 / 平方公里排名第三，上海化学工业经济技术开发区（不含两分区）超过 100 亿元 / 平方公里。

五、产业集群规模化发展成效显著

2015 年，上海市规模以上工业企业行业超过 500 亿元的有 11 个。其中，汽车制造业超过计算机、通信和其他电子设备制造业排名第二，生产总值超过 4 500 亿元，为上海市开发区制造业的第一阵营；化学原料、化学制品制造业和通用设备制造业超过 2 000 亿元产业规模，为第二阵营。十大行业的规模以上工业企业 2015 年共完成工业总产值 19 992.6 亿元，占全市开发区完成工业总产值的 82.7%。同时，全市的五大行业中有四个行业属于先进装备制造业，说明全市开发区产业结构调整取得了一定成效。超千亿元规模的行业还有电气机械和器材制造业、黑色金属冶炼和压延加工业以及石油加工、炼焦和核燃料加工业三个行业。

六、工业企业销售同比下降，利润全年小幅下降

2015 年，上海市开发区规模以上工业企

业实现主营业务收入 26 553.59 亿元，同比下降 4.6%；开发区规模以上工业企业利润总额为 2 062.98 亿元，占全市规模以上工业企业利润的 77.8%，同比下降 2.3%；开发区工业企业利润 2 ~ 12 月呈现大幅上下波动走势，全年同比下降 2.3%，其中 8 月同比下降 51%，而 11 月同比大增 79.7%，12 月则又下降了 35.4%。近 4 年来上海市开发区工业企业利润呈现不稳定态势。

工业企业销售利润率比 2014 年进一步增加。2015 年上海市开发区规模以上工业销售利润率为 7.77%，其中市级以上开发区销售收入利润率为 8.09%。全市开发区工业企业销售利润率从 2010 年的 7.07% 下降到 2011 年的 6.18% 后逐年增加，2015 年达到近 6 年的最高点。

七、自贸区影响持续扩大，外内资大幅增长，实到外资同比增长

外资合同金额大幅增长，市级以上开发区外资金额同比增加。2015 年，开发区累计引进外资项目 4 353 个，同比增长 31.87%。中国（上海）自由贸易试验区对外资的影响在 2015 年持续增大，自贸区引进 2 888 个外资项目。

2015 年，上海开发区累计吸引合同外资金 745.59 亿美元，同比大幅增长 261.31%。中国（上海）自由贸易试验区、陆家嘴金融贸易区、张江高科技园区和漕河泾新兴技术开发区等国家级开发区 2015 年对外招商形势继续保持良好的态势，合同金额与项目数同比都大幅增长。

实际到位外资同比增长。2015 年，上海市实际到位外资金额为 75.77 亿元，同比增长 11.27%，其中市级以上开发区为 72.05 亿元，同比增长 17.61%。实际到位外资中，国家级开发区实际到位外资为 55.66 美元，占全市开发区实到外资的比重接近 75%，并且同比大增 42.1%，拉动实到外资同比增加。

自贸区对引进内资具有重大拉动作用，开发区引进内资大幅增长。中国（上海）自由贸易试验区对全市引进内资具有重大拉动作用。2015 年，上海市开发区引进内资项目 37 571 个，同比增长 9.7%，落户内资企业注册资本金为 9 873.63 亿元，同比增长 93.2%。其中，国家级开发区为 8 208.6 亿元，同比增长 99.2%。自贸区扩区到陆家嘴、金桥、张江等开发区，对这些开发区的招商引资有巨大影响，园区引进内资项目数与资金也大幅增长。

八、投资同比有所下降，工业投资占全市比重有所提升

据不完全统计，2015 年上海市开发区完成固定资产投资额为 1561.79 亿元，同比下降 6.4%。2015 年全市固定资产投资下降主要是受中国（上海）自由贸易试验区、上海化学工业经济技术开发区、上海松江经济技术开发区等园区投资下降较大所致。

2015 年，上海市开发区累计完成工业固定资产投资 778.79 亿元，同比下降 11.86%；连续 3 年全市开发区工业投资呈现下降，占全市工业投资的 81.36%，比重提升近 1 个百分点。

九、上缴税金增长呈现新常态，第三产业保持稳定

受经济发展的影响，上海市开发区上缴税金增长呈现新常态。2015 年，全市开发区上缴税金 4 843.73 亿元，同比增长 8.9%，低于全市税收增幅，占全市税收的 34.62%。新常态下经济发展对开发区的税收具有一定的影响。

2015 年，上海市共有 11 个园区税收超过 100 亿元。其中，中国（上海）自由贸易试验区上缴税金 1 580.32 亿元，排名第一，陆家嘴金融贸易区排名第二，上海金桥经济技术开发区和国际汽车城(合计)排名第三、四位，上缴税金超过 300 亿元。张江高科技园区等 7 个园区上缴税金超过 100 亿元。

第三产业保持较快增长，园区规模持续扩大。2015 年，上海市开发区第三产业实现营业收入 33 039.55 亿元，同比增长 2.4%。2015 年，全市共有 7 个园区第三产业营业收入超过 1 000 亿元。其中，中国（上海）自由贸易试验区达

到 14 585.54 亿元，排名第一，上海金桥经济技术开发区排名第二，漕河泾新兴技术开发区、国际汽车城（合计）和张江高科技园区排名第三、四、五位，第三产业营业收入超过 2 000 亿元。

十、2015 年上海市开发区主要工作特点

（一）中国（上海）自由贸易试验区创新改革步伐加快

扩区后的中国（上海）自由贸易试验区正在快速发展，自贸区以 1/10 的占地面积创造了浦东 3/4 的生产总值，以 1/50 的占地面积创造了上海市 1/4 的生产总值，自贸区经济活力明显增强。企业设立方面，2015 年新设企业 1.8 万家，比 2014 年新设企业的 1.5 万家增长了 20%；外商投资方面，2015 年新设外资企业数量相当于 2014 年的 1.5 倍，全市近一半外资企业落户在自贸区；境外投资方面，2015 年自贸区共办结境外投资项目 636 个，相当于 2014 年 149 个的 4.3 倍。自贸区的核心功能不断提升。金融功能方面，在自贸区金融改革的带动下，2015 年上海市金融市场交易额达到 1 463 万亿元，相当于 5 年前的 3.5 倍；贸易功能方面，2015 年自贸区内的保税区片区完成进出口额 7 415.5 亿元，占上海市的 26.4%；航运功能方面，2015 年洋山港和外高桥港区合计完成集装箱吞吐量 3 357.2 万标箱，增长 3.7%，支撑上海港继续位列全球第一。

（二）张江自主创新示范区引领效应明显

2015 年是上海建设具有全球影响力的科技创新中心的重要一年，也是创建张江国家自主创新示范区的第五个年头。在上海市委、市政府关于建设具有全球影响力科技创新中心“一号课题”的指引下，张江示范区对接“一号课题”，集聚社会优质资源、加强市场化运作，实现在创新和创业环境上的优化配置，体现了张江示范区在国家长三角一体化战略中的重要地位和建设全球科技创新中心的核心示范作用。建设张江综合性国家科学中心，是上海建设科技创新中心的突破口和载体，吸引了一批国家大科学设施、大科学计划落户上海，依托包括“国家队”“地方队”和“海外队”在内的各类中外优秀科研机构，合力推进张江综合性国家科学中心建设。

（三）临港产业区发展迅猛

在全球经济下行紧迫局势之下，临港产业区仍然交出一张漂亮的成绩单，园区能够取得这样的成绩，关键在于狠抓产业、园区和企业“三个转型”。2015 年，临港集团各开发园区的企业营业收入达到 6 084 亿元，同比增长 13.3%；园区企业利润达到 315 亿元，同比增长 33.8%；属地税收 267 亿元，同比增长 25.7%，园区整体经济质量持续提升。临港产业区围绕建设国际制造中心的目标，积极推动原有的高端装备制造基地转型升级为工程技术创新中心，启动临港科技创新城和创新创业带的建设，加快实现“临港制造”向“临港智造”的转型升级。2014 年，临港产业区招商引资总额高达 150 亿元，固定资产投资 113 亿元，预计占整个临港地区计划完成额 228 亿元的 50%，继续发挥了临港开发建设的主力军作用。

（四）产业园区空间及转型升级“十三五”规划编制完成

按照编制《上海城市总体规划（2015—2040）纲要》的要求，2015 年完成了《上海工业和生产性服务业空间布局专项规划（2040）》，明确提出了面向 2040 年全市产业体系和用地规模、信息化与工业化、城市化深度融合、规划土地管理政策保障等方面产业发展的意见，明确提出了 2020 年高端制造业规划用地规模不低于 500 平方公里，2040 年高端制造业规划用地规模不低于 450 平方公里。

编制完成《上海工业区转型升级“十三五”规划》，明确“十三五”期间全市工业区转型升级指导思想和主要思路，坚持底线思维，以推进工业区创新、升级、改造、转型、联动“五大工程”为重点，全面推动全市工业区成为打造上海全球城市及有全球影响力的科技创新中心的重要经济发展平台，成为上海建设国际经

济中心的主战场，成为推动上海先进制造业发展的主战场，成为推动上海“四新”（新技术、新产业、新业态、新规模）经济发展的主战场，成为推动上海城市功能更新的主战场。

上海开发区开始推动构建“3+1”产业园区空间体系。根据区（县）总体规划确定的空间布局结构，确定区（县）产业发展的总体布局，以加强产业与生活的空间融合、推进产业转型升级为导向，形成“产业基地—产业城区—产业社区”+“零星工业用地”的“3+1”产业园区空间体系，明确现有“104、195、198”的转型路径和管理策略。

（五）国家级新型工业化产业示范基地创建工作持续推进

上海开发区积极开展国家新型工业化产业示范基地创建工作。2015 年，嘉定工业区、青浦区成功创建第六批“国家新型工业化产业示范基地”，至此，上海先后六批共 15 家示范基地获工信部批准并授牌，提前实现了《上海市工业区转型升级三年行动计划（2013—2015 年）》提出的“力争到 2015 年创建国家级产业示范基地 15 个左右”的目标。宝山区（新材料）、市北高新技术服务业园区（软件和信息服务业）正在创建第七批“国家新型工业化产业示范基地”，金桥经济技术开发区、闵行区军民结合（民用航天）2 家基地的复核工作成功完成。同时，嘉定智能网联汽车产业基地、漕河泾松江新兴产业园正在争创上海市级新型工业化产业示范基地。这些产业示范基地坚持科技创新、要素集约、结构优化、质量提升、转型发展，已成为引领全市开发区产业经济发展的动力和引擎。

（六）首批“四新”经济创新基地获得批准

2015 年，经各区（县）经济信息化委、经委（商务委）和张江高新区分园管理机构推荐，并经试点区域所在区（县）政府审核同意，第三方机构初评、专家评审、部门会商，以及市经济信息化委和张江国家自主创新示范区门户网公示等程序，首批 50 家、第二批 35 家上海市“四新”经济创新基地建设试点单位获得两委授牌。这些试点基地主要集中在大数据与云计算平台、高端医疗器械（设备）、互联网金融、互联网教育、工业机器人、3D 打印、网络视听等 30 余个细分领域。

在工业和信息化部的大力支持和指导下，工业和信息化部、上海市人民政府共同签署了《关于推进“四新”经济实践区建设、促进上海产业创新转型发展的战略合作协议》，合力发展以新技术、新产业、新业态、新模式为特征的“四新”经济，全面落实《中国制造 2025》，主动对接国家制造强国战略目标，加快推进新型工业化进程，以及上海建设具有全球影响力的科技创新中心。

（七）开发区行业标准制订取得重要成果

2015 年 7 月，由上海市经济和信息化委员会提出、上海市服务标准化技术委员会归口、上海市开发区协会组织编制的上海市地方标准《产业园区服务规范》，经上海市质量技术监督局批准，并由国家标准化委员会地方标准备案公告正式颁布。这项标准为推荐性地方标准并系首次发布。这项标准结合全市产业园区 30 年来的发展经验和现有运营实际，借鉴上海自贸区先行先试的成功经验，结合产业园区创新驱动，转型升级的发展目标，在服务基本要求、服务条件和服务内容等方面都作了明确的、可操作的具有时代特点的规定。

上海开发区还制定了全国首份《产业园区创业服务体系建设导则》。《上海市产业园区创业服务体系建设导则 (2015 版)》基于上海产业园区的发展现状，借鉴硅谷、新竹、中关村、张江等国内外优秀园区创业服务体系建设的经验，按照新时期经济创新转型的总体要求，在产业园区创业服务体系建设的服务范畴、重点内容、运营支撑和体系评估等方面制定了相应的操作规范，为产业园区建设和完善创业服务体系提供参考。

（上海市开发区协会）

2015年江苏省开发区发展情况综述

一、概况

江苏省作为沿海开放地区，是最早建设开发区的省份。江苏省开发区经过30多年的建设，成为外商投资的密集区、新兴产业的集聚区、科技创新的先导区、改革开放和产城融合的示范区。截至2015年年底，全省共有各类省级及以上开发区131家，其中国家级开发区44家，省级开发区87家。

2015年，在江苏省委、省政府的领导下，全省开发区认真贯彻党的十八大和十八届三中、四中、五中全会精神，深入学习习近平总书记系列重要讲话精神，特别是视察江苏重要讲话精神，认真落实省委十二届十一次全体会议精神，践行五大发展理念，坚持以提高发展质量和效益为中心，加快调整结构和转型升级，努力走可持续发展之路。全省开发区在新常态下主要经济指标总体稳定，稳中有进，经济建设发展持续保持良好态势。

二、综合发展情况

2015年，江苏省开发区继续成为带动全省经济发展的重要“增长极”。全省开发区（不含省级及以上高新类开发区，下同）实现业务总收入141 160.26亿元，地方一般公共财政预算收入2 966.64亿元，同比分别增长8.9%和14.7%。国家级开发区实现业务总收入68 315.26亿元，地方一般公共预算收入1 442.33亿元，同比分别增长3.8%和9.5%。全省开发区呈现出苏南地区在高平台上平稳增长、苏中地区快速发展、苏北地区稳中求进的发展态势。

工业经济。开发区产业规模稳步增长。全省开发区结合自身特点，着力加快重点产业发展，现代化新兴产业集聚效应明显，产业规模稳步增长。开发区实现规模以上工业增加值18 491.68亿元，同比增长9.8%(现价，下同)。其中，国家级开发区实现规模以上工业增加值9 308.93亿元，同比增长5.4%。

开发区产业结构进一步优化。围绕转型升级的目标，全省开发区内产业不断调整、优化和集聚，结构进一步优化。全省开发区完成主导产业增加值16 739.33亿元，同比增长12.6%。其中，国家级开发区完成主导产业增加值8 112.62亿元，同比增长8.9%。

固定资产投入。全省开发区根据产业特点和经济发展要求，努力做好转型升级、创新发展。全省开发区完成全社会固定资产投资19 459.90亿元。其中，工业项目固定资产投资11 931.84亿元，同比分别增长12.4%和6.6%；完成基础设施投资2 592.91亿元，同比增长28.7%。国家级开发区完成全社会固定资产投资7 661.55亿元，同比增长5.5%，工业项目固定资产投资4 164.30亿元，同比下降6.2%；完成基础设施投资880.12亿元，同比增长16.4%。

招商引资。全省开发区面对复杂多变的国际经济形势，积极营造良好的投资环境，不断创新。全省开发区实际利用外资145.38亿美元，占全省比重的59.9%，其中国家级开发区实际利用外资85.97亿美元。全省开发区新批外商投资企业1 480家，同比下降18.1%，占全省比重的57.4%。其中，国家级开发区新批外商投资企业867家，同比下降9.7%。

开发区吸引内资企业快速增长。全省开发区新增内资企业注册资本 6 133.74 亿元，同比增长 31.1%。其中，工业项目注册资本 1 732.68 亿元，同比下降 2.4%。国家级开发区新增内资企业注册资本 3 421.73 亿元，同比增长 34.9%。其中，工业项目注册资本 663.65 亿元，同比下降 2.4%。全省开发区新增内资企业 66 120 家，同比增长 46.7%。其中，国家级开发区新增内资企业 43 565 家，同比增长 74.9%。

对外贸易。开发区进出口保持低位增长。全省开发区奋力开拓国际市场，对外贸易逐步企稳。全省开发区实现进出口总额、出口额和进口额分别为 3 289.05 亿美元、1 961.54 亿美元和 1 327.51 亿美元，同比分别下降 2.5%，0.1% 和 5.8%，分别比全省增速高 0.7 个、0.8 个和 0.9 个百分点，各占全省的 60.3%，57.9% 和 64.1%。国家级开发区实现进出口总额和出口额分别为 2 694.44 亿美元和 1 544.13 亿美元，同比分别下降 3.5% 和 2%。

科技创新。全省开发区积极推进科技创新载体建设，努力营造良好的创新发展环境。全省开发区内设有高新技术孵化器、众创空间 337 家，孵化器、众创空间内共有 22 229 家企业，同比分别增长 33.7% 和 38.9%。全省开发区当年新增授权发明专利 12 088 项。全省开发区内现有高新技术企业 5 793 家，完成工业产值 27 752.97 亿元，同比分别增长 20.3% 和 7.5%。其中，国家级开发区内有高新技术企业 3 077 家，完成工业产值 13 664.04 亿元，同比分别增长 14.9% 和 0.4%。

社会贡献。全省开发区在稳增长的基础上，加快调结构、促转型，走可持续发展之路，转型升级取得了显著成效。全省开发区期末从业人员达 866.09 万人，同比下降 11.4%。其中，工业从业人员 612.44 万人，同比下降 8.9%；境外人士在开发区从业人员 5.2 万人，同比下降 9%。国家级开发区期末从业人员 416.66 万人，同比下降 13.3%。其中，工业从业人员 306.27 万人，同比下降 9%；境外人士在开发区从业人员 4.02 万人，同比下降 10.3%。

生态环境。全省共有 107 家开发区开展生态工业园的创建。其中，通过验收并正式命名的国家级生态工业示范园有 14 家，国家同意创建的国家级生态工业示范园有 11 家。通过省级验收并正式命名的省级生态工业园 44 家，批准创建的省级生态工业园 48 家。

海关特殊监管区。全省现有 19 家海关特殊监管区。其中，综合保税区 17 家，出口加工区 1 家，保税港区 1 家。全省海关特殊监管区（不含保税港区）完成境外进区货物货值 427.93 亿美元，本区至境外货物货值 774.51 亿美元；国内至本区货值 902.80 亿美元，本区至国内货物货值 721.12 亿美元。

共建园区。共建园区是江苏省委、省政府为加快苏北振兴、促进区域共同发展采取的一项重大举措。经过多年的努力，全省共建园区已达 45 家。苏南开发区共派出 300 多名各级各类干部及管理人员到共建园区工作。

共建园区主要经济指标稳定增长。南北共建园区产出快速提升，全年完成工业产品销售收入 4 492.88 亿元，规模以上企业工业增加值 809.44 亿元，地方公共预算收入 85.22 亿元。共建园区完成基础设施投资 136.27 亿元，同比增长 40.3%；批准进驻园区项目 732 个，内资项目注册资金 199.83 亿元，实际到账注册外资 9.87 亿美元。开工在建项目 390 个，建成投产项目 1 359 个。

特色产业。截至 2015 年年底，全省开发区内累计批准设立了 158 家特色产业园区，主导产业销售收入超过百亿元的特色产业园区达到了 45 个。

知识产权。从 2011 年开始，在全省开发区开展知识产权试点示范园区建设，截至目前，共有 99 个开发区成为国家级、省级知识产权试点示范园区，占总数的 75.6%。其中，国家级示范园区 4 个，国家级试点园区 18 个，省级示范园区 21 个，省级试点园区 76 个。

江苏省分区域业务总收入和公共财政预算收入完成情况 单位：亿元

地区	业务总收入	同比增长 (%)	地方一般公共预算收入	同比增长 (%)
全省	141 160.26	8.9	2 966.64	14.7
苏南	77 135.35	7.8	1 611.56	11.9
苏中	34 359.03	14.8	642.96	33.9
苏北	29 665.88	5.4	712.12	6.9

江苏省工业增加值排位前 8 位的行业 单位：亿元

产业名称	完成增加值
计算机、通信和其他电子设备制造业	3 067.98
化学原料及化学制品制造业	1 845.30
通用设备制造业	1 511.54
电气机械及器材制造业	1 492.34
专用设备制造业	1 102.19
汽车制造业	1 086.04
铁路、船舶、航空航天和其他运输设备制造业	901.55
纺织业	714.76

注：2015 年江苏省开发区统计公报中不含省级及以上高新类开发区的数据，同口径计算同比。

（江苏省开发区协会）

浙江省经济（技术）开发区“十二五”暨 2015年经济发展情况综述

“十二五”时期，浙江省经济（技术）开发区以发展为第一要务，以“四个全面”战略布局为统领，以“五大发展理念”为引领，以“八八”战略为总纲，自觉肩负起“干在实处永无止境，走在前列要谋新篇”的新使命，在全球经济下行的大背景下，采取多种措施克服困难应对挑战。5 年间，全省开发区从快速发展转入稳定发展，发展模式从粗放型向集约型过渡、业态由传统向新兴过渡、功能从单一生产功能区向城市综合功能区过渡，虽在发展中遇到了不少困难和问题，但总体上路子越走越宽，层次越走越高，国际化水平日益提高，体制机制也在不断创新探索中取得较好成果。经过 5 年的发展，全省经开区成为带动地区经济发展和实施区域发展战略的重要载体，成为构建开放型经济新体制和培育吸引外资新优势的排头兵，成为科技创新驱动和绿色集约发展的示范区，成为大众创业和万众创新的落脚地。

一、“十二五”经济发展和平台建设主要亮点

（一）综合实力稳定增强

“十二五”期间，浙江省经济（技术）开发区各项经济指标年均增速较“十一五”期间回落，但仍然保持稳定增长。5 年累计实际利

用外资377.2亿美元，进出口总额7 595.7亿美元（含宁波保税区），实现规模以上工业增加值33 109.4亿元，年均增幅分别为8.8%，8.9%和11.2%。实际利用外资历年保持全省半壁江山的地位不动摇。对外贸易和工业总量5年来占全省比重分别从2010年的42.9%和46.0%提高到2015年的44.1%和61.5%。全省经济（技术）开发区对全省“十二五”时期的经济发展作出了显著贡献。

（二）平台建设取得重大突破

“十二五”时期，浙江省新获批国家级经济技术开发区10家、综合保税区2家；整合设立省级经济开发区10家；设立对台经贸合作区4家。至“十二五”期末，全省外向型平台有国家级经济技术开发区20家，国家级开发区1家，海关特殊监管区8家，省级经济开发区51家，列入省级经济开发区管理序列的区块3个。“十二五”时期，全省经开区累计投入基础设施建设资金7 926亿元，年均增速达到22.5%，平台建设取得重大突破。

（三）整合提升进入深化阶段

在“十一五”时期空间整合的基础上，“十二五”期间的新一轮整合提升重在“提升”，以创新体制机制为突破口，形成核心区和整合区不拘一格的统筹模式，以打造统一规划、统一招商、产业集群的大平台为目标，最大限度地减少小区域割裂造成的资源浪费，最大限度地发掘浙江省开发区的竞争优势。全省34家经开区进行了新一轮整合提升，发展理念得到升华，体制机制得以创新发展，各区块之间招商、规划、产业等正在融合，为今后进行统一规划、体制创新和夯实产业基础等方面作出了有益探索。

（四）转型升级有效推进

“转型升级”是经开区“十二五”发展的主线。“十二五”期间，全省经开区积极实施国际化战略，创建了11个国际产业合作园；积极开展“四换三名”工程，探索创建全省智慧开发区，推动创新发展；深化重点领域改革，开展产城融合等12个深化重点领域改革试点，积极复制自贸区改革试点经验；创新国际化招商模式，积极探索以区中园形式推动经开区国际化、品牌化发展，创建了37个“开发区特色品牌园区”和15个“外商投资新兴产业示范基地”；整合优化海关特殊监管区，海关特殊监管区开放型经济先行区作用进一步得到发展；建立了“争先进位、末位退出”机制，倒逼弱小经开区加快整合，推进转型升级。全省经开区产业较“十一五”末得到提升，新经济、新业态迅猛发展，汽车制造、医药制造等产业在一些经开区逐步取代纺织服装等传统制造业成为主导产业；工业土地总产值产出率提高55.5万元/亩；人均税收贡献提高1.8万元；5年获绿色企业称号的规模以上工业企业442家。

二、2015年浙江省经济（技术）开发区经济发展情况

（一）主要经济指标

截至2015年年底，全省经济（技术）开发区及其托管地区已开发面积2 082平方公里，其中工业用地1 054平方公里，规模以上企业3.5万家，外商投资企业1.1万家，就业人口654万。2015年主要经济指标状况如下：

利用外资。新批外资项目598个，合同利用外资127.5亿美元，实际利用外资90.5亿美元，分别占全省的33.6%，45.8%和53.4%。新批项目与合同利用外资与上年基本持平，实际利用外资同比增长5.1%，增幅较上年（2014年，下同）回落6个百分点。从区域看，杭州和宁波两市的经开区实际利用外资占全省经开区的52.2%，占全省的27.9%；从类别看，国家级经开区占全省经开区的67.4%，占全省的36%。2015年度全省经开区新批项目投资总额超过5 000万美元的94个，其中1亿美元以上的36个，占全省的58.1%；新批世界500强投资项目13个。

对外贸易。进出口总额、出口额和进口额分别为1 533.7亿美元、1 145.6亿美元和388.1亿美元，分别占全省的44.1%，41.4%和54.9%，同比分别下降2.6%，1.3%和5.6%，增

幅较上年有较大回落。从个体看，有12家省级经开区和2家国家级经开区进出口额实现10%以上增幅，但有16家跌幅超过10%，其中有7家为国家级经开区。

规模以上工业。规模以上工业企业21 622家，占全省的53.8%，年末就业人数390.7万人，实现规模以上工业增加值8 129.5亿元，同比增长9.3%，占全省的61.6%，比重较上年提高3.7个百分点，工业增加值率为20.3%。有13家经开区规模以上工业总产值超千亿元，其中7家为国家级，分别是宁波、嘉兴、杭州、甬石化、柯桥、杭州湾上虞和富阳经开区；6家为省级，分别是乐清、余姚、桐乡、德清、诸暨和海宁经开区。宁波和嘉兴经开区规模以上工业总产值超过2 000亿元。

财税收入。实现财政总收入3 067.4亿元，占全省的35.9%，其中税收收入2 813亿元，同比增长13.6%，占全省财政总收入的32.9%，占比较上年提高0.4个百分点。5家经开区税收收入超100亿元，其中4家为国家级开发区。

固定资产投资。全年限额以上固定资产投资11 023.2亿元，占全省的41.3%，同比增长14.5%，较全省高1.2个百分点。其中，基础设施投入2 327.9亿元，占全省的31.4%，同比增长21.4%，较全省低7.8个百分点；制造业投入5 392.4亿元，占全省的71.1%，同比增长18.1%，较全省高7个百分点。

浙江省经济技术开发区2015年主要经济指标

项目	绝对值	占全省比重(%)	增幅(%)	增幅较全省(%)
实际利用外资	90.5亿美元	53.4	5.1	−2.3
进出口总额	1 533.7亿美元	44.1	−2.6	−0.4
规模以上工业增加值	8 129.5亿元	61.6	9.3	+4.9
财政总收入	3 067.4亿元	35.9	13.6	+4.9
固定资产投资	11 023.2亿元	41.3	14.5	+1.3

（二）发展质量和综合效益情况

2015年，全省经济(技术)开发区招优引强、加大科技投入、加快引进培育人才、积极创建科技创新平台，打好组合拳，推进开发区创新发展，提质增效明显。

招优引强、招才引智，放大开发区集聚效应。开发区全年引进投资总额3 000万美元以上外资项目169个，其中，世界500强外商投资企业9个；当年设立备案总投资2亿元人民币以上内资项目670个；“国千”“省千”等专家人才入股项目142个。在人才培育引进方面，规模以上工业企业每万人科技工作人员795名，较上年提高5人；引用“国千”“省千”、院士和外国专家分别为382，402，155和560人次，分别比上年增加137，89，29和215人次。

发挥企业创新主体作用，推动科技创新驱动发展。经开区拥有省级以上高新技术企业3 253家，其中，规模以上工业高新技术企业2 760家，占规模以上工业企业的12.8%，实现工业总产值12 076.3亿元，占规模以上工业总产值的30.1%；拥有研发中心、技术中心、院士工作站和博士后工作站1 201家；规模以上工业企业科技活动经费支出657.7亿元，支出强度8.1%，高于上年0.4个百分点；工业技改投入4 252.7亿元，占全省的63.0%，同比增长30.5%，增幅较全省高6.9个百分点。2015年创新成果斐然，实现新产品产值率34.9%，比上年提高4.9个百分点；企业新获发明专利授权6 923件，同比猛增86.3%，占全省的29.7%；3年内经评定的知名品牌（商标）、出口名牌共计3 807件。

提高效益，促进绿色、协调、共享发展。第一，集约节约利用土地。全省经开区核心区及托管区已开发完成土地面积约20.8万公顷，土地利用率较上年上升1%，工业土地投资强度196.6万元/亩，比上年提高13.6万元/亩；亩均税收产出率9万元，比上年提高0.8万元，规模以上工业企业亩均工业增加值93.1万元，比上年提高8.2万元。第二，劳动生产率。人均实现税收收入4.3万元，比上年提高0.6万元，规模以上工业企业人均实现工业增加值20.8万元，比上年提高1.4万元。第三，绿色生产。50家经开区已通过了ISO14001认证，占70%，442家规模以上工业企业获得清洁生产先进企业称号，比上年增加51家。当年规模以上工业企业能耗下降率为8.3%。第四，社会贡献。为社会提供大量的工作岗位，2015年年末全省经开区就业人口654万人。

（三）新业态、新经济发展情况

近年来，传统产业下行压力较大，全省经开区在加快提升改造传统业态的同时，新业态、新经济正在孕育新的发展动力，战略性新兴产业崭露头角，电子商务、物流业等新经济模式迅猛发展。

战略性新兴产业。经初步统计，2015年全省经开区实现九大战略性新兴产业产值约占工业总产值的25.5%。其中，新材料、节能环保、高端装备制造业和生物产业贡献较大，分别占8.8%，4.5%，4.1%和2.5%。

制造业主导产业。虽然传统制造业依然是经开区的主要产业，但汽车制造、医药制造开始成为一些经开区的主导产业。2015年，全省17%的经开区以化学原料和化学制品制造业为第一大主导产业，16%的经开区以电气机械和器材制造业为第一大主导产业，13%的经开区以纺织、纺织服装业为第一大主导产业，有4家经开区以汽车制造业为第一大主导产业，2家经开区以医药制造为第一大主导产业。

新经济模式。2015年，全省经开区纷纷“触电上网”，创新经济模式和园区管理模式。以杭州、宁波经开区为代表，不少经开区成为跨境电子商务的主要服务平台，物流、资金流也随之开始集聚。

（浙江省商务厅开发区处）

2015年山东省开发区暨“十二五”发展情况综述

一、2015年山东省开发区经济发展情况

2015年，山东省开发区实现进出口总额1 384.9亿美元，占全省进出口总额的57.2%。全省机电和高新技术产品出口大户均坐落在开发区，外贸进出口100强企业有83家在开发区。潍坊滨海、德州开发区获批为国家级科技兴贸创新基地。全省开发区实际到账外资91.8亿美元，增长7.6%，占全省进出口总额的56.3%。世界500强企业在全省经济园区累计投资421个项目。2015年，全省开发区实现规模以上工业增加值23 610.7亿元，增长7.9%；实现公共财政预算收入2 422.5亿元，增长12.5%，占全省公共财政预算收入的43.8%，比“十一五”末期提高11.1个百分点。开发区对所在地区域经济增长的贡献日益突出，成为当地最主要的经济增长点。

二、“十二五”时期山东省经济发展和平台建设主要亮点

“十二五”时期，山东省经济开发区深入贯彻落实科学发展观，以科学发展为主题，以加快转变经济发展方式为主线，着力创新体制机制，着力转方式、调结构，着力在实施重点区域带动战略中率先突破，不断增强发展活力，增创发展新优势。在改革创新先行先试、开放发展、产业集聚发展、绿色集约发展、创新发展、融合发展以及优化发展环境等方面取得显著成绩。

体制机制创新不断深化。2011年1月，山东省委、省政府办公厅出台《关于全面提升经济开发区发展水平的意见》(鲁办发〔2011〕1号)，推动开发区深化改革开放，创新体制机制，增强发展活力。山东省委《关于深入学习贯彻党

的十八届三中全会精神的意见》确定在开发区开展体制机制创新试点，12 家试点开发区重点从创新行政管理体制、项目审批机制、市场化开发运营机制、用人分配机制、综合执法机制五个方面先行先试。按照“一手抓申办、一手抓复制”的思路，统筹推进山东省自由贸易试验区申建，加快复制推广上海、广东、天津、福建自由贸易试验区改革创新成果。省政府办公厅印发《山东省推广上海自贸试验区可复制改革试点经验工作方案》(鲁政办发〔2015〕21 号)，明确具体任务、时间节点、可检验的成果形式和部门分工，并建立了山东省自由贸易试验区工作联席会议制度、推广工作协调推进机制，推动全国自贸试验区改革经验成果在全省开发区率先落地。积极整合优化现有开发区，促进开发区差异化发展。加快推进经济开发区立法进程，促进开发区依法规范发展。

转型升级步伐加快。“十二五”开局之年，山东省政府相继召开全省经济开发区工作会议和国家级经济技术开发区观摩座谈会，推进开发区加快转型升级。2015 年 8 月，省政府召开全省海关特殊监管区域座谈会，推动全省海关特殊监管区域加快整合优化、转型升级。省委建立开发区发展重要情况通报制度，对各市开发区转型发展情况每半年进行一次通报。强化分类指导和典型引路，修订印发《山东省经济（技术）开发区综合发展水平评价办法》，把创新能力、功能配套、行政效能、对外开放等作为考核的主要内容，引导开发区走质量效益型发展之路。

“十二五”时期，全省新增国家级经济技术开发区 7 家、综合保税区 2 家。潍坊、济南、威海出口加工区转型升级为综合保税区，临沂、东营综合保税区获批，山东省国家级经济技术开发区总数达到 15 家，其中 11 家分布在山东半岛蓝色经济区和黄河三角洲高效生态经济区。海关特殊监管区达到 9 家，其中 7 家分布在山东半岛蓝色经济区和黄河三角洲高效生态经济区，从而形成了层次分明、布局合理、类型多样、联动发展、各具特色的开发区发展格局。

综合实力不断增强。全省开发区实施更加积极主动的开放战略，进出口规模不断扩大，外贸结构持续优化；利用外资质量显著提升，成为外资企业聚集程度最高的区域，大型、高端外资投资项目纷纷落户。

国际合作园区建设呈现新亮点。青岛中德生态园加快建设进程，中德双边建立司局级定期会晤机制，先后召开三次工作组会议，稳步推进中德生态园运营管理、基础设施建设和招商引资工作，重点引进生态型、高能效型且具有核心竞争力的德国隐形冠军企业，着力建设生态型、智能型、开放型的中德两国利益共同体，建设工业 4.0 示范区，打造中德两国合作典范项目。日照国际海洋城、东营中美清洁能源合作产业园建设稳步推进。抢抓中韩自贸协定正式签署带来的机遇，推动中韩自贸区地方经济合作示范区、中韩产业园加快规划建设。省政府建立了威海中韩自贸区地方经济合作示范区、中韩（烟台）产业园联席会议制度。2015 年 10 月 24 日，省委、省政府制定出台了《关于支持威海中韩自贸区地方经济合作示范区建设的若干意见》和《关于支持中韩（烟台）产业园建设的若干意见》，积极推动“两国双园”模式合作建设中韩产业园。一批高新技术、医疗、文化产业的优质项目纷纷落户。中韩（烟台）产业园现代汽车（中国）研发中心基本建成，总投资 5.9 亿美元的 6 个后续韩资项目顺利签约。烟台华安集团和韩国企业联合会共同出资 20 亿美元规划建设中韩信息产业园。

产业聚集效应凸显。开发区着力引进高端制造业龙头大项目、战略性新兴产业和现代服务业项目，产业结构日趋优化，高端产业集聚发展效应不断显现。现代汽车新能源研发中心、耐克森阳谷新日辉电缆有限公司、乐金显示、富士康系列项目、北汽集团滨州汽车零部件生产基地、中国电信集团山东省信息产业服务基地、道依茨发动机（山东）有限公司等一批高端优质项目落户开发区。推动原有优势项目增资扩股，培育壮大了汽车及零部件、工程机械、电子信息及家电、石油化工、船舶制造、海洋工程、金属材料、纺织服装、食品和农产品加工、保税物流、服务外包等产业集群。截至2015年年底，全省经济园区已形成百亿元级以上产业集群126个，其中千亿元级产业集群4个，500亿元级产业集群17个，300亿元级产业集群35个。13个开发区创建为国家级新型工业化产业示范基地。

创新引领作用增强。开发区建成了一批科技研发创新平台，目前已拥有国家级企业技术中心和工程技术研究中心108个，院士工作站120个，博士后科研流动站、工作站130个。台湾鸿富泰、韩国LG、韩国现代汽车、日本锦筑食品、朗讯科技、三星造船等跨国公司建立了研发中心。烟台、淄博经济开发区被确定为国家知识产权示范园区；青岛、烟台、东营开发区获批国家知识产权试点园区。2014年，开发区高新技术产值占总产值的比重达到35.3%。13家开发区创建为国家火炬特色产业基地。

生态集约建设成效明显。开发区坚持走可持续发展之路，加快从粗放型增长模式向集约型发展模式转变。全省国家级和省级开发区工业用地每公顷固定资产投入强度分别为5 079.5万元、3 776.4万元，每公顷工业用地税收产出强度为413.6万元、272.7万元。国家级和省级开发区综合容积率为0.71和0.61，比2011年提高8个和18个百分点；工业用地综合容积率分别为0.74和0.67，比2011年提高6个和16个百分点，集约化建设水平明显提高。省商务厅、环保厅、科技厅加强对生态工业园区创建工作的全方位指导，开发区大力发展节能环保项目，发展低碳经济和新能源产业，建设生态工业园区。2家开发区获批国家低碳工业园区试点园区，全省已批准设立和创建国家生态工业示范园9家、省级生态工业示范园14家。

新型城镇化的动力引擎作用增强。开发区在建立和健全公共服务体系、完善社会保障制度、促进劳动关系和谐、推动产城融合发展等方面进行积极探索与创新，致力于打造功能特色突出、发展环境优美、宜居宜业宜创的产业与城市融合发展区，一大批开发区走出了以大开发、大发展促进城市化进程的路子。

（山东省商务厅开发区处）

2015年福建省开发区发展情况综述

一、概况

截至2015年年底，福建省经审核批准的各级各类开发区共有102家。其中，国家级30家（包括经济技术开发区、高新区、台商投资区、海关特殊监管区、旅游度假区等类型）、省级72家（包括经济开发区、高新区、工业园区等类型），批准总规划面积808.12平方公里，已开发984.23平方公里，已建成771.61平方公里。2015年，省政府印发《关于国家级和省级开发区（工业园区）创新提升八条措施》（闽政办〔2015〕125号），围绕专业化和特色化发展方向、创新招商引资机制、加强创新能力建设、坚持绿色集约发展、创新行政管理体制、创新财政管理体制、完善开发区统计制度和实施动态管理八个方面提出创新举措，有力地促进了开发区创新提升。各地方政府结合实际出台了相应的政策举措，着力打造重商、亲商、安商的投资环境。

二、主要经济指标稳步增长

2015年，福建省开发区实现地区生产总值7 481.53亿元，规模以上工业产值21 199.07亿元，工业增加值5 478.57亿元，固定资产投资5 343.37亿元，分别增长8.8%，6%，7%和21.3%。完成税收收入1 022.63亿元，财政收入1 103.44亿元，分别增长12.2%和12.4%。全年新注册内资企业20 537家，新注册资本金2 163.58亿元，分别增长42.9%和112%。新批外商投资项目696项，合同外资（验资口径，下同）56.7亿美元，实际利用外资26.92亿美元，分别增长120.3%，73.8%和10.1%。实现出口总额（海关口径，下同）525.47亿美元，进口总额359.12亿美元，分别下降1.7%和3.2%。其中，开发区规模以上工业产值、税收收入、实际利用外资（验资口径）、外贸出口分别占全省的51.5%，21.1%，35%和46.5%。截至2015年年底，全省有11家开发区实现规模以上工业产值超500亿元，其中，厦门火炬高新区实现规模以上工业产值超2 000亿元；开发区内石化、机械、电子三大主导产业占全省工业总产值提高到25%；全省超过1/3的千亿元产业集群，石化、平板显示、LED、纺织服装、鞋业等14条重点产业链均分布在国家级、省级开发区。

三、创新驱动能力持续增强

福建省各开发区充分发挥科技创新在推动供给侧结构性改革和转型升级中的引领作用，创新驱动发展能力进一步提升。截至2015年年底，全省七成以上高新技术企业均位于开发区内，省级以上开发区高新技术产业产值从“十一五”末的3 039.41亿元提高到“十二五”末期的5 429.39亿元，占全省开发区规模以上工业总产值的25.6%。中科院海西研究院、电子信息研究院、机械科学研究院海西分院、清华大学苏州汽车研究院专用车创新中心等创新科研平台先后在福州高新区、莆田高新区、三明高新区、龙岩经开区（高新区）落户，与区内企业实现优势互补、合作共赢。2015年，全省开发区共引进1 000万美元以上高新技术产业项目超过90个，进一步构建起较为完善的现代产业体系，有力地提升了开发区在全球价值链及国际分工中的地位。

四、特色园区发展质量不断提高

（一）台商投资区

当前，台商投资区已成为福建省吸收利用台资的重要载体。2015年，全省6个台商投资区实现规模以上工业产值3 758.29亿元，税收收入328.01亿元，实际利用外资7.8亿美元，出口总额134.93亿美元。其中，实现台资企业规模以上工业产值1 074亿元，台资企业税收收入82.02亿元，实际利用台资2.74亿美元，台资企业出口总额46.18亿美元。截至2015年年底，6个台商投资区累计引进台资项目1 337个，累计合同利用台资109.32亿美元，累计实际利用台资80.63亿美元，分别占全省的10.4%，43.5%和61.3%。

（二）海关特殊监管区域

2015年，全省海关特殊监管区域建设稳步推进。实现规模以上工业产值151.51亿元，税收收入26亿元，实际利用外资1.01亿美元，出口总额102.77亿美元，进口总额80.11亿美元。截至2015年年底，区内新增内资企业1 913个，新注册资本金358.68亿元，分别增长209.4%和1 574.4%。2015年，根据国务院办公厅印发的《关于加快海关特殊监管区域整合优化方案》（国办发〔2015〕66号），开发区主管部门研究制定了《福建省海关特殊监管区域整合优化实施方案》（闽政办〔2015〕147号），并由省政府办公厅印发实施。统筹全省海关特殊监管区域布局，对现有海关特殊监管区域产业结构、贸易方式、监管服务等方面提出了优化提升措施，促进海关特殊监管区域政策整合、管理整合、功能整合，充分发挥海关特殊监管区域在开放型经济发展中的要素集聚和辐射带动作用。同时，积极推动设立福州空港综合保税区、漳州古雷港综合保税区；推动在福州、漳州等地设立保税物流中心（B型）。

五、对外开放水平不断提升

近年来，福建省各开发区利用外资总量不断提升，项目质量逐步提高，外贸出口结构不断优化，高新技术产品占出口总额比重持续上升。2015年，开发区继续参加厦门“9.8”投资洽谈会等招商活动，成功对接和签约一批外资项目。建设全省开发区信息资源库，实时动态掌握开发区招商需求，帮助开发区精准招商、产业链招商。推动中国出口信用保险公司福建分公司与开发区管委会合作，对区内中小出口企业的信用担保提供优惠政策支持，为区内中小企业外贸出口保驾护航。推荐开发区企业赴境外投资参展，促进开发区“走出去”。

六、产城融合发展速度进一步加快

建设产城融合、宜居宜业的现代化产业新城是开发区发展的必然趋势。福建省内部分开发区已配套建成集产业发展、科技研发、生活配套等多功能为一体的综合型产业园区，并大力发展与产业配套的生产性服务业和生活性服务业，鼓励发展现代服务业，提升第三产业比例，形成人、产业和城市的良性互动、协调发展。有条件的开发区大力加强商业、金融、生活、休闲等相关配套设施和平台的建设，不断完善投资环境，加快向“产城融合”迈进。

七、发展布局进一步优化

按照“一县（市、区）一区”的原则，省政府结合开发区实际情况，分类指导开发区设立、扩区、升级和共建，进一步优化发展布局，有效提升发展质量。2015年，三明、龙岩高新技术产业开发区升格为国家级高新区，至此，福建省国家级高新区达到7家，位居全国前列。经省政府批准设立顺昌经济开发区和三明经济开发区（贡川园）扩区。会同省直有关部门出台《福建省山海协作共建产业园区考核评价办法》，推动山海协作共建产业园区工作，全省已完成共建产业园区18个。

八、绿色开发区建设取得良好效果

福建省各开发区坚持把绿色发展作为开发区建设的着力点，全省大部分开发区绿化覆盖率均超25%，80%以上的开发区已完成规划环评，90%以上的开发区实现污水集中处理，初步实现了产业发展和生态优化的良性互动。截至2015年年底，全省已有33家开发区通过ISO14000环境管理体系认证。

（福建省开发区协会）

2015年江西省工业园区发展情况综述

2015年，江西省工业园区认真贯彻省委、省政府的决策部署，以改革创新为动力，以发展升级为目标，以产业集群为抓手，着力“抓点、连线、扩面、健体”，立体式推进产业集聚，不断健全公共服务体系，大力推进体制机制创新，切实推动工业园区提质增效、转型升级，确保全省工业园区各项经济指标平稳增长。

一、园区经济提质增效，综合实力明显增强

2015年，江西省工业园区实现主营业务收

入25 508.3亿元，增长4.6%，高于全省规模以上工业0.3个百分点，平均单个园区主营业务收入286.6亿元，比上年同期增加25.7亿元；工业增加值6 007亿元，增长9.3%，高于全省规模以上工业0.1个百分点，对全省工业增长的贡献率达到83.5%；上缴税金1 175.4亿元，增长7.7%，对全省财政收入增长的贡献率达到24.7%。园区综合实力明显增强，新增南昌经开区、南昌小蓝经开区2个主营业务收入过千亿元的园区，使主营业务收入过亿元的园区达到4个；过百亿元园区新增4个，达到75个，占全省园区5/6强。抚州高新区、赣州高新区、吉安高新区成功创建国家级高新区，国字号园区增加到21个，园均主营业务收入突破600亿元，达到602.1亿元，同比提高74.3亿元，是全省园区均值的2.1倍。同时，丰城高新区、共青城经开区、湖口金砂湾工业园区、贵溪工业园区等园区积极申报国家级高新区（经开区），全省园区升级步伐不断加快。

二、转型升级加快推进，集聚效应明显增强

江西省政府在赣州南康召开全省工业产业集群发展升级推进现场会，推广南康家具产业集群经验，部署产业集群发展升级工作，明确了“抓点、连线、扩面、健体”立体式推进的要求，为全省推进工业产业集群发展指明了方向和路径。完善产业集群发展风险补偿金制度，继续按照“三聚焦、一放大”原则，帮助30家医药和电子信息企业争取中长期贷款支持，截至2015年年底已发放贷款9 830万元。加速推进产业集群发展，新兴产业占比不断提高，集聚效应明显增强，成为促进全省工业和园区发展升级不可或缺的重要推动力。2015年，全省60个重点产业集群中，22个产业集群保持20%以上的增长速度，其中5个产业集群的增长速度超过30%；电子信息、生物医药、航空、新能源、新材料、先进装备制造等26个新兴产业集群实现主营业务收入4 025.4亿元，增长16.1%，利税367.2亿元，增长14%，对全省重点产业集群的贡献率分别达到50.7%和34.9%。截至2015年年底，全省60个重点产业集群集聚相关企业12 968家，实现主营业务收入、利税达到10 361亿元、984亿元，同比增长10.5%和10.8%，分别高于全省工业平均水平6.2个和7个百分点。

三、支撑体系健全完善，配套功能明显增强

以省政府办公厅的名义出台《关于加快工业产业集群支撑体系建设的意见》（赣府厅发〔2015〕29号），围绕信息、技术、金融、中介、生活配套等生产生活的共性需求，突出研发设计、检验检测等关键环节，以60个重点产业集群为主体，利用工业园区有关专项资金，推进39个园区开展产业集群公共服务平台建设试点，其中重点产业集群25个。通过扶持引导，每个重点集群建成2个以上公共服务平台。目前，60个重点产业集群已拥有各类服务平台302个，其中，技术研发平台56个、检验检测平台22个、专业市场61个、区域性电商中心51个。新增省级企业技术中心47家，举办分宜国际麻博会、宜春锂电新能源国际高峰论坛等各类展会16个，新建金溪国家林木香料产业基地等23个，青山湖区江西虎门面辅料买卖市场等专业市场10个。

四、节约集约水平提升，绿色低碳意识明显增强

江西省政府制定实施了进一步推进工业园区节约集约用地的若干措施，出台鼓励建设和使用标准厂房的指导意见，利用省政府设立的省级标准厂房专项资金，分两批支持工业园区和省级产业基地新建标准厂房。截至2015年年底，全省共规划新建标准厂房2 153.3万平方米，下达第一批工业标准厂房专项资金4.68亿元，第二批项目申报审核工作正在抓紧进行。各工业园区更加注重探索质量型、内涵式增长的新路子，通过积极盘活存量、建设标准厂房等，使土地资产效益得到充分发挥，节约集约用地

水平显著提高。2015 年，全省工业园区投资强度每亩达 289.6 万元，同比增长 25.3%；单位面积主营业务收入达到每亩 274.8 万元，同比增长 9.9%；单位面积利税每亩达到 32 万元，同比增长 8.5%。积极推进工业园区生态化、绿色化改造，实施工业园区光伏屋顶计划，支持装机容量 55.25 兆瓦的 21 个项目纳入 2015 年光伏发电建设项目预分配计划，完成了 10 个试点园区的建设。南昌高新区、新余高新区低碳工业园区试点实施方案获国家部委批复，井冈山经开区被列入国家 2015 年园区循环化改造示范试点备选名单。

五、改革创新深入实施，机制服务明显增强

江西省政府抓紧编制“十三五”工业园区和产业集群发展升级规划，突出中北部昌九一体化、中南部吉抚赣、赣东北景鹰饶、赣西新宜萍四大区域，引导每个设区市重点发展 2 ～ 3 个主导产业，县（市、区）重点发展 1 个首位产业，推进特色块状经济集群化发展。召开全省工业园区工作推进会议，聚焦转型升级，加快二次创业，进一步深化体制机制改革，推进工业园区管理标准化、服务企业化和去行政化。探索开展管理信息化试点，支持 38 个试点园区建设工业园区信息网络服务平台，利用信息化技术提升园区管理和服务水平。研究制定重点工业产业集群考核评价办法和工业园区“两率一度”（人民群众对社会治安的满意率，对平安创建的知晓率；人民群众对政法机关、政法干警的满意度）考核评价办法和指标体系，探索产业集群“有进有出、优胜劣汰”动态管理，推动工业园区建立以发展质量、效率和水平为标准的科学评价体系。

（江西省工信委工业园区处）

2015年安徽省开发区发展情况综述

2015 年，面对复杂严峻的宏观环境，安徽省开发区主动适应经济发展新常态，加快调结构、转方式、促升级，加大招商引资力度，区内经济呈现“运行良好、贡献突出、转型加快”的发展态势。

一、经济运行情况

（一）经济规模持续扩大

2015 年，安徽省开发区实现经营（销售）收入 37 235.9 亿元，比上年（2014 年，下同）增长 11.2%。其中，经营（销售）收入超百亿元的园区有 88 家，比上年增加 7 个；超千亿元的 6 家，分别为合肥经开区、芜湖经开区、合肥高新区、合肥新站实验区、芜湖高新区和安庆经开区。分类别看，19 个国家级开发区经营收入 15 968.2 亿元，增长 8.5%；71 个省级开发区经营收入 15 504.2 亿元，增长 14.5%；64 个筹建开发区经营收入 5 219.1 亿元，增长 9.7%；21 个新型园区经营收入 544.4 亿元，增长 16.1%。

（二）工业经济运行平稳

2015 年年底，全省开发区共有工业企业 3.5 万家，比上年同期增长 9.9%。其中，规模以上工业企业超万家，达到 10 267 家，比上年增加 907 家。全年开发区规模以上工业增加值 6 527.6 亿元，增长 10%，增幅高于全省 1.4 个百分点，对全省工业增长的贡献率达到 76.5%；贡献总量占全省的 66.5%，比上年提高 0.9 个百分点。

（三）投资建设稳步推进

2015年，全省开发区完成固定资产投资10 504.3亿元，增长8.4%，总量占全省的43.8%。其中，工业投资7 118.7亿元，增长10.8%；基础设施投资1 055.4亿元，增长0.1%。经过多年的建设，开发区道路、供水、园林绿化等基础设施建设基本完成。

（四）税收增长较快

2015年，全省开发区实现税收总额1 099.6亿元，增长11.8%，增幅高于全省4.8个百分点，总量占全省的33.3%，比上年提高1.4个百分点。财政收入1 456.9亿元，增长6.4%，增幅低于全省3.1个百分点，总量占全省的36.3%，下降1个百分点，主要是由于土地收入下降所致（317.5亿元，下降11.7%）。

（五）招商引资力度不减

2015年，全省开发区实际利用外商直接投资96.2亿美元，增长17.9%，增幅高于全省7.5个百分点；总量占全省的70.7%，比上年提高4.5个百分点。亿元以上省外境内投资项目2 858项，实际到位省外境内资金4 850.7亿元，增长10.3%。

（六）外贸出口逆势增长

2015年，全省开发区实现进出口总额290.5亿美元，增长7.9%（全省为下降0.8%），总量占全省的59.5%，比上年提高4.8个百分点。其中，出口220亿美元，增长14.4%，增幅比全省高9.2个百分点，总量占全省的66.4%，提高5.3个百分点；进口70.5亿美元，下降8.3%，降幅低于全省3个百分点，进口总量占全省的45%，提高1.5个百分点。

二、产业转型升级情况

（一）产业结构持续优化

主导产业进一步突出，2015年全省开发区主导产业实现经营（销售）收入20 799亿元，比上年增长13.3%，增幅高于全区经营（销售）收入2.1个百分点，总量占55.9%，比上年提高1.1个百分点。高新技术产业增长较快，全年实现产值13 329.4亿元，增长16.2%，增幅高于规模以上工业5.3个百分点，总量占规模以上工业的50.8%，提高2.3个百分点。

（二）集约水平不断提升

2015年，全省开发区每平方公里（按开发区建成面积计算，下同）经营（销售）收入20.4亿元，比上年增加4 864万元，增长2.4%；工业产值14.4亿元，增加3 112万元，增长2.2%；税收总额6 037万元，增加173万元，增长3%；实际利用外商直接投资528万美元，增加42万美元，增长8.6%；亿元以上项目实际到位省外境内资金2.7亿元，增加424万元，增长1.6%。

（三）创新能力日益增强

2015年年底，全省开发区拥有科技企业孵化器155个，企业技术研发中心1 476个。全年研究与实验发展（R&D）经费支出262.4亿元，增长13.3%，增幅高于全省3.5个百分点，总量占全省的60.7%，比上年提高1.8个百分点；申请专利7.6万件，增长20.4%，总量占全省的59.2%；授权专利4.1万件，增长19.5%，总量占全省的68.9%。

（四）产城融合快速推进

随着新型工业化和城镇化的加速推进，开发区建成区面积不断增加，人口不断聚集。2015年年底，全省开发区建成区面积1 822平方公里，总人口590.6万人，分别比上年年底增长8.5%和5.9%。开发区城市功能不断完善，服务业发展较快，全年服务业增加值1 629.5亿元，增长16.5%。其中，现代服务业增加值960.3亿元，增长21.6%。

三、产业优化升级的有关建议

当前安徽省开发区转型发展态势良好，下一步全省开发区要按照《园区转型升级工程实施方案》的要求，加快推进产业优化升级，全面提升开发区的质量效益。一是在科学规划上狠下功夫，要把园区规划与城市化功能提升结合起来，并维护规划的权威性和严肃性，做到规划一张图、建设一盘棋；二是在特色发展上狠下功夫，要依托已具有的优势产业，有针对性地选择重点培育和发展的行业，扩大优势，培育产业集群；三是在招商引资上狠下功夫，要加快实现由政府招商向企业招商转变，注重引入集群配套能力、带动力强的知名企业；四是在科技创新上狠下功夫，要通过财税、金融等政策，提高中小企业的科技创新意识，鼓励和引导开发区内企业持续加大技术创新投入。

（安徽省商务厅开发区处）

2015年山西省开发区发展情况综述

一、基本情况

山西省从1992年设立第一个开发区以来，截至2015年年底，省级以上开发区发展到27家，其中，国家级经济技术开发区4家（太原、大同、晋中、晋城），国家级高新技术产业开发区2家(太原、长治)，省级经济开发区21家(朔州、忻州、阳泉、临汾、侯马、运城、运城空港、绛县、风陵渡；太原工业园区、太原不锈钢、榆次、盐湖工业园区；清徐、祁县、文水、交城、孝义、壶关；左云、原平)，左云、原平为2015年当年新批设的2家省级经济技术开发区。

二、2015年开发区发展情况

（一）2015年开发区主要经济指标完成情况

2015年，山西省纳入统计的25个省级及以上开发区在占山西省国土面积1.54‰的有限面积内，实现地区生产总值1 706.12亿元，比上年（2014年，下同）增长3%，占全省GDP比重的13.3%；工业增加值1 155.23亿元，比上年下降3.4%；第三产业增加值502.32亿元，比上年增长6.8%；高新技术产业增加值480.42亿元，比上年下降2.6%。实现财政收入209.13亿元，比上年下降0.7%；实现税收收入193.47亿元，比上年增长0.7%；实现公共财政预算收入65.68亿元，比上年下降3.8%；实现工业总产值3 862亿元，比上年下降1.5%；企业主营业务收入6 234.76亿元，比上年增长5.2%；实现企业利润379.69亿元，比上年增长7.3%；固定资产投资(不含农户)1 155.35亿元，比上年增长3.4%，占全省比重的8.4%；基础设施投资完成138亿元，比上年增长55.6%。进出口总额82.35亿美元，比上年增长14.5%，占全省进出口总额的56%。其中，进口额完成29.96亿美元，比上年增长17%，占全省进口额的47.6%；出口额完成52.39亿美元，比上年增长13%，占全省出口额的62.2%；实际利用外资9.37亿美元，比上年下降22%，占全省实际利用外资额的32.6%；实际引进境内省外投资额（含新增内资企业注册资本）800.56亿元，比上年增长13.7%。

2015年，在山西省经济下行压力持续增大的影响下，全省开发区各项主要经济指标继续呈现增长态势，经济运行平稳，但实际利用外资继2014年大幅下降以来持续下降，说明开发区对外资吸引力不够，开发区招商引资遇到了较大困难。

（二）科技创新

2015年，山西省开发区研发机构和高新技术企业603家，占入区企业的2.9%，入区企业研发人员39 996人，占入区企业从业人员的7%。高新技术领域企业工业总产值1 798.15亿元，占工业总产值的46.6%。截至2015年年末，山西省25家开发区有高新技术企业355家，占全省的49.3%，开发区成为科技创新的主力军。

2015年，山西省开发区研究与试验发展（R & D）经费支出67.3亿元，财政支持科技发展支出8.6亿元，两项支出之和占固定资产投资的比重为6.6%。

2015年，山西省开发区共有科技孵化器80个，建筑面积224万平方米，孵化企业1 885个；全省开发区平均科技孵化水平（孵化企业数/孵化器面积）为8.4个/万平方米，比上年增长15%。

（三）开发区工作推进情况

1.顶层设计实现了重大突破。2015年4月，山西省人民政府出台了《山西省经济技术开发区设立升级扩区和退出管理办法》（晋政办发〔2015〕34号）和《关于加快经济技术开发区转型升级创新发展的实施意见》（晋政办发〔2015〕35号），这两个文件的出台，对推动开发区工作起到重要作用。特别是建立了每年1亿元的开发区建设发展专项资金，将支持资金的使用范围由原先单一的基础设施建设扩大到开发区的公共服务、考核奖励、PPP项目补助，对开发区的转型升级、创新发展会起到重要的杠杆作用。省政府编制了《山西省经济技术开发区中长期发展规划（2016—2025）》，并首次列入省级专项规划，大大提升了规划的权威性和约束力。

2.开发区转型升级、创新发展迈出坚实步伐，主要体现在八个方面：

一是积极开展招商引资工作，以投资促发展。二是积极引进新业态，大力发展互联网+新业态。三是积极培育科技研发能力，大力实施创新驱动战略。四是积极搭建孵化平台，推动大众创业、万众创新。五是积极推动开发区设立和扩区工作。2015年，在各级政府的强力推动下，山西省申报新设开发区达14家，扩区开发区5家，省政府批转省商务厅牵头组织推进有关工作。其中，2家开发区的设立和1家开发区扩区已获省政府批准。六是积极创新开发区体制机制。太原经济技术开发区被确定为全国8个省开展相对集中行政许可权试点中山西省两家试点单位之一。太原民营区（即太原工业园区）所有行政审批事项实现了“一口进出、限时办结”。晋中经济技术开发区已全面推行实施“三证合一”，共核发“三证合一、一证一码”工商营业执照130户，换发619户，涉及“三证合一”登记的部门互联互通，信息共享。七是积极探索投融资制度改革。八是推进海关特殊监管区建设。太原武宿综合保税区建设取得重大进展，山西进出口品牌产品展示中心、跨境电商试点城市工作正在稳步推进。

三、“十二五”时期开发区发展成就

1.开发区经济实现快速增长。“十二五”时期，山西省开发区经济得到持续发展，主要经济指标每年增速高于全省平均水平，占全省经济的比重不断提高。2015年年底，全省开发区（纳入统计的25家）主要经济指标与“十一五”末相比，开发区地区生产总值、固定资产投资、税收收入、工业总产值、主营业务收入、进出口总额和实际利用外资，年均增速分别达到17.3%，40.5%，19.3%，14.5%，17.9%，30.5%和1.6%。“十二五”末以上各项指标分别是“十一五”末（2010年）的2.27倍、5.48倍、2.42倍、1.97倍、2.28倍、3.7倍和1.08倍，多数指标翻了一番。

2.开发区产业集聚逐步形成。目前，山西省开发区初步形成了装备制造、电子信息、生物医药、新材料、食品及农产品加工和现代服务业六大产业集群，共集聚企业2.05万家。2015年，开发区在仅占全省国土面积1.54‰的有限范围内，集聚了全省13.9%的规模以上工业企业、18.2%的有实绩的进出口企业、13.9%的外商投资企业，创造了占全省13.3%的地区生产总值、26%的规模以上工业企业主营业务收入、8.4%的固定资产投资、56%的进出口总额、32.6%的实际利用外资，充分体现了开发区要素集中、企业集群、产业集聚的载体和平台效应，对全省经济有明显的示范、辐射、引领和带动作用。

3. 园区建设和管理趋于完善。截至目前，山西省开发区已经具备完善的道路、通讯、水、电、气、热供应、污水处理等基础设施，建设了一批投融资、产学研、公共技术服务平台等创新机构，形成了独具特色的创新创业支撑体系。“十二五”时期，开发区管委会开发建设、招商引资、企业服务、社会管理等职能不断完善，开发区在提升服务水平上取得了积极成效，深入推进行政审批制度改革，提高行政审批效率，不断加大企业帮扶和服务力度，确保项目落地和投产达效，营造了宽松的政策环境和亲商、安商、富商的投资环境，全省开发区生态环境建设不断加强，开发区安全生产管理工作得到强化。

（山西省开发区协会）

2015年新疆园区发展情况综述

2015 年，在新疆自治区党委、人民政府的正确领导下，新疆园区以“激活存量保底线，创新增量保增长”为目标，采取积极措施应对园区经济发展中的不利因素，在经济下行压力加大的宏观经济形势下，新疆园区经济实现平稳增长，但园区经济运行环境错综复杂，经济发展面临严峻挑战。

一、园区经济运行情况和特点

（一）园区经济实现小幅增长

2015 年，新疆自治区纳入统计范围的 86 家园区实现营业收入 10 769.3 亿元，同比下降 3.4%；完成工业总产值 5 957.9 亿元，同比下降 1.5%；实现工业增加值 1 472.2 亿元，同比增长 8.69%，比全区高 3.5 个百分点；受钢铁、石油石化、水泥等产业量价齐跌影响，很多企业低负荷运行或全面停产，导致一些园区总产值和增加值出现下降，尤其是乌鲁木齐经济开发区（头屯河区）、米东化工园区、克拉玛依石油化工工业园区、库车经济技术开发区等重点园区工业总产值大幅下滑，下降幅度基本都超过 20%。但受电解铝、纺织等行业产能释放和一批重大项目投产，阜康产业园区、准东经济技术开发区、库尔勒经济技术开发区、哈密工业园区等重点园区经济实现大幅增长，工业总产值增速基本都在 30% 以上，有效地拉动了全区园区经济实现正增长（见表 1）。

（二）园区承载能力明显增强

截至 2015 年年底，园区实际开发面积为 1 453 平方公里，比上年新增 40.57 平方公里；园区累计基础设施投资 1 452.3 亿元，同比增长 31.78%；企业固定资产投资 2 906.73 亿元，同比增长 3.25%。其中，工业企业固定资产投资 2 259.4 亿元，同比增长 3.99%；累计入驻企业 28 479 家（工业企业 7 082 个，外商及港澳台投资企业 166 个），比上年增加 4 081 家（主要是中小微企业增加较多）；规模以上工业企业 1 516 家；期末从业人员 72.34 万人，新增从业人员 3.34 万人。

（三）纺织服装产业招商引资成为亮点

2015 年，全区园区新增签约项目 236 个，总签约资金 577.69 亿元，其中亿元以上的项目 108 个。重大签约项目主要集中在纺织服装、电力等行业。其中，石河子、奎独、阿拉尔、疏勒等 14 个园区新签约的纺织及上下游产业项目 29 个，签约金额 151.7 亿元，成为 2015 年园区招商一大亮点。2015 年，全区园区新开工项目 207 个，当年完成固定资产投资 177 亿元；新建成投产项目 114 个，当年完成固定资产投资 193.27 亿元，当年新增产值 36.86 亿元。

（四）天山北坡经济带园区带动作用明显

截至 2015 年年底，全区产值超过 500 亿元的园区 1 家，100 ～ 500 亿元的园区 14 家，50 ～ 100 亿元的园区 8 家，10 ～ 50 亿元的园区 28 家。产值超百亿元的园区主要集中在天山北坡经济带，对全区园区经济的带动作用明显。乌鲁木齐市、昌吉州、巴州、石河子市和阿克苏地区等地州市园区经济规模大，工业总产值占全区园区的 68% 以上（见表 2）。

二、园区发展中存在的主要问题

（一）工业企业经营压力增大

经济下行压力依然较大，经济持续增长动力不足。一是受生产要素价格上涨的影响，产品成本上升，利润减少，经营压力不断增大；二是部分行业产能过剩，市场需求低迷，产销率大幅下滑，企业产品库存增大（如钢铁、建材行业）；三是产品价格持续低迷，能源化工类企业经营压力大。以石油石化、钢铁为主导产业的园区增长乏力，产值和增加值多数出现大幅下降。

（二）企业融资问题依然突出

绝大部分中小微企业达不到银行发放贷款的指标，融资手段少，特别是在当前经济环境中，企业之间相互拖欠债款，形成恶性循环。

（三）招商引资难度增大

新入园企业在建项目不多或在建项目进展不快，对园区经济发展后劲带来不利影响。受经济下行压力等因素的影响，招商引资形势比较严峻，园区缺少新的持续增长点，项目投资增长乏力，尤其缺乏亿元以上的大项目支撑。

（四）工业结构需优化升级

总体来看，园区工业企业的规模还不够大，产品附加值偏低。传统资源型产业仍占主导，机械装备等制造业发展仍显不足，高新技术产业、附加值高的产业依然很弱。

（五）园区服务体系建设滞后

尤其是缺乏针对服务当地企业的设计研发、技术咨询、信息服务、融资担保、职业培训等公共服务平台，一定程度上影响了园区企业的发展。

三、加快园区发展的对策与建议

（一）加大招商引资力度

以“一带一路”为契机，结合产业转移新趋势，充分利用地理位置的优越性，加快制定符合本地区发展条件的发展思路，扩大宣传推介，做好项目包装，促进产业链向上下游延伸，着力引进一批投资强度大、产业链条长、经济效益好、科技含量高、带动就业多、环境污染小的项目。在招商引资中，围绕结构调整和产业升级目标，严把引资项目质量关。依靠园区自身优势，提升产业承接能力。

（二）继续抓好政策落实

一是认真落实自治区稳增长系列政策措施，尤其是低电价、铁路运费下浮等优惠政策，切实解决企业在原料、用工、融资等方面的问题，确保企业正常生产，以激活存量、创造增量，促进园区经济稳定增长；二是着力增强园区经济发展的动力与活力，积极落实《关于促进自治区园区（开发区）转型升级创新发展的指导意见》（新党办发〔2015〕30 号）文件精神，督促各地结合实际出台相应实施方案；三是加大推进加快银企对接服务平台建设力度，努力改善社会投资环境，积极吸纳社会投资，拓宽融资渠道。

（三）加快园区基础配套功能

坚持政府引导、市场运作、多元投入的方针，大力支持各类投资主体采取 PPP 等多种方式，积极参与园区基础设施项目建设。鼓励以园招商、以商建园，支持大企业、大集团和战略投资者开发建设“园中园”，推进园区基础设施建设。加大市场运作力度，继续探索多元化的投融资模式，缓解园区发展建设资金匮乏的难题，集中力量加强产业园供排水、供电、道路及配套等基础设施建设，不断提高产业园对项目的集聚和承载力。

(四) 加快结构调整步伐，努力化解过剩产能

一是依靠市场机制淘汰落后产能，加快落后企业退出步伐，推动工业结构优化升级；二是引导企业整合资源，大力推动园区内企业抱团发展，带动中小企业生产快速复苏；三是引导传统产业转型升级，推动钢铁、农副产品、化工、建材等传统产业加快转型，生产适销对路、发展看好的产品，提高市场竞争力；四是加大技术改造力度，充分运用现代信息技术等高新技术手段改造传统产业，提升装备水平，加强资源综合利用和节能降耗，提高产品质量，促进产业技术升级换代，提升企业经济效益和社会效益。

(五) 加大协调服务，帮促企业发展

加强与企业的联系，努力为企业提供有价值的信息服务，从项目洽谈、立项、上报、审批、选址、验资、项目动工建设，到项目建成投产、生产后的日常运行、专项资金申报、招工、培训等一系列环节提供力所能及的帮助。坚持定期深入企业调查研究，对重点投资项目进行全程跟踪监测，随时掌握动态情况，积极协调解决项目建设及企业生产经营中出现的问题。继续加大培训力度，缓解企业用工需求。

表1　2014—2015年新疆100亿元以上园区主要经济指标一览表

序号	园区名称	2015年工业总产值（亿元）	2014年工业总产值（亿元）	增幅（%）
1	乌鲁木齐经济技术开发区	774.10	1 014.3	−23.68
2	米东化工工业园	460.28	569.26	−19.14
3	石河子经济技术开发区	445.00	422.36	5.36
4	阜康产业园区	400.30	310.00	29.13
5	准东经济技术开发区	352.33	258.32	36.39
6	克拉玛依石油化工工业园区	288.86	433.17	−33.31
7	五家渠经济技术开发区	280.15	257.68	8.72
8	库尔勒经济技术开发区	225.00	164.00	37.20
9	乌鲁木齐高新技术开发区	220.00	237.90	−7.52
10	玛纳斯工业园区	198.00	185.63	6.66
11	库车经济技术开发区	175.01	240.80	−27.32
12	哈密工业园区	171.98	107.27	60.33
13	昌吉高新技术产业开发区	160.83	160.24	0.37
14	奎屯—独山子经济技术开发区	150.37	175.42	−14.28
15	喀什中亚南亚工业园区	115.36	105.67	9.17

表2　2015年新疆地州市园区主要经济指标前五名

地州市（园区数量）	园区工业总产值（亿元）	排名	园区工业增加值（亿元）	排名
乌鲁木齐市（8）	1 556.37	1	373.13	1
昌吉州（8）	1237.63	2	260.36	2
巴州（10）	494.11	3	105.50	6
石河子市（5）	450.89	4	130.99	3
阿克苏地区（6）	335.30	5	109.85	5

新疆园区（开发区）协会

2015年甘肃省开发区情况综述

2015年，甘肃省35个国家级、省级开发区整体发展水平稳步提升。其中，国家级开发区继续保持率先发展态势，在创新发展、投入产出、招商商贸、土地集约等方面保持优势，7个国家级开发区考核综合排名位于前9名内；28个省级开发区中，嘉峪关工业园区、平凉工业园区等部分省级开发区后发优势明显，在投入产出、招商商贸方面优于部分国家级开发区。分地区来看，河西片区开发区平均竞争力指数整体靠前，进入排名前列的开发区数量较多，综合竞争力较强；陇中片区开发区强弱不均，分化趋势较为明显；陇东南片区和民族地区市（州）政府管理的开发区综合竞争力较强，其他开发区基本分布在排名中后列，综合竞争力较弱。从指标分析来看，排名靠前的开发区在产业基础、基础设施配套环境、产业集群规模、科技创新等方面具有明显优势，发展质量和水平较高；排名靠后的开发区则多存在基础设施配套不足、产业单一落后、规划管理滞后等问题，发展层次低、可持续发展能力较弱。

2015年，在国内经济下行压力持续加大的形势下，甘肃省开发区深入贯彻创新、协调、绿色、开放、共享的发展理念，以推动开发区转型发展为目标，以项目建设和招商引资为重点，着力实施“3341”（打造三大战略平台、实施三大基础建设、瞄准四大产业方向、确保2016年全省固定资产投资规模超过1万亿元）项目工程，凝心聚力、攻坚克难，各项工作取得明显成效。全省开发区全年实现地区生产总值1 542亿元，增长9.2%，占全省的22.7%，在全省经济中的占比稳步提升；全年共引进内资项目540个，引进内资合同金额2 685亿元，实际到位资金1 318亿元，招商引资和承接产业转移实效显著；全年新增高新技术企业38家，全省开发区高新技术企业总数达到270家，高新技术企业实现技术贸易和技术服务收入156亿元，开发区自主创新能力稳步提高；全年新吸纳从业人员7.2万人，常住人员达到70.8万人，其中户籍人口达到33万人，较上年新增城镇户籍人口3.2万人，开发区已经成为吸纳就业和促进农业人口城镇化的主要承载区。总体来看，全省开发区经济在动态调整过程中继续保持较快增长，对全省经济发展的支撑和带动作用进一步提升，为全省经济社会健康、协调发展作出了积极贡献。

为鼓励先进，鞭策后进，同时兼顾国家级和省级开发区发展阶段、发展水平的客观差距，省开发区建设发展领导小组决定按照国家级和省级开发区“统一考核，分别表彰”的原则，将2015年度工作考核中排名前3位的国家级开发区和前5位的省级开发区确定为“2015年度优秀开发区”。其中，国家级开发区中考核优秀的为兰州经济技术开发区、兰州高新技术产业开发区、天水经济技术开发区；省级开发区中考核优秀的为嘉峪关工业园区、平凉工业园区、陇西经济开发区、定西经济开发区、武威黄羊工业园区。

甘肃省开发区建设发展领导小组进一步加强对开发区建设发展的领导，切实担负起主体责任，积极为开发区发展创造条件，提供支撑，尽可能赋予开发区更大自主发展权和相关管理权限，积极制定本地区支持开发区发展的政策措施，为开发区营造良好的发展环境。各开发区管委会按照规划明确的功能定位和产业方向，不断创新发展机制，深化改革探索，围绕打造特色产业链、特色产业群、特色产业园，做大做强区域特色优势产业，把开发区建设成为承接产业转移的集中区、培育壮大特色优势产业的集聚区、创新发展的先导区和支撑区域经济发展的重要平台，为全省经济转型发展作出新的贡献。

（甘肃省开发区建设发展领导小组办公室）

国家级经济技术开发区篇

大连经济技术开发区（金州新区、金普新区）

【经济发展】2015年，大连经济技术开发区（金州新区、金普新区）实现全区经济社会总体保持平稳健康的发展态势，实现地区生产总值1 611.27亿元，按可比价格计算比2014年（以下简称“上年”）增长0.5%；一般公共财政预算收入81.6亿元，比上年下降21.1%；全社会固定资产投资986.82亿元，比上年下降36.1%；规模以上工业总产值1 889.34亿元，比上年下降21.6%；实际利用外资3亿美元，实际利用内资300亿元人民币（因统计口径变化，实际利用外资、实际利用内资与上年不可直比）；出口总额84.9亿美元，比上年下降17.2%；完成社会消费品零售总额412.03亿元，比上年增长7.9%；城镇居民人均可支配收入37 525元，比上年增长6.6%；城镇登记失业率2.66%；万元生产总值能耗比上年下降3.9%；主要污染物排放总量平均削减3%。产业结构进一步优化，三次产业协调发展。其中，第一产业增加值49.04亿元，比上年增长3.4%；第二产业增加值978.64亿元，比上年下降1.2%；第三产业增加值583.59亿元，比上年增长3.7%。三次产业结构为3∶60.8∶36.2。

【产业发展】2015年，大连经济技术开发区（金州新区、金普新区）现代物流产业发展迅速，新增物流企业27家，总投资额近1亿元。全区历年累计有物流企业550家，其中全球性物流运营商2家，重点特色物流企业74家，投资总额约10亿元，物流工作在全市绩效考核中名列前茅。现代服务业稳步发展，积极推进大连经开万达广场项目、澳东世纪商业广场、鲁能金石滩旅游综合体项目、大连世茂嘉年华项目、万恒•天籁湾项目、大连玉兔岛旅游度假村项目、大连蚂蚁岛旅游度假村项目、大连中泽巨子先进制造产业园项目等服务业重大项目，成功举办国际大樱桃节、沙滩文化节等活动，旅游产业知名度显著提升。向应街道获评“中国北方休闲农业乡村旅游最佳目的地”和“中国十佳生态休闲旅游示范街道”。都市现代农业加速发展，全年新发展保护地建设300公顷，新建4个净面积6.7公顷的棚室大区，创建4个农业部标准园（场），不断提升优势产业基地的生产水平。完成66.7公顷新植果树任务。大连天宝冰激凌、大连财神岛集团总部项目、金石葡萄酒庄项目、馨怡花卉等农业产业重点项目按期完成，产业化水平进一步提高。完成所有农业27项重点项目招标工作，确保青山生态系统各项工程顺利开展实施。完成春季栽植树木721万株，补植1 953公顷。实施区级重点项目51项。金石滩植物园三期、向应街道土门子观光路二期等精品工程已经完工。

【园区特色】2015年8月4日，大连金普新区党工委、管委会正式挂牌。年内，《大连金普新区发展规划》经国家发改委专家论证评审会议评审通过；金州新区获全国法治县（市、区）创建活动先进单位、2014中国最具影响力旅游城市、中国最佳温泉旅游目的地等称号，被评为全国公共机构节能示范单位，被确定为第三批国家慢性病综合防控示范区，位居2014中国最具外资吸引力县市区500强第3名、中国最具外资吸引力国家级开发区百强第2名，被批准为全国青少年校园足球特色试点区。

【科技创新】2015年，大连经济技术开发区（金州新区、金普新区）科技创新取得新进展。科技创新平台进一步强化，以全区重点关注科技产业领域关键技术、共性技术环节为核心，支持企业建设支撑创新的企业技术平台。加强对各类研发平台的管理与认定工作，全年共认定平台3个，其中产业化（中试）平台1个，技术平台1个，服务平台1个。至2015年年末，全区共有各类研发平台和服务平台77个。通过调研走访新区相关工业区园，探讨如何结合各工业园区的实际，按照孵化器的运营方式建立和发展各种形式的创新载体。完成金州新区创新载体建设体系研究工作并形成报告。对各种指标体系进行调研和论证，对区内6家孵化器进行全面考察和摸底，对孵化器考核评价制定指标体系，有2家孵化器通过市级认定，至2015年年末，全区共有国家级孵化器2个，市级孵化器6个，创新大厦2座，区域创新能力显著提升。全面落实企业创新主体地位，高新技术企业培育工程深入推进。全年新认定区级高新技术企业2家；新增国家级高新技术企业25家。加快推进各类研发机构建设。制定引进和创办研发机构的促进扶持政策，鼓励区内企业创办研发机构，创建工程技术中心。开展区级研发机构认定和上级各类研发机构推荐工作，年内认定区级研发机构19个，累计达到276个；新增市级以上企业技术中心7家，5家企业申报市级工程（技术）中心和实验室。

【投资促进】2015年，大连经济技术开发区（金州新区、金普新区）招商引资取得进展。全年新设立外商投资企业53家，合同外资额2.68亿美元；新批增资项目28个，合同外资额3.44亿美元。全年完成全口径实际到位外资3亿美元。引进资金千万美元以上项目9个，主要有和记黄埔地产、世茂地产、宝能地产等项目。英特尔非易失性存储制造项目计划新增投资总额55亿美元，是英特尔迄今在中国的最大一笔投资，也是大连最大的外资项目。目前该项目已开始办理立项、增资等手续，计划于2016年年底投产。全年新注册内资企业4 234家，新增注册资本140亿元。全年预计实现内联引资300亿元，主要进资项目有开发区万达广场、华晨专用车、世茂嘉年华等。全年共组织境外招商10次，重点组织赴欧洲、日韩、新加坡、马来西亚及中国香港、台湾招商活动。全年共组织境内招商35次，推进农产品交易市场、雷士照明东北物流配送中心等一批重大在谈项目，促成了宇培水产品冷链物流产业园等一批项目签约。招商领域不断拓展，围绕产业链、战略性新兴产业、生产性服务业招商成为招商的新重点。大众变速箱、赛博底盘、大众三代发动机等汽车及零部件项目增资1.2亿美元，进一步拉长汽车产业链条；辉瑞生物制品、珍奥生物谷等项目进一步壮大战略性新兴产业集群；引进鑫通融资、中嘉通盈融资、上海宇培集团大连分拨运营结算中心、大连中泽模具城项目，实现了生产性服务业与制造业的互动发展。招商质量不断提高，电气化学项目、中南商业总部综合体项目、海洋岛集团总部、广泰源增发器等一批影响力大、投资额高的大项目签约落地。联东U谷•大连国际企业港等一批牵动力强的重大项目开工建设。珍奥生物谷、奥迪研发与检测中心、锦祥照明研发中心等一批高附加值产业项目竣工投产。

【生态环保】2015年，大连经济技术开发区（金州新区）生态文明建设稳步推进。将生态文明建设工作纳入全区综合考核体系，明确生态保护红线，并实现生态红线与土地利用总体规划、城市发展规划等规划相衔接；严格执行新《环保法》，并建立环境行政执法与刑事司法联动机制。积极开展大气污染防治行动，在原金州区、开发区和金石滩三个区域共计34.52平方公里范围内设立高污染燃料禁燃区；组织开展工业企业废气综合整治和14个加油站（库）油气回收治理工作；与大连市区同步启用环保绿标路，已向交警部门发送违章信息7 500余条；加强对新区3个机动车检测站12条环保检测线运行的监管。加强环境信访，其中，12369热线受理907件，12345热线受理376件，民心网

144件，民意网286件，市局级转办42件，受理率和办结率均达到100%，信访群众满意率达到97%，重访率为2.7%。加强突发事件环境应急管理与体系建设，环境应急响应处置及时准确到位，全年未发生较大的环境污染事故。依法做好排污费征收，目前共征收排污费2 457万元。

【项目建设】2015年，大连经济技术开发区（金州新区）重视项目推进工作，年初筛选出重点项目141项，计划总投资2 772亿元，年度计划投资265亿元。其中，续建项目84项，新建项目39项，前期储备项目18项。有19个项目被列为市级重点项目，其中，续建项目12项，新开工项目4项，前期工作项目3项。根据项目推进情况及动态管理的原则对年内重点项目进行调整，调整后重点项目144项，计划总投资2 628亿元，年度计划投资272亿元，其中，续建项目84项，新建项目43项，前期储备项目17项。市重点项目没有调整。为确保当年的重点项目推进工作顺利实施，按照属地化管理的原则，把项目建设任务分解到各园区、街道及相关职能部门，同时确定责任部门、责任人、协调部门和总协调人，下发《关于下达2015年金州新区重点项目推进工作任务的通知》（大金管办发〔2015〕2号），为年内项目调度、跟踪、协调推进工作全面开展做好基础保障。预计到12月末，全区重点项目开（复）工105项，开（复）工率为82.7%，预计完成投资140亿元，占年度计划投资的51.5%。

【社会事业】 2015年，大连经济技术开发区（金州新区）编制完成《2015年金州新区续建及拟上社会事业投资项目清单》共40项，总投资13.9亿元，2014年计划投资6.96亿元。截至目前，社会事业项目已开工24项，开工率为60%，已完成投资额1.2亿元。根据前期工作完成情况并考量财政资金状况，经管委会批准，至年末，累计组织完成并下达5批社会事业建设项目投资计划，已累计安排社会事业投资项目47项，计划安排投资2.2亿元。严格履行项目审批手续，进一步完善社会事业项目管理程序，完成大连市技师学院钢结构汽车钣金喷涂实训基地建设项目备案。“民生工作双十工程”（建设十大民生工程；办好十件惠民实事）已开（复）工24项，其中7个项目顺利完工，开（复）工率达72.7%，完成投资2.5亿元。加快推进民生工程项目建设，快速推进民生工程的建设和投入使用。及时召开项目协调会，为项目单位解决困难和问题。加强民生工作的影响，向全区人民汇报民生工作，全面展现“民生工作双十工程”实施以来的成果，收集整理民生项目所有资料和音像，年末召开2015年金州新区“民生工作双十工程”建设成果汇报会。截至2015年年末，对26个项目进行调研，兼顾实际、立足长远发展的角度，从节约用地、节约资金等方面提出意见，形成调研报告上报管委会。

【民生工程】2015年，大连经济技术开发区（金州新区）社会事业持续改善。积极推进民生工程建设，确定全区重点项目144项，计划总投资2 628亿元，年度计划投资272亿元，其中，续建项目84项，新建项目43项，前期储备项目17项。19个项目被列为市级重点项目，计划总投资1 307亿元，年度计划完成投资126.8亿元。“惠民实事”开（复）工24项，其中7项已顺利完工，完成投资2.5亿元。社会保障事业不断创新发展。全年实名制就业36 431人，稳定就业率71.8%，城镇登记失业率为2.66%。建立“创业服务超市”，为创业者提供“一站式”服务，全年扶持创业带头人424人，创业带动就业3 731人，创业式就业3 821人。发放创业担保贷款3 595万元，扶持147个项目，带动就业近千人。有效理顺金州老城区失地农民养老金待遇调整机制，保证城乡差距不断缩小。全面完成城乡低保和农村“五保”对象指标任务。教育、文体事业蓬勃发展，成立教育发展专家咨询委员会。完成东山、翠竹、金州第二幼儿园3所幼儿园的建设。组织完成《小海娃成长记》原创故事征集、读本改版、使用指南编写，并被国家广电总局和文化部列为重点扶持项目。首批2所普惠性幼儿园管理规范，运营良好，完成5所小区配套幼儿园回收。成功获批东北三省唯一全国青少年校园足球特色学校及试点区，成立新区青少年校园足球工作管理办公室，成功承办全国青少年校园足球工作会议和大连市青少年城市校园足球整体工作推进会。全年开展各类文化活动500多场，先后举办第28届大连国际马拉松比赛、全国业余羽毛球团体赛、业余足球超级联赛、健身操展演大会等活动。大连市第十二届运动会青少年比赛取得金牌总数第一、团体奖牌总数第一、团体总分第一的好成绩。卫生计生投入力度加大，积极推进民生惠民实事项目，计划投入5 800万元，新立项项目2个，续建项目5个。推进新区院前急救指挥中心项目；推进湾里街道社区卫生服务中心预防接种门诊项目建设；共为9 859名妇女进行“两癌”筛查；为60岁以上老年人开展免费体检99 242人次，为513人开展“复明工程”筛查工作，为82人108只患眼做手术；协调推进金州区第二人民医院改扩建项目建设，加快推进盛京（大连）妇女儿童医院、大连医科大学附属一院新区医疗中心项目等高水平医疗机构建设。全面落实计划生育政策，计划发放资金2 761万元，奖励5万余人。积极促进中医药事业发展。

【农业经济】2015年，大连经济技术开发区（金州新区）克服历史罕见的旱情，大力开展优势产业基地建设、青山生态工程建设、农田基础建设及民生工程建设、农产品质量管理、农村土地确权等工作，圆满完成大连市人民政府下达的各项任务。全年农林牧渔及服务业总产值115.17亿元，比上年增长1.4%。其中，农业产值36.65亿元，比上年增长11.3%；林业产值5 404万元，比上年下降0.9%；畜牧业产值25.04亿元，比上年下降18.2%；渔业产值43.1亿元，比上年增长8.2%；服务业产值9.85亿元，比上年增长1.5%。粮豆总产量2.8万吨，比上年下降52.5%；水果总产量7.6万吨，比上年增长16.9%；蔬菜及食用菌总产量33.2万吨，比上年增长1.8%；肉类总产量2.8万吨，比上年下降17.6%；禽蛋总产量2.8万吨，比上年下降10%；奶类总产量2.3万吨，比上年增长4.5%。

【机构设置与管委会领导】2015年，大连经济技术开发区（金州新区）党工委、管委会下设党工委机构7个：纪工委（监察局）、党工委管委会办公室、组织部、宣传部、统战部、政法委、政研室；设管委会机构23个：发展和改革局、经济发展局、教育文化体育局、科学技术局、民政局、财政局、人力资源和社会保障局、土地房屋局、环境保护局、规划建设局、城市管理与行政执法局、交通局、农林水利局、海洋与渔业局、经济贸易局、卫生与人口计划生育局、审计局、食品药品监督管理局、安全生产监督管理局、旅游局、信访局、建筑工务局、行政服务办公室；设群团机构5个：总工会、团委、妇联、工商联、残联；辖产业园区10个：大连金石滩国家旅游度假区（金石滩风景名胜区）、大连双D港产业园区、大连卧龙湾国际商务区、大连金州经济开发区、大连金渤海岸经济区（大连金州湾国际空港产业区）、大连登沙河产业区（大连通用航空产业园区）、大连金州国家农业科技园区、大连先进装备制造业园区、大连金石国际运动中心区、大连冷链物流及食品加工园区；辖街道办事处20个：中长街道办事处、先进街道办事处、拥政街道办事处、友谊街道办事处、光明街道办事处、站前街道办事处、登沙河街道办事处、杏树街道办事处、大魏家街道办事处、七顶山街道办事处、向应街道办事处、华家街道办事处、得胜街道办事处、大李家街道办事处、金石滩街道办事处、董家沟街道办事处、大孤山街道办事处、海青岛街道办事处、湾里街道办事处、马桥子街道办事处。

至2015年年末，大连经济技术开发区（金州新区、金普新区）党工委、管委会在职领导成员为：大连市委常委、秘书长，市政府办公厅主任，金普新区党工委书记、管委会主任，金州新区党工委书记、管委会主任，金州区委书记张世坤；大连市副市级干部，金普新区党工委副书记、管委会副主任，普湾新区党工委书记、管委会主任，普兰店市委书记姜周；大连市副市级干部，金普新区党工委副书记、管委会副主任，保税区党工委书记、管委会主任毛岩亮；金普新区党工委副书记、管委会副主任刘德春；金普新区党工委委员、管委会副主任王会军；金州区人大常委会主任赵立民；金州区人大常委会党组书记赵相友；金州区政协主席李巍；金州区政协党组书记郭杰；金州新区党工委委员、金州区委常委，政法委书记纪政；金州新区党工委委员、管委会副主任，金石滩国家旅游度假区党工委书记、管委会主任，金石滩街道党工委书记赵敏；金州新区党工委委员、大连金渤海岸经济区党工委书记、管委会主任石传东；大连市公安局党委委员、副局长，金州新区党工委委员、管委会副主任，金州区政府副区长，开发区公安分局局长、督察长，金州公安分局局长陈杰；金州新区党工委委员、金州区委常委，总工会党组书记、主席兼企业党工委书记田青叶；金州新区党工委委员、金州区委常委，组织部(编委办)部长(主任)丛军；金州新区党工委委员、金州区委常委，统战部（台办）部长（主任）杜恒奎；金州新区党工委委员、金州区委常委，新区纪工委（监察局）书记（局长），金州区纪委（监察局）书记(局长)秦淑华；金州新区党工委委员、金州区委常委，宣传部部长、社科联主席黄文普；金州新区党工委委员、管委会副主任，金州区委常委、政府副区长解学慧；金州新区党工委委员、金州区委常委，金州区人民武装部政委张升鑫；金州新区党工委委员、管委会副主任，金州区政府副区长丛克、李光、刘文锋；金州新区管委会副主任、金州区政府副区长楚天运；金州新区党工委委员、党工委办公室(管委会办公室、法制办公室）主任杨生全；金州新区党工委委员、政策研究室（经济发展研究中心）主任阎立明；金州区人大常委会党组副书记、副主任潘军；金州区人大常委会副主任徐晓莉；金州区人大常委会党组成员、副主任白斌武、陈泽国；金州区人大常委会副主任杨贵东；金州区人大常委会党组成员、巡视员李云春；金州区政协党组副书记、副主席刘增润；金州区政协副主席毛长毅、张俊余；金州区政协党组成员、副主席王义宝；金州区政协副主席冯宝民（不驻会）。

2014—2015年大连经济技术开发区（金州新区）主要经济综合指标一览表

项目		单位	2015年	2014年	增减（%）
开发区生产总值		亿元	1 611.27	1 661. 2	−3.0
第二产业		亿元	978.64	1 048. 5	−6.7
工业		亿元	978.64	875. 9	11.7
第三产业		亿元	583.59	562. 4	3.8
工业		亿元	1 892.12	3 023.9	–
工业		亿元	130.30	137.4	5.2
区内主导产业及产值					
主导产业	1. 化工原料及化学用品制造业	亿元	318.84	607. 2	−47.49
	2. 石油加工业	亿元	195.43	428. 9	−54.43
	3. 汽车制造业	亿元	336.60	358.3	–
	4. 计算机及其他电子设备制造业	亿元	133.36	143. 7	−7.2
	5. 农副食品加工业	亿元	106.92	117. 2	−8.77
	6. 通用设备、专用设备制造业	亿元	233.06	265. 4	−12.19
进出口总额		亿美元	205.20	256.0	−19.14

续表

项目		单位	2015 年	2014 年	增减（%）
出口		亿美元	84.90	101.3	−16.19
财政收入		亿元	81.59	103.4	−21.9
税收收入		亿元	193.75	232.3	−16.59
财政支出		亿元	97.48	95.8	17.54
外商及港澳台企业		家	66	69	−4.35
新批企业投资额	外商及港澳台企业	亿美元	6.60	9.3	−29.3
合同外资金额		亿美元	6.60	8.4	−21.43
外商实际投资		亿美元	3.00	42.9	不可比
固定资产投资		亿元	986.82	994.2	−0.7
年末从业人员		万人	24.97	28.2	−11.5
在岗职工		万人	21.27	22.4	−4.69
在岗职工平均工资		元	65 641	62 920	4.32
工业企业数		家	504	538	−6.32
万元GDP能耗		吨标煤/万元	1.15	0.589	95.25

（大连经济技术开发区管委会）

秦皇岛经济技术开发区

【经济发展】2015 年，秦皇岛经济技术开发区（以下简称“秦皇岛开发区”）完成地区生产总值 265 亿元，同比增长 8%，占全市的 21.9%，比“十一五”末提高 2.5 个百分点。完成规模以上工业增加值 169.9 亿元，同比增长 8.3%，占全市的 51.2%，比“十一五”末提高 12.4 个百分点，实现了由占全市的 1/3 到半壁江山的巨大跨越。实现利润 17.4 亿元，占全市的 93%，比“十一五”末提高了 31 个百分点。完成固定资产投资 137.8 亿元，进出口总额 31.79 亿美元，同比增长 20% 和 5.9%，分别占全市的 15.8% 和 69%。实际利用外资 1.89 亿美元，完成市考核任务，占全市的 36%。实现财政收入 42.51 亿元，市区两级公共预算收入 17.04 亿元，同比增长分别为 3.3% 和 4%，分别占全市的 20.7% 和 15%。

【招商引资】2015 年，秦皇岛开发区批准利用外资项目 3 个，总投资 750 万美元，注册资金 1 502 万美元，合同利用外资 1 043 万美元，实际利用外资 18 912 万美元。审批内资项目 772 个，同比增长 6.2%，全区累计 7 886 个；实到内资 1 334 837 万元，同比增长 9%；市外资金 411 638 万元、省外资金 384 488 万元。

【项目建设】2015 年，秦皇岛开发区实施省市重点项目 16 个，总投资 123.4 亿元，完成投资 37.05 亿元，超年度计划 8 000 万元。以十大产业项目为统领，持续实施重点项目领导分包责任制，协同破解难题，竭力服务企业，全力实施攻坚，取得良好成效。臻鼎增资项目当年建成投产，京能热电联产正式开工，金光伏薄膜太阳能完成注册，秦皇岛能源交易中心开锣运营，中兴网信一期投入使用，路能达汽车产业园一期主体封顶，亚粮泰盛大宗商品交易中心正式签约。十大产业项目扎实推进，已成为支撑全区加快发展的中坚力量。此外，中信戴卡轻量化铸造车轮、NPB 轴承异地扩建、海纳电测总部基地等一批新建项目投产运营。

【产业发展】2015 年，秦皇岛开发区工业生产平稳增长，企业利润降幅扩大。规模以上工业累计完成增加值 169.94 亿元，同比增长 8.3%。其中，轻工业完成 23.67 亿元，同比增长 8.3%；重工业完成 146.27 亿元，同比增长 11.5%。规模以上工业企业主营业务收入 672.96 亿元，同比下降 3%；实现利税 32.46 亿元，同比下降 18.6%，其中实现利润 17.35 亿元，下降 22.4%。工业主要行业增加值变化不明显。专用设备制造业，计算机、通信、其他电子设备制造业，铁路、船舶等其他运输设备制造业，农副食品及加工业 4 个行业增加值同比增长，分别实现增加值 255 897 万元、202 497 万元、176 355 万元和 131 410 万元，同比增速分别为 7.8%，39.1%，28.6% 和 10.3%；其他行业增加值都是负增长，主要行业利润总体有所下降。农副产品及加工业全年完成行业利润 33 290 万元，同比增加 44.71%；非金属矿物制品业实现行业利润 8 413 万元；黑色金属冶炼、压延加工业及铁路、船舶等其他运输设备制造业利润为负 28 684 万元和负 70 344 万元，同比负增长持续加大；有色金属冶炼和压延加工业利润为负 727 万元，同比利润下降明显；专用设备制造业及计算机、通信、其他电子设备制造业分别实现利润 86 479 万元和 23 874 万元，同比分别下降 11.23% 和 4.28%。

【生态环保】2015年，秦皇岛开发区共完成减排工程15项，共削减总量COD 670.8吨、NH3-N 53.72吨、SO2 4 265.3吨、NOx1 773.58吨，较2014年度削减COD 28%，NH3-N 22%，SO2 29%，NOx 17%。小汤河水质状况良好，达到四类环境功能区划要求。采取强有力措施，深入开展大气污染防治工作，完成全年大气治理任务，空气质量优于二级天数为269天。2015年10月22日，秦皇岛开发区顺利通过ISO14001环境管理体系再认证现场审核。

【科技创新】2015年，秦皇岛高新技术产业完成工业总产值392亿元，实现主营业务收入412亿元，实现利税22.9亿元，实现利润15.2亿元，分别占全区总量的60%，61%，71%和87%。有效期内高新技术企业68家，省级以上企业技术研发机构30家。全年共引进包括中科纳川电子科技有限公司、汽车电子集成电路产业基地项目（由秦皇岛开发区、中科院半导体所和中科纳川三方合建）、北京大学BNCT实验室、秦皇岛海绵科技（正渗透膜水处理）、河北雷发电子有限公司（LED）、华中农大秦皇岛益农微生物技术研究院、中英智慧能源、北化工生物工程产业园、秦皇岛湖工大艺术设计研究院、九次方大数据等10个重点战略性新兴产业项目。科技系统承担的“三个十”，即全力推进联彩储油储运及能源交易中心项目等十大产业项目建设，推进秦抚路（开发区段）等十大基础工程建设，推进开发区医院改造和体检中心等十大民生实事建设，重点工作完成情况良好。把握“大众创业、万众创新”的契机，探索和打造低成本、便利化、全要素、开放式的创业服务平台。高新技术创业服务中心已拥有孵化面积5.67万平方米，在孵科技型企业87家。另建有北岛博智科技企业孵化器有限公司、e谷（秦皇岛）创想空间、科泰创新工场、创智港先进制造基地等创业服务平台。

【京津冀协同发展】2015年，秦皇岛开发区深入开展对接京津产业转移，中关村海淀园秦皇岛分园累计引进项目超过50家，落户经营项目超过20家；中科院（秦皇岛）技术创新成果转化基地累计引进16个实体企业和3个院地共建平台，形成了协同发展的新优势。依托数谷翔园、创业港湾两大创新创业载体，涌现出北岛博智、e谷创想空间等创业孵化基地和一大批创业成功企业，推动大众创业、万众创新进入快车道。

【环境建设】以完善基础设施配套为重点，一大批基建、城建工程顺利推进。秦皇岛国际展览中心全面竣工，秦抚快速路（开发区段）西延工程正式通车，秦皇西大街外环路口改造基本竣工，戴河综合治理、东区港口起步区工程、填海工程等均取得重要进展。全面推行全覆盖徒步巡查、无缝隙网格化精细管理，推进城市管理社会化、城乡垃圾收运一体化、环境管理机制规范化，城区环境面貌更净、更靓、更美。以建设美丽乡村为目标，着力推进农村环境“四化”（以新型工业化为支撑，以农业现代化为基础，以城镇化为关键，以信息化为平台），推广使用清洁燃料炉具3 589套，改造农厕746座，硬化乡村道路4.1万平方米，处理垃圾1.35万立方米，农村环境面貌焕然一新。

【社会事业】2015年，秦皇岛开发区统筹实施各项民生工程，下大力解决民生领域热点问题，群众物质生活条件得到有效改善。就业增收成效明显。全年新增就业4 917人，下岗失业人员再就业1 750人，发放失地农民生活补助费4 928万元，发放“五好家庭、五好村”奖励资金1 306万元。社会保障水平持续提升。保障托底取得突破，新增参保人数1.3万人，失地农民养老保险实现全覆盖，发放低保补助147万元。教育卫生体系不断完善。大力改善中小学办学条件，优化教育资源配置，高标准通过省级义务教育发展基本均衡县评估验收；新农合覆盖面进一步扩大，参合率达98.8%。文体事业欣欣向荣。成功举办第七届文化月、职工运动会、全民阅读等丰富多彩的文化活动，培植开发区特色文化，以文化人。

【机构设置与管委会领导】2015年，按照

“严控数量、保障质量”的原则，秦皇岛开发区狠抓基层组织和党员队伍建设，新成立党组15个、工委5个、党支部14个，发展新党员159名。批准成立互联网信息办公室、畜禽执法大队，调整政务服务中心隶属关系和企业合法权益保护投诉中心、招商投资服务中心等17个单位的人员编制。2015年4月20日，河北省编办正式批准秦皇岛开发区设立行政审批局，行政级别为副处级。

秦皇岛开发区工委工作部门下设工委办公室、纪律检查工作委员会、政法委、法院、检察院、机构编制委员会办公室。群众团体有工会联合会、妇女联合会、共青团工委、国际商会。

秦皇岛开发区管委工作部门下设管委办公室、政策法制局、建设规划局、人事劳动和社会保障局、城市发展局、社会发展局、经济发展局、财政局、审计局、秦皇岛市国土资源局开发区分局、监察局、秦皇岛市公安局开发区分局、国土分局（海洋局）、行政审批局。另有出口加工区管理委员会；直属事业机构有招商局、科技局、大项目办、农村工作局、教育局、安全生产管理局。

工委书记：胡英杰；工委副书记：苏景文、李生、陈永富、郝凤斌、王建峰；纪工委书记：w王家林。

管委主任：苏景文；管委副主任：郑宝亮、李生、邵宏根、李颖熹(女)、扈秋宁、郭晓城、刘洪柱 、何华庆、吕爱国、华占豪、王建峰。

2014—2015年秦皇岛开发区主要经济综合指标一览表

项目		单位	2014 年	2015 年
开发区生产总值		亿元	253.18	265.76
第二产业		亿元	178.69	182.40
工业（规模以上）		亿元	153.19	170.94
第三产业		亿元	72.34	82.13
工业总产值（现价）		亿元	689	650.10
高新技术企业		亿元	454.74	260.44
销售（营业）收入		亿元	1 454.60	1 460
第二产业（规模以上）		亿元	714.59	706.78
工业（规模以上）		亿元	711.79	672.96
利润总额 （规模以上）		亿元	21.86	15.71
第二产业（规模以上）		亿元	26.7	17.89
工业（规模以上）		亿元	24.60	17.35
区内主导产业及产值（规模以上）				
主导产业	1．汽车制造业	亿元	148.4	158.16
	2．专用设备制造业	亿元	51.19	25.59
	3．计算机、通信和其他电子设备制造业	亿元	36.89	17.64
进出口总额		亿美元	30.03	31.79
出口		亿美元	18.10	18.19
财政收入		亿元	41.14	42.51
税收收入		亿元	38.58	40.99
财政支出		亿元	18.26	19.17
新批企业数量		家	731	775
外商及港澳台企业		家	4	3
内资企业		家	727	772

续表

项目		单位	2014 年	2015 年
新批企业投资额	外商及港澳台企业	亿美元	4.4	0.075
规模以上企业投资额	规模以上企业数量	家	145	343
	合同外资金额	亿美元	1.06	0.104 3
	外商实际投资	亿美元	2.09	1.89
	固定资产投资	亿元	116.49	137.79
	年末从业人员	万人	6.81	8.28
	在岗职工平均工资	元	50 900	46 182
	万元GDP能耗	吨标煤/万元	—	0.4
	水资源消耗总量	万立方米	1 238	1 378
	单位国内生产总值取水量	立方米/万元	4.89	10.39

（秦皇岛经济技术开发区管委会）

天津经济技术开发区（南港工业区）

【经济发展】2015年，天津经济技术开发区（南港工业区）(以下简称“天津开发区”。“泰达”是天津开发区的英文缩写音译）主动适应经济发展新常态，经济社会保持平稳较快发展，保持在天津滨海新区的主力军作用和在国家级开发区中的排头兵地位“两个不动摇”。全年实现地区生产总值（GDP）2 905.59亿元，按可比价格计算，比上年增长10.4%。其中，第二产业增加值完成2 164.62亿元，可比增长10.8%；第三产业增加值完成740.97亿元，可比增长8.8%。二、三产业结构由上年的76.2∶23.8变为74.5∶25.5。全员劳动生产率53.12万元/人，增长6.6%。全区完成财政收入499.84亿元，税收收入412.67亿元。其中，增值税138.62亿元，消费税37.35亿元，营业税35.31亿元，企业所得税135.23亿元。全年公共财政预算收入260.53亿元，财政支出182.67亿元，其中，公共财政预算支出169.16亿元。全区进出口总额425.78亿美元，其中，出口219.09亿美元，进口206.68亿美元。全区全社会固定资产投资910.04亿元，增长13.7%。社会消费品零售总额205.23亿元，比上年增长2.9%。

2014—2015年天津经济技术开发区主要经济综合指标一览表

项目	单位	2014年	2015年	增减（%）
地区生产总值*	万元	27 910 106	29 055 939	10.4
第二产业*	万元	21 259 938	21 646 217	10.8
第三产业*	万元	6 650 168	7 409 722	8.8
“四上”企业主营业务收入	万元	117 596 822	114 193 521	-2.9
工业	万元	82 986 202	78 424 336	-5.5
外商及港澳台投资企业#	万元	62 625 317	56 348 701	-10.0
第三产业	万元	32 725 963	34 063 989	4.1
工业总产值	万元	88 582 380	82 489 510	-6.9
规模以上工业总产值	万元	88 065 119	82 007 827	-6.9
固定资产投资	万元	8 000 323	9 100 362	13.7
基础设施	万元	665 779	322 857	-51.5
财政收入	万元	5 501 859	4 998 414	-9.2
“四上”和金融企业期末从业人员	万人	53.02	51.54	-2.8
外商及港澳台投资企业	万人	29.22	29.03	-0.7
进出口总额	万美元	4 876 475	4 257 803	-12.7
出口	万美元	2 292 747	2 190 951	-4.4
进口	万美元	2 583 728	2 066 852	-20.0
批准外商及港澳台投资企业	家	157	142	-9.6

续表

项目	单位	2014年	2015年	增减（%）
合同外资金额	万美元	863 227	691 340	−19.9
实际使用外资金额	万美元	603 942	670 000	11.0
注册内资企业数量	家	1 732	1 672	−3.5
内资企业注册资金	万元	3 706 446	3 652 146	−1.5
全员劳动生产率*	万元／人	49.92	53.12	6.6
工业全员劳动生产率*	万元／人	56.76	58.38	8.7

注：“*”指标绝对额按现价计算，增长速度按可比价格计算。
注：“#”指外商及港澳台投资企业，含在“工业”中，即它是“工业”的一个子集。下表中的“#”均为其上一层级的子集。

2014—2015年天津经济技术开发区地区生产总值（GDP）构成情况 单位：万元

项目	2014年	2015年	增长（%）
总计	27 910 106	29 055 939	10.4
第二产业	21 259 938	21 646 217	10.8
工业#	21 026 477	21 398 049	10.8
建筑业	233 461	248 168	6.7
第三产业	6 650 168	7 409 722	8.8
批发和零售业#	1 327 564	1 581 768	10.3
交通运输、仓储和邮政业	368 037	439 880	21.3
住宿和餐饮业	33 616	80 826	137.8
金融业	2 027 409	2 231 843	9.2
房地产业	293 495	308 791	4.0
其他行业	2 600 047	2 766 613	4.0

2015年天津经济技术开发区主要经济指标占天津市比重

项目	单位	开发区	增减（%）	天津市	增减(%)	占全市比重（%）
地区生产总值	亿元	2 905.59	10.4	16 538.19	9.3	17.6
第二产业	亿元	2 164.62	10.8	7 723.60	9.2	28.0
工业#	亿元	2 139.80	10.8	6 981.27	9.2	30.7
第三产业	亿元	7 40.97	8.8	8 604.08	9.6	8.6
规模以上工业总产值	亿元	8 200.78	−6.9	28 016.75	0.3	29.3
出口总额	亿美元	219.10	−4.4	511.83	−2.7	42.8
规模以上工业企业利润总额	亿元	552.62	5.9	1 725.41	1.6	32.0
公共财政预算收入	亿元	260.53	−12.1	2 666.99	11.6	9.8
固定资产投资	亿元	910.04	13.7	1 3065.86	12.1	7.0
合同外资金额	亿美元	69.13	−19.9	313.57	37.4	22.0
实际使用外资	亿美元	67.00	11.0	211.34	12.0	31.7

2015年天津经济技术开发区主要经济指标占滨海新区比重

项目	单位	开发区	增减（%）	滨海新区	增减(%)	占滨海新区比重（%）
地区生产总值	亿元	2 905.59	10.4	9 270.31	12.8	31.3
第二产业	亿元	2 164.62	10.8	5 795.34	13.7	37.4
工业#	亿元	2 139.80	10.8	5 457.00	13.6	39.2
第三产业	亿元	740.97	8.8	3 463.58	11.2	21.4

续表

项目	单位	开发区	增减（%）	滨海新区	增减(%)	占滨海新区比重（%）
规模以上工业总产值	亿元	8 200.78	−6.9	15 538.95	−1.5	52.8
出口总额	亿美元	219.10	−4.4	324.25	−1.6	67.6
规模以上工业企业利润总额	亿元	552.62	5.9	1 016.11	−17.2	54.4
公共财政预算收入	亿元	260.53	−12.1	648.09	15.0	40.2
固定资产投资	亿元	910.04	13.7	5 584.81	7.6	16.3
合同外资金额	亿美元	69.13	−19.9	278.42	46.7	24.8
实际利用外资	亿美元	67.00	11.0	138.23	12.1	48.5

【产业发展】2015 年，天津开发区工业实现平稳增长。全区工业增加值 2 139.80 亿元，按可比价格计算，比上年增长 10.8%。其中，规模以上工业增加值 2 125.90 亿元，按可比价格计算，比上年增长 10.8%。全区工业总产值 8 248.95 亿元。其中，规模以上工业总产值 8 200.78 亿元。在规模以上工业企业中，外商及港澳台投资企业工业总产值 5 726.26 亿元，内资企业工业总产值 2 474.52 亿元。

2015 年，全区有 293 家企业工业总产值超过 1 亿元，产值合计占全区工业总产值的比重为 98.6%。其中，83 家企业产值超过 10 亿元，产值合计占比为 90.1%；19 家企业产值超过 100 亿元，产值合计占比为 65.7%。

2014—2015 年天津经济技术开发区工业企业指标

单位：万元

项目	2014 年	2015 年	增减（%）
工业增加值	21 026 477	21 398 049	10.8
规模以上工业总产值	88 065 119	82 007 827	−6.9
按经济类型划分			
内资企业	24 279 874	24 745 228	1.9
民营企业#	17 031 988	18 991 825	11.5
外商及港澳台投资企业	63 785 244	57 262 599	−10.2
按重点行业划分			
汽车	13 732 989	15 489 447	12.8
电子通讯	19 238 217	15 273 234	−20.6
石油化工	10 996 702	9 068 292	−17.5
装备制造	7 923 666	7 289 772	−8.0
食品饮料	6 027 398	5 961 327	−1.1
新能源新材料	4 069 038	3 610 539	−11.3
生物医药	1 980 277	2 224 786	12.3
航天	91 726	106 179	15.8
按高新技术企业划分	16 422 632	15 797 515	−3.8
按区域划分			
东区	46 033 473	42 024 551	−8.7
西区	14 421 203	16 250 321	12.7
微电子工业区	11 858 799	8 348 127	−29.6
南港工业区	4 808 649	3 862 406	−19.7
现代产业区	1 195 479	1 104 101	−7.6
逸仙科学工业园	1 063 900	912 526	−14.2
中区	255 825	308 374	20.5

续表

项目	2014年	2015年	增减（%）
北塘总部园区	67 114	68 325	1.8
区外	83 60 678	9 129 096	9.2
规模以上工业销售产值	84 141 689	78 480 036	-6.7
规模以下工业总产值	517 261	481 683	-6.9

注：工业增加值的“增减（%）”按可比口径计算。

在规模以上工业企业中，电子、汽车、装备、食品、石化、新能源新材料、生物医药、航天等八大支柱行业实现工业增加值1 473.49亿元，占全区工业增加值的68.9%，比上年提高1.5个百分点。其中，汽车行业增加值可比增长24.1%，拉动全区工业增长4.3个百分点；生物医药行业可比增长20.9%，拉动全区工业增长0.7个百分点。全年八大支柱行业实现规模以上工业总产值5 902.36亿元，占全区规模以上工业总产值的71.6%。

2014—2015年天津经济技术开发区规模以上工业企业财务指标 单位：万元

项目	2014年	2015年	增减（%）
主营业务收入	82 986 202	78 424 336	-5.5
利润总额	5 217 089	5 526 156	5.9
亏损企业亏损额	174 597	576 073	2.3倍
产品销售税金及附加	965 866	1 260 776	30.5
应交增值税	2 898 537	3 706 517	27.9
负债合计	32 978 086	34 100 883	3.4
资产总计	55 982 718	62 536 587	11.7
年末存货	8 636 229	8 100 570	-6.2
产成品	1 423 504	1 394 036	-2.1
应收账款净额	14 492 953	15 314 506	5.7

工业企业效益水平进一步提升。规模以上工业企业完成利润总额552.62亿元，同比增长5.9%，主营业务利润率7.05%，比上年提高0.76个百分点。经济效益综合指数512.8，比上年增加33.9个百分点，总资产贡献率19.7%，比上年增加1.6个百分点。

2014—2015年天津经济技术开发区规模以上工业企业经济效益指标

项目	单位	2014年	2015年	增减（百分点）
经济效益综合指数		478.9	512.8	33.9
总资产贡献率	%	18.2	19.7	1.6
资本保值增值率	%	117.6	123.6	6.0
资产负债率	%	58.9	54.5	-4.4
流动资产周转次数	次	2.4	2.2	-7.7
成本费用利润率	%	6.8	7.7	0.9
产销率	%	95.6	95.7	0.2
销售利润率	%	6.3	7.1	0.8

注：流动资产周转次数的“增减（百分点）”为“增减（%）”。

2015年，天津开发区建筑业增加值24.82亿元，可比增长6.7%。批发和零售业增加值158.18亿元，可比增长10.3%。交通运输、仓储和邮政业增加值43.99亿元，可比增长21.3%。住宿和餐饮业增加值8.08亿元，可比增长137.8%。金融业增加值223.18亿元，可比增长9.2%。房地产业增加值30.88亿元，可比增长4.0%。其他服务业增加值276.66亿元，可比增长4.0%。规模以上营利性服务业营业收入完成163.52亿元，比上年增长13.9%。研究和实验发展行业、租赁业、互联网和相关行业、生态保护和环境治理业增加值分别比上年增长40.9%，53%，48.9%和41%。

2014—2015年天津经济技术开发区第三产业主要指标

单位：万元

项目	2014年	2015年	增减（%）
“四上”企业主营业务收入	32 725 963	34 063 989	4.1
外商及港澳台投资企业	6 107 167	7 137 808	16.9
批发和零售业	21 646 939	22 021 907	1.7
交通运输、仓储和邮政业	2 633 782	2 598 524	−1.3
住宿和餐饮业	107 715	91 864	−14.7
金融业	3 228 791	3 935 239	21.9
房地产业	1 337 485	1 989 941	48.8
其他服务业	3 771 252	3 426 515	−9.1
信息传输、软件和信息技术服务业#	659 826	801 482	21.5
科学研究和技术服务业	975 781	1 096 920	12.4
“四上”企业营业利润	1 685 543	2 777 929	64.8
外商及港澳台投资企业	578 683	453 180	−21.7
批发和零售业	137 941	56 723	−58.9
交通运输、仓储和邮政业	−55 225	−87 890	—
住宿和餐饮业	−7 114	−42 005	—
金融业	1 165 509	2 098 657	80.1
房地产业	−44 833	50 621	—
其他服务业	489 264	701 822	43.4
信息传输、软件和信息技术服务业#	145 830	154 954	6.3
科学研究和技术服务业	111 865	194 176	73.6

高技术产业发展良好。2015年，高技术制造业增加值占规模以上工业增加值的17.1%，高于天津市平均水平3.3个百分点。

在主要工业产品产量中，显示器、液晶显示模组、光电子器件等电子产品，汽车整车、汽车用发动机、子午线轮胎等汽车及相关产品，原油加工量、乙烯等石化行业产品，精炼食用植物油、乳制品等食品行业产品以及化学药品原药、中成药等生物医药行业的产品产量保持增长。

2014—2015年天津经济技术开发区主要工业产品产量

产品名称	单位	2014年	2015年	增减（%）
饲料	万吨	121.95	122.13	0.2
精制食用植物油	万吨	72.67	109.04	50.0
糖果	吨	3 103.00	3 928.00	26.6

续表

产品名称	单位	2014 年	2015 年	增减（%）
方便面	万吨	35.41	23.68	-33.1
软饮料	万吨	405.24	359.11	-11.4
家具	万件	225.40	154.42	-31.5
汽油	万吨	85.58	110.84	29.5
柴油	万吨	206.38	235.46	14.1
乙烯	万吨	107.70	108.81	1.0
丙烯	万吨	56.60	56.27	-0.6
聚氯乙烯树脂	万吨	36.72	30.01	-18.2
化学药品原药	吨	1 850.46	1 906.52	3.0
中成药	吨	11.09	29.18	163.1
子午线轮胎外胎	万条	1 530.87	1 587.02	3.7
汽车用发动机	万兆瓦	6.02	8.17	35.7
电梯	万台	1.81	1.78	-1.5
数码照相机	万部	264.51	49.17	-81.5
减速机	万台	29.78	25.37	-14.8
拖拉机	万台	1.10	0.89	-18.4
汽车	万辆	84.42	99.55	17.9
电动自行车	万辆	17.99	2.00	-88.8
风力发电机组	兆瓦	529.50	380.50	-28.1
锂离子电池	亿只	2.86	1.99	-30.4
铅酸蓄电池	万千伏安时	338.61	293.68	-13.2
太阳能电池	兆瓦	517.17	450.41	-12.9
原电池及原电池组	万只	41 314	10 987	-73.4
电子计算机整机	万台	2 185.74	1 887.07	-13.6
平板显示器	万部	506.09	645.74	27.6
卫星导航定位接收机	万台	7.36	7.50	1.8
移动通信手持机（手机）	亿部	0.92	0.72	-21.7
彩色电视机	万部	279.20	245.84	-11.9
半导体分立器件	亿只	150.80	149.50	-0.8
集成电路	亿块	10.70	10.74	0.4
发光二极管（LED）	亿只	78.38	89.39	14.0
液晶显示模组	万套	203.35	237.31	16.7
电子元件	亿只	6 329.15	5 400.82	-14.7
工业自动调节仪表与控制系统	万台（套）	374.14	419.84	12.2
汽车仪器仪表	万台	233.38	241.50	3.5

【园区特色】天津开发区高水平开展“十三五”规划研究和制定工作，编制天津开发区“十三五”经济社会发展规划和14个专项规划。2015年，天津开发区获批国家质检总局出口汽车及零部件质量安全示范区。全面落实“效率提升年”各项工作。广泛开展“一助两促”（助小微；促创新、促创业）和领导干部“一对一”帮扶企业活动。民生实事项目10大类28个子

项基本完成。主要经济指标在国家级开发区中继续保持第一。

全年成功举办第十一届中国汽车产业发展（泰达）国际论坛、首届国际石化产业互联网金融+商品现货服务机构创新营销高峰论坛、互联网+时代创新创业高峰论坛、类脑智能创新论坛等专业性会议，强化国内外宣传推介，提升区域影响力。

【科技创新】 2015年，天津开发区制定《天津国家自主创新示范区科技园区发展规划》，完善1+N产业创新政策体系，设立创业投资鼓励计划专项资金，形成科技招商、工商注册、科技型中小企业认定、创新服务券及创业鼓励计划“一条龙”服务体系。博益气动、恒拓开源、振威展览、博信鑫元和唯捷创芯5家企业在“新三板”挂牌。

新增国家级高新技术企业29家，新增科技型中小企业1 006家，新增科技小巨人企业64家。全年高新技术企业实现增加值406.21亿元，可比增长9.4%，占全区生产总值的比重为14%。科技小巨人企业完成营业收入2 640.18亿元，占“四上”企业营业收入的比重为23.6%。至年末，共有国家级高新技术企业308家，科技型中小企业5 576家，科技小巨人企业409家。

创新成果不断涌现。康希诺埃博拉病毒疫苗、赛诺医疗新一代冠脉药物洗脱支架填补中国生物医药领域两项空白。“天河一号高效能计算机系统”获得国家科技进步特等奖，“成体干细胞救治放射损伤新技术的建设和应用”等6项成果获国家科技进步一、二等奖。

新增2家国家重点实验室、8家市级工程中心、5家市级国际科技合作基地、1家市级企业技术中心、1家市级生产力促进中心和1家市级科技企业孵化器。新材料新型工业化产业示范基地获市级认定，9家企业重点实验室通过市级考核，7家企业重点实验室获批筹建。津京互联创业咖啡入选国家科技部首批众创空间，创客总部、36氪—泰达氪空间、亚杰商会、YOU+社区、阿里云创客+、中环智地等众创平台相继落户。至年末，全区运营和在建的众创空间数量为21家。科技企业孵化器14家，孵化转化载体面积110万平方米，在孵企业650家，工程技术研究中心37家，企业技术中心59家，企业重点实验室19家，跨国公司研发中心58家。

2015年申请专利总量超过4 300件，膜天膜、重型装备和天津科技大学3项专利成果获第十七届中国专利奖。全年技术合同登记453份，累计登记4 038份；技术交易总额23.20亿元，累计交易总额100.20亿元；科技成果鉴定登记25项，累计登记351项。

实施“人才创新创业”工程。2015年引进高级人才95人，高级人才总量为1 374名，其中，领军人才累计100名，高层次人才累计1.5万名。累计建成博士后流动站65家，在站博士后61名。人力资源中介服务机构22个，其中，民营机构20个。青年见习基地共92家。

【投资促进】 2015年，天津开发区新批外商及港澳台投资项目142个，办理增资项目92个，项目（含增资）投资总额107.95亿美元，合同外资金额69.13亿美元。实际使用外资金额67亿美元，增长11%。新设立登记内资企业1 672家，增加注册资本企业418家，内资企业注册资本（含增资）365.21亿元。其中，新增民营企业1 449家，注册资本114.92亿元。

2015年，新批外商及港澳台项目合同外资平均规模3 683.19万美元。投资规模在1 000万美元以上的项目117个。新批《财富》全球500强项目3个。外商及港澳台项目合同外资增资金额27.92亿美元，平均增资规模6 048.87万美元。增资超过1 000万美元的项目44家。全年新设立内资企业平均注册资本2 184.3万元，注册资本在1 000万元以上的企业331家。

工业项目投资势头良好。新批及增资制造业外资项目54项，合同外资金额(含增资)16.38亿美元；新设及增资内资项目83个，注册资本（含增资）19.12亿元。液化空气、保利泰科、修正药业、斯坦雷电气等重大制造业项目签约落户，大众汽车自动变速器、金耀药业、东邦铅资源、雷可德高分子等优势产业项目实现增资扩产。

现代服务业项目投资活跃。新批服务业外资项目130个，增资项目44个，合同外资金额(含增资)52.26亿美元；内资企业新设1 602家，增资348家，注册资本金(含增资)268.83亿元。滴滴出行、融冠融资租赁、狮桥汽车服务、新希望等项目签约落户，狮桥融资租赁、赶集网、考拉商业保险、新世界环渤海等项目增资。

至2015年年末，天津开发区累计批准来自88个国家和地区的外商及港澳台投资企业5 581家，项目投资总额1 148.34亿美元，合同外资金额828.65亿美元，实际使用外资金额531.21亿美元。投资规模超过1 000万美元的项目1 402个，投资规模超过1亿美元的项目74个。设立登记内资企业12 977家，注册资本4 275.02亿元，注册资本在1 000万元以上的企业3 029家。2015年《财富》全球500强企业中，共有来自境内外的90家企业在天津开发区投资，投资项目273个。一大批国际著名跨国公司，如美国联合技术、雪佛龙、约翰·迪尔、惠普、可口可乐、百事可乐、哈里伯顿、霍尼韦尔、邦基，日本丰田汽车、丰田通商、松下电器，韩国三星、现代、乐金、浦项制铁，德国大众、西门子、巴斯夫、大陆、蒂森克虏伯，瑞士雀巢，法国施耐德电气、拉法基、威立雅，英国葛兰素史克、渣打银行，荷兰阿克苏诺贝尔、壳牌，丹麦诺和诺德、维斯塔斯，我国台湾地区鸿海精密、顶新，以及中石油、中石化、长城汽车、搜狐、58同城等已经成为天津开发区的投资主体。

2015年，天津开发区进出口总额425.78亿美元。其中，出口219.09亿美元，进口206.68亿美元。按贸易方式划分，加工贸易出口187.31亿美元，一般贸易出口29.25亿美元。高新技术产品出口162.75亿美元，占全区出口总额比重的74.3%。机电产品出口200.30亿美元，占全区出口总额比重的91.4%。通断保护电路装置及零件、自动数据处理设备的零件、液晶显示板及其零附件及录、放像机等主要出口产品保持快速增长。

【生态环保】2015年，天津开发区推动园区绿色低碳发展，顺利通过国家循环经济试点单位验收。开展企业碳盘查工作。严格实施大气污染网格化管理，开展裸地、施工工地扬尘治理。推进挥发性有机物（VOCs）治理。推动重点企业实施煤改燃试点项目。完成“国家级开发区节能环保国际合作课题”。至年末，有290家企业通过ISO14001认证。

节能减排取得成效。2015年，全区万元地区生产总值能耗286.47公斤标准煤，比上年下降6.9%，万元工业增加值能耗329.65公斤标准煤，下降8.3%；万元地区生产总值耗电330.68千瓦时，比上年下降8.6%，万元工业增加值耗电376.56千瓦时，下降8.1%；万元地区生产总值新鲜水消耗3.09立方米，比上年下降6%，万元工业增加值耗水3.3立方米，下降9.3%。年内，完成主要污染物排放总量指标控制任务。

【社会事业】建立泰达智慧教育云平台，“互联网+教育”应用在日常教学中推广。深化学前教育制度改革，民办幼儿园奖补贴政策启动。当年义务教育入学率100%，巩固率100%，高中入学率100%。流动人口子女占义务教育阶段学生总数的34%。至2015年年末，全区共有各级各类学校27所。其中，大学3所，民办学校12所，在校学生3.93万人。

成立泰心康复管理有限责任公司、泰心医联健康管理有限公司，探索医疗服务新模式。泰达国际心血管病医院完成医药零差价。福瑞社区卫生服务站开诊营运。开通社区居民“健康通”服务电话，24小时提供咨询。至2015年年末，全区共有12家综合性医院，4家专科医院，22家社会力量办其他医疗机构，1家社区卫生服务中心，14个社区卫生服务站，58家企业保健站。拥有各类卫生技术人员2 011人，其中，具有高级职称的卫生技术人员270人。病床1 387张，全年诊疗179.7万人次。

成功举办泰达夏日艺术季、泰达经典音乐文化广场、数字电影泰达行和“泰达杯”青年学生创意设计大赛等多项活动。泰达图书馆完成馆藏资料在移动终端的一站式搜索。2015年，泰达图书馆档案馆档案借阅利用0.3万人次，图书流通11.64万册次，提供文献检索10.35万次，接待读者用户44.99万人次。至年末，档案馆馆藏总量54.10万卷（件），图书馆馆藏总量129.47万册，图书馆馆藏数据库56个。

城市管理水平提高。数字城管市容监管平台不断夯实。无物业小区治理经验获评2015年全国社会治理创新优秀案例奖。至年末，全区共成立9个社区、9个社区居委会，建立9个社区志愿者服务站和126个社区志愿团体。年内组织志愿活动648次，志愿服务时间24.3万小时。全区共有全民健身场所102个。

【南港开发建设】 南港工业区开发建设顺利推进，完成《南港工业区控制性详细规划调整》《天津港大港港区总体规划方案调整》等六类专项规划，《独流减河口综合整治规划调整报告》获得国家水利部正式批复。热电项目完成投资主体转换，先达海水淡化项目调整方案基本确定，法液空工业气体项目完成可行性研究报告和项目备案。土地整理和基础设施建设项目顺利推进，土地海域手续办理顺利，完成137公顷土地收储，完成220公顷海域使用手续办理。完成红旗路南侧、东港池东侧吹填，吹填总量9 307.4万立方米，吹填造陆总面积921.4万平方米。完成富港路、西中环北延等11公里道路建设，联通4公里河道水系，进行15万平方米绿化施工，完成7座泵站建设。启动蒸汽分输站、污水处理厂扩建工程、2座220千伏变电站建设工程；新增各类管线5.4公里，南港第一座220千伏变电站竣工送电。港口航道具备10万吨级通航能力，完成主航道防波堤外延、堤头灯和其他导助航设施、液体化工码头罐区、VTS雷达站及航运服务中心建设项目。完成南港铁路全线征地拆迁，实现南港铁路全线65%工程建设。

【西区发展】 西区生产及生活配套建设成果显著，全年实施工程项目12项，完成投资2 400万元。瑞奇外科、凯莱英、施莱德、一汽丰田研发等项目开工或投产；西区医院、夏青路派出所、天渤公寓餐饮（津粤汇）等14个项目建设完成；天渤公寓二期，天鸿公寓二期、三期，西北组团邻里中心，第二消防站和公安视频等项目正在实施。

【机构设置与管委会领导】 2015年7月28日，中共天津市委决定将中共天津经济技术开发区管理委员会党组改建为中共天津经济技术开发区工作委员会，为市委派出机构。同日，天津市委决定许红星任天津经济技术开发区工作委员会书记；王盛、张青任副书记。

天津开发区加快推动政府职能转变。成立市场和质量监督局、行政审批局，实现“一个部门管市场”“一颗印章管审批”。严格履行政府投资项目审批程序，优化评审项目方案，强化投资成本控制。城市管理、财政运行、审计监督等管理效率提升。开展国有资本经营收益收缴工作，加强区属企业重大事项管理。

2015年，天津开发区管理委员会设工作部门为：管委会（工委）办公室、党建工作部、开发区企业党委、开发区工会、西区办公室、政策研究室（法制局、司法局）、发展和改革局、投资促进领导小组办公室、投促一局、投促二局、投促三局、市场和质量监督管理局、贸易发展局、建设和交通局（规划和国土资源管理局）、科技发展局、教育文化卫生体育局、财政局、人力资源和社会保障局、环境保护局、审计局、公用事业局、外事局、安全生产监督管理局、城市管理局、南港综合办、南港规建局、南港经发局（投促四局）、中区办、北塘企业总部园区办。

至2015年年末，天津开发区管理委员会成员为：主任王盛（工委副书记）；副主任艾亚民、郎东、施扬、马玫、李泽民、张国盛、李新、张军、郑凯；南港开发有限公司总经理王俊明；天津开发区管理委员会副巡视员贾守月；天津开发区管理委员会主任助理王雪佳。

（天津经济技术开发区地志办）

烟台经济技术开发区

【经济发展】2015年，烟台经济技术开发区（以下简称“烟台开发区”）完成生产总值1 240.03亿元，其中，第二产业增加值888.61亿元，第三产业增加值338.99亿元，同比分别增长3.3%，2%和7.1%；公共财政预算收入91.64亿元，地方税收收入67.24亿元，同比分别增长17%和12%；固定资产投资475.45亿元，增长14%；社会消费品零售总额120.58亿元，同比增长11.3%。

【产业发展】2015年，烟台开发区实现工业总产值4 260.43亿元，同比增长3.2%，规模以上工业总产值3 952亿元，同比增长3.7%，工业总产值中的外商及港澳台投资企业工业总产值3 703.57亿元，同比增长3.8%，机械制造、电子信息两大主导产业实现产值3 393.41亿元，同比增长5.4%。各类服务业企业8 668家，规模以上服务业企业97家，服务业增加值334.2亿元，同比增长11.1%，增速高于工业3个百分点，占地方生产总值的比重达到28.4%。

【园区特色】保税港区西区是全国第一家以出口加工区和邻近港口整合转型升级形成的保税港区，进出口总额在全国14个保税港区中排名第1位，在全国110多个海关特殊监管区域中排名第12位。国际综合物流园区是烟台市“十二五”规划的重点项目，集仓储、配送、商贸、会展、物流总部经济等功能于一体，先后荣获“中国物流园区投资环境50强”和“中国最具发展潜力物流园区”称号。留学人员创业园区是全国最早成立的留学人员创业园之一，累计引进海外留学人员372名，创办企业616家，注册资本18.9亿元。烟台港西港区是烟台港未来发展的核心港区，主要划分LNG、综合、原油、集装箱四大作业区，建设5～40万吨级码头65个，最终形成港口吞吐能力2亿吨和1 500万标准集装箱、带动临港工业区发展的目标。业达科技园规划建设科技研发区、综合服务区、创业服务区、教育培训区、配套生活区及柳林河休闲景观带“五区一带”，致力于建成立足山东、面向全国的科技创新基地、科研人才基地和企业孵化基地。

【科技创新】2015年，烟台开发区研发投入44.65亿元，占GDP比重的3.8%；25家企业获批省级高新技术企业，22家企业入选市科技型中小企业，规模以上高新技术产业产值2 438.1亿元，同比增长9.3%，占比达到63.5%；与国内外高端科技创新机构合作共建创客空间、中欧创业孵化园和天大技术转移中心等一批创新载体，新增省级以上研发中心17个。全年共取得市级以上科技成果45项，12项被认定为国际领先水平；国内专利申请累计1 007件，PCT国际专利申请累计达77件；新引进“千人计划”专家2名，总数达到25人。

【投资促进】2015年，烟台开发区完成进出口额273.71亿美元。其中，进口额132.07亿美元，出口额141.64亿美元。新批准外商投资项目58个，投资总额16亿美元；外资增资项目23个，增资额3.5亿美元。重点引进捷克数控机床、海吉星农产品和通宇物流等一批大项目、好项目。

【生态环保】2015年，烟台开发区加大环境污染整治力度，开展废气异味扰民企业专项治理和重点河流环境综合整治行动，全区二氧化硫、化学需氧量、氨氮排放年度削减率分别达到17.41%，15.68%和34.77%，污水集中处理率和无害化垃圾处理率达到100%，城市空气质量良好率达到74.5%，降水PH平均值为6.77，未出现酸雨污染，市区道路交通噪声年均值为63.8分贝，道路交通声环境质量为一级。

【基础设施建设】编制综合交通体系等9个专项规划，在青岛市率先形成完整的规划体系。城市综合体建设全面提速，星颐广场、天马中心、正海广场等商业综合体封顶，总投资13亿元的万达广场、投资10亿元的永旺梦乐城启动建设，以长江路、衡山路为轴线的中央商务区加速崛起。金沙滩公园改造及海防林抚育更新进展顺利，黄金河、白银河湿地公园改造基本完工，希尔顿酒店、招商地产、万豪酒店全面推进，整个滨海景区焕然一新。黄河路西延、珠江路正式通车，完成台北路、拉萨大街等重点绿化工程。

【投融资工作】健全完善市场化支持创新体制机制，新设立11只基金和4家基金管理机构，以1.5亿元财政资本撬动社会资本268亿元，13家企业在“新三板”挂牌，11家企业在区域股权交易中心挂牌。

【社会事业】2015年民生投入占比达到54%，12件为民服务实事全部完成。教育卫生事业蓬勃发展，实施新一轮学校布局，启动第五小学、八角二小建设，华圣外籍人员子女学校主体完工，教学办学条件进一步改善；业达医院新门诊楼投用，疾控妇幼综合服务楼主体封顶，在青岛市率先建成并启用残疾人康复中心。新增就业再就业6.7万人、创业7 000余家。福莱山市民文化公园、文化馆、图书馆等一批公共设施对外免费开放。

【机构设置与工委管委领导】烟台开发区工委工作部门为：工委办公室、纪工委、组织部、宣传部、群工部、政法委。管委工作部门为：发改经信局、投资促进局、商务局、人社局、财政局、教体局、住建局、城管环保局、交通运输局、农海局、安监局、旅游局、科技知识产权局、民政局、卫生计生局、公安分局、规划分局、国土分局、政管办、保税港区西区管理局、市场监管局、金融办、资源再生区管理局、物流园区管委。

工委管委领导成员为：市委常委、工委书记、管委主任王曰义；工委副书记、管委副主任刘建民，工委副书记武维刚；工委委员、组织部部长高松敏；工委委员、纪工委书记部力波；工委委员、政法委书记吕永坤，工委委员、管委副主任苏智，工委委员、管委副主任于少轩、杨林盛、于玲、闫庆华；工委委员、办公室主任王培海；工委委员、宣传部部长张华志；工委委员、物流园区管委主任范吉宏；工委委员、财政局局长李守鹏；工委委员、福莱山街道党委书记刘厚波。

2014—2015年烟台经济技术开发区主要经济综合指标一览表

项目	单位	2015年	2014年	增减（%）
开发区生产总值	亿元	1 240.03	1 200.77	3.3
第二产业	亿元	888.61	870.97	2.0
工业	亿元	857.30	838.21	2.3
第三产业	亿元	338.99	316.65	7.1
工业总产值（现价）	亿元	4 260.43	4 130.16	3.2
高新技术企业	亿元	1 261.63	1 221.22	3.3
“四上”企业销售（营业）收入	亿元	4 481.15	4 518.78	−0.8
第二产业	亿元	3 976.09	3 971.34	0.1
工业	亿元	3 889.66	3 876.96	0.3
第三产业	亿元	505.06	547.44	−7.7

续表

项目		单位	2015 年	2014 年	增减（%）
“四上”企业利润总额		亿元	312.35	304.59	2.5
第二产业		亿元	264.47	250.81	5.4
工业		亿元	255.82	242.72	5.4
区内主导产业及产值					
主导产业	1．电子信息业	亿元	2 308.94	2 140.28	7.9
	2．机械汽车业	亿元	1 084.47	1 080.16	0.4
第三产业		亿元	47.88	53.78	−11.0
进出口总额		亿美元	273.71	285.04	−4.0
出口		亿美元	141.64	160.02	−11.5
地方财政收入（公共财政预算收入）		亿元	91.64	78.32	17.0
地方税收收入		亿元	67.24	60.01	12.0
地方财政支出（公共财政预算支出）		亿元	91.64	78.32	17.0
新批企业数量		家	4 175	2 176	91.9
外商及港澳台企业		家	58	58	0.0
内资企业		家	4 117	2 118	94.4
新批企业投资额	外商及港澳台企业	亿美元	8.76	4.57	91.8
	内资企业	亿元	129.18	91.32	41.5
	增资企业	亿美元	3.50	3.53	−0.8
规模以上企业数量		家	728	723	0.7
合同外资金额		亿美元	9.56	8.09	18.1
外商实际投资		亿美元	8.55	10.55	−19.0
固定资产投资		亿元	475.45	417.06	14.0
年末从业人员		万人	31.06	31.48	−1.3
万元 GDP 能耗		吨标煤／万元	0.158	0.167	−5.4
水资源消耗总量		万立方米	3 077.05	2 931.00	5.0
单位国内生产总值取水量		立方米／万元	2.481	2.441	1.6

（烟台经济技术开发区管委会）

青岛经济技术开发区

【经济发展】2015 年，青岛经济技术开发区（以下简称“青岛开发区”）完成地区生产总值 1 805.10 亿元，增长 10.1%；规模工业产值 5 072 亿元，增长 2.9%；公共财政预算收入 159 亿元，增长 5.6%；固定资产投资 879 亿元，增长 10.6%。地区生产总值约占青岛市的 1/5，工业总产值约占 1/4。荣获中国生态（人文）宜居规划建设示范区，是中国最具投资潜力十强开发区，综合发展水平评价连续 9 年居全国国家级开发区前五强。

【产业发展】2015 年，青岛开发区紧跟全球新一轮科技和产业革命步伐，牢牢把握发展实体经济这一坚实基础，着力构建以海洋经济为特色的现代产业体系。

做大做强支柱产业。港口、家电电子、石化、汽车、造修船、海洋工程等优势产业集群发展势头强劲，“六大产业集群”产值占规模工业产值的 85% 以上，产值过百亿元的企业 7 家，重点配套和核心技术项目达 200 余个。成功转型为家电电子、船舶和海洋工程、软件和信息服务 3 个国家级新型工业化产业示范基地，成功升级为国家级船舶出口基地。

突出发展战略性新兴产业。坚持工业化与信息化“两化融合”，深入实施“互联网 +”行动计划，重点突破智慧产业，软件和信息服务业等新兴产业项目加速集聚，服务外包离岸合同额、执行额均占青岛市的 1/3 以上，山东省首家跨境电商产业园运营。着力打造国家新能源汽车生产和示范基地、国家级航空产业园，加快节能环保产业发展，不断增强海洋装备制造业的创新能力。战略性新兴产业产值比重达到 20%，高新技术产业产值比重达到 43%。

大力发展现代服务业。现代服务业增加值占地区生产总值的比重年均增加近 2 个百分点，占生产总值的比重超过 38%。旅游、文化、创意、会展业等加速发展。接待游客突破 1 500 万人次，旅游总收入超 90 亿元。物流业增加值占全区 GDP 的 14%，占青岛市物流业增加值近 30%。金融机构数量和规模居全市前列。正在积极打造汽车口岸电商平台，建设国家级大宗商品交易市场。

【园区特色】2015 年，青岛开发区选划 52.8 平方公里的转型发展区，作为新时期率先转型升级、创新发展和扩大开放的重要阵地和示范平台。充分利用国家级森林公园生态基底优势，打造“环小珠山智慧产业带”。以智慧经济引领产业转型升级。整合利用周边家电电子、汽车、机械装备制造等制造业基础，打造“智能制造产业集聚区”。以世界优质生态海湾为标准，统筹石化区功能调整、港区转型升级，努力将其打造成具有国际水准、以自由贸易为特色的对外开放先行区。以“产业集聚化、功能园区化”发展思路，以重点项目、特色项目为引领，打造高端装备制造产业园、新一代信息技术产业园、智慧物流产业园、创新创业产业园、生命健康产业园、跨境电商产业园等特色园区，逐步形成智能型、生态型、融合型的高新技术产业集群。已集聚市区两级重点项目 60 个、总投资 516 亿元。实际利用外资 5.2 亿美元。

【科技创新】2015 年，青岛开发区积极促进协同创新。牢固树立“科技是第一生产力、人才是第一资源”的理念，全面推动科技创新，促进多层次的协同创新，鼓励企业与中电科41所、中船702所等科研院所和中国石油大学、山东科技大学等驻区高校沟通合作，促进科技成果转化为现实生产力。积极推进创新平台建设。拥有省部级以上科研机构59家，成立创新战略联盟6个、院士（专家）工作站5家，全区80%以上的规模工业企业建立了专门研发机构，逐步形成了布局合理、功能齐全、类型多样、主体多元的科技创新载体格局。荣获“全国科技进步考核先进区”。积极推进创新、创业、创客、创意“四创”活动。依托总投资100亿元的青岛光谷国际海洋信息港，着力搭建新型人才服务载体，大力引进“千人计划”和“泰山学者”等高层次人才，积极推动其项目落地孵化；以引进商业性金融机构、天使基金等创业扶持基金为辅助，激发驻区大学生、各类人才的创业活力，全面推动大众创业、万众创新。

【投资促进】2015年，青岛开发区进一步扩大开放，积极复制推广上海自贸区创新经验，开辟国际交流与合作新领域，在更高层次上“引进来”“走出去”。创新招商引资方式，以世界眼光选育项目，大力引进世界500强、全国500强企业，力争引进一个大项目，带动一批配套企业，形成一条产业链。实际到账外资占全市实际到账外资的17%。坚持进口和出口并重，着力在延长贸易增值链上下功夫，推动外贸由规模向质量转变。实现进出口总额279.34亿美元，同比增长5.9%，其中，进口164.58亿美元，出口114.75亿美元，同比分别增长5.5%和6.5%。

深入实施知识产权战略，深入推进“山东省知识产权示范区”和“国家知识产权试点园区”的创建工作。不断完善知识产权管理机制和激励机制，建立完善知识产权防控预警体系，不断加强知识产权人才队伍建设，引进培育了一批高层次的知识产权代理中介机构，形成了集知识产权代理、评估、信息检索、技术产权交易于一体的完善的中介服务体系。

【生态保护】2015年，青岛开发区坚持产城融合、转型发展，以《青岛市城市总体规划（2011—2020年）》为契机，加快建设美丽城市、生态城市、智慧城市，推动全域统筹协调发展。全面融入青岛规划建设，打造青岛中心城区和西海岸核心城区。用世界眼光、百年理念、精品意识推进规划建设，形成城市、产业、人才的有效互动，荣获“中国人居环境范例奖”。坚持绿色发展理念，注重人与自然的和谐发展，大力发展新技术，推进节能减排，推进节能环保技术的研发与应用。城区绿化覆盖率提高到46%，林木绿化率提高到40%，空气质量优良率保持91%以上，城市污水集中处理率超过90%。成为全国首个成功创建国家可持续发展实验区的国家级开发区，成功创建国家生态工业示范园区。

【机构设置与管委会领导】2015年，青岛开发区加快服务型管委会建设，建立完善权责到位、分工明确、精简高效的管理体制和运行机制。在山东省率先推出外商投资便利化改革举措，先后进行五次审批改革，将1 054项审批事项精简到92项，总精简幅度达91.3%。率先取消社会投资类项目前置审批，政府投资类项目审批提速80%以上。新增市场主体是上年的2.2倍。深化行政管理体制改革，按照大部制的要求，进一步精简优化机构设置，精简整合职能部门，提升行政效能和服务效率。荣获“中国最具投资潜力十强开发区”荣誉称号。

管委会领导成员为：工委书记王建祥；管委会主任李奉利；工委副书记、管委会常务副主任于东明；管委会副主任高嵘、陈国良、赵增高；纪工委书记王艳。

2014—2015年青岛经济技术开发区主要经济综合指标一览表

项目	单位	2015年	2014年	增减（%）
开发区生产总值	亿元	1 805.01	1 685.75	10.1
第二产业	亿元	1 115.54	1 077.77	7.7

续表

项目		单位	2015 年	2014 年	增减（%）
工业		亿元	1 041.46	1 007.64	7.3
第三产业		亿元	677.40	595.90	15.0
工业总产值（现价）		亿元	4 863.68	5 064.66	−4.0
高新技术企业		亿元	2 288.33	2 855.48	−19.9
销售（营业）收入		亿元	6 744.89	6 809.90	−1.0
第二产业		亿元	4 886.47	5 041.86	−3.1
工业		亿元	4 673.93	4 926.76	−5.1
第三产业		亿元	1 858.42	1768.04	5.1
利润总额		亿元	425.19	366.15	16.5
第二产业		亿元	252.39	223.88	12.7
工业		亿元	241.01	213.05	13.1
第三产业		亿元	172.80	142.26	21.5
区内主导产业及产值					
主导产业	1．石油加工、炼焦业	亿元	906.55	913.11	−0.7
	2．电器机械及器材制造业	亿元	773.42	772.09	0.2
	3．汽车制造业	亿元	531.38	528.16	0.6
	4．计算机、通信设备制造业	亿元	426.81	470.24	−9.2
	5．船舶及其他运输设备制造业	亿元	307.44	322.60	−4.7
	6．专用设备制造业	亿元	291.73	300.43	−2.9
进出口总额		亿美元	279.34	263.75	5.9
出口		亿美元	114.75	107.73	6.5
财政收入		亿元	372.88	470.47	−20.7
税收收入		亿元	364.33	371.72	−2.0
财政支出		亿元	184.52	172.25	7.1
新批企业数量		家	4 774	4 737	0.8
外商及港澳台企业		家	73	108	−32.4
内资企业		家	4 701	4 629	1.6
新批企业投资额	外商及港澳台企业	亿美元	16.83	23.11	−27.2
	内资企业	亿元	269.00	218.39	23.2
	增资企业	亿美元	4.16	11.41	−63.5
规模以上企业数量		家	848	985	−29.6
合同外资金额		亿美元	20.99	17.21	22.0
外商实际投资		亿美元	11.32	23.10	−51.0
固定资产投资		亿元	878.79	794.54	10.6
年末从业人员		万人	47.65	44.43	7.3
万元 GDP 能耗		吨标煤／万元	0.397 8	0.399 3	−0.4
水资源消耗总量		万立方米	7 369	7 058	4.4
单位国内生产总值取水量		立方米／万元	4.082 4	4.186 6	−2.5

（青岛经济技术开发区管委会）

福州经济技术开发区

【概况】福州经济技术开发区经过30年的发展，已初步发展成为集国家级开发区、台商投资区、科技园区、保税区、出口加工区、显示器产业园、生态工业示范园区、科技兴贸出口创新基地、高新技术产业标准化示范区和物联网产业示范基地等多种经济功能于一体的外向型现代工业园区，培育了包括新大陆、华映、国脉科技等一批上市企业，目前开发区已成为福建省跨国公司、上市公司投资最密集的区域之一。2014年12月12日，福建自贸区正式获批，福州经济技术开发区22平方公里纳入福建自贸区范围，于2015年4月21日正式挂牌成立。2015年8月福州新区正式获批，马尾成为集国家级新区、自贸试验区和21世纪海上丝绸之路核心区于一体的重点开发区域。

【经济发展】2015年，福州经济技术开发区（以下简称“福州开发区”）完成地区生产总值410.63亿元，同比增长6.4%；工业总产值984.26亿元，同比增长2.4%，其中规模以上工业产值977.1亿元，同比增长2.4%；地方财政收入18.29亿元，同比增长8.7%；固定资产投资273.8亿元，同比增长26.2%。

【产业发展】高新技术产业增加值占地区生产总值的比重达40.5%，被评为国家级高新技术产业标准化示范区。物联网产业快速发展，被工信部认定为国家新型工业化物联网产业示范基地。现代服务业呈现新亮点，海产品线上交易、手机游戏、跨境电商、总部经济等新兴服务业蓬勃发展，三产增速首次超越二产。全区158家规模以上工业企业实现总产值977.1亿元，同比增长2.4%（现价），增加值261.92亿元，同比增长2.4%。

【科技创新】2015年，福州开发区成立“省知识产权服务工作站”，新认定13家高新技术企业，新增2家省级创新型企业，全区高新技术企业达63家。“台商创业园”“伊时代·超级创客园”“创新楼创客空间”等新型创业服务平台加快建设。科立视触控材料一期量产、二期动建，创高安防智能家居产品获德国红点设计大奖，福光数码获评国家知识产权优势企业。建成两岸物联网应用示范中心，全年新增物联网企业13家。成功入选首批省级物联网产业人才集聚基地，新成立1家院士工作站和3家专家工作站，并引进33名高端人才进站交流工作。

【投资促进】2015年，福州开发区“5·18”“9·8”签约项目71项，总投资126亿元。“6·18”对接成果73项，项目数位居福州市第一。全年新增内外资企业1 763家，实现合同利用外资9.5亿美元，同比增长1.8倍。首家台资合资旅行社注册成立，对台货运量达241万吨。建成跨境电商产业园，入驻企业49家。启动“金融小镇”项目建设，新增金融机构7家、类金融企业40家。中国—东盟海产品交易所对外公开挂牌交易，新增会员企业132家，海交所马来西亚分中心正式动建。“侨梦苑”侨商产业聚集区落户福州开发区。

【生态环保】2015年，福州开发区在福建省率先被评为国家级生态区和生态工业示范园区。20项重点技改项目完成投资13.3亿元，万元规模以上工业增加值能耗同比下降17.9%。推进青洲污水处理厂技改工程，建成琅岐污水处理厂，饮用水源水质达标率为100%。实施提升大气环境质量专项行动计划，全区环境空气质量优良率达98.1%。完成11项宜居环境建设，建成天马山休闲公园（二期）和魁岐溪边公园。扩大环卫保洁区域31万平方米。

【管理与服务】在福州市率先实行“明厨亮灶”餐饮服务电子监管模式，在名成水产品市场建成全省首个水产品安全可追溯电子交易平台。引入扶持基金、创业辅导、产业联盟协会等，加速物联网产业发展。设立自贸区企业公共服务平台中心，引入中国海峡人才市场、台胞创业服务中心、数家台湾行业协会以及各类社会组织，为企业创新提供管理、维权全方位服务。

（福州经济技术开发区管委会）

南通经济技术开发区

【经济发展】2015年，南通经济技术开发区（以下简称“南通开发区”）完成地区生产总值561.6亿元，同比增长9.9%；第二产业增加值399亿元，增长9.5%；第三产业增加值160.78亿元，增长11.8%；地方公共财政预算收入48.11亿元，增长12.9%；税收收入79.9亿元，增长28.7%；进出口总额53.4亿美元，增长10.8%；固定资产投资475.58亿元，增长13.5%；社会消费品零售额140.5亿元，增长8%。

【产业发展】2015年，南通开发区完成规模以上工业总产值1 650.54亿元，增长6.3%；销售收入2 658.8亿元，增长9.4%，其中，工业销售收入1 812.45亿元，增长8.3%。实现新材料产业产值504亿元，增长8%；现代纺织产业产值225亿元，增长8.6%；精密机械产业产值164.3亿元，增长10.5%；通用设备制造产业产值131.2亿元，增长11%。通信产业基地获批“新型工业化示范基地”；醋酸化工在主板市场公开发行；鹿得医疗、瑞雪海洋、爱慕希3家企业在“新三板”市场挂牌。现代服务业加速发展，完成服务业投入297.1亿元，增长20.4%；服务业占GDP比重比上年提高2个百分点；实现服务业应税销售809.9亿元，增长12.3%。

【园区特色】2015年，工信部批准建设南通互联网国际通信专用通道，一期带宽为40G。基于互联网国际通信专用通道的开通，规划建设南通国际数据中心产业园。项目选址于南通综保区A区，占地面积87公顷，其中一期占地面积33.3公顷，规划布局了动力区、产业孵化区、服务配套区等功能区域。中兴网信、旗云、欧域、易信、软秦数据中心等项目签约入驻。

【科技创新】2015年，南通开发区全社会研发投入占GDP的2.56%；实现高新技术产值696亿元、新兴产业产值560亿元，分别占规模以上工业产值的42.2%和33.9%；获批高新技术企业22家；65个项目获市级以上科技计划项目立项；新增发明专利234件，万人有效发明专利拥有量37.31件；获批“国家知识产权试点园区”，中天科技光纤知识产权项目获“中国专利优秀奖”，天舒电器获批“国家知识产权优势企业”，中天科技、格美高科被认定为省“科技小巨人”企业。全年新引进国家顶尖人才11名，其中院士1名、国家“千人计划”人才8名、国家杰出青年1名、中科院“百人计划”人才1名；引进和培养省“双创计划”人才8名、市“江海英才”计划人才5名，涉及藻类净化器、广谱抗菌素、交联聚合物再生技术、智慧无线传感网组网技术、3D打印技术等多个领域。

【投资促进】2015年，南通开发区新增工商登记注册外资6.2亿美元，增长3.7%；实际利用外资6.36亿美元，增长7.9%。全年新批外资项目41个、增资22个。其中，总投资超亿美元项目5个，总投资超3 000万美元的项目16个，包括总投资1亿美元的日本丘比食品，总投资1亿美元的美国宣伟材料，总投资1亿美元的日本永旺梦乐城，总投资9 600万美元的美国密理博生命科学，总投资7 500万美元的日本海赛普新能源高科技，总投资6 600万美元的台湾台励福数控机床，总投资5 000万美元的韩国爱思易电子材料等。总投资53.5亿元的20个重大项目开工建设；总投资150亿元的33个重大项目竣工投产；日本武藏精机、日本大王生活用品三期、新加坡赫比电子、英国得福乐食品、瑞典奥托立夫汽车安全气囊、奥地利赫尔思曼汽车传感器、香港华强科技、台湾大块建材、韩通赢吉重工、中天科技海缆等一批重大项目开业运营。

【生态环保】2015年，南通开发区首批30家试点排水企业刷卡排污系统投入使用；大气环境预警监测平台一期建成，区域内PM2.5浓度持续下降。推进环保基础设施建设，热电厂提档改造全面完成；第一污水处理厂应急扩能改造有序推进，第二污水处理厂一期、二期提标改造和三期扩容工程全面建成并通过环保验收，基本实现达标运行；升达固废主体工程基本完成。推进钢丝绳行业综合治理，金属制品园区污泥、废酸利用研究和中试基本完成，企业集中入园工作启动。推进绿地生态系统建设，全年新增公共绿地面积150万平方米，通启河景观风光带建设加快推进，裤子港河东侧滨河绿化带全面建成。

【城市建设】2015年，南通开发区共实施基础设施和城市建设项目20个，总投资超过11亿元。东方大道地面改造、通富南路改造工程、新兴路南侧规划路、生态通廊西侧路等11条道路竣工。上海路夜市、小游园等城市功能配套工程顺利建成。新增公交运营线路4条，优化延伸线路3条，内联外通的公交体系不断完善。各类楼宇面积超过120万平方米，入驻企业超过240家，日本永旺梦乐城、越秀广场开工建设。总面积2 000平方米的国内首家“两岸智慧城市体验馆”开馆。城市长效管理力度不断加大，市容面貌进一步改善。

【社会事业】2015年，南通开发区完善社会保障体系，落实“双置换”保障政策，新纳入社保3 700多人，为6.7万名失地人员发放生活费和续缴保险4亿元，发放低保金2.4亿元；投入财政资金2 400万元，为10.3万居民提供医保个人缴费补贴。大力促进就业创业，帮扶712人成功创业，帮扶192人申请创业小额贷款2 372万元。完善居家养老服务，老年人意外伤害险覆盖面达到84%，14个日托助餐站覆盖80%的城乡社区，惠及2 100多名老人。提升市场配套能力，常青路菜市场交付使用，五湖家园菜市场竣工，小海菜市场主体完成。教育、卫生、文体等事业加快发展，小海小学一期项目顺利交付，中兴街道公办园启动建设，食品药品监管不断强化，公共卫生服务水平不断提升。严格落实安全生产“党政同责、一岗双责”，文明城市建设水平不断提升，被表彰为“南通市建设全国文明城市先进集体”，民警徐锦奎当选“中国好人”，“栾馨仁”服务品牌成为南通唯一入选“文明江苏”志愿服务创新案例。

【管理与服务】2015年，南通开发区开展相对集中行政许可权试点改革，优化资源配置，简化审批流程，推行清单管理，“一枚印章管审批”初步实现。学习对接上海自贸区的改革实践，率先推行“负面清单”制度、工商登记“先照后证”制度，创新通关便利化措施。完善市场监管体系，“三证合一”“一证一码”登记模式全面推行。

【机构设置与管委会领导】南通开发区党工委、管委会下设办公室（文明办）、纪工委（监察审计局）、组织部（人力资源和社会保障局、编办、民政局）、政法委（综治办、610办、依法治区办）、法院、群工部（总工会、商会、妇联、团委）、机关党工委、人武办公室、农村工作局、社会事业局、经济发展局、招商一局、投资促进局、财政局、规划房产局、建设局、行政执法局、安全生产监督管理局、环境保护局、综合保税区管理局、市场监督管理局。党工委、管委会领导成员为：南通经济技术开发区党工委书记屈宝贤；党工委副书记、管委会主任羌强；党工委副书记、管委会副主任董克新、周建、陈强、陈琦、王世瑞、范志强、李晓斌；党工委副书记、纪工委书记、政法委书记丁秉华；党工委副书记陈本高；党工委委员、组织部部长、人力资源和社会保障局局长刘锋；党工委委员、管委会副主任成晓静、王康力、孙庆刚。

2014—2015年南通经济技术开发区主要经济综合指标一览表

项目		单位	2015年	2014年	增减（%）
开发区生产总值		亿元	561.613 9	510.931 6	9.92
第二产业		亿元	399.014 8	364.397	9.50
工业		亿元	381.147 9	347.129	9.80
第三产业		亿元	160.775 2	143.825	11.79
工业总产值（现价）		亿元	1 815.592 7	1 677.997	8.20
高新技术企业		亿元	428.184 6	378.64	13.08
销售（营业）收入		亿元	2 658.800 8	2 431.523	9.35
第二产业		亿元	1 846.239 1	1 707.899	8.10
工业		亿元	1 812.453	1 673.549	8.30
第三产业		亿元	809.881 7	721.177	12.30
利润总额		亿元	168.636 8	154.571	9.10
第二产业		亿元	127.801 8	117.898	8.40
工业		亿元	106.909	98.365	8.69
区内主导产业及产值					
主导产业	1. 化学新材料业	亿元	504.73	467.52	7.96
	2. 现代纺织业	亿元	225	207.19	8.60
	3. 精密机械业	亿元	164.32	148.71	10.50
	4. 通用设备制造业	亿元	131.19	118.15	11.04
进出口总额		亿美元	53.409 4	48.19	10.83
出口		亿美元	29.726 6	28.53	4.19
财政收入		亿元	108.146 1	102.06	5.96
税收收入		亿元	79.907 5	62.09	28.70
财政支出		亿元	44.99	57.83	−22.20
新批企业数量		家	1 690	928	82.11
外商及港澳台企业		家	41	32	28.13
内资企业		家	1 649	896	84.04
新批企业投资额	外商及港澳台企业	亿美元	11.596 1	9.527	21.72
	内资企业	亿元	155.1	91.85	68.86
	增资企业	亿美元	4.236 9	4.737	−10.56
规模以上企业数量		家	781	761	2.63
合同外资金额		亿美元	6.212	5.99	3.71
外商实际投资		亿美元	6.356 2	5.89	7.92
固定资产投资		亿元	475.58	419.1	13.48
年末从业人员		万人	14.94	14.53	2.82
万元GDP能耗		吨标煤／万元	0.778	0.835 6	−6.89
水资源消耗总量		万立方米	6 688	6 452	3.66
单位国内生产总值取水量		立方米／万元	11.91	12.63	−5.70

（南通经济技术开发区管委会）

连云港经济技术开发区

【经济发展】 2015年，连云港经济技术开发区（以下简称“连云港开发区”）牢牢把握“加快转型升级，实现创新发展”的总方向，以建设新型科技园区为目标，以“四争”（重大项目争相落地、新城开发争抢进度、平台建设争当标杆、各项工作争创一流）创建活动为抓手，适应新常态，把握新机遇，务实新作为，全区经济社会发展呈现“稳中有进、稳中提质”的良好态势。2015年全区实现地区生产总值480.5亿元，增长13.9%；工业总产值1 599.3亿元，增长14%；全社会固定资产投资292.3亿元，增长23.3%；公共财政预算收入76.7亿元，增长8.4%；进出口总额35.8亿美元，增长10.1%；实际利用外资3.5亿美元。

【产业发展】 连云港开发区聚焦现代产业体系构建，全力推动产业向高端发展，力促园区转型升级。2015年，全区工业增加值378.6亿元，增长14.4%；工业总产值1 599.3亿元，增长14%，其中，外商及港澳台投资企业工业总产值1 039.5亿元，增长15.8%，内资企业工业总产值559.8亿元，增长11%；产业集群发展势头强劲，生命健康等五大主导产业实现产值974.9亿元，增长18.1%，占全区规模以上工业总产值比重的61%。其中，生命健康403.4亿元，增长24.3%，先进材料128.2亿元，增长15.4%，大型装备220.1亿元，增长19.3%，精密机械208.9亿元，增长9.1%，消费电子14.3亿元，增长1.6%。11家企业产值超过50亿元，进入连云港市20强。全年新增规模以上工业企业6家，100亿元企业1家，上榜江苏省“自主工业品牌50强”企业3家。南北共建园区加快建设，江宁开发区—连云港工业园实现工业产品销售收入153.6亿元，同比增长10.7%；规模以上工业增加值33.9亿元，同比增长11%；公共财政预算收入2.4亿元，同比增长17%；工业企业固定资产投资31.4亿元，基础设施投入2.1亿元。新批项目17个，其中外资项目5个，实际到账注册外资8 871万美元。

【园区特色】 2015年，连云港开发区开放开发加快推进。出口加工区开展优化整合功能试点，出口加工区进口商品保税展览展示交易大厅投用，新复制推广自贸区“统一备案清单”“集中汇总纳税”和“保税展示交易”等创新制度三项。与上海股权托管交易中心共建企业挂牌孵化基地，企业“新三板”挂牌3家、“Q板”挂牌1家。深化改革稳步实施。审批制度等重点领域改革加快推进，工商登记“三证合一”全面推行。深化国企改革，发挥新海连、新海科、新海诚“三驾马车”的作用，推动资本运作、招商引资、项目建设、平台运营等职能市场化。公共平台陆续投用。生命健康产业公共服务平台展示中心完成布展调试，研发楼外装完成。中科院能动中心燃气轮机燃烧室试验平台完成联调联试，气化炉小试装置开展试验。石墨烯研究院实验中心投用，并制备出高品质的石墨烯浆料和粉体材料，100万千瓦时动力电池模组工厂等项目正在建设中。大数据中心的互联网数据中心内外装修即将完成。

【科技创新】 连云港开发区召开全区科技创新大会，出资660万元奖励创新创业企业和人才；召开发展咨询委员会年会，围绕产业创新等专题开展咨询研究。成功举办开发区首届创业大赛；江苏省清洁能源协同创新基地获批，连云港市首家政府投资“众创空间”正式运营，淮海工学院药学院顺利挂牌，10亿元医疗产业发展基金成功设立。新增省级以上研发机构8个、国家高新技术企业9家、“千人计划”人才1人，全国首个数字化中药提取车间投用，干喷湿纺高性能碳纤维关键技术及产业化项目通过鉴定，康缘药业荣获首届中国医药质量管理奖，获国家科技进步奖1项。

【投资促进】2015年，连云港开发区先后举办国金证券医药投资峰会、上海和深圳招商会等专题招商活动近100场次，新批总投资15亿元的润众制药、总投资12亿元的康惠医药科技等项目64个，其中过亿元项目40个。新设外商投资项目19个，项目投资总额4.5亿美元，合同外资金额6.2亿美元，增长18.3%。新设内资项目45个，项目投资总额74.7亿元。推动国电联合动力、中复连众、恒瑞医药等外贸企业争取订单，扩大市场份额，全区实现进出口总额35.8亿美元，增长10.1%，其中出口总额13.1亿美元，下降5.5%。

【生态环保】2015年，连云港开发区全力冲刺国家生态工业示范园区创建，加快打造产业高端化、环境生态化、功能现代化的新型科技园区。污染控制能力显著增强，区内单位工业增加值COD排放量0.074kg/万元，单位工业增加值氨氮排放量（以N计）0.005kg/万元，单位工业增加值SO2排放量0.31kg/万元，单位工业增加值氮氧化物排放量0.61kg/万元，主要减排指标全部达标。生态园区建设稳步推进，实施投资1 400万元的晨兴环保燃煤锅炉改垃圾炉、投资1 300万元的沙索丰益醇工业分馏系统与甲醇改造等节能技改项目10个，其中投资100万元以上的项目7个，完成能源管理体系建设评价企业3家。生态园区建设步伐加快，国家生态工业示范园区创建通过三部委技术核查，获批省清洁能源协同创新基地，新增绿化面积45万平方米，西北组团污水处理厂一期开展调试。创新建立企业废水排放视频监控系统，对涉及工业废水排放的15家重点企业安装了污水排放视频监控系统，大大提升了环保工作效能。综合治理机制日趋完善，组织开展了ISO14001（环境管理体系）内审员培训工作，圆满通过中国质量认证中心对开发区ISO14001（环境管理体系）的换证审核；根据清洁生产资源利用最大化、无害化原则，为实现源头污染物减排，完成强制性清洁生产审核企业13家；严控秸秆焚烧，实现卫星监测零火点。

【设施配套】2015年，连云港开发区启动城市基础设施建设3年行动计划，投资33.5亿元，实施城建项目54个。开展猴嘴片区、程圩工区、胜利虎山、沙集四大拆迁工程；新改建总投资5亿元的临洪大道、东方大道、大浦路等道路10条，新增绿化面积45万平方米。创智绿园、朝阳“无房户”住宅项目启动建设，港逸花园一期开盘。地下管线普查工作启动，完成总长1 015公里的水、气等管网数据收集。完善市政养护日常考核管理机制，数字化平台案件处置率和结案率均达到100%。

【民生服务】2015年，连云港开发区按照“一村一品”的要求，大力培育现代农业、物流、休闲旅游等特色经济，农民人均纯收入突破2.1万元，涉农村居集体经济年收入全部超过100万元，其中超过200万元的达到10个，朝阳农产品出口居江苏省乡镇第一；新增专业合作社、家庭农场5家，完成土地确权试点村居2个；新增就业人员近6 000人，城镇登记失业率为3.1%。实施总投资12.8亿元的民生项目94项，南师大华杰实验学校招生开学，技工学校办学资质通过认定，在江苏省率先试点家庭医生个性化签约服务，基层医疗机构信息化系统全面运行。健全综治组织网络建设，加强各级综治办建设，配齐配强综治专干。全面加强社会管理服务平台建设，区级、街道级、村居级全部建成社会管理服务平台。推行社会稳定风险评估，对政策出台、重大改革和重大建设项目实施进行风险前置评估，制定针对性预案，前移工作关口，从源头上预防和减少矛盾纠纷的发生。全年共开展社会稳定风险评估 4 项。

【社会文化事业】 2015 年，连云港开发区以“中国梦•港城情”和“群乐汇”等群众文化活动品牌为抓手，全年开展“中国梦•港城情”开幕式演出等区级文化活动 4 场，街道、社区级演出活动 60 余场，惠及观众 6 万多人次。积极做好省级体育示范区创建工作，省级文化中心、村社图书室和活动室建成率 100%，基本建成覆盖城乡、结构合理、功能健全、实用高效的公共文化服务体系。稳步推进非物质文化遗产保护和传承，田横岗传说、海州辣黄酒酿造技艺申报江苏省非遗项目，东海孝妇传说获评“市优秀非遗传承基地”。大力推动乡村旅游发展，审核上报市级旅游特色景观旅游名镇 2 个、名村 1 个，完成智慧景区建设任务，成功创建省工业旅游示范园区。

【基层党建】 2015 年，连云港开发区扎实开展党的群众路线教育实践活动和“三严三实”专题教育实践活动。组织免费义诊、招聘服务、企业解难等活动 60 余场次，解决基层各类难题 300 余件。制定出台转型发展等配套文件近 20 份，编制完成“十三五”规划初稿。推行“365”村务管理新模式，村务公开率 100%。全区法治建设满意度达 93% 以上。严格落实党委纪委“两个责任”和领导干部“一岗双责”，在连云港市首创“党员干部问题线索库”“社会审计机构资源库”等先进做法。

【机构设置与管委会领导】 2015 年，连云港开发区以“三化一改”工作为抓手，大力推进管理体制创新和园区职能转变，行政服务效能显著提升。优化内设管理机构，建立健全机构体制，成立规划建设局、科技局、教育局，并对规建局、平台建设指挥部、新海连公司的部分职能以及人员进行调整，推进建管分离。围绕实现“园内事园内办结”目标，争取市级下放权限 42 项，归并审批部门 8 个，派驻窗口单位 20 家，保留区级行政权力事项 432 项。

目前，连云港经济技术开发区管委会的下设机构为：党政办公室（政策研究室）、纪工委（监察局、重大事项督查推进办公室）、党群工作部（人力资源和社会保障局）、机关工委、总工会、经济发展局（基础设施局）、科技局、企业服务中心（行政服务中心）、社会事业局（教育局）、农村工作局、财政局（金融办、上市办）、规划建设局（房管局）、环保局、安监局、信访办(政法委、综治委、司法局)、招商局(出口加工业招商局)、新医药和生物技术产业招商局、新能源和新能源汽车产业招商局、新材料和高端装备制造产业招商局、现代服务业招商局、平台建设指挥部、投融资促进办公室。

连云港经济技术开发区党工委、管委会领导成员为：市委常委、开发区党工委书记关永健；开发区党工委副书记、管委会副主任、连云港高新技术产业园区管委会主任孙爱华；开发区党工委副书记、管委会常务副主任商振江，党工委副书记、管委会副主任王刚；党工委委员、管委会副主任陈永良、王强、张昭华、张汝凯；管委会副主任、政法委书记，市公安局党委委员、开发区公安分局局长、党委书记杨健；党工委委员、纪工委书记王波；开发区管委会副主任胡小军(挂职)；党工委委员、党群工作部部长、总工会主席王成；党工委委员、管委会副主任、开发区平台建设指挥部指挥长曹洪秋；开发区管委会副主任钱岳(挂职)；党工委委员、管委会主任助理田海鹏。

2014—2015年连云港经济技术开发区主要经济综合指标一览表

项目		单位	2015年	2014年	增减（%）
地区生产总值		亿元	480.53	421.76	13.93
第二产业		亿元	397.35	348.47	14.03
工业		亿元	378.62	331.06	14.37
第三产业		亿元	82.50	72.52	13.76
工业总产值（现价）		亿元	1 599.28	1 402.83	14.00
高新技术企业		亿元	767.87	670.61	14.50
销售（营业）收入		亿元	2 173.79	1 917.73	13.35
第二产业		亿元	1 635.33	1 436.82	13.82
工业		亿元	1 579.83	1 384.61	14.10
第三产业		亿元	536.46	478.94	12.01
利润总额		亿元	185.87	157.78	17.80
第二产业		亿元	162.99	137.83	18.25
工业		亿元	160.14	135.22	18.43
第三产业		亿元	22.88	19.95	14.69
区内主导产业及产值		亿元	974.90	825.63	18.08
主导产业	1．生命健康业	亿元	403.40	324.45	24.33
	2．先进材料业	亿元	128.20	111.14	15.35
	3．大型装备业	亿元	220.10	184.52	19.29
	4．精密机械业	亿元	208.90	191.45	9.12
	5．消费电子业	亿元	14.30	14.08	1.57
进出口总额		亿美元	35.80	32.50	10.10
出口		亿美元	13.10	13.86	−5.48
财政收入		亿元	76.68	70.71	8.43
税收收入		亿元	69.04	66.09	4.47
财政支出		亿元	33.79	32.60	3.65
新批企业数量		家	64.00	68.00	−5.88
外商及港澳台企业		家	19.00	39.00	−51.28
内资企业		家	45.00	29.00	55.17
新批企业投资额	外商及港澳台企业	亿美元	4.50	10.30	−56.31
	内资企业	亿元	74.70	101.20	−26.19
	增资企业	亿美元	2.90	0.20	1 350.00
规模以上企业数量		家	401.00	441.00	−9.07
合同外资金额		亿美元	6.20	5.24	18.32
外商实际投资		亿美元	3.50	3.60	−2.78
固定资产投资		亿元	292.30	237.00	23.33
年末从业人员		万人	8.00	7.54	6.10
万元GDP能耗		吨标煤／万元	0.20	0.20	−3.17
水资源消耗总量		万立方米	1 002.90	992.10	1.09
单位国内生产总值取水量		立方米／万元	2.09	2.35	−11.06

（连云港经济技术开发区管委会）

上海闵行经济技术开发区

【经济发展】2015年，上海闵行经济技术开发区（简称“闵行开发区”）按照上海地产集团“城市更新平台建设”战略，深化“二次创业”，开启了探寻上海产业地产的更新之路。闵行开发区积极适应经济发展“新常态”，全面融入上海科技创新中心建设，进一步凭借先进制造业产业基础较好的优势，不断延伸产业链、做长价值链，积极吸引研发、设计、销售、企业总部等机构落户开发区，大力推进二三产业融合发展，勾勒出一条产业链向两端延伸的“微笑曲线”，进一步促进开发区产业结构优化升级与转型发展。2015年，闵行开发区实现销售收入563.3亿元，企业利润57.7亿元，上交税收44.7亿元，总体保持稳步发展。

【产业发展】2015年，闵行开发区凭借先进制造业产业基础较好的优势，发挥产业集聚效应，通过开发区已经入驻的三菱电梯、强生、施贵宝、西门子、ABB、圣戈班等十余个核心企业和企业集群，吸引上下游配套企业和更多的研发中心、企业区域总部等项目入驻开发区，随着艾仕得、亨斯迈、圣戈班、强生、米其林等一批具有国际先进水平的研发机构相继入驻开发区，闵行开发区已经占据产业价值链“微笑曲线”的高端。

【招商引资】2015年，随着信息化、智慧经济、“互联网+”和“四新经济”（新技术、新产业、新模式、新业态）等深入发展，以及上海加快形成以服务经济为主的产业结构，闵行开发区作为上海城市产业地产更新的主体之一，在上海实施建设全球科技创新中心战略的大背景下，积极吸引并承接生产性服务业等优质项目落地。开发区“艾仕得（AXALTA）亚太技术研发中心”项目于2015年2月获得工商营业执照，并于2015年11月举行奠基仪式。项目体量达到1.55万平方米，可容纳500多名研发技术人员，建成后将成为业界领先的涂料研发中心，支持中国汽车行业和相关产业对高性能环保涂料的需求。艾仕得研发中心项目的成功引进，成为闵行开发区招商引资的又一大亮点，对闵行开发区利用现有资源实行“二次开发”与产业结构转型升级具有示范作用。此外，德国宝华（BAUER）压缩机项目正式落户闵行开发区，于2015年8月完成项目落地签约。2015年，闵行开发区引进艾仕得涂料、希丁安家具、第一精工模塑、巴斯夫建材等外资项目，外资投资总额4 050.44万美元，实际利用外资11 302万美元。

【科技创新】按照上级单位——上海地产闵虹（集团）有限公司的决策部署，发挥闵行开发区的品牌资源，与上海交通大学、闵行区政府联合打造“零号湾全球创新创业集聚区”项目，旨在主推产业升级、企业转型，推动大众创业、万众创新，为创业者提供适合初创业起步的生态园区，以及相应的创业加速器和接力园。零号湾2015年集聚140余个创业团队，引入5个专业孵化器，吸引650名创业者，天使投资在孵项目达6 392万元人民币，成为上海“嵌入”全球创新网络的重要“接口”。零号湾项目体现出依托闵行开发区制造业基地发展实体经济“众创空间”的特色。

【生态环保】2015年，闵行开发区继续发挥开发区环境共建组织的作用，在开发区企业中开展了环保工作先进单位表彰和新环境法实施的宣讲活动。在成功创建国家生态工业示范园区的基础上，按照国家环保部有关要求，依托上海市环境科学研究院等专业部门开展了开发区区域环境影响跟踪评价工作。持续推进开发区节能减排工作，组织开发区企业节能技术宣讲及研讨会。按照“补地价”工作流程，协助专业机构分三批开展开发区场地土壤地下水环境本底调查。

【基础建设】2015 年，闵行开发区与闵行区人民政府签订《闵行开发区市政基础设施移交工作的合作框架协议》，并逐步开展相关工作对接。在当年汛期前完成开发区黄浦江、沙港河沿线防汛墙改造工程，工程涉及重建新防汛墙 400 米和对累计 3.8 公里的原有防汛墙进行加高加固。结合开发区防汛墙改造工程，完成开发区警务基地与市政养护基地的建设。闵行开发区携手上海国际汽车城集团，正式启动 EVCARD 电动汽车分时租赁项目在开发区布点，有效增加绿色出行方式，方便开发区入驻企业和员工出行。

【安全生产】2015 年，在闵行开发区安全生产监管工作移交所在地江川街道属地化管理的新体制下，开发区与江川街道安监部门开展工作对接。继续依托开发区 EHS 工作平台，有效指导开发区企业按政府部门的要求进行安全生产。加强开发区防台风和防汛工作，台风“灿鸿”影响上海时加强值守，做好向开发区企业发布预警信息与抢险物资储备等各项应急响应工作，确保开发区的一方平安。

【机构设置与领导成员】闵行经济技术开发区实行独立的经济组织（开发公司）管理模式，由上海闵行联合发展有限公司（简称闵联公司）负责开发、建设和经营管理。闵联公司是由上海地产闵虹（集团）有限公司（简称闵虹集团）、香港东方国际附属子公司和东兴投资控股发展公司三方合资的沪港合资企业。作为上海地产（集团）有限公司开发区板块的投资主体，闵虹集团主要负责开发区的规划定位、开发建设、招商引资、经营管理以及与开发区开发相配套项目的投资和管理，积极打造生态、生产、生活高度融合的城市更新平台。现拥有上海虹桥经济技术开发区、上海闵行经济技术开发区、闵行开发区临港园区、零号湾全球创新创业集聚区等产业园区。

2014—2015 年上海闵行经济技术开发区主要经济综合指标一览表

项目	单位	2015 年	2014 年	增减（%）
开发区生产总值	亿元	197.16	200.17	−1.50
第二产业	亿元	193.19	196.67	−1.80
工业	亿元	193.19	196.67	−1.80
第三产业	亿元	3.98	3.50	13.70
工业总产值（现价）	亿元	513.11	508.11	0.98
高新技术企业	亿元	290.03	282.49	2.67
销售（营业）收入	亿元	563.32	571.21	−1.38
第二产业	亿元	551.96	561.22	−1.65
工业	亿元	551.96	561.22	−1.65
第三产业	亿元	11.36	9.99	13.73
利润总额	亿元	57.68	58.71	−1.76
第二产业	亿元	55.53	56.55	−1.79
区内主导产业及产值				

续表

项目		单位	2015 年	2014 年	增减（%）
主导产业	1．机电业	亿元	277.12	265.33	4.44
	2．轻工业	亿元	47.52	47.55	−0.06
	3．食品业	亿元	47.45	51.03	−7.02
	4．医药医疗业	亿元	88.51	86.32	2.54
第三产业		亿元	2.14	2.16	−0.85
进出口总额		亿美元	23.03	27.64	−16.70
出口		亿美元	12.80	14.78	−13.41
财政收入		亿元	44.56	46.09	−3.32
新批企业数量		家	1	1	—
外商及港澳台企业		家	1	0	—
内资企业		家	0	1	—
新批企业投资额	外商及港澳台企业	亿美元	0.2	0	—
	内资企业	亿元	0	0.296 1	—
	增资企业	亿美元	0.405	1.035 7	−60.80
规模以上企业数量		家	64	66	−3.03
合同外资金额		亿美元	0.179 8	0.997 7	−81.90
外商实际投资		亿美元	1.130 2	0.130 7	764.73
固定资产投资		亿元	2.86	6.23	−54.17
年末从业人员		万人	34 158	37 460	−8.81
万元 GDP 能耗		吨标煤／万元	0.115 2	0.127 1	−9.41
水资源消耗总量		万立方米	4 361 951	5 007 035	−12.88
单位国内生产总值取水量		立方米／万元	2.212 4	2.501 4	−11.56

（上海闵行经济技术开发区管委会）

上海虹桥经济技术开发区

【经济发展】 2015年，上海虹桥经济技术开发区（简称“虹桥开发区”）根据沪府办发〔2015〕38号文关于虹桥开发区“成为以商贸、会展、国际仲裁等为特色的绿色、智慧商务区”的定位要求，加快推动开发区产业转型，进一步提升开发区整体服务水平，打造绿色低碳智能化商务区。

2015年，虹桥开发区经济指标保持稳定，开发区注册企业实现营业收入861.63亿元、营业利润18.67亿元、上交税收25.63亿元，充分体现出国家级经济开发区土地集约利用、单位产出高的特点。其中，开发区内注册外资企业全年实现销售收入185.34亿元，比上年增长15.01%；实现利润12.45亿元，比上年降低24.86%；上交税金15.13亿元，比上年降低7.97%。至年底，开发区累计引进外资项目500余个，总投资49.05亿美元，合同外资38.44亿美元，实际利用外资37.07亿美元；注册外资企业累计实现营业收入1 778.47亿元，利润总额155.43亿元，上交税金137.57亿元。

【产业发展】 2015年上海虹桥经济技术开发区生产总值情况见下表：

2015年上海虹桥经济技术开发区生产总值情况

项目	现价总量（万元）	可比价增速（%）
地区生产总值（GDP）	1 277 102.18	14.1
第一产业	—	—
第二产业	73 447.58	63.4
工业	2 730.58	−11.3
其中：规模以上企业	2 707.80	−11.3
建筑业	70 717.00	72.0
第三产业	1 203 654.60	11.0
交通运输、仓储和邮政业	46 124.60	14.5
批发和零售业	420 321.15	−8.2
住宿和餐饮业	51 574.28	124.8
金融业	242 452.57	34.1
房地产业	132 087.31	87.1
其他服务业	311 094.69	0.0

【园区特色】 彩虹卡积分计划正式启动。彩虹卡作为“重彩虹桥”之“畅享虹桥”的重要环节之一，旨在通过区域服务资源整合，发挥开发区的规模效应，为入驻虹桥开发区的客户提供一条龙配套服务的便利与优惠。彩虹卡首批可使用网点包括新虹桥俱乐部、新虹桥中心花园、太平洋喜来登大酒店、扬子江万丽大酒店、上海国际贸易中心、虹开发物业、无锡太湖度假村等。彩虹卡客户积分计划整合了开发区内高档酒店、商场、会务、餐饮等各方面的

配套资源，向企业客户提供综合性的开发区服务体验，发行以来受到了客户的欢迎和好评。自2015年5月举行首发仪式以来，彩虹卡开卡数合计为62张，积分充值总额达12.45万分。

【投资促进】世界最大糖果生产企业中国总部入驻虹桥开发区。2015年9月，不凡帝范梅勒中国新总部入驻仪式在新虹桥大厦顺利举行，最大糖果生产公司中国新总部正式入驻虹桥开发区，总办公面积达到2 000平方米。

2015年上海虹桥经济技术开发区新批外资情况表

项目	数量
新批准外商直接投资企业（家）	10
总投资额（万美元）	5 795
合同外资（万美元）	5 011
实到外资（万美元）	5 476

上海虹桥经济技术开发区历年（1985—2015年）外商投资情况表

国家和地区	企业数量（家）	总投资额（万美元）	合同外资额（万美元）	合同外资比例（%）
中国香港	107	147 280	128 492	33.43
日本	262	144 011	115 018	29.92
亚洲其他国家	78	76 762	49 335	12.83
美国、加拿大	36	38 914	28 255	7.35
欧洲	41	76 130	56 895	14.80
澳大利亚	3	2 035	2 029	0.53
其他太平洋岛国	16	5 363	4 376	1.14
合计	543	490 495	384 400	100

【生态环保】推动绿色低碳园区建设，完善区域环境管理。2015年，虹桥开发区携手上海国际汽车城，正式启动EVCARD电动汽车分时租赁项目在开发区的三个热点，有效增加了开发区入驻企业和员工的出行方式，也方便了开发区之间企业的往来。同时，积极投入建设新能源汽车充电桩，11月10日，安装在延安西路高架下的30个新能源汽车充电桩正式投入使用。继续加强开发区内绿化养护、道路保洁等区域综合管理，顺利通过2015年度ISO14001环境管理体系外部审核。

【科技创新】2015年上海虹桥经济技术开发区科技创新情况见下表：

2015年上海虹桥经济技术开发区科技创新情况表

项目	单位	实际值
财政支出中科学技术支出额	万元	5 227
规模以上工业企业研究与实验发展经费支出	万元	0
职业能力培训机构数量	家	1
孵化器、众创空间数量	家	0
省级以上研发机构总数	家	0
高新技术企业数量	家	3
高技能人才占比	%	3.28
年度PTC专利申请量	件	2
年度发明专利授权量	件	18
技术合同交易额	万元	107 513

【信息化建设】 启用虹桥开发区微信公众号。2015 年 2 月 12 日，虹桥开发区微信公众号正式开通。开发区微信公众号性质为“服务号”，定位于面向开发区客户、公司职工等受众的宣传与服务平台，将其作为宣传开发区的一个无界阵地。在内容上，公众号分为“印象虹桥”“重彩虹桥”“入驻虹桥”三个板块。微信号启用以来，月最高访问量为 3 800 多次。

【基础设施建设】 完成鑫达大厦 6 层经营性物业、新虹桥中心大厦 19、28、32 层公共部位的更新改造，大幅提升楼宇品质。新虹桥俱乐部改造项目顺利完成各项工程进度，取得阶段性成果，2 万平方米的高端商办综合项目即将竣工。新虹桥中心大厦启动景观灯光改造。配合虹桥地区“七彩虹桥”景观灯光改造二期工作需要，启动虹桥开发区内新虹桥中心大厦景观灯光改造工程，使其较原来更为融入区域整体环境，进一步提升了虹桥开发区的区域形象。新虹桥中心花园景观桥更新改造工程采用进口绿色环保材料，辅以无障碍设计，切实体现出“人与自然和谐相处”的绿色环保理念。这一工程的顺利完工，提升了开发区企业和员工在花园中的绿色休闲体验。

【领馆建设】 2015 年，泰国领馆新建项目完成竣工验收，韩国领馆启动相关建筑的扩建工作。

【社会事业】 2015 年，虹桥开发区内新虹桥中心花园多次开展大型活动。1 月 1 日长宁区体育局举办“2015 年上海市民体育大赛——元旦迎新长跑（健身走）活动”；10 月 17 日长宁区文化局举办为期 2 天的上海世界音乐季活动，来自世界各地知名音乐人来到新虹桥中心花园精彩演出；10 月 31 日由市建交委文明办、上海交通广播、市绿化市容局团委等单位共同开展“穿越上海”第五季之“城市设计、宜居生活”城市公益定向赛活动。

【机构设置与领导成员】 虹桥开发区实行独立的经济组织（开发公司）管理模式，由上海虹桥经济技术开发区联合发展有限公司（简称虹联公司）负责开发、建设和经营管理。虹联公司是由上海地产闵虹（集团）有限公司（简称闵虹集团）、香港东方国际附属子公司和东兴投资控股发展公司三方合资的沪港合资企业。作为上海地产（集团）有限公司开发区板块的投资主体，闵虹集团主要负责开发区的规划定位、开发建设、招商引资、经营管理以及与开发区开发相配套的项目投资和管理，积极打造生态、生产、生活高度融合的城市更新平台。现拥有上海虹桥经济技术开发区、上海闵行经济技术开发区、闵行开发区临港园区、“零号湾”全球创新创业集聚区等产业园区。

2014—2015 年上海虹桥经济技术开发区主要经济综合指标一览表

项目	单位	2015 年	2014 年	增减（%）
开发区生产总值	亿元	127.71	112.02	14.1
第二产业	亿元	7.34	4.50	63.4
工业	亿元	0.27	0.31	−11.3
第三产业	亿元	120.36	108.44	11.0
销售（营业）收入	亿元	861.63	752.41	14.5
工业	亿元	1.12	—	—
第三产业	亿元	841.75	714.79	17.7
利润总额	亿元	18.67	23.37	−20.1
进出口总额	亿美元	7.37	6.30	14.5
出口	亿美元	2.03	2.02	0.5
财政收入	亿元	6.77	—	—
税收收入	亿元	24.04	26.10	−7.9

续表

项目		单位	2015 年	2014 年	增减（%）
财政支出		亿元	0.52	—	—
新批企业数量		家	74	—	—
外商及港澳台企业		家	35	48	−28.5
内资企业		家	39	—	—
新批企业投资额	外商及港澳台企业	亿美元	0.58	1.39	−58.2
	内资企业	亿元	9.13	—	—
	增资企业	亿美元	18	25	−28.0
合同外资金额		亿美元	0.50	1.02	−51.0
外商实际投资		亿美元	0.55	0.95	−42.0
固定资产投资		亿元	0.55	0.45	21.5
年末从业人员		万人	2.27	—	—
万元 GDP 能耗		吨标煤／万元	0.008	—	—

（上海虹桥经济技术开发区管委会）

上海漕河泾新兴技术开发区

2015年，上海漕河泾新兴技术开发区（以下简称“漕河泾开发区”）继续保持转型升级的良好势头，启动建设具有全球影响力的科技创新中心重要承载区的工作，全面启动实施总公司中长期发展战略规划落地，实现了“十二五”规划的圆满收官，为迎接“十三五”新发展打下了坚实基础。

【经济发展】2015年，漕河泾开发区对比“十二五”目标，在结构调整、产业集聚、创新创业、生态环境等方面完成指标较好，在年销售收入、税收、服务业占总销售收入比、企业研发机构、生态环境等指标方面，规划中期即已提前实现目标，服务经济发展快速，充分体现了“创新驱动、转型发展”的积极成效。全年完成销售收入2 700亿元，其中三产收入有望首次突破2 000亿元，约占总销售收入的74%（2011年占比为46%），地区生产总值940亿元（2011年752亿元），税收总额（不含关税）首破100亿元（2011年69亿元），其中徐汇区域税收预计可实现78亿元，实现5年翻倍。

【项目建设】漕河泾开发区与青浦区赵巷镇政府合作开发的青浦赵巷项目、与徐汇区政府和百联集团合作开发的北杨地块项目以及宝山区南大核心综合商务区等项目均在积极的洽谈与推进过程中，并有望在2016年取得实质性突破。开发区还积极参与区内英业达、宜汇等项目二次开发的合资与合作。与徐汇区政府共同启动园区城市更新规划，希望通过今后若干年的逐步改造、更新，将开发区真正打造成宜业和谐的美丽漕河泾。

【品牌创新】2015年，漕河泾开发区顺利通过国家知识产权服务业集聚发展试验区验收，通过“上海品牌园区”复审。在上海市开发区综合评价体系排名中，开发区获中型园区综合发展指数第一。与新闻晨报共同主办上海市创客大会等活动，进一步扩大了“漕河泾”品牌的社会影响力和美誉度。

国务院颁布关于推进大众创业、万众创新的一系列文件后，上海市委出台了《关于加快建设具有全球影响力的科技创新中心的若干意见》，漕河泾开发区被确定为上海科技创新六个重要承载区之一，重点开展了以下各项工作：

一是积极制订行动方案。制订了《漕河泾开发区加快建设上海科创中心重要承载区行动方案》，通过对标分析，明确发展定位、发展目标、具体任务，并进行细化。

二是加快推进载体建设。众创空间“创营•ICE”已投入使用，并引进了16个项目团队；众创空间“大学生园”完成装修；“创营•宝石园”和“国际孵化联合体”预计2016上半年开业启用。与国内外知名孵化器展开合作洽谈，与创业邦签约共建上海DEMO SPACE创新孵化空间，与思科以及Founders Space等国外先进创业服务机构、区内大型科技企业通过合资、联合运营、服务换股等多种形式展开合作，共建孵化创业基地，形成全方位、多维度孵化链条，搭建中外项目交流平台。支持腾讯创业基地、COCO SPACE可可空间、创嘉站、游族空间等多家区内众创空间开展科技创业服务，营造了园区良好的创新氛围。

三是大力加强科技创新工作。开发区获批“集成电路产业”和“核电服务产业”四新经济创新基地、上海市服务贸易示范基地，蝉联上海市明星软件园（领先型）称号。开发区已拥有国家级高新技术企业348家，软件企业158家。在科技政策方面，开发区建立了一支587人的联络员队伍，发布政策信息73条，覆盖10700余人次，举办政策培训10场，参加企业650余家次，走访企业100余家次。在知识产权方面，知识产权服务业集聚发展试验区年内通过国家验收，成为国家首批3家示范区之一。开发区累计申请专利21245件，其中，发明专利10830件，占比超过51%。在大张江资金方面，2015年获批资金5730万元，累计获得扶持资金超过4亿元。

四是努力开展科技金融服务。在上市服务方面，新推动1家企业上市创业板、11家挂牌“新三板”，截至2015年，开发区共有72家上市（挂牌）企业。在融资服务方面，第三轮中小科技企业融资平台2015年7月合作到期，自2009年起累计向255家次企业发放贷款8.004亿元，在很大程度上帮助区内创新型企业解决了融资难问题，推动了创新企业健康、快速发展。第四轮融资平台将扩大合作面，确定了交通银行、上海银行、浦发银行3家合作银行。在投资服务方面，与徐汇区政府共同发起成立了1000万元区区合作天使基金，专门投资区内处于孵化阶段的早期小微企业。此外，与61家企业签订增值服务协议，举办创投对接会和原创新动力创业大赛，以及对接投资人一对一活动，加大优质项目与创投机构对接机率，帮助20家孵化企业获投资资金总额超过4.6亿元。在服务入股方面，12个项目获得立项，其中7个项目完成签约持股，爱会客项目以3倍回报成功实现期权退出。

【招商引资】2015年，漕河泾开发区聚焦重点领域，努力拓展招商渠道，切实抓好税收落地，招商引资工作取得新突破。全年新注册项目307家，新注册项目的注册资本折合人民币71亿元。其中，本部新注册205家，新注册项目注册资本折合人民币66亿元，其中外资项目注册资本7.8亿美元，创近年来新高。新引进的一批如飞利浦照明投资、嘉吉投资、长安标致雪铁龙、伟世通汽车电子、浦胜信息、中国电子系统工程、大众点评等世界500强和行业排名领先的项目。

【生态环保】做好生态园区复评工作，27项考核指标全面达标；推动区内企业实施节能减排，对园区建筑用电开展分项计量，提升节能管理水平和用能效率。环建公司以精益管理为手段，初步构建了由标杆管理、项目管理、人才培养和文化建设四大板块组成的管理体系，推进四个中心（设计中心、工程中心、科研中心、生产中心）建设，有效提升了市场竞争能力，在业内的影响力也逐步提升。全年营业收入1.2亿元，区外市场份额显著提高，公司承接的2015年米兰世博会中国企业联合馆整体绿化景观项目获好评，参展2015年上海（国际）花展项目“岁月”获最佳创意奖。

【园区建设】制定“智慧漕河泾”WiFi项目整体方案；在国商中心开展ICAOHEJING无线全覆盖和智能访客系统试点；实施园区智能停车系统改造和联网平台管理，本部90%以上园区通过改造或新建顺应大众创业、万众创新的形势，积极探索与国际园区在科技创新方面的合作。与美国孵化器SBC合办中美创业项目联合路演，十多个两地项目团队参与活动；参与组织2015年创新中国硅谷峰会；组织上海创业者与欧洲顶尖孵化器Startup Bootcamp进行项目交流。

【人才建设】2015年，漕河泾开发区紧紧围绕解决企业需求、人的需求，按照“国际化、专业化、市场化、标准化”的要求，努力在双创服务、人才服务、区域服务、协会服务、物业服务、园林生态服务等方面强化特色，进一步提升开发区核心竞争能力和服务水平。同时，贯彻集团要求，服务进一步走入临港，为各分园区发展提供有效支撑。

漕河泾开发区人才公司坚持发展定位，做到“企有所呼，我有所应”，服务各分园区企业需求，在人才招聘、人事代理、人才培训等方面开拓创新，做大做强品牌，全年营业收入和利润创下历史新高，其中营业收入首破6亿元。在人才招聘方面，通过校园招聘、猎头招聘、批量招聘、网络招聘等方式，为3000多家（次）单位提供招聘服务，达成录用意向2.12万人；在人事代理方面，通过雇员派遣、专员派驻、服务外包、证照代理等方式，为1400多家单位提供人事代理服务，服务2.13万人；在人才培训方面，培训中心资质由C级升为B级，通过企业内训、高端讲座、技能实训、政府项目承接等方式，开设各类培训班共400期，培训2.61万人。同时，推进临港、漕河泾两个高技能人才培养基地建设，努力实现经济效益与社会效益的双赢。

【管理与服务】2015年，漕河泾开发区坚持“互联网＋人力资源服务”的思路，健全网上服务功能，人才绿洲网增设微信简历投递、移动端人事代理信息查询等功能，点击量突破1300万人次，加强了企业人才库的建设；同时，培训信息管理软件、培训结算软件、培训定制软件获批三项国家计算机软件著作权，软件著作权总数增至六项，为漕河泾开发区人才公司成功申报高新技术企业发挥了积极作用。

企业服务。企业服务公司发力破题，在建设成为开发区大服务体系“配套枢纽”方面做出卓有成效的探索。一是明确了以对客服务、团膳服务为核心的基础服务板块，以及以互联网服务、商务服务、酒店服务为核心的拓展业务板块，努力培育核心业务，形成长效盈利模式。二是整合“e服务”平台资源、对客服务资源、品牌战略合作资源，探索服务创新，以漕河泾一卡通在线支付打通线上支付环，以创新型企业“快速递”构建园区内物流环，以“奔驰车分享”构建园区特色交通环，充分挖掘服务新潜能。三是探索团膳升级突破，在集聚区二期采取“大食代”式团膳运营管理模式；在集聚区一期采取“基础团膳＋小食代”式模式；在C3餐厅采取租赁模式，既丰富了餐饮种类，受到员工欢迎，也有效降低了总公司对餐厅的投资和补贴成本。四是围绕树立服务品牌，编制完成了《餐饮标准化建设标准手册》和《商业配套营运管理标准手册》，为持续优化园区供餐和商业配套管理，培育标准化、可复制的核心服务打下坚实基础。同时，组织开展各种服务资源对接活动，优化调整商业实体店业态，完善和延伸协同服务平台，响应和处理企业服务需求，进一步完善了开发区服务软环境。

物业管理。物业公司以开发区服务“第一门户”为定位，深度整合园区服务资源，积极引入互联网、物联网等新技术手段和创新理念，加速园区服务多元经营和跨界发展，在培育市场化、专业化、标准化、品牌化核心竞争力方面取得了新突破。一是优化重塑扁平化、平台化组织体系，充分释放企业活力，成功组建“营运中心”“工程中心”“培训学院”三大中心，实现公司架构重组和资源整合，有效促进了服务效率提升与资源配置的合理高效。二是部署“走出去”战略，成功拓展市场化新项目7个，面积超过30万平方米，公司在管物业总面积突破600万平方米。三是挖掘距离客户最后100米的巨大资源和入口优势，整合资源，加快向物业服务产业链上游延伸，并创新性地推出漕河泾“一本通”DM服务手册，为园区客户提供最新且全面的服务资讯，探索了跨界经营新局面。2015年，全区实现营业收入首度突破3亿元，利润同比增长达70%。四是“标准化”建设取得再突破，实现中国第一部《产业园区物业服务企业标准》升级改版和运作，以中国产业园区物业管理标杆企业的身份，被住建部聘任为“中国物业管理标准建设委员会”副主任单位。2015年，公司在“全国物业企业综合实力”排名中跃升29位至百强榜第56名，并正式加入“国际金钥匙物业联盟”，致力于打造国际化高品质物业服务，获得“中国金钥匙服务精选物业”和“6S管理创新奖”两项大奖，标志着公司品牌影响力和行业竞争力迈上一个新的高度。

【机构设置与开发区领导】2015 年，漕河泾开发区发展总公司党委、总经理室下设党办及办公室、工会、招商中心、建设部、土地管理部、企业服务部、园区管理中心、投资经营部、组织处及人力资源部、计划财务部、审计室、战略发展部、科技部。

开发区发展总公司主要领导班子成员为：上海市漕河泾新兴技术开发区发展总公司党委书记、董事长刘家平；上海市漕河泾新兴技术开发区发展总公司监事长达孺牛；上海市漕河泾新兴技术开发区发展总公司党委副书记、总经理桂恩亮。

（上海市漕河泾新兴技术开发区发展总公司）

宁波经济技术开发区

【经济发展】2015 年，宁波经济技术开发区(以下简称“宁波开发区”）坚持稳中求进，深化改革开放，统筹做好稳增长、调结构、惠民生、防风险等各项工作，经济社会保持平稳健康发展。全年实现地区生产总值 770 亿元，增长 7.5%；完成财政收入 216.3 亿元，增长 5%，一般公共预算收入 114 亿元，增长 5.2%；完成固定资产投资 571 亿元，增长 14%。

【产业发展】2015 年，宁波开发区以深化改革激发市场活力，制定实施公开透明一体化的产业扶持政策，推进“五证合一”等 34 项改革，新增市场主体 1 万多个。严格控制新批高耗能项目，新淘汰落后产能企业 102 家，万元生产总值综合能耗下降 3%。现代服务业发力支撑，服务业增加值达 350 亿元，增长 13%；限额以上企业商品销售额达 2 550 亿元，增长 16%。企业上市取得新突破，新增上市企业 3 家、“新三板”挂牌企业 8 家。霞浦国际物流园区成为全国唯一的港口物流品牌创建示范区。

【投资促进】2015 年，宁波开发区统筹整合招商力量，世界 500 强雪佛龙项目签约落户，实际利用外资 10.8 亿美元，实际利用内资 110 亿元，浙商回归资金 105 亿元，均居全市首位。致力于扭转外贸持续下滑态势，完成外贸进出口总额 178 亿美元。其中，进出口商品采购贸易改革示范区完成 40.5 亿美元，增长 75.7%，居全国同类试点单位第三位。

2015 年，宁波开发区合同利用外资总量居全省第一，实现合同利用外资 17 亿美元，同比减少 8.5%；实际利用外资 10.86 亿美元，同比增长 6%，总量分别居全省第一、第二位。开发区坚持“招大、引强、选优”，引进总投资 1.6 亿美元雪佛龙润滑油添加剂项目，目前全区世界 500 强企业总数达 37 家；外商投资企业新批投资总额千万美元以上项目 28 家，注册资本(含增资）千万美元以上项目 34 家，合同外资千万美元以上项目（含增资）28 家，实现利用外资量增质优；服务业引进千万美元以上项目 25 个，合同外资 12.33 亿美元，实际外资 5.54 亿美元，成为引资新亮点。

【科技创新】实施“人才强区”战略，新引进各类人才 2.7 万人，被评为全国首个国家引进外智示范区。大力发展战略性新兴产业，新增高新技术企业 8 家、发明专利 428 件，高新技术产业增加值占规模以上工业增加值的比重达 43%。推进传统产业“互联网 +”步伐，实施“机器换人”项目 159 个。

【项目建设】2015 年，世界 500 强美国雪佛龙公司落户宁波开发区。一期项目用地约 10 公顷，总投资 1 亿美元，年产润滑油添加剂 10 万吨；新秀丽 (中国) 物流中心奠基。秀丽集团 1910 年创始于美国，是全球最大的箱包企业，1995 年在宁波开发区投资建立了新秀丽箱包有限公司，2014 年公司实现销售收入 15 亿元，贡献税收 1.9 亿元。作为全国性流转中心的宁波基地，年箱包流转量超过 400 万件；菲仕 • 中国总部基地项目奠基。菲仕在全面引进世界领先的意大利菲仕运动控制技术基础上，通过不断吸收和转化，已成为拥有 70 余项自主知识产权，业务涵盖自动化控制、运动控制和能量转换等领域，产品包括伺服电机、伺服驱动器和个性化系统解决方案等的集团化公司。菲仕 • 中国总部基地项目作为菲仕创新基地，集研发、营销、客服、运营和行政等功能于一体，占地 2 公顷，总建筑面积约 24 000 平方米，由意大利 Gruppo Argo 提供概念设计，项目总投资 1.2 亿元，将于 2016 年年底建成。

【生态环保】2015 年，宁波开发区狠抓生态治理和环境保护，顺利通过国家生态区考核验收。获批全国环境污染第三方治理试点，启动开展新一轮治理大气行动，着力推进工业有机废气、扬尘、港口船舶废气等十大领域专项治理。关停枫林垃圾焚烧厂，建成投用光大能源二期项目，空气质量优良率为 83.1%，居全市第二位。岩东污水处理厂四期、小港污水处理厂扩容等工程完工，城镇生活污水处理率达 92%。

【园区建设】2015 年 7 月 4 日，由江苏省质监局质量处牵头的现场验收组一行，对在宁波开发区现代国际物流园区基础上筹建的“全国港口物流服务产业知名品牌创建示范区”进行了现场考核验收。经过两年的创建，园区为打造“港口物流”特色鲜明，“质量提升、贸易提速、产业集聚”的贸易便利化临港产业综合集聚区走出了一条卓有成效的新路；9 月 15 日，国家发改委正式批复宁波开发区为开展工业污水集中收集、处理的环境污染第三方治理试点，全国有 10 个地区或单位成为试点，其中宁波市的试点单位最终“花落”宁波开发区。环境污染第三方治理是排污者通过缴纳或按合同约定支付费用，委托环境服务公司进行污染治理的新模式。环境污染第三方治理是推进环保设施建设和运营专业化、产业化的重要途径，是促进环境服务业发展的有效措施。此次试点选取宁波开发区青峙工业区块及周边区域作为试点范围，将小港城镇污水处理厂改造为处理集中工业污水为主的污水处理厂，接纳试点范围内的印染、化工等企业的工业废水，采用 BOT（建设—运营—移交）形式，总投资估算近 3 亿元；开发区数字科技园“众创空间”渐趋成熟。宁波开发区数字科技园先后引进了“集客大学生创业咖啡”“清漪堂创业茶吧”等多家合作企业，通过共建创业服务平台的方式，引入社会力量，实现资源共享。合作企业也能够通过共建的创业平台获得投资机会与增值服务。众创空间已初步形成以服务外包、IT、电子商务和文化创意等产业为核心，拥有创业孵化器和创业加速器，集区域资源整合、投融资服务、团队融合、创业培训、项目路演、商业模式优化、项目推广等功能于一体的全方位综合创业服务的生态体系。截至 2015 年年底，园区入驻企业已达 280 家，在数字科技园众创空间注册的创客团队已经达到 217 个，先后完成了高精度长寿命换挡拔叉研发、缆索巡视机器人、不锈钢基板厚膜介质浆料的技术开发等项目 200 多个，已孵化出恒荣科技、易尊电商等 40 多家创业企业。

【管委会领导】2015 年，宁波开发区管委会主任、党工委书记马卫光；开发区管委会副主任、党工委副书记胡奎、陈承奎；开发区管委会副主任、党工委委员丁丁、胡培良、张国平、王海军；宁波市临港办副主任、开发区党工委委员谢开定；原开发区管委会副主任、党工委副书记史卫国；开发区管委会巡视员王一鸣；开发区管委会副巡视员吕焕忠。

2014—2015 年宁波经济技术开发区主要经济综合指标一览表

项目	单位	2015 年	2014 年	增减（%）
开发区生产总值	亿元	773.0	735.3	7.5（可比价格）
第二产业	亿元	409.6	413.7	4.7（可比价格）
工业	亿元	373.6	378.6	4.4（可比价格）
第三产业	亿元	355.4	313.7	12.0（可比价格）
工业总产值（现价）	亿元	2 381.4	2 297.7	3.6

续表

项目		单位	2015 年	2014 年	增减（%）
高新技术企业		亿元	840.6	852.1	−1.3
销售（营业）收入（“四上”企业）		亿元	4 974.7	4 504.7	10.4
第二产业		亿元	2 238.7	2 179.5	2.7
工业		亿元	2 087.1	2 052.9	1.7
第三产业		亿元	2 736.0	2 325.2	17.7
利润总额（“四上”企业）		亿元	183.8	193.6	−5.1
第二产业		亿元	113.5	119.6	−5.1
工业		亿元	107.8	114.5	−5.9
第三产业		亿元	70.3	74.0	−5.0
区内主导产业及产值					
主导产业	1．化学原料和化学制品制造业	亿元	602	569	5.7
	2．汽车制造业	亿元	340	155.3	118.9
	3．黑色金属冶炼和压延加工业	亿元	188	235	−19.9
	4．纺织服装、服饰业	亿元	154	139	10.2
	5．专用设备制造业	亿元	125	128	−2.9
	6．电力、热力生产和供应业	亿元	117	137	−14.5
进出口总额		亿美元	177.7	186.1	−4.5
出口		亿美元	101.8	103.7	−1.8
财政收入		亿元	217	233	5.0
税收收入		亿元	206	190.1	5.0
财政支出		亿元	115	97.3	18.1
新批企业数量		家	3 739	3721	0.4
外商及港澳台企业		家	59	63	−6.0
内资企业		家	3 680	3 658	0.6
新批企业投资额	外商及港澳台企业	亿美元	15.9	18.8	−15.4
	内资企业注册资本	亿元	263	207	27.1
	增资企业	亿美元	6.0	11.9	−48.7
规模以上企业数量		家	1 434	1 454	−1.4
合同外资金额		亿美元	17	18.6	−8.6
外商实际投资		亿美元	10.9	10.2	6.9
固定资产投资		亿元	558.9	500.2	11.7
年末从业人员		万人	29.9	26.4	13.3
万元 GDP 能耗		吨标煤／万元	0.7	0.6	3.1
水资源消耗总量		万立方米	20 707	19 867	4.2
单位国内生产总值取水量		立方米／万元	26.8	27.2	−1.5

（宁波经济技术开发区管委会）

温州经济技术开发区

【经济发展】2015 年，温州经济技术开发区（以下简称“温州开发区”）实现地区生产总值 200 亿元，增长 8.5%；工业总产值 658.55 亿元，增长 5.2%；规模以上工业增加值 76.38 亿元，可比价格增长 7.1%；财政总收入 22.8 亿元，其中一般公共预算收入 8.77 亿元；限额以上固定资产投资 126.29 亿元，增长 4.4%；限额以上社会消费品零售总额 19.95 亿元，增长 21.2%；城镇常住居民人均可支配收入 44 328 元，农村常住居民人均可支配收入 26 855 元，分别增长 8.5% 和 9.5%。

【产业发展】2015 年，温州开发区有工业企业 3 000 多家，其中规模以上企业 373 家。重点扶持海洋科技与激光光电、新能源新材料、高端装备制造、电商与物流、汽车产业等新兴产业集群及电气机械、服装鞋革等传统优势产业。出台主导产业扶持政策，打好“两链化解”（供应链、销售链）、“四换三名”（腾笼换鸟、机器换人、空间换地、电商换市；着力培养知名企业、知名品牌、知名企业家，打造行业龙头）、“三转一市”（个体工商户转企业、规模以下工业企业转规模以上工业企业、有限责任公司转股份有限公司；推动企业上市）等转型升级的“组合拳”。正泰电器科技等一批项目正式投产，恒丰泰入选 2015 年国家产业振兴项目，人本轴承等 5 个项目列入省重点技改项目，完成技改投资 40.67 亿元，同比增长 20.4%，占工业投资比重的 65.4%，规模以上全员劳动生产率同比增长 9.5%。完成“小升规”41 家、“个转企”217 家、股改 12 家。发展电子商务的实体企业达 110 家，青年电商产业园已入驻企业 49 家。万洋食药器械创业创新园开工建设。中国汽车金融论坛永久会址、汽车文化公园建成投用，并成功举办了中国汽车金融发展论坛、世界老式汽车荣耀浙江行高峰论坛等活动，初步形成了汽车时尚小镇的氛围。中国水暖卫浴五金出口（温州）基地落户。

【园区特色】2014 年年初，经浙江省政府批复，温州开发区跨区域合作整合提升至“一区七园”。2015 年，温州市委、市政府将浙南沿海先进装备制造产业集聚区、温州瓯飞管委会与温州开发区“三区合一”，实行“三块牌子、一套人马”管理。坚持试点先行、以点带面推进各领域改革创新。作为全省 4 家中唯一一家开发区，综合审批改革列入国家相对集中行政许可权试点。深入推进全省首家开发区综合执法省级改革试点。有序推进“五张清单一张网”（权力清单、责任清单、负面清单、财政专项资金管理清单、第五张清单；审批服务“一张网”）改革，在温州市率先探索实施“负面清单”管理模式，项目建设周期缩短近 5 个月。开展“五证合一、一照一码”行政审批制度新模式，颁出全市首张全程电子化登记的企业营业执照。组织开展政府投资建设工程项目竣工“三测合一”（国土、规划、建设三个政府部门提供测绘成果的多项测量项目，打包合并为一个综合性联合测量项目。）试点。数字开发区二期成果荣获中国国家地理信息产业优秀工程金奖。

【科技创新】在全区工业企业中，科技型企业及高新技术企业产值占规模以上工业总产值比重的 43%。2015 年，高新技术产业产值 130 亿元，规模以上工业新产品产值完成 75 亿元，高新技术产业增加值、规模以上工业新产品产值分别增长16.8%和33.3%；新增3家省级企业研究院；新认定高新技术企业18家；省科技型中小企业36家，累计达154家；发明专利授权117件；申报国家火炬计划项目9项，省重大项目申报1项，市激光与光电专项4项，省科技进步奖1项，市科技进步奖1项。同时，浙江石化阀门有限公司承担的“高压超高温液控截止阀（热阀）”获省科技进步一等奖。

【投资促进】强化招大引强，瞄准央企、世界500强、行业龙头、温商回归，千方百计捕捉商机，锲而不舍跟踪落实。2015年，全区实现进出口总额10.37亿美元，其中出口总额10.13亿美元。全年共引进项目89个，出让工业用地62.5公顷，温商回归到位资金39.48亿元，利用外资4 783万美元。引进世界500强、总投资约20亿元、总用地33.3公顷的年产120万吨百威啤酒项目，土地成功摘牌。总投资10亿元、总用地8.2公顷的顺丰电商产业园正式落地建设。总投资60亿元、总用地约80公顷的中国电子产业园一期项目已注册成立中电温州产业园发展有限公司，注册资金5亿元，一期注册资本1.5亿元到位。

【生态环保】坚持环境立城战略，持续推进以“水岸同治”为重点的环境综合治理，加快东片排涝工程等项目建设，完成治水年度投资6.47亿元。推进14家畜牧场改造提升。推进第一批“国家低碳工业园区”试点和省级循环化改造示范园区创建，国家生态工业示范园区创建通过环保部技术核查。合成革生产线累计削减34条，削减率达53%。新建绿化40公顷，启动垃圾分类试点工作，垃圾无害化处理率达100%。星海街道通过“无违建”创建验收。旧住宅区改造3.3万平方米，旧厂区改造12.4万平方米。

【基础设施建设】加快推进金海园区产业项目和基础设施配套项目建设，全年完成限额以上企业固定资产投资53.83亿元，占全区投资比重的42.6%，同比增长35.4%。金海大厦、海洋科技创新园、职教基地、交通枢纽中心、金海湖公园、金海一幼、丁山社区卫生服务中心等项目建设加快推进，碧桂园、区人才公寓等安居工程热销。置信立体公园、五星级华廷大酒店开工建设。

【社会事业】2015年，温州开发区民生投入财政资金7.67亿元，同比增长11.3%。天河中心幼儿园建成投用，成功创建书香校园4所、数字化校园4所，被评为温州市“课堂变革”示范区域。新建1所街道中心图书馆、28家农家书屋。贯通园区内数条主次干道，改造提升沙城中心街等4条道路。组建完成“三环一纵”微公交循环系统。举办38场现场招聘会，组织参加18场赴外招才引智活动，免费帮助企业招聘员工2万余人。深入开展“135扶残助残惠民工程”。超额完成社保扩面任务。深化平安建设，深入开展“百日维稳攻坚大会战”，大力推进消防安全双月攻坚“236”决战行动，被评为全市先进单位。全面强化社会治安防控体系。

【机构设置与管委会领导】温州开发区直属机构为：党政办公室（法制办）、纪委（监察室）、组织宣传部（统战部）、社会管理综合治理委员会办公室（信访局）、机关党工委、经济发展局（统计局、金融办）、科技局（高新办）、人力资源局、文教体工作局（教育督导室）、民政卫生和计划生育局（人武部）、公安分局、住房与建设局、城市管理局、交通市政环保局、商务局（招商局、网络经济局）、审计局、海洋渔业与农林水利局（畜牧兽医局、农业机械监督管理站）、安全生产监督管理局、瓯飞工程建设协调办公室（水利局）、行政审批局、总工会、团委。

温州开发区直属事业单位为：行政事务服务中心、建设项目前期管理中心、财政集中支付中心、建设工程质量安全监督站、土地储备中心、机关事务管理局、档案馆、综合执法大队、产业研究中心、招商服务中心、金融监督管理服务中心。

温州开发区派驻机构为：财政局、地税分局（国资办）、国税分局、国土资源分局、市场监管局、质监分局、社会保障分局、开发区海关、司法分局。

开发区街道办事处为：星海街道、沙城街道、天河街道、海城街道。

温州开发区管委会领导成员为：徐蓬勃、王爱光、郑俊、黄伟龙、郑炳停、张福祯、夏禹桨、金旭东、虞立清、沈林杰、潘国杰、董学德、朱城、王学锋、朱赞宇。

（温州经济技术开发区管委会）

广州开发区

【概况】广州经济技术开发区与广州高新技术产业开发区、广州出口加工区、广州保税区、中新广州知识城实现合署办公（统称“广州开发区”），实行“五区合一”的管理体制。经过30多年的发展，广州开发区综合实力一直在全国开发区中排名前列，是广州市重要的经济发展增长极、科技创新重大引擎、创新驱动发展核心区。2015年，广州开发区所在的原萝岗区与原黄埔区完成区划调整工作，新设立的黄埔区已于9月1日正式挂牌成立。广州开发区与黄埔区实行经济功能区与行政区分设不分家、深度融合发展的管理体制，充分发挥开发区的辐射带动作用和行政区的支撑保障作用，创新机制，激发活力，实现统筹兼顾、协调发展。2015年，广州开发区获批为国家自主创新示范区、国家知识产权投融资试点地区、中国（广州）中小企业先进制造业中外合作区。

【经济发展】2015年，广州开发区主动适应经济发展新常态，推进结构调整和产业升级。完成地区生产总值2 337亿元，增长9.6%；工业总产值5 589亿元，增长8.4%；固定资产投资674亿元，增长16.5%；财政收入620亿元，增长3.1%；主要经济指标继续在全国开发区中位居前列。实施精准招商，全年新批外资项目72个，合同利用外资9.9亿美元，实际利用外资10.9亿美元；新设内资企业3 000多家。引进LG显示器销售总部、海航集团跨境电商总部等一批重大项目，66家企业建成投产。“十二五”时期，开发区地区生产总值年均增速12%，人均生产总值突破33万元，固定资产投资年均增速16%，基本完成“十二五”规划的主要目标和任务。重大发展平台支撑作用增强。知识城上升为国家级双边合作项目取得进展，全年完成投资124亿元，九龙湖、知识大道等重大项目动工建设。累计注册企业201家，中兴能源等筹建项目进展顺利，京东商城等4个项目建成投试产。中新国际联合研究院正式签署合作协议，设立“新加坡中心”，打造新加坡企业在华投资的一站式服务平台。

【改革推进】2015年，广州开发区、原萝岗区、原黄埔区完成区划调整各项工作，构建经济功能区与行政区“统一领导、各有侧重、优势叠加、融合发展”的管理体制。整合招商力量，构建大招商体制。加快推进国家知识产权运用和保护改革试点，广州知识产权交易中心正式挂牌，汇桔网等金融平台投入运营。统筹开展“创新行政管理方式，加强事中事后监管”和相对集中行政许可权两项试点改革，改革顶层设计文件通过市委常委会审议，组建全省首个行政审批局，18个配套改革文件逐步出台实施。深化投融资体制改革，九龙新城安置房获国家开发银行棚户区改造政策性贷款，完成省市5个PPP项目申报。启动电力体制改革，配售电改革试点申报得到国家和省市支持。

【自主创新】2015年，广州开发区大孵化器体系更加完善，建成7家创客空间，新认定8家孵化器，孵化器面积累计达360万平方米，广东省科技企业孵化器建设工作现场会在开发区召开，全区孵化器建设经验获得全省推广。科技金融进一步发展，新设立创业投资引导基金7亿元，总规模达到12亿元。累计引进培育股权投资企业50多家，广州股权交易中心挂牌展示企业突破2 900家。推动产学研协同创新，引进清华大学珠三角研究院等一批新型研发机构，促成中大生物工程研究院改制。全区高新技术企业总数达到519家，新认定瞪羚企业147家，新增上市企业4家、“新三板”挂牌企业24家，累计引进中央“千人计划”人才50名，聚集广东省创新科研团队16个。成功获批国家自主创新示范区、国家知识产权示范园区，圆满完成第17届留交会峰会论坛、展览展示和项目对接工作。“十二五”时期，全区财政科技支出累计达81亿元。

【城市建设、生态环保】2015年，广州开发区注重规划引领，开展重点片区控规修编。地铁6号线二期、13号线、知识城线、21号线和穗莞深城际轨道加快建设，疏港道路完成工程总进度的41%，完成香雪大道、瑞祥路、云埔三路等一批项目建设。城市更新步伐加快，30个已批项目共开工16个，保利中誉等旧厂项目改造效益显现。实施凤凰湖绿道、森林碳汇等生态工程，新增和升级道路绿化58公里，新增公园面积76万平方米，新增绿道40公里。新担涌水闸完工，乌涌等河涌综合整治取得进展。严格环境执法，完成主要污染物总量减排目标。集中力量建设干净整洁、平安有序的城市环境，实现生活垃圾分类收集、运输、处理网络全覆盖和100%无害化处理。

【中新广州知识城】2015年，中新广州知识城（简称“知识城”）开发建设取得明显成效，知识城上升为国家级双边合作项目取得重大突破。2015年，知识城两次举办中新联席会议，并成功举办第三届中新知识论坛“创新驱动发展——新常态下的产业升级和创新创业生态”。围绕知识城中新合作的重大事件和相关活动，中新双方在推动落实知识城上升为国家级合作项目等重大问题上深化共识，明确知识城下一阶段战略发展方向和重点推进工作。知识城总体规划日趋稳定并科学引领知识城开发建设，基础设施建设全面铺开，重点项目建设提速，招商引资取得较大突破，发展机制更优化、更融合，更多的“新加坡元素”在知识城体现，环境综合整治力度持续加强，知识城的整体面貌将焕然一新。开展知识城主要经济指标摸查。2015年，知识城规模以上工业企业实现工业总产值28亿元，比上年增长3.5%；规模以上商业零售业企业实现销售额363亿元，增长63.8%；规模以上服务业实现营业额19亿元，增长54.8%；资质建筑业及房地产业完成投资8.4亿元，历年累计完成投资40亿元。

【西区产业园】西区产业园位于黄埔区南端，处在珠江、东江、横河交汇的三角地带，是1984年国家首批经济技术开发区——广州经济技术开发区的发源地，规划面积9.6平方公里。园区内聚集了以宝洁、安利、箭牌为代表的世界500强企业56家，外商投资企业项目2 000余家，形成了精细化工、食品饮料等支柱产业集群，是广州开发区经济发展的主引擎。

【临港经济区】临港经济区位于信华路以西、广园东路以南区域，信华路以东、电厂东路以西、黄埔东路以南区域，以及东江岸线的南岗头地块，规划面积26平方公里。临港经济区融入“一带一路”、珠江—西江经济带等发展战略，列入广州市“一江三带”和广州国际航运中心重要组团，将建成广州高端生产性服务业集聚区和“21世纪海上丝绸之路先行区”。将引进一批港航服务和工业总部，建设鱼珠临港总部基地和港航服务业集聚区；同时，推动航运服务要素集聚，增加航运基础产业集聚度。拓展航运服务企业服务区域，港航企业延伸发展航运交易、航运金融等业务。探索与广州航交所合作开展船舶交易、航运经纪等业务。2015年，临港经济区在全市发展大局中的地位进一步提升，开发建设步伐加快。承接区级以上重点项目44个，全年完成投资60亿元，华南国际港航服务中心、茅岗路以西城中村改造、鱼珠旧城改造等项目顺利推进，港航服务业集聚发展。

【长岭居生态服务区】长岭居生态服务区北至广汕公路，南至广惠高速，西至萝平路，东至永和大道，将打造成为岭南特色的景观门户，高层次创新创业人才的栖居乐园，高端研发和总部办公聚集地，以及国际一流的绿色、低碳示范社区。

【广州国际生物岛】生物岛原名“官洲岛”，是广州市珠江航道中的一个江心岛，毗邻广州大学城，与琶洲国际会展中心、长洲岛隔江相望。2001年，广州开发区受广州市政府委托全面开发建设生物岛，经过10年封岛建设，2011年正式“开岛”。生物岛面积1.83平方公里，规划产业孵化区、研发创新区、产业服务区、生活服务区、综合管理区、绿化广场公共活动系统六个功能组团。生物岛基础设施建设已全部完成，三期标准产业单元投入使用，引进军事医学科学院华南干细胞与再生医学研究中心、广药集团研究院等重大项目落户。未来，生物岛将打造成为生物科技创新企业、研发机构和高端人才的集聚地，国际一流的生物医药研发和产业化基地。2015年，广州国际生物岛完成固定资产投资23亿元，新引进落实项目31个。广药集团研发销售总部、益善生物研发总部等项目抓紧筹建，与以色列合作设立中以合资公司及6亿元的生物产业基金。

【云埔工业区】云埔工业区规划面积15.8平方公里，园区企业总投资20亿美元。云埔工业区于1992年启动开发，逐步成为广州市战略性新兴产业发展载体和黄埔区经济发展新的增长点。目前，园区已有包括美、日、德、法、澳、荷第多个国家和我国港、台地区的336家企业投资落户。园区内有高新技术企业23家，甲级工业设计单位1个，检测认证、质量检验、知识产权、管理咨询机构各1个。园区已形成新型智能装备、信息技术、新能源、精细化工、食品饮料、电子商务、物流仓储等重要产业，是以打造高端智能装备产业为主的研发、生产基地，先进装备制造业群的发展定位为广州市第一批战略性新兴产业基地。近几年，园区地区生产总值、单位地区生产总值、单位工业增加值、单位财政收入、累计实际利用外资密度等经济指标均高于广东省级开发区的平均水平。

【广州科学城】科学城建区以来累计投入资金1300多亿元，建成生物、电子信息等11个国家级产业基地（园区），获批3个省级、2个市级战略性新兴产业基地，聚集了电子信息、平板显示、新材料、新能源与节能环保、生物医药、知识密集型服务业等六大新兴产业企业1 177家，占科学城企业总数的70%，涌现出一批具有自主知识产权、技术水平达到国际领先水平的高科技企业，已成为全市高新技术研发与产业化的重要基地。2015年，广州科学城功能进一步提升，引进山煤有色金属、科大讯飞等7个总部项目。LG8.5代液晶面板二期等重点项目筹建顺利推进，中国（广州）智能装备研究院落户建设。科学城全年营业收入达到3 500亿元，增长12%。

【平台建设】2015年12月22日，清华珠三角研究院揭牌仪式在广州开发区举行，标志着清华珠三角研究院正式运作，广州开发区将在重大科技研发、创新成果转化、创新人才培养等方面取得新成效，努力打造校地协同创新的又一个成功典范。2015年4月14日，国家知识产权局局长申长雨、广东省省长朱小丹为广州知识产权交易中心揭牌。广州知识产权交易中心主要由广东省产权交易集团、广东省粤科金融集团、国家知识产权局专利局专利审查协作广东中心、广州市凯得控股集团和北京东方灵顿科技公司等发起设立。主要业务为知识产权交易和与之相关的企业产权交易以及相关配套服务。知识产权交易中心揭牌后，将重点建立和完善广东省统一的区域性知识产权交易中心，加快推进广东省知识产权质押融资工作，解决知识产权流转交易难和处置变现难的问题，促进科技与金融、产业的有效融合，推动科技成果转化。2015年11月，广州开发区获批国家知识产权局公布在全国范围内遴选出来的国家知识产权投融资试点区域，试点自2015年11月起，为期3年。近年来，广州开发区大力推动知识产权金融工作，先后出台《关于加快科技金融发展的实施意见》《企业专利权质押贷款扶持办法》和《企业专利权质押担保贷款管理办法》等一系列政策，鼓励企业开展知识产权质押融资业务，切实帮助拥有知识产权的科技型中小企业解决融资难题，已累计实现知识产权质押融资 3.8 亿元。广州开发区先后引进设立广州股权交易中心、广州知识产权交易中心和全国首家互联网知识产权金融平台，推动知识产权金融的创新发展。至 2015 年年底，区内已集聚一批以广东中科招商创业投资管理有限公司、广州凯得科技创业投资有限公司为主力的 60 家金融机构，其中风险投资机构 51 家。

【机构设置与管委会领导】 根据广州市机构编制委员会《关于印发〈广州经济技术开发区、广州高新技术产业开发区、广州出口加工区、广州保税区、中新广州知识城党工委管委会主要职责内设机构和人员编制规定〉的通知》（穗编字〔2015〕200 号），广州开发区党工委、管委会共设 16 个工作部门和 6 个功能园区管理机构。16 个工作部门为：纪工委（监察局、审计局）、党政办公室（法制办公室）、组织人事局（老干部局、机构编委员会办公室）、政策研究室（全面深化改革领导小组办公室）、发展改革和金融工作局（统计局）、经济发展局、投资促进局（投资促进工作领导小组办公室）、科技创新和知识产权局（版权局）、财政局（国有资产监督管理局）、劳动和社会保障局、国土资源和规划局、建设和环境保护局（房屋管理局、交通局）、市场和质量监督管理局（食品安全委员会办公室）、安全生产监督管理局、企业建设和服务局、行政审批局（政务管理办公室、大数据管理局）。6 个功能园区管理机构为：中新广州知识城开发建设办公室（中新广州知识城合作事务办公室）、西区产业园管理委员会（保税业务管理局）、长岭居管理委员会、黄埔临港经济区管理委员会（长洲生态文化旅游区管委会）、生物岛（中以合作区）管理委员会、云埔工业区管理委员会。

广州开发区党工委书记、管委会主任陈志英；党工委副书记李红卫、崔世刚；管委会副主任李红卫、张超平、蒋宝鸿、谭明鹤、赵国生、孙学伟；纪工委书记肖南龙；秘书长陈建荣。

（广州开发区管委会）

广州开发区“十二五”时期国民经济主要指标一览表

指标 \ 时期与年份	单位	“十二五”时期		2015年		2014年		2013年		2012年		2011年	
		总量	年均增长(%)	总量	增减(%)	总量	增减(%)	总量	增减(%)	总量	增减(%)	总量	增减(%)
一、地区生产总值(GDP)	亿元	10 539.78	11.6	2 336.82	9.6	2 212.37	7.5	2 110.01	12.1	2 008.19	13.0	1 872.39	16.0
第一产业	亿元	26.21	-0.6	5.80	1.3	6.47	-4.4	6.97	-0.1	6.96	0.8	—	—
第二产业	亿元	7 399.87	10.8	1 594.47	9.0	1 527.03	6.2	1 479.61	11.0	1 440.59	12.7	1 358.17	15.3
工业	亿元	6 988.01	10.4	1 497.34	8.6	1 439.75	6.5	1 397.61	11.3	1 360.40	12.5	1 292.91	13.2
建筑业	亿元	411.86	20.3	97.13	16.8	87.28	-0.5	82.00	5.4	80.19	15.4	65.26	78.1
第三产业	亿元	3 113.70	14.3	736.55	10.9	678.87	11.4	623.42	15.2	560.63	16.0	514.23	18.1
二、工业总产值	亿元	26 060.93	11.0	5 589.27	8.4	5 348.80	4.8	5 180.92	13.9	5 003.78	12.3	4 938.16	16.1
其中：高新技术产品产值	亿元	13 047.06	16.0	2 879.10	10.7	2 694.91	5.5	2 595.83	19.8	2 506.90	12.8	2 370.32	33.1
三、规模以上工业利润总额	亿元	1 645.18	1.3	314.16	-6.4	342.91	-8.0	379.30	20.2	305.01	5.3	303.80	-2.4
四、财政收入	亿元	2 740.33	9.8	620.37	3.1	600.90	10.7	543.06	12.9	504.03	6.8	471.96	21.5
税收收入	亿元	2 134.39	8.3	472.23	3.0	458.56	7.8	425.46	5.9	401.81	6.8	376.33	19.0
五、地方可支配财力	亿元	1 148.67	10.7	296.21	12.4	252.62	21.7	207.60	10.7	195.03	-0.9	197.21	22.9
地方财政支出	亿元	1 002.44	4.2	220.08	11.6	221.45	14.3	193.81	7.6	180.10	-3.5	187.01	23.6
六、进出口总值	亿美元	1 850.34	1.0	348.76	-5.3	365.30	2.2	356.47	-6.2	391.11	1.7	388.69	17.2
其中：出口总值	亿美元	820.94	4.5	170.74	1.8	165.90	7.9	153.56	-4.5	170.02	5.5	160.72	17.5
进口总值	亿美元	1 029.40	-1.8	178.02	-11.2	199.40	-2.1	202.91	-7.4	221.09	-1.1	227.98	17.0
七、批准外商投资企业	家	419	—	63	—	63	—	97	—	79	—	117	—
合同利用外资	亿美元	93.68	-5.2	9.94	-57.1	23.15	4.9	22.06	5.1	21.00	19.8	17.52	35.2
实际使用外资	亿美元	66.69	-2.4	10.86	-31.0	15.74	5.2	14.96	6.8	14.01	26.0	11.12	-9.3
八、固定资产投资	亿元	2 636.23	16.2	674.27	16.5	578.57	15.6	559.83	22.2	458.08	25.3	365.48	15.0
其中：基础(公共)设施	亿元	701.45	4.5	133.63	-19.3	165.58	15.7	160.06	23.0	130.16	16.2	112.02	4.3
工业项目投资	亿元	818.19	3.9	155.96	-9.5	172.31	9.6	175.84	6.4	165.31	11.1	148.77	15.7

注：1. 高新技术产品产值历年累计数自2002年开始计算。
2. 2015年开发区黄埔区合并，地方财政支出为区划调整后的可比口径。

湛江经济技术开发区

【经济发展】湛江经济技术开发区（以下简称“湛江开发区”）由建成区及东海岛、硇洲岛、东头山岛和南屏岛等区域组成，面积为354平方公里。其中，建成区（原湛江经济技术开发区）面积为9.2平方公里，东海发展区（原东海岛试验区）面积为344.8平方公里。2015年，湛江开发区辖1个镇、5个街道，年末户籍人口为28.6万人。

2015年，全区实现生产总值257.57亿元，同比增长9.9%；固定资产投资242.97亿元，同比增长11%；工业总产值282.45亿元，同比增长10.7%，社会消费品零售总额153.95亿元，同比增长9.1%；公共财政收入14.8亿元，同比增长8.2 %。被国家发改委、财政部批准为国家级循环化改造示范试点园区，获中央财政扶持资金1.9亿元，并被国家发改委等七个部委评为“中国产业园区持续发展100强”。

【产业发展】2015年，湛江开发区以钢铁、石化和造纸三大产业项目为依托，加快配套产业建设，打造产业集群。规划建设320公顷的钢铁配套产业园区，入园建设项目20个，总投资53亿元，其中，华德力、恒翔机电、盛宝科技等3个项目已建成投产。安排在基地红线内的29个配套产业项目陆续建成投产，总投资36.38亿元。宝钢湛江钢铁基地项目1号高炉于2015年9月25日成功点火投产。湛江钢铁公司自投产至2015年年底，生产生铁74.7万吨，粗铁64.7万吨，钢材18.9万吨，实现工业产值18.82亿元。中科炼化项目累计投资34亿元，其中2015年完成投资3.14亿元，前期工程建设取得决定性成效，主体工程于2016年动工建设。冠豪高新纸业第二期正在加紧建设；投资150亿元的中纸涂布纸项目完成土地平整。

【园区发展】湛江产业工业园完成工业固定资产投资132亿元。其中，设备投资95亿元，争取到省支持的产业扶持资金7 000万元；拉动外贸进口总额达5.43亿美元，增长99.76%；实现高新产品产值102亿元，增长5.8%，新增国家级高新企业和省级工程中心各1家，新增省级高新产品14个，科技专利申请量和授权量分别增长187%和18%。规划面积37平方公里的石化产业园区，完成填海4.66平方公里，正在加紧编制园区公用工程规划及筹备供水、供电、道路、通讯等基础设施建设，66.67公顷起步区已安排9个项目入园建设，总投资202亿元，其中投资67亿元的京信电力和投资90亿元的鹏尊能源项目已动工建设。

2015年8月，湛江开发区被确定为国家级循环化改造示范试点园区，其中13个项目获国家循环化改造专项资金支持，项目总投资24.9亿元。2015年12月，湛江开发区获得“中国产业园区持续发展100强”荣誉称号，是粤西乃至环北部湾地区唯一进入全国100强的产业园区。

【科技创新】2015年，湛江开发区全力创建国家级高新区，按国家级高新区的标准不断完善创新环境建设，加强产业布局调整，特别是通过整合全市科技资源，加强跨区合作，引进设立开发区博士后工作站2个，设立省级重点实验室8个、市级科研单位10家和省级工程中心分支机构5家。积极实施高新技术企业培育工程，列入重点培育企业24家，高新技术企业达到15家，占全市的37%；高新技术产品161个，高新技术产品产值54亿元，比上年同期增长8%。以高新技术企业为核心的特种纸业、生物医药、机电设备、石油化工、新材料和农海产品深加工六大产业集群产值已占全区工业产值的40%，高新技术产业已成为开发区的重要产业。加强科技孵化器建设，约4 000平方米的科技企业孵化器场地已投入使用。引进湛江市首家由民营资本投资的众创空间——“创客观”，集聚了湛江市电子商务协会以及一批电商创业明星企业入驻，孵化器还投资建设创客咖啡厅，为创业者提供路演和众筹的场地，建设“一桌一公司”的大学生创业苗圃，形成形式多样的创业平台。入孵企业29家，已毕业2家，广东海洋大学、湛江师范学院两个高校的大学生创业团队均已入驻科技孵化器，为培育高新技术及新兴产业提供了载体。

【园区建设】2015年，开发区投资13.4亿元推进路网、排污管网、电网等配套基础设施建设，为产业项目提供强力支撑。疏港大道第七标段建成通车，东腾路、水星路等6条总长25.7千米的主干道路加快建设，岛内“三横四纵”道路网络正在形成。省道288线改线完成，加快东海岛铁路和通明湾铁路特大桥建设，开工建设东雷高速公路，获批为国家级枢纽站项目的东海岛客运中心站正在筹备改造，东海岛港区航道建设工程完成立项报批前期工作，交通建设形成新格局。投资10亿元建成东海220千伏和500千伏输变电工程；东简污水处理厂建成运行；50万吨自来水厂项目完成立项和选址工作；龙西海堤完成修复；加快建设硇洲中心渔港，并争取到广东省示范渔港建设项目补助资金2亿元；启动东海岛中央商务区66.67公顷核心区的规划建设；东海大道扩建、东海中学、东海医院等公共配套项目正在抓紧筹建。

【社会事业】2015年，开发区投入3 300万元于2015年建成第十三小学和第三幼儿园，有效解决了钢铁项目搬迁户适龄学童入学难问题。投入近8 000万元，启动开发区一中新校区建设及其他学校设施改造，“教育强区”“均衡标准区”通过省和国家教育部验收。加强文化设施建设，完成改建艺术馆、文化馆、图书馆。深化医疗改革，落实卫生院医务人员基本工资财政统筹，新建硇洲卫生院外科综合楼，积极解决岛民就医难问题。食品药品安全网格化监管有效推行。人口计生事业经费投入达1 339万元，人口出生率为13.09‰，自然增长率为7.32‰，政策生育率为91.93%，出生人口性别比为113:100，计划生育各项指标顺利通过省考核；完成全国1%人口抽样调查任务；全年接待游客506万人次，增长8.3%，旅游服务行业收入44.3亿元，增长21.8%。

深入推进“两建”（建设社会信用体系、建设市场监管体系）工作，强化安全生产管理，社会大局安全稳定。全区社会民生投入17.7亿元，占财政支出的74%。硇洲国家级中心渔港一期工程竣工使用；投入“扶贫双到”（扶贫工作中规划到户、责任到人）资金427万元，实施项目30个，贫困户和贫困人口100%实现脱贫；改造茅草房（危房）180户，修建农村硬化道路55.3千米，完成11个村3.5万人的村村通自来水工程建设。投入6 708万元帮扶弱势群体，提高低保、孤儿、五保等帮扶对象的补助标准；城乡居民社会养老保险参保人数8.23万人，完成年度任务的102.1%，15项社保考核指标名列全市第一。湛江钢铁、冠豪及钢铁配套企业招聘东海岛籍员工共2 600多人，全区城镇登记失业率控制在2.36%；民政残联财政投入共6 708.48万元，增加2 533.5万元，增长60.7%，惠及3万多名民政帮扶对象。

【机构设置与管委会领导】湛江经济技术开发区管理委员会（广东湛江东海岛经济开发区管理委员会）为市政府派出机构。2015年人员编制295名（含街道办编制，未含乡镇编制、行政执法专项编制）。开发区党委和管理委员会设置17个行政机构和3个参公管理事业单位：纪委机关、党政办公室、组织部、政法委员会、发展改革和招商局、经济贸易和科技局、财政局、安全生产监督管理局、教育局、人口和社会事务管理局、农业事务管理局、住房和规划建设局、国土资源局、环境保护局、城市综合管理局、机关事务局，以及旅游局、社工委、市公安局开发区分局。管委会领导班子成员为：许顺（湛江市委常委，区党委书记），王再华（湛江市政府党组成员，管委会主任），庞振银（党委副书记、政法委书记），潘旺（党委委员、纪委书记），李国良（党委委员、2014年12月任管委会常务副主任），蔡建成（党委委员），林小川（党委委员，管委会副主任），叶文新（党委委员、管委会副主任），庞康稳（2015年11月任党委委员），杨国平（党委委员、组织部部长），骆宏昭（管委会副主任、公安分局局长），林挺（党委委员），唐玉亮（党委委员），陈弘祖（党委委员，2015年11月调离），官攀云（2015年3月任党委委员）。

2014—2015年湛江经济技术开发区主要经济综合指标一览表

项目	单位	2015年	2014年
开发区生产总值	亿元	257.57	215.58
第二产业	亿元	128.22	115.50
工业	亿元	75.82	69.33
第三产业	亿元	98.40	67.88
工业总产值（现价）	亿元	282.45	264.34
进出口总额	亿美元	12.50	10.96
出口	亿美元	7.07	8.23
财政收入	亿元	14.80	13.55
规模以上企业数量	家	234	236
固定资产投资	亿元	242.97	219.67

（湛江经济技术开发区管委会）

昆山经济技术开发区

【概况】昆山经济技术开发区（以下简称“昆山开发区”）辖区（含托管、代管区）面积115平方公里，建有“省部共建”昆山留学人员创业园、昆山综合保税区、江苏（昆山）光电产业园、企业科技园、东部新城、中央商贸区、中华商务区、昆山智谷产业园、昆山开发区“2.5产业园”、百富工业社区等一批特色功能区和产业载体，是昆山深化两岸产业合作试验区的主要平台和载体。江苏（昆山）光电产业园拓展区20平方公里，系昆山开发区与北邻的周市镇区镇联动统筹发展的产业园区。至2015年年末，昆山开发区辖长江路、青阳、兵希、蓬朗、中华园5个街道、29个村（社区）居民委员会，常住人口54.48万人，其中户籍人口16.61万人，非本地户籍人口37.87万人。人口密度以常住人口计为4 938人/平方公里，人口自然增长率以本地户籍人口计为7.52‰。

【经济发展】2015年，昆山开发区整体经济呈现出“增速放缓、稳中有进、稳中提质”三大发展态势。完成地区生产总值1 420.11亿元，同比下降0.1%；工业总产值5 216.87亿元，同比增长2.70%；第三产业产值420.72亿元，同比增长5.30%；全社会固定资产投资277.95亿元，同比增长4.1%；一般公共预算收入92.86亿元，同比增长7%；进出口总额647亿美元，其中出口额442亿美元，同比下降0.1%；新增到账外资6.17亿美元，同比下降3. 9%；注册内资50亿元；农业总产值3.67亿元，同比增长5.60%。昆山开发区转型升级创新发展综合绩效评估位居昆山市各区镇之首，转型升级创新发展“十个一批”（建设一批、实施一批、狠抓一批、推进一批、集聚一批、推动一批、建好一批、扶持一批、支持一批、淘汰一批）重大项目有序实施，其中，友达、国显、世硕（二期）、纬视晶等9个市级重大产业项目完成投资82亿元；新兴产业完成产值1 574.58亿元，增长6.6%；高新技术产业完成产值2 274.47亿元，增长2.20%；仁宝、纬创等IT产业龙头企业的智能手机、平板电脑等新型产品快速增长；世硕、纬视晶等新投产企业产能持续提升，全区全年智能手机产量突破3 000万台；华天科技、六和机械、太极能源等30家企业完成增资扩股，新增注册资本3.8亿美元；统实、建大、神达等一批总部项目落户；攀特电陶、华恒科技、三棱智慧等5家企业实现挂牌上市，上海股权托管中心企业挂牌孵化基地成立运营，全年协助企业融资9 000万元；新增1个中国驰名商标、3个省著名商标、3个省名牌产品；淘汰“三高一低”企业14家，腾出土地约54公顷；完成技改投入69亿元，同比增长5%。江苏（昆山）光电产业园成为国内唯一集聚面板制造三大技术、上下游配套产业链最完整的产业园区，龙腾光电、康佳电视、旭硝子玻璃、东京电子稳定发展。龙腾光电累计生产液晶面板10.8万片；康佳电子累计生产模组120万台，整机120万台；友达光电、国显光电两大显示器龙头项目的资金、设备、人员逐步到位；旭销子熔炉、奇美偏光片、东旭彩色滤光片、龙飞显示模组等补链强链项目投产。至2015年年末，开发区集聚关联企业36家，总投资100亿美元，年营业收入超过580亿元，通过了国家科技部高新技术产业基地的复核申报以及商务厅海峡两岸产业基地的复核申报。

【园区建设】2015年，昆山开发区按照“宜居宜业、建管并举、产城互动”的总体思路，完成区域总体规划、土地利用规划、道路管网规划的调整优化编制，确立园区“两轴、两带、两核、多园”的城市空间格局和“四轴、三廊、多园、串联”的城市化绿地系统布局，明确提出，到“十三五”末，昆山开发区绿地建成率达到33%，人均公园面积达到10平方米。积极承接中国（上海）自由贸易试验区产业、政策、运行机制的溢出和带动效应，推动昆山深化两岸产业合作试验区政策落地的载体建设和功能建设；城市发展布局优化建设有序实施，按照昆山城市副中心的目标定位，实施长江路沿线重要节点的更新改造、前进路沿线功能的完善及青阳港、夏驾河周边生态环境建设，提升铁南商务综合区、中央商贸服务区、蓬朗宜居生活区服务能级，优化综合保税区、光电产业园、精密机械产业园和多体系科技孵化园区功能，初步形成多个中心功能互补和协调发展的空间。城市产业设施建设有序推进，金鹰国际、首创奥特莱斯、夏驾汇商业中心等重点商业项目相继投入运营；汇设计和创业园大厦、金鹰二期、凤凰书城、建滔站前商业综合体等一批重点项目投入建设；16个市政府重点工程有序推进，长江路、震川路、三巷路等重要交通路段改造工程顺利实施，体育公园一期初具规模，崇邦综合体竣工，金融街一期、创业园大厦等功能设施建设稳步推进。启动青阳港河两侧老工业区和蓬朗老镇区改造工程，着手打造开发区“工业”和“居住”两大文化遗存新名片，拆除民房139户，搬迁企业35家。启动全省绿色建筑和生态城区区域集成示范区建设，新开工绿色建筑建设面积50万平方米，完成1 396万平方米的养护工作，新增绿化面积超100万平方米，其中城市“复绿”63万平方米；体育公园一期、企业科技园景观、白士浦景观带、小虞河景观带等重点绿化工程建设加快推进。全区年内完成基础设施、服务业项目等固定资产投资118亿元，新开工建设面积117万平方米，在建面积近900万平方米。城市环境综合整治扎实有效，完成双林岛环境综合治理，同丰路、黑龙江路、樾河路沿线背街小巷改造治理扎实开展，玉龙农贸市场、震川路茶座超范围经营KTV等重点领域专项整治成效显著。

【招商引资】2015年，昆山开发区9个项目被列入昆山市重大产业项目计划，项目总投资233亿元，固定资产投资192亿元，年内投资81.9亿元。年内共接待海基会、台湾电电公会、台湾中华侨联总会、海外台湾留学生考察团等60余批次重要台商和台湾团队的考察，全区全年到账外资6.17亿美元，注册内资50亿元。制造业招商方面，显亮车灯投资总额1 200万美元，华天科技增资9 800万美元，六和机械增资4 375万美元；太极能源、斯沃博达、世同金属等一批落户企业纷纷增资扩股；总投资4亿欧元的采埃孚变速箱项目、总投资1亿美元的艾利增资项目以及哈工大集团机器人项目、顺大咖啡等一批项目进入洽谈。服务业招商方面，江苏省第一家中外合资股权投资企业——华创毅达股权投资企业落地，注册资本10亿元人民币。神达投资注册3 000万美元、建大环宇（中国）增资7 000万美元、统实（中国）增资1.8亿美元在昆山开发区。中信证券营业部落户开业，首创奥特莱斯项目开业，为东部新城休闲、购物、娱乐提供了一站式服务。六和集团总部、纬创集团总部、沃尔玛山姆会员店、日本永旺梦乐城综合体以及宝马、奥迪等高端汽车品牌服务项目积极推进。台资项目继续保持在开发区经济中的重要地位，至2015年年末共集聚台资企业1 136家，总投资225.93亿美元，注册资本108.02亿美元。其中，制造业企业518家，占比45.6%；服务业企业618家，占比54.4%。台资服务业项目总投资33.79亿美元。

【科技创新】2015年，昆山开发区新增高新技术企业42家，高新技术产业产值2 275亿元，占规模以上工业总产值比重的50.1%，同比增长6.4%；研发平台建设稳步推进，新增省研究生工作站6家，省级研发机构及工程中心8家，苏州市级工程技术研究中心24家，全社会研发投入占地区生产总值的比重达到2.8%；鼓励企业以“合同研发项目管理”模式开展产学研合作，捷安特轻合金等公司实施“订制储备一批科技成果项目”18个；集聚一批海内外高层次人才创新创业，龙腾光电钟德镇获“何梁何利奖”，系20年来内地首获“何梁何利奖”的台籍科技人才；入选国家“千人计划”人才2名，江苏省双创人才2名，姑苏领军人才4名，入选昆山市级领军人才13人，团队4个。全年引进博士后5名，新增国家级博士后科研工作站1家，国家级博士后科研工作站（分站）2家，开发区博士后工作获评全国优秀；国家知识产权示范园区建设加快推进，全年发明专利授权519件，万人发明专利拥有量34.7件，超过全市平均水平。企业知识产权管理能力不断提高，华恒等5家企业获首批国家知识产权管理体系认证，全市首单专利保险在开发区落户。昆山留创园获“全国侨务工作示范单位”，昆山龙腾光电有限公司获批国台办第二批“海峡两岸青年创业基地”称号；“区校合作联盟”年会暨校企合作洽谈会成功举办，全国超100所院校与全区50多家企业达成合作协议。

【社会管理】2015年，昆山开发区有各级各类学校30所，在校学生27 523人，其中本地学生11 891人，外地学生15 632人。图书馆（室）20家，藏书15.58万册；影剧院（场）4家，座位2 068个。建成投用公立医院与社区卫生服务中心4个，预防保健所与社区服务站18个，体育场馆7家，健身点192个。居民持续增收机制进一步完善，完成村级经济总收入1.75亿元，同比增长12.2%，居民可支配收入1.48亿元，同比增长8.97%，农民人均收入34 605元，同比增长8.37%；完成社区股份合作制改革，新成立15家社区股份合作社，惠及17 945户、64 956人；娄邑小区、黄河北路小区等一批老小区改造工程竣工；公共自行车一期项目完成建设，设置34个站点，投入公共自行车1 200辆；兵希小学、珠江御景幼儿园投入使用；昆山开发区党工委共设党委18个，其中含直属党委7个，街道党工委5个，社区党委2个；党总支55个，党支部729个。

【安全生态环保】昆山开发区安全生产和环境保护局成立运作，初步建成安全生产和环境保护十大网格，218名专兼职网格员组成监管与信息员队伍，安全生产和环保工作日常监管切实加强，形成并落实年度《昆山开发区安全生产监督检查计划》。大气治理和水环境治理有效实施，明确工业废气VOCS和PM2.5指标双降目标，完成16家企业废气治理设施、26台锅炉整治或淘汰；完成“16+1”环境管控工作；南亚电子完成脱硝改造工程；30家企业的工业废水完成管道接入，工业废水日均接管量1.5万吨；生活污水日接管量新增1.5万吨；定颖电子蚀刻废液铜回收处理工程顺利实施；精密机械产业园、光电产业园污水处理厂扩建工程完成；污水主管网建设6.7公里；白士浦、景王浜、鸭脚浜、桃花江河等河道整治工程按期完成。

【综合保税区】截至2015年年底，昆山综合保税区引进企业213家。其中，工业企业85家，物流企业49家，其他服务企业79家，总投资33亿美元，注册资本16亿美元，实际利用外资15亿美元，从业人员超过15万人。2015年，昆山综合保税区引进了DELL的销售公司、HP在华东地区零部件分拨中心、优传电商的全国管理和销售总部等商贸企业。嘉浦薄膜公司计划增资1.2亿元。陆续完成玫瑰路内卡口建设项目、中央大道新建卡口项目、AB区围网更换工程、区内道路标识等项目。坚持“促转型”激发发展活力，从原来单一的加工OEM和ODM向研发、设计、检测、维修、物流、分拨拓展。产品从原来低附加值的小笔电、导航仪、PDA和低像素的数码相机向目前的笔记本电脑、平板电脑、智能手机以及汽车电子、医疗用品、单反相机、光学镜头等产品转型。成功推动仁宝、昆达、纬创、世硕等劳动密集型、用工量大的企业实施机器换人和自动化改造工作。坚持“抓创新”营造发展优势，推动海关、国检等部门在复制、推广上海自贸区“区内自行运输”和“加工贸易工单式核销”等监管服务创新制度方面取得突破，实现“一次申报、一次查验、一次放行”的监管模式。仁宝公司的返区维修业务试点工作顺利开展。昆山综合保税区实现工业产值 2 123.29 亿元，同比增长 22.8%；完成进出口总额 530.43 亿美元，同比增长 2.07%，其中完成出口额 350.97 亿美元，同比增长 3.62%；实现保税物流金额 687.7 亿美元，同比增长 6.2%。

2015 年昆山经济技术开发区基本情况

项目	数量	项目	数量
区域面积（平方公里）	115	小学（所）	12
辖区代管区面积 产业拓展区面积	115 20	在校学生（人） （本地学生） （外地学生）	17 160 (6 627) (1 0533)
行政区划		幼儿园（所）	13
街道（个）	5	在园人数（人） （本地学生） （外地学生）	6 913 (3 714) (3 199)
居民委员会（个）	29	文化	
村民委员会（个）	10	图书馆、室（家） 藏书量（万册）	20 15.58
人口		文化馆、站（家） 工作人员（人）	5 26
常住人口（万人）	54.48	影剧院、场（家） 座位（个）	4 2 068
本地户籍人口（万人）	16.61	卫生	
本地户数（万户）	6.10	公立医院与社区卫生服务中心	4
外地户籍登记人口（万人）	37.87	床位数（张）	98
外地户籍登记户数（万户）	7.93	医卫人员（人）	252
人口密度（人 / 平方公里）	4 938	执业医师（人）	84
人口自然增长率（‰）	7.52	预防保健所与社区服务站	18
教育		医卫人员（人）	85
各级各类学校合计（所）	30	执业医师（人）	39
在校学生合计（人） （本地学生） （外地学生）	27 523 (11 891) (15 632)	体育	
高中（所）	1	体育场馆及经营性健身房（家）	7
在校学生（人） （本地学生） （外地学生）	1 550 (1 200) (350)	活动面积（万平方米）	3.26
初中（所）	4	健身点（个）	192
在校学生（人） （本地学生） （外地学生）	4 525 (2 046) (2 479)	活动面积（万平方米）	4.11

2015 年昆山经济技术开发区国民经济主要指标

指标	单位	总量	比上年增减 (%)
地区生产总值	亿元	1 420.11	−0.1
第一产业	亿元	2.39	0.2
第二产业	亿元	996.99	−1.0

续表

指标	单位	总量	比上年增减(%)
第三产业	亿元	420.73	5.3
工业	亿元	966.79	-1.0
全社会固定资产投资额	亿元	277.95	4.1
一般公共预算收入	亿元	92.86	7.0
公共财政预算支出	亿元	48.47	-9.4
出口总额	亿美元	442.01	-0.1
批准三资企业数量	家	64	-37.9
到账外资	亿美元	6.17	-3.9
农业总产值	亿元	3.67	5.6
住宅竣工面积	万平方米	114	不专项测算
社会消费品零售总额	亿元	不专项核算	不单独核算

（昆山经济技术开发区管委会）

营口经济技术开发区(鲅鱼圈区)

【概况】鲅鱼圈区前身是原盖县鲅鱼圈乡。1984年5月，经国务院批准设立营口市鲅鱼圈区，1992年10月，国务院批准在鲅鱼圈区设立国家级经济技术开发区。1998年，辽宁省营口市理顺管理体制，实行党工委、管委会、区政府合署办公。2004年1月8日，经国务院批准，将原盖州市的熊岳、芦屯、红旗3个镇成建制划入鲅鱼圈区，现鲅鱼圈区下辖熊岳、芦屯、红旗3个镇，海星、海东、红海、望海4个办事处，行政区划面积280平方公里，人口50万人。2015年8月，营口市委恢复组建了中共鲅鱼圈区区委。

鲅鱼圈区是辽宁沿海经济带上的一个重要节点。哈大铁路、哈大公路、沈大高速公路和哈大高速铁路客运专线等交通动脉纵贯全境，交通运输四通八达。坐落在开发区境内的营口港，有营口、鲅鱼圈、仙人岛3个港区，拥有140多条国际、国内航线，与50多个国家和地区通航。与港口相配套的海关、出入境检验检疫部门和外轮代理、理货、供应等服务机构一应俱全。2015年，港区货物吞吐量3. 38亿吨，集装箱运量590万标准箱，成为我国沿海的主枢纽港之一。

2015年，鲅鱼圈区实现地区生产总值470亿元，同比增长4.6%；公共财政预算收入28.3亿元，同比下降34.7%；固定资产投资186.6亿元，同比增长7.6%；外贸出口20亿美元，同比增长7%；社会消费品零售总额117.5亿元，同比增长8.7%；实体税收25亿元，非税收入3.3亿元，占比11.7%；国税收入6.6亿元，同比增长4%；地税收入18.4亿元，同比下降27%；化解债务67.6亿元；城镇居民人均可支配收入32 020元，同比增长7.2%；农村常住居民人均可支配收入15 880元，同比增长7.9%。

【产业结构】2015年，鲅鱼圈区三次产业比为2.3∶48.8∶48.9，三产增加值在GDP中的占比进一步提高，首次超过二产。

第一产业稳步发展。第一产业增加值11亿元，增长3.2%。农村土地确权3 333.3公顷，土地流转约180公顷，无公害农产品生产面积2 000公顷。产业化龙头企业11家，出口创汇4 000万美元。新创市级品牌11个，省级品牌3个。

第二产业稳中有进。第二产业增加值229亿元，增长4.5%。规模以上工业增加值180亿元，增长4.5%。四大产业集群实现产值491亿元，增长1.7%，占规模以上工业总产值的70.1%。鞍钢鲅鱼圈新厂、华能营口电厂、新东北电气、无限极等一批重点企业的支撑作用不断增强。

第三产业快速发展。第三产业增加值230亿元，增长4.8%。万隆广场运营良好，万达广场、恒汇万象等项目建设进展顺利。新增本外币贷款125亿元，增长33%，位居全市首位。银行、保险、证券等金融机构达140家，实现税收4.4亿元，增长10%。消化商品房存量32万平方米，房地产业逐步走向良性发展轨道。旅游业发展令人瞩目，海滨温泉旅游持续火爆，首个PPP项目——西部海滨旅游带合作协议正式签约，成功承办联合国大图们倡议国旅游产品大赛，圆满举办第十届辽宁冰雪温泉节，全年接待国内外游客950万人次，旅游总收入125亿元。

【港区联动】2015 年，鲅鱼圈区港口物流贸易迅速发展。营满欧大陆桥经济通道逐步形成，营口港开通了经满洲里至莫斯科、华沙、多布拉、岑特罗利特、卡卢加等 6 条中欧国际直达班列，全年完成集装箱发送量 23 228 标箱，占东北各港口出境总箱量的 90% 以上，增速位居全国第一。中韩自贸示范区建设扎实推进，韩国商品交易中心一期投入运营，入驻企业 86 家，二期正加紧建设。综合保税区申报工作正积极推进。

港口物流贸易园区建设强力推进。红运大宗商品交易平台、中国华信贸易结算中心、跨境电商服务平台（驼营网）等一批项目投入运营。中泽东北物流商贸中心、云天化化肥现货交易中心等项目正抓紧建设。全区物流贸易企业达 1 550 家，预计营口港实现货物吞吐量 3.4 亿吨，集装箱运量 590 万标准箱。2015 年新引进物流贸易企业 420 家，新增税收 3.6 亿元。

港口金融创新试验区建设成果显著，北方金融资产交易中心开业运营，实现交易额 500 亿元。营口沿海银行总部成功入驻，并已投入运营。营口港实现货物吞吐量 3.38 亿吨，增长 2.1%；集装箱运量 590 万标准箱，增长 5.2%。沙鲅铁路货物运输量 3 700 万吨。疏港高速公路动迁任务全部完成，疏港铁路动迁工作已经启动。

【招商引资】2015 年，鲅鱼圈区开工千万元以上项目 115 个，其中亿元以上项目 75 个。沈鼓集团首台套、国产化十万空分压缩机组试验成功，填补国内空白。无限极二期、中船重工等项目竣工投产。新泰航天精铸、嘉里粮油扩建等项目已开工建设，实现了投产一批、在建一批、推进一批。成功赴韩国和北京、上海、深圳、威海等地开展招商，重点推进金信诺光纤、中国网库、朗勤木材集散中心等 19 个项目。全年实际利用外资 5 000 万美元，内引外联资金 93 亿元。

【产业升级】2015 年，全区实现规模以上工业总产值 700 亿元，增长 4.2%；增加值 180 亿元，增长 4.5%。鞍钢鲅鱼圈新厂、华能营口电厂平稳运行。钢铁精深加工、新兴装备制造、新材料、食品饮品四大产业集群实现产值 527 亿元，增长 7.9%，占规模以上工业总产值的 75.1%。

全年实现服务业增加值 230 亿元，服务业在 GDP 中占比达 48.9%。万达广场、恒汇万象等项目正抓紧建设。西部海滨旅游带项目正式签约（PPP 模式）。哈大高速铁路鲅鱼圈站客运量 230 万人次，增长 13.9%。接待国内外游客 950 万人次，增长 7.1%，旅游总收入 125 亿元，增长 2.9%。忆江南温泉被评为全国首批“五星级”温泉。鲅鱼圈区成功入围“中国节庆产业金手指奖 • 十佳节庆城市”奖项。全年实现农业总产值 24.6 亿元。农村土地确权工作率先完成。设施葡萄高产稳产示范项目通过国家验收。鲅鱼圈区成为辽宁省首家海蜇出口示范区。

【民生工程】2015 年，全区持续加大资金投入，集中有限财力向民生倾斜，先后投入近 10 亿元，集中力量实施了 50 余项重点民生工程。投入 4 000 万元实施“暖房子”工程，49 栋楼、3 148 户居民居室更加温暖。投入 8 140 万元进行供暖管网改造，供暖质量更加均衡。投入 800 万元实施老旧小区环境综合改造，1 860 户居民生活更加舒心。投入 6 800 万元实施城乡居民饮用水改造，5 843 户居民饮水更加放心。投入 940 万元实施街面铺装、小街小巷改造等工程，居民出行更加方便。投入 800 万元实施二道河、红海河引水工程；投入近 2 亿元实施污水处理提标改造扩容、管网完善、泵站建设、中水回用、污泥处理 5 项工程，生态环境有效改善。投入 4 100 万元实施神范线、于偏线、辽东湾大街南段等公路改造，道路交通更加通畅。投入近 2 000 万元实施主要河流两侧绿化铺装和景观改造工程。投入 2 500 万元进行世纪广场改造，投入近 1 000 万元实施碧霞山公园扩建，居民休闲健身场所更加完善。投入 6 800 万元新建惠民小学、信义小学，教育布局更加合理。

惠民举措有效实施。集资楼居民长期无法登记产权问题得到逐步解决，办理房照 2 600

户。强力推进68万平方米保障房建设，安置回迁居民1.2万户。新建农村候车亭50个。22家惠民平价商店运行平稳，市场物价保持稳定。成功获得自来水、不动产登记管理权限，为全区人民提供了更好的生活和服务环境。城市管理水平不断提高，城乡环境综合整治取得实效，环卫保洁、绿化亮化、环境监测等工作扎实开展，精细化管理水平进一步提升，制订出台《鲅鱼圈区物业管理实施细则》。

【社会事业】鲅鱼圈区通过“全国义务教育发展基本均衡区”督导组验收，区一高中通过全省示范性高中复评，全区中小学校全部实现光纤入校，省实验合作校、新时代等3所幼儿园被评为全省五星级幼儿园，职业教育步入全省前列。成功举办国际半程马拉松赛事。成立各类健身协会达25个，全民健身活动更加丰富多彩。营口开发区中心医院扩建工程进展顺利，忆江南体检疗养中心即将投入运营。芦屯、红旗乡镇公益卫生院投入使用。医疗机构、市场专项整治活动深入开展。居民健康档案建档率达85%。爱国卫生、妇幼保健、计划生育工作扎实推进。公共卫生服务体系更加健全。鲅鱼圈区被评为“辽宁省基层中医药工作先进县区”。建成社区书屋21个。送戏下乡30场。播放公益电影770场。保利大剧院重新启动运营。成功举办母亲节、秧歌节等活动，广场文化月活动得到中央文明办的充分肯定。鲅鱼圈区连续14年获得七届“省级文明城区”称号。新增实名制就业13000人，转移农村剩余劳动力3900人，发放妇女创业贷款800万元。养老、医疗、失业、工伤、生育保险基金征缴任务基本完成。农保转社保投入7000万元，受益群众5200人。新农合参合率达99.3%，资金使用率达85%。城乡低保标准大幅提高，发放资金4182万元，受益群众12274人。慈善总会发放救助款220万元，资助困难群众720人。优抚、医疗救助等各项民生政策全面落实。

(营口经济技术开发区管委会)

威海经济技术开发区

【经济发展】 2015年，威海经济技术开发区（以下简称“威海开发区”）实现生产总值209.9亿元，同比增长9.1%。分产业看，第一产业实现增加值7.4亿元，同比增长4.4%；第二产业实现增加值106.6亿元，同比增长8.6%；第三产业实现增加值95.9亿元，同比增长10.1%。三次产业结构为3.54∶50.77∶45.69；财政总收入42.6亿元，同比增长8.1%；税收收入41.6亿元，同比增长6.2%；进出口总值392 595万美元，同比增长2.1%；固定资产投资149.7亿元，同比增长15.4%；社会消费品零售总额118.2亿元，同比增长11.2%。

【产业发展】 2015年，威海开发区规模以上工业企业124个，完成产值343亿元，同比下降4.2%；实现主营业务收入334.6亿元，增长1.9%。认真落实扶持企业发展的各项政策，实施35个工业项目、28个技改项目和255个技术创新项目建设，和祥泰数码科技等13个项目竣工投产，翔宇环保科技登陆“新三板”，润泽矿山机械在股权市场挂牌，紫光科技园获批直销经营许可，三进船业重整复工，5家省级节能重点企业超额完成“十二五”节能目标。4月，区科技创业服务中心被共青团山东省委办公室认定为省级青年创业孵化基地，瑞欣科技孵化器被山东省中小企业局认定为山东省小企业创业辅导基地。8月，威海经济技术开发区被山东省经济和信息化委员会评为山东省装备制造产业示范基地。2015年年内，全区新认定市级以上企业研发平台7个，总数达到59个；在营孵化器5个，在孵企业105个；新批中国驰名商标和省著名商标各1个，省级以上著名商标和名牌产品达到36个。全年实现高新技术产业产值191亿元，占规模以上工业产值的比重达到54.68%，比上年提高1.13个百分点。

【科技创新】 2015年，威海开发区新增省级示范工程技术研究中心1家、省级企业技术中心1家、市级企业技术研发中心3家、市级工程实验室1家、市级工程技术研究中心2家；获得市级科学技术奖4项，省级科学技术奖1项；新认定高新技术企业9家、科技型中小企业38家。2015年年内，全区研究与试验性发展经费支出占生产总值的比重达到2.92%，同比增长0.28个百分点，列威海市第二名。全区完成发明专利授权28件，万人发明授权量1.75件。12月17日，威海市捷诺曼自动化科技有限公司获批建立山东省院士专家工作站。至2015年年末，全区有国家级研发平台1家，省级研发平台24家，市级研发平台33家，创新载体5个，省、市级孵化器各2个，院士专家工作站2家，高新技术企业31家，科技型中小企业88家。

【投资促进】 2015年，威海开发区累计组织参加国内外重点招商推介活动22次，接待国内外客户112批762人次。全区有东华软件总部基地等89个项目签约落地，威海世一电子有限公司等17个项目增资到账8 515万美元，同比增长16.7%。全年实际利用外资和港澳台资1.7亿美元，同比增长9.4%；实际利用内资61.9亿元，同比增长15.3%；完成进出口总值39.3亿美元，同比增长2.1%。

全区对外开放水平进一步提升，中韩地方经济合作率先突破。对外贸易在调整中发展壮大。与178个国家和地区保持经贸往来，新增进出口过千万美元的企业10家、过亿美元的3家，总数分别达到54家和8家。全年完成进出口总额39.26亿美元，增长2.1%。

2015年，威海东部滨海新城建设指挥部全力加强投融资和招商引资工作。投融资工作方面，合力拓展融资渠道，充分利用土地贷款、城投债等方式，积极推进PPP合作模式（公共私营合作制）。至2015年年末，各城投公司累计融资60.5亿元，累计结算各类建设资金40多亿元；招商引资方面，以建设“中韩地方经济合作开放试验区的核心区”为目标，围绕海洋主题公园、健康产业园、教育产学研园区等片区的规划，积极整合开发区和市级各专业招商部门的力量，深入挖掘招商线索，积极进行定向招商、定点招商，全面提升东部滨海新城的招商水平。

【生态环保】 2015年，威海开发区审批各类建设项目156个，全面启动开发区2015年环境保护大检查活动，历时8个月，累计排查各类企业610家，威海市泓淋电子有限公司、迪沙药业集团有限公司、澳瑞凯（威海）爆破器材有限公司顺利通过省环保厅组织的清洁生产审核。桥头镇义河北村、崮山镇九家疃村被省环保厅授予“省级生态村”称号。11月，开发区污水处理厂扩建搬迁项目一期工程土建、设备安装全部完成，开始通水调试。项目总投资6.5亿元，占地13.63公顷。设计处理能力20万吨/日，一期处理能力10万吨/日。至2015年年末，华能威海发电有限责任公司、中航威海船厂有限公司、威海海马地毯集团有限公司等9家重点用能单位完成节能21.38万吨标准煤，超额完成19.86万吨标准煤的“十二五”节能目标任务。

【民生保障】 2015年，威海开发区不断加大民生保障力度。全区公益普惠性幼儿园达到27所，占幼儿园总数的79.4%。构建校园安全网络，建立健全医疗、教育、助残和临时救助机制，累计发放救助金、补助款988.16万元。完成7618名企业职工养老保险补缴工作，为4462名高龄老人发放高龄补贴72万元。加快养老设施建设，改善医疗卫生服务，组建家庭医生服务团队49支，建立居民健康档案13.2万份。住房保障力度加大，积极推进公租房项目建设，改善农村群众住房条件。深入开展“春风行动”“就业援助月”等活动，设立全区电商培训基地和三镇就业培训点，全区新增城镇就业2558人、农村劳动力转移就业700人，优化用工环境。新建改建市政道路14条、13公里，农村公路7条、17公里，敷设雨污管线11.6公里，安装路灯1324基，新增城市绿地3万平方米。深化城市精细化管理，积极推进城乡环卫一体化，完善“户集村收镇清运区转运”管理模式和季度考核机制，全面实施108个村环境综合整治，农村环境面貌显著改善。

【管理与服务】 2015年，威海开发区政务服务体系建设加快推进，全区6个镇、街道全部建成启用镇级便民服务中心，107个村和32个社区设立村级便民服务代办点。政务服务中心集行政审批服务、社会服务、效能监察三大平台于一体，设服务窗口46个，进驻部门35个，工作人员106名，可提供192项行政许可及服务事项。设立“建设工程项目联审联批受理区”，对建设工程项目采取“整合流程、一门受理、联审联批、信息共享、限时办结”方式，进行模块化流程再造，审批时限由281个工作日压缩到28个工作日。全年建设项目审批系统完成建设项目立项27个。协调公安、质监、国税、地税4个部门进驻区政务服务中心，将市场监督管理局受理窗口调整为8个，审批速度进一步提高。

【人才建设】 2015年，威海开发区深化事业单位人事制度改革，推行聘用制度。全区119个事业单位设置岗位666个，全面完成竞聘上岗工作。至2015年年末，全区专业技术人员有高级职称4902人、中级职称1425人、初级职称3078人。新增“山东省有突出贡献的中青年专家”1人，人才工作领导小组办公室审核认定9位博士入选“企业博士聚集计划”。开发区大学生创业孵化基地、民营企业瑞欣中小企业孵化基地、富城中小微企业孵化基地等孵化器初具规模，在孵企业达到53家。全年发放小额担保贷款305笔3250万元，同比增长134%，全年扶持121名大学生实现创业。

【城乡建设】 2015年，威海开发区新开工工程53项，建筑面积194.7万平方米；竣工工程7项，建筑面积156.1万平方米；在建工程81项，建筑面积338.9万平方米。九龙湾沿海岸线修复整治工程通过省专家组验收，并被授予“山东省市政金杯示范工程”称号。九龙湾城市综合体项目建设如期推进，商业街一期项目建成并投入使用，绿色生态示范区通过山东省住房和城乡建设厅组织的中期核查。

【创建国家级产城融合示范区】 2015年，开发区根据《国家发展和改革委员会办公厅关于开展产城融合示范区建设有关工作的通知》（发改办地区〔2015〕1710号）精神，扎实推进威海产城融合示范区创建工作，为东部滨海新城建设争取政策支持，为市域一体化赢得发展先机。8月，开发区管委会与市发改委联合编制完成《威海市产城融合示范区总体方案》（威发改体字〔2015〕1号），并报送至山东省发改委。方案包含区域概况、总体思路、发展目标、空间布局、重点任务、保障措施六部分内容，重点突出，既紧密契合国家发展导向，又与开发区实际相结合，获得国家和山东省发改委的高度评价。至2015年年末，方案已上报至国家发改委待批。

【智慧城市建设】 2015年，威海开发区“智慧城市”建设深入推进，全区电子信息产业稳定发展，产品涵盖通信电缆插件、半导体线路板、PC终端显示屏、防导线圈、液晶显示器、手机摄像头等30多类上百种产品，产业增加值占全区工业的比重达到23.5%。组织企业参加工业设计云平台设计的培训，扶持威海兴达信息科技有限公司开发应用智慧眼、订餐宝、废品回收、家政、旅游、生鲜、及时购等数个子板块软件开发和应用；推进同城网在整合“12343”家政服务平台和智慧家居公共服务平台、威海市再生资源平台的基础上，深度开发手机端综合应用“同域生活”APP；扶持威海海马地毯集团有限公司尝试智能机器人改造织机、山东安然纳米实业发展有限公司直销商品分拣物流配送智能化建设等重点项目建设。截至2015年年底，开发区电子商务由起初的1家发展至十几家，以网上营销为主的电子商务公司组建成立，服务内容由原来单一的网上销售发展到房产超市、儿童教育、食品保健品销售和网站制作等几十项内容。

【党建工作】 2015年，威海开发区实现党建工作新跨越。调整镇（街道）领导班子科级干部34人，其中提拔任用2人；配合市委组织部，对30名县级干部进行调整，其中提拔任用8人，交流调整一般干部10人，安置军队转业干部6人。公开招聘事业单位工作人员44人，招聘“三支一扶”大学生9人，安置服务期满大学生村官5人、“三支一扶”大学生4人。新增泰山产业领军人才1人、威海市人才项目产业工程特聘专家1人、山东省突出贡献中青年专家1人、威海市文化名家1人、省乡村之星1人、市乡村之星2人。威海市人才工作满意度测评中，开发区人才工作环境指数获得满分。以全体机关事业单位人员为培训对象，组织举办4期“开发区大讲堂”等培训班，培训3000余人次。选派第一书记16人，到后进村和5个省定贫困村蹲驻，帮助脱贫致富。开展在职党员到城市社区报到工作。全区878名机关在职党员中，451名在区内居住的在职党员到居住地社区报到，427名在区外居住的在职党员统一安排社区报到，并全部申领服务岗位。

【机构设置与管委会领导】 2015年，威海开发区工委（管委）设置工作机构10个、事业单位60个。10个工作机构为：工委办公室（管委办公室、审计局）、组织部（统战部、人力资源和社会保障局）、宣传部（文化局）、政法委员会（司法局）、经济发展局（科学技术局）、财政局、建设局、社会事务管理局（人民武装部）、商务局、市场监督管理局（食品安全委员会办公室）。区纪工委（监察局）为市纪委（市监察局）的派出机构，实行双重管理，以区工委（管委）管理为主。70个工作机构和事业单位中，管委会直属事业单位保留4个，其他管委会直属事业单位予以整合或调整为部门所属事业单位，部门所属事业单位名称不再称局。管委会直属事业单位设3个副处级事业单位：城市管理与行政执法局（市城市管理执法监察支队开发区大队）、农业经济发展局（农村工作领导小组办公室）、市政公用事业管理局（交通局）；经济功能区管理机构1个：出口加工区管理局。

中共威海市委经济技术开发区工作委员会成员为：书记吕晓东；副书记王炳刚（挂职）、马端兴；委员宋克军、王祖友、姚桂礼、乔军、梁永波、刘建平、汤华海、张刚、许宏妮、毕建忠、刁瑞福、王启；威海经济技术开发区管理委员会成员为：主任吕晓东；副主任宋克军、王祖友、姚桂礼、乔军、梁永波、汤华海、张刚、许宏妮。

2014—2015年威海经济技术开发区主要经济综合指标一览表

项目		单位	2015年	2014年	增减（%）
开发区生产总值		亿元	209.90	197.54	6.26
第二产业		亿元	106.57	102.35	4.13
工业		亿元	95.34	91.57	4.12
第三产业		亿元	95.90	88.10	8.86
工业总产值（现价）		亿元	386.14	391.80	−1.45
高新技术企业		亿元	140.79	111.73	26.01
销售（营业）收入		亿元	539.16	598.48	−9.91
第二产业		亿元	354.65	405.65	−12.57
工业		亿元	334.64	357.86	−6.49
第三产业		亿元	184.51	192.83	−4.31
利润总额		亿元	20.72	30.32	−31.65
第二产业		亿元	18.63	21.15	−11.91
工业		亿元	17.21	19.58	−12.12
区内主导产业及产值					
主导产业	1．船舶及零部件业	亿元	28.78	23.71	21.38
	2．电子信息业	亿元	65.95	70.53	−6.49
	3．汽车及零部件业	亿元	56.61	61.87	−8.50
	4．电力热力业	亿元	46.96	52.59	−10.71
	5．通用设备业	亿元	47.50	49.84	−4.70
	6．食品药品业	亿元	49.25	49.05	0.41
第三产业		亿元	205.75	192.83	6.70
进出口总额		亿美元	39.26	38.44	2.13
出口		亿美元	25.21	19.73	27.77
财政收入		亿元	42.62	39.43	8.09
税收收入		亿元	41.55	39.13	6.19
财政支出		亿元	20.95	17.99	16.45
新批企业数量		家	1 644	1 189	38.27
外商及港澳台企业		家	47	26	80.77
内资企业		家	1 597	1 163	37.32

续表

项目		单位	2015年	2014年	增减（%）
新批企业投资额	外商及港澳台企业	亿美元	2.65	4.41	−39.90
	内资企业	亿元	35.35	27.51	28.50
	增资企业	亿美元	2.10	2.14	−1.87
规模以上企业数量		家	322	321	0.31
合同外资金额		亿美元	1.45	1.87	−22.22
外商实际投资		亿美元	1.71	1.56	9.36
固定资产投资		亿元	149.74	129.89	15.29
年末从业人员		万人	83 675	84 256	−0.69
万元GDP能耗		吨标煤/万元	2.466 1	2.176	13.33
水资源消耗总量		万立方米	1 365.34	1 358.55	0.50
单位国内生产总值取水量		立方米/万元	6.50	6.88	−0.52

（威海经济技术开发区管委会）

福清融侨经济技术开发区

【经济发展】2015年，福清融侨经济技术开发区（以下简称“融侨开发区”）实现规模以上工业产值808.06亿元，同比增长7.16%；完成固定资产投资157.36亿元，同比增长31.68%，其中工业固定投资97亿元，同比增长133.17%；实际利用外资8 109万美元，同比增长28.69%；合同利用外资9 631万美元，同比增长16.72%；财税收入20.68亿元，同比增长6.82%；进出口总额37.95亿美元，同比下降3.97%，其中进口额12.73亿美元，同比下降2.61%。

【园区布局】2015年，融侨开发区中心区面积6.4平方公里，开发区起步区规划范围内项目已基本饱和，重点发展电子信息、汽车配件和塑胶制品等行业。以捷联电子、捷星科技等企业为龙头，形成了产业链配套较完整的、以平板显示器件研发和生产为主的电子信息产业园区，是目前全国规模最大的显示器整机生产产业园。2015年，区内规模以上工业企业87家，实现产值550.68亿元，占开发区工业总量的68.18%。

洪宽工业村：面积为10平方公里，是爱国侨领林文镜先生于1990年3月独资创办的全国第一个侨办工业村，重点发展发电机组、铝材深加工、数控机床三大产业。2015年，区内规模以上工业企业40家，实现产值257.38亿元，占开发区工业总量的31.82%。

光电园二期：面积为1.16平方公里，重点发展光电显示产业上游的京东方面板及配套项目。目前引进了京东方面板及其配套东旭光电、联华林德大宗气体、裕永物流等项目。

【基础设施】2015年，融侨开发区在建基础设施项目9项，共完成投资5.37亿元。重点推进光电科技园二期基础设施建设，虎溪河道整治工程已完成京东方厂区范围内及山前段部分河道主体工程，第二污水处理厂已完成主体结构建设，正加紧设备安装调试。福俱大道完成道路建设约2 640米，京东方大道已完成填方约4.5万立方米，洪智路已完成填方约1.2万立方米，京东方北路已完成填方1.1万立方米。

【主导产业】电子信息产业是融侨开发区的支柱产业。融侨开发区以显示器产业园和光电科技园为依托，以捷联电子、京东方面板、东旭光电为龙头，大力发展平板显示整机制造产业，经过产业链的不断整合、发展，目前区内平板显示制造产业聚集了70多家生产配套企业，融合LCD/LCD-TV整机、LCM模组、背光模组、主控板、升压板、转轴、轴芯、偏转线圈、印制板、注塑、模具、IT服务等生产于一体，形成较为完善的显示器整机制造产业链。2015年，融侨开发区电子信息及其配套产业实现工业产值约367.8亿元，占园区工业总量的45.5%。冠捷集团成为全球最大的显示器制造服务商，捷联电子是全球最大的单一显示器生产基地，2015年总产量2 320万台，实现产值207亿元。

【重大事件】2015年，福州京东方光电科技有限公司第8.5代薄膜晶体管液晶显示器件（TFT-LCD）项目落户融侨经济技术开发区，是福州新区获国务院批复后动建的首个重大产业项目，也是迄今为止福州市电子信息产业中单体投资最大的项目。福州京东方光电科技有限公司第8.5代薄膜晶体管液晶显示器件（TFT-

LCD)项目由京东方电子集团股份有限公司投资，项目选址融侨开发区光电科技园二期，总投资300亿元人民币，注册资本180亿元，用地面积68.3公顷，建筑面积95万平方米，主要产品为55吋及以下的TFT-LCD显示屏和模组等产品。项目设计产能为玻璃基板月投片量12万片（玻璃基板最终投片量为14～15万片）。

【科技创新】2015年，融侨开发区新申报高新技术企业4家（皇家地坪、旭成电子、祥龙塑胶、开辉机械），通过高新技术企业复评3家（南少林、宏宇、伊鑫）；永强力加通过省工程技术研究中心认定，奋安铝业通过省企业技术中心认定；捷联科技、万达玻璃获得福州市科技进步奖二等奖，永强力加获得2项福州市科技进步奖三等奖；皇家地坪被评为福州市知识产权示范企业；福耀集团获得中国专利优秀奖，祥龙、福耀2家企业获得福州市专利奖。

【投资促进】2015年，融侨开发区签约项目共15项，总投资400多亿元，其中京东方面板项目总投资300亿元，东旭光电玻璃基板项目总投资60亿元，省电子信息集团4个投资项目总投资21亿元，冠城瑞闽新能源汽车电池项目总投资20亿元，香港三锋实业投资的福耀玻璃产业链“双创”基地项目总投资1.65亿元等。

【机构设置与管委会领导】融侨开发区管委会为福州市政府派出机构，定为副处级单位，内设综合科、党群工作科(人力资源科)、经济发展科、招商服务科、审批服务科，内设机构为正科级。管委会下辖2个事业单位，分别为企业服务中心、科技企业孵化器管理服务中心。管委会成员为：党工委副书记、管委会主任翁芳明；党工委书记陈少华；党工委委员、管委会副主任林云明；纪工委书记薛承龙；党工委委员、管委会副主任蔡和斌、陈秀香、李文清。

（福清融侨经济技术开发区管委会）

沈阳经济技术开发区（铁西区）

【经济发展】2015 年，沈阳经济技术开发区（铁西区）（以下简称“沈阳开发区”）规模以上工业总产值 2 030.9 亿元；规模以上工业增加值 475.8 亿元；固定资产投资 473.4 亿元；公共财政预算收入 46.4 亿元；实际利用外资 3 亿美元。

【重点区域建设】2015 年，沈阳开发区中德装备园 10 平方公里起步区建设全面启动，中德园成为国务院批复的首个以中德高端装备制造产业合作为主题的战略平台、“中国制造 2025”与“德国工业 4.0”战略对接合作的重要载体。中法生态城规划建设和招商工作全面展开。新民屯、四方台、长滩三镇合署办公，西部新城建设全面启动。现代建筑产业实现产值 294 亿元，占全市建筑业总产值三成以上。

【项目建设】2015 年，沈阳开发区全区 3 000 万元以上新开工项目 101 个、竣工项目 92 个。40 个市重点项目全部开复工，完成投资 241.4 亿元。宝马发动机、沈阳冶金机械、东方银座铂尔曼酒店、嘉泰工业装备博览城一期等项目竣工或试生产，新加坡智能物流、澳大利亚工业地产、纽卡特行星减速机等项目加快推进，宝马研发中心、库卡机器人工程示范中心、积水潭医院等项目开工建设，中德工业 4.0 战略合作暨中德企业创新中心、美国江森启停电池、富士康汽车零部件等项目签约落地。同时，积极争取国家和省市政策、项目与资金支持，全年争取支持资金 16.4 亿元，其中老工业基地搬迁改造项目获批国家资金 5 897 万元。

【产业规模】2015 年，沈阳开发区装备制造业占工业比重达到 77.2%，支撑作用进一步增强。现代建筑产业园入驻企业 210 余家，工业增加值达到 635 亿元。服务业层次和水平实现跃升，现代服务业占服务业的比重达到 34.1%。农业现代化加快推进，设施农业和高效特色农业比重达到 8%。

【新农村建设】2015 年，沈阳开发区完成基础设施农业建设 30 公顷。5 个街镇 26 个村的农民土地承包经营权确权改革工作进展顺利。稳步推进 7 个宜居示范村和 42 个达标村建设，朴坨子村荣获沈阳市最佳村镇环境改善奖。投资 2 780 万元，实施农村饮水安全工程，农业水利设施建设全部按期竣工。开发区新增造林面积 107 公顷。

【改革创新】2015 年，沈阳开发区整合行政机构，将发改局与科技局合并、昆明湖与西三环合署。落实大部门监管体制，成立市场监督管理局。组建行政审批局，启动企业投资项目管理体制改革试点工作，审批时限由 120 天减至 30.5 天，缩减 74.6%。积极开展简政放权工作，承接省市下放的 303 项行政职权。建立权责清单制度，减少行政审批事项 1 258 项，“三证合一”工作经验在全省推广，“一照一码”登记模式全面实施。成立工业、服务业、外商投资等企业服务中心。国企改革稳步推进，北方重工与中建材签署联合重组合作协议，沈鼓集团上市通过证监会初审，机床集团与社会资本组建混合所有制企业，华岳外贸等 8 家企业转制评估审计工作进入尾声。国有资产运营成效明显，实现收益 13.3 亿元。三生制药在香港上市，金昌蓝宇、递家物流、万合胶业等企业在“新三板”上市。企业自主创新能力不断提升，沈鼓集团 10 万空分装置、特变沈变换流变压器、北方重工镁合金成套设备等新产品打破国际垄断。沈阳铸造研究所获评国家重点实验室。税改工作成效明显，42 家企业完成“营改增”。

【区域环境】2015 年，沈阳开发区开发大路跨化工园铁路桥、中德大街一标段、开发 22 号路宝马铁路专用线下穿桥等重点工程竣工通车，浑河四街、中德大街二标段、中法大道等建设工程加快推进。嘉泰工业博览城电力配套等工程按期完工，铁西新城地下综合管廊、220 千伏高压变电站等重点配套工程按期推进。全面推行城市网格化管理，道路交通秩序整治经验在沈阳市推广。全年植树 42 万株。大力实施“蓝天碧水”工程，完成 50 台大型燃煤锅炉达标改造工程，拆除联网或取缔燃煤锅炉 62 台。沈化、东药搬迁及土地污染治理工作有序推进。

【对外开放】2015 年，沈阳开发区成功举办“沈阳—慕尼黑装备制造产业推介会”“辽宁省—巴登符腾堡州装备制造产业合作推介会”，并在法兰克福设立中德装备园代表处。举办德国企业沈阳行、中德并购论坛等招商活动。德国莱玛特高精度光电子设备、法国电力集团基础设施建设、日本 IHI 株式会社农机生产基地等 50 余个项目得到推进。西门子互联交通研发中心、德国劳仕领汽车注塑件等外资项目签约落地。北方重工盾构机代表我国同类产品首次打入南美市场。华利能源并购加拿大风电母线、沈阳和平子午线轮胎收购英国 KRT 公司等 3 个海外并购项目顺利完成。外贸出口发展势头良好，沈鼓集团、三一重工出口分别增长 3.2 倍和 3.1 倍。

外向型经济蓬勃发展，沈阳开发区直接投资的世界 500 强企业达到 56 家，实际利用外资、外贸进出口额连年名列沈阳市第一。5 年累计实际利用外资 44.7 亿美元、外贸进出口总额 158.4 亿美元，分别是“十一五”时期的 2.2 倍和 1.6 倍。

【中德装备园】2014 年 8 月 8 日，国务院出台《关于近期支持东北振兴若干重大政策举措的意见》(国发〔2014〕28 号)，提出“推动中德两国在沈阳共建高端装备制造业园区”。2015 年 4 月 2 日，沈阳开发区正式成立中德装备园管委会。2015 年 12 月 17 日国务院正式印发《关于中德（沈阳）高端装备制造产业园建设方案的批复》(国函〔2015〕218 号)，中德装备园成为首个以国务院名义批复的全国高端装备制造业园区和中德合作园区。园区将打造成为国际化、智能化、绿色化的高端装备制造业园区，并成为“中国制造 2025”与“德国工业 4.0”战略对接合作的重要载体，也是沈阳乃至东北振兴发展的新的经济增长点。

园区建设范围 48 平方公里，核心区 20 平方公里。园区产业主要分为汽车及零部件、智能制造、先进机械装备（德国隐形冠军)、战略新兴产业及工业服务五大板块。2015 年，核心区内，由智能制造、高端装备、工业服务等组成的 10 平方公里起步区全面启动。中德大街两侧出让工业用地 13.6 万平方米，周边路网建设、市政配套建设、产业项目建设渐次铺开，核心区全面开发建设的格局开始形成。

2015 年，宝马公司在欧洲以外的第一家发动机工厂正式投产，西门子智能交通研发中心即将投入运营，库卡机器人工程示范中心加紧建设，纽卡特行星减速机建设方案已经确定，通用机器人项目正在办理注册。

【机构设置与管委会领导】沈阳经济技术开发区管理委员会内设机构为：办公室、人力资源局、财政局（国资局)、审计局、发改局、经信局、农发局、安监局、行政审批大厅、公共资源管理办公室、信访局、外经贸局、建设局、西峡谷生态公园管理处、征收办、房产局、金融办、公管办、统计局及机关工委、总工会。

管委会领导班子成员为：沈阳经济技术开发区（铁西区）区委副书记、区长、开发区管委会主任程晓龙；沈阳化学工业园管委会主任李纪宁；区委常委、开发区管委会常务副主任（正局级）刘树敏；区委常委、中德园管委会副主任李宝军；区委常委、区政法委书记、滨河生态新城管委会主任杨松涛；开发区管委会副主任王玉辰、张洪利、张明；沈阳冶金工业园管委会副主任高潮、任宝箭、李贤；沈阳化学工业园管委会副主任王铁利、王林祥；管委会副主任、开发区公安分局局长年军；中德园管委会副主任张砚瓒；铁西区政协副主席、铁西区（开发区）贸促支会会长袁庆伟；开发区助理巡视员牛树森；管委会党组成员任德林；开发区群众投诉受理和权益保障工作部部长、开发区信访局局长李高。

2014—2015年沈阳经济技术开发区主要经济综合指标一览表

项目		单位	2015年	2014年	增减（%）	备注
开发区生产总值		亿元	963.67	1002.69	-3.9	两区数据
第二产业		亿元	631.77	668.16	-5.4	两区数据
工业		亿元	572.30	590.60	-3.1	两区数据
第三产业		亿元	323.43	324.96	-0.5	两区数据
工业总产值（现价）		亿元	2 030.80	2 630.30	-22.8	
高新技术企业		亿元	846.40	1 271.30	-33.4	
销售（营业）收入		亿元	2 006.86	2 694.63	-25.5	开发区数据
第二产业		亿元	1 897.42	2 443.49	-22.3	开发区数据
工业		亿元	1 778.70	2 329.30	-23.6	开发区数据
第三产业		亿元	109.44	251.14	-56.4	开发区数据
利润总额		亿元	19.50	52.41	-62.8	开发区数据
第二产业		亿元	18.77	50.82	-63.1	开发区数据
工业		亿元	14.70	46.60	-68.4	开发区数据
区内主导产业及产值						
主导产业	1. 装备制造业	亿元	1 561.60	1 947.60	-19.8	
	2. 现代建筑业	亿元	338.80	466.70	-27.4	
	3. 医药化工业	亿元	278.50	320.70	-13.1	
第三产业		亿元	0.73	1.59	-54.1	开发区数据
进出口总额		亿美元				
出口		亿美元	19.09	20.55	-7.1	两区数据
财政收入		亿元	60.41	85.20	-29.1	
税收收入		亿元	44.30	51.10	-13.3	
财政支出		亿元	43.10	66	-34.7	
规模以上企业数量（工业）		家	454	489	7.1	
固定资产投资		亿元	346.40	437.60	-20.8	
年末从业人员		万人	21.55	15.65	37.7	
万元GDP能耗		吨标煤／万元	0.542 6	0.560 9	-3.27	
水资源消耗总量		万立方米	6 914	7 082	-2.3	
单位国内生产总值取水量		立方米／万元	7.39	7.37	0.3	

（沈阳经济技术开发区管委会）

哈尔滨经济技术开发区

【经济发展】2015年，哈尔滨经济技术开发区（以下简称“哈尔滨开发区”）不断优化经济结构，持续提升发展质量效益，在经济下行压力逐年增大的情况下，主要经济指标保持稳中有升。实现地区生产总值910亿元，完成工业总产值1 669亿元，完成固定资产投资450亿元，实现财政收入53.66亿元。

【产业发展】哈尔滨开发区围绕构建“3+2+X”现代产业体系，大力推动装备制造、食品、新一代信息技术三大主导产业集聚发展，不断提升文化创意、现代服务、新材料、机器人等战略新兴产业的比重。2015年，总投资66亿元的长安福特哈尔滨乘用车生产基地项目正式入区建设并实现新车下线，成为哈尔滨市汽车产业新的龙头项目。在此基础上，跟踪推进20余家长安福特汽车配套项目签约入区，进一步延伸产业链条。可口可乐、顶益食品、百威英博哈啤等一批食品产业项目建设顺利推进。成功引进哈工大机器人产业基地项目、哈工大焊接产业基地项目入区发展。大力支持央企、省属大型企业在开发区建设基于云计算的数据中心，鼓励重点扶持的互联网企业购买数据中心服务，先后引进电商企业数十家，初步形成了相对完善的电子商务产业发展链条。集中打造食品产业园区、国家级广告产业园区、机器人产业园区、电子商务基地等专业园区，积极推行专业园区和工业地产用地模式，盘活存量土地，用好增量土地，提升土地集约利用水平。

【投资促进】哈尔滨开发区在优化招商资源配置、完善项目促进机制上下功夫，积极推动产业项目签约落地和开工建设。2015年，哈尔滨开发区实际利用外资10.9亿美元，实际到位内资143.42亿元；新签约引进产业项目37项，项目签约总额247亿元，其中，超50亿元的项目2个，超10亿元的项目3个；推动94个产业项目开复工建设，完成投资80亿元，其中，复工续建项目67项，完成投资47亿元，新开工产业项目27项，完成投资23亿元，为哈尔滨市经济建设提供了有力支撑。

【基础设施建设】哈尔滨开发区有序推进源头项目建设，不断完善道路、管网等配套工程，持续提升区域载体功能。2015年，哈南核心区给水加压站建设工程竣工；中移动220千伏变电站、中移动66千伏变电站、66千伏核心变电站竣工，具备供电条件；A区热源厂一期二阶段2台75吨锅炉工程竣工投入使用，二期2台75吨锅炉工程开工建设，北区热源厂设备检修调试工作顺利完成。全年新开工建设道路20条(段)，竣工17条（段）；铺设各类管网28.4公里；灯工程完成敷设电缆93公里，安装路灯2 607盏。

【管理与服务】2015年，哈尔滨开发区不断深化审批制度改革，创新项目审批模式，在“一表制”和“一图制”审批的基础上，推行网上审批新模式，全年新批准注册企业1 631家，为历年最多。坚持项目包保责任制、项目推进例会等制度，实施“一站式”“全过程”“全方位”的企业服务。强化与海关、工商、税务、检验检疫等驻区部门联系，从外贸、许可证、加工贸易、海关管理、检验检疫管理、外汇管理、金融、境外投资、公平贸易等多方面做好企业服务。主动开展企业上市融资咨询，组织“融资咨询会”等政策解读辅导专题会议，全年新增上市企业14家。

【金融服务】哈尔滨开发区依托南岗集中区（管理服务区）金融业发展基础，全面启动并全力推动“哈尔滨金融谷”建设。通过金融先导推进功能，提供哈尔滨市乃至黑龙江省各产业梯度转移所需资金，通过产权转移和资本运作，完成企业横向与纵向重组，通过金融杠杆功能，实现资本高效流动和开放增长。2015年，“哈尔滨金融谷”新引进各类外资银行和类金融机构50余家，汇聚72家上市公司、200余家知名企业总部、500余家各类金融机构和700余家会展中介机构。

【两创基地建设】2015年，哈尔滨开发区实施创新驱动战略，创业创新基地建设成效显著。依托云计算数据中心、哈南生物孵化器和哈加城市综合体等创新载体，强化大数据、文化创意、广告设计、电子商务、生物疫苗等科技研发和成果转化能力。加快创新创业项目引进步伐，签约引进了中关村大学生自主创新创业示范基地、“先锋梦工场”等创业创新项目15个，把创新创业融入产业转型，加快产业链、创新链、资金链“三链融合”，降低创业企业风险和成本，扶助企业发展壮大。

【机构设置与管委会领导】2015年3月，哈尔滨经济技术开发区党工委、管委会对内设机构进行调整，党工委、管委会内设机构包括办公室（组织人事部）、党工委工作部、纪工委（监察局）、战略发展研究室、发展改革局（统计局）、国际招商一局、国际招商二局、投资促进一局、投资促进二局、对俄合作局、哈南国际数据城管理办公室、电子商务产业推进办公室、机器人产业推进办公室、广告产业园管理办公室、招商综合局、投资服务中心、南岗集中区管理办公室、哈南企业服务局、安监局、建设局、土地分局、电力推进办公室、项目建设促进局、项目管理办公室、财政局（国有资产管理局、金融办）、审计局。

2015年，开发区领导班子成员为：党工委书记于得志（6月任职）；党工委副书记王立奇（5月离任）、谭乐伟（8月任职）；管委会主任于得志（8月离任）、谭乐伟（9月任职）；管委会副主任王立奇（6月离任）、石永林、魏传平、孙铁利、温善骋、董继文；纪工委书记张君（4月离任）、李树钰（4月任职）。

2014—2015年哈尔滨经济技术开发区主要经济综合指标一览表

项目		单位	2015年	2014年	增减（%）
开发区生产总值		亿元	910	867	5.0
第二产业		亿元	491	500	−1.8
工业		亿元	470	480	−2.0
第三产业		亿元	419	367	14.2
工业总产值（现价）		亿元	1 669	1 913	−12.8
财政收入		亿元	53.66	15.53	245.5
税收收入		亿元	53.48	15.44	246.4
财政支出		亿元	20.87	17.85	16.9
新批企业数量		家	1 631	1 210	34.8
外商及港澳台企业		家	27	9	200
内资企业		家	1 604	1 201	33.6
新批企业投资额	外商及港澳台企业	亿美元	3.20	5.23	−38.8
	内资企业	亿元	188.18	122.54	34.8
规模以上企业数量		家	626	635	−1.4
合同外资金额		亿美元	0.53	1.14	−53.5

续表

项目	单位	2015年	2014年	增减（%）
外商实际投资	亿美元	10.90	6.47	68.5
固定资产投资	亿元	450	341	32.0
年末从业人员	万人	17.20	17.10	0.6

（哈尔滨经济技术开发区管委会）

长春经济技术开发区

【经济发展】2015年，长春经济技术开发区（以下简称“长春开发区”）面对经济下行的巨大压力和转型升级的繁重任务，积极适应经济发展新常态，以产业转型升级为核心，以综保区建设发展为重点，以创新精神和开放思维破解发展中的新问题，经济社会保持了平稳发展的态势。按照市列考核口径，全年实现地区生产总值540亿元，增长6.2%；一般预算全口径财政收入73.9亿元，增长5.4%。

【产业发展】2015年，长春开发区围绕国家及省市产业政策导向，大力培育战略性新兴产业，加快提升传统支柱产业，产业转型不断加快，产业结构进一步优化。一是生物基材料产业突飞猛进。产业创新基地展示中心竣工投入使用，共计12家企业落户，9家企业投产，累计生产产品4 000余吨，占全省总产量的85%，为吉林省“禁塑令”的严格执行提供了有力保障。二是跨境电商产业实现重大突破。在海关、检验检疫等部门的大力支持下，开通了对俄跨境电商货运包机航线，出台了简化归类、大包过机查验、与机场系统联动等一系列便利措施，综保区已具备10万件跨境电商小包的日处理能力。顺丰、申通等14家知名电商及物流企业在综保区注册，全年跨境电商出口业务呈现爆发式增长，实现货物出口近1 000万票，货值近5亿元。三是新能源汽车产业加快推进。委托中国汽车研究中心完成了产业发展规划，比克公司已完成注册，10万辆纯电动汽车配套动力电池项目即将落地，新能源客车项目也在规划实施中；上海中盈志合公司完成工商注册，将与中国科学院长春应用化学研究所共同生产适合北方高寒地区使用的宽温镍氢汽车动力电池；中兴通讯完成公司注册，将围绕新能源公交车运营、充电设施建设开展工作。四是大数据产业顺利实施。目前，综保区云计算、大数据园区和产业发展规划正在编制当中，北京世欣蓝汛项目已经签约，浪潮集团基本明确落户，惠普和天津泰达超算中心共同建设的云计算产业园项目即将落位，九次方大数据公司等也积极筹划在开发区开展相关业务。

【园区特色】2015年，长春开发区兴隆综保区功能作用不断完善，在吉林省长春市对外开放战略中的核心作用日益显现。一是建设日益完善。加大了路网建设力度，甲三路等14条主次干路全部完工。铁路专用线集装箱货场和专用线路轨完成总工程量的70%，6月份已投入使用。5万平方米的进出口商品展览展示中心实现冷封闭，11月已投入使用。综保区及配套区基本完成“九通一平”，主要道路均已实现绿化、美化、亮化，园区承载能力日益增强。二是功能作用不断创新。目前，综保区已经获准开展跨境电商直邮进口业务和筹建国际快件监管中心，多式联运海关监管中心和国家铁路开放临时口岸申报工作正式启动，国家跨境电商综合试验区建设方案已正式上报国务院。进口肉类指定查验场冷冻冷藏仓库已建设完成，具备3 000吨冷链商品存储、中转和配送能力，英国太古、北京恒慧、欧亚集团、东北亚物流、香港其士等都有意进驻，综保区将打造成为吉林省乃至整个东北地区进口肉类产品分销配送中心。三是通道建设取得巨大突破。2014年6月，长春至大连港的保税货运班列成功开通，将大连口岸的功能真正转移到了长春；7月，长春至莫斯科货运包机实现首飞，目前已执飞42班；8月，“长满欧”国际铁路货运班列开通，目前已运行20列次，实现了东北亚至欧洲贸易物流通道的双向贯通，使综保区建立起对俄、对欧的直接双向经贸通道，并与海上实现了对接。同时，“长满欧”班列开通以来，线路的成本优势、时间优势和综保区的平台优势日益显现，博泽零部件、福耀玻璃等企业利用“长满欧”进行运输后，综合物流成本降低40%。四是园区业务快速增长。累计签约项目69个，计划总投资98亿元。全年共有25家企业开展业务，申报报关单5 500份，实现业务额2.75亿美元，业务规模是上年的5倍。

【科技创新】截至2015年年底，长春开发区共发展高新技术企业33家，科技型小巨人企业38家，省级以上企业技术中心21家，其中国家级企业技术中心1家；拥有中国驰名商标5件，吉林省著名商标32件，长春市著名商标35件；上半年长春开发区获得授权专利251项，其中发明专利110项，外观设计专利31项，实用新型专利110项。

【投资促进】2015年，长春开发区围绕“民企吉林行”“央企进吉林”“东博会”“中小企业节”等各项活动载体，务实高效地开展各类招商活动近百次，全年实际利用内资139.2亿元，实际利用外资18.8亿美元。签约总投资亿元以上项目40个，总投资256.8亿元。累计储备在谈项目280个，预计总投资1 100亿元，为开发区提供了稳定的项目支撑。

【生态环保】2015年，长春开发区开展了环保大检查活动，北区污水处理厂投入使用、干雾海河截污干管综保区段建设完成，满足了区域内污水处理和排放的需求。国家生态工业示范园区创建工作已通过省级验收，进入国家验收阶段。

2014—2015年长春经济技术开发区主要经济综合指标一览表

项目		单位	2015年	2014年	增减（%）
开发区生产总值		亿元	540	520.4	6.20
第二产业		亿元	369.4	360.9	6.00
工业		亿元	327.3	318.9	6.20
第三产业		亿元	170.3	159.3	6.90
工业总产值（现价）		亿元	978.8	1 174	−16.63
高新技术企业		亿元	311	328	−5.18
销售（营业）收入		亿元	1 389.6	1 574	−11.72
第二产业		亿元	1 068.5	1 237	−13.62
工业		亿元	966.5	1 130	−14.47
第三产业		亿元	321.1	337	−4.72
利润总额		亿元	72	78.2	−7.93
第二产业		亿元	58.8	66.3	−11.31
工业		亿元	53.8	61.7	−12.80
区内主导产业及产值					
主导产业	1. 农副食品加工业	亿元	330	465.8	−29.15
	2. 汽车制造业	亿元	420.2	526	−20.11
第三产业		亿元	321.1	337	−4.72
进出口总额		亿美元	17	17.7	−3.95
出口		亿美元	3.7	4.6	−18.86
财政收入		亿元	73.9	70.1	5.42

续表

项目		单位	2015 年	2014 年	增减（%）
税收收入		亿元	72.4	67.9	6.63
财政支出		亿元	60.8	40.9	48.66
新批企业数量		家	1 618	1 537	5.27
外商及港澳台企业		家	9	2	350.00
内资企业		家	1 609	1 535	4.82
新批企业投资额	外商及港澳台企业	亿美元	1.3	0.05	2 500.00
	内资企业	亿元	729.2	35.8	1 936.87
规模以上企业数量		家	488	411	18.73
外商实际投资		亿美元	18.8	16.6	13.25
固定资产投资		亿元	536.2	473.4	13.27
年末从业人员		万人	19.4	19.2	1.04
万元 GDP 能耗		吨标煤／万元	1.160 5	1.176	−1.32
水资源消耗总量		万立方米	13 515.5	12 071.7	11.96

（长春经济技术开发区管委会）

杭州经济技术开发区

【经济发展】2015年，杭州经济技术开发区（以下简称“杭州开发区”）全年实现地区生产总值587.3亿元，比上年增长8.8%。规模以上工业增加值431.1亿元，同比增长6.9%。财政总收入126.7亿元，同比增长4.2%，其中地方财政收入54.8亿元，超额完成目标任务。固定资产投资209.82亿元。进出口总额91.4亿美元，其中出口59.4亿美元。开发区完成工业总产值1 807.06亿元，比上年增长7.8%；完成新产品产值458.34亿元，同比下降0.6%；开发区实现社会消费品零售总额83.3亿元，同比增长16.5%。

【产业发展】2015年，杭州开发区大力培育优势产业、推进产业优化升级，优势主导产业继续发挥支撑带动作用，装备制造、电子通信、食品饮料、生物医药四大主导产业全年工业销售产值完成1 178.44亿元，下降5.9%，占全区规模以上工业销售产值比重的76.6%。开发区实现服务业增加值143.1亿元，比上年增长13.4%，服务业增加值占GDP比重的26.7%。全年实现商品销售总额332.8亿元，下降4.6%。开发区现代物流业实现平稳发展，全年完成增加值6.2亿元，同比增长8.7%。开发区旅行社行业全年总收入1 688.91万元，同比增长7.5%。

【科技创新】2015年，杭州开发区实现规模以上工业企业高新技术产业销售产值637.9亿元，比上年增长2.6%，占规模以上工业产值的41.5%。全年实现规模以上工业企业高新技术产业增加值160.41亿元，同比增长6.7%，占全区工业增加值的42.4%；实现新产品产值458.3亿元，新产品产值率达到29.5%。开发区促成产学研合作项目30余个，其中3家企业获杭州市网上技术交易成果转化项目资金资助，8家企业获区级产学研项目资金资助。全年开发区企业和高校专利申请量6 603件，其中发明专利2 710件，增长18.1%。全年开发区专利授权量4 888件，其中发明专利1 177件，增长69.4%。万人发明专利授权量36.9件。2015年，开发区培育国家高新技术企业19家，引进国家高新技术企业4家，至12月底，国家高新技术企业累计130家，其中国家重点支持高新技术产业化骨干企业即“国家火炬计划高新企业”累计12家。全年培育市级高新技术企业50家，市级高新技术企业累计407家。新增市级以上研发机构33个，累计226个，区内企业的高新技术层次快速提升。

【招商引资】2015年，杭州开发区“7+1”招商主体加强招新引优、招大引强、空间拓展和服务优化，招商引资呈现良好发展态势。全年实际利用外资累计5.84亿美元，完成全年目标任务的101.6%；实到内资38.73亿元，完成全年目标任务的129.1%；浙商回归到位资金30.73亿元，完成全年目标的122.9%。全年引进实到外资（核实）1 000万美元以上的大项目15个，合计到位资金5.2亿美元；实际到位资金5 000万元以上的内资大项目16个，合计到位资金30.3亿元。引进世界500强项目——辉瑞全球生物技术中心，以及新加坡SMART中心、敦煌网、安控智慧产业园等一批优质项目。

【人才引进】2015年，杭州开发区引进高层次人才108人，其中自主培养国家“千人计划”专家2人，浙江省“千人计划”专家12人，杭州市"521 计划"专家 8 人。至年末，累计引进高层次人才 803 人，其中引进国家"千人计划"专家 25 人，浙江省"千人计划"专家 56 人，杭州市"521 计划"专家 25 人，浙江省"151"工程人才 16 人，杭州市"131"工程人才 80 人。全年高层次人才新创办企业 31 家，至年末，累计集聚高层次人才创办企业 129 家，其中产值超过 1 000 万元的企业有 36 家，产值超过 1 亿元的企业有 7 家。

【环境建设】2015 年，杭州开发区坚持走产城融合发展之路，加快建设生产美、生态美、生活美的"三美"副城，努力实现经济社会协调发展、人与自然和谐发展。以"美丽东部湾"建设为抓手，优化城市生态布局，高起点规划建设"一江一湖二廊三园"七大生态功能区，全区绿化覆盖率达到 42.1%。落实"打造'美丽杭州'、建设'两美浙江'示范区"专项行动，扎实推进五水共治、三改一拆、两路两侧、四边三化、大气整治等重点工作，全面完成年度目标任务，区域环境品质得到进一步提升。

【公共服务】杭州开发区持续加大投入力度，不断完善城市功能，之江东路、地铁 1 号线延伸段全线通车，金沙湖实验学校、国际幼儿园等 6 所学校以及省中医医院下沙院区二期、邵逸夫医院下沙院区急诊中心等教育医疗设施正式投用，龙湖天街、和达城等商业综合体投入运营，群众生产生活配套水平持续提升。同时，以智慧城市综合管理平台试点工作为抓手，城市运行管理中心、应急指挥中心等首期工程投入试运行，打造跨部门、多领域、智能化的"大监管、大服务"模式，城市治理能力不断增强。严格落实安全生产责任制，推进"三场所四领域"整治行动，强化食品药品安全监管，确保人民群众生命财产安全。

【机构设置与管委会领导】杭州经济技术开发区下设纪检监察组、管委会办公室、人事劳动社会保障局、政法委、机关党委、开发区人民法院、开发区人民检察院、经济发展局、社会发展局、公安分局、财政局、国土分局、规划分局、建设局、招商局、卫生分局、市场管理分局、城市管理办公室、出口加工区综合管理局、总工会、残疾人联合会等行政部门。

杭州经济技术开发区管理委员会党工委书记陈晨；党工委副书记邵立春、周涛。杭州经济技术开发区管理委员会主任陈晨；管委会副主任邵立春；党工委委员、管委会副主任何铨寿、王永芳、马佳骏、郝大龙。杭州经济技术开发区党工委委员、纪检组组长俞斌；杭州经济技术开发区党工委委员储志林、虞付月、张义久。

2014—2015 年杭州经济技术开发区主要经济综合指标一览表

项目	单位	2015 年	2014 年	增减（%）
开发区生产总值	亿元	587.30	524.85	11.90
第二产业	亿元	443.34	396.84	11.72
工业	亿元	431.98	385.30	12.11
第三产业	亿元	143.06	127.06	12.60
工业总产值（现价）	亿元	1 807.06	1 675.08	7.88
高新技术企业	亿元	654	631.58	3.55
销售（营业）收入	亿元	2 120.56	2 026.66	4.63
第二产业	亿元	—	—	—
工业	亿元	1 667.26	1 580.36	5.50
第三产业	亿元	—	—	—
利润总额	亿元	185.12	159.45	16.10
第二产业	亿元	—	—	—

续表

项目		单位	2015 年	2014 年	增减（%）
工业		亿元	151.39	132.05	14.65
产业集群及销售产值		亿元	1 178.44	1 252.58	−5.92
产业集群	1．装备制造业	亿元	640.98	678.14	−5.48
	2．电子信息业	亿元	198.33	223.12	−11.11
	3．现代食品业	亿元	207.25	223.02	−7.07
	4．生物医药业	亿元	131.88	128.30	2.79
第三产业		亿元	—	—	—
进出口总额		亿美元	91.43	93.94	−2.60
出口		亿美元	59.41	63.83	−6.80
财政收入		亿元	126.67	119.39	6.10
税收收入		亿元	122.09	116.91	4.43
财政支出		亿元	75.16	76.00	−7.10
新批企业数量		家	3 529	2 435	44.93
外商及港澳台企业		家	37	35	5.71
内资企业		家	3 492	2 400	45.50
新批企业投资额	外商及港澳台企业	亿美元	7.14	14.74	—
	内资企业	亿元	96.22	53.10	—
	增资企业	亿美元	1.94	3.59	—
合同外资金额		亿美元	6.26	7.68	−18.38
外商实际投资		亿美元	5.84	8.13	−28.14
固定资产投资		亿元	209.82	307.50	−31.76
年末从业人员		万人	18.90	19.20	−1.54
在岗职工		万人	14.26	14.46	−1.39
在岗职工平均工资		元	80 755	73 961	9.19
规模以上企业数量		家	510	550	−7.27
工业		家	297	304	−2.3
万元 GDP 能耗		吨标准煤／万元	0.15	0.14	7.14

（杭州经济技术开发区管委会）

武汉经济技术开发区（汉南区）

【经济发展】2015 年，武汉经济技术开发区（汉南区）（以下简称“武汉开发区”）完成规模以上工业总产值 2 875 亿元，增长 8.5%；规模以上工业增加值 750 亿元，增长 9.5%；固定资产投资 756 亿元，增长 28%；工业投资 547 亿元，增长 8.8%；招商引资总额 420 亿元，增长 30%。

【汽车产业】2015 年，武汉开发区汽车产业东风雷诺、东风格特拉克进入试生产阶段，首款试制新车和变速箱均已下线。东本三厂完成项目场平和临时道路建设，东风本田零部件工业园顺利启动，三叶电机等多家企业签约入驻。东风新能源汽车批量生产，E30L、A60 电动车投放市场。东风技术中心二期完工，成为新能源汽车及发动机核心部件研发基地。东风佛吉亚汽车内饰项目正式开工，福耀玻璃、雷迪特、东江阀业、浦项制铁、哈金森等一批汽车零部件项目和巴博士汽车改装博览中心建成投产。

【新兴产业及服务业】2015 年，武汉开发区投资 70 亿元的海尔创新工业园正式签约，投资 50 亿元的金发科技新材料项目完工。大智生产的首条汉产工业机器人生产线移交东风小康，国内机器人龙头企业新松机器人华中营销中心落户。中国云联盟首个智慧城市创新中心入驻智慧生态城。永旺梦乐城国内最大旗舰店正式运营。联投半岛酒店、经开保税进口商品交易中心开业。当当网数字出版全球总部、中交建华中地区总部、中智公司华中总部等顺利落户。太子湖文化数字创意产业园一期工程完工。

【创新发展】2015 年，武汉开发区中航精冲等 3 家企业获批省级技术中心，圣普太阳能获批省级企业工程实验室，一批企业进入国家、省市创新型企业梯队。新增高新技术企业 17 家，捷福等 10 家企业成功在“新三板”挂牌。加快孵化器建设，成立智能制造加速器和以智能制造为主题的创客空间——智造工坊，打造开发区人才大厦等创新创业园区和军山街科技产业园等创新创业街区。三角湖创业服务中心获批省级青年企业孵化器，吸纳孵化企业 64 家。成功举办 2015 年全国汽车创业大赛武汉分赛。

【城市建设】2015 年，武汉开发区内三环线西段主线高架建成通车。东风大道高架一期与汪家嘴立交合龙贯通并正式通车。步入地铁时代，地铁 3 号线通车，全长 20 公里，与地铁 3 号线无缝对接的现代有轨电车试验线进展顺利。全国最大的鸟类观赏主题公园——武汉鸟语林开园迎宾，龙灵山生态公园花坡、牛海湖公园、薇湖公园完工。推进武汉国际体育文化休闲园建设，全市最大的足球公园建成开放。

【社会事业】2015 年，武汉开发区图书馆、美术馆、戏院投入运营，成为开发区（汉南区）文化名片，极大丰富了市民的文化生活。奥林小学东校区、龙湖幼儿园、永久幼儿园、汉南育才小学综合楼基本完工。协和医院西区外科楼投入使用，新增 1 300 张床位。新民社区卫生服务中心暨区妇幼保健院正式运营，成为全市首家分级诊疗试点单位。绿岛居家养老服务中心完工，凤凰苑社区养老院投入使用。

【两区融合】2015 年，武汉开发区全面实现两区领导体制和机构设置一体化，原有 54 个党政机构精简为 23 个，减少 57.4%，基本完成两区党委、政府部门的整合。积极开展综合改革工作，获批国家发改委中小城市综合改革试点。制定《武汉开发区（汉南区）复制推广上海自贸区改革试点经验实施方案》，推出18条战略举措。推进行政审批改革创新，成立全市首家行政审批局，初步建立“一颗印章管审批”的高效审批模式。企业注册审批一天办结，在全市率先完成“三证合一”相关改造配套工作，颁发全市首张外资企业“一照一码”营业执照。

【管委会领导】武汉经济技术开发区（汉南区）领导班子成员为：武汉市委常委，开发区工委书记、汉南区委书记朱毅；工委副书记、开发区管委会主任，汉南区委副书记、汉南区区长李忠；开发区工委副书记、管委会常务副主任，汉南区委副书记、常务副区长陈平；工委委员、汉南区委副书记、政法委书记、工会主席张彩萍；工委委员、纪工委书记、汉南区委常委、纪委书记黄胜林；工委委员、汉南区委常委、组织部长、统战部长冯爱明；工委委员、管委会副主任，汉南区委常委、区政府副区长彭绪宁、李林、窦智、周勇士；工委委员、汉南区委常委、人武部部长杨宏；工委委员、汉南区委常委、公安分局局长刘明利；开发区管委会副主任、汉南区政府副区长李彩云、常大盛。

2014—2015年武汉经济技术开发区主要经济综合指标一览表

<table>
<tr><th colspan="2">项目</th><th>单位</th><th>2015年</th><th>2014年</th><th>增减（%）</th><th>备注（填报为开发区数据，仅作为参考）</th></tr>
<tr><td colspan="2">开发区生产总值</td><td>亿元</td><td>1 003.283 9</td><td>966.036 4</td><td>3.86</td><td></td></tr>
<tr><td colspan="2">第二产业</td><td>亿元</td><td>773.59</td><td>829.983</td><td>-6.79</td><td></td></tr>
<tr><td colspan="2">工业</td><td>亿元</td><td>761.61</td><td>817.983</td><td>-6.89</td><td></td></tr>
<tr><td colspan="2">第三产业</td><td>亿元</td><td>229.063 9</td><td>135.442 4</td><td>69.12</td><td></td></tr>
<tr><td colspan="2">工业总产值（现价）</td><td>亿元</td><td>2 657.437 2</td><td>2 617.369 4</td><td>1.53</td><td>填报数为规模以上工业总产值</td></tr>
<tr><td colspan="2">高新技术企业</td><td>亿元</td><td>676.122 3</td><td>718.433 9</td><td>-5.89</td><td>填报数为规模以上工业中高新技术企业产值</td></tr>
<tr><td colspan="2">销售（营业）收入</td><td>亿元</td><td>3 532.933 9</td><td>2 769.665 2</td><td>27.56</td><td>填报数为“四上”企业主营业务收入</td></tr>
<tr><td colspan="2">第二产业</td><td>亿元</td><td></td><td></td><td></td><td>无此项统计指标</td></tr>
<tr><td colspan="2">工业</td><td>亿元</td><td>2 257.374 4</td><td>2 310.232 4</td><td>-2.29</td><td>填报数为“四上”工业</td></tr>
<tr><td colspan="2">第三产业</td><td>亿元</td><td></td><td></td><td></td><td>无此项统计指标</td></tr>
<tr><td colspan="2">利润总额</td><td>亿元</td><td>224.523 43</td><td>203.238 6</td><td>10.47</td><td>填报数为“四上”企业利润总额</td></tr>
<tr><td colspan="2">第二产业</td><td>亿元</td><td></td><td></td><td></td><td>无此项统计指标</td></tr>
<tr><td colspan="2">工业</td><td>亿元</td><td>163.537 9</td><td>179.149 5</td><td>-8.71</td><td>填报数为“四上”工业</td></tr>
<tr><td colspan="2">区内主导产业及产值</td><td></td><td></td><td></td><td></td><td></td></tr>
<tr><td rowspan="5">主导产业</td><td>1．汽车业</td><td>亿元</td><td>2 029.114 9</td><td>2 030.5</td><td>-0.07</td><td></td></tr>
<tr><td>2．电子电器业</td><td>亿元</td><td>363.093 8</td><td>444.3</td><td>-18.28</td><td></td></tr>
<tr><td>3．食品饮料业</td><td>亿元</td><td>73.510 6</td><td>83.5</td><td>-11.96</td><td></td></tr>
<tr><td>4．造纸包装业</td><td>亿元</td><td>22.922 1</td><td>20.9</td><td>9.68</td><td></td></tr>
<tr><td>5．其他行业</td><td>亿元</td><td>168.795 8</td><td>74.1</td><td>127.79</td><td></td></tr>
<tr><td colspan="2">进出口总额</td><td>亿美元</td><td>33.383 2</td><td>35.641 8</td><td>-6.34</td><td></td></tr>
<tr><td colspan="2">出口</td><td>亿美元</td><td>16.021 1</td><td>15.654 4</td><td>2.34</td><td></td></tr>
<tr><td colspan="2">财政收入</td><td>亿元</td><td>328.483 2</td><td>312.506 5</td><td>5.11</td><td></td></tr>
<tr><td colspan="2">税收收入</td><td>亿元</td><td>290.837 4</td><td>268.999 7</td><td>8.12</td><td></td></tr>
<tr><td colspan="2">财政支出</td><td>亿元</td><td>101.791 5</td><td>102.989 9</td><td>-1.16</td><td></td></tr>
<tr><td colspan="2">新批企业数量</td><td>家</td><td>1 263</td><td>1 335</td><td>-5.39</td><td></td></tr>
<tr><td colspan="2">外商及港澳台企业</td><td>家</td><td>34</td><td>15</td><td>126.67</td><td></td></tr>
</table>

续表

项目		单位	2015年	2014年	增减（%）	备注（填报为开发区数据，仅作为参考）
内资企业		家	1 229	1 320	−6.89	
新批企业投资额	外商及港澳台企业	亿美元	0.825 8	0.361 1	128.69	
	内资企业	亿元	49.375 3	54.426 2	−9.28	
	增资企业	亿美元	8.4787	5.743 1	47.63	汇率：1人民币 = 0.163 4美元（增资含内资和外资）
规模以上企业数量		家	425	426	−0.23	
合同外资金额		亿美元	3.070 8	6.806 3	−54.88	
外商实际投资		亿美元	10.291 8	2.689 2	282.71	
固定资产投资		亿元	661.208 2	465.474 2	42.05	
年末从业人员		万人	18.208 2	17.798 9	2.30	

2015年武汉经济技术开发区亿元以上企业

序号	企业名称	序号	企业名称
1	东风本田汽车有限公司	32	武汉泛洲机械制造有限公司
2	神龙汽车有限公司	33	康明斯电力（中国）有限公司
3	格力电器（武汉）有限公司	34	东风贝洱热系统有限公司
4	东风汽车集团股份有限公司乘用车公司	35	武汉万宝井汽车部件有限公司
5	美的集团武汉制冷设备有限公司	36	武汉东风李尔云鹤汽车座椅有限公司
6	湖北省聚鑫源珠宝有限公司	37	武汉华滋东江汽车零部件有限公司
7	东风鸿泰控股集团有限公司	38	武汉博泽汽车部件有限公司
8	武汉海尔电器股份有限公司	39	湖北三环汽车电器有限公司
9	东风李尔汽车座椅有限公司	40	武汉元丰汽车零部件有限公司
10	法雷奥市光（中国）车灯有限公司	41	武汉亚普汽车塑料件有限公司
11	上海纳铁福传动轴有限公司武汉工厂	42	八千代工业（武汉）有限公司
12	武汉东风鸿泰控股集团有限公司东发车轮分公司	43	武汉红金龙印务股份有限公司
13	东风模具冲压技术有限公司	44	武汉瑞奇特种电缆有限公司
14	名幸电子（武汉）有限公司	45	武汉海特生物制药股份有限公司
15	武汉加多宝饮料有限公司	46	泛博制动部件（武汉）有限公司
16	湖北东峻工贸有限公司	47	武汉东环车身系统有限公司
17	东风伟世通汽车饰件系统有限公司	48	威斯卡特工业(中国)有限公司
18	武汉海尔热水器有限公司	49	东风彼欧汽车外饰系统有限公司
19	可口可乐(湖北)饮料有限公司	50	武汉中新塑料有限公司
20	武汉凌达压缩机有限公司	51	武汉市车都天然气有限公司
21	武汉提爱思全兴汽车零部件有限公司	52	武汉协和齿环有限公司
22	武汉顶益食品有限公司	53	武汉太平爱克电线电缆有限责任公司
23	东风江森汽车座椅有限公司	54	武汉燎原模塑有限公司
24	武汉佛吉亚通达排气系统有限公司	55	武汉名杰模塑有限公司
25	麦克维尔空调制冷（武汉）有限公司	56	武汉敏惠汽车零部件有限公司
26	德尔福派克电气系统有限公司武汉分公司	57	哈金森（武汉）汽车橡胶制品有限公司
27	武汉顶津食品有限公司	58	康明斯燃油系统（武汉）有限公司
28	武汉友德汽车电器有限公司	59	铭祥汽车工业（武汉）有限公司
29	武汉泰极江森汽车座椅有限公司	60	湖北吉兴汽车部件有限公司
30	武汉晨鸣汉阳纸业股份有限公司	61	中国人民解放军第三六零四工厂
31	武汉海尔电冰柜有限公司	62	SEW−传动设备（武汉）有限公司

续表

序号	企业名称	序号	企业名称
63	武汉邦迪管路系统有限公司	98	雷米电机（武汉）有限公司
64	东风（武汉）汽车零部件有限公司	99	武汉李尔云鹤汽车内饰系统有限公司
65	广州昭和汽车零部件有限公司武汉分公司	100	武汉秉信纸业有限公司
66	东风佛吉亚汽车内饰有限公司	101	武汉华森塑胶有限公司
67	武汉大禹阀门股份有限公司	102	武汉新明纤维树脂制品有限公司
68	辉门摩擦材料有限公司	103	武汉神光模塑有限公司
69	中粮包装（武汉）有限公司	104	武汉昊康健身器材有限公司
70	武汉远纺新材料有限公司	105	武汉三镇实业控股股份有限公司
71	湖北鼎龙化学股份有限公司	106	斯美达汽车零部件（武汉）有限公司
72	武汉中能燃气有限公司	107	武汉诚盛非金属饰件有限公司
73	湖北新业烟草薄片开发有限公司	108	武汉神龙东信汽车内饰件有限公司
74	佛吉亚（长春）汽车部件系统有限公司武汉分公司	109	湖北远大天天明制药有限公司
75	湖北雷迪特汽车冷却系统有限公司	110	三樱（武汉）汽车部件有限公司
76	武汉凌云汽车零部件有限公司	111	成都航天模塑股份有限公司武汉分公司
77	武汉猫人制衣有限公司	112	日精仪器武汉有限公司
78	湖北长天通信科技有限公司	113	湖北天和凯锐服装有限公司
79	武汉源兴汽车配件有限公司	114	武汉德宝机电设备制造有限公司
80	武汉恒通汽车线束有限公司	115	马勒滤清系统（湖北）有限公司
81	艾菲发动机零件（武汉）有限公司	116	武汉晨鸣乾能热电有限责任公司
82	武汉长光电源有限公司	117	武汉中航精冲技术有限公司
83	约斯特（中国）汽车配件有限公司	118	武汉大北农饲料科技有限公司
84	武汉翔星汽车零部件有限公司	119	武汉富康洁能汽车改装有限公司
85	武汉宝钢制罐有限公司	120	兴桥高分子材料科技有限公司
86	武汉诚盛电子有限公司	121	武汉五邦塑胶金属有限公司
87	武汉泛洲中越合金有限公司	122	武汉汉能电力发展有限公司
88	武汉耀华安全玻璃有限公司	123	武汉武钢钢材加工有限公司
89	武汉万兴汽车零配件制造有限公司	124	武汉旷达汽车织物有限公司
90	爱美克环保工业（武汉）有限公司	125	武汉市今晨实业有限公司
91	东风富士汤姆森调温器有限公司	126	武汉双鸥高分子材料有限公司
92	明达玻璃（武汉）有限公司	127	福格森（武汉）生物科技股份有限公司
93	武汉惠恒实业有限公司	128	武汉恩碧涂料有限公司
94	湖北三环汽车工程塑料有限公司	129	武汉长江供水实业股份有限公司
95	理研汽车配件（武汉）有限公司	130	武汉湛卢压铸有限公司
96	陶氏化学（武汉）有限公司	131	湖北三环汉阳特种汽车有限公司
97	武汉南斗六星系统集成有限公司	132	武汉巨迪金属管业有限公司

（武汉经济技术开发区管委会）

重庆经济技术开发区

【概况】2015年，重庆经济技术开发区（以下简称“重庆开发区”）主动适应经济发展新常态，深入实施全市五大功能区域发展战略，紧紧围绕南岸区打造“宜居创新区、江南增长极”的总体目标，按照开发区“12345”（围绕1个目标，立足2大定位，做强3大产业，完成4大任务，推进5区建设）发展思路，积极转方式、调结构、强产业、扩开放、促改革、补短板，有力推动开发区建设发展提质提速，全面完成全年各项目标任务，实现了“十二五”圆满收官。

【经济发展】2015年，重庆开发区实现地区生产总值366.48亿元，占南岸区地区生产总值的53.94%；规模以上工业生产总值完成1 052.6亿元，占南岸区规模以上工业总产值的77.8%；实现公共财政预算收入21.54亿元，占南岸区公共财政预算收入的25.39%；实现税收收入53.02亿元，占南岸区税收收入的32.79%；实际利用外资1.39亿美元，占南岸区利用外资的43.9%；外贸进出口总额实现14.338亿美元，占南岸区外贸进出口总额的40.77%。

【产业发展】一是电子信息产业异军突起。移动通讯终端、物联网等战略性新兴产业快速发展，国家移动通信高新技术产业化基地、国家新型工业化产业（物联网）示范基地加快建设，微软、中移动物联网、vivo等一批知名企业相继投产运营，2015年产值规模达到596亿元，占比为57%。手机整机企业达到31家，配套企业和机构达到86家，手机产量突破1亿台，物联网产业销售收入突破100亿元。二是装备制造业持续转型升级。装备制造业“两化”（信息化与工业化）融合深入推进，数控机床、特种车辆、制冷设备等高端装备产业加快升级发展，2015年装备制造业实现产值269亿元，占工业总产值的26%。三是现代服务业高起点起步。大型专业市场和现代物流产业提速推进，千亿元级市场集群初现雏形。“微软全球服务交付中心”正式投入运营。人民银行重庆金融综合服务基地启动建设。供应链金融、产业基金、信息服务、服务外包等新兴服务业加快集聚。

【科技创新】截至2015年年底，重庆开发区拥有高新技术企业54家，高新技术企业主营业务收入占全区“四上”企业主营业务收入的21.5%。全区拥有科技孵化器、众创空间7个，省级以上名牌产品的企业17家，省级以上研发机构53个。实际用于科技创新的财政支出1.3亿元，规模以上企业R&D经费支出占主营业务支出的0.96%。每万人口发明专利拥有量46件，年度发明专利授权量72件，年度PCT专利申请量1件。

【投资促进】借助海关、检验检疫机构等平台优势，吸引外贸和服务外包企业加速向开发区集聚。2015年，重庆开发区新增外贸进出口企业7家、服务外包企业3家，两类企业总量分别达到142家和13家。充分挖掘企业在利用外资、外贸进出口和服务外包方面的潜力，推动微软全球服务交付中心扩大运营规模，全年外包执行额达到4 901万美元。优化外资外贸行政审批工作流程，简化申报要件，高效完成辖区15家企业外资行政审批以及30家企业外贸进出口备案的相关审核，推动外经贸工作实现创新发展。

【基础设施建设】一是内外交通状况明显改

善。“十二五”以来，重庆开发区续建和启动骨架路网建设42.6公里，竣工通车23.5公里，“内畅外通”的区域综合交通体系加快构建。对外交通升级，轨道6号线开通，慈母山隧道、南山隧道、沿江高速路等相继通车；内部“七纵十六横”路网的主干道路框架初步成型，开迎路、开成路北段、横十四路、纵七路以及东港片区东西干道与南北干道等道路建成通车。二是市政配套建设全面推进。给排水、能源、信息、生态环保等城市基础设施建设全面展开，朱家岩水厂二期扩建工程、东港污水处理厂、书房变电站、东港变电站、莲池变电站、茶园LNG加气站等市政配套项目先后启动建设。结合国家智慧城市试点，大力推进网络基础设施、数据基础设施全覆盖。

【机构设置与管委会领导】重庆开发区7个内设机构为：办公室、纪检组（派驻机构）、组织部（人事局）、经济发展局（挂安全生产委员会办公室牌子）、建设管理局、投资促进局和财务局；6个直属事业单位为：招商服务中心、行政服务中心、征地服务中心、建设工程质量监督施工安全管理站、市政环卫绿化管理处和国土管理所。内设机构与直属事业单位共核定机关事业编制174名，其中行政编制43名，事业编制129名，机关后勤服务人员事业编制2名；处级职数28名，科级职数65名。管委会领导成员为：重庆经济技术开发区党工委书记、管委会主任王俊；党工委委员、管委会副主任侯宗权、谢德平、谭丹；副巡视员闵秀兰。

（重庆经济技术开发区管委会）

芜湖经济技术开发区

【经济发展】2015 年，芜湖经济技术开发区（以下简称“芜湖开发区”）全年实现地区生产总值 408.6 亿元，同比增长 9.5%；规模以上工业产值 1 687.4 亿元，同比增长 7.4%；规模以上工业增加值 382.9 亿元，可比价增长 10.0%；实现税收 68.5 亿元，同比增长 10.6%；完成进出口总额 33.4 亿美元。全年工商注册企业 454 家，投产开业企业 363 家；固定资产投资 356 亿元，同比增长 16.0%；实际利用外资 6.9 亿美元，同比增长 5.2%；实际利用内资 365.2 亿元，同比增长 11.3%。

【产业发展】2015 年，芜湖开发区结合实际，制定开发区贯彻安徽省、芜湖市政府促进经济健康发展若干意见的实施措施，调整土地使用税奖励实施办法，多措并举促进转型发展，工业企业经营效益大幅增长。全年规模以上工业企业实现利润总额 102 亿元，同比增长 19.7%，盈利企业 151 家，盈利面达 72.6%。

积极配合奇瑞汽车产品升级，加快新车型正向开发，提升产品品质和公司效益，大力推动大陆汽车电子、马瑞利、万向钱潮等企业加大技改力度，增上新项目。汽车及零部件产业实现工业产值 567.4 亿元，同比增长 15.6%；积极配合美的集团战略调整，探索与美的集团全面加强合作，家用电器产业实现工业产值 556.5 亿元。鼓励新材料产业引进国外先进设备，提升产品市场竞争力，加快新扩建项目产能释放。新材料产业实现工业产值 297.3 亿元，同比增长 2.6%；积极响应芜湖市委、市政府关于打造六个战略性新兴产业（机器人、现代农业机械、新能源汽车、通用航空、新型显示和光电信息、新材料）基地的战略部署，继续大力培植光电新型显示产业。目前，光电新型显示产业企业 45 家，其中规模以上企业 36 家，全年实现工业产值 333.9 亿元，同比增长 22.6%。光电新型显示产业产值超新材料产业产值。

【园区特色】2015 年，芜湖开发区大力推进土地节约集约利用，通过“退二进三”、调整土地使用税等一系列措施倒逼企业转型升级。累计收储低效利用土地约 467 公顷，投资强度从 331.9 万元提高到 364 万元，提高了 9.7%；工业用地容积率从 0.6 提高到 0.93，提高了 55%；土地亩均税收从 14.8 万元提高到 18.7 万元，提高了 26.4%。

芜湖出口加工区优化升级为综合保税区获批，共投入 1.5 亿元，建设包括 5 项主体工程(隔离设施及巡逻通道改造建设、卡口及广场改造建设、监管场站建设、进口商品直销中心建设、信息化工程）和 20 项辅助工程在内的各项工程，实现当年建设、当年验收、当年封关运行；跨境电子商务平台及进口商品直销中心基本建成。

深入推进中德贸易深层次合作，以开发区为载体，依托大陆、博世、庞巴迪等一批在开发区投资的知名世界 500 强德资企业，在城东规划约 52.8 平方公里，组织申报中德（芜湖）智能制造生态产业园，各项申报工作进展顺利。

【科技创新】2015 年，芜湖开发区围绕首位产业和战略性新兴产业，大力推进以企业为主体、政产学研用为一体的科技创新体系建设，连续 3 年获“省创新型园区”称号。全年新认定高新技术企业 11 家，高新技术企业总数达到 93 家，省级以上研发机构 78 家，国家级研发机构13家。

不断加大招才引智力度。奇瑞、达辉公司5人获选国家“千人计划”，先后引进8个高层次创业人才团队，其中邵建永博士等2个人才团队获得省级扶持奖励，三安光电有限公司获批国家级博士后科研工作站；积极发挥“省首批知识产权培育示范园区”和“国家知识产权试点园区”的示范作用，申请各类专利4733件，各类专利授权2424件，截至2015年年底，开发区万人发明专利拥有量达111.5件，继续领跑安徽省各载体单位。截至2015年年底，芜湖开发区被国务院批准为芜湖综合保税区，被国家知识产权局批准为国家知识产权试点园区，被环保部、科技部、商务部批准为国家生态工业示范园区，被安徽省科技厅、发改委、经信委、商务厅、知识产权局批准为首批省知识产权示范园区。

【投资促进】2015年，芜湖开发区瞄准光电新型显示、轨道交通装备等产业和产业链关键环节，通过驻点招商、以商招商、借会招商、“零地”招商、精准招商等多种方式，持续加大目标企业招商力度，不断完善产业链，促进产业聚集。

2015年，芜湖开发区组织赴广东、上海等地开展大型招商活动共30余次，接待来访客商50余批次、350余人次；签约亿元以上项目24个，总投资497.4亿元，其中5亿元以上的项目15个，总投资481.8亿元。包括总投资336亿元的8&12英吋集成电路制造项目，总投资20亿元的中车庞巴迪轨道交通项目等；5亿元以上重点线索在谈项目15个，总投资400余亿元。截至2015年年底，在开发区投资的境外世界500强企业达到27家，国内上市公司达到57家。

2015年，芜湖开发区新开工亿元以上项目54个，总投资230亿元，其中5亿元以上的项目20个，总投资160亿元。包括总投资30亿元的融捷电子信息项目、总投资30亿元的信义光伏五期项目、总投资15亿元的平安金融电商物流园项目等。全年共清理闲置、低效利用土地近70公顷，盘活空置厂房5万余平方米，推进项目“零地”落户。其中，万春电子电器孵化园闲置厂房先后引进华宇彩晶、辉灿电子等7家企业入驻。

【园区建设】2015年，芜湖开发区全力推进产业新城建设和城北一体化建设，全年完成各类政府性项目投资22.1亿元，基础设施建设进一步完善。新建市政道路项目36项，已完成23项，续建项目18项，已完成17项；开工建设安居工程项目60项，九华北路公租房、龙山新苑三期土建主体工程基本完工，安居工程面积累计253.89万平方米；新建8公里绿道慢行系统；在建绿化养护面积90万平方米，行道树7755棵；已竣工移交绿化工程养护面积175万平方米，行道树35853棵。

2015年1月，环保部、科技部、商务部三部委批准开发区建设国家生态工业示范园区，通过半年多的快速有序推进，7月启动国家生态工业示范园区验收工作，已完成《建设验收报告》《建设回顾性评估报告》《建设特色与典型案例》和《建设工作报告》的编制工作，并上报省环保厅、科技厅、商务厅评审。

【发展环境】2015年，芜湖开发区充分发挥“一周一报”的作用，落实“一企一组一策”。利用已建立的“一周一报”平台，深入企业开展帮扶活动，建立一对一联系网络，及时帮助企业协调解决生产经营过程中遇到的困难和问题，为企业快速健康发展保驾护航。2015年收集企业各类问题141件，其中已解决126件，尚有15件正在协调中。积极推进企业上市，帮助企业拓宽融资渠道。制定《开发区企业“新三板”上市奖励办法》，积极推进企业上市工作，“新三板”已挂牌企业7家，报会企业2家；帮助企业拓宽融资渠道，积极争取奖励资金，2015年完成直接融资207亿元，争取国家专项建设债券基金3.65亿元；积极落实“零费制”优惠政策，受理通过21个“零费制”项目，减免费用共计1369.8万元。

努力帮助企业解决用工难问题。举办招聘

会198场，累计进场招聘企业达到1.2万家次，全年达成初步就业意向近3万人次；组团赴外招聘38次，达成就业意向3500余人；新建安徽扬子职业技术学院等2个人才合作基地，使人才合作基地拓展到26个，企业用工难的问题得到缓解。全面开展“三证合一、一码一照”商事登记制度改革，2015年新登记各类市场主体1019户，户数较上年同期增加4.98%，共发放“一照一码”营业执照322份；开展行政权力服务清单以及责任清单清理工作，首批梳理公布责任权力事项288项。

【社会事业】2015年，芜湖开发区全面完成年度19项民生工程任务。全年共投入资金3.7亿元，同比增长19%。一批生活配套项目建设加快推进，伟星银湖时代广场、百线文化广场项目、华山路商业街等项目已建成或正在建设中。积极与公交集团对接合作，投资4000多万元，新开通201、202、203等公交线路；与安徽师范大学教育集团合作创建安徽师大幼儿园城北分园。探索养老新方式，与浩研养老集团签订战略合作框架协议；加快社区卫生服务中心建设，完成万春街道新社区卫生服务中心建设。制定《社会管理综合治理目标责任书》，层层落实工作责任制，完善综合治理管理服务平台，建立健全信访联席会议机制。

【管委会领导】芜湖经济技术开发区管委会领导成员为：党工委书记、管委会主任陆雷；党工委副书记刘国华；管委会副主任纪良柱、王慧山；纪工委书记李永宁；综合保税区管委会专职副主任季学敏。

2014—2015年芜湖经济技术开发区主要经济综合指标一览表

项目		单位	2015年	2014年	增减（%）
开发区生产总值		亿元	921.5	652.5	12.5
第二产业		亿元	774.3	562.2	11.0
工业		亿元	742.1	506.6	11.5
第三产业		亿元	146.6	89.7	12.0
工业总产值（现价）		亿元	2624.0	2381.1	10.2
高新技术企业		亿元	2208.1	1712.4	28.9
销售（营业）收入		亿元	3657.4	3051.6	19.9
第二产业		亿元	2952.7	2441.0	20.9
工业		亿元	3130.7	2593.9	20.7
第三产业		亿元	526.7	442.5	19.0
利润总额		亿元	151.1	133.3	13.4
第二产业		亿元	144.4	127.6	13.2
工业		亿元	138.9	123.5	12.5
区内主导产业及产值					
主导产业	1．汽车零部件业	亿元	1025.8	926.2	10.8
	2．家用电器业	亿元	792.4	714.3	10.9
	3．新材料业	亿元	770.2	690.5	11.5
进出口总额		亿美元	37.6	35.7	5.3
出口		亿美元	27.2	25.0	8.8
财政收入		亿元	134.0	121.7	10.1
税收收入		亿元	109.7	99.3	10.5
新批企业数量		家	5	9	−44.4
外商及港澳台企业		家	5	9	−44.4

续表

项目		单位	2015年	2014年	增减（%）
内资企业		家	454	452	0.4
新批企业投资额	外商及港澳台企业	亿美元	73 205	33 548	1.2倍
	内资企业	亿元	572.5	150.0	2.8倍
	增资企业	亿美元	62 083	22 406	1.8倍
规模以上企业数量		家	820	553	48.3
合同外资金额		亿美元	27 759	17 666	57.1
外商实际投资		亿美元	69 049	71 558	−3.5
固定资产投资		亿元	431.3	375.0	15.0
年末从业人员		万人	10.9	10.6	2.7
万元增加值能耗		吨标煤／万元	0.095 5	0.125 7	−0.03
水资源消耗总量		万立方米	29 294 623	26 955 226	8.3

注：开发区生产总值、第二产业、第三产业增加值速度按可比价格计算。

（芜湖经济技术开发区管委会）

惠州大亚湾经济技术开发区

【经济发展】2015 年，惠州大亚湾经济技术开发区（以下简称“大亚湾开发区”）实现地区生产总值 414.8 亿元，增长 2.7%；规模以上工业增加值 309.4 亿元，增长 0.2%；固定资产投资 361.4 亿元，增长 69.9%；公共财政预算收入 42.6 亿元，增长 15.2%；税收总额（不含海关代征税）192.3 亿元，下降 7%；社会消费品零售总额 31 亿元，增长 0.1%；外贸出口总额 25.8 亿美元，增长 1%；进出口总额 38.6 亿美元，下降 9.5%。

【产业发展】2015 年，大亚湾开发区三次产业的比重调整为 0.4∶80.6∶19.0，“1+4”（石化产业及电子信息、汽车零部件、港口物流、滨海旅游业）产业加快发展。石化产业实现产值 794.9 亿元；电子信息产业产值 232.4 亿元；汽车零部件装备制造业产值 112.3 亿元；惠州港港口吞吐量 4 579 万吨，集装箱吞吐量 18.2 万标准箱，分别增长 7.8% 和 29.6%；接待旅游总人数 164 万人次，旅游总收入 1.4 亿元，分别增长 38% 和 18%。

【园区特色】惠州大亚湾石油化学工业区（以下简称“石化区”）地处大亚湾开发区东部，是全国 7 个重点发展的化工园区之一。石化区遵循“油化”结合、上中下游一体化、公用工程一体化的原则，以炼油和乙烯项目为龙头，重点发展高附加值、高技术含量的石化深加工产品、新材料和精细化工产品，着力打造世界级石化产业基地。2013 年、2014 年、2015 年连续 3 年获“中国化工园区 20 强”称号，其中，2014 年和 2015 年连续两年排名第二位。石化区已落户项目共计 78 个，总投资 1 618 亿元。其中，石化项目 49 个，投资 1 330 亿元；公用工程项目 29 个，投资 288 亿元。中海油惠州炼油二期 1 000 万吨 / 年炼油改扩建及 120 万吨 / 年乙烯工程（简称惠州炼化二期项目）进展顺利，完成年度投资计划的 153.3%。2015 年，石化区实现工业生产总值 821 亿元。

【科技创新】大亚湾开发区优化创新政策环境，在全市率先制定促进创客发展的扶持办法，“1+7+N”创新创业政策体系（1）基本建立。先进制造业增加值占规模以上工业增加值的 86.7%，高技术产业增加值占规模以上工业增加值的 24.8%。加快发展高新技术企业，全年新认定高新技术企业 10 家。加快创新平台和创新载体建设。海创投资基金投入运行。科创园获评省级科技企业孵化器，累计引进各类创新机构 75 家，17 家孵化企业实现产业化。金百泽云创工场开始运作，在孵项目 13 个。中山大学惠州研究院获广东省 2015 年第一批新型研发机构认定。成功引入国家“千人计划”专家 1 人，全区国家“千人计划”项目 2 个。积极鼓励企业增加研发投入、加大技改力度、实施“机器换人”计划。全区企业共申报年度科技项目 44 项，1 个项目获省科技二等奖。全年工业技改投资 157.3 亿元，增长 183.1%。

【投资促进】2015 年，大亚湾开发区新引进韩国 SK、东进世美肯、伊科思、普莱克斯等项目，进一步延伸了石化产业链。全区新签约项目 128 个，合同利用资金约 301.52 亿元，增长 15.76%。其中，外资项目 15 个，合同利用资金 16 640 万美元；内资项目 113 个，投资额 291.29 亿元。

【生态环保】大亚湾开发区坚守安全环保底线，加强源头控制，实行安全环保一票否决，2015年共否决项目20个。深入实施清水治污行动，淡澳河综合整治基本完成，城镇污水处理率提高5.2个百分点。扎实开展大气环境整治，空气质量优良率为96.8%，在上年提升5个百分点的基础上再提高3.8个百分点，位居惠州5个监测点第一。大力推进生态创建，澳头、西区创建国家级生态镇通过现场验收，霞涌成功创建省级生态镇，获评"全市美丽乡村绿满家园优秀县区"，获评"全国平安渔业示范县"。

【城市建设】大亚湾开发区坚持城市建设、管理两手抓。完善市政配套，龙海一路西段启动建设，北环路扩建路面工程完工，龙海二路、进港路、疏港大道等主干道建成通车，内涝片区排水改造一期工程6个项目、内街小巷改造升级31个项目顺利竣工，农贸市场升级改造有序推进。提升城市品质，22个村庄公园建成启用，石化区西侧隔离带北区工程完工，澳头公园即将建成，红树林城市湿地公园、儿童公园动工;"城市管理提升年"活动深入开展，霞涌滨海旅游综合整治成效初显，"清洁家园行动日"活动常态化，城市卫生环境明显改善，城镇生活垃圾无害化处理率为100%。

【社会事业】大亚湾开发区开展"民生保障提升年"活动，10件40项民生实事基本完成。落实民生财政政策，民生投入占公共财政预算支出的73.5%，提高3.5个百分点。深化公交惠民改革，实施"2+1"票价标准，公交刷卡率升至25%以上，公交全程票价平均降幅达48.7%，受益2095万人次。加强就业指导和服务，促进创业就业，举办各类现场招聘会47场，参加招聘企业861家次，提供就业岗位32553个，全区新增就业岗位8032个，城镇新增就业4055人，实现创业201人，培训人员4.356万人次，城镇登记失业率为2.22%。坚持教育优先，推进区二中、黄鱼涌小学等扩建，新增优质学位2580个。2015年，高考重点本科上线27人，本科上线170人；中考平均分高于全市28.3分，位列各县区第一。提高卫生服务水平，推进"智慧医疗"工程和"海云工程"建设，实现32家一体化村卫生站纳入医疗定点联网结算，建立大亚湾区智慧医疗卫生信息平台。健全社会保障体系，城乡最低生活保障标准提高到每人每月550元；城乡居民基层养老金标准提高至每月125元；6项门诊特定病种的报销比例统一提高到95%；在全市率先提高80周岁以上老年人政府津贴标准，80～89周岁每人每月200元，90～99周岁每人每月300元，100岁以上每人每月600元。

【党建工作】大亚湾开发区以"基层党建提升年"活动为载体，加强基层党组织战斗堡垒作用，在全区21个村（社区）配备42名党组织书记后备干部，为7个软弱涣散的党组织选派第一书记。开展"三严三实"专题教育，转变干部作风，"万众评公务"年评在各县区中排名第一。坚持正确的用人导向，激发干事创业的活力，制定《惠州大亚湾区区管干部选拔任用工作规程》，引进国家"千人计划"专家1名，引进培育科技创新团队4个，领军人才7名；机关事业单位引进具有硕士、博士学位的研究生35名，协助区内重点企业引进人才1000多名。开展党员干部直接联系服务群众活动，机关党员7982人次到社区开展"党员责任岗"活动；全区驻点团队、辅助团队共走访群众20160人次，办理民生实事1395件。加强统一战线和对台工作，先后组织14批49人次赴港澳台交流，接待20批近900人次来访联谊。工青妇等群团组织积极作为，制定《大亚湾区非公企业工会工作考核验收补助及工会主席工作津贴实施办法》，在澳头街道桥西社区成功召开第一次妇女代表会议，新建"两新"团组织30家。

【机构设置与两委领导】中共大亚湾区委下设办公室、纪委（监察局）、组织部、政法委4个职能部门；大亚湾开发区管委会下设管委会办公室、宣教局、工业贸易发展局、公安分局、财政局、人力资源和社会保障局、市国土资源局大亚湾区分局、环境保护局、住房和规划建设局、交通运输局、社会事务管理局、审计局、市海洋与渔业局大亚湾区分局、市安全生产监督管理局大亚湾区分局、市场监督管理局、市城市管理行政执法局大亚湾区分局、公共资源交易中心、大亚湾石化产业园区管理服务中心18个工作部门。

中共大亚湾区委领导成员为：市委常委、大亚湾区委书记张瑛；区委副书记、管委会主任黄伟才（11月离任）、刘小军（12月任）；区委副书记张添才；区委常委、纪委书记曾红胜；区委常委、政法委书记巫远斌；区委常委赵岩（挂职）、黄辉；区委常委、组织部部长詹星；区委常委、区委办公室主任黄伟忠。

大亚湾开发区管委会领导成员为：管委会主任黄伟才（11月离任）、刘小军（12月任）；管委会常务副主任吴欣；管委会副主任赵岩（挂职）、黄辉；管委会党组成员、管委会办公室主任黄伟忠；管委会副主任李耀楠（4月离任）、陈东照（8月离任）、黄志军、刘晓阳、翁佳伟（8月离任）、杨远辉（8月任）、黄小慧（9月任）；管委会党组成员李印铸。

2014—2015年大亚湾经济技术开发区主要经济综合指标一览表

项目		单位	2015年	2014年	增减（%）	备注
开发区生产总值		亿元	414.8	470.4	2.7	增速为可比价格增速
第二产业		亿元	334.2	405.3	1.3	
工业		亿元	323.5	399.4	0.2	
第三产业		亿元	79.0	63.2	12.9	
工业总产值（现价）		亿元	1 304.5	1 659.6	-6.2	
高新技术企业		亿元	253.9	283.6	2.0	为经省级科技部门批准认定的高新技术企业；增速为可比价格增速
区内主导产业及产值						增速为可比价格增速
主导产业	1. 石化业	亿元	794.9	1 162.1	-9.2	
	2. 电子信息业	亿元	232.4	223.4	-0.9	
	3. 汽车零部件业	亿元	112.3	98.3	15.6	
销售（营业）收入		亿元	1 478.2	1 760.0	-16.0	为“四上”单位营业收入
第二产业		亿元	1 304.2	1 577.3	-17.3	
工业		亿元	1 298.1	1 573.6	-17.5	
第三产业		亿元	173.9	182.7	-4.8	
利润总额		亿元	77.8	49.9	55.9	为“四上”单位利润总额
第二产业		亿元	64.7	37.1	74.5	
工业		亿元	64.4	37.0	74.2	
第三产业		亿元	13.2	12.9	2.4	
进出口总额		亿美元	38.6	42.7	-9.5	
出口		亿美元	25.8	25.6	1.0	
财政收入		亿元	259.8	314.4	-17.4	为各级财政总收入，包括自留部分和上缴部分
税收收入		亿元	235.9	282.4	-16.4	
财政支出		亿元	49.8	41.9	19.1	为公共财政预算支出（区本级）
新批企业数量		家	1 025	894	14.7	
外商及港澳台企业		家	9	6	50.0	
内资企业		家	1 016	888	14.4	

续表

项目		单位	2015年	2014年	增减（%）	备注
新批企业投资额	外商及港澳台企业	亿美元	15.4	1.8	753.1	为新批投资立项项目投资总额
	内资企业	亿元	141.0	220.8	−36.2	
	增资企业	亿美元	3.4	3.9	−14.4	
规模以上企业数量		家	292	231	26.4	
合同外资金额		亿美元	1.7	4.1	−59.5	
外商实际投资		亿美元	1.0	3.7	−72.8	
固定资产投资		亿元	361.4	212.7	69.9	
年末从业人员		万人	16.8	15.7	6.9	
万元GDP能耗		吨标煤／万元	1.7	1.8	−3.6	
水资源消耗总量		万立方米	7 475.8	7 366.3	1.5	
单位国内生产总值取水量		立方米／万元	15.6	15.8	2.5	

注："四上"单位是指规模以上工业法人单位、限额以上批发零售住宿餐饮法人单位、资质以内的建筑业法人单位和房地产开发经营业法人单位、规模以上服务业法人单位。规模以上工业是指年主营业务收入2 000万元及以上的法人企业；限额以上批发业是指年主营业务收入2 000万元及以上的法人企业，限额以上零售业是指年主营业务收入500万元及以上的法人企业，限额以上住宿和餐饮业是指年主营业务收入200万元及以上的法人企业；资质以内建筑业企业是指具有建筑业资质的所有独立核算建筑业的法人企业（包括没有工作量的建筑业企业），资质以内房地产开发经营业企业是指有资质的房地产开发经营法人企业；重点服务业是指年营业收入1 000万元及以上或年末从业人员50人及以上的法人企业。

（惠州大亚湾经济技术开发区管委会）

萧山经济技术开发区

【经济发展】2015年，萧山经济技术开发区（以下简称“萧山开发区”）累计实现地区生产总值191.59亿元，同比增长4.6%；实现规模以上工业销售产值425.8亿元；实现规模以上工业增加值108.8亿元，同比增长12.8%；实现外贸出口19.9亿元；实现限额以上社会消费品零售额41.7亿元，同比增长7.5%；实现服务业增加值60.7亿元，同比增长12.2%；完成财政总收入51.55亿元，同比增长6.4%，其中，地方财政收入24.3亿元，同比增长8%。

【招商引资】2015年，萧山开发区完成实到外资4亿美元，占全区完成外资任务的44%，市外内资30.1亿元，获得招商引资（引税）目标责任制考核第一组一等奖。开发区通过驻点招商、敲门招商、片区招商、全员招商等多措并举，成功引进世界500强圣戈班集团、央企中铁航空港集团、浙江交投集团高速物流项目、台湾裕隆汽车金融项目、上海交大杭州慧谷科技园、联东U谷工业地产等一批大项目、好项目。开发区加快推进信息经济发展，大龙网、网批网、浙江猪八戒胜达网络科技、亿享会网络科技、龙运网络、黔龙图视等知名信息技术企业和网盛融资、葵奢基金等一批基金项目先后落户，促进了开发区信息产业的集聚壮大。

【千企转型】2015年，萧山开发区围绕“产业智慧化、智慧产业化”这一导向调优产业结构，提高经济增长质量和效益。全年共计实施机器换人项目66个，技术创新项目106个，节能降耗项目107个，智能化产品项目31个，新增电子商务应用企业23家，生产过程信息化改造项目26个，完成技术改造投资12.1亿元。推进“五个一批”工程建设，健盛集团、杨利石化、世纪康大、华瑞信息等企业先后上市，15家企业完成股改。科技创新力度不断加强，实现新产品产值184.8亿元，同比增长56.3%；新产品产值率为42.3%，同比增长16.7%。全年新增高新技术企业10家。开发区龙头企业带动作用更加明显，亿元以上工业企业实现销售产值共371.3亿元，占开发区规模以上工业销售产值比重的87.2%。

【功能区块】2015年，萧山开发区不断集聚新兴产业，发展特色经济，着力培育和壮大品牌产业、亮点园区。高标准编制省机器人和高端智能装备产业园规划、两大小镇城市设计以及《开发区市北、桥南、科技城电力专项规划》等，完成《科技城核心区单元控规》和《益农区块分区规划》评审。科技城核心区内部路网基本成型，“一横两纵”道路建设加快推进，陆家嘴项目13.2亿元资金到位，惠灵顿国际双语学校开始建筑方案设计。中广核浙江分公司、钱塘大数据中心、省广电集团新青年酒店等一批项目落户，中德能源合作项目上报国家发改委，浙江国际影视中心项目以及好易购项目建设加快推进。

【园区特色】在信息港小镇建设上，杭州湾信息港二期主体结顶，注册企业已达580多家，挂号网已成为国际上用户规模最大的互联网医疗平台，数联中国完成场景科技的技术研发，正致力于打造CT场景科技谷。在机器人小镇建设上，成功引进浙江机器人技术与应用研究院、智珀机器人研究院、杭州市质量技术监督局机器人产业计量测试中心等，兆丰机器人研究院和机器人应用示范项目全面运营。截至2015年年底，信息港小镇已成功入选省级特色小镇，成为萧山区首个省级特色小镇，机器人小镇列入省级培育名单。注重发展创新经济。中国（杭州）跨境电子商务综合试验区·萧山园区开发区产业园正式开业，已引进40余家电商企业和一批服务机构；浙江中瑞(萧山)产业合作园入选浙江国际产业合作园首批创建名单。

【要素保障】2015年，萧山开发区争取土地农转用指标74公顷，外移基本农田488公顷，争取占补平衡指标34公顷，完成55公顷征地协议签订，市北区块两宗土地共11公顷成功出让。与多家金融机构深化战略合作，积极参与地方政府存量债务置换工作，争取中央专项基金，出台15亿元的产业发展引导基金，并以制度建设加强对政府投资项目的监管。开发区出台《人才工作指导意见》和《人才公寓管理办法》，开展各类专业人才申报和审核工作，及时组织人才招聘，有效服务企业各类人才需求。

【生态环保】萧山开发区“五水共治”累计完成项目投资6 270万元，新建污水管11公里，新增截污纳管面积约2.8平方公里。绿化、环境卫生及市政交通设施建设统筹推进，“最清洁城乡”工作卓有成效。

【社会管理】2015年，萧山开发区全年累计完成基础设施投资约8.3亿元。桥南安置小区二期、钱江农场安居房、市北城乡一体化安置房加快建设，开发区公园动工开建，青年路等道路竣工通车。加快教育发展，开发区小学主体结顶，桥南中心学校完成招标。推进和完善社会保障体系建设，妥善解决就业困难人员安置工作。加强文化建设，组织开展职工技能比武、最美职工评选等活动，丰富职工群众生活。持之以恒推进综合治理，加大平安基础保障投入，着力维护企业和员工的利益。认真做好流动人口管理、计划生育、食品安全、防汛抗台等各项工作。

【环保节能】萧山开发区全面落实安全生产责任，组建安全生产专家库，切实抓好重点行业、重点领域的安全生产工作。2015年，开发区各类安全事故同比下降29.6%，安全生产工作名列全区前茅。按照生态目标责任制严格制定环境整治目标和方案，加快推进产业结构优化，重点污染企业退出11家，减排COD总量173吨，VOC整治企业41家。加快资源有效利用，推广清洁生产，加大节能减排整治力度。全年开展节能降耗项目共105个，累计投入资金4 142.4万元，工业增加值能耗同比下降2.7%，全面完成区政府下达的全年能源“双控”目标任务。

【管委会主要领导调整】11月20日，开发区党工委、管委会新任领导到任履职。根据市委关于调整开发区领导班子成员的决定，叶建宏同志任萧山经济技术开发区党工委副书记、管委会副主任。

【机构设置与管委会领导】管委会内设办公室、直属党委、政策研究室、招商局、经济发展局、国土规划局、人力资源和社会保障局、社会事业发展局、财政局、科技城管理局10个部门；下设红垦农场、钱江农场、高层次(海外)人才创业服务中心、招商中心、会计结算中心、企业服务中心、市政公用事业管理处、计划生育服务中心8家事业单位；下设兴达市政公司、鸿达市政公司、开发区热电公司、杭州湾信息港4家企业单位。

2015年，萧山开发区管委会领导班子成员为：萧山区委常委、开发区党工委书记、管委会主任裘超；萧山区委常委、党工委副书记、管委会副主任叶建宏；党工委委员、管委会副主任陈兴康、施天贵、顾大飞、姜国法、屠锦铭、陈惠锋。

【大事记】2015年3月26日，萧山开发区承办2015年全国开发区协会座谈会暨开发区“十三五”规划编制研讨班；5月28日，浙江机器人技术与应用研究院产业化项目和杭州市质量技术监督局机器人产业计量测试中心项目落户开发区签约仪式在杭州湾信息港举行；6月18日，萧山开发区与建设银行浙江省分行营业部签署《战略合作协议》和《助保贷意向合作协议》；7月1日，省委副书记、省长李强到萧山机器人小镇考察，为推进特色小镇建设加油鼓劲；8月24日，杭州湾信息港承办第四届中国创新创业大赛(浙江赛区)暨第二届浙江省“火炬杯”创新创业大赛电子信息专场复赛；9月28日，国内最大、最领先的跨境电子商务B2B交易撮合及综合服务平台——大龙网入驻开发区；12月2日，开发区机器人小镇、信息港小镇成功入选杭州市首批特色小镇；12月8日，中国（杭州）跨境电子商务综合试验区•萧山园区开发区产业园正式开园。

2014—2015年萧山经济技术开发区主要经济综合指标一览表

项目		单位	2015年	2014年	增减（%）
开发区生产总值		亿元	191.59	183.12	4.6
第二产业		亿元	130.85	128.27	2.0
工业		亿元	123.01	123.56	-0.4
第三产业		亿元	60.68	54.09	12.2
工业总产值（现价）		亿元	536.72	561.65	-4.4
高新技术企业		亿元	300.96	324.02	-7.1
销售（营业）收入		亿元	1 169.52	1 198.22	-2.4
第二产业		亿元	592.79	576.36	2.9
工业		亿元	548.36	567.21	-3.3
第三产业		亿元	552.58	616.31	-10.3
利润总额		亿元	51.34	58.24	-11.8
第二产业		亿元	41.86	40.72	2.8
工业		亿元	40.89	39.61	3.2
区内主导产业及产值					
主导产业	1. 机械业	亿元	173.19	187.18	-7.5
	2. 纺织业	亿元	49.25	52.64	-6.4
	3. 服装业	亿元	36.02	40.07	-10.1
第三产业		亿元	552.58	616.31	-10.3
进出口总额		亿美元	25.60	29.86	-14.3
出口		亿美元	19.92	22.33	-10.8
财政收入		亿元	51.55	48.46	6.4
税收收入		亿元	51.55	48.46	6.4
财政支出		亿元	54.51	54.58	-0.1
新批企业数量		家	1 403	1 051	33.5
外商及港澳台企业		家	12	33	-63.6
内资企业		家	1 391	1 013	37.3
新批企业投资额	外商及港澳台企业	亿美元	4.59	10.70	-57.1
	内资企业	亿元	30.39	22.64	34.2
	增资企业	亿美元	2.66	2.25	18.2
合同外资金额		亿美元	6.12	10.58	-42.2
外商实际投资		亿美元	4.00	4.24	-5.7
固定资产投资		亿元	58.16	68.06	-14.5
年末从业人员		万人	8.41	10.78	-22.0

（萧山经济技术开发区管委会）

北京经济技术开发区

【经济发展】2015年，北京经济技术开发区（以下简称“北京开发区”）把握首都功能定位，深化改革、创新驱动，积极构建“高精尖”经济结构，转型发展取得显著成效。强化经济运行调度，加强节能减排力度，严守能源与商务安全，经济运行提质增效，呈现出良好的发展态势。全年实现地区生产总值1 081.4亿元，同比增长8.9%，首次突破千亿元大关。完成规模以上工业总产值2 555.5亿元，同比增长5.6%；完成工业增加值660.4亿元，同比增长8.1%。完成税收收入389.2亿元，同比增长13.7%。完成全社会固定资产投资397.6亿元，同比增长1.7%，其中工业投资184亿元，同比增长26.4%，占投资总量的46.3%。完成进出口总额146.6亿美元，同比下降22.8%。完成公共预算财政收入134.9亿元，同比增长12.4%。

【产业发展】2015年，北京开发区围绕“高精尖”产业定位，加快调整区域产业结构。供给结构调整取得初步成效，关停消费类电子终端组装企业3家。支持北人集团等企业发展智能机器人研发、试制、验证、展示、交易等高端业态，全面启动世界机器人大会永久会址建设。支持企业调整产品结构，代建中芯国际二期工厂，确保28纳米芯片快速量产；为北京奔驰汽车提供全面保障，确保企业及时推出奔驰GLA、GLK、GLC等多款新车型、发动机工厂达产；支持京东方研发中心建设，确保企业首发新产品覆盖率居全球第一，达到38%。产业聚集度保持较高水平。中芯国际、京东方等龙头企业发挥引领作用，带动区内产业链上下游企业集群发展。接近80%的项目投资投向集成电路、生物医药、智能装备等北京开发区的主导产业。引进哈工大机器人集团华北（北京）总部项目，签约康力优蓝爱乐优商用智能服务机器人U05型机器人项目，“高精尖”产业加快聚集。高新技术产业、现代制造业成为带动工业增长的主要力量。现代制造业实现产值2 013亿元，同比增长5.9%。四大主导产业中，汽车及交通设备产业产值895.7亿元，电子信息产业产值601.9亿元，装备制造产业产值471.6亿元，生物与医药产业产值321.7亿元。完成签约项目34个，总投资约308亿元。促开工项目20个，总投资约169.2亿元，总占地面积约100万平方米，包括北京同仁堂健康药业、北京唯美光大、时翼航化、泰德制药等项目。促投产项目20个，包括奔驰发动机工厂二期项目等。跟踪储备项目总计505个，项目总投资约4 723亿元，总占地面积2 476万平方米。新设立外资企业38家，外资企业增资额增幅较大，北京奔驰、康宁、采埃孚3家公司增资30.3亿美元。新批内、外资企业投资总额（含增资）折合183.8亿美元，同比增长58%。其中，外资项目投资总额38.3亿美元，同比增长192%；内资企业注册资本945亿元（折合145.5亿美元），同比增长46%。完成产业化项目固定资产投资227.9亿元，同比增长34%。合同利用外资9.2亿美元，同比增长84%。实际利用外资3.02亿美元，同比下降52%。内资项目备案金额226.6亿元，同比增长126%。

【投融资工作】2015年，北京开发区健全天使、风投、创投、私募、并购、代偿担保等投融资方式，完善投融资体系。亦庄国际投资有限公司母基金体系参与设立基金35只，基金规模达2 133.63亿元，实际认缴额248.7亿元。实施国际并购重组，投入并购资金24亿元，撬动社会资金投入540亿元。集成电路产业方面，并购美国上市公司芯成半导体有限公司，在存储器等关键领域实现布局。汽车制造产业方面，参与中国航空汽车系统控股有限公司对瀚德汽车控股公司海外并购，支持其进一步加强在汽车关键零部件领域的技术优势。文化创意产业方面，参与设立北京文化中心建设基金，支持四达时代10亿元，拓展欧洲和非洲业务；推动区内文化产业实现“快增长”和组团“走出去”，出口额成倍增长。

【区域合作】2015年，北京开发区创新合作机制，加快推进跨区域全产业链布局。稳步推进“亦庄•永清”园区建设。联合中国开发区协会、天津市和河北省的13家国家级开发区，成立京津冀国家级开发区产业协同发展联盟，在北京开发区设立常驻办事机构，稳步推进三地园区产业发展，逐步实现“统一规划、统一布局、统一政策”。建设京津冀科技创新公共服务平台，打造实体服务窗口，引入金融、文化、知识产权等合作机构20余家；整合线上资源打造网络服务窗口，京津冀三地300余家服务机构入驻网络平台。“亦庄•永清”园区获河北省正式批复成立高新区，并同意组建管理机构，基本编制完成园区总规、控规和产业发展规划初稿。全年签约项目27个，总投资1 000亿元。

【科技创新】2015年，北京开发区建设创新服务体系。围绕服务端、创业端与投资端加大服务力度，成效突出。新认定创新联盟、技术研究院、企业研发机构等各类创新服务机构41家，总数达到314家；新设立京津冀全球路演中心，举办项目路演活动50余场，吸引国内外知名投资机构超过100家，展示推介项目超过800个，参与活动人数超过3 000人；新认定特色产业园、科技孵化器、公共服务平台等各类创新服务载体23家，总数达60家；新设立科技、人才专项基金2只，总规模12亿元。提升企业自主创新能力。支持企业掌握核心技术，新增国家高新技术企业、市级“小巨人”企业、北京市专利试点企业共97家，企业获国家科学技术进步二等奖1项、北京市科学技术进步奖8项。企业申请专利4 172件，同比增长18.39%，专利授权2 813件，同比增长11.32%，继续保持高速增长。优化“双创”服务环境。推进“大众创业、万众创新”，认定“众创空间”12家，举办iCAN国际大学生创新创业大赛、生物医药发展高端创新论坛等“双创周”主题活动。完善人才服务政策。制定出台《新区推进高端产业领军人才发展示范区实施办法》，举办首届新区高端产业领军人才国情研修班。全年新增中央“千人计划”入选者8人，累计达到58人；新增“海聚工程”入选者16人，累计达到107人；新区“新创工程”领军人才入选者374人。

【生态环保】2015年，北京开发区推进生态园区建设，联合市发改委、市财政局研究制定开发区绿色低碳循环发展3年行动计划方案，建立具有开发区特色的绿色低碳评价指标体系，明确生态红线，提高产业环保准入标准。初步确定五大类20项指标、114个项目及47亿元的投资任务。开发区细颗粒物（PM2.5）年均浓度为94.4微克每立方米，空气质量同比下降9.2%。污染物总量前置审批项目65个。促进区域绿色低碳循环发展，引导区内楼宇、企业开展节能环保建设，创建一批绿色、低碳、循环示范楼宇、社区、园区。积极争取国家级、市级专项资金，实施一批有示范性的节能环保重点项目，培育一批节能环保企业，形成绿色低碳发展环境。建设智能电网示范园区，供电网络实现环网供电，年节电1 000万千瓦时；投入资金3 500万元，支持34个项目实现节能减排。促进绿色出行，开通公交线路7条，优化调整公交线路4条，新能源微公交接驳线路达到9条。新建电动汽车充电桩112个，累计建成243个。开展电动汽车租赁，投放分时租赁新能源汽车1 800辆。继续推行公共自行车租赁业务，用于运营的公共自行车达到1 676辆，实现新区范围内车辆通存通取。

【社会保障】2015 年，北京开发区加强就业服务、沟通供需对接渠道。全年共吸纳大兴区劳动力就业 4 827 人次，通过公共就业服务机构推荐 7 483 名外省市劳动力进入北京开发区工作，受益企业 1 000 余家。开展各类培训 2.68 万人次，其中 3 105 人取得国家职业资格等级证书。推进国家政策和北京市各项惠民措施在开发区落地执行，及时调整各项社保待遇，开展社保基金和其他重大专项资金使用情况的检查，确保各项基金应收尽收。共有参保单位 5 837 家，缴费单位 5 693 家，同比分别增长 23.45% 和 24.21%；参保人数 38.15 万人，缴费人数 21.23 万人，同比分别增长 4.14% 和 4.47%。全年五项社会保险基金征缴总额 59.41 亿元，支付总额 8.95 亿元，为全市贡献基金结余 50.46 亿元。

【社会事业】2015 年，北京开发区完善基础教育体系，完成十一学校实验中学、耀华耀中国际学校主体结构建设，开工建设北京二中亦庄学校改扩建工程。提升学前教育水平，开办北京市大兴区中芯南海子幼儿园；高校创意总部爱乐恩幼儿园开始运营。加强医疗体系建设，制定下发《开发区突发公共事件医疗卫生救援工作方案》，新增北京军海医院、数字电视产业园社区卫生服务站、国家康复医院 3 家医保定点医疗机构。北京中医药大学东方医院南院区入驻亦庄地区，开发区企业大道园区社区卫生服务站开业运营。发展公共文化事业，与电科职院合作建设开发区首个公共图书馆。在企业和社区放映电影 240 余场，举办各类讲座 80 场，演出 12 场，参与人员近 3.5 万余人次。完善体育设施建设，在四达时代集团、开发区企业园、生物医药园等新建 5 套健身路径、两块专项球类场地。深入开展全民健身活动，举办开发区第十二届全民健身体育节系列活动、“一区六园”第十届运动会等，推动全民健身活动的普及和开展。

【机构设置与管委会领导】北京开发区工委内设机构为：工委办公室、组织部、宣传部、党群工作部、政法工作部、机关党委、总工会、纪工委、监察局；管委内设机构为：管委会办公室、发展和改革局、投资促进局、企业发展服务局、科技局、财政局、国有企业监事会、人事劳动和社会保障局、房屋和土地管理局、建设发展局、征地拆迁办公室、市政管理局、社会发展局、审计局、环境保护局、统计局、安全生产监督管理局、研究室和信息化办公室。

中共北京经济技术开发区工作委员会书记为李长友；北京经济技术开发区管理委员会主任为梁胜。

2014—2015 年北京经济技术开发区主要经济综合指标一览表

项目	单位	2015 年	2014 年	增减（%）
开发区生产总值	亿元	1 081.4	997.4	8.4
第二产业	亿元	690.7	639.7	8.0
工业	亿元	660.4	612.4	7.8
第三产业	亿元	390.8	357.8	9.2
工业总产值（现价）	亿元	2 555.5	2421.0	5.6
高新技术企业	亿元	2 333.2	2 201.7	6.0
销售（营业）收入	亿元	6 670.7	5 589.9	19.3
第二产业	亿元	3 013.3	2 799.9	7.6
工业	亿元	2 679.4	2 521.8	6.2
第三产业	亿元	3 657.5	2 790.0	31.1
利润总额	亿元	384.6	249.2	54.3
第二产业	亿元	252.9	185.9	36.1
工业	亿元	239.6	177.2	35.2

续表

项目		单位	2015 年	2014 年	增减（%）
第三产业		亿元	131.7	63.3	107.9
区内主导产业及产值					
主导产业	1．电子信息业	亿元	601.9	798.4	−24.6
	2．装备制造业	亿元	471.6	458.1	2.9
	3．生物与医药业	亿元	321.7	282.6	13.8
	4．汽车与交通设备业	亿元	895.7	608.4	47.2
第三产业		亿元			
进出口总额		亿美元	146.6	190.0	−22.8
出口		亿美元	52.6	88.6	−40.6
一般公共预算收入		亿元	134.9	120	12.4
一般公共财政支出		亿元	145.4	112.1	29.7
新批企业数量		家	3 197	2 736	16.8
外商及港澳台企业		家	41	44	−6.8
内资企业		家	3 156	2 692	17.2
新批企业投资额	外商及港澳台企业	亿美元	2.1	6.6	−67.8
	内资企业	亿元	565.3	231.9	143.7
	增资企业	亿美元	98.1	74.8	31.1
合同外资金额		亿美元	9.2	5.0	84.3
外商实际投资		亿美元	3.0	6.4	−52.5
固定资产投资		亿元	397.6	391	1.7
年末从业人员		万人	28.4	28.6	−0.8
万元 GDP 能耗		吨标煤／万元	0.151 2	0.158 0	−4.3

（北京经济技术开发区管委会）

乌鲁木齐经济技术开发区（头屯河区）

【经济发展】2015年，乌鲁木齐经济技术开发区（头屯河区）（以下简称“乌鲁木齐开发区”）实现地区生产总值447.5亿元，较2014年同期增长10.6%；全社会固定资产投资425亿元，同比增长18%；进出口总额19.6亿美元，同比增长3%；社会消费品零售额53.7亿元，同比增长8.7%；全口径财政收入159.5亿元，同比增长22%，其中，地方财政收入100.4亿元，同比增长21.6%；全口径税收收入105.6亿元，同比增长12.3%。城镇居民人均可支配收入31 604元，同比增长14.7%；农牧民人均纯收入16 216元，增长16%。

【产业发展】2015年，乌鲁木齐开发区积极应对经济下行压力，继续推进先进制造业升级，遏制了冶金产业快速下行的势头，扶持风电产业逆势上扬，帮助福克油品、绿色使者等项目获得国家专项支持，企业综合竞争力大幅提升。积极充实壮大汽车和装备制造业，推动三一、大众等项目持续释放投资，推进中国中车、铁建重工等项目落地开工，填补了轨道交通领域的空白，筑牢了工业发展基础。积极承接丝绸之路经济带核心区“五大中心”建设，新软创智大厦正式投入运营，19栋配套楼宇实现主体封顶，吸引新疆广电网络、虹联信息等157家企业入驻。探索开展“互联网+”，大力培育推进电子商务，引进唯品会、惠民网、大渊博、新疆泰盈、野林猫等项目。互联网金融蓬勃发展，金融超市引进金融企业26家，完成税收2 773万元，交易额突破25亿元，先后为区内外1 200余家企业及个人提供专业金融服务。国有企业实力进一步壮大，资产达到400亿元。

【新区建设】2015年，乌鲁木齐开发区推动以高铁片区为核心的新区快速发展，将基础设施建设作为先决条件，在高铁片区新增政府投资15亿元，建成了卫星路南延、站前广场、公铁联运站等项目，优化提升了新区路网，完善了水电气暖等设施，为高铁新客站运营奠定了基础。白鸟湖新区配套设施和重点项目加快推进，完成了白鸟湖新区57条市政道路建设，内通外达的区域道路体系基本成型。将完善生活配套作为重要保障，积极推进幼儿园、学校和医院等项目，高标准建设健身绿道、大小绿谷、游园绿地等景观工程，不断提高城市新区的吸引力和影响力。

【园区发展】2015年，乌鲁木齐国际陆港区建设全面启动，综合保税区、多式联运海关监管中心正式获批并启动建设，国际纺织品服装商贸中心、“大北站”物流整合等项目有序推进，国际货运班列实现常态化运行。成功获批“国家级电子商务示范基地”和“自治区级电子商务示范基地”，设立新疆电子商务产业园。积极推动创新创业，启动新疆软件园众创空间、智景电商众创空间、阿拉丁创客空间、迎宾桥社区草根创业众创空间工作。加快完善甘泉堡园区建设工作，调整优化十二师合作区、河南庄村等片区规划，推进二期“退二转三”步伐。推动与兵团十二师、乌鲁木齐县融合发展，对外合作取得明显成效。

【投资促进】2015年，乌鲁木齐开发区完成招商引资项目38个，投资总额551亿元，新引入上海大众配套物流等6个工业项目。始终将促进产城融合作为核心内容，巩固现代服务业基础，推动万达、宝能等重点项目落实投资90亿元，商气、人气全面集聚。在此基础上，又新引入了连云港大厦、新疆发展商会等16个项目，投资总额达258亿元，新区发展后劲持续增强。

【科技创新】2015年，乌鲁木齐开发区科技创新能力明显增强，设立6亿元支持企业发展基金，安排自主创新基金4 000多万元支持35家企业申报科技项目57个，新认定国家级企业技术中心1家，高新技术企业达到50家。企业知名度和产品质量日益提升，新疆名牌产品已达20家31个产品，占首府1/3和全疆1/10强。国有企业实力进一步壮大，资产达到400亿元。PPP模式有效推行，截至目前累计实现融资400亿元，到位融资资金265亿元。

【环境建设】2015年，乌鲁木齐开发区坚持生态定位新区建设，全力推进生态环境建设，辖区绿化率大幅提高，人居环境显著改善，区域形象品位快速提升。大力推动国家环保模范城市、生态文明建设示范城市创建，投资近1 200万元建成16公里健身绿道，完成高铁核心区主要道路绿化以及大绿谷景观一期建设。小游园、小绿道遍布城市角落，累计种植乔木4.8万余株、灌木121.9万余株，新增绿地146公顷，支撑起了生态城区的骨架。

【社会事业】2015年，乌鲁木齐开发区用于民生投入达15亿元，继续实施包括就业、医疗、教育、社会保障等10个方面80件民生实事项目。安置就业大中专毕业生1 200余人，新增就业1.25万人。新建6所社区卫生服务中心(站)，城乡居民基本医疗保险参保率达99%以上，城乡低保实现动态管理下的“应保尽保”。投入7 600万元新建白鸟湖新区幼儿园，启动市127中重建，市一中初中部、新疆教育学院实验小学、市妇联幼儿园相继投入使用，实现了新区建新校的高起点发展。完成棚户区征收5万多平方米，全面开工建设420套“两居”工程，启动河南庄村集约化建房项目。深入开展“百日广场文化”，文化惠民演出80余场，放映公益电影700余场。

【机构设置与管委会领导】乌鲁木齐经济技术开发区党工委、管委会下设纪委（监察局）、党政办公室、组织部、宣传部、统战部、政法委、编办、机关工委、人社局、财政局、招商服务局、经发委、建设局、安监局、规划局、科技局、统计局、出口加工区、商务局、民政局、环保局、教育局、市政市容局、农牧水务局、卫生局、行政执法局、文体局、司法局、计生委、审计局、民宗局、信访局、社会服务管理局33个工作部门和11个街道（片区）。

开发区管委会领导成员为：管委会主任陈钢；管委会副主任杨勇、李志千、郭洪耀、张新强、李贺祖、张长林、丁彤卒、侯洁琼；管委会委员李春生、吐尔逊•赛买提。

（乌鲁木齐经济技术开发区（头屯河区）管委会）

合肥经济技术开发区

【经济发展】2015年，合肥经济技术开发区（以下简称“合肥经开区”）实现地区生产总值1 226.4亿元，同比增长12.1%，其中，第二产业增加值1 027.9亿元，增长11%，第三产业增加值198.5亿元，增长18%；二、三产业比例为83.8：16.2。实现营业收入4 434亿元，增长9.9%；全社会固定资产投资完成567亿元，增长11%；工业投资300亿元，增长10%；全年财政收入159.1亿元，增长5.7%；税收收入127.3亿元，增长15%；财政支出59.65亿元，增长6.14%；实现进出口总额75.8亿美元，增长1.6%，占全市的33.8%，占全省的14.1%，其中，出口45亿美元，增长1.27%，进口30.8亿美元，增长1.6%。

【产业发展】2015年，合肥经开区完成规模以上工业总产值3 566亿元，比上年增长10.8%；实现工业增加值960亿元，比上年增长10.9%。在规模以上工业中，外商及港澳台投资工业总产值2 320亿元，增长10.1%；内资工业总产值1 246亿元，增长7.8%。

产业结构进一步优化升级。规模以上工业中，家电电子、装备制造、汽车及零部件、快速消费品、电子信息、新材料、生物医药、住宅产业化八大产业完成工业总产值2 976亿元，比上年增长8%，占全区规模以上工业总产值的83.5%。

【园区特色】经过23年的建设发展，合肥经开区已经成为全国家电产业品牌最集中的产业园区之一，被工信部命名为“国家新型工业化（家电）产业示范基地”。截至2015年年底，该区家电产业相继引进海尔、美菱、华凌、美的、长虹、格力、晶弘等知名企业。2015年，全区家电产业实现产值1 145亿元，增长9.9%，占全区比重的32.1%。2015年共生产液晶电视243.8万台，空调379万台，洗衣机336.1万台，冰箱1 543.4万台。

【科技创新】2015年，合肥经开区高新技术企业当年累计实现产值1 694.6亿元，同比增长14%，占全市高新技术企业产值的33.8%。有91家企业被认定为国家级高新技术企业，其中有26家企业为新认定高新技术企业；5家企业通过高新技术企业复审，超额完成了当年度新增21家高新技术企业的目标任务，均创历年新高。新认定市级高新技术企业10家，市级创新型企业10家，新培育市级知识产权示范企业10家。申请发明专利1 739件，同比增长31.8%；发明专利授权338件，同比增长101.2%。成功列入省级知识产权示范培育园区。新组建市级工程技术研究中心11个，新建众创空间2个，新认定市级科技企业孵化器1个，新认定市级众创空间1个。新增小企业创业基地4个，新增小微企业1 150家。

【对外开放】2015年，合肥经开区实现进出口总额68.8亿美元，占全市进出口总额的33.8%，占全省进出口总额的14.1%。当年进出口总额过千万美元的企业33家，过1亿美元的企业10家，联宝电子及关联企业当年实现进出口总额45.3亿美元，继续为全省最大的外贸进出口企业。合肥出口加工区当年实现进出口总额45.8亿美元，位居全国出口加工区第6位、中西部地区第2位。空港保税物流中心（B型）项目于2015年11月开工，总投资约5亿元。

空港进境指定口岸于7月开工，计划2016年6月通过国家质检总局验收，水果、冰鲜口岸投入使用。成功引进合肥进口商品展示直销中心项目，并于2015年5月1日正式对外营业。

【投资促进】2015年，合肥经开区实现内外资招商引资总量累计231.5亿元，同比增加18%；内资部分到位资金203.5亿元，同比增加19.97%；吸引合同外资42.39亿美元，同比增加431%；外商直接投资4.500 1亿美元，同比增加7%。主动融入长三角，参与全球产业链分工。引进项目33个，投资总额357.3亿元，其中工业项目21个，三产项目12个。

加强对集成电路、新能源汽车等战略新兴产业大项目的研究、谋划和招商，引进总投资60亿元的南通富士通IC封测基地、总投资10亿元、年产5亿平方米锂电池隔膜等。积极引进各类研发创新平台和管理团队，启用清华大学公共安全研究院、5F创客空间、莲花电商园；新引进东湖高新科创中心、车库咖啡创客空间；启动清华启迪南艳湖科技园、云谷电商园项目建设。

盘活企业存量土地、厂房资源嫁接新项目，引进正大制药板蓝花、梯佑叉车、芯瑞达LED、皖新物流园等项目；与济钢日力、海智大厦等企业合作，拓展招商承接载体。

围绕高端制造、航空服务、现代物流、基础设施、现代农业等多个领域开展空港招商，2015年空港先后引进海富航空运营基地、东航安徽飞机维修基地、国电投分布式新能源热电、深圳农嘉乐农业旅游基地等项目，推进洽谈正大乐歌物流园、中铁物流冷链物流、中韩产业园、中德产业园等项目。

【生态环保】多措并举推进以大气、水污染防治为核心的污染防治工作，完成工业企业52台燃煤炉窑淘汰工作；督促混凝土搅拌企业完成封闭式物料堆场建设；采取湿式清扫、生活垃圾全密闭运输等市容保洁措施；严格渣土运输管理，减少扬尘产生；开展餐饮业油烟专项整治，规范烧烤摊群点；开展黄标车及老旧车辆淘汰工作，全年淘汰黄标车716辆，对321辆车发放补贴334.07万元。明确各单位水环境治理工作任务和职责，规范河道明渠及两岸管理，优化提升各河道明渠周边环境；在派河支流王建沟上游新建约19公顷的王建沟游园，提高河道的生态修复能力；加强对河岸两侧污染源的整治，确保河道两侧500米范围和饮用水源地保护区内无畜禽养殖企业、垃圾堆场及涉水违法建设等项目；开展河道两岸实施绿化环境整治，有效减少违规开垦种植养殖等现象发生，改善河道周边环境。编制南艳湖综合治理项目，完成湖底清淤、地表初雨污染沉淀过滤的前置库、沿湖周边湿塘及配套管网等项目。

积极发展循环经济，鼓励产业集聚发展。实施园区循环化改造，推进能源梯级利用、水资源循环利用、废物交换利用、土地节约集约利用，全力推进国家生态工业示范园区创建工作。委托中国环境科学研究院对全区生态工业园区建设情况进行评估，完成全区创建国家生态工业示范园区工作报告、回顾性评价报告、验收技术报告、案例汇编等验收资料的编制。对照建设规划和《综合类生态工业园区标准》(HJ 274—2009)及《关于发布〈综合类生态工业园区标准〉(HJ 274—2009)修改方案的公告》等相关文件，对全区生态工业园区总体建设情况、指标体系和生态工业链建设等方面的情况进行评估，较好地完成了生态工业园区标准中9项基本条件和24项指标要求。

【基础设施建设】合肥经开区财政投资完成市政基础设施、文教卫生和公共配套等项目投资约22亿元（含市级投资约2.5亿元）。下达财政性投资项目建设任务62项，续建往年项目57项，共计119项，已完成项目48项，在建33项，其余38项在做前期设计、施工招标等工作。

合肥空港经济示范区总体规划获批，全面拉开启动建设的序幕，开工道路10条，总长约22公里。完成兴业大道、新港路等约20条道路的前期规划设计工作。经开区南区建成区城市功能完善，营造良好生态环境，完成海洋世界二期、南艳湖公园一期等项目建设，徽园移交安徽省文联运营并升级改造，打造徽文化展示基地。完成南艳湖周边环境提升改造工程的前期工作。

【投融资建设】2015 年，合肥经开区已到位融资资金 1.8 亿元，新增授信 7.5 亿元。积极推进空港城镇化项目贷款，已通过项目初评。完成股权融资 5.51 亿元，拟上市企业完成股改 2 家，完成“新三板”股改企业 4 家，完成省股权交易中心挂牌企业 4 家。投资新兴产业，出资成立通富公司，并将 52% 和 24% 的股权分别转让给南通富士通微电子股份有限公司和合肥市产业投资引导基金有限公司；参股成立合肥海本蓝科技有限公司；拟订《合肥经济技术开发区产业基金管理办法（试行）》（合经区管〔2015〕31 号），搭建海恒创新投资管理公司，共投入资金 1.95 亿元。海恒创新公司投资 500 万元参股合肥赛猊腾龙信息技术有限公司，投资 5.4 亿元合伙设立合肥启迪科技产业投资管理中心（有限合伙），投资 2 000 万元合伙设立合肥凯泰成长投资基金。

【项目建设】2015 年，合肥经开区完成固定资产投资 567.1 亿元，同比增长 12.5%；实现工业投资 300.5 亿元，同比增长 9.6%；完成工业技改投资 191.8 亿元，占合肥市总量的 15.1%，占全区工业投资比重的 63.8%。深入推进省“861”、市“1346”重点项目，全年分别完成投资 204.5 亿元和 204.9 亿元，占年度计划的 115.2% 和 115.6%。25 个项目集中开工，总投资 274.8 亿元，富士通微电子、清华启迪高科技研发基地、联合利华二期等一批投资超 10 亿元的项目已开工建设。可口可乐扩建、江淮松芝汽车空调、晶赛电子等一批重点项目建成投入运行。

【党建工作】完成社区“两委”换届工作。29 个社区共选举产生“两委”成员 167 名，新一届“两委”成员平均年龄 40 岁，进一步优化了小区“两委”干部队伍结构。开展社会组织及非公企业排查组建活动。全区摸排非公企业共 1 339 家（含高刘），党组织实现了全覆盖，单独组建率由年初的 18.3% 提升至 21.06%，完成开发区 2015 年组建任务。全区社会组织共有 60 家，社会组织中的党组织也实现了全覆盖，有专职人员的社会组织党组织组建率为 100%。加强党建工作考核，突出工作重点。研究制定了《关于建立居委会（工作站）重点工作考核制度的通知》。

【机构设置与管委会领导】合肥经开区下设纪工委（监察室、督查室、绩效办）、党工委办公室（区直党委、发展研究中心、文明办、网信办、团工委、妇女联合会）、管委会办公室（应急办）、经贸发展局、建设发展局、财政局（国有资产监督管理办公室、财务中心）、人事劳动局、社会发展局、社区管理局（卫计委、征地拆迁安置办公室）、市场监督管理局、合肥出口加工区管理局、合肥空港经济示范区管理办公室、政法办公室（信访局、群众工作部）、招商局、总工会（企业党委）、科技局、城市管理局、环保分局、安全生产监督管理局、重点局、建设管理中心、房地产管理中心、政府采购中心（公共资源交易中心）。

合肥经开区党工委书记、管委会主任杨伟；党工委副书记、管委会副主任操云何、桑林兵；工委委员、管委会副主任孙余洲、吴昊、王亚斌、王家和；工委委员、纪委书记张明。

2014—2015 年合肥经济技术开发区主要经济综合指标一览表

项目	单位	2015 年	2014 年	增减（%）
开发区生产总值	亿元	1 226	1 094.17	12.1
第二产业	亿元	1 028	925.92	11.0
工业	亿元	960	865.92	10.9
第三产业	亿元	199	168.25	18.0
工业总产值（现价）	亿元	3 636.04	3 280.01	10.9

续表

项目		单位	2015 年	2014 年	增减（%）
高新技术企业		亿元	2 694.784 1	2 461.15	9.5
销售（营业）收入		亿元	4 525	4 033.93	12.2
第二产业		亿元	3 504	3 294.15	6.4
工业		亿元	3 321	3 042.43	9.2
第三产业		亿元	1 021	789.78	29.3
利润总额		亿元	199.30	183.11	8.8
第二产业		亿元	171.80	166.36	3.3
工业		亿元	170.30	158.90	7.2
区内主导产业及产值					
主导产业	1．家电配套业	亿元	1 084	1 045.27	3.7
	2．汽车零部件业	亿元	694	648.26	7.1
	3．装备制造业	亿元	553	456.81	21.1
	4．快速消费品业	亿元	240	238.06	0.8
第三产业		亿元	901	799.98	12.6
进出口总额		亿美元	75.80	464.20	−83.7
出口		亿美元	45	280.62	−84.0
财政收入		亿元	159	150.50	5.7
税收收入		亿元	127	111	14.4
财政支出		亿元	59.65	56.20	6.1
新批企业数量		家	215	174	23.6
外商及港澳台企业		家	16	17	−5.9
内资企业		家	199	157	26.8
新批企业投资额	外商及港澳台企业	亿美元	40 201	8.13	494 377.2
	内资企业	亿元	2 005 207	2 559 331	−21.7
	增资企业	亿美元	3.10	2.51	23.5
合同外资金额		亿美元	30 870	2.69	1 147 483.6
外商实际投资		亿美元	4.70	4.70	0.0
固定资产投资		亿元	567	511.08	10.9
年末从业人员		万人	20.10	20.62	−2.6
在岗职工		万人	15.89	15.86	0.2
在岗职工平均工资		元	56 751	56 232	0.9
规模以上企业数量		家	487	456	6.8
工业		家	237	238	−0.4
万元 GDP 能耗		吨标煤／万元	0.180 3	0.22	−18.0

（合肥经济技术开发区管委会）

成都经济技术开发区

【经济发展】2015年，成都经济技术开发区（以下简称“成都开发区”）紧紧围绕“世界级汽车产业城、国际化生活品质城”和“大车都”的建设目标，认真贯彻落实中央“五大发展理念”、四川省委“三大发展战略”和成都市委“改革创新、转型升级”的总体战略，以汽车产业发展为主导，狠抓重大项目投资拉动、对外开放招大引强、产城融合互动发展，推动区域经济持续健康发展。全年完成地区生产总值1 002.1亿元，增长5%；全社会固定资产投资483亿元，增长19.1%；一般公共预算收入66.2亿元，增长13.3%；实现社会消费品零售总额112.7亿元，增长10.4%；城镇和农村居民人均可支配收入分别达到33 196元、21 640元，分别增长8.4%和9.1%；万元GDP能耗下降3%。区域经济综合实力连续3年位居四川省“十强县”第一。2015年度，成都经济技术开发区主要经济指标如下表所示：

2015年成都经济技术开发区主要经济指标

指标	计量单位	绝对值	同比增幅（%）
地区生产总值	亿元	1 002.1	5.0
第二产业增加值	亿元	786.2	2.9
全社会固定资产投资	亿元	483	19.1
地方公共财政收入	亿元	66.2	13.3
税收收入	亿元	55.5	8.9
社会消费品零售总额	亿元	112.7	10.4
进出口总额	亿美元	16	—
实际利用外资	亿美元	5.4	183.6
实际利用内资	亿元	198.01	30.5

【产业发展】2015年，成都开发区第二产业增加值786.2亿元，增长2.9%；规模以上工业增加值2.6%；规模以上工业利润总额152.8亿元，工业经济发展质量和效益持续稳步提升。坚持龙头带动，汽车整车制造规模发展。截至2015年年底，成都开发区已聚集一汽大众、一汽丰田等11家国内知名整车企业，初步搭建年产155万台整车生产平台，成为西部地区第二大整车生产基地。汽车整车（机）产量92万辆，汽车产业主营业务收入1 219亿元。聚焦节能环保，推动新能源汽车“倍增”发展。抢抓新能源汽车发展的战略机遇，大力发展新能源汽车，已聚集沃尔沃、吉利高原、川汽、中植、一汽专用、雅骏等新能源整车项目6个，产能达2万辆，2015年产量达1 454辆，增长12.8倍。坚持整零并举，汽车配套产业聚链发展。根据国际汽车城搭建“全产业链”的思路，大力发展汽车核心零部件配套体系，聚集了一汽大众发动机、美国江森、加拿大麦格纳等300余家关键零部件企业，地配率达到30%，2015年实

现汽车配套企业主营业务收入237.4亿元，为打造汽配千亿元产业集群奠定了坚实基础。坚持双轮驱动，汽车服务业蓬勃发展。汽车贸易博览业快速发展，以成都国际汽车博览城为龙头，聚集中国兵装万友汽车博览中心、吉利汽车超市城市综合体等一批汽车贸易博览重大项目，推动中国—东盟汽车贸易产业园等一批重大配套服务项目加快建设，汽车贸易千亿元产业集群加速形成；汽车物流业加快推进，全力建设“大通关”信息平台和公铁水联运通道，基本实现了开发区骨干路网与高速路网、泸州港、重庆港等港口、货站的有效对接；海关国检进驻龙泉物流中心开办业务，具备“一关三检”功能的成都公路口岸建成投运，保税物流中心（B型）项目启动建设，正积极争取纳入成都自贸区申报范围。2015年物流业实现主营业务收入60.5亿元，增长13%。

【园区特色】成都开发区大力实施开放发展战略，着力打造内陆开放前沿区。加快推进成都中法生态园建设，明确园区发展定位，学习借鉴法国及欧盟等智慧城镇建设先进经验，构建“一轴三带多板块”的空间布局和“一心两极两走廊”的生态格局；积极开展对外宣传推介，大力引进高端装备制造、节能环保、新材料等战略新兴产业，引进总投资123亿元的东风神龙成都基地项目，法国佛吉亚、东风模具等近30家零部件企业签约落户。加快中德汽车及智能制造产业园建设，按照中德（四川成都）产业创新平台总体空间规划布局，初步提出了“一园两区、多元发展”的空间规划布局，以汽车产业为基础，重点发展未来交通工具、新能源、新材料、物联网等战略性新兴产业。大力实施“走出去”战略，抢抓“一带一路”和长江经济带建设机遇，主动融入“蓉欧+”战略，加强与长江中上游港口（口岸）、成都国际铁路港和面向东盟的陆港合作，推动“龙泉造”产品拓展海外市场。2015年，沃尔沃、大运汽车、天兴山田等27家整车及零部件企业实现出口总额13 238万美元。

【科技创新】促进创新创业主体汇聚。出台《培育企业创新主体专项改革方案》，建成航天龙宇等国家级、省级研发机构35家，高新技术、创新型企业129家。2015年高新技术企业实现产值260亿元，增长10%。设立1亿元人才专项基金，引进长江学者贺跃辉、管欣等汽车产业领军人才10人，汽车产业高层次人才820名。健全创新创业要素市场。“菁蓉·天府卧龙谷”等创新合作平台加快建设；“汽车科技数据银行”等创新服务平台、“三院一中心”等检测认证平台、孔辉科技底盘等公共技术平台建成投运，环龙智能库卡机器人等一批研发基地加快建设。营造创新创业生态环境。深入实施“创业天府行动计划”，设立10亿元创新创业发展基金，鼓励支持汽车制造主导产业转型升级、提质增效。设立3亿元债券融资风险资金池，为中小科技型企业提供知识产权质押、股权质押和信用贷款。加大知识产权保护力度，“十二五”期间专利申请量达1.09万件，荣获省、市科技进步奖（含专利奖）10项，连续4年被科技部评为“科技进步考核先进区”。

【投资促进】2015年，成都开发区共引进重大项目31个，实际到位省外内资198.01亿元，增长30.5%，实际利用外资5.4亿美元，增长183.6%。狠抓汽车整车招大引强，大力实施“整车产能建设计划”，成功引进投资19.7亿元的吉利高原增产扩能及新车型投放项目和投资49.67亿元的沃尔沃乘用车成都出口基地及二期项目。狠抓汽车零部件招大引强，依托现有整车企业实施“以整招零”，紧盯世界500强和行业细分领域百强企业，引入东风佛吉亚、华滋东江等零部件企业21家，协议总投资超53.55亿元。狠抓汽车产业高端招大引强，针对汽车产业薄弱环节，瞄准汽车研发、设计、博览、娱乐等后市场，成功引进物联网智能仪表等汽车研发、商贸服务和总部项目23个。狠抓重大项目快投快建，全年促建项目共151个，项目协议总投资824亿元，实现工业投资144.9亿元，增长51.5%。推动丰田普拉多2.7L、上海贝洱等26

个项目竣工投运，一汽大众四期（扩能）、浦项等17个项目开工建设，东风神龙、方大炭素等23个项目加快续建，吉利高原GX6下线。

【生态环保】坚持走新型工业化和集约化发展道路。2015年，规模以上工业综合能源消费量45万吨标准煤，规模以上工业总用电量143 582.8万千瓦时，工业耗水量1 466万吨，规模以上万元工业增加值综合水耗1.94立方米，万元GDP能耗下降3%，创建国家生态工业示范园区通过省级技术核查，已上报环保部申请国家级技术验收。逐步推进园区企业超标排放生产线淘汰工作，积极响应成都市重污染天气应急预案，及时做好大气污染调查、燃煤整治专项检查、高污染燃料锅炉专项检查、建筑工地管理及扬尘治理工作。全年空气优良天数201天，位居二圈层前列；深入推进沱江流域水污染整治工作，建立健全城市集中式饮用水水源地保护区环境管理档案，每月不定期开展污水处理厂巡查，加强水环境综合治理；持续推动完成重大建设项目环评审批、竣工环保验收工作，全年共完成48个项目的环评报告书审批、83个项目的环评报告表审批、147个项目的环评登记表审批，43个项目的试生产批复、60个项目的竣工环保验收；扎实完成总量减排工作，2015年共计上报总量减排项目20个，可完成化学需氧量削减量1 682.5吨，氨氮削减量255.1吨，二氧化硫削减量142.1吨，氮氧化物削减量73.4吨。

【机构设置】成都经济技术开发区党工委、管委会内设机构为“一办八局”。

党工委、管委会办公室（含机关党委）：负责党工委、管委会文秘、信息、文书、组织人事、人才开发、群团、目标管理督查、机关后勤事务、机关财务、对外联络、对外接待和会务承办等方面的工作；负责机关党的建设、纪检监察、共青团、妇联、工会、人事工资、离退休干部管理等方面工作；协助区委组织部指导园区企业党建等工作。

汽车产业投资服务局：在区投资促进委员会领导下，负责统筹和履行全区汽车制造项目和汽车商贸、物流、博览、专卖及以汽车为主题的文化、休闲、运动等项目的投资促进工作。

现代工业投资服务局：在区投资促进委员会领导下，主要负责除汽车以外的新型工业项目、重点工程机械、外资项目、孵化器项目等功能性服务项目的投资促进工作。

项目建设服务局：主要负责招商引资后，项目进区开工建设至项目建成投产前所有环节的协调、服务工作。

企业发展服务局：主要负责项目建成投产后的后续服务工作。

统筹发展局：主要负责编制开发区中长期发展规划，承担开发区建设发展、重大事项等战略问题调查研究。

区域合作局：主要负责开发区跨国、跨区域和与周边区（市）县对外交流合作可行性研究。

汽车研发和贸易博览投资服务局：负责制定成都开发区（龙泉驿区）和天府新区龙泉片区（成都市汽车产业综合功能区）汽车产业的研发创新、创意设计和电子电器、总部经济投资促进发展战略、工作计划并组织实施；负责制定成都开发区（龙泉驿区）和天府新区龙泉片区（成都市汽车产业综合功能区）汽车产业贸易博览投资促进发展战略、工作计划并组织实施。

物流管理服务局：负责组织编制龙泉驿区现代物流业发展战略、政策措施并组织实施；负责全区现代物流业发展的指导、协调和服务；负责龙泉物流中心招商引资、企业服务、物流信息化平台建设和对外宣传；协调推进龙泉物流中心基础设施、配套设施和物流项目建设；协调推进成都公路口岸规划建设；协调口岸管理工作，开展区域物流发展合作与交流。

【党工委、管委会领导分工】党工委书记、区委书记廖仁松主持党工委全面工作；党工委副书记、管委会主任、区长何勋主持管委会全面工作；区政府党组副书记、管委会副主任李桦负责管委会常务工作，协助主任抓投资促进统筹工作，主要分管汽车制造项目和汽车商贸、物流、博览、专卖及汽车文化、汽车休闲运动项目及工业孵化器项目等的投资促进工作，分管成都经济技术开发区汽车产业投资服务局、汽车研发和贸易博览投资服务局；党工委委员、管委会副主任贾伦才协助主任分管项目建成投产后营运过程中的服务工作，主要负责扶持服务企业做大做强、技术改造、技术创新、知识产权保护、安全生产、优惠政策兑现及企业日常服务、开发区经济运行分析、统计信息报告等工作，分管成都经济技术开发区企业发展服务局；党工委委员、管委会副主任程果协助主任分管开发区发展策划、战略研究和区域合作等工作，主要负责编制开发区中长期发展规划、承担开发区建设发展、重大事项等战略问题调查研究，开发区跨国、跨区域和与周边区（市）县对外交流合作可行性研究，开发区园区文化和信息化建设，分管成都经济技术开发区党工委、管委会办公室，成都经济技术开发区统筹发展局，负责成都中法生态园、中德汽车及智能制造产业园等国别合作园区的建设发展协调推进工作；党工委委员、管委会副主任蔡本刚协助主任负责除汽车产业以外的新型工业项目、工程机械项目、外资项目、科技孵化器项目等的投资促进工作，分管成都经济技术开发区现代工业投资服务局。

2014—2015 年成都经济技术开发区主要经济综合指标一览表

项目		单位	2015 年	2014 年	增减（%）
开发区生产总值		亿元	1 002.10	944.60	5.0
第二产业		亿元	786.20	769.46	2.9
工业		亿元	—	—	2.6
第三产业		亿元	190	147.96	13.8
工业总产值（现价）		亿元	1 805.2（规模以上工业）	1 721.5（规模以上工业）	3.3
高新技术企业		亿元	260	240	8.3
销售（营业）收入					
第二产业		亿元	—	—	—
工业		亿元	1 635.1（规模以上工业）	1 761.4（规模以上工业）	−6.1
利润总额					
第二产业		亿元	—	—	—
工业		亿元	152.8（规模以上工业）	189.3（规模以上工业）	−19.9
区内主导产业及产值					
主导产业	汽车（含机械）及配套企业	亿元	1 292.90	1 204.70	5.7
进出口总额		亿美元	16	29.97	−43.9
出口		亿美元	4.09	6.25	−0.8
财政收入		亿元	212.60	221.91	−4.2
税收收入		亿元	55.47	50.94	8.9
财政支出		亿元	118.54	132.89	−10.8
新批企业数量		家	2 398	2 245	6.8
外商及港澳台企业		家	15	15	0
内资企业		家	1 757	1 350	30.1
新批企业投资额	外商及港澳台企业	亿美元	1.00	15.70	−93.6
	内资企业	亿元	623.40	48.50	1 185.4
	增资企业	亿美元	55.20	22.50	145.3

续表

项目	单位	2015年	2014年	增减（%）
规模以上企业数量	家	199	179	11.2
合同外资金额	亿美元	0.19	3.02	−93.9
外商实际投资	亿美元	5.42	1.91	183.6
固定资产投资	亿元	483	405.50	19.1
年末从业人员	万人	8.69	8.95	−4.6
水资源消耗总量	万立方米	22 674	19 978	13.5
单位国内生产总值取水量	立方米／万元	22.63	21.15	7

（成都经济技术开发区管委会）

昆明经济技术开发区

【经济发展】2015 年，昆明经济技术开发区（以下简称“昆明开发区”）营业总收入 1 320 亿元，同比增长 12.34%；工业总产值 404 亿元，同比增长 5.76%；规模以上工业企业共 112 家，亿元以上企业 52 家，10 亿元以上企业 8 家。规模以上工业企业完成工业总产值 334.55 亿元，同比增长 5.8%；规模以上工业增加值完成 97 亿元，可比增长 9.5%，增速较 2014 年增加两个百分点。其中，亿元以上规模工业企业实现产值 309.14 亿元，同比增长 7.63%，占全区规模以上工业企业总产值的比重达到 92.4%。开发区现已形成了装备制造、食品饮料、生物医药、烟草及配套、光电子信息等主要工业和现代物流、信息软件、金融服务、技术服务等现代服务业共生互促发展的结构，成为推动地区生产总值增长的主要因素。同时，继续加大对技术改造的扶持力度，2015 年帮助企业争取云南省、昆明市技改资金及拨付区级扶持资金合计 1 469.6 万元，扶持昆明台工精密机械有限公司等 3 家企业成功创建省级企业技术中心。全区全年实现高新技术企业产值 167 亿元，增长 10.9%，占工业总产值的比重达到 41.34%。

【科技创新】2015 年，昆明开发区在“内生驱动，创新引领”的发展战略指导下，继续加大对科技研发和技术改造的扶持力度，财政科技投入达 1.38 亿元，占统计财政支出比重的 3%。全区新增高新技术企业 18 家，“新三板”上市企业 4 家，获授权专利 253 件，全社会 R&D经费投入占销售收入的比重达到 3.7%，高新技术企业在转型升级中的引领作用日趋明显。在加大众创空间建设的基础上，积极建设各类生产力服务中心、科技企业孵化器、院士专家工作站、企业技术（工程）中心、重点实验室等创新平台载体，鼓励企业与高等院校、科研院所进行研发合作，大力吸引高等院校、科研院所在园区设立专业研发中心，促进创新成果转化和产业化。2015 年，全区获批云南省众创空间 4 家，云南省生产力促进中心 1 家，云南省院士专家工作站 2 家，云南省工程技术研究中心 1 家，云南省企业技术中心 3 家，云南省产业技术创新战略联盟 1 家，云南省国际科技合作基地 1 家；昆明市科技企业孵化器 1 家，昆明市众创空间 4 家，昆明市企业技术中心 7 家，昆明市重点实验室 1 家，昆明市新型创业创新孵化服务园区 4 家，昆明市开发区青年（大学生）创业园被认定为省级青年（大学生）创业示范园。

【对外贸易】2015 年，昆明开发区进一步提升外经贸企业促进工作，加大外经贸企业扶持力度，累计完成市属进出口总额 52.1 亿美元，超额完成市政府下达目标任务的 133.9%，占昆明市全市完成进出口总额的 50.4%，对昆明市外贸发展的推动及促进发挥了积极作用。新增总部企业 2 家，完成税收合计 33 760 万元，同比增长 25.98%。电子商务发展迅猛，行业覆盖日用品、食品、茶叶、乐器、钢材、工程机械、航空票务、物流服务信息等领域，为“大众创业、万众创新”提供了新空间，促进了互联网的创新发展，开创了以互联网为基础的经济发展新形态。

【项目推进】2015 年，昆明开发区完成规模以上固定资产投资 137.01 亿元，超额完成市政府制定的目标。始终以“抓好一个强化、抓住两个重点、抓紧三个促进”为目标，推进投资稳增长。协调督促云南航天新能源汽车及专用车生产能力建设、云内动力D系列先进乘用车柴油发动机30万台生产能力建设、云南能投电力装备产业园和云南东盟国际冷链物流中心等续建项目加快进度；积极推进统一食品二期、东方航空培训中心、云之茶等新建项目投资进度。提早发挥投资增量替补效应，合力助推投资快速增长。纳入市级重点项目共计16个，完成投资17.3亿元，占全年投资计划的84.4%。其中，重点基础设施投资项目完成投资4.83亿元，占全年投资计划的120.7%；重点产业投资项目完成投资12.47亿元，占全年投资计划的75.6%。纳入省“四个一百”重点建设项目4项，完成投资9.44亿元，占全年投资计划的104%。其中，新开工项目完成投资8.12亿元，完成全年投资计划的162.4%。

【招商引资】2015年，昆明开发区坚持产业发展与城市建设并重，新兴产业与传统产业并重，强化定向招商、精准招商、科学招商，在重大产业类项目持续推进的同时，大力开展楼宇产业化招商，将金融、科技、商贸服务、互联网、文化创意类企业作为重点，成功引进云岭高速集团、中信资产管理有限公司西南分公司等多家知名企业总部入驻，云南中科本源生物工程技术有限公司、云南铁坦新材料科技股份有限公司等高新企业入驻，促成云南省新一代信息技术（移动互联网）产业基地、云南新丝路快铁班列有限公司、云南东南苑商务有限公司等企业落户开发区，促进了全区跨境电商平台建设及产业集聚。全年推进招商引资用地类项目共30个，引进外商投资企业8家，完成固定资产投资15.8亿元。迅图国际、能投电力装备制造、铭信塑料检查项目、敏德尔化妆品研发、云荣机械、昆明有色金属新材料战略性新兴产业示范基地、电线电缆生产项目均100%完成投资计划。继续加强项目跟踪服务机制和协调联动，全力推进项目建设落地，每月召开项目推进协调会，会同相关职能部门逐一解决项目建设存在的重要困难和问题，优化全区投资环境，为企业、项目建设扫清障碍。全区实际到位市外内资108.98亿元，实际利用外资3.6亿美元，亿元以上项目开工6个，亿元以上项目竣工6个。

【社会发展】2015年，昆明开发区不断加快园区建设，促进产城融合。区级财政投资基本建设项目完成固定资产投资22.1亿元，开展基础设施建设项目107项。其中，在建市政道路17条，里程长度30.97千米；在建公共租赁住房3 766套。拓宽就业渠道，以夯实就业服务为导向，城镇登记失业率始终控制在3.5%以内。稳步提升城镇化水平和质量，缩小城乡差距，实现区域均衡发展，农村转户群众医疗保险参保率、基本社会保险覆盖率均超过95%。以满足经济社会快速发展需求和基本公共服务均等化为目标，积极优化文教体卫公共服务设施空间布局，大力提高文教体卫事业服务质量和能力。学前三年教育毛入园率、义务教育毛入学率和高考上线率均达到100%，教育均衡发展格局基本形成。医疗卫生资源配置不断优化，人均医疗保障水平逐步提高，初级卫生保健覆盖率达到100%，公共卫生和基本医疗卫生服务能力明显增强。

【生态建设】2015年，昆明开发区不断加强城市环境基础设施、污染治理设施和园林绿化等的建设及运行管理，加大环境监管能力建设，同时加强对工业企业污染治理设施的监管，淘汰使用高污染燃料设备。2015年全区环保投资5.1亿元，环保投资增长率为1.32%，区域环境质量持续改善。其中，黑龙潭水质达到地下水Ⅲ类标准，洛龙河达到地表水Ⅱ类标准，宝象河和马料河达到地表水Ⅳ类标准，均达到水质保护目标或阶段保护目标的要求。不断加快转变发展方式，推进生态工业园区建设。经过两年多的努力，创建国家生态工业示范园区的工作取得积极进展。2015年7月3日，国家环保部、商务部和科技部联合下发《关于同意昆明经济技术开发区等6个园区建设国家生态工业示范园区的通知》，同意批准昆明经济技术开发区等6个园区开展国家生态工业示范园区的建设。持续加大园区绿化建设，打造绿色产业园区。全区新增城镇绿地73.78万平方米，种植乔木4.04万株。严格抓好节能减排，促进经济循环发展。全年规模以上工业万元增加值能耗下降率达到18.62%，开发区倪家营水质净化厂处理污水793.09万立方米，削减化学需氧量952.67吨，削减氨氮量98.1吨。

【法治建设】2015年，昆明开发区法制建设有序推进，政府权力公开透明。深入推进权力清单制度，对全区现有的1 492项行政处罚、33项行政强制、5项行政征收、22项行政给付、62项行政检查及8项行政确认等依法公开权力运行流程，规范政府权力行使。全面开展行政执法主体清理工作，明确了19家工作部门具有独立的行政执法主体资格并对外公告。进一步提高全民法治意识，全区法律普及率平均达95%以上；探索完善人民调解工作体系，全面提升调解工作质量，2015年全区累计调解案件5 521件，调解率达100%，成功率达99.71%；深入持续扎实推进全区“民主法治社区”创建工作。经过近年来连续开展创建工作，目前已创建1个国家级“民主法治社区”，12个市级“民主法治社区”。2015年，开发区平安创建扎实有效，治安防控实现共享。加强应急处置突发公共安全事件的体系建设，修订、出台应急预案2个，社会安全指数达到100%，亿元工业增加值生产安全事故死亡率下降到0.017人，为经济社会发展营造了良好的平安环境。

【深化改革】2015年，昆明开发区研究出台《昆明经济技术开发区2015—2020年全面深化改革总体方案》和《昆明经济技术开发区关于推广中国（上海）自由贸易试验区可复制改革试点经验的工作方案》，开创全面深化改革新局面；修订推出《昆明经济技术开发区产业发展指导目录（2016年本）》，促进产业结构优化升级；简化行政审批事项，梳理绘制行政审批流程，健全权力清单动态管理；深化全员聘用制度，全面启动部门绩效考核管理，政务信息化建设不断加强。2015年，开发区加大政府信息化建设工作，实现服务流程的再造和优化。把握当前政府信息化发展趋势，开展行政审批网上服务大厅建设工作，提高公共服务质量；组织投资项目分批录入国家重大项目库，促进有效投资，增强发展后劲；完成管委会办公平台三期建设，创新性地建设可量化的政府绩效管理系统，提升管理服务水平；完成“昆明经济技术开发区经济社会运行分析（GIS展现）平台”一期的开发建设，为全区“大数据”战略的实施奠定基础。积极开展智慧园区建设，为园区转型升级和园区经济创新发展提供支撑。成立“开发区互联网＋行动、大数据战略推进工作领导小组”，加强顶层设计和规划指导，完成“开发区智慧园区可研报告”编制，启动“昆明经济技术开发区智慧城市智能运行中心”项目，深入推进开发区经济社会统计分析大数据平台建设。

【机构设置】2015年，昆明经济技术开发区的党、政内设机构为：党政办、组织部、人力资源与社会保障局、工委工作部、纪工委、监察审计局、政策研究室、机关党委、创建办、区妇联、总工会、团工委、经济发展局、投资促进局、社会事业局、法制局（司法局）、住房和城乡建设局、监管办、环保局、拆迁安置局、城乡工作局、城市管理局（综合执法局）、安全生产监督管理局、民政局、出口加工区管理局、食品和药品监督管理局；昆明市有关部门派驻机构为：财政分局（国库支付中心）、规划分局、国土分局、国税分局、地税分局、工商分局、公安分局、消防大队、质监分局。开发区托管两个街道办事处：阿拉街道办事处、洛羊街道办事处。

2014—2015 年昆明经济技术开发区主要经济综合指标一览表

项目		单位	2015 年	2014 年	增减（%）
开发区生产总值		亿元	304.39	266.15	14.37
第二产业		亿元	211.54	133.30	58.69
工业		亿元	108.72	105.40	3.15
第三产业		亿元	143.42	131.87	8.96
工业总产值（现价）		亿元	420.00	382.00	9.94
高新技术企业		亿元	167.65	150.59	11.32
销售（营业）收入		亿元	1 320.00	1 160.00	13.79
第二产业		亿元	592.00	471.00	25.69
工业		亿元	382.00	368.00	3.80
第三产业		亿元	699.80	689.00	1.57
利润总额					
第二产业		亿元	50.26	36.72	36.87
工业		亿元	35.29	29.91	17.99
区内主导产业及产值					
主导产业	1．烟草及配套业	亿元	57.80	53.00	9.06
	2．装备制造业	亿元	160.00	153.86	4.58
	3．生物医药业	亿元	123.00	113.43	8.44
	4．食品饮料业	亿元	49.44	56.00	−11.71
第三产业		亿元	699.80	689.00	1.57
进出口总额		亿美元	52.10	89.90	−42.05
出口		亿美元	49.70	53.40	−6.93
财政收入		亿元	29.81	27.21	9.55
税收收入		亿元	25.08	26.08	−3.83
财政支出		亿元	25.7	24.80	3.63
新批企业数量		家	3 619	2 830	27.90
外商及港澳台企业		家	10	12	−16.70
内资企业		家	3 609	2 818	28.10
新批企业投资额	外商及港澳台企业	亿美元	0.72	2.93	−75.43
	内资企业	亿元	175	138	26.90
	增资企业	亿美元	0.012 9	0.044 6	−71.08
规模以上企业数量		家	402	399	0.75
合同外资金额		亿美元	0.26	1.03	−74.76
外商实际投资		亿美元	3.60	2.68	34.33
固定资产投资		亿元	137.01	116.69	17.42
年末从业人员		万人	10.57	9.67	9.31
万元 GDP 能耗		吨标煤／万元	0.153 2	0.157 4	−2.60
单位国内生产总值取水量		立方米／万元	5.92	5.22	13.41

（昆明经济技术开发区管委会）

长沙经济技术开发区

【经济发展】2015年，长沙经济技术开发区（以下简称“长沙开发区”）实现地区生产总值790.46亿元，按可比价格计算，同比增长13.5%。其中，第二产业增加值完成636.04亿元，同比增长13.6%；第三产业增加值完成154.42亿元，同比增长3.65%。税收收入106.06亿元，同比增长10.04%。

【工业产业发展】2015年，长沙开发区实现规模以上工业总产值1 905.56亿元，增长16.43%。其中，外商及港澳台企业工业总产值540.70亿元，增长14.51%；内资企业工业总产值1 409.86亿元，增长21.07%。产业结构进一步优化升级。规模以上工业中，工程机械、电子电器、汽车等三大产业完成总产值1 538.97亿元，占全区规模以上工业总产值的80.76%。

【科技创新】2015年，长沙开发区深化建设全省首个“国家知识产权示范园区”，园区企业获得授权发明专利452件，同比增长60%。园区当年获得发明专利授权的企业52家，较2014年实现翻倍。三一集团、山河智能和铁建重工分别获得306件、23件和16件，位列前3强。园区新增博士后科研工作站2家，国家级技术平台1个，省级技术平台8个。截至2015年年底，开发区共有国家级企业技术中心5家，国家工程研究中心1家，国家地方联合工程研究中心1家，省级企业技术中心9家，省级工程技术研究中心10家，省级工程研究中心4家，省级工业设计中心2家，省级企业重点实验室4家，市级企业技术中心15家，市级工程技术研究中心9家，博士后科研工作站9家，院士工作站7家。千山药机获评国家知识产权优势企业，三一集团、铁建重工获得2项中国专利优秀奖。另外，开发区企业还获得省科技进步奖6项，市级科技奖励14项，38家企业获得高新技术企业认定和复评，38家企业被评为全市科技投入“双百企业”，4人被评为市创新创业领军人才。

【招商引资】2015年，长沙开发区完成省外境内到位资金23亿元，同比增长4.51%；完成市外境内资金形成固定资产投资51亿元，同比增长4.08%。完成实际到位外资4.42亿美元，同比增长0.45%。外经外贸累计进出口额30亿美元，同比增长14.12%。

【基础设施建设】2015年，长沙开发区坚持重大项目“领导联点、部门参与、专员督办”“学习与服务”、全程代办、督查考核等机制，领导干部践行“一线工作法”，及时破解项目建设难题，为重大项目开建、竣工提供了有力保障。全区54个在建项目、45个待建项目，9个列入“六个走在前列”重大项目建设全面铺开。全年共完成新开建项目21个，竣工投产项目23个。全年重大项目开工率、投资完成率均达100%。长沙科技新城、工程机械交易展示中心、北汽福田环境装备产业园等重大项目全面推进。上汽大众、广汽菲克、蓝思科技（二期）、远大“小天城”、住友橡胶（一期扩建）等重大项目相继竣工达产。特别是在全市项目建设流动观摩考核中，长沙开发区赢得了“单个项目第一、国家级开发区第一、县域项目第一”的佳绩，较好地发挥了引领示范作用。

【生态环保】园区着力构建“两型社会”，以创建“国家级生态工业示范园区”为目标，不断提升城市品质。始终把住项目环评准入关、验收关，坚决拒绝高污染、高耗能的项目入区。2015年，长沙开发区全面启动“三年造绿行动”，新增绿化面积43.5万平方米。着力打造人民东路优质亮化工程，园区生态绿化环境有较大改观。完成星沙污水处理厂扩容提质改造工程，不断完善园区雨污管网路网建设，污水处理率达95%以上。创建“国家生态工业示范园区”已通过国家级验收。

【人才建设】2015年，长沙开发区共举办招聘活动38场，组织开展“长沙经开区企业校园行”活动21场，年度内共协助企业招揽一线工人近8 000人。“星沙大讲堂”举办各类培训达18场次，培训4 090人，其中分别在上汽大众、广汽三菱、广汽菲克举办了三期汽车行业个性化培训，举办2015年度湖南省校企合作会议，有79所学校和园区124家规模以上企业参会，发放2014年度人才引进补贴109.27万元，促成56家企业与23所院校建立了校企合作关系；组织园区企业参加省、市“职校联盟”活动3场。带领园区496家企业，从211、985院校到普通职校，足迹遍布湘西、常德、怀化、衡阳、张家界、邵阳、岳阳、株洲、湘潭9个地州市，组织校园招聘35场，引进优秀毕业生1 670余人。紧扣企业人才流动需求，合理推动人才区内流动。召开行业人力资源负责人座谈会5次，先后引导三一、山河智能、铁建重工、上海联合大众等企业之间人才交流合作。省内职业院校为园区输送技能型毕业生共2 800人，5所技术职业院校获评“校企合作人才培养优秀院校”。举办职称继续教育等相关培训4期，参训420人，全年为636名园区专业技术人员评定了相应职称；接收新调入人事档案625份，办理户口挂靠91人；完成园区市级技能大师工作室和技能大师的项目申报，园区有1 125名技工参加了操作技能提升培训，湖南机电职院获评市级“高技能人才培训基地”，三一集团等单位获评市级“技能大师工作室”，上汽大众的沈群龙等3人当选长沙市“技能大师”。17所技术职业院校、46家园区企业获得长沙开发区财政资金的奖励；举办人力资源管理师培训，园区有64名人力资源骨干参加培训考试。

【社会事业】2015年，长沙开发区稳步推进安置区建设。泉塘三期安置区39栋房屋完成验收，前后街建设基本完成。龙华二期安置区35栋房屋除1栋因特殊原因外，其余34栋全部封顶。上汽大众龙峰安置区占地总面积16.65公顷，可安置1 800人左右，已完成场地平整工作，非货币安置纯农业人口1 614人已查实认定。安置区内部道路、排水工程项目已提前完成招标工作。大力发展公用事业，全年确定41个社会管理创新项目，投资预算1 870万元，所有项目都建立了责任单位（处室）半月一报的进度跟进制度，及时掌握项目进展情况。加强和创新企业员工集中居住小区的服务和管理，通过对园区企业集中居住小区的调查摸底，确定新增蓝色置业和板桥公租房两个企业员工集中居住小区纳入企业员工集中居住小区服务与管理范围，小区总数已达到7个（湘绣苑、创业乐园、板桥公租房、梨公租房、三一员工居住小区、广汽三菱员工居住小区、蓝色置业）。全面完成漓湘路、星沙大道两条试点路段范围内A、B、C三级导向牌的建设，并总结试点经验，逐步推广至全区，打造区域新形象。门牌号清理规范工作已完成摸底清查，通过上门、发放登记表等多种方式采集235条企业基本信息。做好园区公共交通服务工作，延伸城乡公交1号线至上汽大众，解决了上汽大众及配套厂区企业员工的出行问题，努力为员工出行提供优质服务。

【对外贸易】2015年，长沙开发区外贸进出口额25.11亿美元，增长8.6%。其中，出口总额13.14亿美元，增长35.22%；进口总额11.97亿美元，下降10.73%。完成高新技术产品进出口8.37亿美元，增长17.56%。

【党建工作】2015年，长沙开发区进一步巩固党的群众路线教育实践活动成果，深入开展“三严三实”专题教育，认真抓好问题整改和立规执纪，不断推动制度建设和作风建设。

以联系企业、项目、拆迁、安全、群众为载体，扎实开展学习“乐东”经验的主题活动。实行领导干部“股份零持有、投标零参与、工程零干预”公开承诺机制，从源头上保障风清气正的投资创业环境。制定了党风廉政“三张责任清单”，严格执行问责追究，持续开展廉政警示教育。悉心培育《产经周刊》、微党建微信公众号、电子阅报屏等自有媒体品牌，唱响主旋律，传播真善美。广泛开展“四型三星”评比活动，推出“正能量随手拍”等主题活动，培育、挖掘和宣传身边的先进典型，为园区发展集聚正能量。

【机构设置与工管委领导】长沙开发区管委会下设办公室、人力资源与社会保障局、党群工作局、纪检监察审计室、招商合作局、产业环保局、财政局、建设发展局、社会事业局、经济研究室、总值班室 11 个工作部门；政务服务中心、投资评审中心、政府采购与招投标办公室、创业服务中心、人才交流中心、技术服务中心、征地拆迁办公室、拆迁事务所 8 个直属事业单位和长沙经济技术开发集团有限公司、长沙经济技术开发集团有限公司下辖供水工程有限公司、水质净化有限公司、工程建设开发有限公司等 9 个企业单位。

长沙开发区管委会领导班子成员为：长沙开发区党工委书记杨懿文；党工委副书记、管委会主任李科明；党工委副书记、管委会副主任张庆红（兼）、吴京生；党工委副书记高杰；纪工委书记周志远；管委会副主任陈新忠、巩固、黄瑶、刘逢春；党工委委员、总工会主席丁仁义；党工委委员张贤长、张文球、王维倩、郭汉辉、张湘鸿。

（长沙经济技术开发区管委会）

贵阳经济技术开发区

【经济发展】2015年，贵阳经济技术开发区（以下简称“贵阳开发区”）规模以上工业增加值完成214.7亿元，同比增长6%；财政总收入实际完成31.45亿元，同比增长13.95%；公共财政预算收入完成16.17亿元，同比增长14.12%；公共财政预算支出完成15.73亿元（含上级专款1.88亿元），同比增长11.14%。招商引资实际到位资金完成280亿元，同比增长19.35%。实际利用外资完成8 637万美元，进出口完成35 450万美元，经济实力不断增强。

【项目建设】2015年，贵阳开发区建设迈上新台阶，园区基础设施进一步完善。“十二五”期间，园区累计建设项目147个，其中，产业项目92个，基础设施项目55个。共建成开发大道三期、四期、园区1、3、4、5号等23条道路，累计65公里，核心区实现“八通一平”；翁岩村安置房一期、小孟幼儿园、华阳小学小孟分校、麻堤河污水处理厂等6个配套项目建成并已投入使用。累计建成标准厂房面积61.08万平方米。小孟工业园建设经验继2013年被贵州省委主要领导总结为全省园区建设经验后，2013—2015年连续3年在省“100个产业园区成长工程”增比进位考评中均名列第一。

2015年，贵阳开发区在“2016云上贵州·大数据再出发招商引智活动”和“北京·贵阳服务外包及呼叫中心产业发展招商推介会”两次活动中共签约13个项目，总投资64.8亿元。成功引进并投入运营大数据安全产业项目、颐生健康管理云服务平台项目、无钥签名大数据应用创新项目、普林科技中国（贵阳）大数据产业发展中心项目。

【工业经济】2015年，贵阳开发区规模以上工业总产值突破500亿元，是“十一五”期末的4.2倍。规模以上工业增加值达214.7亿元，是“十一五”期末的5.9倍，占贵阳市的比重从10.9%上升到30.2%，位居全市第一。规模以上工业企业（2 000万元口径）59家，年产值上亿元企业38家，10亿元以上企业9家，工业经济成为全市“顶梁柱”，是贵阳市最具发展潜力的工业经济区域之一和贵州省最重要的装备制造业基地。

【城市建设】2015年，贵阳开发区积极推进城市建设。一是着力推进房地产业发展。完成房地产开发项目固定资产投资77.9亿元，项目开发量达100万平方米，实现房地产销售额41.26亿元，销售面积71.42万平方米。重点推进5个省市重点项目、2个城市综合体项目、2个棚户区改造项目工作进度。二是景观绿化改造不断提升。实施阿哈水库周边的绿化修复、一鸣·宽城小区绿化、万科项目小区绿化等绿化工程，新增绿地6万平方米。三是道路网络建设加快推进。推进中曹路一期、小孟园区5号路、开王路、科技路、花孟大道付官段等7条在建道路的施工进度，重点加快推动孟溪路建设，同时开展全区农村公路安全生命防护工程项目、农村公路维修改造项目，促进全区主次干道内外衔接畅通和县乡公路提质升级。四是强化建筑工地监督管理。以全市工地“数据铁笼”工程为抓手，深入开展建筑工地监督管理工作，全区26家在建项目工地纳入远程视频监控系统，5家建筑工地被评为“省级安全文明样板工地”。黄埔国际在贵州省2015年度全省建筑施工质量安全现场观摩会中获省、市主管部门高度认可，万科大都会项目作为全市两个迎检样板工地之一，顺利通过“创模”国检工作。五是注重民生。新建2座人行天桥、3座免费公厕，改造1个休闲小广场，完成5个用水难小区供水管网改造工程，极大地改善辖区人民群众的生产生活。集中力量多批次开展环境卫生综合整治提升工作，城市环境卫生管理水平显著提高，极大地改善辖区人民群众的生活环境。

【生态环保】守住“发展”和“生态”两条底线。通过取缔5个砂场、洒水降尘、取缔经营性燃煤炉具45个、制定应急预警机制、工地工业企业管控等方式确保空气质量优良率达到94.2%，比2014年同期提高了13.3个百分点；执法管理与污染防治一起抓，确保阿哈水库和地表水水质达标率为100%；完成花溪南明河三江口至中曹取水口段的河道治理、竹林寨人工湿地污水处理、环城绿化、石漠化综合治理等工程；搭建监察网格化管理平台，加强执法管理，确保各项指标达到要求；抓好工业企业监管，保证工业企业污染物排放达标率达到100%、危险废弃物处置率及工业固体废弃物资源综合利用率达到100%、工业固体废弃物处置率达到95%以上；通过创模、六五世界环境日等形式，下发宣传资料20 000余册；积极推动企业污染物排放在线监控。已有奇瑞、华科电镀等12家企业装有在线监控，并委托第三方管理，其中2015年新增2家。

【创新驱动】2015年，贵阳开发区融资到位45.86亿元，新增贵州银行小河支行、招商银行经开区支行、民生银行小河支行、邮政银行小河支行4家银行分支机构，辖区内银行分支机构达14家。鼓励和帮助具备条件的企业进入“新三板”市场，进一步发挥资本市场的作用，拓宽园区企业股权融资渠道。2015年2月，贵材创新铝业有限公司正式在全国“新三板”系统挂牌，实现开发区“新三板”企业零的突破，贵州勤邦生物科技股份有限公司12月也已在“新三板”挂牌。贵阳开发区综合科技进步监测达78%，位居全省第二；新增高新技术企业5家，总数达到38家；新增5家科技型企业。2015年，开发区已有7家科技型小巨人企业，6家省科技型小巨人成长企业，6家科技型种子企业，2家企业进入贵州省创新型领军企业行列。扎实推进知识产权工作，全年完成专利申请891件，完成专利授权397件。共引进博士10名、硕士51名、高技能人才3名。同时，“腾龙湾”项目及“中国贵阳金竹生态总部城”的高层次人才公寓200套建成后，首批19名高层次人才拎包入住“腾龙湾”项目。

【发展环境】2015年，完成众创空间政策体系的拟订及相关的工作方案。积极与企业对接完成落地项目15个，包括轨道交通高端装备生产制造及生产服务研发中心项目，开发区码垛机器人项目，网秦、元心西南总部项目以及海尔物流园项目等。扎实推进一站式全程代办和“五零”服务等工作，精简企业办事流程。2015年，区政务大厅受理业务21 154件，办结21 154件，提前办结21 052件，提前办结率为99.3%。

【产业发展】2015年，贵阳开发区推进大数据产业集群发展。全力打造大数据安全先行试验区，重点培育发展大数据安全一个核心业态，大力发展智能终端产品制造、服务外包与呼叫中心、电子商务三个关联业态，引领发展智能制造、智慧物流两个衍生业态，重点推进以贵阳海信、黔龙图视为龙头的大数据制造业企业发展。推进高端装备制造业集群发展。重点聚焦智能制造、新能源汽车、民用航空整机制造配套、应急救援装备等产业。以支持航天电器、红林机械实施智能制造为重点，实施“互联网+”协同制造行动计划，推动传统产业向数字化、网络化、智能化转型升级，打造开发区“智造”品牌，加快建成全省以大数据为引领的高端制造基地。着力培育和发展新医药和健康产业。重点聚焦特色民族药、智能化医疗装备、健康养生及食品安全产业，全力推动国药同济堂、宝芝林、勤邦生物等新医药大健康重点企业及上下游企业发展，支持医药企业提升市场占有率、研制新药品和创建品牌。着力发展现代服务业。依托现有产业基础，发挥比较优势，重点建设传化物流、货车帮、同为物流、海尔虚实网、大数据服务外包基地、勤邦第三方检测平台等项目，加大推进智能物流、评估、咨询、企业孵化、总部经济等生产性服务业发展壮大。加强开发区信息化建设。建成贵阳开发区大数据创新中心并投入运营，升级扩容通信网络基础设施，为信息化（大数据）产业发展奠定通信网络基础。建设“大数据及服务外包产业园”平台，打造“公路物流信息公共服务系统平台”，实现物流信息和供需信息的互通共享，以货车帮、传化等企业为重点，建设“互联网+物流”智慧物流产业园区。发展信息化(块数据）应用，实现政府数据“聚通用”。大力推进呼叫中心建设，2015 年已建成 11 200 席，投入运营 9 250 席。

【园区特色】小孟工业园是贵阳市重点规划建设的一类工业园区和贵州省“5 个 100”工程重点打造的千亿元级园区。“十二五”期间，园区工业经济总量保持高速增长、规模比重逐年增加，工业总产值由 2010 年的 120.6 亿元增至 2015 年的 560.9 亿元；亿元以上工业企业 38 家，10 亿元以上工业企业 9 家，高新技术企业 47 家。累计建设项目 147 个，其中，产业项目 92 个，基础设施项目 55 个。2013—2015 年，小孟生态工业园在省、市 100 个产业园区“增比进位”考评中均名列第一。

【科技创新】截至 2015 年，贵阳开发区已有 7 家科技型小巨人企业，6 家省科技型小巨人成长企业，6 家科技型种子企业。拥有 39 家高新技术企业，2 家国家级创新型企业（试点），18 家省级创新型（领军）企业，21 家市级创新型企业。拥有独立科研与技术开发机构 42 个，其中，国家级企业技术中心 3 个，省级企业技术中心 18 个，省级工程技术研究中心 14 个、重点实验室 4 个，省级工程研究中心 3 个。开发区强化知识产权建设，涌现出 3 家以上年专利申请量超百件的企业，1 家企业被确定为国家级知识产权示范企业，3 家企业被确定为国家级知识产权试点企业，18 家企业被确定为省级知识产权优势企业 ,3 家企业通过知识产权管理贯标体系认证。

【投资促进】2015 年，贵阳开发区招商引资实际到位资金（省外）完成 280 亿元，同比增长 19.35%。全年利用外资 8 637 万美元，同比增长 20.48%。外贸进出口完成 35 450 万美元，同比增长 38.81%。全年签约项目 20 个，签约金额 120 亿元。先后组团参加了贵州省、贵阳市举办的“2016 云上贵州 • 大数据再出发招商引智活动”“北京 • 贵阳服务外包及呼叫中心产业发展招商推介会”“香港活动周”“酒博会”“西博会”等 10 余次重大活动。其中，“2016 云上贵州 • 大数据再出发招商引智活动”签约项目 9 个，“北京 • 贵阳服务外包及呼叫中心产业发展招商推介会”签约项目 4 个，主要是大数据以及与大数据关联产业为主，以大数据安全产业园项目、码垛机器人项目、颐生健康管理云服务平台项目、无钥签名大数据应用创新项目、普林科技中国（贵阳）大数据产业发展中心项目、全民妇幼健康网络管理营运中心项目等项目为代表。

【机构设置与管委会领导】2015 年，贵阳经济技术开发区下设机构为：政府工作部门 9 个（党政办、纪工委、财政局、人力资源局、生态促进局、产业发展局、建设管理局、投资服务局、招商引资局），事业单位 5 个（园区办、政务中心、房屋征收中心、创业服务中心、投资评审中心），垂管部门 9 个（公安分局、国土分局、工商分局、国税局、地税分局、规划分局、质监局、交管分局、城市综合执法分局）。

贵阳开发区管委会领导成员为：工委书记钟汰甬；工委副书记康克岩、钟阳、向子琨、杨继；管委会主任康克岩；纪工委书记罗亮。工委委员除以上同志还有（按时间顺序）刘军、陈云贵、余大林、郑楠（挂职）、朱伟（挂职）；管委会副主任钟阳、向子琨、刘军、陈云贵、施波、余大林、黄成虹、郑楠(挂职)、朱伟(挂职)。

（贵阳经济技术开发区管委会）

南昌经济技术开发区

【概况】南昌经济技术开发区（以下简称“经开区”）现辖区面积229平方公里（含临空直管区），下辖一镇两处、一个桑海产业园，总人口40万，常住人口30.39万。经开区背山面水（背靠梅岭山，面朝赣江），坐西北朝东南，有国家级梅岭风景区、赣江生态廊道，紧靠鄱阳湖生态湿地，境内水、陆、空、铁等现代综合立体交通实现全覆盖。经过20多年的开发建设，经开区基本形成了集工业生产、高等院校、生态居住为一体的“新型工业区、创新创业城”。

【经济发展】2015年，经开区经济平稳增长、稳中向好，全区主要经济指标实现了“十大突破”：工业主营业务收入突破千亿元，达到1 012.83亿元；新登记注册企业达到900户；固定资产投资突破500亿元，达到546.55亿元；GDP突破300亿元，达到327.06亿元；规模以上工业增加值突破260亿元，达到262.92亿元；金融机构存款余额突破200亿元，达到234.14亿元；实际利用内资突破200亿元，达到200.63亿元；社会消费品零售总额突破100亿元，达到104.47亿元；财政收入突破50亿元，达到50.18亿元；出口总额突破10亿美元，达到10.35亿美元。

【招商引资】2015年，经开区创新招商体制机制，成立由区主要领导任总指挥、班子成员任组长、各部门负责人任副组长的8个招商小组，实行招商引资成效与绩效考核挂钩。在推行精准招商、产业招商的同时，推进资本招商、股权招商，与深创投、金沙江、信隆行等基金公司合作，设立产业引导基金，通过股权投资、并购重组等形式，帮助园区招商。2015年招商引资取得新进展，签约项目36个，投资总额达到259.9亿元，包括投资20亿元的世界500强新加坡丰树现代服务综合产业园项目、投资10亿元的变速箱项目、投资5亿元的中国最大互联网企业腾讯众创空间等一批重大重点项目。在开工项目中，亿元以上开工项目共25个，投资总额253.12亿元。其中，30亿元以上项目1个。在投产项目中，亿元以上竣工投产项目共15个，投资总额91.6亿元。其中，5亿元以上项目9个。此外，全区在谈项目共49个。

【产业发展】2015年，经开区围绕主导产业引进上下游产业项目，加速产业集聚效应。目前，以欧菲光为核心的电子信息产业链基本形成，电子信息产业集群产值达到200亿元。投资21.6亿元的江铃新能源汽车实现当年签约、当年开工、当年投产，其产品迅速占领市场，销量稳居全国前十。百路佳和江铃新能源两大整车项目齐发力，带动10余个配套项目入驻或即将入驻，经开区已成为江西最大的新能源汽车生产基地。2015年，新增汽车及零部件和家电2个省级产业基地，加上装备制造业和光电产业，已达4个省级产业基地。至2014年年底，全区共有7个产业项目列入市百大项目，年度投资计划10.63亿元，截至11月底已完成投资10.86亿元，完成年度投资计划的102.19%；全区重大重点项目共计54个，计划总投资200.25亿元。其中，产业类项目38个，民生、社会事业类项目8个，城市建设类项目7个，城市管理类项目1个。

【园区建设】2015年，经开区按照“干干净净、漂漂亮亮、井然有序、和谐家居”的要求，围绕基础设施、城市管理、环境整治等工作重点，加快融入主城区的建设步伐。全年在建、拟建的市政、房建等项目共计56个，新建续建道路19条，在建安置房建筑面积94万平方米，累计完成项目投资逾11亿元。协调推进白水湖和黄家湖等水利项目的综合治理工作，其中，黄家湖综合治理取得初步成效，全市水环境整治及水利工程现场会在经开区召开并作为典型推广。进一步理顺城市管理的机制体制，促进执法力量重心下移，推进城市管理养护作业市场化外包。建立常态化管控机制，开展“五车”“六乱”、教练车、酒驾等专项整治达4 300余人次。全面铺开数字化城管工作，打造“智慧城区”，形成人人都是“巡查员”，处处都要“整治好”的良好氛围。经开区在金嘉名筑小区和龙潭水渠之间打造了一个绿化面积约1万平方米的小游园项目，为市民提供了一个健身、散步、打球、游憩、赏景于一体的休闲娱乐空间，极大地改善了区域整体绿化生态环境。

【社会管理】2015年，经开区坚持共享发展、民生为先的理念，着力解决群众关注的热点、难点问题，提升群众幸福指数，强化民生福祉。扎实开展民生工程工作，进一步规范城乡低保、社会救助管理，做好社会保险、待遇支付等工作。全年共完成城镇新增就业6 720人，新增转移农村劳动力1 918人，省内新增转移农村劳动力1 632人，省内工业园区定向培训3 853人，发放小额担保贷款4 522万元。实现企业职工养老保险参保32 501人，城乡居民养老保险参保15 071人，城镇居民医疗保险参保14 720人。有序推进社会事业，大力实施校舍基础设施改造以及校园文化建设，引进南昌十中品牌学校，充分改善和提高全区中小学办学条件。在江西省政府教育督导综合评估中荣获“2015年度江西省教育工作目标考核优秀单位”称号。加强对全区医疗卫生服务和传染病防控工作的管理，加大公共卫生和食品安全监管力度，加强全区计划生育工作。

【党建工作】2015年，经开区以开展“三严三实”专题教育活动为抓手，深入推进党的建设。推进基层组织建设，深入开展“连心、强基、模范”三大工程建设，组建10支连心小分队，做到了村（社区）全覆盖。进一步加强对非公企业党建指导工作，选派45名机关一、二级主办挂点联系45家非公企业党组织，基层党组织的凝聚力和战斗力明显提升，切实推动了党风廉政建设责任的层层传递和层层落实。

【管理与服务】2015年，经开区启动并完成了人事制度改革，推行大部制改革，缩短管理链条，打破人员身份，实行“三个分离”（干部编内任职与岗位聘职相分离、档案工资与实际薪酬相分离、干部人事档案管理与合同聘用管理相分离）岗位聘任制，推行绩效考核。

坚持把大企业“管家式服务”、中小微企业“企情收处中心”和“企业大走访”作为三张名片来打造。开展由区工委领导班子成员牵头的辖区企业大走访活动，共走访企业110家，收集问题210条，解决问题210条。服务企业的主要做法《弹好“五线谱”奏响“最强音”》得到南昌市委主要领导的充分肯定，并向全省推广。积极推进“三证合一、一照一码”登记制度。通过办事程序的精简和并联，为企业和百姓办事提供便捷服务。截至年底，经开区已为124家企业提供“三证合一”、为362家企业提供“一照一码”服务。进一步建立简政放权、转变职能的推进机制，全区帮助企业减负500多万元，为企业办理股权出质6件，实现融资15 200万元。2015年，新登记注册企业841家，同比增长62.36%，新增注册资本64.23亿元，同比增长30.29%，新登记个体工商户1 457家，同比增长60.82%。

【创新孵化】顺应“大众创业、万众创新”的趋势，经开区陆续出台了一系列优惠政策，搭建了腾讯青年众创空间（南昌）、北大科技园众创空间、清华科技园孵化基地、驻区高校创业孵化中心等众创平台。腾讯青年众创空间（南昌）项目是中国最大的互联网企业腾讯在全国重点城市的战略布局，直接将南昌市“双创”

工作与全国一类城市同时起跑，为万名青年提供创业机会。江西清华科技园聚集的30余支大学生创业团队，成为南昌市首个高校毕业生创业孵化基地。由3名大学生自主创业组建的旧书网站“有路网”，现已发展成为全国最大的二手书交易平台。当前，全区上下正掀起“双创”的热潮，北大众创、清华梦工厂、江财大学生创业孵化中心、99创业咖啡4家众创空间成功入选南昌市首批“洪城众创1.0”。

【科技金融】2015年12月2日，由经开区发起，上海信隆行信息科技股份有限公司负责运营维护的南昌科技金融平台正式上线。平台通过O2O模式，聚焦南昌本土及全国近5万家中小微企业，以帮助中小微企业获得直接融资服务、实现“新三板”上市等为主要目标，并涵盖间接融资对接服务和工商、财务、法律咨询等一站式服务。搭建起中小微企业与各级政府、园区、各类交易所、PE/VC基金、券商、保荐机构、会计事务所、律师事务所、银行、小贷公司、P2P公司、担保、保理等机构的对接桥梁，真正意义上解决企业融资、上市咨询等全方位的O2O现代金融服务平台。

（南昌经济技术开发区管委会）

呼和浩特经济技术开发区

【经济发展】2015 年，呼和浩特经济技术开发区（以下简称“呼和浩特开发区”）规模以上工业企业累计完成工业总产值 379 亿元，同比增长 13%；累计完成工业增加值 70.7 亿元，同比增长 16.6%；累计完成固定资产投资 215 亿元，同比增长 24%，其中，工业固定资产投资累计完成 84.5 亿元，同比增长 30%（工业固定资产投资居全市第一）；公共财政预算收入累计完成 17.56 亿元，同比增长 16%。

【招商引资】2015 年，呼和浩特开发区引进国内资金实际到位 109.75 亿元，超额完成全年 108 亿元任务的 101.62%。全年新引进投资 10 亿元以上工业项目 5 户，新增规模以上工业企业 4 户。引进了中能智谷云计算产业园、“俄蒙通”等一批重大项目。实施亿元以上重点项目 52 项，项目总投资 653.3 亿元。其中列为自治区重大项目的有 11 项，开复工率为 100%。列为全市亿元以上重点项目 37 项（包括 11 项自治区重点项目）。特别是列为自治区重点工业项目——投资 50 亿元的金宇国际生物科技产业园项目，于 11 月 11 日正式开工建设。项目占地 44.67 公顷，总建筑面积 33 万平方米，包括 2 个国家级实验室及兽用生物制药等 4 个功能区。项目建成后将成为国内一流的生物产业园。

【转型升级】2015 年 5 月，呼和浩特开发区与土左旗政府签订了土地规划管理职能委托协议，沙尔沁工业区规划、土地、建设等涉及项目建设的行政审批由开发区行使，开发区服务企业、项目的能力和效率大幅提升。充分利用开发区 3 家国有公司平台筹措建设资金，着力加快沙尔沁工业区的基础设施建设。总投资 1.7 亿元日处理 2 万吨的污水处理厂（一期工程）已竣工并开始运行；开工新建了总投资 2.6 亿元的 11 万伏和 22 万伏两处变电站，垃圾处理厂、道路、管网及绿化等重点工程顺利推进。

如意总部基地立足建设“自治区服务业集聚区—中央商务区”，积极洽谈引进一批具有较大规模和一定影响力的现代服务业项目，全年引进现代服务类企业 211 家，注册资金总计 154 亿元。其中，亿元以上的总部企业 10 家。金川工业园区大力发展电子商务、生产性和生活性服务业等新兴产业，总建筑面积 4.14 万平方米的金川工业园区电子商务产业园电商孵化大厦已投入使用，电商巨头阿里巴巴等入驻，并被商务部批准列入第二批国家电子商务示范基地。留创园成功接待自治区第三届“草原英才”高层次人才交流会与会领导及代表观摩，建立了开发区首个院士工作站，引入了航天云网、中通服、清科华芯、淘智电商等支撑性产业项目。出口加工区全力推进完善功能升级综合保税区工作，申建综保区可行性研究报告已上报国家海关总署，并按照海关总署复函的要求进行整改。白塔空港物流园区积极参与“一带一路”发展战略，编制了《呼和浩特草原丝绸之路自由贸易港规划》，努力打造我国向北开放的国际物流枢纽，培育内蒙古地区开放型产业发展平台和呼和浩特市新的经济增长极。

【科技创新】2015 年，呼和浩特开发区组织企业申报自治区科技计划储备项目 16 个、国家级企业技术中心 2 家。积极推动和引导企业开展高新技术企业认定及验收工作，提升高新技术企业的比重。积极组织驻区企业申报各类专项扶持项目共92项，申请扶持资金1.71亿元，实际到位资金4 704万元。同时，组织内蒙古阜丰生物科技有限公司和内蒙古灵奕高科技（集团）有限责任公司申报两化融合管理体系贯标试点企业；组织内蒙古阜丰生物科技有限公司申报国家技术创新示范企业。积极为内蒙古伊利乳业有限责任公司等7家企业申请认定国家西部大开发鼓励类产业。

【项目建设】2015年，呼和浩特开发区先后组织了20个批次、44个项目的报批，涉及土地总面积340公顷。开发区上报的5个批次金宇保灵生物制药、科林埃尔光伏材料、220千伏和110千伏变电站等8个项目，122.81公顷用地已得到自治区国土厅批复。同时，开发区从解决制约企业项目建设的土地规划行政审批问题入手，与土左旗政府签订了土地规划管理职能委托协议，沙尔沁工业区规划、土地、建设等涉及项目建设的行政审批由开发区行使，使开发区服务企业、推进项目的能力和效率大幅提升。

在行政审批综合服务方面，整合开发区经发、招商、政务中心等部门职能，设立开发区行政审批和投资促进局筹备处。在承接市政府授权开发区行政审批职能的基础上，大幅合并精简审批事项，探索实施“一项申请、一口受理、一套材料、一表登记”等项制度，先后推出“网上函审”及“全程跟踪服务”等一系列行政审批新方式，建立了具有开发区特色的重点项目快速跟踪服务运行机制，实现“三证合一、一照一码”。2015年，开发区组织召开专家评审会共20场，审批、核准项目12个，备案项目7个。

【社会管理】一是全面推进“十个全覆盖”工程。按照内蒙古自治区及呼和浩特市委、市政府的工作部署，明确开发区为责任主体，沙尔沁镇为实施主体，国有公司为投资主体，稳步推进“十个全覆盖”工程。2014—2015年，开发区投资5.3亿元对托管镇（沙尔沁镇）14个村实施了“十个全覆盖”工程建设，覆盖户数达到4 774户，户籍人口12 792人。

二是扎实推动教育文体事业发展。积极争取市级财政资金846万元用于沙尔沁中心校改造建设；着力解决金川工业园区学生上学难问题。经与市政府和相关部门多次协调，确定金川工业园区范围内的适龄儿童进入内蒙古师大附属金山分校接受义务教育，开发区筹措资金300万元，保障购置教学设备。同时，对利用金蒙电力闲置的土地建设金川学校的问题提出了具体建设方案，目前项目建设正在有序推进中。

三是大力推进社会事业发展。如意、金川工业园区把发展社会事业纳入园区转型发展的规划中，统一规划、统一实施。加快推进社区建设，如意工业园区筹建2个社区服务站并投入运营，金川工业园区4个社区服务站投入运营。继续做好沙尔沁镇被征地农民的养老基本生活保障金的发放工作，2015年新增西什拉乌素、西此老2个村享受被征地农民养老基本生活保障金。按照“一岗双责”的要求，采取有力措施切实加强安全生产工作；认真落实环保部华北督查中心和自治区及市两级政府关于环保工作的要求，下大力量进行环境保护专项治理，全面推进和谐开发区建设。

【生态环保】呼和浩特开发区积极调整燃源结构，实施集中供热工程，拨付100万元专项资金对老旧锅炉进行拆除入网，对65吨以上锅炉进行脱硫除尘改造，对无条件改造的进行煤改气或煤改电。2015年，投资1 690万元铺设了4.6公里污水管网，金川工业园区、出口加工区生产生活污水全部排入班定营污水厂和章盖营污水厂进行集中处理。投资1.7亿元，采取CASS工艺的日处理能力2万吨沙尔沁工业园区污水处理厂已建成，各项污染物都能达标排放。同时，沙尔沁工业园区污水收集管网都已铺设完毕，开发区所有污水完全做到应收尽收，集中处置、达标排放。对哈拉更沟西侧如意段水源井一级水源保护区周边违章建筑进行彻底拆除，对110国道南侧水源井周边违章建筑进行拆除和设置围栏保护，对哈拉更沟西侧的水源井周边的生活垃圾多次进行清运。

【党工委、管委会领导】呼和浩特开发区党工委书记李建平；党工委副书记、管委会主任吴志强，党工委副书记云风英；市纪委派驻开发区纪检组组长安白白；管委会副主任杨云峰、边金良、赵常富、张焕宏、王荣、张瑞、贺伟。

（呼和浩特经济技术开发区管委会）

南宁经济技术开发区

【经济发展】南宁经济技术开发区（以下简称“南宁经开区”）由中心区和空港经济区两大部分组成。中心区主要由金凯工业园、银凯工业园、北部湾科技园、南宁生物医药产业园、中央商住区构成，产业有生物制药、机电制造、新材料、轻工食品，其中南宁生物医药产业园是中心区发展的重点。吴圩空港经济区重点引进空港物流、航空食品、轻型电子和新材料、生物制药及商业住宅配套产业。南宁吴圩国际机场坐落于经开区内，2015 年旅客吞吐量达 1 039 万人次，成为广西首个跻身全国千万级俱乐部的机场。

2015 年，南宁经开区完成规模以上工业总产值 622.28 亿元，同比增长 21.36%；规模以上工业增加值 174.08 亿元，同比增长 14%；固定资产投资 202.08 亿元，同比增长 18.54%，其中工业投资 134.94 亿元，同比增长 24.93%；财政收入完成 32.45 亿元，同比增长 16.84%；社会消费品零售总额 122.15 亿元，同比增长 11.7%；实际到位内资 100.66 亿元，同比增长 10.34%；实际利用外资 7 508 万美元，同比增长 9.45%。

【投资环境】2015 年，南宁经开区完成基础设施投资 16.24 亿元。硬件方面主要是建成金凯一支路等一批道路，友谊路改扩建项目实现通车，园区路网框架基本成型；完成 11 条污水管网建设，建成污水管总长 36.5 公里，工作进度全市排名第一，吴圩镇污水处理厂也按时试运行，全面完成了 3 年截污治污工作；开工建设创意标准厂房等 8 个项目，建设面积约 38 万平方米。

简化行政审批。实现“一枚公章管审批”和“审管分离”，全年服务建设项目 65 个，以并联审批方式完成审批事项达 117 项，以缺项方式受理或审批的事项达 45 项。同时，推动自治区食药局在经开区设立“一站式”政务服务窗口。出台《关于进一步做好稳增长工作的实施意见（试行）》及《关于稳增长促项目和企业引进的若干措施（试行）》，通过财政资金引导和杠杆作用扶持企业做大做强，全年共扶持企业资金 6 600 万元，培育新增规模以上工业企业 6 家，新增限额以上商贸企业 4 家，培育广西森合高新科技股份有限公司 1 家上市企业，实现本地企业上市（挂牌）零的突破。加强与国开行等 17 家银行对接，通过委托贷款、成立建设基金及置换项目等方式，土地融资到位达 26 亿元；获得桂林银行和西江集团委托贷款放款 14 亿元；与广西农业发展银行签订战略性协议，5 年内为经开区提供 500 亿元的授信额度。出台《经开区领导干部联系服务企业制度》，完善领导干部联系服务企业的责任分工，实现联系服务企业工作常态化。

【项目建设】2015 年，南宁经开区重大工业项目建设成果显著，2015 年开工项目 59 个，其中，工业项目 31 个。竣工项目 10 个，主要有首期投资约 2.2 亿元的普洛斯南宁现代电子商务工业仓储中心项目竣工，项目正式运营后预计实现年营业收入 10 亿元，年税收 3 000 万元；恒安（广西）纸业公司二期标准厂房项目总投资 1.2 亿元，占地面积 93.13 亩，总建筑面积 6.3 万多平方米。项目直接采用恒安集团全自动化的大型设备及智能仓库的生产技术与管理方式，生产“心相印”“安尔乐”“七度空间”等品牌的各类卫生用纸；生物医药产业园二期平整项目、吴圩镇污水处理厂项目、广西东盟工程机械再制造基地项目、广西华辰药业有限公司“华芝堂中草药保健食品生产项目”和吴圩镇光明南路项目5个项目开工，总投资21.4亿元；北部湾总部基地B区、现代标准厂房和北部湾标准厂房项目，总投资额18.6亿元的竣工项目3个；修正药业集团保健品生产基地项目选址于南宁经开区北部湾科技园内，总投资不低于2.2亿元，占地面积3.6公顷，规划建设修正药品和保健品生产线、仓储配送中心及西南运营结算中心等。修正集团药业及保健品生产基地项目竣工投产后，预计实现年产值6.8亿元，实现税收4 500万元，并将以南宁为轴心，辐射东盟及云南、广西和贵州三大省区，三省区将实现结算资金30亿元；吴圩污水处理厂一期竣工及设备投入运行，南宁经开区吴圩污水处理厂项目是南宁市3年截污治污项目之一，也是南宁空港经济区基础设施配套工程和南宁经开区2015年“生态乡村”建设的重点工程。项目分两期建设，一期工程总投资3 240万元，占地1.3公顷，日处理污水能力为3 000立方米。

【招商引资】2015年，南宁经开区重点围绕“4+1”产业（生物医药、临空产业、轻工食品、机电制造四大工业和现代服务业）进行招商。一是招大商引强企。重点抓生物医药、临空产业招商。全年引进了中国铝业、中国邮政、民生电商3家世界500强企业项目，广药集团、保利协鑫、格兰仕等国内500强企业21个大项目，总投资约128亿元，内外资项目共158个，总投资105.39亿元。二是举办2015年“两会”经贸活动洽谈会等8次大型招商活动，配合承办中国—东盟药品安全高峰论坛等活动。三是加大总部经济招商力度。2015年引进总部经济、类总部经济项目122个，注册资本42.89亿元，预计年税收4.75亿元。

【产业发展】生物医药是南宁经开区重点发展的产业，也是南宁市“十三五”期间重点扶持壮大的特色优势产业。南宁生物医药产业园分三期建设。2015年，南宁经开区已完成生物医药产业园一期400多公顷的征地、平整、基础设施建设和出让开发，在建项目有修正、海王、柳药等多个项目，总投资达到80亿元，预计实现产值超过400亿元，其中有5个上市公司项目。空港产业也是南宁经开区发展的重点。吴圩空港经济区作为南宁市和南宁经开区“十三五”期间重点建设发展的区域，已申报中国（北部湾）自由贸易试验区。2015年，吴圩空港经济区友谊路延长线改扩建工程已于2015年2月基本实现主车道通车，已引进民生、平安、南方航空、中国邮政等多家大企强企，已签约项目20余个，总投资280亿元，项目达产后预计年产值290亿元，年税收31.5亿元。

【项目落户】2015年，南宁经开区紧紧围绕生物制药、先进科技装备制造、空港产业等产业开展招商引资，以引进世界500强、国内医药行业重点企业50强为主要目标，着力引进行业龙头，多家企业与南宁经开区签订生产项目投资协议。主要有与广西柳州医药股份有限公司签订南宁中药制剂生产项目投资协议，项目计划总投资2.5亿元，用地3.7公顷，建设面积约55 562平方米，竣工达产后可实现年产值3亿元，年创税收3 000万元。与民生电商控股（深圳）有限公司签订民生电商（南宁）现代金融物流园项目投资协议，项目计划总投资8.4亿元，分两期建设，一期用地约9.3公顷，二期用地约10.7公顷，竣工达产后可实现年产值7亿元，年营业收入约15亿元，年创税收2 800万元。与广西安港投资有限公司签订现代电商产业项目投资协议，项目计划总投资9亿元，用地约18.1公顷，重点建设现代化标准厂房、现代化配送中心和电商结算平台（跨境电商）等。引进国内外知名大型电商平台及平安相关企业，竣工达产后可实现年产值18亿元，年创税收1亿元。与郑州宇通客车股份有限公司签订南宁宇通客车配件及总部基地项目投资协议，项目计划总投资2亿元，用地约2.5公顷，建设监测车间、仓储车间、行政办公及生活服务设施等，竣工达产后可实现年产值 1.86 亿元，年创税收 1 000 万元。与广东格兰仕集团签订白色家电及西南总部项目投资协议，项目计划总投资 2.1 亿元，用地约 1.5 公顷，竣工达产后可实现年产值 1.98 亿元，年创税收 2 000 万元。

（南宁经济技术开发区管委会）

西宁经济技术开发区

【概况】西宁经济技术开发区(以下简称“西宁开发区”)下辖东川工业园区、甘河工业园区、生物科技产业园区和南川工业园区，区域规划面积101平方公里。2007年被批准为国家第二批循环经济试点园区；2010年生物科技产业园区被国务院批准升级为国家级高新技术产业开发区；2012年被批准为首批“国家电子商务示范基地”；2013年被评为“国家级孵化基地”。西宁开发区是青海省唯一一家通过ISO9001：2008质量管理体系认证和ISO14001：2004环境管理体系认证的事业单位，被青海省政府评为“2015年度工业经济运行突出贡献奖”；被青海省委、省政府评为“2015年度绩效考核优秀工业园区”。

【经济发展】2015年，西宁开发区完成地区生产总值421.5亿元，同比增长16%；完成工业增加值327.3亿元，同比增长17.5%，占青海省工业增加值的34.1%，占西宁市工业增加值的75.2%；完成固定资产投资440.3亿元。截至2015年，开发区累计入驻各类企业1 400户，建成投产工业企业258家，规模以上工业企业174家，销售收入超过10亿元的工业企业30家，园区各类就业人员7.6万人。

【产业发展】2015年，西宁开发区按照《国务院办公厅关于促进国家级开发区转型升级创新发展的若干意见》的要求，主动适应新形势，努力推动开发区在发展理念、兴办模式、管理方式等方面加快转型，加快实施重点支撑项目建设，努力培育骨干企业。现光伏制造、锂电产业、有色金属延伸加工、特色化工、藏毯绒纺、生物医药等产业链已显雏形，产业集群效应初步显现。全年开发区工业总产值和工业销售收入双双跃上千亿元台阶，分别达到1 109亿元和1 078.6亿元，技工贸收入达到2 104亿元。积极发展特色轻工业和生产性服务业，全年轻工业完成增加值91.6亿元，增长19.2%，占比达到28%，比上年提高2.7个百分点，产业结构趋于优化。

【招商引资】2015年，西宁开发区围绕园区主导产业和重大产业基地建设，谋划了50个配套补链工业项目、30个现代服务业项目，开发区项目储备达到350个，总投资规模1 500亿元。落实智能蓝牙模块、动力及储能锂电池、锂电隔膜、光伏组件、大数据分中心、中藏药材交易中心等25个科技含量高、投资规模大、产业链延伸项目，全年招商引资到位资金416.8亿元。单晶硅切片、太阳能电池组件、光伏逆变器、蓝宝石晶体、锂电池正极材料、铝合金型材及板带箔、生物医药等120个重点项目加快推进；亚洲硅业三期、200MW单晶硅切片、光纤预制棒、10万吨电锌、锂电正极材料二期、光伏逆变器和枸杞沙棘深加工等35个项目建成投产。

【高新技术】2015年，西宁开发区通过构建以企业为主体、市场为导向、政产学研用相结合的园区创新体系，全年新增企业研发中心和工程技术中心12个、高新技术和科技创新型企业17家、省级科技孵化器1家，获得25项科技成果。电子级多晶硅、光纤预制棒、锂电正极材料、箱式逆变器、藏药炮制等技术达到国内或世界领先水平。全年引进高级职称以上专业技术人员和博士学位人才120名，2名高端人才入选“国家千人计划”。截至2015年，开发区有国家重点实验室1个、国家地方联合工程研究中心4个、院士工作站1个、国家级科技企业孵化创新平台7个，引才引智水平和创新驱动能力有了新的提升。

【金融创新】 2015年，西宁开发区针对企业融资难，组织144家企业与金融机构进行了24场（次）银企对接，帮助企业融资80亿元。开发区天诚担保公司为园区53家企业提供了101笔、32.5亿元的贷款融资担保。开发区投资控股公司成功发行小微企业增信集合债券，为园区22家企业提供了5亿元的流动资金支持；与国家开发银行青海分行、国投泰康信托、四川信托合作完成了10亿元的股权融资，成为青海省首个利用股权进行融资的项目；与青海银行合作设立了规模为25亿元的轻工产业投资基金，与省开发银行合作搭建了5亿元的统贷平台，用于扶持园区轻工和特色产业扩能增效；与中信银行、中金公司、浦发银行合作，完成了10亿元超短期融资债券发行。开发区投资控股公司和各园区还帮助园区50家企业倒贷，提供过桥资金19.28亿元，有效缓解了企业资金压力，保障了生产经营。园区福来喜得生物科技、上善农业、小西牛乳业等企业成功登陆“新三板”。

【循环经济】 西宁开发区坚持把绿色低碳循环发展理念贯穿到发展的全过程。2015年，甘河、东川工业园区共29个循环化改造项目列入国家循环化改造计划，争取到国家2.36亿元的专项资金支持。同时，积极支持园区循环化改造项目建设，大力推广先进节能、节水、降耗新工艺、新技术，实施了多晶硅冷氢化、还原炉余热回收利用、单晶炉热场装置节能改造、废水系统改造升级、铝电解槽双阴极棒改造、烟气净化改造等98个节能降耗、清洁生产、废气废渣再利用项目，完成投资55.8亿元，技改投资比上年增长21%。培育了亚洲硅业、鑫诺光电、际华江源等5家节能降耗型示范企业。加快甘河园区工业废渣处理、工业污水处理等公共环保设施建设，加大对电解铝、铁合金、多晶硅、复合肥等重点企业节能降耗和排污治理力度，园区循环经济发展水平有了新的提升。

【管委会领导】 青海省委常委、西宁市委书记、开发区党工委书记王晓；西宁市委副书记、市长、开发区管委会主任张晓容；西宁市委常委、开发区党工委常务副书记、开发区管委会常务副主任姚琳；开发区党工委副书记、纪工委书记吕品；开发区党工委委员、管委会副主任郭天明。

2014—2015年西宁经济技术开发区主要经济综合指标一览表

项目	单位	2015年	2014年	增减（%）
开发区生产总值	亿元	421	369	16
工业	亿元	327	286	18
第三产业	亿元	94	82	15
工业总产值（现价）	亿元	1 109	983	13
高新技术企业	亿元	185	148	25
销售（营业）收入	亿元	2 104	1 871	12
工业	亿元	1 079	966	12
第三产业	亿元	1 025	905	13

续表

<table>
<tr><th colspan="2">项目</th><th>单位</th><th>2015 年</th><th>2014 年</th><th>增减（%）</th></tr>
<tr><td colspan="2">区内主导产业及产值</td><td></td><td></td><td></td><td></td></tr>
<tr><td rowspan="6">主导产业</td><td>1．新能源业</td><td>亿元</td><td>88</td><td>69</td><td>27</td></tr>
<tr><td>2．新材料业</td><td>亿元</td><td>165</td><td>142</td><td>17</td></tr>
<tr><td>3．生物医药业</td><td>亿元</td><td>83</td><td>74</td><td>12</td></tr>
<tr><td>4．藏毯绒纺业</td><td>亿元</td><td>66</td><td>61</td><td>8</td></tr>
<tr><td>5．有色金属业</td><td>亿元</td><td>230</td><td>241</td><td>−5</td></tr>
<tr><td>6．光伏产业</td><td>亿元</td><td>120</td><td>105</td><td>14</td></tr>
<tr><td colspan="2">财政收入</td><td>亿元</td><td>34</td><td>31</td><td>10</td></tr>
<tr><td colspan="2">税收收入</td><td>亿元</td><td>31</td><td>29</td><td>7</td></tr>
<tr><td colspan="2">财政支出</td><td>亿元</td><td>24</td><td>25</td><td>−4</td></tr>
<tr><td colspan="2">新批企业数量</td><td>家</td><td>109</td><td>133</td><td>−18</td></tr>
<tr><td colspan="2">外商及港澳台企业</td><td>家</td><td>1</td><td>0</td><td>100</td></tr>
<tr><td colspan="2">内资企业</td><td>家</td><td>108</td><td>133</td><td>−19</td></tr>
<tr><td>新批企业投资额</td><td>内资企业</td><td>亿元</td><td>55</td><td>50</td><td>10</td></tr>
<tr><td colspan="2">规模以上企业数量</td><td>家</td><td>174</td><td>169</td><td>3</td></tr>
<tr><td colspan="2">固定资产投资</td><td>亿元</td><td>440</td><td>446</td><td>−1</td></tr>
<tr><td colspan="2">年末从业人员</td><td>万人</td><td>7.6</td><td>6.6</td><td>15</td></tr>
<tr><td colspan="2">万元 GDP 能耗</td><td>吨标煤／万元</td><td>1.04</td><td>1.24</td><td>−16</td></tr>
<tr><td colspan="2">水资源消耗总量</td><td>万立方米</td><td>2 043</td><td>2 075</td><td>−2</td></tr>
<tr><td colspan="2">单位国内生产总值取水量</td><td>立方米／万元</td><td>4.8</td><td>5.6</td><td>−14</td></tr>
</table>

（西宁经济技术开发区管委会）

太原经济技术开发区

【经济发展】2015 年，太原经济技术开发区（以下简称“太原开发区”）主要经济指标均实现又好又快增长：完成工业总产值 642.52 亿元，同比增长 8%；完成财政总收入 41.101 3 亿元，同比增长 23.6%；完成公共财政收入 14.28 亿元，同比增长 15.5%；完成固定资产投资 124.12 亿元，同比增长 20.79%。

【投资环境】截至 2015 年年底，太原开发区内建成 220 千伏变电站、110 千伏变电站、35 千伏变电站各一座，10 千伏开闭所两座；区内全部采用引黄水，日供水能力达到 60 万吨；区内建成 145 吨供热供汽热源厂一座，70 兆瓦采暖、170 吨蒸汽热源厂各一座，实现了冬天供热、夏天供冷气、全天供应热水和蒸汽的服务；区内完成绿化面积共 442 542.3 平方米，完成投资约 3 125.1 万元，绿化覆盖率达到 46%。基础设施的进一步配套完善，有力地服务企业、帮助企业发展，并为建设循环经济示范区和绿色生态工业园区奠定了坚实的基础。

加快独特的投资软环境建设，一是全面推进“两集中、两到位”改革，进一步减少审批环节、简化审批程序、压缩审批时限。行政审批事项由原 62 项保留为 50 项，政务服务事项由 49 项合并为 24 项。二是开展审批流程再造工作，搭建企业入区注册平台和项目落地建设运行平台，实现从项目入区联合许可开始到项目报建、施工许可完成，全流程审批时限为 45 天。三是建立行政审批职能整合机制。四是建立行政审批授权委托机制。

【科技创新】2015 年，太原开发区高新技术企业新认定 7 家，累计 33 家；高新技术成果鉴定 2 项；高新技术产业销售产值 227.79 亿元，占规模以上企业销售总产值的 36.07%；研发费用投入 9 428.91 万元；有效发明专利授权 16 件，累计 162 件。申请设立博士后工作站和海外高层次人才创新创业基地，设立企业市级院士工作站 7 家（其中 2 家获批省级院士工作站），设立山西省引进国外智力成果示范推广基地 1 家、博士后创新实践基地 1 家。目前拥有国家百千万人才工程、国务院特殊津贴专家省级领军人才 10 余名，省学术技术带头人 5 名，引进博士后研究人员 4 名，与 10 余名两院院士签订长期的技术合作协议，有 4 名海归博士入选省“百人计划”，2 名“千人计划”专家、2 名“百人计划”专家在开发区创建科技型企业，多名优秀人才在科技创新方面作出了突出贡献。

至 2015 年年底，开发区从业人员已达 9 万余人，其中，博士生 40 余人，硕士生近 600 人，本科生 7 000 余人，有 2 760 余名专业技术人员通过评审取得相应的专业技术职称。

【投资促进】2015 年，太原开发区签约项目总数为 34 个，总投资 395.93 亿元，其中，总投资 10 亿元以上的项目 5 个，30 亿元的项目 3 个，项目涉及装备制造、新材料研发、移动通信、商贸物流、房地产等行业。2015 年利用外资 4.082 7 亿美元，储备项目 43 个，总投资 1 352 亿元，涉及装备制造、电子信息、生物医药、仓储物流、商业地产等行业。储备项目力争投资多、带动性强的项目，10 亿元以上项目已达 43 个。

【社会事业】2015 年，太原开发区统筹城乡发展，出台和落实了一系列政策措施。一是从政策上引导农民从事规模化养殖业以及商业、饮食等第三产业，鼓励引导农民利用自身优势走自主择业、自谋发展的道路。二是构建就业培训体系，对农村转移劳动力进行加工技能、电脑应用、绿化、服装加工、保安、锣鼓表演技能等专业培训，使其获得就业上岗“通行证”，并安排就业。三是成立工程协调中心，区属农村组建工程服务队，为区内建设项目提供土方、物流等多种服务，解决部分村民的就业和收入问题。四是组建成立巾帼锣鼓队，参与社会化服务，解决了200多名农村家庭妇女的收入问题。五是引导农民将征地补偿款投入有收益保障的物业项目，增加收入。六是启动“城中村”改造工作，建设社会主义新农村。七是进一步完善居民社会保障体系，做到“老有所养、老有所依”，全区9个农村居委会60岁以上的老年人参加了养老保险，每人每月可领取200元。全区有2 851户、9 228名农村居民参加了新型农村合作医疗，参合率达到100%。

【管理与服务】太原开发区按照“封闭式管理，开放式运作”的新型管理模式运作，设立了企业服务大厅。服务大厅遵循“审批与服务并重，服务重于审批”的理念，以事为主，方便企业；根据《行政许可法》的要求，实施并联审批，精简办事程序，缩短办事时限；实行一个窗口受理、一个窗口领证、一个窗口收费的一条龙服务和“首问负责制”。实行“三大服务中心”例会制度。所有入区企业在办理各项行政许可和审批事项以及施工建设、生产经营中遇到问题都可以直接上报议题到“三大服务中心”，面对面提议，并于例会上当场得到相应行政职能部门的答复和解决方案。截至目前，40家企业上报的130个议题都有了满意的解决方案。“三大服务中心”运行以来已成为开发区入区企业解决问题的“终点站”。

【高新技术产业和重点企业】太原开发区已形成国家级装备制造（能源装备）产业基地、国家级新材料新能源基地、国内有影响的电子信息产业基地、国内有影响的食品及农产品加工基地、国内有影响的生物制药产业基地。开发区出台了《科技项目发展资金使用和管理暂行规定》。截至2015年年底，全区已有33家企业通过省级高新技术企业认证，全区完成高新技术领域企业工业总产值593.99亿元。

【生态环保】为进一步改善开发区的生态环境，2015年重点组织实施了南畔、南黑窑等4个“城中村”社区的清洁能源供暖改造工程，实现了居民原有分散燃煤锅炉的全面置换。同时，加速推进富士康、中电科技33所等单位的燃煤锅炉置换工作，有效改善了开发区冬季大气空气质量，烟粉尘、二氧化硫等污染物排放实现大幅度的削减。积极推进金世纪阳光污水处理厂二期项目建设，帮助企业解决项目落地过程中遇到的各类问题，现项目已正式进入施工阶段，预计2016年6月投入运行。

【机构设置与领导班子】党群部门为：党群工作部、纪工委、总工会、新闻宣传中心、妇工委、团工委、综合治理办公室、机关党委、企业党委、社会事务局党委；行政部门为：工管委综合办公室、财政局、社会事务局、经济发展局、建设管理局、安全生产监督管理局、招商发展局、环保局、组织人事社会保障局、综合执法局、接待办公室、政策研究室、投诉中心（信访局）、政务服务管理办公室、城中村建设管理中心、北京招商办、科技创新局；下属事业单位为：企业服务中心、分园区发展办公室、物业服务中心、经济技术开发总公司、新技术与教育发展中心、人才交流服务中心、劳动保障监察执法队、综合执法大队、计划生育服务站、农村财务委托管理中心、培训中心、征地事务中心；派驻单位为：公安分局、土地分局、规划分局、工商局、国税局、地税局、质监局。

领导班子成员为：管委会主任刘斌；党工委书记尤天拴，副书记邢森；管委会副主任董良、陈曦、乔建伟、王建民；总工会主席满长海；总工程师杨敦勤；纪工委书记刘永华；管委会调研员李春友、屈立军，副调研员高润林、吴英志。

（太原经济技术开发区管委会）

银川经济技术开发区

【经济发展】2015 年，银川经济技术开发区（以下简称“银川开发区”）紧紧围绕打造“开放、活力、高效、发展”的奋斗目标，保持了经济平稳较快的发展势头。全年完成工业总产值 313 亿元，同比增长 10%；完成工业增加值 87.1 亿元，同比增长 11.1%；完成固定资产投资 62.1 亿元，同比增长 22.4%；完成地方公共财政收入 13.96 亿元，同比增长 12.3%。

【产业发展】2015 年，银川开发区深入推行“三调、两转、一示范”战略，加快产业结构调整，转型升级步伐加快，基本形成了以战略性新材料、高端装备制造、绿色健康消费品、现代服务业为主导的四大产业体系。一是战略性新材料产业集聚发展实现新突破。引进台湾佳晶、浙江天通等蓝宝石生产龙头企业，建成了中国重要的工业蓝宝石晶棒扩能基地；实施西安隆基硅单晶硅棒生产项目，产能从 2012 年的 2 000 吨上升到 2015 年的 1.5 万吨，成为世界最大的单晶硅棒生产基地。为了进一步延长产业链条，打造产业集聚高地，开发区相继引进了西安隆基投资 30 亿元建设的 3GW 单晶硅棒、切片和 500MW 电池组件，晶明科技投资 2 亿元建设的 5 000 吨高纯氧化铝，宁夏东梦新材料有限公司投资 2.3 亿元建设的年产 3 000 吨太阳能级多晶硅及年产 1 000 吨晶硅方棒项目等一批战略性新材料项目。二是高端装备制造业转型升级实现新跨越。舍弗勒公司年产 700 万套高端轴承项目完成设备安装并投产，建成了西部最大的轨道交通轴承生产基地。共享模具有限公司投资 12.8 亿元的铸造 3D 打印技术产业化项目取得了多项关键技术突破。小巨人机床、舍弗勒汽车轴承打入欧洲高端市场，天地支护装备公司液压支架出口俄罗斯，大河数控机床公司的数控研磨机床达到国际先进水平，开发区装备制造产业实现了由传统向智能化、数字化方向质的转变。三是绿色健康消费品产业开拓创新实现新增长。投资 3.3 亿元的蒙牛乳业低温酸奶冰激凌项目建成投产，其产品销往全国，全年产值达到 28.9 亿元；投资 10 亿元的康师傅高端饮品生产项目 6 条生产线完成设备安装并投产；统一饮品项目厂房主体建设封顶；泰国正大饲料银川公司实现当年开工、当年建成投产；台湾大成永康饲料银川生产项目完成基础设施建设并进行部分设备安装；沃福百瑞中国枸杞工程研究院的建成和投用，为枸杞深度研发和产业化发展奠定了基础，形成了一批新的经济增长点。四是现代服务业孵化培育实现新发展。以银川 iBi 育成中心为载体，大力发展软件动漫、物联网、电子商务等新兴产业，引领产业向高、新、智的方向加速转型。2015 年，银川 iBi 育成中心新增企业 220 家，累计达到 525 家，新培育上市企业 10 家，园区完成主营业务收入 42.9 亿元，网络交易额达到 4 500 亿元，获得自有知识产权 650 项，实现就业 6 500 人，已获得 9 项国家级示范园区、示范基地等荣誉称号，被国家科技部、工信部称之为“iBi 模式”并向全国推广。

【园区特色】2015 年，银川开发区坚持将创新引领、转型示范作为园区建设的主攻方向，以重大项目建设带动产业结构调整，提前布局，超前谋划，积极主动地引进了一批市场前景好、技术装备领先的大企业、大项目。现有规模以上装备制造企业40多家，主要产品加工中心、高端轴承、工业机器人等技术水平在国内领先，被工信部认定为“装备制造国家新型工业化产业示范基地”。已建成中国重要的工业蓝宝石晶棒生产基地、世界最大的单晶硅棒生产基地，被商务部、科技部认定为“新能源国家科技兴贸创新基地”，战略性新材料产业由“单打冠军”向“集团军”转变。运用互联网思维，通过搭建创业创新孵化平台，主动适应新常态，积极构建智慧型的新经济产业模式，打造了被国家有关部委誉为“银川模式”和“调结构、转方式的典范”的银川iBi育成中心生产服务业聚集发展的新业态、新模式。

【改革创新】一是创新企业培育机制。银川开发区启动实施了旨在增强和提升企业上市融资能力的“金豆子”培育工程，全年培育示范企业46家，上市企业12家，确定上市企业后备对象41家。出台了《银川开发区绿色企业培育及评选办法》，鼓励园区企业树立“创新、绿色”发展理念，加快向创新型、绿色型方向发展。二是创新开放激发活力。发挥先行先试的体制优势，全面推行“一站式”行政审批服务、“三证合一”（国家版）登记制度改革，进一步压缩审批时限，提高办事效率，创新服务方式，打造服务企业发展的“高铁模式”。三是创新引领效应明显。开发区已建成3家国家级企业技术中心，20家自治区级企业技术中心，3家工程技术研究中心，19家自治区技术创新中心；注册商标总数681件，专利610件，拥有中国驰名商标4个，宁夏著名商标47个；建成13家自治区工程实验室，14个自治区科技创新团队；59家自治区科技型中小企业，5家院士工作站；高新技术企业32家，占宁夏高新技术企业的52%。同时，银川开发区成立了育成中心“三创基金”，引进华夏银行等金融机构，为产业转型升级，促进大众创业、万众创新注入活力。

【招商引资】银川开发区始终坚持把招商引资工作放在第一位，重点围绕四大主导产业，采取精准招商、产业招商、以商招商等模式，引进了西安隆基硅材料公司3GW单晶硅棒、3GW切片和500MW组件、杭州大和热磁电子公司半导体级单晶硅、碳化硅生产等一批带动力强、示范作用明显的大项目、好项目。其他一些项目涉及智能机器制造、战略性新材料等多个产业领域，填补了西部乃至国内多项技术空白。2015年，开发区签约落地工业项目共26个，实际到位资金45.2亿元,iBi育成中心引进企业400余家。

【对外开放】2015年，银川开发区抢抓国家实施“一路一带”战略机遇，依托银川iBi育成中心新兴产业集聚优势，加快技术服务“走出去”的步伐，启动了“中阿信息港”建设，通过实施卫星应用服务技术输出、跨境电子商务平台、中阿互联网金融平台以及设立境外园区等，开展与“一带一路”沿线国家(省区)在传统工农业向现代工农业转型升级、智慧城市、云计算、大数据、物联网等方面对接合作，构建起中阿间网上丝绸之路和天基丝绸之路的信息通道，为宁夏现代服务业(互联网+相关产业)推向中国西部、阿拉伯国家和地区及“一带一路”沿线国家与地区，提升银川市对外开放水平，提高开放层次，打造“中阿同发展、与世界共进步”的国际化平台。同时，银川开发区与广州经济技术开发区合作，全面推进中国和沙特产能合作项目。

【两委领导】2015年，银川经济技术开发区管委会党工委书记、管委会主任王久彬；党工委副书记李鸿儒、白建平；管委会副主任崔昆、袁京平、马耀勇、陈志文。

（银川经济技术开发区管委会）

南京经济技术开发区

【区情概况】南京经济技术开发区（以下简称“南京开发区”）现已集聚487家来自20多个国家和地区代表行业乃至世界领先水平的企业，世界500强投资企业58家，内资超亿元企业62家，已集中规模以上工业企业124家，开发区高新技术产业产值占全区工业产值80%以上，开发区累计建立上规模的研究院和研发中心近60家，2015年专利申请量达到1 249件。开发区光电显示产业集聚了一批液晶显示、OLED显示、激光显示、新光源、太阳能光伏、电子装备等项目。其中，中电熊猫、夏普、乐金显示等企业，总投资约115亿美元，形成了以TFT-LCD面板、模组及整机制造为核心的产业集群，成为国内液晶产业集群度最高、液晶模组生产规模第一的开发区，并全力打造全国领先、产业规模达3 000亿元的“中国南京液晶谷”。

【经济发展】2015年，南京开发区实现地区生产总值850亿元，同比增长11.86%；工业总产值3 711亿元，同比增长7.68%；进出口总额124亿美元，同比增长3.33%；财政收入262亿元，同比增长20.40%；合同外资金额12.6亿美元，同比增长320%；外商实际投资4.5亿美元，同比增长50%；全社会固定资产投资332亿元，同比增长5.06%；万元GDP能耗0.554 8吨标煤，同比降低7.15%。

【产业发展】2015年，南京开发区特色优势产业不断做大做强，持续向高端迈进，服务业得到培育发展，新产业、新业态不断成长。光电显示产业先后建成6代线、8.5代线、彩膜等项目，玻璃基板项目开工建设，液晶显示形成贯通上中下游、周边配套完善的完整产业链。激光、LED、OLED、太阳能光伏等光电领域以及集成电路芯片项目得到全面拓展。生物医药、高端装备、现代物流等主导产业的规模能级不断提升。LG化学新能源汽车动力电池项目建成投产，华侨城大型文化旅游综合项目启动建设，拓展了新能源汽车、文化旅游两大新的产业领域。互联网、跨境贸易电子商务、3D打印等新经济以及检验检测、科技金融、创业服务、生活服务等新业态得到培育成长。

2015年，区内南京综合保税区（龙潭片）快速发展。在政策复制上，自贸区保税展示交易、通检无纸化等监管创新制度已在综保区复制推广，工商、质检、税务三证合一已在开发区实施。在平台打造上，保税展示交易平台初步建成，金鹰集团保税展示交易中心、综保区进口商品直销中心等项目实现运作。在项目引进上，新引进美悦优选、宜满佳等多家贸易、物流公司落户。在项目建设上，综保区配套商业街建成投入使用，苏商一期已封顶，京亚项目进入主体施工阶段。

【投资促进】2015年，南京开发区新引进德科码CMOS芯片产业园、博世AA总部等重大项目14个，全年新开工华侨城文化旅游、艾欧史密斯扩建、电气硝子玻璃基板等重点项目20个，新竣工G108液晶面板、LG化学新能源汽车动力电池、博世汽车转向系统等重点项目21个。综保区建成运行进口商品直销中心，打造了保税商品展示交易中心和跨境电子商务产业园，实现江苏省直购进口的首票通关，物流贸易项目呈现加速发展态势。

【科技创新】2015年，南京开发区所属新港高新园成功创建江苏省激光与光电产业技术创新中心，成立江苏省首个检验检测服务业集聚区，获批国家火炬光电及激光特色产业基地、国家知识产权局专利信息服务分中心、江苏省众创集聚区、南京市留学人员创业园等新的称号。兴智、红枫、汇智、龙港四大科技园分别确立了主体功能定位，布局了检验检测服务业集聚区、人力资源服务产业园，打造了“创咖啡”等一批全功能、高品质的“众创空间”。新引进以色列特拉维夫大学南京创业创新中心，南京先进激光技术研究院运行模式和发展成效获得各界关注，通过产业技术平台孵化培育科技企业70多家。累计自主培养4名、引进28名“千人计划”专家。此外，王俊峰入选国家“千人计划”，并获选人力资源和社会保障部“中国留学人员回国创业启动支持计划”江苏省唯一重点项目，也是南京史上第一个获此殊荣的项目。石俊峰、邢飞、李辉3人入选国家“万人计划”，8人入选省“双创计划”，37人入选市领军型科技创业人才，1个团队入选双创团队。201家创业企业产品上市，实现销售20亿元，3家企业成功挂牌“新三板”，8家企业获得高新技术企业认定公示，2家企业获批建设省级工程技术研究中心，高新技术产值占规模工业的比重达到75%。

【城市建设】2015年，南京开发区完成了一批重点区域和地块的规划编制、城市设计和策划研究，对地下管线进行了全面普查并建立数据库。完成新港大道城市化改造，推进二桥高速入区新通道、恒广路改造、润阳路东延、龙北大道东延等道路工程，加快推进了龙岸花园二期、液晶谷二期、龙潭新市镇、尧辰路四大片区约140万平方米安置房的建设，完成液晶谷一期12万平方米经济适用住房交付。兴智美食街、综保区商业街建成开业，翠屏酒店式公寓开盘销售。推进网格综合行政执法改革和智慧城管建设，全面抓好市容环境、交通秩序、市政管养、控违拆违等工作，园区保持了良好的环境秩序。生态工业示范园区建设成果不断巩固，推进了污水收集管网建设、河道整治工程，建成了新港环境监测站，认真开展环境保护大检查，园区环境保护和生态文明建设水平实现新的提升。

【管理与服务】2015年，南京开发区成功获批省级人力资源产业园，大专以上学历就业者占新就业人数的42%。大力开展规范劳务派遣等专项检查，积极推进工资集体协商，和谐稳定的劳动关系得到巩固。进一步发挥开发区对街道的辐射带动作用，栖墅“美丽乡村”一期建成，帮助街道群众在开发区实现就业1 548人次，完成1 386套安置房的选房入住，1 400余名拆迁农民纳入社保体系。加强安全监管能力建设，单独设立安全生产监督管理局，配齐配强监管队伍和装备，深入开展危化企业和“厂中厂”等专项检查，园区总体保持稳定的安全生产形势。

【党的建设】2015年，南京开发区扎实开展“三严三实”专题教育，大力开展“四解四促”和“百名干部联系百家企业”等活动，进一步提升了机关的思想政治和作风建设水平。新组建基层党组织2家，开展基层党组织负责人专题集训，开发区非公党总支书记“五个一”规范化管理获全市基层党建十大创新案例。新组建工会15家，举办了首届职工健身长跑运动会等多项全区性的文体活动，增强了园区职工的凝聚力。严格规范干部人事管理，实施岗位目标责任制和绩效考核，分批组织处级、科级干部集体培训，提升了干部的综合素质。认真落实党风廉政建设主体责任和监督责任，深入学习党的《廉洁自律准则》和《纪律处分条例》，加大教育警示和执纪问责的力度，园区总体保持了风清气正的氛围。

【机构设置与管委会领导】南京开发区管委会下设开发区工委、管委会办公室（行政审批服务处）、经济发展局（安全生产监督管理局）、投资促进局（招商局）、财政局、科技人才局、建设局、国土资源与环境保护局、社会事业局（房屋征收办公室）、组织人事局（人力资源和社会保障局）、宣传局（法制办）和城市管理局（综合执法支队）等部门。

管委会领导成员为：南京开发区管委会工委书记邢正军（12月30日任），臧正金（12月30日免）；管委会主任邢正军（12月30日免），管委会常务副主任杨友林；工委副书记李华；纪工委书记杨白英；巡视员倪德龙（5月退休）；副主任徐志国、蒋伟、张铁波、沈吟龙。

2014—2015年南京经济技术开发区主要经济综合指标一览表

项目		单位	2015年	2014年	增减（%）
开发区生产总值		亿元	850	760	11.86
第二产业		亿元	750	686	9.27
工业		亿元	740	676	9.41
第三产业		亿元	100	80	25.00
工业总产值（现价）		亿元	3 711	3 447	7.68
高新技术企业		亿元	787	960	−18.01
销售（营业）收入		亿元	3 908	3 564	9.65
第二产业		亿元	3 482	3 215	7.37
工业		亿元	3 398	3 164	7.40
第三产业		亿元	427	349	22.29
利润总额		亿元	170	168	1.23
第二产业		亿元	124	123	1.18
工业		亿元	121	117	6.51
区内主导产业及产值		亿元	2 677	2 721	−1.62
主导产业	1．光电显示业	亿元	1 726	1 600	7.87
	2．石油化工业	亿元	724	905	−20.00
	3．装备制造业	亿元	227	216	5.09
进出口总额		亿美元	124	120	3.33
出口		亿美元	54	51	5.90
财政收入		亿元	262	218	20.40
税收收入		亿元	239	196	21.94
财政支出		亿元	16.1	13.2	22.00
新批企业数量		家	374	309	27.18
外商及港澳台企业		家	19	14	35.71
内资企业		家	355	295	26.78
新批企业投资额	外商及港澳台企业	亿美元	8.4	2	320.00
	内资企业	亿元	60	69	−13.04
	增资企业	亿美元	8.3	1	730
规模以上企业数量		家	404	401	0.75
合同外资金额		亿美元	12.6	3	320
外商实际投资		亿美元	4.5	3	50
固定资产投资		亿元	332	316	5.06
年末从业人员		万人	11.61	10.85	7.00
万元GDP能耗		吨标煤／万元	0.554 8	0.597 5	−7.15
水资源消耗总量		万立方米	5 393.6	5 337.22	1.06
单位国内生产总值取水量		立方米／万元	6.34	7.02	−9.69

（南京经济技术开发区管委会）

兰州经济技术开发区

【概况】 2015年，兰州经济技术开发区（以下简称“兰州开发区”）深入落实中共兰州市委、兰州市人民政府关于《兰州经济技术开发区空间布局及管理体制调整方案》的要求，按照“一区五园、区区合一”的管理体制和建设模式，深入实施“西进北扩”战略。开发区设安宁园区、西固园区、红古园区、皋兰园区以及机场北高新园区5个二级园区，规划面积达165.32平方公里。其中，安宁园区重点发展总部经济、航空航天、现代物流等产业；西固园区重点发展新材料、新能源、现代物流等产业；红古园区重点发展有色冶金、环保等产业；皋兰园区重点发展现代物流、特色农产品深加工等产业；机场北高新园区重点发展电子信息、生物医药等产业。

【经济发展】 2015年，兰州开发区实现地区生产总值225.98亿元，同比增长11.38%；第二产业增加值129.76亿元，同比增长11.86%；规模以上工业增加值95.18亿元，同比增长12.4%；建筑业增加值32.59亿元，同比增长10.5%；第三产业增加值91亿元，同比增长11%；社会消费品零售总额107.15亿元，同比增长10.1%；固定资产投资295.98亿元，同比增长23.84%。

【招商引资】 2015年，兰州开发区按照扩区战略对“一区五园”的承载力和功能进行优化，科学规划，统筹招商，将招商引资目标一一分解到班子成员和各部门，积极开展以商招商、以园招商、以会招商、以产业招商。全年共签约项目23个，引进到位资金53.75亿元，当年签约并开工建设项目5个。其中，第21届兰洽会省市重点集中签约项目3个，签约额12.16亿元，开发区专场签订项目16个，签约额66亿元。重点引进了广润集团、一众制药、亿利集团、特格尔医药集团、联想集团、中铁二十局、韩国大化制药等16家国内外知名企业。

【投融资建设】 兰州开发区根据《甘肃省战略性新兴产业创业投资引导基金管理办法》，与兰投控股等企业合作，共同组建了2.5亿元“兰州生物医药创业投资基金”；与民生银行签订战略合作协议授信50亿元，用于西部药谷产业园的建设及运营；与兰州银行合作授信融资4亿元，到位2.7亿元；向国家开发银行贷款6.54亿元用于机场北高新园区建设，到位3亿元。2015年，通过各种渠道争取到棚户区改造省级补助资金、省级“三税返还”经费、中央财政城镇保障性安居工程专项资金等共计5 865万元，超额完成了争取资金的任务。

【科技创新】 兰州开发区作为兰白科技创新改革试验区重点区域之一，紧紧围绕“四个全面”战略布局，深入实施创新驱动发展战略。2015年制定了《经济区兰白科技创新改革试验区工作方案》，筛选争取兰白试验区技术创新驱动基金第一批项目102个，总投资554.2亿元。建成了交大科技创新创业园、职业技术学院大学生创业园、经济区科技孵化园等3个科技孵化器，分别奖励交大和职业技术学院20万元资金用于鼓励大学生创新创业，为职业技术学院综合实训中心申报第二批专项建设债券1 300万元。制定出台了《加快促进科技企业孵化器建设和发展的实施意见》《科技企业孵化器认定和管理暂行办法》以及《关于进一步加快引进急需紧缺高层次人才办法》。

【项目建设】一是国际港务区建设方面，按照甘肃省委、省政府把港务区作为全省“标志性工程”和全市“一号工程”的总体要求，围绕“专业化、规模化、现代化、国际化”的目标，推进《兰州国际港务区总体规划》《兰州国际港务区土地利用总体规划》和《兰州国际港务区产业规划》“三规合一”。与西固区政府各出资1亿元注册了兰州国际港务区投资开发公司。2015年12月31日，兰州国际港务区基础设施工程项目全面开工建设；东川铁路物流中心开始集装箱和部分货运业务办理，东川铁路物流中心开通试运营。二是以机场北高新园区为载体，在已引进15家医药企业的基础上，规划了7.41平方公里的生物医药产业基地，重点建设占地267公顷的兰州西部药谷产业园。项目规划方案、可行性研究报告获省发改委和兰州新区经济发展局批复，并于2015年10月开工建设。三是重大项目建设方面，全年在建项目超过200个，总投资超过450亿元。3个市列重大项目中，正威电子信息产业园完成4个车间11万平方米主体厂房建设、铜线缆精细生产线试生产，部分连铸连轧设备进场；禾邦甘肃中药现代化产业基地中药制剂3个车间完成主体和外装，厂内基础设施已完成80%；纬34路完成全路段机动车道沥青铺设、人行道铺装和侧分带种植土回填。

【精准扶贫】2015年，兰州开发区实施完成11个精准扶贫项目，投入联扶资金114.5万元。其中，开发区自筹资金59.5万元，向上级部门争取资金55万元。同时，切实把新提拔和后备优秀干部派到村里，选派驻工作队队长3名。

【机构设置与管委会领导】兰州开发区管委会下设党政办公室、纪工委（监察局）、组织人事局、财政局、经济发展局、规划建设和房地产管理局、国土资源局、招商服务局、投融资中心、财务结算中心、项目落地办等11个工作部门。开发区党工委书记、管委会主任潘恩；党工委副书记、纪工委书记马立岳；党工委委员、管委会副主任乔建新、郭新忠、马永福；管委会副主任陈刚、王飞飞；调研员陶明德，副调研员王卫平、范玉宏、陈小红。

（兰州经济技术开发区管委会）

宁波大榭开发区

【经济发展】2015年，宁波大榭开发区实现地区生产总值216.7亿元，同比增长8.4%；财政总收入125亿元，同比增长9.2%，其中公共财政预算收入44.7亿元，同比增长21.7%，增幅位居全市第一；工业总产值473.5亿元，受原油等大宗商品价格持续大幅下挫等因素影响，同比下降12.6%；工业增加值112.3亿元，同比增长6.8%；全社会固定资产投资78.02亿元，同比增长20.5%；进出口总额27亿美元，同比下降11.8%，其中出口9.06亿美元，同比下降6.8%；合同使用外资1.3亿美元，实际使用外资1.1亿美元，实际利用内资（大市外）42亿元，均超额完成市区两级年度目标任务；港口货物吞吐量8 551万吨，同比增长6.2%，其中集装箱吞吐量275万标箱，同比增长7.8%；现代服务业营业收入1 330亿元，同比增长15%。

【项目建设】重大项目建设方面。馏分油综合利用、丙烷资源综合利用、乙酸仲丁酯、榭北热电4个合计总投资超200亿元的重大产业项目陆续完工。馏分油改扩建、聚丙烯二期等项目完成审批备案，即将开工建设。大榭石化四期改扩建、乙烷资源综合利用一期、300万吨LNG、轻烃资源综合利用、百地年200万方地下洞库、丙烷资源综合利用二期等拟建项目取得进展。

发展现代服务业方面。大宗商品贸易量质齐升，中海油大榭贸易公司完成原油贸易量750万吨，纳税28.6亿元。与中化集团等重点央企达成大宗贸易合作框架协议。2015年完成进口原油3 000万吨以上，“甬—沪—宁”输油管道中转输送量完成2 200万吨以上，穿鼻岛能源储运项目开展规划方案编制。引进“中国好声音”等一批知名文化企业，全区现代服务业企业全年纳税额占财政总收入的50%。

【园区建设】2015年，宁波大榭开发区总投资16.7亿元的大榭二桥工程通过竣工验收，完成一桥维修加固改造前期工作，推进大工业供水工程过江段施工，东港电化110千伏架空线埋地工程完工，贯通天然气进岛工程的将军山隧道段完成工程大部施工，完成应急气源站选址并推进建设，基本建成公共管廊一期工程，按时完成关头东排洪河、主要道路“白加黑”改造等一批市政水利工程，推进羊毛山炸山、涂毛洞山采矿权设置工作。

港口口岸建设方面。完成万华码头煤堆场、信业码头等港口建设投资3亿元，关外码头、三菱码头和大榭石化3万吨级码头技改工程完工，开工建设中油二期油品码头，开展双美碶松止公园浮码头历史遗留问题和中塘厂海堤工程违章问题处置，推进礁门1 600米岸线使用及关外石化码头建设前期研究。建设“大通关”口岸，通关成本降低近30%。累计开辟欧洲、美洲、东南亚、非洲等国际国内航线30条。

城市管理工作方面。制定《大榭智慧岛建设规划》，获批全国第三批智慧城市试点城市。调整土地利用总体规划，规范土地收储出让，节约集约利用土地资源，拓展重大项目用地空间。完善智慧城管平台建设，提高机扫率和16小时保洁面积，改进保洁外包考核管理。实施道路两侧及“四边三化”（公路边、铁路边、河边、山边等区域开展洁化、绿化、美化）绿化升级改造工程，全区实现绿地面积279公顷，实现道路完好率92%，实现路灯亮灯率98%。

【生态环保】绿色低碳园区建设方面。编制《“十三五”环境保护规划》和《大榭片环境功能区划方案》。通过国家循环化改造示范试点园区审定，获得国家补助资金7 130万元，组织万华工业园和大榭石化产业园，分别开展清洁生产示范园创建和循环化规划编制。实施重点节能节水技改项目20项，落实优惠政策减负1.8亿元，2015年实现节能2.5万吨标煤、节水10万吨的目标。完成主要污染物减排任务，继续实施排污权有偿使用和排污许可证发放制度，推进污水处理厂提标升级改造。支持企业创业创新，2家企业获评市级创新型初创企业，完成2家高新技术企业复审申报，获得国家专利授权104件，注册商标增加125件，各类市场主体增加297家。增加53辆LNG集装箱车辆，完成年度黄标车淘汰任务。

区域环境综合治理方面。开展以“九整治、三规范、一美化”为主要内容的区域环境综合整治行动。在浙江省范围内首次完成区域环境风险评估，推进“五水共治”及大气污染防治、固废治理等专项整治，空气质量优良率蝉联全市第一。加强植被保护，推进林相改造，2015年累计造林约47公顷，抚育幼林233公顷，种植木荷、红豆杉等树种近10万株。

【社会管理】2015年，大榭开发区推进榭北化工园区封闭式管理工程，开展危化品普查和专项整治，总投资4 600万元的万华工业园危化品应急管理中心投入运营。开展危化项目建设“三同时”审查，指导企业开展安全标准化创建，启动安全生产服务外包工作。汇编《全区应急预案》和《应急预案操作手册》，开展码头危化品事故、建筑工程安全事故、二桥防船舶碰撞等综合应急实战演习。出台《加强招投标管理若干规定》等一批规章制度，规范招投标行为，深化工程建设领域突出问题的专项治理。

【社会民生事业】2015年，大榭开发区调整高中阶段教育委托办学机制，提升义务教育阶段教育质量，实施学前教育3年提升和“千校结好”行动计划。完善大榭医院委托管理机制，扶持特色门诊科室建设，启动契约式家庭医生服务制等医疗惠民措施。帮扶困难群体、大中专毕业生就业346人。全区97%的户籍人员参加各类养老保险，居民医保参保率达到98%。实施文化惠民工程，发放1 000张“文化惠民卡”，提高文化设施利用率，大榭剧院全年共演出58场，图书馆接待读者8.5万人次，青少年宫开设64个班级。推进全民健身运动开展，落户大榭银博足球俱乐部。完成广电新闻中心演播厅改造。完善“管委会—街道—社区”三级联动机制，全年138个党员责任组、724名党员共走访群众1.8万户次，解决大小问题680件次。落实助困、助学、助医、助残、助老、优抚等常态帮扶措施。开展二胎生育政策执行前期工作。培育地方特色文化，挖掘社区文化活动精品，开展文化走亲活动。改进物业服务管理模式，解决“民生小事”。

【管理建设】2015年，大榭开发区健全重点企业、重大项目一线服务制度，完善区域产业扶持政策，加强外贸企业帮扶力度，出台进出口稳定增长实施意见，全年办理出口免抵退税6亿元，进出口实绩企业增加18家。推动财税改革，夯实预算管理基础，完善国库集中支付制度，推进税收征管和政府性债务管控工作，落实“营改增”政策，全年为企业减负4.2亿元。推进“五证合一、一照一码”登记制度改革，推动审批权限下放。出台《区属国有企业投资融资担保管理暂行规定》等一批规章制度。明确行政审批及服务事项办理指南。推进机关事务改革，开展行政诉讼案件依法应诉工作，完成全省首部开发区志初稿编纂，实施全区视觉识别管理系统，推进党政专网白机建设，建成“智能一卡通”系统。

【党建工作】贯彻《党政领导干部选拔任用条例》，健全实施非领导职务晋升制度，全年调整提拔局级领导干部7名，提拔调研员、副调研员8名，公开提拔处级干部17名。编制“十三五”人才发展规划，完善人才政策体系，制定出台高层次人才招聘办法，全年招聘录用应届硕士研究生14名。开展基层党建规范年活动，开展党委（党组）书记述职评议，推行产业园区“1+X”集聚化党建模式。推进实施“岗位对责、绩效对账”考核制度，开展全区重点工作任务进度督查。开展和谐企业创建和立功竞赛活动，开展党建带团建和工青妇工作，开展统计、外事、人武、双拥、援疆等各项工作。

【机构设置与管委会领导】宁波大榭开发区设有办公室、纪检组（监察室、审计局）、组织部（宣传部、人事局）、总工会、政法办（综治办、信访办）、经济发展局、财政税务局、社会发展保障局、规划建设（城管）局、安全环保局、交通局（港口局、口岸办）、投资合作局、国税局、市场监管分局、国土分局、公安分局、检察院、房屋征收办、行政服务中心等部门（单位），开发区下辖大榭街道。宁波市委常委、大榭开发区管委会主任、党工委书记马卫光；管委会常务副主任、党工委副书记陈召华；管委会副主任、党工委副书记江国梁；管委会副主任、党工委委员陈旭勤、王志荣、刘黎勇；党工委委员、纪检组组长项瑛；管委会副主任（兼）、党工委委员王雅宁；党工委委员沈才林、黄金国。

2014—2015年宁波大榭开发区主要经济综合指标一览表

项目		单位	2015年	2014年	增减（%）
开发区生产总值		亿元	226.7	210.3	8.4
第二产业		亿元	117.9	124.7	0.5
工业		亿元	114.3	121.5	0.4
第三产业		亿元	108.8	85.6	19.9
工业总产值（现价）		亿元	473.5	541.5	−12.6
高新技术企业		亿元	18.5	18.9	−5.5
销售（营业）收入		亿元	1 695.3	1 656.6	2.3
第二产业		亿元	365.2	501.4	−27.1
工业		亿元	360.1	496.7	−27.5
第三产业		亿元	1 330.1	1 155.2	15.1
利润总额		亿元	82.0	68.7	19.4
第二产业		亿元	30.9	33.2	−7.0
工业		亿元	30.3	32.6	−7.0
区内主导产业及产值					
主导产业	1．石油加工、炼焦和核燃料加工业	亿元	221.2	265.2	−16.6
	2．化学原料和化学制品制造业	亿元	210.4	231.9	−9.3
进出口总额		亿美元	27.05	30.67	−11.8
出口		亿美元	9.06	9.72	−6.8
财政收入		亿元	125.03	114.47	9.2
税收收入		亿元	120.28	112.50	6.9
财政支出		亿元	42.85	36.98	15.9
新批企业数量		家	179	202	−11.4
外商及港澳台企业		家	1	9	−88.9
内资企业		家	178	193	−7.8
新批企业投资额	外商及港澳台企业	亿美元	4.88	2.27	114.7
	内资企业	亿元	47.09	18.48	154.8

续表

项目	单位	2015 年	2014 年	增减（%）
规模以上企业数量	家	164	172	−4.6
合同外资金额	亿美元	1.3	1.33	−2.4
外商实际投资	亿美元	1.1	1.11	−1.1
固定资产投资	亿元	78.02	64.77	20.5
年末从业人员	万人	1.86	1.81	2.7
万元 GDP 能耗	吨标煤 / 万元	0.61	0.61	0
水资源消耗总量	万立方米	2 623.7	2 755	−4.8
单位国内生产总值取水量	立方米 / 万元	11.57	13.1	−11.7

（宁波大榭开发区管委会）

海南洋浦经济开发区

【经济发展概况】2015 年，海南洋浦经济开发区（以下简称“洋浦开发区”）面对复杂的宏观经济形势和石化行业进入周期性低谷、重点项目投资放缓等不利影响，洋浦开发区工委、管委会主动应对，积极寻求可作为的空间，一方面，积极协调海南炼化、逸盛石化和金海浆纸等企业实现满负荷生产，通过扩大产能有效弥补价格下降、利润空间压缩风险，实现了工业增加值 4% 的增长；另一方面，强力推动第三产业发展，积极协调华信控股、山东高速等企业做大在洋浦的贸易额。2015 年，大宗商品贸易额首次突破 1 000 亿元，第三产业同比增长 7.5%，通过增加三产弥补二产下降。2015 年，全区地区生产总值 211.8 亿元，同比增长 5.3%；工业增加值 112.6 亿元，同比增长 4%；全口径财政收入 181.96 亿元，其中地方公共财政收入达 28.5 亿元，增长 17.3%；港口吞吐量 3 895.9 万吨，增长 10.8%；全社会固定资产投资 66.5 亿元；进出口总值 85.8 亿美元。

【社会发展】一是全面提升教育、医疗卫生等社会公共事业发展水平。三都幼儿园正式开园，结束了三都地区无公办幼儿园的历史；启动洋浦中学图书馆、体育馆和技工学校二期、三都学校标准化建设；拟订洋浦医院改革方案，社区（村）卫生室建设全面推进；建立健全三级计划生育工作机制，全面完成海南省下达的各项考核指标；全面扭转计划生育被动局面，各项指标考核全面达标；加大就业帮扶，全年新增各类就业 1 285 人。三是强力推荐居民搬迁安置，攻坚克难，全力做好华能热电项目填海涉及的 6 个村庄 711 户、3 559 名群众的稳定工作，华能热电联产项目填海工程 9 月 15 日顺利开工建设；完成第二原水管线三都片区征地清表，主体工程基本完工；完成中心大道 D 段、约 8 公顷安置公寓楼等 48 个中小项目约 48 公顷用地的清表清障，保证了一批中心项目顺利建设；完成新英湾联排房安置区建设，海南炼化 1 300 米安全卫生防护距离，800 多户搬迁居民顺利入住；积极推进危房改造工程，滨海文化广场、商业综合体等配套设施和生态文明村、美丽乡村建设按计划有序推进。

【项目建设】2015 年，洋浦开发区总投资 30.5 亿元的国投孚宝 132 万立方米商业储备库 9 月 1 日竣工投油；总投资 30.5 亿元的华信石油 280 万立方米储备基地项目 12 月 18 日正式中交，进入工程收尾、设备调试阶段；炼化工业尾气综合利用项目主体已基本竣工，进入收尾和调试工作阶段，并与海南炼化商谈供气协议；金海生物质能发电项目主体已基本竣工，进入最后安装、调试和收尾阶段；扎实开展投资项目百日大会战，洋浦纳入全省百日大会战计划新开工项目 23 个，总投资 59.48 亿元，百日大会战期间计划完成投资 6.6 亿元。截至 12 月 31 日，23 个新开工项目全部开工建设，完成投资 6.94 亿元，投资完成率为 104.7%，圆满完成海南省政府下达的目标任务；积极协调推进山东高速引进美国海瑞集团资金、技术和品牌，新增 36 万吨环保型溶剂油项目；积极协调推进汉地阳光引进美孚公司先进技术，改进工艺路线和产品方案，提升产品品质。

【深化改革】2015 年，洋浦港成为海南省首家获得进境粮食指定口岸资质的港口；积极推进洋浦国际能源交易中心建设，具备开业运营硬件条件，注册登记企业9家，签约企业56家；完成事业单位分类和职能部门职责清理，精简政务服务事项182项，减少近40%；在全国率先实施“信箱地址”登记制度改革；探索实施雇员制度，面向全国引进75名研究生雇员。

【投资环境】2015年，洋浦开发区完成《石化功能区控规（修改）》《洋浦经济开发区综合交通规划》和《三都镇村镇规划》等规划编制，扎实推进“多规合一”，深入开展地下管线普查、海岸带保护与开发专项整改、三都人居环境调查等，为长远可持续发展奠定了基础；第二原水管线主体工程全线贯通，小铲滩码头全面竣工，嘉洋路东段、横4路东段等一批市政道路建成通车，开源大道改造工程全面竣工。

【生态环保】2015年，洋浦开发区强化重点行业、重点领域安全生产整治力度，全年累计检查企业483家次，确保全年无重特大事故发生；修订《洋浦经济开发区危险化学品事故应急预案》，开展跨省应急演练，应急救援能力不断提升，应急中心在全省考核中被评为先进单位；克服编制不足等困难，设立生态环境保护局，强化环保监管职能；不断加大安全和环保投入，研发3D灭火决策辅助系统，按照扑灭10万吨原油储罐火灾事故的能力，投入7 800万元购置了一批消防装备；建成5套空气质量自动监测站，新增8个污染源在线监测点位，对区内重点企业排污进行24小时不间断监控，全区环境空气质量优良天数为349天，优良率达到95.7%。

截至“十二五”末，洋浦化学需氧量排放4 100吨，占总量控制指标的54.7%；氨氮排放407吨，占总量控制指标的54.3%；二氧化硫排放6 290吨，占总量控制指标的49.5%；氮氧化物排放8 246吨，占总量控制指标的46.1%，各项指标实际排放量远低于“十二五”总量控制指标，空气质量优良率长期保持在95%以上，近岸海域海水水质长期优于二类标准。

【党的建设】出台《开发区落实党风廉政建设“两个责任”清单》和《洋浦经济开发区党风廉政建设责任制考核实施办法》，召开全区各单位落实党风廉政建设“两个责任”报告会，7个单位主要负责人在会上进行公开述责述廉，确保“两个责任”落到实处。组织全区258名办事处（镇）和社区（村）干部进行为期3天的专题培训，组织120名机关事业单位干部分两期到上海交通大学进行为期15天的脱产培训，完成省管干部选学和其他领导干部公务员在线学习各项任务，干部队伍素质明显提升。完成超职数干部配备的整改和“带病提拔”领导干部选拔任用过程集中倒查活动，配合省委组织部完成8名省直副职后备干部的考核工作，全年提拔、交流17名处级干部，进一步激发了干部队伍活力。强化基层组织建设，选派3名机关干部到洋浦、白沙社区和三都镇漾月村任第一书记，为新设立的干冲办事处选配领导班子和干部队伍，为干冲区办事处工作站补充12名工作人员。

【领导班子】工委书记李国梁；工委副书记、管委会主任张磊，工委副书记严朝君（兼）；工委副书记、管委会副主任、政法委书记徐学健；工委委员、纪工委书记王积权，工委委员、管委会副主任王庆义（任职至10月）；工委委员、管委会副主任、洋浦开发建设控股有限公司总经理罗苏平；工委委员、管委会副主任张进；工委委员、组织部部长、人事劳动保障局局长张德昌。

（海南洋浦经济开发区管委会）

厦门海沧台商投资区

【经济发展】2015 年，厦门海沧台商投资区（简称“海沧台商投资区”）经济平稳较快发展。全年完成地区生产总值 511.7 亿元，同比增长 7.5%，三次产业的比重为 0.28:63.08:36.64。完成工业总产值 1 004.8 亿元，其中，规模以上工业企业 286 家，产值 968.8 亿元，占全区工业总产值的 96.42%。固定资产投资（不含农户）369.5 亿元，同比增长 25.8%。区级财政总收入 154.41 亿元，同比增长 6.7%，区级财政收入 28.9 亿元，同比增长 15.2%；实现规模以上工业增加值 289.4 亿元，同比增长 5.3%；合同利用外资 7.4 亿美元（含自贸区 3.66 亿美元），同比增长 124.3%。全年批发零售业销售额 890.92 亿元，同比增长 10.6%；社会消费品零售总额 141.56 亿元，同比增长 15.8%。获评全国综合实力百强区第 13 位、潜力区第 17 位。城镇居民人均可支配收入 38 780 元，同比增长 8.3%；农民人均可支配收入 22 010 元，同比增长 7.3%。

【产业发展】2015 年，海沧台商投资区完成工业总产值 1 004.8 亿元，其中，高新技术产业规模以上工业产值 694.9 亿元。推进项目落地投产，通达科技、阳光恩耐等 17 家企业产值增长超亿元。长塑三号厂房、晋源钢业、大博医疗、艾德生物、宏发一标段、厦船重工三期等 22 个项目竣工投用；雅瑞光学、优佳丽、法拉电子、利威光源、金旸工业园、宏发二标段等 18 个项目开工建设。生物医药健康产业加快发展，新引进项目 37 个，生物医药港通用厂房二期建成投用，大博医疗等重点企业产值增长 30% 以上，英科新创被世界卫生组织推荐为埃博拉测试卡全球供应商之一；建筑家居产业跨越发展，中建鑫宏鼎等 13 家企业总部落地，完成产值 135 亿元，增长 4.5 倍；全年新引进落地并新增入统的建筑业企业 17 家，新增产值 128.7 亿元。全年全区建设项目共 254 个，总建筑面积约 797 万平方米，工程总造价 198 亿元；建筑业完成产值 166.47 亿元，同比增长 576.7%。两岸商品交易中心大宗商品交易项目获批，石油交易中心全年交易额 16 071.7 亿元，同比增长 454.45%。积极培育信息消费和数字产业，至 2015 年年底，全区有规模以上信息传输、软件和信息技术服务企业 6 家，年营业收入 12 851.6 万元，同比增长 235.8%。军民融合成为新亮点，梳理汇总军民融合类项目 38 项，湖南上容集团、中国电子、南方研究院、乃尔电子等 14 个项目完成注册；召开国家自然科学基金委“机器人理论与关键技术”立项论证研讨会等高层级科学研讨会议 3 场；推动成立市军民融合产业协会，会员单位 40 多家。商贸旅游业稳步发展，聚集 28 家中高端品牌汽车 4S 店，嵩鼓码头成为重要的旅游码头，全年客流达 320 万人次，同比增长 216%。温德姆、正元、融信、万豪等一批高端酒店加快建设。全年旅游业接待游客 532.65 万人次，增长 17.35%；实现旅游综合收入 50.05 亿元，增长 16.85%。

【园区特色】2015 年 6 月，厦门（海沧）电子商务产业园入选第二批“国家电子商务示范基地”，9 月正式挂牌，为福建省首家示范基地，至年底，园区入驻企业 73 家；深圳腾邦•欣欣产业园正式签约入驻自贸区海沧园区核心区域，年底已确定入驻 82 家，另有意向入驻 27 家；金融创新园一期建成，海捣网、跨惠通等保税展示交易项目开业，嘉信、常青等融资租赁项目正式运营；汽车平行进口展厅落户海沧。10月15日，由厦门自贸试验区管委会、海沧台商投资区管委会、中共厦门市委台办和共青团厦门市委员会联合发起设立的厦门两岸青年创业创新创客基地获国台办授牌“海峡两岸青年创业基地”，为全国唯一在自贸试验区和台商投资区内设立的青创基地。年内，青创基地共有137家企业申请入驻，67家通过审核并注册成功，其中台资41家；已入驻企业及团队37家，其中台资24家，台籍股东及员工57人。引入RQ SPACE、一品威客、太妃堂等知名众创空间品牌，重点为海峡两岸青年创客开展（跨境）电子商务、文创观光工厂等业态。初步形成移动互联网、文创设计、O2O电子商务、创新金融等先导产业集群。

【科技创新】2015年，出台《厦门市海沧区人民政府关于发展众创空间 推进大众创新创业的若干意见》，结合众创空间认定和厦门市小微双创基地示范城市建设，开展项目摸底和梳理工作，推进创业创新项目建设。全区共梳理出小微企业创业创新基地城市示范项目41个，其中众创空间建成、在建和拟建项目25个。开发建设“海沧区科技计划项目管理系统”，加强科技项目扶持，全年组织安排科技计划项目12批，实施科技计划项目80个，实际安排科技资金11 015.66万元。组织开展《海沧区高新技术产业发展研究》课题，推进培育、发展高新技术企业。2015年，海沧台商投资区有高新技术企业98家，高新技术产业规模以上企业产值694.94亿元，同比增长5.1%，其中，高新技术企业完成产值348.39亿元，同比增长5.6%。加强生物医药港建设，推进园区产业发展，将15家企业32个项目列入生物与新药产业发展专项扶持项目，生物医药港公共技术服务平台正式开通试用。年内，举办首届中国生物医药国际化发展论坛、NSFC专题立项论证研讨会、2015年全国高功率光纤激光研究与应用研讨会。

【投资促进】2015年，海沧台商投资区完成固定资产投资（不含农户）369.5亿元，增长25.8%。全年审批外商投资项目157个，投资总额为12.56亿美元，同比增长86.7%；合同利用外资7.4亿美元，增长124.3%；实际到位外资2.5亿美元。引进500万元以上内资项目1 618个，注册资本402.83亿元，增长153%。自贸试验区海沧片区软硬环境明显改善，全年新增企业2 434家，注册资本约426.7亿元。推进招商引资，制定《推动商贸流通业加快做大做强暂行办法》，推进商贸流通业加快发展。海联商务大厦招商128家企业，总注册资本达到7.5亿元；服务外包产业园招商超过1 000家企业，总注册资本超过200亿元人民币；国际物流大厦招商11家，总注册资本超过1亿元。区财政安排专项资金5 000万元，支持石油交易中心、生物医药港、电子商务园区等专业市场健康发展；安排各类节庆活动经费2 000万元，支持举办海峡论坛两岸特色庙会、保生慈济文化旅游节、汽车文化节、购物节、玛瑙文化节等各类商贸、节庆活动。深入实施“海纳百川”人才计划，新引进院士、“千人计划”专家、“长江学者”等高端人才50人。有序推进马銮湾新城建设，至2015年年底，片区控规、5个专项规划已通过专家评审，上报市规划委审批；启动339项公共基础设施、公共服务设施、公共环境建设项目，总投资756亿元，全年完成投资35.2亿元。4月，厦门入选全国首批16个海绵城市试点城市之一，马銮湾片区被列为试点主体。至年底，完成试点区总体规划、水系及绿地专项规划、排水防涝规划、市政专项规划、试点区域控制性详细规划、道路交通专项规划，累计实施49个项目，包括道路、学校、医院、小区、企业、村庄等项目类型，完成投资5.62亿元。

【港口贸易】 2015年，海沧港作为东南国际航运中心的地位更加凸显，全年完成港口货物吞吐量8 476.6万吨，同比增长18.2%。其中，集装箱吞吐量622.7万标箱，同比增长30.7%，占厦门港的比重超过67%。全年实现进出口64.45亿美元，同比下降10.7%。其中，进口总额20.46亿美元，同比下降20.2%；出口总额43.99亿美元，同比下降5.5%。8月16日，中欧（厦蓉欧）、中亚国际货运班列正式通行，为全国自贸试验区首条中欧、中亚班列，所载货物以电子产品、轻工机械、建材产品、日用品等为主，运行3个多月共发送13列出口班列，运输349个货柜；进口2列，运输62个货柜，实现进出口总额约6 000万元。9月7日，厦门—海口集装箱班轮首条闽琼海上航线首航，从海沧新海达码头直行至海南海口秀英港，运输成本比陆运减少15%～20%。至年底，每周4个航次，年内共来往110个航次，载运货物56万吨。在国家"一带一路"战略中实现"海丝"与"陆丝"的无缝对接，并结合已开通的中欧、中亚国际班列，促进自贸区内外联动，搭建拓展区域合作和增强区域竞争力的"桥梁"。加快建设"五纵八横"路网体系，厦成高速、海翔大道基本完工，轨道2号线、马青路高架、货运通道开工。开通社区公交，打造自贸园区、生物医药港、新阳工业区、山边创新社区等，完善产业社区。融信、泰地等综合体基本建成，航运中心总部、西雅图等项目加快建设，临港新城安居房二期及临港大厦、海投自贸城动工兴建。

【对台交流】2015年，中共中央政治局常委、国务院总理李克强到海沧考察自贸区工作，并举行台商座谈会；中共中央政治局常委、全国政协主席俞正声视察青礁村院前社闽台生态文化村，举行台胞座谈会，高度评价两岸"同名村·心连心"活动。海沧台商投资区全年新增台资项目42个，实际利用台资7 000万美元，同比增长19%；佳格葵花油等项目开工建设，海峡文创总部基地、影视版权交易中心挂牌设立。完善两岸公益组织常态化合作机制，签署社区建设和教育交流合作协议。出台《海沧区引进台湾人才暂行办法》（以下简称"办法"），《办法》鼓励企业引进台湾人才，明确给予企业柔性引进人才最高每人每年10万元的薪酬补贴、企业举办对台交流活动最高15万元的经费补助、台商优秀引进人才顾问奖励等6项优惠，柔性引进台湾青年人才50余名。依托"9•8"平台，主办两岸青年创新创业项目对接会，组织8家企业赴台参加生技展，深化项目交流；组织开展台籍师生走进海沧自贸区、对台籍学生人才政策宣讲会等活动，深化人才交流。加强两岸文化交流，举办海峡论坛两岸特色庙会、保生慈济文化旅游节、海峡两岸乐活节、"闽南风•海峡情"两岸民族音乐交流音乐会、首届海峡两岸大学生舞蹈大赛等活动。

【生态环保】 2015年，海沧台商投资区禁止森林经营性采伐，发展城市林业、生态林业造林，全年完成造林面积196.2公顷，合格造林面积183.96公顷，完成厦门市下达造林任务的103.5%。加快推进过芸溪小流域综合治理，至年底，过芸溪上游段试点流域范围已完成治理，中下游段治理工作全面铺开。发展农家乐、民宿27家，花卉苗木单位25家，吸引23名外出青年回村创业，带动500余人就业。加大农村污水治理力度，至年底完成38个自然村污水治理，总投资2.12亿元。落实《水土保持法》，完成39个生产建设项目的水土保持方案审批；年内完成造林绿化面积101.64公顷，有效防止水土流失。发动群众、环卫工人、机关企事业工作人员等1 425人次参加3场城乡家园洁净集中统一行动。制订下发《海沧区提升空气质量工作实施方案》《海沧区城市扬尘防治工作方案》和《海沧区城区道路清洗保洁提升实施方案》，推进生态环境建设有序进行。

【机构设置与管委会领导】海沧台商投资区设中共厦门市海沧台商投资区工作委员会和厦门海沧台商投资区管理委员会。投资区管理委员会领导班子成员为：党工委书记郑云峰（任期至6月），党工委书记黄强（6月起任）；党工委副书记、管委会主任李伟华；党工委副书记黄锦坤（任期至3月）；党工委委员、管委会副主任周威榕、曹放、张善美；党工委委员、纪工委书记江根云。

（厦门市海沧区人民政府办公室）

廊坊经济技术开发区

【经济发展】2015年，廊坊经济技术开发区（以下简称“廊坊开发区”）辖区面积69.4平方公里，规划面积38平方公里，入区企业2 467家，已开发土地26平方公里，辖20个行政村。区内总人口近16万人(其中，农村人口3.9万人，在岗职工5.9万人，大学城师生4.5万人，流动人口1.7万人)。

2015年，廊坊开发区地区生产总值达到363.2亿元，同比增长8%；财政收入64.7亿元，同比增长3.7%，其中，公共财政预算收入完成16.6亿元，同比增长5.1%；城镇固定资产投资60.8亿元，同比增长10.7%；规模以上工业增加值85.1亿元，同比增长3%；实际利用外资3.4亿美元，同比增长10%；新增入统规模以上工业企业6家。除财政收入、规模以上工业增加值外，其他指标均完成了年初制定的目标。

【体制机制创新】2015年，廊坊开发区体制机制改革取得阶段性成效。按照河北省委、省政府《关于推进全省开发区体制机制改革的指导意见》和廊坊市委、市政府的要求，围绕破除制约开发区发展的体制机制障碍，对机构设置、人事管理、业绩考评、分配机制等方面进行全面改革。改革后，科学规范和运行高效的管理机制逐步建立，工委、管委所属机构由24个精简到17个，同口径减少29%；部门所属机构由39个精简到14个，同口径减少64%。建立起“部门领导+主办负责制”的扁平化运行机制，聘用人员464名。建立起以绩效工资为核心的薪酬体系，绩效工资约占薪酬总额的50%，为更好更快发展提供了有力保障。

行政审批局正式挂牌运行。持续推进简政放权，省市编制部门明确的81项行政审批事项全部划转，实现“一颗印章管审批”，行政审批工作高效运转。

【产业发展】2015年，大数据产业起步良好。积极推进润泽国际信息港、华为数据中心、中国联通（廊坊）基地、中国人保北方信息中心等基地型行业领军项目。以上项目全部建成后，全区数据中心规模将达到115万平方米，其中已经完成投资50亿元，投入使用15.6万平方米，在建24万平方米。项目质量持续优化。2015年实施亿元以上项目26项，当年计划投资39.5亿元，实际完成43.4亿元，超额完成全年计划。内涵挖潜再显成效。引进国药龙立机械制造、廊坊天龙意航汽车零部件等租用厂房项目14个，项目总投资6.5亿元，实现“零地扩张”。盘活国药集团安全环保升级改造、华洋电子等项目13个，项目总投资9.27亿元，盘活土地16.8公顷。默勒科技、全兴等6家外资企业增资4 396.4万美元。主导产业增势明显，制定出台产业招商“路线图”，积极采取“线上”招商的方式，积极开展招商引资集中行动。全年共引进亿元以上项目26个，计划总投资473亿元，国盾量子、辉门（中国）汽车零部件等一批重量级项目相继落户；成功引进精雕三期、北京上风路德等优质项目；促成与京东集团战略合作，确定在廊坊出口加工区建立“京东跨境电商北方贸易基地”。现代服务业加快发展，服务外包基地平稳运行，已入驻的顺丰速运冀北区域总部项目等5家服务外包企业经营发展势头良好，总投资30亿元的沃尔玛“1号店”华北运营总部项目完成备案，即将开工建设。

【投资促进】2015年，廊坊开发区全年完成进出区货值7.94亿美元，同比增长609%；完成税收4 304.8万元，同比增长334%。全区新增科技型中小企业295家，新增科技小巨人企业15家，在全市科技型中小企业数量增速排名中位列第一。科技谷园区引进2个高科技研发中试类项目，4个国家“十二五”科研平台项目全部开工建设，目前已投入资金约1亿元；中科院科研机构属地化运作实现新突破，过程工程研究所“廊坊艾普爱科技发展有限公司”注册完成，与中国建设银行北京分行已达成意向，拟组建总额10亿元的创投基金；理化技术研究所“中科纳琦环保科技有限公司廊坊开发区分公司”注册完成；积极组织中科院科技成果与本地企业技术对接，2项科技成果被企业转化应用。按照河北省廊坊市的安排部署，采取部门联动的方式，成立16个帮扶工作小组，通过明确责任单位和责任人，实行帮扶台账和走访日志制度，对区内确定的36家省、市级帮扶企业进行精准帮扶，先后帮助企业现场解决困难问题50余个，助推企业快速成长。及时掌握区内企业项目建设情况和技术创新情况，积极为企业申请各类资金支持，累计为22家企业申报落实扶持补贴资金1 869万元。全年举办春秋两季大型人才招聘会、公益网上交流会等各类人才招聘会共148场，洽谈成功9 000多人。设立好丽友食品等3家高校毕业生就业见习基地，促进高校毕业生就业。组织新奥科技、伊利乳品等110余家企业参加12次赴外引才活动，引进人才4 396人。其中，本科以上学历1 348人，中高级人才342人。开展“就业援助月”和“春风行动”等系列活动，帮助576人实现就业。启动创业担保贷款工作，筹集创业贷款担保基金100万元。开展各类技能培训1 059人次，发放吸纳就业等各项补贴1 313万元。全年新增就业岗位3 026个，下岗人员再就业467人，农村劳动力就业难和企业招工难问题得到有效缓解。积极推动高等教育公司投入4 100万元改善教育教学设施，提升城容城貌，东方大学城教育品牌影响力扩大到国际职业教育领域。健全完善蹲点服务和领导包校制度，全力支持廊坊东方职业技术学院筹建本科；加大校企合作、校际交流、资源共享、就业服务平台建设，促成精雕、润泽等重点企业与城内院校建立紧密合作关系；开通就业创业直通车，实现32家企业与院校无缝对接，5 300余名毕业生与用人单位达成就业意向。

【生态环保】2015年，廊坊开发区强力实施“控煤、抑尘、限车、治污、治烟”五大工程，淘汰10蒸吨及以下燃煤锅炉37台、117.11蒸吨，管控区内煤堆、料堆实施苫盖4 000余平方米，安装限高限宽设施14处，累计劝返车辆35 650辆，累计清运垃圾2.3万余立方米，处理无证餐饮经营16家，烧烤烟气治理、VOC企业深度治理工作均已达标完成，圆满完成“九三”阅兵期间环境空气质量保障工作。全区PM2.5平均浓度为79ug/m3，同比下降22.11%；PM10平均浓度为128ug/m3，同比下降19%。11月份以来，组织专家制定大气污染治理集中行动、重点污染源千人监管等12个行动方案，建立职能部门与村街“结对子”帮扶机制；实施每周一调度，深入农户、工地、学校、企业深查细查，狠抓、细抓、真抓各项防治措施落实；推广清洁型煤2万吨、节能环保炉具3 000台、神华洁净煤11.5万吨，超额完成推广任务，全区空气质量实现明显好转。启动生态工业园区创建工作，对77家重点规模以上企业进行现场调研，搜集整理了一批典型的生态成果案例，积极推进《廊坊开发区总体规划（2015—2030）环境影响报告书》的编制工作。投入8 069万元实施热力供应中心、恒盛供热、耀邦热力低温干式除尘、脱硫、脱硝一体化提标改造等减排工程，污染物总量减排任务圆满完成；全面提升水环境质量，开展水污染排查整治专项行动，强化农村饮用水水质监管和集中式饮用水水源保护区监管，水质达标率稳定达到100%；严格建设项目环评审批和验收，环境风险防控工作稳步加强。ISO14001环境管理体系运行良好，顺利通过内审和外审。深入开展春季植树集中行动，加大“挖潜增绿”力度，切实提高绿化覆盖率，全年植树38万株、280公顷。以“抓重点、出精品”为抓手，重点实施迎宾精品路线升级改造工程，先后完成会展中心绿地、金源道等9项绿化工程，种植观赏类树木3.7万株、彩色花卉8.5万平方米，新增露空围墙立体绿化1万平方米，全区绿化水平上档升级。

【机构设置与管委会领导】廊坊经济技术开发区工委、管委下设党政办公室、人力资源和社会保障局、财政局、经济发展局、国土资源分局、住房和规划建设局、社会发展局、公用事业管理局、文教卫生局 、安全生产监督管理局、维护稳定办公室、市场监督管理局、行政审批局、综合执法局、环境保护局、东方大学城管委会、科技谷管委会、热力供应中心、供水中心19个机构。

廊坊经济技术开发区工委、管委会领导班子成员为：工委书记孟繁祥；工委副书记王金忠、王宁、杨宝骞、高波（挂职）；管委会主任孟繁祥；管委会常务副主任王金忠；管委会副主任高波（挂职）、黎斌、孙绍虎、王保良、肖树华、田景红、蒋仕义（挂职）。

（廊坊经济技术开发区管委会）

张家港经济技术开发区

【经济发展】2015年，张家港经济技术开发区（以下简称“张家港开发区”）实现地区生产总值752亿元，同比增长2.4%，占张家港市地区生产总值的33.7%。其中，第二产业增加值完成572亿元，第三产业增加值完成179亿元，同比分别增长1.3%和6%，第二、第三产业比例为76∶23.8。完成企业经营收入2 538亿元，财政收入126亿元，同比增长8.3%；入库税收114亿元，同比增长8.6%。完成固定资产投资200亿元，完成进出口总额86亿美元，其中进口19亿美元，出口67亿美元，占全市进出口总额的30%。

【产业发展】2015年，张家港开发区实现工业增加值523亿元。其中，规模以上工业增加值446亿元，同比增长2.1%。全年工业总产值1 894亿元，其中，规模以上工业总产值1 684亿元。主导产业工业总产值1 590亿元，增长0.3%，占全区规模以上工业总产值的94%。

【园区特色】2015年，张家港国家再制造产业示范基地与清华大学联合成立张家港清研再制造产业研究院，获批筹建全国首个国家汽车零部件再制造产品质量监督检验中心，新引进工业项目8家，累计入驻企业23家。张家港联大电子转向器有限公司、江苏瑞莱克斯自动化科技有限公司、苏州赛森电子科技有限公司等6家企业建成投产。智能装备(机器人)产业基地，新引进新光汽车配件(张家港)有限公司，当年建成投产，世界500强采埃孚天合集团投资设立的天合汽车安全技术（张家港）有限公司建成投产。智能装备（机器人）基地产业规模超过400亿元。电力电子产业基地中，在建江苏绿伟锂能有限公司、张家港协鑫集成科技有限公司、苏州恒嘉晶体材料有限公司、锐捷光电科技(江苏)有限公司、苏州晶台光电有限公司建成开业，华灿光电(苏州)有限公司LED外延片芯片单体产能达到全国第一，区镇太阳能光伏组件产能达到4GW。软件（动漫）产业园一期47万平方米全部竣工，云顶科技LNG物联网电商交易平台上线交易，全国首家国家安全生产培训云平台落户。江苏国泰国际集团有限公司、江苏张家港农村商业银行股份有限公司入围中国服务业500强。

【科技创新】2015年，张家港开发区累计新增省“双创人才”27名、“姑苏领军人才”37名、张家港市领军型创新创业人才142名，入选省外专“百人计划”1人，省、市重大科技成果转化项目各6项，富瑞特装获批国家企业技术中心和国家级博士后工作站。累计新增高新技术企业90家、苏州市级以上科技项目175项、省级以上企业创新平台101家。全年新增授权发明专利346件，实现高新技术产业产值400亿元。沙洲湖科创园全年引进产业化公司12家，累计达到50家，获批省级科技企业孵化器。

【投资促进】2015年，张家港开发区新批外资企业24个，注册外资2.36亿美元，实际利用外资2.79亿美元。全年新设立登记内资企业1 638家，新增内资企业注册资本67.7亿元。完成进出口总额86.39亿美元，下降0.72 %。其中，出口总额67.24亿美元，增长1.9%；进口总额19.15亿美元，下降8.9%。

【生态环保】2015年，张家港开发区关停淘汰落后企业52家，腾笼换凤土地39公顷。完成旺西路、老沙锡路等15条道路建设；新铺设城乡污水管网12公里。拆坝建桥38座，疏浚河道152条，治理重污染河道、创建生态河道各9条；实施新乘南路水系、金塘花苑景观河等河道综合整治。金柳热电实施关停，骏马热电完成脱硫改造，化学需氧量、二氧化硫、氨氮和氮氧化物4项主要环保指标的削减量完成上级要求。

【民生福祉】2015年，张家港开发区探索“党建引领、村居民自治、多元共治、智慧管理”的社会治理新模式，深化推进村（居）民自治工作，创新设立村（居）民议事会，深化推进村（居）民自治工作，积极探索党建引领下的基层民主自治新模式。新开工建设安置房35万平方米、竣工65万平方米，安置分房3 607户、77 60套。新增标准化农田222.9公顷，开展农村土地承包经营权确权登记颁证和股权固化，村级总资产达到43亿元，村均可用财力突破1 100万元，农民人均纯收入达到31 258元，同比增长8.7%。新建社区卫生服务中心（站）3家，居家养老服务中心（站）13家，新增养老床位650张。发展民营养老机构，优居壹佰养老公寓开业运营。实施老城区雨污分流、车位改造等基础设施项目12项。市第二中学北校区、暨阳湖实验学校实验楼、市第八中学体育馆建成使用，公办学校吸纳新市民子女入学23 004人。举办“民生面对面”活动36场，收集各类民情民意523件，办结率达到98.3%。

【党建工作】按照上级统一部署，扎实开展“三严三实”专题教育。以先进典型为标杆，组织开展“争当群众满意好干部”的主题教育活动，评选“杨舍榜样”。推进服务型、法治型党组织建设，落实基层党建工作责任制，试点推行“三三制楼组党建”模式，实施“书记项目”163个、基层党建微创投项目21个。组织开展“文明家庭”“文明标兵家庭”和“党员文明示范家庭”创评活动。

【机构设置与管委会领导】张家港开发区管委会内设党政办公室（宣传文明办公室）、招商局、商贸局、发展改革局、科技人才局、经济服务局、安全环保局、建设局、财政局、组织人事局、社会事业局、农村工作局、政法和社会管理办公室、行政服务中心、机关服务中心、房屋征收安置办公室16个工作部门。按照有关规定设置监察室；按照有关法律、法规和政策规定设置人武部和群团组织机构。

2015年，张家港开发区党工委书记：张伟；副书记：葛晓明、谢刚；委员：陶惠兴、李良、庞立新、张跃、常征；纪律检查工作委员会书记：庞立新；张家港开发区管理委员会主任：葛晓明；副主任谢刚、陶惠兴、李良、张跃、常征、赵志凯。

（张家港经济技术开发区管委会）

九江经济技术开发区

【经济发展】2015年，九江经济技术开发区（以下简称“九江开发区”）实现工业主营收入1 037亿元，同比增长6.1%；完成财政总收入50.25亿元，增长92.8%；完成固定资产投资247.2亿元，增长20.1%，其中工业固定资产投资197.9亿元，增长33.9%；外贸出口12.34亿美元，增长25.14%；实际利用内资100亿元，增长57.4%；实际利用外资2.13亿美元，增长11.7%。九江开发区经济实力名列江西省10个国家级经开区第1位，中部地区63个国家级经开区第9位。

【招商引资】2015年，九江开发区总投资30亿元的泰盛纸业、20亿元的巨石二期等81个工业项目签约落户；总投资20亿元的中船现代海洋装备、5亿元的正大饲料等51个工业项目开工建设；总投资20亿元的瑞智机电、5亿元的辽筑机械等53个工业项目竣工投产。全年新增规模以上企业13家，德福电子跻身国内行业前10强，志高空调入围江西省民营企业100强，盛祥电子、美凯宝包装成功挂牌“新三板”。全年投入1亿多元用于大众创业、万众创新，完成专利授权量353件、发明专利11件，新增高新技术企业9家，总数达到43家。国家级恒盛科技园累计入驻项目261个，名列全国同类产业园创新力100强、综合实力50强，荣获国家知识产权试点园区、省人才工作示范园区、省软件电商优秀园区等8项荣誉称号。

【城市建设】2015年，九江开发区实施城建项目82个，完成投资50多亿元。长江大道中段、向湖二路路桥等一批基础设施项目和停车场、菜市场等一批配套项目改造完成；九龙广场、赣北果品批发市场、联盛快乐城等一批现代商贸项目快速推进；智慧城管平台启动建设，城市环境综合整治“攻坚年”活动深入开展，城区面貌明显改观。全年维修道路1.3万平方米，新增市场化运作保洁面积达到78万平方米，依法拆除违章建筑245处、2.5万平方米；城西港区征地拆迁进展顺利，基础设施建设速度提升，产城融合进程加快，相互促进的局面初步形成。

【社会管理】2015年，九江开发区城西港区学校规划设计已经完成，公开招聘、选调教师37人，接收务工人员随迁子女入学238名，总数达到1 438名；免费救治重疾患者268例，医疗救助总计8 157人次。落实安全生产企业主体责任和党政监管责任，群众安全感大幅提升。

【民生保障】2015年，九江开发区用于民生领域的资金达到24亿元，同比增长10%。居民可支配收入达到3.1万元，同比增长9.7%；农民人均纯收入达到1.58万元，同比增长9.3%。民生工程任务超额完成，民生工作名列全市前列，沿浔安置小区二期、城西港区安置小区D区等9 280套、115万平方米的保障性住房已经竣工，即将交付使用。新增就业5 000余人，征缴社会保险费1.1亿元，在全市率先实现了城乡居民养老保险、失地农民养老保险、城镇职工养老保险并轨运行。建成启用居家养老服务中心6个，高标准完成了永安乡敬老院的升级改造。城镇退休职工和失地农民人均月增资分别达到270元和220元。

【深化改革】2015年，九江开发区严格落实“三单一网”（权力清单、责任清单、市场准入负面清单；政府服务网）的改革要求，认真清理便民服务事项711项，全面实施“三证合一、一照一码”制度。在全市率先开办项目服务“中介超市”，引进18家中介机构入驻，提供80多项“一站式”的专业化服务，收费标准下降了40%，办事时间缩短了50%。招商机制不断创新，机构改革平稳推进。

【机构设置与开发区领导】开发区党工委、管委会下设党群工作部、纪委（监察局）、人力资源部、招商局、经济发展局、建设环保局、社会发展局、财政局、国土分局、规划分局、审计分局、市场监督管理局、出口加工区管理局、城西港区管理局、汽车工业园管理办公室、科技工业园管理办公室。

开发区管委会领导成员为：党工委书记陈和民；党工委副书记、管委会主任叶心林；党工委副书记、管委会副主任卢友华、黄家杰、李波；党工委副书记淦作乾；党工委委员、纪工委书记张凯；党工委委员、城西港区管理局副局长刘宏；党工委委员、管委会副主任李善云、刘中原；党工委委员、党群工作部部长陈晶冰；党工委委员、国土分局局长罗智敏；党工委委员、公安分局局长熊扬慎；调研员戴健；副调研员敖建坤、衷嘉福、张朝富。

2014—2015年九江经济技术开发区主要经济综合指标一览表

项目		单位	2015年	2014年	增减（%）
开发区生产总值		亿元	349.10	311.67	12.0
第二产业		亿元	276	261.49	5.5
工业		亿元	265.20	247.76	7.0
第三产业		亿元	61.87	47.85	29.3
工业总产值（现价）		亿元	1 200.10	1 119.41	7.2
高新技术企业		亿元	257.89	240.55	7.2
销售（营业）收入		亿元	1 280.87	1 194.10	7.3
第二产业		亿元	1 200.17	1 116.45	7.4
工业		亿元	1 153.20	1 073.20	7.5
第三产业		亿元	78	70	11.4
利润总额		亿元	100.70	94	7.1
第二产业		亿元	89.60	83.70	7.0
工业		亿元	84	79	6.3
主导产业	1. 电子电器业	亿元	265.24	217.86	21.8
	2. 新能源业	亿元	198.35	164.20	20.8
	3. 汽车及零部件业	亿元	108.40	91.20	18.9
	4. 新材料业	亿元	92.30	73.73	25.2
第三产业		亿元	10	9.20	8.7
进出口总额		亿美元	18.90	16.40	15.2
出口		亿美元	12.30	9.30	32.3
财政收入		亿元	50.25	26.06	92.8
规模以上企业数量		家	160	154	3.9
固定资产投资		亿元	272.40	222.73	22.3
年末从业人员		万人	11.10	11.01	0.8
万元GDP能耗		吨标煤／万元	0.302 3	—	—
水资源消耗总量		万立方米	465.20	—	—
单位国内生产总值取水量		立方米／万元	1.75	—	—

（九江经济技术开发区管委会）

增城经济技术开发区

【经济发展】增城经济技术开发区（以下简称“增城开发区”）是广州实施“东进”战略的桥头堡，广州重点谋划建设的重大战略性发展平台，广州发展的三大主引擎之一。增城开发区核心区规划面积70平方公里，已成功引进60多个具有战略性基础地位的项目，初步形成了汽车及新能源汽车产业、高端装备制造产业、现代服务业三大主导产业。2015年，增城开发区累计完成工业总产值909.45亿元，增长1.39%；固定资产投资65.49亿元，增长3.76%；合同利用外资8 809万美元；实际利用外资4 642万美元，增长32.74%；进出口总额699 974万元，其中出口497 616万元；进口202 358万元。

【“侨梦苑”落户】2015年12月22日，国务院侨务办公室批准成立的全国第五个侨商产业聚集区“侨梦苑”揭牌仪式暨“侨梦苑”创新创业交流会（下称“侨创会”）在增城开发区举行。增城开发区管委会与首批落户“侨梦苑”的中国—澳大利亚科技创新园、中国—德国工业创新中心、中国—英国科技创新中心、中国—以色列生命科学中心、“阿里云”国际众创中心、中澳石墨烯超级电容产业化基地等12个项目进行签约，聘任7位专家学者为“侨梦苑”全球智库专家。国内外高层次创新创业人才围绕“四海侨心、合力圆梦”的主题，就新形势下如何发挥华侨华人优势，建设“一路一带”国际创新桥，构筑开放共享、协同创新公共平台进行深入交流和探讨，取得丰硕成果。

【平台建设】新能源汽车示范运营，已完成广东省新能源汽车示范项目绩效评估。截至2015年年底，在增城推广LNG客车128辆，电动出租车50辆，电动物流车10辆，纯电动客车2辆，纯电动乘用车20辆，在开发区核心区、凤凰城社区、新塘镇区、华商学院等区域初步形成电动汽车的交通接驳服务。“十三五”概念规划编制。增城开发区根据商务部和增城区“十三五”规划工作总体部署，结合“一路一带”和德国工业4.0等政策，高标准编制“十三五”概念规划，现已完成初步成果，初步描绘出开发区今后5年的发展蓝图。

【招商引资】2015年，增城开发区围绕吸引优质项目落户，创建“新常态 新机遇——2015中国广州国际投资年会”和“2015年夏季达沃斯论坛广州之夜活动”等交流平台。在3月26日举行的“2015中国广州国际投资年会”上，增城开发区全力对重点打造的广州中小微企业金融服务区、华南金融装备工业园、军民融合创新发展基地、华侨创新创业园等四大发展平台进行推介，与暨南大学、中国国际投资促进会、中国交通建设股份有限公司分别签订了“华侨创新创业园合作协议”“共建绿色科技创新产业园合作框架协议”和“增城市产业转移和城市转型战略合作框架协议”，举行了华南金融装备工业园奠基仪式，与中钞长城金融设备控股有限公司、广东粤铁科技有限公司签订投资意向协议，达成成果。与此同时，增城开发区扎实开展各类专业和专场招商推介活动，全面推介国家级增城开发区的投资环境，收集各种业态资料和招商信息；同时，进一步健全招商引资制度，实行项目准入门槛和退出机制，引入第三方专家评审机制等，创新开展招商工作，在“引资、引技、引智”方面迈出了一大步。一年来，增城开发区共引进了南京天加空调、众富机电扩产、三泰汽车二期、纽恩泰热泵4个项目，总投资9.4亿元，投产后年产值预计可达到31.8亿元，年创税收约2.08亿元；通过评审项目4个，投资总额约12.5亿元，预计年产值48.2亿元，年创税收约1.85亿元；储备在谈项目12个，投资总额约54.7亿元，年产值约101.5亿元，年创税收约6.7亿元，储备项目成功落户，将进一步壮大开发区的高端产业规模，增强产业集群效应，有力促进经济发展。

【环境建设】2015年，增城开发区“三横三纵”骨干道路加快建设。香山大道、永宁大道西段已全线通车，创强路、新立路、创盈路已基本建成，创业大道、新和北路、新誉北路、新耀南路、创建路等部分路段已完工，永宁大道东段、新建北路等道路加快推进，其他新启动的建设道路正在开展建设前期的各项工作。供水、供电等市政配套建设与道路建设同步推进，广本增城工厂第二回路供电工程已基本完工，水口变电站、110千伏福耀站配套线路管沟工程、沙宁公路截污管网工程等重点市政工程正开展建设前期工作；场地平整工程稳步推进，汽车零部件产业园一期及阿里巴巴项目用地、汽车产业基地2011年项目用地平整工程(一标段）已完工，有效配合了项目落户。开发区三期2个员工生活配套区项目（新惠路东侧5.3公顷和雅瑶河西侧0.85公顷）用地正挂牌出让；已完成金融大道沥青铺设改造，基本完成主干道沥青铺设提升改造及绿化升级改造首期工程，交通信号灯、电子警察、治安视频监控系统等逐步完善，沙宁公路升级改造、已建成道路绿化升级改造及人行道首期等工程前期工作正加快推进，启动了香山大道（荔新公路跨线桥、荔新公路—创建路）及金融大道等重点区域绿化水平的提升。

【项目建设】2015年，增城开发区坚持把为项目提供高效服务作为“一号工程”，着力解决涉企的各种问题，促进项目早动工、早投产，抓竣工项目服务促投产。协调竣工项目，办理投产验收手续，有效促进阿里巴巴、广本第三工厂及发动机、珠江钢琴1号厂房、美穗茂物流等5个项目顺利投产。抓在建项目服务促竣工。协调解决场地平整、完善施工许可手续等，促进特高压等6个在建项目快速推进。目前特高压项目的综合楼已建成投入使用，苏德罗尼克办公楼、凤和物流办公楼、日立（二期）项目主体工程均已封顶，提爱思项目框架建设已完成80%，华德项目已完成桩基施工。抓筹建项目服务促动工。加强部门联动，优化审批服务，促进捷厉扩产、博济医药等8个项目早动工。其中，捷厉扩产项目已完成打桩，博济医药项目已开始打桩，天加空调、纽恩泰热泵、三泰扩产、众富扩产等项目预计近期动工，江河幕墙扩产项目外资公司（广州宇凯金属制品有限公司）已取得营业执照，正同步推进土地出让和修规设计方案优化，广州晶正鑫一期项目正在报审项目修规，施工队已进场。抓投产项目服务解困扰。协调解决企业员工在交通出行、社会治安、入户入学等方面的困难，解决了90名企业员工入户及115名企业员工子女入学问题，帮助企业完善工会运作机制，做好员工职业病防治等。

【土地整合】2015年，增城开发区获批国有留用地、扶贫项目、村集体留用地、协助村办理集体用地等共4宗约60公顷用地；另有4宗约37公顷国有留用地已上报省国土厅；北汽银翔1宗约11.3公顷用地已上报广州市国土局。完成时代地产、保利地产、天加空调、纽恩泰、三泰扩产、众富扩产6个项目共约31公顷用地出让，开发区员工生活配套区项目5公顷、0.85公顷用地挂牌出让，有效保障项目落地。

（增城经济技术开发区管委会）

嘉善经济技术开发区

【经济发展】2015年，嘉善经济技术开发区（以下简称“嘉善开发区”）完成地区生产总值69.62亿元，增长7.5%；实现财政总收入17.85亿元，增长16%，其中，地方财政收入7.57亿元，增长14.2%；完成固定资产投资61.37亿元，其中，工业生产性投资42.57亿元、三产投资18.8亿元（不含房地产）；完成规模以上工业产值307.7亿元，增长4.7%，规模以上企业利税15.82亿元，其中，利润8.7亿元；合同利用外资3.02亿美元，实际利用外资2.03亿美元，实际利用县外内资26.4亿元；完成进出口总额15.37亿美元，其中出口12.2亿美元。

【产业转型】嘉善开发区全面实施“两化”融合战略，常态化开展“服务千企”大走访，推进“企情在线”管理，制定“1+N+X”联挂企业机制，发挥企业联动服务中心的作用。全面推进工业企业“亩均绩效评价”，实施“百企提升”优化工程和“百企倒逼”腾退工程，80家企业实现提档升级，凯蒂滑动轴承被评为浙江省2015年度“百企装备优化提升”工程试点示范企业。全面推进“四换三名”工程，大力推进传统木业家具企业实施“互联网+智能制造”战略，索菲亚家居技改项目列入省重点工业“机器换人”项目，新思考电机作为“腾笼换鸟”典型成为嘉兴市“双推”活动全县唯一的工业企业现场观摩点，晋亿实业董事长蔡永龙获市第四届“十大工业转型升级风云人物”，众成包装入选市第二批“三名”培育试点企业，荣获“2015浙江‘智慧园区’示范开发区”荣誉称号。大力助推小微企业成长，4家企业申报省成长型中小企业。全面掌握存量土地、厂房资源，为31家闲置用地企业定制二次开发方案，加大存量资源招商力度，全年节约集约利用各类土地8.96公顷、盘活存量厂房21万平方米。

【科技创新】嘉善开发区全面推进“大众创业、万众创新”，加大与高校和科研院所合作力度，大力引进人才型、科技型中高端项目，对北大创新研究院嘉善产学研合作中心首批5个创新项目确定专项扶持资金700万元，与上海交通大学机械动力与工程学院工程硕士教育中心缔结友好单位。组织申报国家“千人计划”人才5名、省级“千人计划”人才7名和“创新嘉兴精英引领计划”人才7名，引进“国千”“省千”人才各1名，实现“国千零突破”。诚达药业、华瑞赛晶顺利通过国家级高新技术企业复审，新申报国家级高新技术企业2家，申报省级科技型中小企业6家、市级创新型企业5家、市级技术中心1家。完成专利申报638件，华瑞赛晶成功申报市级专利示范企业。

【招商引资】2015年，嘉善开发区围绕“双招双引”（招商引资、招才引智）狠抓外向型经济发展，在招商引资上拔高标杆、自加压力，全年完成外资项目审批86个，内外资项目备案138个。突出上海主攻方向，积极对接上海高新园区、经济强镇（街道），全天候开展驻点、蹲点、定点招商。加强与专业平台、中介机构、行业协会合作交流，先后赴德国、荷兰、立陶宛、比利时拜访外资企业总部及有关商贸机构，与鲁道夫沙尔平咨询机构、考纳斯自由贸易区建立同盟，与欧盟中国经济文化委员会多次互动交流，加盟“工场网”和“德国中小企业联合会”，紧密联系荷兰驻沪总领事馆、荷兰国家贸易促进中心、荷比卢商会等知名机构，注重以商引商，组织参加“荷兰国王日酒会”和“浙洽会”等重大重要活动。全年累计举办各类招商推介活动277场（次），跟踪各类项目信息200余个。

【生态环保】嘉善开发区针对开发区创建国家生态工业园区的要求，专门成立了“开发区（惠民街道）生态建设（城乡环境综合整治）专项工作领导小组及办公室”，同时，组织发动区内企业积极参与创建工作，形成政府引导、企业联动的创建机制。建立开发区租赁企业八大工作机制，按照环保前置的审批要求，严格执行项目落户前环境影响评价制度，严查已批项目“三同时”（确保安全生产设施与主体工程同时设计、同时建设、同时投入使用）的执行情况。对不符合准入标准的项目，坚决不予引进入园，不符合生产标准、拒不整改的项目，坚决予以清理出园。对于已按环评批复建设的项目，严格按照有关环保法律法规的要求进行环保验收，不符合要求的坚决整改。积极加快推进《生态工业园区建设规划》编制工作，结合县府下发的开发区二次创业转型发展3年行动计划、东区开发建设3年行动计划和城乡环境综合整治3年行动计划三个“3年行动计划”的要求，着力提升产业层次，完善发展结构，大力推进清洁生产，倡导节能减排，全面发展低碳经济，大力改善辖区环境。

【平台建设】2015年，嘉善开发区基础建设投入3.1亿元，完善全区控制性详细规划，做好局部功能区块规划完善和重点项目规划调整，有序推进东区路桥及配套等建设，基本完成东区一期绿化，实施长江路、黄河路、新华路、玉山路等道路改造工程，抓好重点项目配套设施承建，充实招商一线与企业全线服务力量，全程跟踪式服务企业发展。

【项目建设】8月14日下午，世界500强、总投资9亿美元项目——铠胜集团嘉善产业基地项目签约落户嘉善经济技术开发区；9月23日下午，铠嘉电脑配件有限公司在开发区举行开工仪式；11月22日上午，总投资超10亿元的浙江三杰印刷科技项目在县政府举行签约仪式；12月9日，总投资超10亿元的宝湾国际电商物流项目签约落户嘉善经济技术开发区；12月19日下午，全县首个节能环保科技产业园——中节能（嘉善）环保科技产业园项目正式落户开发区。

【产业合作园】2015年12月，浙江省人民政府办公厅正式发文公布了首批浙江省“国际产业合作园”的创建名单，浙江中荷（嘉善）产业合作园成为浙江省唯一的省级中荷产业合作园。中荷产业园一期规划建设面积约87公顷，二期约233公顷。一期项目包括工业智造区、工业旅游贸易区、荷兰风情文化区3个板块，全面涵盖了工业、贸易、商品展示、工业旅游、生态休闲等内容，为园区提供全方位的工作、生活和休闲配套环境。

【社会事业】嘉善开发区突出民生为本，提升公共服务水平。街道中心幼儿园投入使用，并成功创建浙江省二级幼儿园；启动大众湖滨小区配套幼儿园、新世纪幼儿园改建工程建设，提升学前教育看护点6所。县社会养老福利中心暨惠民街道社区卫生服务中心奠基开工；完成企业养老保险净增数1 861人，医疗保险净增数1 737人，城乡居民社会养老保险续保率达到95%。建成社区居家养老服务照料中心10个，落实最低生活保障155户218人，全年共发放低保及各类补助救助达到185万元；落实退职村干部享受城乡居民养老保险政策，做好40、50人员社保补贴申请和一次性补交职工养老保险。建成文化大礼堂4个，成功举办区（街道）第二届全民健身运动会、“送戏下乡”及“文化串门”等系列文体活动。扎实做好人口计划生育工作，全年享受奖扶834人，特扶61人。民防、民族宗教、宣传、档案、科普、慈善、老龄、商会等工作有序开展，工、青、妇等群众团体作用发挥明显。开展社会主义核心价值观进学校、进企业、进农村的宣传教育普及工作。依托村（社区）文化礼堂、道德讲堂、文化长廊等主阵地，开展青年学生志愿者暑期社会实践活动，有效推进未成年人思想道德建设。

【党建工作】全面推进从严治党，完善党领导经济社会发展工作的体制机制，坚持问题导向抓基层，合力推进党建资源整合、队伍能力提升、服务体系提效，为推动区（街道）整体发展提供坚强有力的保障。完成机关内设机构“大部制”重设，开展全员岗位竞聘，公开招录招商专员、宣传文化员、村级后备干部以及社区工作人员，在全体干部员工中开展以“比激情、比担当、比业绩”为主要内容的“争先、创先、率先”主题实践活动，建立“双承诺”绩效管理机制，在改革创新中增强干事的激情。务联群众。把“走亲连心”活动重心转向民事办理，全区（街道）7 517 户农户实现走访 100%、办结民生实事 5 361 件。开展党员先锋志愿服务，新增 10 家企业加盟“四方红色联盟”，“1+X”组团帮困结对困难家庭 268 户，落实党员“两地报到、双岗服务”，组织 96 名返乡党员开展“主题服务、定向服务、菜单服务”，组建“621”先锋志愿服务方队，推进志愿服务项目化运行。按照“网格党建+专业合作社党建”模式，优化基层组织结构，开办“民情茶坊”（党员先锋站），作为党员教育、政策宣讲、民情收集的主阵地和农村党员活动、微型党课主平台，实现农村党员参加组织生活到会率由 60% 提高到 85%。强化软弱落后党组织的整转工作，以“飞地抱团”模式推动“强村计划”。深化非公企业 5S 标准化党建，推进“和合共同体”建设，组建青春班组 16 个，中心企业实现领办党建项目全覆盖。

【机构设置与管委会领导】嘉善开发区管委会下设办公室、政治处、招商服务局、经济发展局（服务业发展局）、规划建设局、农业发展局、社会事业发展局、财政局、社会管理局。嘉善开发区管委会党委书记、主任陆春浩，党委副书记计建新、陈一微、倪为民；管委会常务副主任房广明，管委会副主任姚巍、张激文、姚斌、杨洁明、杨雷、王育青。

2014—2015 年嘉善经济技术开发区主要经济综合指标一览表

项目		单位	2015 年	2014 年	增减（%）
开发区生产总值		亿元	69.62	69.02	0.87
第二产业		亿元	58.74	59.04	-0.51
工业		亿元	54.77	53.58	2.22
第三产业		亿元	8.78	7.89	11.28
工业总产值（现价）		亿元	307.70	283.04	8.71
高新技术企业		亿元	74.70	67.19	11.18
工业		亿元	268.82	239.10	12.43
第三产业		亿元	42.93	45.95	-6.57
工业		亿元	8.70	6.95	25.18
区内主导产业及产值					
主导产业	1. 家具制造业	亿元	52.61	46.64	12.80
	2. 通用设备制造业	亿元	39.59	40.49	-2.22
	3. 电气机械和器材制造业	亿元	27.94	24.33	14.80
	4. 木材加工和木、竹、藤、棕、草制品业	亿元	27.88	23.35	19.40
	5. 计算机、通信和其他电子设备制造业	亿元	23.25	23.20	1.29
	6. 农副食品加工业	亿元	20.51	16.38	25.21

续表

项目		单位	2015年	2014年	增减（%）
进出口总额		亿美元	15.37	16.19	-5.06
出口		亿美元	12.20	12.11	0.74
财政收入		亿元	17.85	15.38	16.06
税收收入		亿元	17.85	15.38	16.06
财政支出		亿元	1.46	1.54	-5.20
新批企业数量		家	110	116	-5.17
外商及港澳台企业		家	17	26	-34.62
内资企业		家	93	90	3.33
新批企业投资额	外商及港澳台企业	亿美元	3.22	4.72	-31.78
	内资企业	亿元	24.47	18.06	35.45
	增资企业	亿美元	0.60	0.73	-17.81
合同外资金额		亿美元	3.02	1.19	153.78

（嘉善经济技术开发区管委会）

绵阳经济技术开发区

【概况】绵阳经济技术开发区(以下简称“绵阳经开区”)成立于2000年8月，2012年2月与绵阳科技城现代农业科技示范区整合，2012年10月经国务院批准升级为国家级经济技术开发区，是中国（绵阳）科技城“一城三区”发展战略的核心区、四川省优秀工业园区、四川省新型工业示范基地。辖区面积近70平方公里，实有人口15万。

【经济发展】2015年，绵阳经开区实现地区生产总值193.78亿元，同比增长9.1%；工业总产值598.21亿元；地方财政收入19.6亿元，税收收入14.16亿元；进出口总额6.11亿美元；全社会固定资产投资85.32亿元，其中工业投资41.1亿元，技术改造投资40.76亿元。

【项目建设】2015年，绵阳经开区重点推进续建、新开工项目76个，概算总投资248.62亿元，计划新增投资约94.25亿元。其中，四川省、绵阳市重点项目15个，计划总投资34.16亿元。全年项目立项42个，其中，权限范围内立项项目27个，科管委经发局备案项目15个。招投标各类项目备案共计19个。完成万达CBD项目F区、G区项目、神州南都二期A、B组团项目和中玮海润城二期项目入库；完成利尔化学中试开发平台及配套设施改扩建项目、东材科技年产2万吨PVB树脂建设项目、好圣公司汽车发动机关键零部件精密铸件制造数字化车间项目等14个工业投资（技改）项目的入库工作。预算工业发展专项资金5 874万元，支持企业技术创新和扩能升级。利尔化学草铵膦原药技术改造、长虹信息化物流园改扩建一期、华晨瑞安凸轮轴生产基地等15个项目实现开工。

【招商引资】2015年，绵阳经开区完成国内省外到位内资58.75亿元，到位外资4 000万美元；新引进项目44个，其中，亿元以上项目15个，5亿元以上项目5个，协议引资61.48亿元。海科会签约项目12个，协议引资6亿元。重点跟踪促进项目45个，其中，工业项目28个，现代服务业项目23个，包括四川旭虹光电科技有限公司拟新征地13.6公顷建设低温多晶硅技术（LTPS）基板原片生产线、豆萁科技建设工业4.0全智能芯片CP测试生产线项目、中国原子能科学院与四川美丰氢气综合利用项目等。

【科技创新】2015年，绵阳经开区新增科技型中小企业352家，总数达到847家，其中，新增规模以上企业6家，总数达到48家。专利申请量669件，授权量488件，同比增长3.8倍。新认定高新技术企业4家，总数达14家；新引进“两新”产业（高新技术产业、战略性新兴产业）项目13个；实现高新技术产业总产值27亿元；实现战略性新兴产业产值52亿元，占全部规模以上企业主营业务收入的62%。设立1 500万元科技专项资金，鼓励和支持商业金融、创业投资、社会资本参与园区转型升级发展。投入人才发展专项资金500万元，推进科技人才队伍建设。新建科技企业孵化器10万平方米，总数达到5个，约13.1万平方米。

【园区建设】2015年，绵阳经开区完成居民小区基础设施建设投资约4 123万元，市政基础设施建设投资约2 832万元。建成S16南延段道路及污水管网，完成福馨小区和塘汛北街道路、管网维修改造，完成白山小区统规自建居民点基础设施配套建设等。投资400万元，在全区实施21个自建居民小区4 000盏路灯安装惠民工程，采取“能源合同管理”方式，恢复松垭镇三条主干道路灯照明。

【社会事业】2015年，绵阳经开区投入民生工程资金2亿元，完成省级民生工程10项、市级民生工程29项。投入保障性住房建设资金6 616万元，建成保障性住房581套，开工改造城市危旧房棚户区90户。全年配租公租房251户（套）。完成南区花园跃进统建房A区一期工程，分售给塘汛、城南拆迁群众1 171套、93 473.8平方米。完成塘汛小学操场、十九中学操场改造，推进塘汛小学教学楼扩建工程规划、立项、资金筹措工作。完成富临实验小学扩建工程涉及地块、道路、规划调整工作。全年减免幼儿保教费28.5万元。全区企业职工养老保险参保达到1.3万人，城镇基本医疗保险参保达到1.5万人，老失地农民参保1 972人，总人数达到3 670人。

【机构设置与管委会领导】绵阳经开区党工委、管委会为绵阳市委、市政府派出机构，机构级别为正县级，党工委、管委会合署办公。内设机构共11个，分别为：综合办、党群部、监察局、经济发展局（安监局、统计局）、科学技术局（知识产权局）、住房和城市建设局（环境保护局）、投资促进局、财政局、城乡统筹发展局、社会事业发展局（食品药品监督管理局）、社会管理办公室。另有直属参公事业单位1个，直属事业单位11个，直属国有企业3个。

绵阳经开区党工委、管委会领导班子成员为：党工委书记毛一兵；党工委副书记、管委会主任代宏；党工委副书记、管委会副主任黄琦；党工委委员、纪工委书记张治冬；党工委委员、管委会副主任朱林、陈鼎、戴顺贵、周世权；管委会副主任杨朝晖。

（绵阳经济技术开发区管委会）

邹平经济技术开发区

【经济发展】2015年，邹平经济技术开发区（以下简称“邹平开发区”）积极应对经济下行压力，加快转方式、调结构，经济实现了平稳健康增长。全年实现地区生产总值513亿元，同比增长10%；实现第二产业增加值418.1亿元，同比增长9.7%；实现第三产业增加值94.2亿元，同比增长11.6%；实现规模以上工业主营业务收入2 656.8亿元，同比增长13.4%；完成规模以上工业总产值2 385亿元，同比增长5.9%；完成规模以上工业增加值403亿元，同比增长10.3%；实现规模以上工业利税154.2亿元，同比增长2.7%；实现财政总收入41.9亿元，其中地方财政收入21.2亿元，同比分别增长10.7%和10.3%；实现进出口总额21.2亿美元，同比增长39.3%；完成固定资产投资77.4亿元，同比增长13.4%。

【产业发展】2015年，邹平开发区以纺织服装、涉铝产业、食品医药为主导产业，拥有全球最大的棉纺织生产基地，全国重要的铝生产加工基地和亚洲最大的葡萄糖和玉米油加工生产基地。

纺织服装产业集群拥有企业20多家，以棉纱、棉布、服装、家用纺织品为主，已发展成为全球最大的棉纺织生产基地，被命名为“中国棉纺织名城”。纺纱能力600万纱锭，织机4万台，年产纱160万吨，布30亿米，服装1 000余万件，家用纺织品1 000万件（套）。家用棉纺织品基地于2010年被评为山东省新型工业化产业示范基地。魏桥创业集团于2012年跨入世界500强，成为山东省首家进入世界500强的民营企业，2015年位列第234位。

涉铝产业集群拥有企业近20家，以氧化铝、电解铝、合金铝、铝板带箔等为主，已发展成为全国重要的铝材精深加工制造基地。具备年产氧化铝800万吨、电解铝254万吨、各类铝材和合金铝材（铝板、带、箔、杆、棒等）457万吨、高档铝合金轮毂500万只的生产能力。轻质高强合金新材料基地于2012年入选山东省首批战略性新兴产业示范基地，是山东省唯一一个以铝精深加工为主的战略性新兴产业示范基地。铝合金精深加工新材料基地于2015年被省经信委评为山东省新型工业化产业示范基地。魏桥创业集团成为全球原铝产能最大、海外获取氧化铝资源最早、装备水平最高的涉铝企业。

食品医药产业集群拥有10多家企业，以玉米淀粉、油脂、结晶葡萄糖、药用无水葡萄糖、果糖、纤维饲料等为主，年加工玉米400万吨。食用葡萄糖、玉米油、无水葡萄糖、麦芽糊精生产规模为亚洲最大，被命名为“中国糖都”和“中国玉米油城”。

【现代物流业】2015年，邹平开发区以滨州保税物流中心为核心，规划建设了集进出口贸易、保税物流、仓储配送、出口加工、电子商务等功能于一体的现代物流园区，计划用2—3年的时间，打造立足邹平、服务滨州、辐射周边的现代物流业发展平台和生产性服务业集聚区。滨州保税物流中心于2014年11月通过国家海关总署等四部委的联合验收，2015年1月正式封关运营。至2015年年底，共办理一般进出口和“一日游”业务3 500余票，货值17亿元，业务辐射范围逐步扩大，影响力逐步增强。

【科技创新】2015年，邹平开发区不断加强人才平台载体建设。开发区鼓励和支持有条件的企业进行技术中心、工程技术研究中心、实验室等人才平台载体建设。截至2015年年底，区内建立国家级重点人才平台载体3个，其中，国家级企业技术中心2个，博士后工作站1个。山东三星集团有限公司技术中心于2015年成功申报国家级企业技术中心。建立省级科技创新平台载体16个，其中，省级工程技术研究中心5个，省级企业技术中心8个，省级院士工作站2个，省级重点实验室1个。山东西王特钢有限公司技术中心于2015年成功申报省级企业技术中心。通过人才平台载体建设，区内企业科技创新意识不断增强，科技投入不断加大，人才引进培育有力推进，有力推动了开发区转型升级、创新发展。

2015年，邹平开发区已拥有省级首席技师4名，其中2015年新增1名。拥有省级乡村之星4名，2015年新增1名。依托鲁中职业学院及其他职业培训机构，与区内企业合作，建立了一批企业技术培训基地。鼓励引导职业院校根据企业需要进行技能培训，实现资源互补、专业共享，提高技能人才就业能力，不断加大对高技能人才及高层次实用人才的培养力度，2015年新增高级工997个。

【投资促进】2015年，邹平开发区共引进项目16个，引进项目总投资158.2亿元。新增注册企业214家，新增注册资本26.2亿元，同比均大幅增长。重点围绕世界铝谷建设，延伸拉长铝生产加工产业链条，相继引进了魏桥铝电年产20万吨高阻隔便携式金属包装材料项目、魏桥铝电年产10万吨汽车轻量化及环保新型材料项目等大项目、好项目。2015年，保税物流中心新增注册企业32家，注册资金1.8亿元。累计注册企业125家，注册资金6.8亿元。积极利用境外资金，扩大直接债务融资规模，有效降低企业融资成本，2015年，开发区合同外资2亿美元，实际利用外资3.3亿美元，其中，实际到账外资中服务业所占比重达63.6%。魏桥创业集团等骨干企业发行债券、票据32期，融资338.6亿元。宏桥投资（香港）有限公司设立的山东宏桥融资租赁有限公司，作为滨州市首家外商投资融资租赁企业，目前注册资本金已到位1亿美元。建区以来，开发区合同外资累计33.2亿美元，实际利用外资31.4亿美元。

开发区骨干企业积极拓展海外发展空间，“走出去”步伐加快。投资规模迅速扩大，投资质量明显提升。2015年，开发区境外直接投资额36 996万美元。魏桥创业集团在印尼合资设立氧化铝生产企业，规划建设年产400万吨氧化铝项目，总投资15亿美元。在几内亚，合资设立矿业公司和河港公司，铝土矿设计年生产能力3 000万吨，配套建设河港码头和海上过驳转运系统，打造了一条自国外矿山到国内工厂、集多式联运为一体的资源供应链。目前，几内亚矿石已经正式装船回运。魏桥创业集团及其合作伙伴创造的自几内亚至滨州港的亚非“海上铝业丝绸之路”圆满打通。

【生态环保】2015年3月，山东省环保厅、商务厅、科技厅联合发文，批准邹平开发区创建省级生态工业园区。开发区按照生态工业园区的建设规划，扎实推进各项创建工作，截至2015年年底取得阶段性成果。节能减排成效显著。魏桥创业集团投资23亿元建设脱硝设施，全面实现氮氧化物达标排放。投资3.4亿元，对4台33万千瓦的机组进行超低排放技术改造，全部实现了超低排放。魏桥创业集团实施“上大压下”工程，计划在2015—2017年投资150亿元，建设8台60万千瓦超临界抽凝式发电机组，替代现有的30万千瓦以下机组。目前，魏桥创业集团有限公司热电厂的8台2.4万千瓦机组、邹平工业园铝电有限公司热电厂的6台3万千瓦机组厂房和设备拆除工作基本结束。上述机组拆除后，魏桥创业集团在开发区内共计关停小机组14台，总装机容量37.2万千瓦。魏桥创业集团600千安特大型电解槽原铝生产线于2015年6月正式投产，为全球首条，具有容量最大、效率最高、液态铝质量最好、能耗最低、用工最少的优势，具有世界同行业领先水平。环境保护措施有力。投资300万元，建设魏桥创业集团环境信息监控中心，实现了对污染物排放数据和环保设施运行参数24小时监控。全面加强煤场扬尘治理，对区内热电厂煤场实施全封闭升级改造。循环利用效率提高。魏桥创业集团围绕赤泥综合利用，通过磁选提铁、回水利用、赤泥制砖等措施，实现了各类废弃物全部“吃干榨净”，变废为宝。齐星开发区热电公司投资300余万元，实施循环水回收利用改造，年可节约水费150万元。

【机构设置与管委会领导】机构设置为：邹平开发区党工委、管委会统一负责和管理开发区内党的建设、经济和社会事务。管委会下设办公室、经济发展局、规划建设局、社会事业发展局4个正科级单位；财政分局、城管分局、安监站、劳保所4个副科级单位。另外，县公安局、国税局、地税局、工商局、食药监局在开发区设立了分支机构。高新街道办事处全面负责辖区农村管理工作，属于县委县政府、开发区双管单位。邹平开发区管委会领导成员为：党工委书记赵伟宏，副书记孙晶，管委会主任赵伟宏，副主任孙晶、滕永利、张祥克、刘家龙。

2014—2015年邹平经济技术开发区主要经济综合指标一览表

项目		单位	2015年	2014年	增减（%）
开发区生产总值		亿元	513	496	10.00
第二产业		亿元	418	407	9.70
工业		亿元	411	401	9.70
第三产业		亿元	94	88	11.60
工业总产值（现价）		亿元	2 385	2 253	5.86
高新技术企业		亿元	483	465	3.87
销售（营业）收入		亿元	2 722	2 402	13.32
第二产业		亿元	2 671	2 356	13.37
工业		亿元	2 662	2 347	13.42
第三产业		亿元	51	46	10.87
利润总额		亿元	91	93	-2.15
第二产业		亿元	91	93	-2.15
工业		亿元	90	92	-2.17
第三产业		亿元	0.14	0.13	7.69
区内主导产业及产值		亿元	2 075	1 975	5.06
主导产业	1. 家纺服装业	亿元	1 085	1 110	-2.25
	2. 新型材料业	亿元	889	765	16.21
	3. 食品医药业	亿元	101	100	1.00
进出口总额		亿美元	21	15	40.00
出口		亿美元	5	7.40	-32.43
财政收入		亿元	42.20	38.20	10.47
税收收入		亿元	41.70	37.70	10.61
新批企业数量		家	214	124	72.58
内资企业		家	214	124	72.58
新批企业投资额	外商及港澳台企业	亿美元	2	4	-50.00
	内资企业	亿元	158	53.5	195.33
	增资企业	亿美元	1.80	2.0	-10.00

续表

项目	单位	2015 年	2014 年	增减（%）
规模以上企业数量	家	77	77	0.00
合同外资金额	亿美元	2	4	−50.00
外商实际投资	亿美元	3.30	3.10	6.45
固定资产投资	亿元	77	68	13.24
年末从业人员	万人	14.42	14.38	0.28

（邹平经济技术开发区管委会）

如皋经济技术开发区

【经济发展】2015年，如皋经济技术开发区（以下简称“如皋开发区”）实现地区生产总值487.57亿元，按可比价格计算，比上年（2014年，下同）增长15.02%。其中，第二产业增加值完成289.46亿元，可比增长13.49%；第三产业增加值完成156.55亿元，可比增长18.02%，第二、第三产业比例为1.85∶1。财政收入继续保持快速增长，全年财政收入85.467亿元，比上年增长16.67%；税收收入77.022亿元，比上年增长16.22%；全年地方财政收入50.45亿元，比上年增长17.81%。外贸进出口21.15亿美元，增长15.37%。其中，出口总额16.79亿美元，增长14.5%。全社会固定资产投资287.46亿元，比上年增长12.33%。其中，基础设施投入19.05亿元，比上年增长4.37%。年末，千万美元以上外资项目达100个，增幅为11.11%；5 000万美元以上外资项目12个，与2014年持平；1亿美元以上外资项目5个，与2014年持平；亿元以上内资项目108个，增幅为17.39%。

【产业发展】2015年，如皋开发区全年实现工业增加值289.46亿元，可比增长13.49%。其中，规模以上工业增加值245.75亿元，可比增长15.13%。全年工业总产值1 502.04亿元，比上年增长8.4%。其中，高新技术企业总产值465.76亿元，比上年增长17.16%；工业用电量完成11.21亿千瓦时，同比增长1.54%。初步形成以高新技术产业为主导、现代服务业为主体、先进制造业为支撑的产业体系，主要致力于发展新能源汽车及汽车零部件、长寿生物科技、新能源、电子电气及装备四大新兴产业和纺织服装、数控成型装备等加工制造产业。其中，新能源汽车及汽车零部件产业为如皋三大主导产业之一，是江苏省唯一的“新能源汽车产业基地”。电子电气及装备产业园区建成江苏省最大、苏中地区唯一的金属表面处理中心，吸引了创源电化学、延康汽车零部件、康得新模具等23家规模以上企业入驻园区。

【园区特色】2015年，如皋开发区积极“融入苏南、接轨上海、走向世界”，形成了城北新城区、现代制造产业园区、物流园区、产城融合区、现代农业园区五大发展板块。同时，致力于打造世界级单体规模最大的全钢载重子午线轮胎生产基地、中国最具竞争力的新能源汽车生产基地、国家级氢能和燃料电池生产制造及研发基地、国家级输变电特高压电力设备及配件产业基地、软件特色产业基地和省锻压装备、软件科技产业园。在2013年获批省级生态园区后，积极创建国家级生态园区。

【招商引资】2015年，如皋开发区新批协议注册外资31 558万美元，同比增长24.61%，期末，协议注册外资额390 593万美元，同比增长8.79%，其中增资额2 599万美元；实际到账注册外资21 500万美元，同比有所下降。期末，建成投产外商投资企业162个，同比增长6.58%。新批外商投资企业25个，期末注册外商投资企业288个；新增内资企业注册资本45.152亿元，新增注册内资企业330个，亿元以上内资项目达108个，形成了一、二、三产良性互动招商的新局面。青年亚曼物流车项目、美国赛麟汽车项目、威格电气等一批世界500强企业签约落户，引进生活型、生产型配套的功能性平台6家。

【新能源汽车产业园区发展迅速】自2010年以来，如皋开发区策应国家新兴产业战略发展规划，抢抓机遇，立足现实，积极培育新能源汽车产业发展，2012年获批为江苏省唯一的“新能源汽车产业基地”，现拥有康迪（吉利）、陆地方舟、英田、金杯如皋分公司4家新能源整车厂、改装车厂以及双钱轮胎、龙能锂电池、百应能源、泽禾氢燃料、延康、创源电化学等汽车零部件企业。新能源汽车产业产品主要有新能源汽车、轻卡等整车产品，柴油机、轴承钢球、制动器总成、汽卡车专用紧固件等汽车零部件产品，以及全钢丝子午线载重轮胎、全钢丝子午线工程轮胎等配套产品，围绕推进新能源汽车整车产品规模化、重要部件本地化、关键技术自主化、产品应用多样化的“四化”发展思路，全力建设以新能源汽车整车为龙头、纯电动汽车和燃料电池新能源汽车为主导、新能源汽车零部件产业集群为支撑的“中国最具竞争力的新能源汽车生产基地”。2015年新能源汽车产业产值达到385.41亿元，销售额292.35亿元，产能达到21.7万辆。

【科技创新】如皋开发区以“科技立区、创新驱动”为发展理念，以建设创新型开发区（园区）为发展目标，狠抓人才培育、企业技改、平台搭建。2015年，新成立江南大学食品生物技术研究所，高新技术企业达93家，高新技术创业服务中心5家，创服中心企业305家。全年完成高新技术产业投入58亿元，高新技术产业产值占规模以上工业总产值的43.24%。高新企业工业总产值465.758亿元，高新技术企业增加值139.97亿元，产品销售收入429.145亿元，进出口额6.45亿元，其中出口额3.458亿美元。累计获得国家、省、市科技创新平台58家，驰名商标16个，著名商标37个，授权专利1 285件，科技项目立项达到109项，万人发明专利10.7件，积极建设江苏省知识产权试点园区。

【人才建设】2015年，如皋开发区累计引进研究生、博士、高级技术人员等各类人才621名，新获批国家“千人计划”专家3人，江苏省“双创人才”2人，省博士计划2人，省科技副总8人。加快推进中国产学研合作创新示范基地、国家知识产权示范园区、高端人才创业创新园区以及国家新能源国际科技合作基地建设。氢能产业与美国佛罗里达州立大学建立国际合作关系，电子电气装备产业与荷兰KM公司建立国际合作关系。建立健全柔性引进人才机制，新增江苏省级高新技术企业8家，工程技术研究中心6家，院士工作站3家，研究生工作站2家，产业技术联盟2家。

【项目建设】2015年，如皋开发区引进千万美元以上外资项目100个。其中，总投资5 000万美元以上外资项目12个，1亿美元以上外资项目5个。新开工亿元以上项目25个，总投资98.54亿元；新竣工项目16个，总投资31.45亿元。完成规模工业投入85.76亿元，高新技术产业投入58亿元，工业项目投资121.35亿元，工业用电量112 130万千瓦时。新增规模企业28家，亿元企业9家，5亿元企业3家，10亿元企业2家。突出发展新能源产业，打造氢能经济示范区。年内青年集团注资百应能源8 000万元，专门生产物流车用燃料电池。泽禾新能源科技有限公司引进建成国内首条完整的氢燃料大巴动力模块生产线，并与陆地方舟、清华大学、中汽研、佛山飞驰等合作开发氢燃料大巴。新能源产业园区已拥有百应能源、爱康太阳能、碧空氢能源、泽禾新能源、美能得等20多家企业，创建中国驰名商标7个。

【基础设施建设】2015年，如皋开发区突出抓好政府投资性工程项目88个，其中，房屋建筑及公建配套28个，市政项目60个。建成12个公交车整车充电基位，停泊位30个；在人才公寓、邓元新区停车场各建成3个充电桩。完成城市主干道20公里全面改造提升，11项商品房开发基本到位，销售80%以上。红星美凯龙全面开业，欧尚超市开工建设，中交美庐城市广场全面开放。全力推进安置房的配套建设，完成庆余、如意、城北、镇南东小区、柴湾三期、如意湾、绿源高层共计51.3万平方米的安置房交房。年内，复兴路拓宽、民和路北延以及惠民路、万寿路、起凤路等绿化提升工程竣工。

【机构设置与管委会领导】如皋开发区管委会与城北街道合二为一，由开发区党工委、管委会统一行使管理权，由班子领导、纪工委、人大工委、政协工委、工会、妇联及其他办、局、园区、中心等组成。开发区主要设立办公室、党群工作局（人社局）、科技转化创业园、新能源汽车产业园、长寿生物科技产业园、科技和经济发展局、农村工作和社会事业局、政法和社会建设局、财政局、建设局、综合执法局、招商局、招商中心及环保分局、国土分局、安全监督局等。如皋开发区党工委、管委会领导成员为：副书记、管委会常务副主任马金华；党工委委员、管委会副主任石兵、郝晓东、赵宏祥、曹汉清；党工委委员、纪工委书记丛立新。

2014—2015 年如皋经济技术开发区主要经济综合指标一览表

项目		单位	2015 年	2014 年	增减（%）
开发区生产总值		亿元	487.57	423.896 0	15.02
第二产业		亿元	324.436	278.706 8	15.69
工业		亿元	289.46	256.055 6	13.05
第三产业		亿元	156.55	132.542	18.11
工业总产值（现价）		亿元	1 502.04	1 385.689	8.40
高新技术企业		亿元	465.758	397.525 8	17.16
销售（营业）收入		亿元	2 326.94	2 004.205 2	16.10
第二产业		亿元	1 742.58	1 539.678 6	13.18
工业		亿元	1 665.956	1 456.892 0	14.35
第三产业		亿元	584.36	464.526 6	25.80
主导产业	1. 新能源汽车及零部件制造业	亿元	407.067	353.325 9	15.21
	2. 电子电气装备及制造业	亿元	374.772	330.341 4	13.45
	3. 纺织服装制造业	亿元	228.013	210.830 6	8.15
进出口总额		亿美元	21.146	18.329 2	15.37
出口		亿美元	16.792	14.665 3	14.50
财政收入		亿元	85.467	73.254 0	16.67
税收收入		亿元	77.022	66.275 0	16.22
财政支出		亿元	46.52	41.25	12.78
新批企业数量		家	355	347	2.31
外商及港澳台企业		家	25	23	8.70
内资企业		家	330	324	9.26
新批企业投资额	外商及港澳台企业	亿美元	3.155 8	2.532 5	24.61
	内资企业	亿元	45.152	41.486	8.82
	增资企业	亿美元	0.259 9	0.076 9	237.97
合同外资金额		亿美元	3.905 9	3.59	8.79
外商实际投资		亿美元	2.15	2.55	−15.69
固定资产投资		亿元	287.457	255.896 5	12.33
年末从业人员		万人	7.065 0	6.758 9	4.53
规模以上企业数量		家	1 021	905	12.82
工业		家	486	455	6.81
万元 GDP 能耗		吨标煤／万元	0.195	0.21	−7.14

（如皋经济技术开发区管委会）

漳州招商局经济技术开发区

【综合概况】2015 年，在省市党委、政府和招商局集团的正确领导下，漳州开发区全面贯彻党的十八大和十八届三中、四中、五中全会精神，深入贯彻习近平总书记系列重要讲话和来闽考察重要讲话精神，认真落实市委十届十次、十一次全会精神，围绕深化“转型升级、跨越发展”战略，主动适应新常态，全力推动经济社会发展。全年完成地区生产总值 28.2 亿元，增长 10.7%；一般公共预算总收入 14.1 亿元，增长 8.1%，其中，地方一般公共预算收入 10.4 亿元，增长 16.3%；规模工业总产值 72.3 亿元，增长 5.8%；规模工业增加值 17.9 亿元，增长 6.8%；全社会固定资产投资 52 亿元，增长 36.1%；出口总值 3.6 亿美元；实际利用外资（验资）0.52 亿美元，增长 148.2%；社会消费品零售总额 6.2 亿元，增长 7.4%。

【重大成效】强化项目带动。14 个省、市重点项目顺利推进，完成投资 13.3 亿元，完成计划的 104%。7 个“行动计划”项目完成投资 8.3 亿元，完成计划的 110%。双鱼岛项目完成投资 2.04 亿元，陆岛连接桥顺利贯通。沿海大通道正式开工，港尾铁路、四区 3# 泊位等项目加快建设。厦漳城际轨道 R3 线获国家发改委批复。全力推进产业项目开工投产，全年新开工项目 7 个，新投产项目 5 个，项目总投资 11 亿元。

突出要素保障。集约利用土地，加强闲置土地清理，抓好库存土地管理，全年完成征地 58.9 公顷，收回闲置土地 42.5 公顷，为引进新项目腾出空间。规范事务管理，梳理行政权力清单；加大企业帮扶力度，出台、修订加快服务业发展、促进商贸流通业发展、中小企业扶持办法等惠企政策 5 项，落实产业扶持资金 6 093 万元，协调金融机构净增企业放贷 9.6 亿元；帮助区内企业申请应急周转资金 1.2 亿元。全面推行“三证合一、一照一码”，新设市场主体 640 家，增长 35.9%，新增注册资本 7.6 亿元。实现第三产业增加值 7.9 亿元，增长 13.8%。销售商品房 72.46 万平方米，增长 140%。

深化交流合作。积极融入“一带一路”战略，与白俄罗斯中白工业园缔结为友好园区；主动承接自贸区辐射，加快融入厦漳同城化步伐；成功举办全国首届“绿水青山”论坛，推动开展海峡两岸食品交流；与荷兰“食品谷”携手打造食品产业发展平台，中欧食品产业发展中心正式揭牌；积极参加中国投资贸洽会、海峡两岸花博会及各类旅游推介会，不断扩大区域影响力。强化区域营销，举办杨梅节、双鱼音乐节等系列活动，南太武黄金海岸荣获“漳州十佳休闲地”；全年接待入区游客 86 万人次，增长 115%，实现旅游收入 2.46 亿元，增长 14.2%。

【产业结构】三大产业结构由 0.3∶78∶21.7 优化为 0.3∶71.5∶28.2，第三产业占比增幅明显。

港口地位得到巩固。推动打造闽赣海铁联运新通道，扩大港口辐射范围，拉动港口业务增长。全年完成港口货物吞吐量 2 979 万吨，增长 21.5%；完成集装箱吞吐量 33.2 万标箱。积极培育海工装备、港航物流等产业，交通设备制造业完成总产值 18 亿元，增长 2%，粮油食品加工业完成总产值 19.4 亿元，增长 11%；豪氏威马、诺尔等企业稳健经营，漳州招商局码头再获年度“中国十强进口木材港口”。

创新驱动成效明显。“智慧开发区”和“北斗示范应用项目”加快推进，全年完成投资6 940万元。“智慧规划”投入试运行，“智慧管网”基本完成。漳州招商局码头借力互联网打造福建首个粮食电子交易平台。中国网库电商谷投入运营，完成20个单品平台建设，签约会员80家。成功举办第二届福建省青年创新创业大赛。鼓励企业开展技术改造与科技创新，落实技改扶持资金110万元。全年专利申请50件，增长138%；专利授权34件，增长467%。

园区开发取得进展。围绕“一区多园”发展模式，调整招商引资方向，积极引进商贸旅游、文化创意、医疗养生、电子商务等具有发展前景的产业。“招商局·芯云谷”、检测认证产业园等项目加快推进；新引进文博苑、方舟石油装备、成功红酒业、浮岛项目4个；加快对接联合船业、幻多奇主题乐园、永贞堂医药、复星医药等项目8个。积极推动创建“金融实践区”和设立产业引导基金工作，制订出台《漳州开发区产业引导基金管理办法（试行）》，促进产业集聚发展。

【经营管理】2015年，继续抓好宣传品牌、旅游品牌、双鱼岛品牌建设，积极开展“产融结合”“产城联动”和“产网融合”，大力推进厦漳城际轨道R3线项目前期工作和双鱼岛陆岛连接桥、路易达孚精炼糖等重点项目建设，其中，厦漳城际轨道R3线获国家批准，双鱼岛陆岛连接桥全桥顺利贯通，路易达孚精炼糖项目实现投产。

漳州开发区各项业务进展良好。园区开发业务：2015年3月，漳州招商局成立了园区开发运营中心，专司园区开发建设与运营；供电业务：2015年，供电公司实现售电量23 981万度，同比下降9.6%；运输业务：含海上运输和陆上运输。其中，海上运输为海达公司，2015年，海达公司完成车流量13.9万车次，同比下降4.01%；完成客流量158万人次，同比增长19.10%；陆上客运为长海公司，2015年，长海公司客流量220万人次，同比下降3%；酒店业务：2015年，华商酒店实现客房入住率57.4%；房间出租达到29 124间次。

【业务发展】2015年，新增3家股权投资，分别为中国太武投资（境外）有限公司（简称“太武投资”）、招商局漳州开发区南太武产业园物业服务有限公司（简称“南太武物业”）和福建省海韵冷链仓储有限公司（简称“海韵冷链仓储”）。其中，太武投资成立于2015年1月5日，为招商漳州境外投资平台，注册资本980万美元；南太武物业成立于2015年2月26日，注册资本500万元，着力打造成为综合性、高品质的产业园物业综合服务平台；海韵冷链仓储成立于2015年4月20日，注册资本15 000万元，为招商漳州全资子公司，主要进行水产品交易中心建设，以及配套物业的开发、租赁和综合服务。

截至2015年年底，招商漳州共有下属、参资企业18家。其中，下属企业11家（含3家未实质性运营企业）；参资企业7家。

【区域面貌】基础配套更加完善。融入厦门港南岸新城建设，着力推进城市交通、防洪排涝、重点片区等专项规划。实施基建计划项目182个，完成投资5.3亿元。“宜居环境建设行动计划”完成投资8.46亿元，完成计划的104.5%。加强道路、管网等市政基础配套建设，虎甲山路、武夷山路等一批市政工程正式开工，市政给水、污水管网改造、四区二号排洪沟等项目完成建设，四区四号路、丽江路等10条道路完成竣工验收，全年新建、改建道路及配套设施23.5公里。

生态建设力度加大。抓好环境保护，推进“智慧环保”创建，加快构建环境监管网格化体系。加强19家环保重点单位监管，征收排污费120万元。围绕提高生态人居指标，实施生态规划项目17个，完成绿化造林面积54.5公顷，开展水土保持方案评审17项；淘汰过期黄标车64辆，投入新能源公交巴士24辆；全年空气PM2.5指标优良率达99.6%。落实最严格的水资源管理制度，加强二次供水管理，居民饮用水合格率达 99.7%。

城市环境持续优化。开展交通秩序专项整治，加强渣土车辆运输管理。落实“门前三包”，持续开展“爱护家园清洁行动”，市容环境明显改观。推进城市亮化、美化，建设城市文化墙 1.35 万平方米；新增城市绿地 38.5 公顷，种植树木 5.7 万株；新增城市中心绿地 6 个，面积 1.2 万平方米；建设完善夜景工程 7 项。加大“两违”整治力度，完成大径东沙场、考后排洪沟违章建筑、厦大南门商铺三大重点整治任务，破解困扰多年的治理难题。全年共拆除“两违”面积 4.5 万平方米，清理整治非法洗沙场 5 处，面积 1.74 万平方米。

【社会管理】社会保障更加有力。多管齐下筑牢民生保障网，累计投入城乡居民基础养老金及被征地农民养老保险待遇 741 万元，社区基础配套建设资金 1 200 万元。全年共发放残疾人、老年人、特困户、低保家庭等各类慰问抚恤及生活补贴 431 万元；落实医保地方配套资金 408 万元。大力推进社区城镇化改造，泰山路、通源街“一路一街”改造工程加快建设；城镇保障性安居工程顺利推进，向上争取专项资金 868 万元，店地安置房一期完成投资 2 500 万元；完成大径、店地、白沙危房改造 22 户，惠及群众 96 人。抓好促进就业工作，收集就业岗位 2 545 个，组织培训技术工人 950 人，成功实现就业 342 人。

社会事业全面进步。累计投入教育、卫生、文化事业资金 1.4 亿元。实施新校建设项目 6 个、老校配套完善项目 4 个；招聘新教师 51 人，教育资源配置更加优化，办学水平不断提升。教育事业成果丰硕，顺利通过国家“义务教育发展基本均衡”验收，学前教育、初等教育、高中教育稳步协调发展，厦大附中学科竞赛取得重大突破，省奥赛一等奖获奖人数占全市近一半。探索推进中外医疗合作，第一医院医疗设施及服务水平不断提升，大径、店地、白沙三个社区卫生服务站正式投入使用。文体事业蓬勃发展，成立开发区文联及 5 个文艺协会，积极开展全民健身、文艺汇演等各类活动，群众文化生活丰富多彩。此外，地方志、残疾人、档案、外事、防灾减灾、工会、慈善、计划生育、食品安全等工作均取得新成效。

社会治理得到加强。完成社区两委换届选举，组建社区专职治安巡防队，开展“乡邻互助之家”公益行动。优化社区网格化管理，新增辖区重点部位高清监控 56 个，新增及升级基层监控管理站 5 处。抓好信访维稳、矛盾调处等工作，办结信访事项 113 件，民事调撤率达到 86.5%。加强文化市场监管，加大对网吧、娱乐场所的检查力度，进一步净化社会文化环境。深入开展“平安建设”活动，严厉打击各种犯罪。严格落实安全生产责任制，大力开展安全隐患大排查，安全形势持续平稳。

【文化建设】2015 年，漳州开发区策划了以亲子游、家庭游、自驾游为主要目标客源的系列旅游活动，如元旦机器人主题旅游活动、春节稻草人魔法王国主题活动、五一彩虹跑、杨梅节系列旅游活动、双鱼岛海底探秘摄影展、端午节旅游活动、周末音乐秀、首届旅游节、第二届双鱼音乐节、首届双鱼岛自驾露营大会等，各项活动吸引了约 85 万人次游客来区旅游，同比增长 112.5%。此外，南鼎山临时旅游配套项目、南炮台旅游提升项目、双鱼岛临时旅游项目、观音山公园项目已进入规划设计阶段。同时，漳州开发区还启动了海洋科普馆提升改造项目、光影艺术馆、双鱼岛集装箱酒店等文化旅游项目。

为使社区更好地建设社区文体活动中心，充分发挥社区文体活动中心的作用，繁荣发展社区文化，丰富群众精神生活，全年共向符合条件的石坑、大径、店地社区文体活动中心给予运行及设备采购费用补助共计 43 万元。同时，为促进产业转型升级、跨越发展，吸引和壮大文化产业，漳州开发区在充分调研和论证的基础上重新修订了 2012 年颁布的《文化产业发展扶持资金管理暂行办法》，草拟了《艺术馆扶持资金管理暂行办法》和《文化馆管理办法》。另外，为强化扶持资金的监管力度，还草拟了《社区文体活动中心管理办法》。

2015年，漳州开发区以“社会主义核心价值观”宣传教育为重点，从国庆悬挂国旗入手，加强爱国主义教育；结合实际，设计发布并倡导全区文化墙建设，内容涵盖社会主义核心价值观、中华传统美德、文明用语、遵纪守法标语等，建设总长度6 000余米、面积达13 500平方米的文化墙；组织开展“发生在我身边的感动故事”演讲比赛，见微知著，以情感人，达到了通过活动传递正能量、提升文明程度的效果；以“美丽家园 共同缔造”为主题，持续策划开展跨年度主题宣传活动；组织“我爱我家”摄影比赛，对外展示开发区优美的自然风光、风土人情和开发区建设家乡、干事创业的精神风貌；组织实施“美丽开发区感言征集”活动，组织文学艺术家走进社区采风活动，举办书法美术摄影展等，通过各种形式的文艺作品，讲百姓自己的故事，传播正能量。

2015年，漳州开发区与《厦门日报》《闽南日报》、漳州电视台、中新网、《海峡都市报》《海西晨报》和《海峡导报》等6家媒体签订年度合作协议，涵盖平面、电视、网络三大种类。在合作媒体开设“厦门湾南岸漳州开发区”等专栏，加大频率刊发报道开发区经济社会发展新动态，反映“转型升级 跨域发展”新成效。其中，还通过漳州电视台、《海西晨报》派驻记者入区驻点以及媒体集中采风活动等方式，巩固与周边主流媒体的联系，畅通信息对外发布渠道。全年共发布专版报道25版，新闻200余条，网络转发量达1 500条次。

【作风建设】开发区以中央巡视组、国家审计署、国资委监事会开展巡视检查为契机，把整改落实巡视反馈意见作为最重要的政治任务和核心工作。围绕自查自纠梳理的问题和巡视组反馈的意见，一手抓整改落实和规范管理，一手抓服务提升和经济建设，实现了“两手抓、两促进”。深入开展“三严三实”教育，持续巩固教育实践活动成果。严格落实党委主体责任，强化党建工作，调整充实党委领导力量，设置党委办公室、监察局（纪委办公室）。以开展“创造价值，争创一流”主题实践活动为抓手，加强机关效能建设，严格监督检查，狠抓队伍作风建设。调整组织架构，优化人员配置，开展培训活动20场。对“三公”经费严控严管，审计、监察工作扎实推进，队伍廉洁意识明显提高。

【机构设置与管委会领导】漳州开发区管委会现有内设机构30个（管委会办公室、人事劳动局、财政局、经济发展局、规划建设局党群工作部、宣传部等），投资企业5家；有限公司现有内设机构13个，投资企业15家。另有海关、国检、边检、海事、招银港务站等5家口岸联检单位。管委会常务副主任、有限公司总经理白景涛（2015年4月离任），管委会常务副主任、有限公司总经理丁勇；管委会副主任李宏午（2015年4月离任）；财务总监赵卫朋；管委会副主任蔡志勇、马宝军、郑明辉、韩春生、李纪治、蒋溪南；管委会副主任、纪委书记张武生；管委会主任助理刘永祥、肖洪光；有限公司副总工程师李崇刚。

2014—2015年漳州招商局经济技术开发区主要经济综合指标一览表

项目	单位	2015年	2014年	增减（%）
开发区生产总值	亿元	32.27	24.22	10.70
第二产业	亿元	24.24	17.28	9.70
工业	亿元	16.04	9.96	7.00
第三产业	亿元	7.93	6.81	13.80
工业总产值（现价）	亿元	83.31	83.15	7.30
高新技术企业	亿元	10.22	1.59	606.47

续表

项目		单位	2015 年	2014 年	增减（%）
销售（营业）收入		亿元	125.39	120.91	3.70
利润总额		亿元	5.13	4.77	7.56
区内主导产业及产值					
主导产业	1．交通设备制造业	亿元	18.04	19.44	2.01
	2．粮油食品加工业	亿元	19.38	19.19	11.04
	3．金融制品加工业	亿元	16.56	21.47	−15.22
进出口总额		亿美元	4.81	5.40	−10.94
出口		亿美元	3.56	3.92	−9.19
财政收入		亿元	14.05	13	8.10
税收收入		亿元	12.91	12.77	1.13
财政支出		亿元	12.89	6.96	85.09
新批企业数量		家	142	134	5.97
外商及港澳台企业		家	4	2	100
内资企业		家	138	132	4.55
新批企业投资额	外商及港澳台企业	亿美元	0.069 7	0.245 2	−71.57
	内资企业	亿元	7.282 1	9.828 4	−25.91
	增资企业	亿美元	0.856 7	0.737 3	16.20
规模以上企业数量		家	59	56	5.36
合同外资金额		亿美元	0.069 7	0.245 2	−71.57
外商实际投资		亿美元	0.52	0.21	−71.57
固定资产投资		亿元	52.022 6	38.223 7	36.10
年末从业人员		万人	2.061 3	2.182 3	−5.54
万元 GDP 能耗		吨标煤／万元	0.259 8	0.299 9	−13.38
水资源消耗总量		万立方米	580.602 8	603.439 8	−3.78
单位国内生产总值取水量		立方米／万元	17.990 8	24.914	−27.79

（漳州招商局经济技术开发区管委会）

泉州经济技术开发区

【经济发展】2015年，泉州经济技术开发区（以下简称“泉州开发区”）全区完成GDP125.71亿元，同比增长7.8%；工业增加值110.42亿元，同比增长8.1%；财政总收入12.61亿元；公共财政预算收入5.49亿元；第三产业增加值14.66亿元，同比增长5.7%；全社会固定资产投资16.81亿元，同比增长26.4%；社会消费品零售总额46.05亿元，同比增长3%；实际利用外资4 461万美元，同比增长27.5%；外贸出口49 548万美元。其中，全社会固定资产投资增长速度位列全市第一；实际利用外资提前4个月在泉州市率先完成年度目标。

【产业发展】泉州开发区形成纺织鞋服、机械制造、电子信息、医药食品四大主导产业，2015年工业总产值已达430亿元，财政收入12.61亿元；“国字号”科技品牌51项，科技小巨人企业22家，中国驰名商标10件，福建省著名商标42件，17家企业作为主要起草单位参与国家行业标准制定。荣获国家火炬计划电子信息特色产业基地、国家新型工业化产业示范基地等一系列国家级荣誉称号。现有上市公司8家(不包括“新三板”)，规模以上工业企业84家，年产值超亿元的企业49家，税收超千万元的企业23家，超亿元的企业3家。

【载体建设】泉州开发区与南安市合作开发15平方公里的官桥园区。其中，起步区范围600公顷，总投资30亿元，已完成投资12.65亿元，引进企业45家，在建企业6家，投产企业24家，储备优质项目100多个。建立国家级纺织检测中心福建分中心，建设2.5产业园、圣弗兰产业综合体等生产性服务业的新平台，有“数控一代”研发企业4家，应用企业10家，高新技术产业产值占全区工业总产值的62.8%。在泉州市委、市政府的支持下，建立泉州股权融资服务中心、海峡股权泉州交易中心和海峡金融资产交易中心等平台，构建金融服务综合载体，已有410家企业挂牌。金融服务持续创新，股权投融资平台建设走在福建省前列。投入近2亿元建设美丽园区，有力提升了园区城市景观，全面改善了园区环境面貌。实施实验学校扩容，新建了实验幼儿园。深入开展职工医疗互助，建立完善医保和新农保服务机制。完善提升区内公交网络，方便员工出行。创新社会治安综合治理工作模式，强化社会矛盾化解能力。强化污染综合整治，提高生态环境保护水平。

【服务管理】将清园区划分为8个片区，推行领导包片挂钩、部门包片负责、干部包企结对的“三包”制度，对区内所有企业的土地利用、生产能力和经营情况等开展普查调研，摸清底情，量化片区发展指标，宣传对接惠企政策，解决实际困难，帮助企业发展，实现服务企业全覆盖。积极承接下放审批权限，独创行政审批集中入企服务机制，建立完善审批备案制、当日审批办结制，全面实施“一照一码、一址多照”和“住所托管”制度，对列入省、市、区的重点项目全部纳入“绿色通道”，在全省首创全区域、全覆盖的预约上门服务机制，打造“月嫂式体贴服务，快递式上门服务”的特色服务品牌。建立上门服务企业中心，为企业提供全天候、实时快捷的政策解答、业务办理和上门服务，实现行政服务中心建设标准化、高效化。开展百名干部“走百企、解百忧”活动，针对企业资金、用工、厂房建设等不同困难，为企业解决实际问题150多个，帮助企业新招工人4 500多人；分片区、分行业召开10场企业观摩座谈会；完善开发区首创的出口信用保险“统保”做法等外贸扶持措施，补贴支持企业参加国内外展会，帮助企业开拓海内外市场。2015年，企业出口市场外延至113个，出口国家(地区)增至129个，新增出口实绩企业14家，新增进出口经营权备案企业17家。

【科技创新】2015年，泉州开发区认真落实企业家培训提升计划，积极引导企业把握供给结构性改革趋势，深入实施新一轮技改，推进企业全方位创新，以产业转型升级推动园区创新发展。一是科学技术升级。对接泉州制造2025，重点组织实施纺织、鞋服等传统产业“数控一代”示范工程，推进“机器换工”、智能化改造，“数控一代”技术由点及面加速推广，有4家研发企业、10家应用企业、3个项目列入市第一批“数控一代”示范工程。实施省、市级重大科技项目10项，15个重点技改项目完成投资2.7亿元。特步公司被认定为国家两化融合贯标示范单位和省级工业设计中心。新增万龙公司省级企业技术中心，新增省市级知识产权优势企业6家，专利授权296件，每万人发明专利拥有量26.43件，位居泉州市前列。二是业态产品升级。建设创新创业新平台，打造开发区版众创空间。2.5产业园基本完成主体改造，已有深圳鼎创、国际医生集团、讯网科技等20多家企业和高校创业设计团队意向入驻。圣弗兰产业综合体一期已有必维检测、菲拉品牌研发运营中心、名鞋库电商等10多家企业入驻。网商（虚拟）产业园区分园建设快速推进，核准入驻企业200多家，入驻企业数居全市分园区首位。95家规模以上企业全部“上网触电”，培育了30家商业模式创新企业，锐驰、神州、天地星等一批企业在“互联网+”产业链的不同环节，成功研发并量产无屏电视、NGB-W网络平台等新产品，生产性服务业和互联网经济渐成集聚发展态势。三是营销模式升级。九牧王携手韩都衣舍打造韩风时尚商务休闲男装品牌ROR；特步加快智造转型，在线下增设体验店，线上开拓电商市场，推动鞋业与服装产业联手发展；东南光电计划将生产的“单品”串联起来，构建物联网智能社区和智能家居系统；华杰光电主动与上下游各产业链的尖端品牌达成战略合作关系。四是政策帮扶升级。转变财政投入方式，以发挥财政资金效益最大化为目标，大力整合奖励扶持资金，防止资金“碎片化”。借鉴“多规合一”的思路，将“1+7”等区内惠企政策资金进行梳理整合，归并简化为产业发展基金、转型升级专项资金。2015年兑现和转拨各类扶持资金5 000多万元，拨付产业发展资金4 214万元，对企业技术改造、产品研发、品牌提升、市场拓展和兼并重组予以扶持奖励，撬动企业增加产值近30亿元。

【园区联动】围绕老园区存量提升、新园区加速拓展，深入研究中小微企业存量改造腾笼换鸟退出机制和退出方式，有针对性地加大生产性工业用地的收储盘活，大力推进存量土地、厂房“二次招商、深度利用”，推动存量改造提质做优、增量优选提升做大，不断增强发展后劲，联动推进新老园区建设。盘活存量资源，嫁接优质项目。2015年第一季度实现新增投资约3 000万元，新增产值近1亿元，贡献税收328.83万元。加快新区建设，打造新增长极。调整加强官桥园区工作力量，强化与南安市、晋江市的沟通协调，进一步扩大加快官桥园区建设的共识与合力。协调移交约13.3公顷土地供建设使用，加紧约238公顷新增土地的征收。完成建安投资2.235 4亿元，完成年计划的111.8%。园区储备优质项目100多个，美人桥、碧盛木塑等项目签约入驻，总投资约29亿元。泉成机械、骏艺工艺品等8个项目已基本达成入驻协议。此外，采用BT合作、银行贷款等多种渠道筹措资金，落实项目建设资金23.6亿元。

【金融改革】建设股权投融资服务、交易和推介平台，创新金融综合服务载体，出台实体金融产业人才集聚基地、培养和引进金融人才的扶持政策，努力打造金融人才集聚洼地。完成福建省交办的小微企业发债增信基金、综合融资服务、新兴产业基金、泉州非上市企业股份登记托管4个业务创新方案。泉州股权投融资服务中心新引进10家投资公司，引进各类投资机构及管理机构、中介服务机构共50家，海峡股权泉州交易中心累计挂牌企业425家，直接融资32.2亿元。鼓励企业直接上市融资，出台支持企业改制上市政策，及时兑现上市、挂牌扶持政策奖励；加强上市辅导培训，规范企业上市。安记公司12月9日成功登陆A股市场，成为全市首家国内A股上市食品企业。目前，开发区已有上市企业8家，完成股份制改革的企业7家，省重点上市后备企业8家。2015年，通过企业应急保障专项资金，为企业提供转贷过桥资金120多笔、近10亿元。

【社会民生】以园区“三横三纵三园”为重点，实施畅通工程、景观整治工程和管理精细化工程的“三大工程”，重点推进德泰路综合提升改造，做美宜业宜居环境。拓建实验学校圣弗兰教学点，推进学前教育扩容增量，义务教育扩容12个班级、640个学位，学前教育扩容200个学位。满足员工子女就学需求，在校学生已达3 500多人。推进“六个一”（围绕“一条主题主线”、营造“一种舆论氛围”、推出“一组示范典型”、培育“一项文化品牌”、构建“一个文明环境”、办好“一批惠民工程”）文化惠民项目，建设企业绿色网吧、文化走廊等公共文化设施，对接亚洲艺术节，积极开展系列活动，丰富员工文化生活。深入开展职工医疗互助，建立完善的医保和新农保服务机制，规范一批民办医疗机构，在全市首创签约医生驻企服务。健全完善困难救助机制，设立民政专项资金，对困难群众、低保对象、残疾人等实行救助。持续推进社会保险“五险合一”制度，扩大员工参保率。创新社会治安综合治理工作模式，推行社会稳定网格管理。开展创建“无欠薪工业园区”试点活动，加强劳动保障，营造和谐稳定的劳动关系。全面落实环境保护和生态建设目标责任制，强化污染综合整治，加强生态环境保护。开展安全生产标准化提升工程，全区国家安全生产标准化达标率位居全市前列。扎实推进食品药品安全综合治理，加强道路交通安全综合整治，促进社会和谐稳定。

【机构设置与管委会领导】泉州经济技术开发区现内设管委会办公室、人事劳动局、科技经济发展局、国土规划建设局、财政局、社会事业局、监察局、工委会、行政服务中心9个部门，有国税局、地税分局、工商分局、公安分局、交警大队、食药监局、执法分局和消防大队8个派驻部门。

泉州开发区党工委、管委会领导成员为：党工委书记叶一帆；党工委副书记、管委会主任梁炳辉，党工委副书记王岳平；党工委委员、管委会副主任（2015年10月离任）、纪工委书记黄华强（2015年9月起任），党工委委员、管委会副主任李连生(2015年11月退休)、连志富；党工委委员、纪工委书记、管委会副主任吴忠溪（2015年10月调离至南安）、傅国明（2015年9月起任），党工委委员、党务工作部部长许长春；党工委委员、管委会副主任陈斌（2015年9月起任）、吴福来（2015年9月起任）；党工委委员、管委会科技副主任（兼）徐悦（2015年9月离任），管委会副主任傅再扬（挂职）；管委会调研员王泽涵（2015年3月退休）；管委会副调研员黄清湖、林景彬、黄溪洪、李树山(2015年11月行政撤职)。

（泉州经济技术开发区管委会）

沧州临港经济技术开发区

【经济发展】2015年，沧州临港经济技术开发区（以下简称“开发区”）主要经济指标均实现正增长。2015年开发区完成工业总产值661.4亿元，较2010年同期增长146.3%；地区生产总值135.0亿元，较2010年同期增长25.7%；财政收入40.2亿元，较2010年同期增长11.4%；累计利用外资28 512万美元，连续3年位居沧州各县市区首位。

【项目建设】2015年，开发区项目建设如火如荼，签约项目74个，总投资480.5亿元。其中，100亿元以上项目1个，为投资100亿元的中国铝业集团400万吨氧化铝项目；50亿元以上项目1个，为投资76亿元的吉林康乃尔集团年产80万吨MDI项目；30亿元以上项目1个，为投资35亿元的沧州正元化肥二期60万吨合成氨、80万吨尿素项目；20亿元以上项目1个，为投资20亿元的北京大北农集团新型化肥生产基地项目；10亿元以上项目3个，为投资15亿元的重庆长寿化工集团整体搬迁项目，投资12亿元的中海石化50万吨废矿物油循环利用项目，投资12.6亿元的三瑞科技化工10万吨环氧乙烷及10万吨聚醚系列项目；亿元以上项目67个。

在建及新开工项目35个，总投资129.1亿元。其中，10亿元以上项目3个，亿元以上项目32个。已竣工项目7个，总投资86.63亿元。其中，30亿元以上项目2个，亿元以上项目5个。继续跟踪洽谈项目71个，总投资255亿元。其中，30亿元以上项目2个，亿元以上项目69个。

【特色产业园区】沧州临港经济技术开发区由5个产业园组成。

（一）生物医药产业园

生物医药产业园位于开发区西区，总体规划面积26平方公里，以高端原料药及中间体、医药制剂、现代中药及医药关联产业（包括药材、医疗器械、保健食品）为主，集研发和生产于一体。2015年签约京津产业转移项目61个，总投资近200亿元。其中，签约医药企业48家，这48家企业已有10家开工建设。由北京经信委和河北工信厅共同推动建设，北京药监局对所有入驻的北京生物医药企业进行异地监管。

（二）绿色涂料产业园

绿色涂料产业园位于开发区东区，规划面积3平方公里。目前，开发区内已有北京互益、广东巴德富等7家涂料企业入驻。计划打造以高端溶剂型涂料、水性涂料、粉末涂料等高端产品为主的产业集群，吸引50家以上企业入驻。产业园已与中国涂料工业协会建立了良好的合作关系，有意将“绿色涂料产业园”打造成“京津涂料产业转移基地”。

（三）聚氨酯产业园

聚氨酯产业园位于开发区东区，规划面积7平方公里。目前，区内建有中国化工集团沧州大化可年产15万吨TDI，冀中能源63万吨PVC、36万吨烧碱，河北博伊德化工有限公司年产3万吨聚醚多元醇等项目。规划建设年产100万吨芳烃项目、年产80万吨苯胺项目、年产50万吨环氧乙烷、50万吨环氧丙烷、50万吨聚醚多元醇和年产80万吨MDI项目。

（四）现代物流产业园

现代物流产业园位于开发区东区，规划面积4平方公里。目前，开发区内企业年均购入原材料、半成品共计2 170万吨，年均运出成品535万吨。重点打造石化物流中心，主要为临港产业提供货物仓储、集散运输、流通加工及配送、装卸搬运、信息服务、综合办公及配套等服务功能。同时，着重发展电子商务和大型化工产品技术交易中心。

（五）科创园区

化工产业科创园区位于开发区东区，规划面积10平方公里。生物医药产业科创园区位于开发区西区，规划面积14平方公里。科创园区将全面对接北京留学人员海淀区科技创新园，充分利用其完善的研发体系及丰硕的科创成果，承接石油化工、新材料（包括化工新材料）、生物医药等产业的转移，并逐步完善创新体系及科技服务体系，通过5～10年的时间，打造北京高科技成果转化的示范基地，最终建成集研发孵化、产品加速及大规模产业化为一体的国内一流的科技创新产业基地。

【科技创新及可持续发展】截至2015年，开发区拥有高新技术企业10家，拥有专利106项，其中发明专利39项。科技从业人员503人，占企业总人数的21.63%。国家级工程技术中心1个(大连瑞克)，省级工程技术中心3个(那瑞、建新、沧州大化)，市级工程技术中心1个（丰源环保)。企业共获得沧州市科学进步一等奖3项、二等奖3项、三等奖2项。

同时，开发区立足“无中生有、有中生新”，以循环经济发展模式改造提升传统化工产业。目前区内80%以上的企业和项目做到了互为市场、互为原料，实现了资源的合理配置，形成了石油化工、煤化工、盐化工、氢元素和氯元素综合利用等多条典型循环经济产业链的新型工业化格局，出现了一批经济关联度高、经济效益双赢的典型企业，基本形成了循环经济体系框架。

【生态环境】开发区始终恪守环保这条发展的生命线，致力于改善生态环境，加强污染防治和节能减排，推进清洁生产和循环经济，强化环境监管，努力实现科学发展，实现绿色生态目标。

开发区所有企业均严格执行了环保“三同时”制度，即污染治理设施全部与主体设施同时设计、同时施工、同时投入运行。在“三废”治理设施方面，开发区正在开展有毒有害气体预警体系建设，作为国家环保部试点项目，现已进入施工阶段，建成后将大大提升开发区有毒有害气体预警及日常监测能力；河北危险废物综合处置中心项目为河北省重点项目，承担着全省危险废物处置任务，目前已进入施工中期，预计2016年完成土建工程；开发区同时谋划并开展新建污水处理厂项目，计划引进国外先进的工业污水处理技术，建设一座专门针对化工废水，尤其是医药废水的工业污水处理厂，目前已与包括威立雅、苏伊士及旭化成在内的多家国际领先水务公司开展了技术交流及实地踏勘工作。

“十二五”期间，开发区共上报减排项目12个，实现主要污染物总量减排COD37.81吨、氨氮15.09吨、二氧化硫444.1吨、氮氧化物211.29吨。

【机构设置与管委会领导】沧州临港经济技术开发区管委会下设办公室、财政局、招商一局、招商二局、招商三局、招商四局、招商五局、经济发展局、规划建设局、国土局、环保局、安监局、科技局、行政审批局、劳动和社会保障局、交通局及投资公司。

沧州临港经济技术开发区领导班子成员为：党组书记、管委会主任张召堂；党组副书记、管委会副主任（挂职）李华峰；党组成员、管委会副主任孙俊利、李国庆、孙玮红；管委会副主任于增舟；管委会副调研员刘秀芳、唐金林；党组成员、管委会副调研员沈健。

2014—2015年沧州临港经济技术开发区主要经济综合指标一览表

项目	单位	2015年	2014年	增减（%）
开发区生产总值	亿元	135.0	125.8	7.32
第二产业	亿元	135.0	125.8	7.32
工业	亿元	135.0	125.8	7.32
第三产业	亿元	—	—	—
工业总产值（现价）	亿元	661.4	603.7	9.56
高新技术企业	亿元	21.6	24.0	−10
销售（营业）收入	亿元	605.9	579.8	4.52
第二产业	亿元	605.9	579.8	4.52
工业	亿元	605.9	579.8	4.52
第三产业	亿元	—	—	—
利润总额	亿元	26.4	20.4	29.4
第二产业	亿元	26.4	20.4	29.4
工业	亿元	26.4	20.4	29.4
进出口总额	亿美元	1.50	1.47	20.4
出口	亿美元	1.03	1.1	−6.36
财政收入	亿元	40.2	39.2	2.47
税收收入	亿元	39.1	38.4	1.9
财政支出	亿元	10.7	10.4	3.23
新批企业数量	家	28	23	21.74
内资企业	家	28	23	21.74
规模以上企业数量	家	28	18	55.56
外商实际投资	亿美元	0.48	0.81	−40.61
固定资产投资	亿元	133.8	123.4	8.43
年末从业人员	万人	1.75	1.67	4.79
万元GDP能耗	吨标煤／万元	1.58	1.58	0
水资源消耗总量	万立方米	1 886.9	1 780.4	5.98
单位国内生产总值取水量	立方米／万元	13.98	14.16	−1.27

（沧州临港经济技术开发区管委会）

常熟经济技术开发区

【基本概况】常熟经济技术开发区（以下简称“常熟开发区”）位于常熟东北部，濒临长江，坐落于长三角经济圈的中心腹地，国家一类开发口岸——常熟港依江而系，苏通长江大桥跨境而过。2005 年 6 月设立常熟出口加工区，2015 年 1 月经国务院批准整合升级为国家级综合保税区。

【区域经济】2015 年，常熟开发区实现地区生产总值 815 亿元，同比增长 1.84%；财政总收入 137.4 亿元，同比下降 3.1%，其中，公共财政预算收入 55.5 亿元。实现工业总产值 2 602 亿元，同比增长 0.2%，工业产品销售收入 2 499.09 亿元，同比增长 1.3%，实现服务业营业收入 638.98 亿元，同比增长 16.1%。全社会固定资产投资 316.8 亿元，其中，工业投入 190.5 亿元；新增内资企业注册资本 129.45 亿元，注册外资 8.4 亿美元，到账外资 5.1 亿美元。实现进出口总额 136.94 亿美元，同比增长 22.7%，其中，出口额 83.63 亿美元，同比增长 32.7%。汽车及零部件产业快速发展，实现产值 201 亿元，同比增长 7.93%。整车企业加快车型开发和产销拓展，路虎推出了览胜极光、发现神行和捷豹 XFL 三款车型，观致推出了观致 3、观致 5 两款 SUV 车型，为提升市场占有率打下了良好基础。

【项目建设】2015 年，常熟开发区开工建设工业项目共 33 个，总建筑面积约 120 万平方米。普江仓储、普氏电机、维苏威科技铸造涂料、科达机械二期、长兴化学材料、太平洋汽车部件、信安仓储、隆晟实业水洗城、友鑫置业、国邦润滑油、亚通汽车零部件、汇海仓储二期、苏南特钢迁建、芬欧汇川二期、烨辉酸连轧等总建筑面积约 70 万平方米的 18 个项目顺利竣工投产。奇瑞捷豹路虎焊装二期和发动机项目、中隆汽车零部件、捷时雅精细化工、威仕科大衡、天银机电、华星盛光电、瑞升利金属制品、斐讯数据通信、华丰橡胶二期、优必佳树脂二期、亨通高压光缆、美锌二期、力菱精细化工、理文化工三期、艾迪科食品扩建等总建筑面积 50 万平方米的 15 个项目正在加紧建设。依多科汽车材料、普睿司曼电缆、乐歌仓储、多米诺标识、菊水建材、拓彼亚机械、华安钢宝利、 润云谷科技、长恒物流、泰达汽车物流、长春化工铜箔二期、达涅利四期、神隆医药四期、理文卫生纸、长春和益精细化工、长春化工双酚 A 三期、长春化工工程塑料扩建、奇瑞捷豹路虎汽车二期等总建筑面积约 95 万平方米的 24 个项目正抓紧筹建。

【园区建设】2015 年，常熟开发区坚持规划引领，加快区域“多规融合”进程，努力构建商务办公、生活居住、创新创业于一体的融合发展格局。完成碧溪片区控制性详细规划、村级工业用地整合优化规划编制，加快综合整治村庄和“三优三保”（优化农用地结构布局、优化建设用地空间布局、优化镇村居住用地布局；做到保护资源更加严格、保障发展更加有力、保护权益更加有效）规划编制。城乡一体化示范小区建设总体量将达 130 万平方米，年内聚和佳苑二期新竣工面积 38 万平方米，丰乐佳苑新竣工面积 60 223.26 平方米。加快滨江新城建设。滨江休闲广场、公园道 1 号、长泰花园等项目竣工投用，滨江邻里中心顺利开业，江南印象商业街一期主体工程竣工，城市综合配套更加完善。完成江南大道改造、浒浦大桥、碧浒路、通港路绿化搬迁等工程，推进宝鸿广场、滨江国际会议中心、东张邻里中心三期等项目建设，吴市、浒浦农贸市场建成投用，滨江新城一体两翼格局更趋成熟。完成铁黄沙综合整治主体工程并通过验收，新增陆域面积近1 365.6公顷（包括张家港229.1公顷），启动铁黄沙对外主道路工程建设。

【社会民生】2015年，常熟开发区加快完善教育布局。积极推进校安工程建设，滨江实验中学、浒浦幼儿园及小学教学楼等竣工投用。常熟首家普惠性民办幼儿园——东张邻里中心幼儿园正式开班。浒浦高级中学高考本科上线率达85.6%，稳居常熟市前列。建成常熟市首家24小时自助图书馆，形成4万册藏书、“三位一体”图书馆网络。成功举办第三届体育运动会，开展“悦动滨江”和“灵动碧溪”读书节系列活动，建立月末讲座制度，举办“和谐盛世、璀璨滨江”主题灯会，人力资源新市场顺利搬迁投用。全区社会保险基本实现全覆盖，基本养老保险覆盖率达99.6%，外来人员城保扩面覆盖率达90%。诺华制药、夏普设备等38家企业被授予“劳动保障A级诚信单位”称号。富民强村稳步推进，村均可用财力达430万元。成功创建成为苏州市文明单位。

【生态建设】成立安全生产监督管理和环境保护局，形成安全环保综合管理新格局。深化国家级生态工业示范园区建设，着力推动循环化、低碳化发展。康博固废三期扩建项目、美特钙业二氧化碳循环利用项目、第二污水处理厂一期工程等项目建成投用。华润电力启动水处理污泥焚烧项目，滨江热力实施沿江片区集中供热管网工程。切实提高环保准入门槛，积极推进企业清洁生产审核，从源头控制污染物排放，切实提高生态建设水平。加强网络监管平台应用，在江苏省率先试点第三方专业机构24小时监控维护，重大危险源企业数据采集率达100%。提前超额完成“十二五”主要污染物总量削减任务。

【人才科技】2015年，常熟科创园吸引50家科技创新企业落户，获评江苏省“双创人才”2名，苏州“姑苏人才”7名，常熟市2015年“领军人才”计划项目20个。联优机械成立全国首家透平膨胀机技术中心，北京大学创业训练营常熟课程中心项目成功落地。以常熟科创园为主体，常熟开发区顺利通过了“国家博士后科研工作站”认定。积极促进企业创新能力提升。理文造纸、贝特利、通润汽车零部件等13家企业被认定为省高新技术企业，新增省高新技术产品35个，新增省民营科技企业23家，新增苏州市科技型中小企业15家，亨通高压、理文化工的研发中心获评省工程技术研究中心和省重点企业研发机构，芬欧汇川、施耐德、贝特利等6家企业研发中心获批为苏州市工程技术研究中心；新增国家火炬计划1项，新增省、苏州市科技计划6项，其中亨通高压“超大长度带馈电无中继型海底光缆的研发和产业化”项目被列入省企业创新与成果转化专项。全区产学研合作签约项目超过30个，人大研究院“文化众创C-space”成功创建省级“众创空间”，华东理工、香港浸大研究院的产学研合作项目获得省科技计划资金支持。

【现代农业】2015年，常熟开发区现代农业加速发展，碧溪现代设施农业科技示范园区被列入国家重大农技推广服务试点项目果蔬产业区域示范基地。新建防虫网大棚4 000平方米、连栋育苗大棚3 000平方米，启动800多个大棚喷滴灌配套设施建设。园区科技展示中心、净菜加工中心顺利建成投用。推进园区智慧农业系统和省级“科技超市”项目建设。加强产学研合作，与省农科院蔬菜研究所签订战略伙伴合作协议。成功申报中央财政农业技术推广资金项目1项、省科技项目1项。浒浦休闲观光农业园区浒西片区200公顷节水灌溉项目建成投用，33.3公顷特色果林采摘区初具规模，黑珍珠樱桃、白玉枇杷、翠冠梨等一批特色水果初产挂果。申报苏州市示范家庭农场3家、二星级合作社1家、土地规模流转省级财政奖补 项目1个。开通“碧溪现代农业”微信公众平台。

2014—2015年常熟经济技术开发区主要经济综合指标一览表

项目		单位	2015年	2014年	增减（%）
开发区生产总值		亿元	814.56	799.83	1.84
第二产业		亿元	608.20	605.96	0.37
工业		亿元	570.88	568.59	0.40
第三产业		亿元	191.51	178.90	7.05
工业总产值（现价）		亿元	2 602.03	2 596.31	0.22
高新技术企业		亿元	537.50	530.91	1.24
销售（营业）收入		亿元	3 179.03	3 072.83	3.46
第二产业		亿元	2 525.20	2 492.63	1.31
工业		亿元	2 499.09	2 467.12	1.30
第三产业		亿元	638.98	550.36	16.10
利润总额		亿元	98.36	95.34	3.17
第二产业		亿元	77.25	76.14	1.46
工业		亿元	76.19	75.25	1.25
区内主导产业及产值					
主导产业	1．装备制造业	亿元	625.11	612.18	2.11
	2．汽车及零部件业	亿元	201.25	186.47	7.93
进出口总额		亿美元	136.94	111.59	22.72
出口		亿美元	83.63	63.01	32.72
财政收入		亿元	137.39	141.84	−3.14
税收收入		亿元	122.88	116.73	5.27
财政支出		亿元	55.49	68.55	−19.05
新批企业数量		家	1 093	848	28.89
外商及港澳台企业		家	25	34	−26.47
内资企业		家	1 068	814	31.20
新批企业投资额	外商及港澳台企业	亿美元	9.64	8.05	19.75
	内资企业	亿元	129.45	114.32	13.23
	增资企业	亿美元	9.94	12.67	−21.55
规模以上企业数量		家	1 088	1 131	−3.80
合同外资金额		亿美元	8.39	5.80	44.66
外商实际投资		亿美元	5.13	7.64	−32.85
固定资产投资		亿元	316.80	384.75	−17.66
年末从业人员		万人	30.28	29.80	1.61
万元GDP能耗		吨标煤／万元	0.29	0.30	−3.33
水资源消耗总量		万立方米	4 099.43	4 206.16	−2.54

（常熟经济技术开发区管委会）

德阳经济技术开发区

【经济发展】2015 年，德阳经济技术开发区（以下简称“德阳经开区”）实现工业总产值 425 亿元，规模以上工业 123 家；完成固定资产投资 126 亿元，完成省、市重点项目投资 20 亿元；引进到位资金 130 亿元，引进 5 亿元以上项目 11 个；实现财政收入 35 亿元，其中地方财政收入 10.7 亿元；实现进出口总额 3.16 亿美元，其中出口 2.7 亿美元；完成消费品零售总额 75 亿元。

【工业发展】全力保障工业生产要素，积极搭建“助保贷”“小额贷款”“应急转贷池”等银政企平台，帮助企业解决融资难、融资贵等问题。加大财政投入，积极争取上级专项资金，大力进行技术改造。坚持领导定点联系帮扶企业制度，坚持工业经济运行监测分析制度，按月、按季度分析情况，查找差距，及时帮助企业解决生产经营中的各种问题。2015 年完成工业总产值 430 亿元，完成工业投资 65 亿元，技术改造投资 50 亿元。

【服务业发展】围绕高度集聚的第二产业集群，继续当好德阳市科学发展的先行者。大力发展金融保险、工业信息设计、科技研发、现代物流等生产性服务业。围绕打造旅游休闲业融合发展，集群发展文化创意产业、高端零售等现代服务业。突出商业模式创新，加大品牌营销力度，大力发展新兴产业，继续增强现代产业的领先地位，依托沃尔玛、盛唐摩尔、麦德龙和五洲广场四大商圈，推进现有商业业态提档升级。建成九为蓝谷、大名城、当当网、天山北路城市综合体，东方胜大运业等一批重大项目。建成沃尔玛西南物流配送、沃尔玛高端商业购物中心、红星美凯龙家居广场等项目，大力发展现代服务业。2015 年实现第三产业增加值 22 亿元，同比增长 8%；实现社会消费品零售总额 76 亿元，同比增长 38.9%。

【基础设施建设】2015 年，德阳经开区竣工完成秦湖路、峨眉山路三期、岷山南路延伸段等 11 个市政道路续建工程，里程 6.5 千米。加快推进渝江路、秦岭山路二期、浔湖路等 12 个工程项目，里程达 12 千米。完成石亭江防洪堤治理、人民渠 30 支渠、齐家堰双凤桥水毁工程等水利项目 5 个，长度 1 万米。加快城市给水管网建设，完成信义玻璃第二水源管道、瑞晨管业、瑞隆机械等用户管道工程，新建自来水管道约 20 千米。完善电力基础设施建设，实施信义玻璃、东汽双回合电源、九为蓝谷等电力项目，新建 110 千伏、10 千伏电力架空线路约 30 千米。推进城市燃气管网建设，新建天燃气管道 18 千米。完成八角五区、东河二区、沱江路市场等水、电、气配套项目建设。

【节能减排】2015 年，德阳经开区在工业节能、建筑节能、产能运输节能、公共机构节能、重点用能单位节能、排污治理等关键环节加大工作力度。帮助企业积极争取国家政策资金，加大落后产能淘汰力度，为 120 家工业企业建立了环保档案。加大对国控、省控重点污染源的监管，重点污染源排放达标率为 100%。认真监管美丰复合肥、鼎华钢构噪声治理、东方汽轮机、维达纸业水处理等治理达标，投入正常运营。积极实施“蓝天工程”和“碧水工程”等环境整治工程，成功为石亭江污水处理厂配套管网项目争取到 1 000 万元配套资金。

【创新发展】2015 年，德阳经开区以改革创新驱动经济转型升级，培育更有韧性、更有后劲的经济形态。中国二重、东方汽轮机等10多家企业在行业内处于明显的强势地位，大型铸造锻件、航空模段件、核电、风电设备等主导产业在全国具有优势。加快促进中小微和高新技术企业发展，发挥自主创新对经开区经济的拉动作用。制定了《推进大众创新实施方案》《中国科协创新驱动示范德阳经开区实施方案》《德阳经开区专利资助资金管理办法》和《科技企业孵化器暂行管理办法》等政策措施，举办“德阳创客、经开梦想”专场活动，积极洽谈中德产业合作基地、循环经济产业园区和应急产业园区建设。完善创新引领的现代产业体系，全面升级省级现代服务业集聚区，加快发展结构型经济，更加重视与全市及至更大领域间的产业配套和产业对接，着力加快金融产业园建设，提高健康服务、电子商务等业态发展水平。

截至2015年12月底，德阳经开区高新技术企业达到25家，国家级企业技术中心5家，省级企业技术中心5家，市级企业技术中心20家。全年专利授权338件，其中发明专利授权105件。加大自主创新投入，与联合国工发组织合作，建立高科创新投资基金，继续拓宽创新投入资金渠道。加强产学研合作，努力办好德阳工业技术研究院和产业技术联盟，进一步提高经开区创新能力建设，围绕经开区建设，积极推动PP模式。

【重点项目建设】2015年，德阳经开区列入省、市重点项目25个，项目总投资130亿元，年度计划投资26.55亿元。积极协调外部生产要素，制定措施强力推进项目进度，全年完成重点项目投资27亿元，占年度投资计划的105%。狠抓项目集中开工建设，2015年有11个产业项目集中开工，总投资45.2亿元。重点项目投资有力地带动了全区固定资产投资的增长。

加快云南力帆、香港锐普、维达纸业高档生活用纸基地3万吨扩建项目和华力投资、中国铁塔、南田机械等一批重大项目建设，突出高端装备制造业核心。加快当当网电子商务产业园等项目建设，重点发展新能源装备。以信义玻璃项目建设为契机，与广汉探索共建共享模式。

【投资促进】2015年，德阳经开区落户11个5亿元以上项目，总投资230亿元，实际到位资金129.5亿元，其中省外资金97.8亿元，同比增长28%。重点项目中有翼展投资、顺天实业、力创、平潭综合实验等，并加快推进项目建设，尽快形成产能。

有3家外资企业落户经开区，到位资金6 452万美元，同比增长22.2%。完善海关、国检等政务设施，为发展外向型经济提供坚强的硬件保障。推动在更高层次、更高水平上扩大对外开放。大力实施“走出去”战略，帮助经开区汇川科技等7家企业积极开拓国际市场，抢抓贸易订单，大力开展对外工程承包和劳务合作。制定5年商务发展规划，计划并组织实施，指导推进流通产业和服务业发展，新培育500万美元以上出口企业2家。

应承经济一体化趋势，整合组织优势企业和资源，积极开展对外经贸交流活动。先后成功举办制博会、中日交流会、海峡两岸经贸交流会、温州投资说明会，赴英国参加国际工业分包洽谈会，先后参加中国—日本机械合作洽谈会、奥地利大使馆举办的工商经贸合作研讨会、四川—深圳投资合作洽谈会、西博会等一系列大型经贸交流活动。

【社会事业】2015年，经开区学校继续同市名优学校的结对帮扶活动。对611名贫困学生落实生活补助75.6万元，对130名学前教育困难儿童补助16.3万元。投资3 000万元的金沙江路学校改扩建工程全面完工。编制《经开区教育信息化建设方案》，民办幼儿园达到13家，入园幼儿达到3 633人。组织17名优秀教师赴北师大培训，引进7名青年优秀教师。

深入实施“两费免收”等医疗卫生惠民工程，惠及群众3.8万人次，建立居民健康电子档案33 690份，城镇居民健康档案32 110份，使基层公益性医疗卫生服务体系建设不断深入。在东山等6个社区建成了5 000平方米的文化园坝健身苑，免费对群众开放。

【民生建设】德阳经开区加大教育、卫生民生项目建设的力度，完成并建成总投资7 200万元的金沙江路学校扩建（一期）工程、总投资5 874万元的沱江路生活市场工程、总投资1 700万元的国检进出口货物包装实验室工程、总投资2 980万元的雅居乐泰山路小学综合楼项目。加快市政道路基础设施项目建设。一是完成岷山南路延伸段、秦湖路、峨眉山路三期等工程项目，建成道路4.4千米，建设投资约1.5亿元。水利项目4个，长度10.4千米，完成总投资5 000万元。二是建成浔湖路、洪湖路、渝江路、朝江路、荣华桥等续建工程项目，里程6.5千米，总投资1.5亿元；加快推进祁连山路二期、六盘山路二期、昆仑山路二期、秦岭山路二期等建设项目，里程12千米，总投资2亿元。

【园区建设】德阳经开区围绕新开工的18个项目，完成正式用电、临时用电、线路迁改等配套项目建设。一是加快城市给水管网建设。陆续实施完成图门江路、秦湖路、天山路、洪湖路、浔湖路等道路管网建设。完成信义玻璃第二水源管道、瑞晨管业、瑞隆机械等项目用户管道20公里工程。二是完善电力基础设施建设。着力实施信义玻璃、博力迅、东汽双回路电源、应和机械、瑞隆机械、中乾科技、东方锅炉等13个项目进场前施工用电及正式用电电力工程项目。新建110千伏、10千伏电力架空线路约30公里。三是推进城市燃气管网建设。陆续完成洪湖路、浔湖路、朝江路、图门江路、祁连山路、秦湖路和信义玻璃、瑞隆机械项目天然气配套工程，新建天然气管道18公里。四是对新建道路实施水电通配套及迁改，投资2 000万元对渝江路、朝江路等20条道路实施专业管线迁改。五是对房屋建设项目实施水电气配套。投资2 800万元，对八角五区、东河二区一期搬迁房和金沙江路学校、沱江路生活市场水电气实施配套工程。

【机构设置与管委会党政领导】2015年，德阳经开区（党工委）管委会下设党政办公室、纪工委、群众工作局、发展和改革局、工业和信息化局、环境保护和安全生产监督局、住房和城乡建设局、商务局、投资促进局、财政局、社会事业局、社会保障局12个工作机构。

德阳经开区党工委、管委会领导成员为：党工委副书记、管委会主任李成金；党工委副书记简鸿彬；党工委委员、管委会主任吴亚平、胡洪立；党工委委员、管委会副主任李本林；管委会副主任孙振国；党工委委员、总经济师周绍国；党工委委员、总工程师曾俊明。

2014—2015年德阳经济技术开发区主要经济综合指标一览表

项目	单位	2015年	2014年	增减（%）
开发区生产总值	亿元	456.011 4	437.103 9	6.80
第二产业	亿元	263.946 2	280.662 8	5.30
工业	亿元	256.427 3	254.861 1	5.70
第三产业	亿元	164.721 0	129.204 6	10.10
工业总产值（现价）	亿元	836.628 8	835.811 3	0.10
高新技术企业	亿元	228.14	241.66	−5.59
销售（营业）收入	亿元	1 144.170 2	1 213.80	−5.74
第二产业	亿元	866.79	966.80	−10.34
工业	亿元	730.644	822.57	−11.18
第三产业	亿元	277.38	247	12.30
利润总额	亿元	40.84	−49.80	—
第二产业	亿元	33.69	−52.31	—

续表

项目		单位	2015年	2014年	增减（%）
工业		亿元	33.87	–50.86	—
区内主导产业及产值			430	425	1.2
主导产业	1．新能源装备制造业	亿元	327	319	2.5
	2．高端装备制造业	亿元	103	106	–2.8
第三产业		亿元	10.20	9.10	12.1
进出口总额		亿美元	7.0542	2.80	151.9
出口		亿美元	4.96	2.13	132.9
财政收入		亿元	34.84	30.22	15.3
税收收入		亿元	29.49	22.90	28.8
财政支出		亿元	15.16	14.15	7.1
新批企业数量		家	913	482	89.4
外商及港澳台企业		家	23	21	9.5
内资企业		家	911	246	270.3
新批企业投资额	外商及港澳台企业	亿美元	2.60	2.50	4.0
	内资企业	亿元	26.60	25.60	3.9
	增资企业	亿美元	1.70	1.60	6.3
规模以上企业数量		家	355	355	—
合同外资金额		亿美元	2.70	2.50	8
外商实际投资		亿美元	0.65	0.605	7.4
固定资产投资		亿元	280.39	261.52	7.2
年末从业人员		万人	8.10	8.20	–1.2
万元GDP能耗		吨标煤／万元	0.22	0.22	—
水资源消耗总量		万立方米	1 293.36	—	—
单位国内生产总值取水量		立方米／万元	2.84	—	—

（德阳经济技术开发区管委会）

武汉临空港经济技术开发区（东西湖区）

【概况】武汉临空港经济技术开发区(东西湖区)(以下简称“临空港开发区”)地处长江北岸，武汉市的西北近郊。全区幅员面积495.3平方公里，常住人口52.7万，下辖11个街道和常青花园社区。

【经济发展】2015年，临空港开发区完成生产总值628.89亿元，按可比价格计算，增长11.1%。其中，第一产业完成增加值14.75亿元，增长1.2%；第二产业完成增加值476.94亿元，增长12.4%；第三产业完成增加值137.2亿元，增长9%。公共财政总收入完成155.68亿元，增长14.8%，政府性基金收入32.65亿元，下降1.6%；地方公共财政预算收入72.05亿元，增长12.6%。公共财政预算支出73.55亿元，增长11.8%。税收收入137.1亿元，增长11.6%。完成全社会固定资产投资498.53亿元，增长19.2%。全年实现消费品零售总额255.76亿元，增长14.0%。

【产业发展】2015年，临空港开发区实现工业总产值1 203.01亿元，增长16.1%。其中，规模以上工业企业完成增加值355.53亿元，增长14.1%，规模以上工业总产值1031.86亿元，增长14.4%。在规模以上工业企业中，内资企业总产值6 454 035万元，增长21.9%，外商及港澳台商投资企业总产值3 864 552万元，增长3.7%；全年重工业总产值3 143 444万元，增长10.1%，轻工业总产值7 175 143万元，增长16.4%。轻重工业结构由2014年的70∶30优化为69.5∶30.5。完成工业投资338亿元，增长19.5%。食品、机电等传统支柱产业进一步发展壮大，食品产业产值达到478.4亿元，机电及其配套产业产值达到223亿元，分别是2010年的2.9倍和3.3倍，两大支柱产业占规模以上工业总产值的比重达到68%。

大力发展总部经济，加快发展商贸物流业，积极培育新兴金融，大力发展文化创意设计产业，重点推进94个服务业项目。省级泛金银湖企业总部集聚示范区效应逐步扩大，交通工程科研大厦、省电力勘测设计院科研总部、良品铺子总部、金福祥企业总部等项目顺利推进。成功引进中信工程设计总部大厦、武汉汉欧国际物流有限公司等项目。周黑鸭、良品铺子等本土企业搭乘互联网快车，腾讯电商、顺丰电商等成功入驻。以中信资产互联网金融平台、民生华中运营结算中心为代表的新兴金融从无到有实现突破。

以现代都市农业示范园为核心，着力打造集物联网应用、农产品质量安全监管、农业电子商务、休闲观光旅游、智慧农业于一体的“互联网＋农业”综合示范区。围绕“一产三产化”的总体要求，以旅游名镇、旅游特色村建设为契机，推进乡村休闲游、赏花游集聚发展，规模效益显著。年接待游客281万人次，综合经营收入27 670万元，分别增长9.7%和16.8%。

【园区特色】2015年，完成了临空港经济技术开发区总体规划和土地利用总体规划，188平方公里城市规划区实现控制性详细规划全覆盖。完成了金山大道、吴家山新城和东西湖区新城中心等重点区域、节点城市设计。确立了“临空纵南北、径河贯东西、一核聚功能、三湖映新城”城市空间总体布局的构架，明确了工业倍增区、现代服务业集聚区、生态休闲区三大功能区。调整了产业园区布局，明确了六大特色产业园区发展定位：以健康保健食品、快销食品、时尚休闲食品、乳制品、烟草等产业为主的食品产业园；以工程机械、医疗机械、电力设备为代表的机械电子信息产业园；以电子商务及跨境电子商务、现代物流、进出口加工、国际贸易及保税展示等为代表的综合保税物流产业园；以科技研发、中小企业孵化、生物医药研制为代表的高新技术产业园；以临空型高新技术和现代装备制造、飞机零部件维修与制造、机器人等高端智能装备制造为代表的临空产业园；以总部经济、新兴金融、文化创意、临空服务业等为代表的现代服务业产业园。加大园区基础设施建设力度，解决了一批制约园区项目建设“最后一公里”的问题，推动了园区基础设施提档升级。

【科技创新】2015 年，临空港开发区新规划 21.05 平方公里科技园区，积极开展“一区多园”试点，加快推进自主创新示范区专业园建设，新增孵化面积 5.5 万平方米。金银潭梦想特区获批武汉市第二批“创谷”建设试点并全面启动建设。组建“五园一街创业联盟”，在武汉市率先建成创新创业服务中心。组织举办首届海峡两岸大学生实作型创新创业大赛，创办湖北省第一家台湾青年创业孵化器，成为中西部地区唯一获批的国家级海峡两岸青年创业基地。台湾青年创业园、留学生创业园等创新创业平台蓬勃发展。45 人入选第一批“金山英才计划”，多个人才项目入选省、市重点人才项目，19 人入围武汉市黄鹤英才计划，在武汉市名列前茅。

2015 年，临空港开发区通过高新技术企业认定 17 家，高新技术企业达到 84 家，实现高新技术产业产值 285.3 亿元，同比增长 62.6%。新认定 3 家省级工程技术研究中心、8 家市级工程技术研究中心。全区专利申请受理预计 1 954 件，其中发明专利申请 684 件；专利授权 1 426 件，其中发明专利授权 213 件。

【投资促进】2015 年，临空港开发区招商引资实际到位资金总额 261.3 亿元，增长 30.3%。其中，实际利用外资 3.676 亿美元，增长 27%。全区出口创汇完成 4.228 亿美元，增长 15.1%。出台《关于进一步加强招商引资推进项目建设的意见》，全年共引进项目 61 个，协议投资总额 376 亿元。全区大力抓重大招商项目引进，成功引进友谊特种胶带、新美香食品等重大项目。

中欧（武汉）国际班列实现双向常态化运营。武汉新港空港综保区申报工作取得突破性进展。建成 12.3 公顷的海关监管区，海关、国检入驻联检大楼。铁路口岸、公路口岸、虚拟口岸功能不断增强。稳步推进与天河机场实施“空港联动”，与武汉新港实施“区区互动”。依托世通国际快件监管中心项目建设，做实“虚拟空港”。积极申报多式联运试点和跨境电子商务运营中心。成功举办 2015 年国家级开发区对话世界 500 强活动，道达尔、通用汽车、惠普等数十家跨国公司的高管和全国各地国家级开发区代表来区参加活动，积极参加或举办中博会、英国投资促进交流会等活动，积极对外推介东西湖区投资环境。

【生态环保】2015 年，临空港开发区投入污染治理费 12 778 万元。按环境空气质量标准（GB3095-2012）评价，全年环境空气颗粒物 (PM10) 年均值为 0.010 4 毫克 / 立方米，环境空气质量优良天数 191 天。全年投资 1.9 亿元积极支持和参与园博建设，建成并开发码头潭公园、极地海洋公园，实施完成东吴大道、革新大道、华祥、慈天公路延长线等市、区重点绿化项目。建设绿地面积 51.98 万平方米，建成区范围内绿化覆盖率达到 47.96%，绿地率达到 40%, 人均公园绿地面积达到 9.86 平方米。

成功创建省级生态村 6 个，市级生态乡镇 1 个，市级生态村 10 个，新建农村分散式污水处理设施 2 套，全年化学需氧量排放量 8 299.4 吨，下降 3.4%；二氧化硫排放量 1 948.5 吨，增长 2.8%；氨氮排放量 793.3 吨，下降 0.8%；氮氧化物排放量 1 293.3 吨，增长 5.8%；工业固体废弃物综合利用率为 100%。完成主要污染物总量控制重点项目 3 个，强制清洁生产审核项目 6

个。吴家山地区城市生活垃圾无公害化处理率为100%。把循环经济链条与企业集群发展联系起来，促进产业升级，积极推进工程机械再制造、食品工业、台商生态工业三个循环经济示范园建设，推动农业废弃物综合利用、无公害种养技术应用与绿色标准认证。有序推进垃圾分类试点工作，巩固第一阶段垃圾分类试点效果，积极推进第二阶段垃圾分类试点，逐步扩大试点覆盖面。

【园区建设】2015年，临空港开发区中法友谊大桥东西湖段接线工程全线完工并建成通车。完成柏银路、金东公路、团结大道等一批道路建设、改造和提档升级。临空港大道跨府河大桥接线工程稳步推进。四环线、硚孝高速东西湖段开工建设。投资15.86亿元，实施工业倍增园区道路提升、吴家山及长青50条道路刷黑工程、老旧小区综合改造等10大项、29个单项工程。实施走马岭水厂三期、东西湖50万吨污水处理厂一期等建设项目。完成2座110千伏变电站建设。投入2 475万元，铺设天然气支干管16.5公里，实现6个工业园区管网建设全覆盖。投资950万元，为慈惠、走马岭等6个街道办事处安装太阳能路灯1 208盏，实现了中心村路灯全覆盖。

投入685万元对园博园周边翠堤春晓等15个点位实施亮化建设，马池路获评“省级市容环境美好示范路”，省级示范路累计达到3条(金山大道和金银湖路)。全年新建公厕20座、环卫工作间20座。启动柏泉200吨垃圾中转站建设，全区累计建成中转站10座，垃圾日转运处理能力突破1 000吨。已完成吴家山街等31条主次干道、27个社区517万平方米环卫作业市场化，同比增长50%，主城区主干道环卫作业市场化率达到100%，全区主次干道机械化作业率达85%，垃圾收运体系走在全市前列。12个街道实现执法机构、执法人员全覆盖。

【社会事业】2015年，临空港开发区城镇常住居民人均可支配收入29 810元，同比增长9.5%；农村常住居民人均可支配收入19 466元，同比增长9.6%。居民恩格尔系数为35.7%。开展新疆、恩施来凤、黄陂等地区对口扶贫工作。全年新增就业9 557人，城镇下岗失业人员实现再就业1 478人。组织开展各类技能培训7 281人次，全年开展农村实用技术培训14 646人次，其中，新型职业师资培训200人次。社会保险参保人数达60.2万人次，全年社会保险扩面净增18 064人次，全年社保基金累计征缴18.03亿元，社保基金支出18亿元。新型农村合作医疗参合率达到99.97%。完成3所小学标准化改造和2所公办幼儿园建设，完成全区校级干部聘任制改革。三级医疗网络建设进一步加强，现有各类医疗卫生机构203个，区中心福利院投入使用，5家街道、办事处养老设施全部对外运营。政务网等公共服务网络正常运营，安全率达到99%以上，应用系统维护率达到98%。

开发区各项社会事业协调发展。全年共创建全国文明村镇1个，全国文明单位1个；省级文明社区3个，文明村2个，文明乡镇3个，文明单位17个；创建市级文明单位48个，文明社区25个，文明街道10个，文明村19个。

【机构设置与管委会领导】武汉临空港经济技术开发区（东西湖区）下设机构为：中共武汉市委武汉临空港开发区纪律检查工作委员会、工作委员会办公室；武汉临空港开发区管委会办公室、经济发展局、产业促进局、招商局、财政局、建设局、国土资源和规划局、海峡两岸科技产业管理处、临空经济管理处、保税物流管理处、产业管理处、食品工业管理处。管委会领导成员为：东西湖区委书记、开发区工委书记、管委会主任曹裕江；区委副书记、开发区工委副书记、管委会常务副主任、区人民政府区长刘子清（任职至2015年8月）；区委副书记、开发区工委副书记、管委会常务副主任杨泽发（2015年11月任职）；区委副书记、开发区工委副书记、区委政法委书记、区委党校校长黄华；区委常委、区纪委书记、开发区工委委员、纪工委书记江贤英（任职至2015年8月），区委常委、区纪委书记、开发区工委委员、纪工委书记涂亚平（2015年10月任职）；

区委常委、区人民政府副区长、党组副书记、开发区工委委员、管委会副主任、区行政学校校长朱吉信；区委常委、开发区工委委员、区委办公室主任李先勇（2015 年 8 月任职）；区委常委、开发区工委委员、区委组织部部长、区委统战部部长、区政协党组副书记李伟凡；区委常委、开发区工委委员、区委宣传部部长、区总工会主席章建育；区委常委、区人民政府副区长、开发区工委委员、管委会副主任何建文；区委常委、开发区工委委员、区公安分局局长、党委书记、区委政法委副书记王运桥；区委常委、开发区工委委员、区人武部政委李海峰（2015 年 3 月任职）；区人民政府副区长、开发区管委会副主任韩民春；区人民政府副区长、党组成员、开发区管委会副主任赵琴芳、徐贻功；开发区管委会副主任王海波（2015 年 5 月挂职）。

2014—2015 年武汉临空港经济技术开发区（东西湖区）主要经济综合指标一览表

项目		单位	2015 年	2014 年	增减（%）
开发区生产总值		亿元	628.9	580.9	8.3
第二产业		亿元	476.9	442.1	7.9
工业		亿元	373.0	342.1	9.0
第三产业		亿元	137.2	124.3	10.4
工业总产值（现价）		亿元	1 203.0	1 035.9	16.1
高新技术企业		亿元	285.3	162.6	75.5
销售（营业）收入		亿元	1 838.3	1 662.3	10.6
第二产业		亿元	1 175.9	1 072.3	9.7
工业（规模以上企业）		亿元	683.8	628.6	8.8
第三产业		亿元	662.4	590.0	12.3
利润总额		亿元	97.4	96.9	0.5
第二产业		亿元	63.1	48.4	30.4
工业（规模以上企业）		亿元	47.0	36.2	29.8
第三产业		亿元	34.3	48.5	−29.3
区内主导产业及产值（规模以上企业）					
主导产业	1. 农副食品加工业	亿元	181.5	166.4	9.1
	2. 食品饮料业	亿元	142.4	115.2	23.6
	3. 印刷和记录媒介复制业	亿元	58.3	47.8	22.0
	4. 烟草制造业	亿元	154.4	158.4	−2.5
	5. 电气机械及器材制造业	亿元	108.9	86.4	26.0
	6. 汽车制造业	亿元	78.9	60.8	29.8
进出口总额		亿美元	6.9	6.0	15.2
出口		亿美元	4.2	3.7	15.3
财政收入		亿元	—	—	—
税收收入		亿元	137.1	122.8	11.6
新批外商及港澳台企业		家	25	16	56.3
规模以上企业数量		家	773	777	−0.5
合同外资金额		亿美元	2.4	0.9	166.7
外商实际投资		亿美元	0.73	0.78	−6.4
固定资产投资		亿元	498.53	418.2	19.2
年末从业人员		万人	28.93	25.82	12.0
万元 GDP 能耗		吨标煤 / 万元	0.332 4	0.346 4	−4.0

武汉临空港经济技术开发区（东西湖区）管委会

萍乡经济技术开发区

【经济发展】2015年，萍乡经济技术开发区（以下简称“萍乡开发区”）完成地区生产总值136.23亿元，同比增长8.9%；完成规模以上工业增加值109.36亿元，同比增长7.7%；完成工业主营业务收入525.83亿元，同比增长6.3%；完成财政总收入20.2亿元，同比增长10.8%；完成固定资产投资137.7亿元，同比增长12.5%；社会消费品零售总额达到26.9亿元，同比增长20%；城乡居民可支配收入分别达到36 220元和17 060元，总量和增速均位居萍乡市前列。在江西省15家国家级园区六项指标(招商实际到位资金、销售收入、工业增加值、税金、出口交货值、从业人员）综合考核中跃居第三位。

【产业发展】围绕做大做强产业集群和完善产业链的目标，萍乡开发区重点发展城市工业，全力打造新材料、现代装备制造、医药食品三个重点产业集群。其中，新材料产业是重点打造的产业集群，已成为国家级新材料产业化示范基地，现有新胜新材料、禾尔斯生物材料等62家企业，2015年完成主营业务收入147.28亿元，同比增长13.8%，占总量的比重为21.4%；装备制造产业也是萍乡开发区重点扶持的产业，现有德博科技、蓝翔重工、安源通风、萍矿机械厂、安源万向等59家企业，2015年完成主营业务收入138.61亿元，同比增长9.2%，占总量的比重为20.1%；医药食品产业是开发区重点培育的产业，已有甘源食品、百约食品、希尔康泰医药、昌盛医药、生物农药、天顺医药等22家企业，2015年完成主营业务收入62.71亿元，同比增长18.5%，占总量的比重为9%。电商销售额达到68亿元，增长达到146%，签约电商企业100多家，甘源食品、天顺医药获评江西省电子商务示范企业，萍乡商派电子商务产业园被评为江西省电子商务示范产业园。

【园区特色】一是企业上市提速，2015年有20多家企业与券商签订挂牌辅导协议，其中庞泰环保、德博科技、日普科技3家企业成功在“新三板”挂牌。二是率先启动“‘新三板’产业园”建设，为江西省首家“新三板”企业园区，拟打造成为萍乡市转型升级示范区、对接资本试验区、优质企业培育区、绿色生态环保区和矿山治理样板区。

【科技创新】萍乡开发区坚持把科技创新置于优先发展的地位，加强引导，强化主体，激发企业活力和创造力。2015年获批国家高新技术企业5家，共有国家高新技术企业27家，高新技术企业完成增加值136.2亿元，6个项目获得萍乡市科技进步奖。专利申请量402件，专利授权量223件。蓝翔重工建立萍乡市第二家“企业博士科研工作站”。萍乡开发区成为江西省第二家晋级的“国家知识产权试点园区”。

【投资促进】2015年，萍乡开发区引进内资68.8亿元，同比增长12.5%；外资完成5 900万美元，同比增长10.2%；引进外资企业8家，实现出口创汇4.53亿美元，同比增长5.1%。引进5 000万元以上项目29个，亿元以上项目15个。引进国际500强德怡电器1家、国内500强企业桂碧园1家、上市公司纳川管业1家。

【生态环保】2015年，萍乡开发区坚持生态领航，积极推进“城市生态化”主战略，把绿色的发展理念贯穿于制定城市规划、发展城市产业、实施生态工程的全过程，通过高起点规划、高标准建设、高效能管理，努力走出一条生态宜居、城乡统筹、产城融合、社会和谐的新型城镇化发展之路。把握好生产空间、生活空间、生态空间的内在联系，实现生产空间集约高效，生活空间宜居适度，生态空间山清水秀。坚持城市规划“一盘棋”，把绿色生态的理念落实到城市空间布局、土地利用、产业发展等各个专项规划中，渗透到城市道路、城市建筑、城市景观、住宅小区等各个层面及“两湖”（玉湖、田中湖）“两园”（聚龙公园、萍实公园）的规划建设中；注重立足长远，着眼当前，依据辖区城市总体规划，为群众在城市生活得更方便、更舒心、更美好，分别对区域各项功能进行重点规划；坚持“尊重自然、顺应自然、保护自然，把好山好水好风光融入城市”的要求，注重景观生态修复与顶级设计，让城市再现绿水青山。

【基础建设】2015年，萍乡开发区加大投入力度，全面推进城市基础设施建设，力求民本、生态、文明融合效应的最大化，让市民过上向往“望得见山、看得见水、呼吸得到好空气”的生活。2015年，全区新型城镇化建设项目共53个，总投资约177亿元，其中在建的城市基础设施项目20多个，总投资达100亿元，已经完成重点项目11个，投资57.8亿元。在全市率先启动了“海绵城市”建设，总投资近100亿元，新建海绵城市项目4个，积极打造城市生态新名片。

【社会事业】2015年，萍乡开发区教育事业蓬勃发展，在江西省第二轮教育综合督导评估中居江西省国家级经开区第二名，义务教育各项指标达到100%；民生保障实现全覆盖，辖区就业充分；商事制度改革顺利，在江西省首创联合办证办税；村（社区）直选改革平稳完成，首次进行15个村（管理处）和14个社区的“两委”换届选举，组建5个社会工作管理局，开创了对村（社区）的准街道管理模式。

【机构设置与管委会领导】萍乡开发区管委会设置机构为：区纪委（监察局）、区党政办公室、党群工作部、人大政协工作联络处、经贸科技发改（安全监督交通）局、招商局、财政局、建设局、社会发展局、教育局、城管局、安商局、建设工程技术管理中心、武装部（政法办、综治办）、行政执法局、民生工程事务管理局、公共政务管理局、人口与计划生育委员会、信访局、环境保护局、测绘院、应急分队、总工会、冶金机械汽车产业办、生物医药产业办、新能源新材料产业办、社会工作管理一局、社会工作管理二局、社会工作管理三局、社会工作管理四局、社会工作管理五局。

萍乡开发区管委会领导成员为：市委副秘书长、区党委书记李锦林；区党委副书记、管委会副主任黄薄双、汤萍方；团市委书记、区党委副书记、管委会副主任（挂职）何超；区党委委员、管委会副主任胡志纯（2015年7月免职），柳东兴（2015年5月免职）；区党委副书记、管委会副主任谭其林（2015年7月任职）；区党委委员、区纪委书记刘树韬（2015年7月免职）、徐建中（2015年7月任职）；区党委委员、管委会副主任王纯、周若愚、利军、黄镇萍；管委会副主任刘光辉；区党委委员、市公安局开发区分局局长钟振秋；区党委委员、党群工作部部长兰海城；区党委委员、党政办主任李宝仔。

（萍乡经济技术开发区管委会）

赣州经济技术开发区

【经济发展】2015年，赣州经济技术开发区（以下简称“赣州开发区”）实现生产总值增长10.4%。其中，第二产业增加值增长9.6%，占GDP的比重为85.65%；第三产业增加值增长27.06%，占GDP的比重为13.14%。财政总收入增长10%，税收收入增长9.5%，工业主营业务收入增长4.4%，进出口额增长4.43%，完成固定资产投资增长16.1%，社会消费品零售总额增长11%。

【产业发展】2015年，赣州开发区工业总产值增长3.25%；规模以上工业总产值增长3.5%；工业增加值增长9.6%；规模以上工业增加值增长9.6%；规模以上工业中的外商及港澳台投资工业总产值与上年持平；规模以上工业中的内资工业总产值增长5.28%。

【科技创新】2015年，赣州开发区国家级高新技术产业标准化示范区建设扎实推进，园区企业及科研机构承担国家、江西省、赣州市各类科技项目41项，参与制（修）订IEC国际标准4项，国家、行业及地方标准100余项，承担2个标准化技术委员会的工作。省级知识产权试点示范园区建设扎实推进，全区2015年共获得授权专利243件，其中发明专利11件，实用新型专利187件，外观设计专利45件。工业企业共获得授权专利147件，其中发明专利8件，实用新型专利135件，外观设计专利4件。共申报73个国家、省、市科技计划项目。全区高新技术企业达25家，获省级以上知名品牌9项。坚持人才强区理念，推进人才管理改革创新，新引进6位海外博士和1位博士后，柔性引进外国专家12名，澳克泰等4家公司申报的项目被国家外专局批准列为2015年度引智项目，首期90套人才公寓迎来22位高层次人才租住。

【投资促进】2015年，赣州开发区签约项目共40个，签约资金171.36亿元。引进亿元以上项目25个（其中5亿元以上项目8个，世界500强项目4个）。实际利用内资106.94亿元，增长10.15%。其中，利用省外5 000万元以上项目资金78.03亿元，增长13%。实际利用外资1.99亿美元，增长10.12%。其中，现汇进资1 435万美元。实现外贸进出口10.68亿美元，增长4.43%。其中，出口7.25亿美元，增长5.07%。

【管理与服务】2015年，赣州开发区以清单形式确立的113项改革事项全面完成，组建法律顾问团、“三单一网”改革、村级留用地开发等改革事项得到省、市改革办的肯定。深化行政审批制度改革，取消行政审批项目共62项，接收上级下放、委托实施行政审批项目117项，转变管理方式、暂停实施、转报实施行政审批项目65项。全区23个审批部门，保留行政审批项目228项。深化联合办税，实现了国税地税“六个统一”和“四个互补”，工商营业执照、组织机构代码证、税务登记证“三证合一”加快推进，商事制度改革稳步推进，全年新办“一照一码”营业执照142份，换发、变更发出“一照一码”营业执照208份，注册资本登记制度改革扎实推进，“先照后证”登记制度全面推行，释放了市场活力。目前全区有各类市场主体19 249家，注册资金总额351.51亿元。

【社会事业】2015年，赣州开发区民生资金投入6.56亿元，推动36件民生实事快速落实。

实现城镇新增就业3 059人，新增转移农村劳动力3 997人，帮助下岗失业人员再就业296人，开展家政服务等各类培训84期、3 610人次，发放培训补贴47.8万元。安居公寓及棚改项目按计划实施，交付项目4个、1 258套住房，竣工项目1 115套住房，已竣工公租房项目2个、660套住房。教育综合发展提速增效，通过省政府教育工作综合督导评估，投入校建资金4 945万元，建设43个项目，新增学生席位3 750个。完成黄金岭社区卫生服务中心改造和潭口镇卫生院改扩建，优化升级改造了5个社区服务站。发放“40、50人员”社保补贴7.5万元，企业吸纳就业困难人员社保补贴11.3万元。对城乡低保对象进行清理核查，设立“救急难”专项基金100万元，受理申请765人次共30.38万元。2015年对贫困家庭重型精神病等7类疾病共450例患者实施了免费救治，共支付医疗救助费422.32万元，惠及困难群众6 164人次。实施计划生育特殊困难家庭等计划生育类奖励扶助10个项目、160万元，受益6 078人。发放五保供养资金165.3万元，各类优抚对象抚恤补助、生活补助203.8万元，对全区85名重点优抚对象购买了医保（新农合），向178个义务兵家庭发放优待金224.5万元。

【机构设置与管委会领导】赣州经济技术开发区党工委、管委会内设直属机构12个：党政办公室、党群工作部、经济发展局、招商局、企业服务和工信局、财政局、住房和建设局、城市管理局、农业农村工作办公室、社会事务管理局、机关党委、纪律检查工作委员会；直属事业单位12个：项目建设办公室、市科技创业服务中心、机关事务和政府采购管理中心、劳动保障监察大队、会计核算中心、征收搬迁办公室、房地产管理所、公用事业服务管理处、计划生育服务站（疾控中心）、教研和招生工作办公室、新型农村合作医疗管理中心、市城市管理行政执法局赣州经开区分局。

中共赣州经济技术开发区工作委员会书记廖长荣（12月免职）、李明生（12月任职）；副书记李明生（12月免职）、王扬金、李曜、梁丁盛（7月任职）；党工委委员杨仁荣、郭声琪（纪工委书记）、符艳冬、卓邦友、唐永亮。赣州经济技术开发区管理委员会主任李明生；副主任李曜、梁丁盛（7月任职）、杨仁荣、符艳冬、陈富江、卓邦友、唐永亮、韩 芳（9月免职）；调研员舒向阳、黎佐绩、喻声萍（10月任职）；副调研员廖江华、曾辉。

2014—2015年赣州经济技术开发区主要经济综合指标一览表

项目	单位	2015年	2014年	增减（%）
开发区生产总值	亿元	206	186.59	10.4
第二产业	亿元	176.44	159.67	10.5
工业	亿元	166.98	152.35	9.6
第三产业	亿元	27.06	24.47	10.6
工业总产值（现价）	亿元	620.83	602.02	3.3
高新技术企业	亿元	81.75	65.99	23.9
规模以上企业销售（营业）收入	亿元	727.89	706.85	3.00
第二产业	亿元	660.34	637.71	3.6
工业	亿元	625.18	598.86	4.4
第三产业	亿元	67.55	69.14	−2.3
规模以上企业利润总额	亿元	41.32	37.10	11.4
第二产业	亿元	38.25	33.78	13.2
工业	亿元	37.18	31.87	16.7

续表

项目		单位	2015 年	2014 年	增减（%）
区内主导产业及产值					
主导产业	1．钨和稀土新材料业	亿元	195.42	178.63	9.4
	2．新能源及新能源汽车业	亿元	31.76	29.93	6.1
	3．电子信息业	亿元	47.13	45.76	3.0
	4．生物医药业	亿元	2.65	3.22	−17.7
第三产业		亿元	3.07	3.32	−7.5
进出口总额		亿美元	10.61	10.16	4.4
出口		亿美元	7.10	6.90	2.9
财政收入		亿元	35.64	32.40	10.0
税收收入		亿元	29.22	26.69	9.5
财政支出		亿元	28.43	26.30	8.1
新批企业数量		家	1 244	1 133	9.8
外商及港澳台企业		家	21	11	90.9
内资企业		家	1 223	1 122	9.0
新批企业投资额	外商及港澳台企业	亿美元	1.57	1.40	12.2
	增资企业	亿美元	0.54	0.54	0
规模以上企业数量		家	204	197	35.5
合同外资金额		亿美元	2.57	0.82	212.4
外商实际投资		亿美元	1.57	1.81	−13.3
固定资产投资		亿元	245.54	211.56	16.1
年末从业人员		万人	6.49	6.91	−6.0
万元 GDP 能耗		吨标煤／万元	0.08	0.084	−4.8
水资源消耗总量		万立方米	549.25	533.04	1.05
单位国内生产总值取水量		立方米／万元	3.35	3.57	−6.2

（赣州经济技术开发区管委会）

长春汽车经济技术开发区

【概况】长春汽车经济技术开发区(以下简称“汽开区”)是经国务院批准的国家级经济技术开发区，主要承担加快长春国际汽车城建设、建设长春西南城市副中心和承接一汽剥离社会职能三项任务。汽开区行政管辖面积110平方公里，建成区面积50平方公里，共管辖2个街道办事处，9.5个行政村。建区以来，先后被授予国家汽车零部件出口基地、国家汽车电子产业基地、国家新型工业化产业示范基地等称号。

【历史沿革】汽开区原名为长春汽车产业开发区，2005年9月正式成立，是由长春市人民政府（以下简称市政府）与一汽集团（以下简称一汽）合作共建的开发区，由一汽主厂区、绿园区锦程街道办事处、高新区汽车研发园和原长春汽车经济贸易开发区、绿园汽车产业开发区、公主岭市范家屯经济开发区及3个省级开发区组成，是全国首个政企共建的开发区。2010年12月30日经国务院批准为国家级经济技术开发区，同时定名为长春西新经济技术开发区；2012年10月31日经国务院批准更名为长春汽车经济技术开发区。

【产业优势】汽开区是长春市汽车产业的核心区域，一汽集团总部、一汽解放、一汽大众、一汽丰越等一汽集团的全资和控股整车制造企业坐落在区内。区内形成了“中、重、轿”三大系列多个车型的产品格局，具备年产120万辆轿车、20万辆卡车的生产能力。开发区的汽车零部件制造基础十分雄厚，区内共有汽车零部件企业300余家，有麦格纳、纳铁福、富奥电装、一汽大众发动机、变速箱、一汽四环股份、杰克赛尔空调、一汽铸造、一汽锻造、一汽模具中心等一批在国际国内较有影响的汽车零部件企业，形成了较大规模的配套体系和在国内具有一定竞争优势的零部件制造企业集群。一汽技术中心、中国机械工业第九设计院、长春汽车工业高等专科学校等构成了国内汽车研发教育机构最密集的地区。全国最大的汽车零部件交易集散地、东北地区最大的汽车、二手车交易市场等构成了完善的汽车后市场服务区。

【经济指标】2015年，汽开区地区生产总值实现540.6亿元，同比增长7%；固定资产投资完成546亿元，同比增长12.8%；区属规模以上工业产值完成119亿元，同比增长11%；一般预算全口径财政收入122.83亿元，同比增长15.45%；实际利用外资7.65亿美元，同比增长13%；实际利用内资143.3亿元，同比增长14.3%。汽开区各项主要经济指标继续位居长春市各县（市）区、开发区前列，财政收入总量和增速列长春市第一位。

【招商引资】2015年，汽开区先后组织了日、韩、长三角、珠三角等地零部件企业定向招商活动，共引进工业项目30个，计划总投资120亿元，预计可实现产值190亿元。抓好项目跟踪储备，跟踪储备工业项目共47个，商业项目12个。落实“一会一活动”招商，完成了目标任务。吉林省机器人协会在汽开区正式成立。

【项目建设】2015年，汽开区全力推进项目开工，全年开工项目46个，其中工业项目38个，商业项目8个。投资158亿元的一汽—大众Q工厂、投资14亿元的一汽—大众EA211发动机三期等项目全面建设。星宇车灯、天元奥特等20余个项目竣工投产。

【基础设施】2015年，汽开区启动建设项目76项。实施道路桥梁工程，完成了大岭物流通道汽开区段建设，完成富民大路跨永春河桥、高尔夫路、乙二街道路排水工程，建成道路10.5公里。围绕项目需求，加强配套设施建设。完成给水管线4公里，排水管线22公里，天然气管线75公里，通信管线60公里，电力线路92公里。实施了长沈路出城口和汽贸商街改造工程。

【城市建设】2015年，汽开区加强市政建设和管理，完成道路维修9万平方米，补植街路树木12 120株，对20余万株树木进行修剪和树干涂白。加快商业服务业发展，车城万达广场正式对外展示和销售，保利中央公园、西湖中铁城高档住宅加快建设，华航商业综合体、保利五星级酒店建设积极推进。环外多恩地产、一汽大学生公寓等项目进展顺利。生态工业园区创建工作通过国家专家组验收。

【服务一汽】2015年，汽开区加强项目服务，召开专题协调会争取省市支持，解决一汽—大众Q工厂等项目建设中的问题。坚持项目月调度制、报表制和领办、代办制，提升服务效率。全力支持一汽集团生活区“三供一业”接收工作，各项工程有序推进。

【社会事业】2015年，汽开区实施幸福汽开区计划。开发就业岗位6 306个，城镇新增就业4 783人，城镇失业人员再就业1 170人，农村劳动力转移就业1 100人，引导扶持实现创业621人。新增城镇企业职工基本养老保险954人，城乡居民养老保险19 113人，被征地农民养老保险4 840人。城镇居民医疗保险续保缴费76 866人，机关和事业单位养老保险参保率达到100%，城乡居民基本养老保险数据质量达标率为100%。提高了城镇和农村居民最低生活保障标准，累计为城乡低保户发放低保金1 100万元。开展医疗救助工作，为312名困难群众提供医疗救助金145万元。做好拥军优属、老龄和残疾人工作。完成东风家园建设，对一汽143栋危房实施改造，推进日新家园建设，2015年安置回迁居民1 175户。推进教育综合改革实验区建设，通过国家义务教育均衡发展评估验收。深化管理体制改革，完成20所学校法人治理结构调整，启动东风学校建设准备工作。教育教学水平不断提高，中高考再创佳绩。加强卫生工作，加大疾病防治力度，建立传染病预防体系。加大宣传力度，普及各类疾病防控知识，进一步提高群众健康水平。大力开展优生健康检查，全面落实奖扶政策。组织开展为弱势家庭捐书送书、构建幸福家庭联谊会、和谐邻里百家宴、热爱一汽读书演讲赛和社区艺术节等活动，丰富了群众业余生活。开展国民体质监测工作，新增体育健身路径两套，公共体育基础设施覆盖率达到90%以上。

【治理创新】以“平安医院”“平安校园”为重点，强化平安建设，“天网四期”全面交付使用。推进综合治理“六必进”（进企业、进两新组织、进医院、进学校、进物业、进网络）工作，街道、社区和农村综合治理组织覆盖率达到100%。强化服务大局意识，开展“三官一律下基层”“法治宣传服务月”等活动，依法治区能力和水平不断提升。启动街道社区微信服务平台建设，探索利用新媒体参与社区服务的新渠道。广泛开展文化和志愿服务活动，社区服务工作日益完善。加强社区阵地建设，新组建社区4个，新增社区办公用房5 100多平方米。加强社会工作者队伍和社工站建设，“红旗锦程社工服务站”被评为全市社会工作示范机构。深化社区民主自治，社区居民主人意识、权利义务观念明显提升。重视生产安全、公共安全、交通安全、消防安全、食品药品安全工作，落实了安全责任制，启动了隐患排查治理体系综合监管平台建设工作。

【党的建设】贯彻中央八项规定，落实党委书记抓党建第一责任人职责，开展党建专项述职工作。采取专项投入、党费补助的方式，加大对社区、农村党建经费的投入，建立了24个党群活动中心。深入推进“红旗党建”工程，大力开展“五型”（学习型、创新型、效能型、服务型、廉洁型）机关创建活动。进一步活跃农村党组织活动，建设完成5个回迁村一站式服务大厅。强化非公企业党建工作，坚持开展“两建五送”（组建党组织、建立系列制度；送一块标牌、一面党旗、一套党建图书、一笔启动经费和一套电教设备）活动，打造了10个非公企业党建示范点，对286名非公企业党支部书记和党务干部进行了专题培训。创新非公党建模式，成立汽车销售行业联合党组织，开创了长春市非公党建的先河。深化干部选拔任用制度和管理制度改革，对部分中层干部进行轮岗交流。落实“两个责任”（社区主体责任、党委主体责任），制定出台了《长春市事业单位岗位设置管理实施意见》。

2014—2015年长春汽车经济技术开发区主要经济综合指标一览表

项目		单位	2015年	2014年	增减（%）
开发区生产总值		亿元	540.60	526.60	7.0
第二产业		亿元	453.40	441.60	7.7
工业		亿元	435.90	424.40	7.8
第三产业		亿元	86.90	84.90	2.5
工业总产值（现价）		亿元	1 831	1 680	9.0
高新技术企业		亿元	21.98	20.30	8.2
销售（营业）收入		亿元	2 116	2 061	7.1
第二产业		亿元	1 824	1 776	7.7
工业		亿元	1 753	1 707	7.8
第三产业		亿元	292	285	2.7
区内主导产业及产值					
主导产业	汽车零部件制造业	亿元	1 815	1 662	9.2
进出口总额		亿美元	39.48	75.32	−48.0
出口		亿美元	4.29	5.90	−27.3
财政收入		亿元	122.80	106.40	15.5
税收收入		亿元	121.10	105.80	14.4
财政支出		亿元	23.80	18.40	29.3
新批企业数量		家	933	899	3.7
外商及港澳台企业		家	1	0	—
内资企业		家	932	899	3.7
规模以上企业数量		家	66	56	17.8
外商实际投资		亿美元	7.65	6.77	13.0
固定资产投资		亿元	546	484	12.8
年末从业人员		万人	14.83	14.57	1.8
万元GDP能耗		吨标煤／万元	0.500 7	0.505 6	−2.6
水资源消耗总量		万立方米	5 297	5 245	1.0
单位国内生产总值取水量		立方米／万元	9.80	9.96	−1.6

（长春汽车经济技术开发区管委会）

苏州吴中经济技术开发区

【经济发展】2015 年，苏州吴中经济技术开发区（以下简称“吴中开发区”）实现地区生产总值 332.4 亿元，同比增长 4.9%，占苏州市地区生产总值的 2.3%。其中，第二产业增加值完成 179.7 亿元，第三产业增加值完成 149.6 亿元，同比增长 9.6%，第二、第三产业占比为 54∶45。财税收入保持平稳增长，全年财政收入 120.6 亿元，税收收入 80.7 亿元，增长 11.8%，占苏州市财政收入的 4.2%；全年公共财政预算收入 48.8 亿元，同比增长 13.2%，占苏州市公共财政预算收入的 3.1%；公共财政预算支出 31.1 亿元，同比增长 23.7%。

【产业发展】2015 年，吴中开发区实现工业增加值 164.2 亿元，同比增长 1.3%，占 GDP 比重的 49.4%，其中，规模以上工业增加值 132.6 亿元。全年工业总产值 676.2 亿元，其中，规模以上工业总产值 545.8 亿元，占苏州市工业总产值的 2.1%。在规模以上工业中，外商及港澳台投资企业工业总产值 340.4 亿元，内资企业工业总产值 205.4 亿元，分别占规模以上工业总产值的 62.4% 和 37.6%。

主导产业占比提高。电子信息、精密制造、纺织三大产业完成工业总产值 475.3 亿元，同比增长 9.5%，占开发区工业总产值的 70.3%，占比提高 5.9 个百分点。

【园区特色】2015 年，吴中开发区新城市建设全面推进，太湖新城 30 平方公里整体规划实现全覆盖，10 平方公里启动区路网成形、环境建设成效显著，智慧太湖新城（一期）、地下空间、E08 地块等项目有序推进，智慧管网吴郡绿岛、太湖大堤景观等部分项目基本完工，一批学校、商业、住宅项目启动建设。城南建成区道路街景环境整治进一步提升。越溪城市副中心城市功能进一步完善。尹山湖•独墅湖双湖新城区功能形态和环境建设日臻完善，一批高端商业和住宅项目加快推进。区内重大基础设施和重点交通工程按序推进，东环南延一期正式通车。区内绿廊、绿地、街区公园等生态功能区建设加快推进。旺山 5A 级景区功能品质持续提升，完成旺山荡生态环境综合整治一期工程。

【科技创新】2015 年，吴中开发区完成高新技术产业产值 215 亿元，同比增长 4%；完成专利授权量 2 340 件，同比增长 10%，其中，发明专利授权量 257 件，同比增长 93%。新增高新技术企业 28 家，新增省市级研发机构 10 家。

【投资促进】2015 年，吴中开发区新批外商投资项目 15 个，总投资 6.9 亿美元，同比增长 24.6%；批准合同外资 2.5 亿美元，其中增资 3 899 万美元。新设立登记内资企业 2 479 家，注册资本 167.7 亿元。完成进出口总额 82.6 亿美元，占苏州市进出口总额的 2.7%。其中，出口额 48.9 亿美元，同比增长 2.6%。

【信息化建设】2015 年，吴中开发区组织企业申报两化融合和星级数字企业创建，有 6 家企业通过江苏省两化融合试点企业、1 家企业获评苏州市两化融合试点企业、1 家企业获得苏州市两化融合示范企业、7 家企业获评四星级数字企业、2 家企业获得苏州市信用管理示范企业、2 家企业获得江苏省信用管理示范企业。

【管理与服务】2015 年，吴中开发区办理外资审批业务 173 件，其中，新设和增资项目 19 件；办理非实质性变更备案 32 件。项目“快速审批”工作深入推进，审批流程进一步优化。项目归档机制进一步完善，一企业一编号的工作全面完成。

【基础设施建设】2015年，吴中开发区继续推进区内道路建设，全年累计建设道路34.5公里，完工道路18.1公里，其中太湖金港设计产业园完成道路建设7.26公里。加大绿化覆盖，新增绿化面积12万平方米。配合工业载体扩容升级，全面启动吴淞江科技产业园一期启动区、吴中综合保税区二期市政配套设施及镬底湖物流园基础设施建设。加快管线迁改入地，东环南延高架、友新高架南延吴中大道段沿线管线工程有序推进。

【投融资工作】2015年，吴中开发区融资工作进一步加强，公募、私募类融资渠道不断拓展。江苏省吴中经济技术总公司成功获批30亿元银行间市场非公开定向债务融资资格，实现吴中区银行间市场定向工具发行零的突破。苏州吴中国太发展有限公司通过苏州信托及民生银行结构性融资，与中国银行、上海银行项目合作融资等模式，实现到账融资39.6亿元，用于太湖新城的开发建设。

【党建工作】2015年，吴中开发区创建开发区党校工作品牌，获得苏州市基层党校“争先创优”活动二类优秀项目。创新基层党建工作，试行“楼宇党组织”管理模式，建立全区首个轨道交通行业党支部。加强非公企业党建管理工作，举办“流动党课进企业、非公党建再提升”主题活动。严格落实党风廉政建设责任制，基层部门党风廉政建设责任书签订全覆盖。持续深化“三转”工作，执纪监督问责水平不断提高。

【环境保护】2015年，吴中开发区加大生态环境保护管理力度，国家级生态工业示范园区创建全面推进。深入推进城市环境综合整治提升工程，认真开展十项专项整治行动，市容市貌保持干净有序。加快开发区化工集中区大气平台建设，推进化工区企业COD在线监控安装联网，14家企业完成设备安装。完成苏州江远热电有限公司脱硫、脱硝、除尘升级改造工程。区域水、气环境污染整治不断深入，农村连片整治工作顺利推进。

【社会事业】2015年，吴中开发区加大投入力度，社会公务服务加快向均衡化、优质化发展。一批民生项目建设加快推进，苏大附属尹山湖中学、郭巷中心小学正式启用，横泾中心小学、幼儿园、城南文体中心加快建设，城南卫生院加快启动。总面积130多万平方米安置房加快建设，实现分房46万平方米。富民增收水平进一步提高，33个村（社区）股金分红实现全覆盖，农民人均纯收入3.5万元，同比增长15%。越溪街道、横泾街道美丽乡村建设全面推进，横泾街道东林渡乡根等特色旅游项目亮相。

【人才工作】2015年，吴中开发区坚持以高层次人才引育为重点，不断加大人才项目申报力度，全年合计申报国家及省（市）区各类高层次人才项目42个，成功申报18个，其中1人入选国家“千人计划”。强化人才项目引进和培育机制，设立首期5亿元创投引导基金以及5 000万元人才奖励扶持资金。全力推进精英创业周项目落户，落户双创高层次人才嘉宾项目共计8个，在项目评审对接与需求管理系统中深度对接公共项目17个。

【政策发布】2015年，吴中开发区制定出台《苏州吴中经济技术开发区建设“国家生态工业示范园区”实施方案》，大力推进国家生态工业示范园区建设，促进区域产业转型升级。制定出台《吴中经济技术开发区关于促进创新转型发展的政策意见》，进一步加大对科技创新型和现代服务业企业的扶持力度，激发企业发展内生动力。

【机构设置与管委会领导】苏州吴中经济技术开发区管委会下设党政办、政法办（综治办）、招商局、经济发展局、社会事业局、建设局、组织人事和劳动社保局、吴中综合保税区管理局、东太湖科技金融城管理局9个工作部门。苏州吴中经济技术开发区管委会主任金洁；法人代表、管委会副主任荣德明；管委会副主任顾建明、刘叶明、朱凤泉、骆兴男、徐国雄。

2014—2015 年苏州吴中经济技术开发区主要经济综合指标一览表

项目		单位	2015 年	2014 年	增减（%）
开发区生产总值		亿元	332.45	317.05	4.86
第二产业		亿元	179.67	177.35	1.31
工业		亿元	164.17	163.81	0.22
第三产业		亿元	149.56	136.47	9.59
工业总产值（现价）		亿元	676.17	674.09	0.31
高新技术企业		亿元	164.50	149.02	10.39
销售（营业）收入		亿元	1 438.04	1 389.98	3.46
第二产业		亿元	750.22	742.51	1.04
工业		亿元	668.82	668.16	0.10
第三产业		亿元	679.82	634.79	7.09
利润总额		亿元	—	—	—
第二产业		亿元	36.74	31.99	14.85
工业		亿元	32.80	28.30	15.90
区内主导产业及产值		亿元	475.32	434.11	9.49
主导产业	1．电子信息业	亿元	274.73	246.12	11.62
	2．精密机械业	亿元	114.64	106.34	7.81
	3．纺织业	亿元	85.95	81.65	5.27
第三产业		亿元	—	—	—
进出口总额		亿美元	82.58	83.64	−1.27
出口		亿美元	48.86	47.61	2.63
财政收入		亿元	120.65	120.34	0.26
税收收入		亿元	80.75	72.22	11.81
财政支出		亿元	31.14	25.18	23.67
新批企业数量		家	2 494	2 412	3.40
外商及港澳台企业		家	15	23	−34.78
内资企业		家	2 479	2 389	3.77
新批企业投资额	外商及港澳台企业（注册外资）	亿美元	6.94	5.57	24.60
	内资企业（注册资本）	亿元	167.68	169.39	−1.01
	增资企业（外商注册外资）	亿美元	0.39	1.21	−67.77
规模以上企业数量		家	593	589	0.68
合同外资金额		亿美元	2.51	3.23	−22.29
外商实际投资（实际利用外资）		亿美元	1.89	2.64	−28.41
固定资产投资		亿元	220.05	235.84	−6.70
年末从业人员		万人	16.31	16.39	−0.49
万元 GDP 能耗		吨标煤／万元	0.249 3	0.279 8	−10.90
水资源消耗总量		万立方米	5 732	5 540	3.47
单位国内生产总值取水量		立方米／万元	17.24	17.47	−1.32

（苏州吴中经济技术开发区管委会）

临沂经济技术开发区

【经济发展】2015年，临沂经济技术开发区（以下简称“临沂开发区”）以“实施五大战略、打造五大亮点、推动五区跨越”工作思路为引领，实现业务总收入1 705亿元，增长20%；实现工业总产值1 260亿元，增长19.5%；实现地区生产总值410亿元，增长12.3%；实现公共财政预算收入20亿元，增长15%，其中，国税收入9亿元，地税收入17.1亿元；完成进出口总额7.3亿美元，连续六次在临沂市县域经济发展观摩考核中荣获第一，年内被评为中国产业园区影响力百强、全国产业集群区域品牌建设试点地区、国家产城融合示范区、全国优秀物流园区、中国毛皮产业基地。

【产业发展】临沂开发区高端装备制造产业，主要有山东临工、众泰汽车、沃尔沃建机（中国）有限公司、柳工集团、山重建机及配套企业，总计80余家。2015年，工程机械产业以品牌强度704亿元、区域品牌价值43亿元，上榜2015年中国品牌价值评价区域品牌，获品牌强度第4位。电子信息产业，建成50万平方米创业创新平台，全年新引进科技研发企业40家，总数达到160家，18家企业获得国家火炬计划、星火计划立项，致力于打造全国知名的IT产业基地。生物医药产业，拥有修正药业、一方制药、金方制药、翔宇药业、信邦生物等一批大项目、好项目，着力建成山东生物医药经济发展的龙头，2015年实现产值6亿元，税收5 460.92万元。文化旅游园区共有企业96家，其中，文化旅游企业17家，房地产及其他建筑类企业79家；园区全年实现主营业务收入31.9亿元，税收6.4亿元。新能源新材料产业，拥有广亚铝业、中国联塑北方基地、步阳门业等规模以上企业60余家，2015年园区产业产值达到180亿元，增长17.6%，其中，东部铜业再生铜产业实现产值150亿元。金融总部产业，新签约入驻金融总部类企业59家，总数超过150家，实现税收1.8亿元，比去年同期增长38%。物流业，货物周转值突破2 000亿元，市场交易额达到700亿元。精细化工产业，主要有施可丰化工、三德利涂料、鲁光化工等22家企业，2015年实现工业总产值79.2亿元。

【园区特色】临沂综合保税区主要分为保税加工区、保税物流区、物流加工兼容区、国际贸易展示区、查验区、综合管理服务区六个功能分区，具有保税加工、保税仓储、保税物流、口岸作业和综合服务等功能，重点发展保税加工、国际贸易、保税展示、保税直销、保税物流、现代服务业等产业。2015年共有243家贸易企业完成工商名称核准，其中168家完成工商注册，全年实现进出口额2 600万美元。

【科技创新】2015年，临沂开发区共有150项重点技改项目，完成技改投资120亿元，增长30%。沃尔沃桥箱、变速箱、临工主控阀、翔宇现代化中药提取等重大核心技改项目批量生产，新增8家企业获评省、市级研发中心，高新技术企业总数达到29家。依托八大软件产业园科技研发，拓普网络、机客网络列入国家发改委“互联网+”行动计划，临沂云计算中心入选国家服务业发展扶持项目，中印软件产业园智慧云平台全面运营，打造全国知名IT产业基地。树立抓人才就是抓发展的理念，大力招引海内外创新创业高端人才和团队，新引进24

名乌克兰专家、12 名印度专家，卡瓦里被选为国家“千人计划”专家，普拉迪普被选为国家“高端外国专家”，国家“千人计划”专家余建军、袁涛，“钱江学者”董新永，“双创计划”专家赵斌元等一批高端人才纷纷入驻。2015 年，引进国家级百千万人才工程人选等高端领军人才共 300 余人，人才总量达 2.6 万。

【投资促进】2015 年，临沂开发区新批外资项目 5 个，实际利用外资 3 452 万美元，其中服务业项目 4 个。进出口总额 10.7 亿美元，其中出口 6.04 亿美元，进口 4.66 亿美元，主要出口产品为工程机械和家具，重点企业有山东临工、沃尔沃建机、永佳动力、联邦家私等；主要进口产品为废旧铜，重点企业为山东金升有色集团有限公司。为打造“金融改革创新实验区”，探索成立金融集团，先后引进法国安盛、德国安顾、中信银行、民生银行等 40 家金融机构；推动翔宇制药、临风科技等“新三板”上市，东部铜业金运通获批全市唯一一张第三方支付牌照，全年支付量 75 亿元。2015 年，各金融机构贷款余额 410 亿元，占临沂市新增贷款的 21%；社会融资总额 570 亿元，占全市新增融资的 20.3%。按照商城国际化建设的要求，升级经营贸易业态，引进慧聪网、中国网库、杭州叁点零等签约入驻，工信部电商“腾计划”启动实施，中国网库“临沂电商谷”正式投入运营。全年实现电子商务交易额 100 亿元，增长 25%；总部电商实现税收 3 亿元，增长 110%。

【生态环保】2015 年，临沂开发区围绕打造“国家级生态旅游示范基地”，提升生态旅游品位档次。沿西部沂河，提升皇山东夷文化 4A 级景区，建成中国首座东夷文化博物馆。沿东部沭河，加快东部生态城省级旅游度假区开发，推动国内一流的海洋世界公园、太空传奇主题乐园等项目落地建设，争创 5A 级旅游景区。沿南部运河，大力发展葡萄生产、苗木花卉、特种养殖等生态观光农业，实现生态改善和群众增收双赢。发挥“国家级湿地公园”的优势，深入推进河道治理和生态修复。万元 GDP 能耗下降 3.4%，COD 排放新增削减量 72.2%，氨氮排放新增削减量 64.6%，空气质量和优良天气指数居城区五区首位。坚持集约节约、绿色发展，通过旧村改造、盘活企业闲置用地和集中搬迁坟墓等形式，充分挖掘现有企业土地资源潜力，新盘活土地约 147 公顷。

【社会事业】2015 年，临沂开发区实施惠民工程，新建楼房 150 栋、争取保障性住房 4 500 套，新增 6 000 名群众回迁入住；对 60 岁以上老人，每月给予最高 1 000 元生活补助；推行失地农民保险，为 2 万名失地农民发放失地保险 1.2 亿元。新建长安路小学，改扩建皇山小学等 7 所学校；深化国家基本药物制度，门诊次均费用下降 44.3%。实施富民工程，将打赢扶贫攻坚硬仗作为首要任务，全年减贫 3 600 余人。实施利民工程，新建、续建 10 条道路，形成“十纵十二横”300 公里路网框架；新敷设供热管网 16 公里，集中供暖 500 万平方米；新敷设各类市政管网 70 公里，累计达到 800 公里；新增绿化面积 100 万平方米，累计达到 1 700 万平方米。实施“天网”工程全覆盖，实现安全生产“零事故”。2015 年，全区各类民生支出达 15 亿元，增长 43%，占公共财政支出的 84%。

【机构设置与管委会领导】临沂开发区设置党工委办公室、党工委组织部、项目管理安置办公室、财政局、社会发展局、经贸发展局、招商局、科技信息局、建设局、人力资源和社会保障局、文化体育旅游局、水利水产水务局、市场监管局、监察室、安全生产监督管理局 15 个内设机构；设立高新技术企业孵化中心、科技开发中心、社会保险事业处、计划生育服务中心、建设管理服务办公室、生物医学制药科技研发中心、政务服务中心管理办公室 7 个事业单位。

临沂开发区党工委书记徐福田；党工委副书记王文元、陈永生；管委会主任朱玉良；管委会副主任王文元、陈永生、尤柳生、汲长骞、李乃然、尚海、刘发舜、史佩选、张世彬、贾连璋；纪工委书记任光利。

2014—2015 年临沂经济技术开发区主要经济综合指标一览表

项目		单位	2015 年	2014 年	增减（%）
开发区生产总值		亿元	410.25	310.63	32.07
第二产业		亿元	242.37	215.80	12.31
工业		亿元	236.92	187.76	26.18
第三产业		亿元	167.89	123.62	35.81
工业总产值（现价）		亿元	1 260.30	1 030.20	22.34
高新技术企业		亿元	426.83	356.22	19.82
销售（营业）收入		亿元	1 683.36	1 262.30	33.36
第二产业		亿元	1 261.64	964.84	30.76
工业		亿元	1 123	976.70	14.98
第三产业		亿元	375.98	269.64	39.44
利润总额		亿元	58.36	47.62	22.55
第二产业		亿元	41.30	34.67	19.12
工业		亿元	40.12	32.04	25.22
区内主导产业及产值					
主导产业	1. 高端装备制造业	亿元	543.21	496.16	9.48
	2. 现代服务业	亿元	383.27	287.39	33.36
	3. 新材料及节能环保业	亿元	267.35	216.45	23.52
	4. 精细化工业	亿元	94.26	76.33	23.49
	5. 医药食品业	亿元	87.62	61.27	43.01
第三产业		亿元	36.20	27.40	32.12
进出口总额		亿美元	10.71	10.90	-1.74
出口		亿美元	6.04	4.85	24.54
财政收入（预算收入）		亿元	30.87	26.29	17.42
税收收入		亿元	41.80	33.38	25.22
财政支出		亿元	18.60	14.40	29.17
新批企业数量（批准入区项目）		家	144	109	32.11
外商及港澳台企业		家	12	4	200.00
内资企业		家	132	105	25.71
新批企业投资额	外商及港澳台企业	亿美元	0.824	0.732	12.57
	内资企业	亿元	153.24	129.86	18.00
规模以上企业数量		家	446	387	15.25
合同外资金额		亿美元	0.52	0.89	-41.57
外商实际投资		亿美元	0.35	0.73	-52.05
固定资产投资		亿元	357.43	255.43	39.93
年末从业人员		万人	8.72	7.86	10.94
万元 GDP 能耗		吨标煤／万元	0.18	0.19	-5.26
水资源消耗总量		万立方米	358.66	336.56	1.01
单位国内生产总值取水量		立方米／万元	0.87	1.08	-19.4

（临沂经济技术开发区管委会）

江宁经济技术开发区

【经济发展】2015 年，江宁经济技术开发区（以下简称“江宁开发区”）全年完成地区生产总值 958.7 亿元，同比增长 9.2%；规模工业总产值 2 635.9 亿元，同比增长 5.2%；公共财政预算收入 116.7 亿元，同比增长 11.9%；全社会固定资产投资 417.5 亿元，同比增长 0.4%；地方外贸出口 63.9 亿美元，同比增长 16.2%；工业增加值 619.8 亿元，同比增长 8.9%。上海大众、爱立信、长安马自达等产值超百亿元的企业 4 家，实现工业总产值 1 339.2 亿元，占开发区总量的 51.4%。南瑞继保、华宝通讯等产值超 10 亿元的企业 30 家，实现工业总产值 2 009.1 亿元，占开发区总量的 77.1%。全年新增规模企业 21 家。

【产业建设】2015 年同比 2014 年，江宁开发区服务业增加值占 GDP 的比重提高 2.35 个百分点，万元 GDP 能耗下降 11.4%，二、三产业比例调整为 70.6∶29.4，产业结构进一步优化提升。汽车、新一代信息技术等产业加速从生产制造向生产智造转变，法雷奥传动南京三期工厂、南汽依维柯江宁基地扩建等项目启动建设，CENI 项目成为江苏省首个国家重大科技基础设施项目。智能电网、软件和信息服务等产业加速培育壮大，规模分别达到 915 亿元和 757.5 亿元，智能电网国家集聚区试点和国家新能源示范产业园区建设稳步推进，IBM 全球服务执行中心南京分中心正式运营，江苏软件园新增中国软件和信息服务领军产业园区等国字号荣誉 3 项。临空产业新引进中航工业机电研究院、南航大科技园等项目 14 个，空港跨境电商体验中心正式投用，在线企业突破 500 家。生命科学产业企业总数超过 350 家，南京市首个干细胞库落户园区，抗艾滋病长效药物艾博卫泰投入试生产。埃斯顿工业机器人、法雷奥摩擦材料等 76 个省市区重点产业项目开工建设，完成工业投入 240 亿元。

【招商引资】2015 年，江宁开发区实际利用外资 5.6 亿美元，其中服务业占比 70% 以上。新引进千万美元以上的外资项目 33 个，亿美元以上的外资项目 9 个，亿元以上的内资项目 34 个，10 亿元以上的内资项目 6 个，现代服务业项目占比 50% 以上，新增延锋伟世通研发中心等外资功能性机构 7 家。

【科技创新】2015 年，江宁开发区新增“千人计划”人才 10 人，“万人计划”人才 1 人，自主培育省“双创计划”人才 16 人，市“321 计划”人才 119 人。新培育高新技术企业 38 家，民营科技企业 88 家，工程技术中心等企业研发机构 36 家；新增江苏省产业技术研究院预备研究所 2 家，累计数量位居全省开发区首位；生命科学创新中心晋级为国家级孵化器及省级众创空间；埃斯顿、音飞储存等 9 家企业挂牌上市。完成专利申请 7 835 件，其中，发明专利 3 247 件；专利授权 4 920 件，其中发明授权 1 175 件，创建成为国家级知识产权试点园区。全面启动苏南国家自主创新示范区创新核心区建设，将智能电网与新能源、通信与网络、生命科学三大战略性新兴产业纳入南京产业发展总体布局。

【城市建设】2015 年，江宁开发区加快银杏湖大道改造与景观提升工程、胜太五路、云台山河桥等市政工程建设，金鹰城市综合体、南京国际商品博览中心、汇银乐虎全球购跨境购物体验中心等建成运营，景枫购物中心、21世纪太阳城、中航樾广场等高端商贸项目加快建设，思杰研发中心、延锋伟世通中国研发中心等一批区域总部入驻九龙湖总部园，克莉丝汀甜蜜城堡主体竣工，好莱坞魔法工厂等一批文化项目落户。实现东善桥四期、六期、河定桥、天景山L组团二期、梅岭二期、青年公寓以及江苏软件园人才公寓等56.8万平方米保障房竣工；韩府山学校、晓庄实验小学开始招生，力学小学分校、北京东路小学分校加快建设；区社会福利中心、明德医院建成投运。全面推进大气污染防治、水环境管控等工作，完成九龙湖、牛首山河水环境整治、百家湖局部水体推流等环保工程，园区雨污分流、污水管网覆盖率达到95%，污水处理率达到98%以上，地表水质达标率为73%以上，创建成为国家生态工业示范园区。

【载体建设】江宁开发区在载体建设方面呈现出不同的特色。

空港枢纽经济区（江宁）——2015年，实现地区生产总值48亿元，同比增长9.1%；规模以上工业总产值100亿元，同比增长12.4%；财政收入7.97亿元，同比增长27.9%；公共财政预算收入3.59亿元，同比增长41%。引进产业项目14个，总投资逾200亿元，包括中航工业机电研究院等航空类项目7个，软通众创等电商类项目5个，依柯卡特总部等关联类项目2个。推动14个项目开工建设，开工面积达到30万平方米，重点产业项目完成固定资产投入15亿元。

江苏软件园——2015年，实现软件业务收入660亿元，服务外包执行额27.5亿美元，离岸执行额9.55亿美元，同比分别增长2.2%、20.6%和27.3%；新引进中航机电、华威、诚达、物开网络等项目143个；科技转化中心项目入驻率达80%，集聚软件从业人员3 000余人；牵头草拟国家电子合同标准体系1项；荣获“2015年度中国金软件金服务方案商最信赖的产业园区”“2015年度中国软件和信息服务领军产业园区”和“2015年度软件和信息技术服务业骨干软件园区”等荣誉称号。

中国无线谷（未来网络谷）——2015年，中国无线谷（未来网络谷）以创新成果产业化为目标，大力推进高端产业项目的培育引进。核心技术研发方面，新增未来网络研究院与华为等6个联合研究中心，实施产学研合作项目10个；共申请专利90项，其中发明专利50项，专利授权15项；新增常驻研发人员1 000人，“千人计划”创业类人才4名，其中自主培育“千人计划”创业类人才1名。高科技企业集聚方面，国家重大科技基础设施——未来网络试验设施项目落户，新增大唐电子、隼眼科技等科技型企业52家，其中2家企业获批高新技术企业，8家企业获批民营科技企业，基本形成包括芯片设计、设备制造、软件开发、服务应用等产业链各环节的高端产业项目群。核心技术成果产业化体系健全方面，完成电磁兼容暗室、芯片检测中心、通信产品环境试验等5个专业公共技术服务平台建设，全年为50多家企业提供300多次专业服务；微波传输设备、无人驾驶汽车系统等8个具有自主知识产权国际领先的核心技术成果实现就地产业化，其中3个项目获得省重大科技成果转化项目扶持。健全科技金融服务体系方面，新增阿里巴巴、欧菲光、好帮手等5个金融投资战略合作伙伴，为米乐为微电子、隼眼科技等10家企业提供融资、上市辅导等全方位金融服务。

九龙湖国际企业总部园——2015年，九龙湖国际企业总部园狠抓载体招商和企业服务，全力推进载体运营，全年实现业务收入22亿元，公共财政预算收入2 040万元，经营性房产租金收入3 009万元；引进迪盛四联新能源投资公司总部、积成电子研发总部、世界500强美国思杰研发中心、淘宝软件等70多个项目，到位外资1 010.6万美元。

南京综合保税区（江宁）——2015年，南京综合保税区（江宁）片区实现进口12.6亿美元，同比增长1.1%；出口32亿美元，同比增长16.6%；进出口总额44.6亿美元，同比增长11.8%。吉宝通讯苹果基地改建完成并投入生产运行，香港联亚会展项目进入规划设计筹备开工阶段。南京国际商品博览中心开业运营，引进了40多家外贸企业落户，是江苏省内综合保税区最大的保税展示交易中心。

谷里重点产业园——2015年，园区完成工业产值14.9亿元，同比增长48.9%；销售收入14.2亿元，同比增长41.7%；入库税收4 021.2万元，同比增长7.1%；全社会固定资产投资2.3亿元，其中工业投资2亿元，同比分别增长15%和33.3%；引进亿元重点项目6个，同比增长100%；新增规模以上企业3家，同比增长200%。

宁淮工业园——2015年，园区累计实现工业增加值约39亿元，工业产品销售收入171亿元，公共财政预算收入3.87亿元，各项指标增速超过30%。新引进项目22个，总投资75亿元，其中产业转移项目8个。园区投入2.35亿元进行基础设施建设，新增绿化面积7 500平方米，新铺设电网3.5公里，安装路灯400盏，长江东路、淮河路升级改造加快推进。

【机构设置与管委会领导】根据南京市批准的江宁开发区“三定”方案规定，江宁开发区下设12个内部机构；戴华杰同志任开发区工委副书记、管委会常务副主任，负责开发区的全面工作。

2014—2015年江宁经济技术开发区主要经济综合指标一览表

项目		单位	2015年	2014年	增减（%）
开发区生产总值		亿元	958.77	878.02	9.20
第二产业		亿元	681.18	630.77	7.99
工业		亿元	619.79	569.37	8.85
第三产业		亿元	277.59	247.25	12.27
工业总产值（现价）		亿元	2 701.35	2 568.72	5.16
高新技术企业		亿元	1 014.19	958.59	5.80
销售(营业)收入(以“四上”企业主营业务收入代替)		亿元	3 080.89	2 902.16	6.16
第二产业		亿元	2 822.39	2 631.41	7.26
工业		亿元	2 303.74	2 136.68	7.82
第三产业		亿元	598.19	593.98	0.70
利润总额		亿元	344.08	340.62	1.02
第二产业		亿元	285.01	287.90	-1.00
工业		亿元	271.05	273.53	-0.91
区内主导产业及产值					
主导产业	1. 汽车制造业	亿元	1 250.75	1 240	0.86
	2. 智能电网业	亿元	725	580	25
	3. 通信设备、计算机及其他电子设备制造业	亿元	497.74	440	13
进出口总额		亿美元	98.90	94.10	5.10
出口		亿美元	63.86	54.20	17.82
财政收入		亿元	282.74	260.44	8.56
税收收入		亿元	273.70	244.46	11.96
新批企业数量		家	197	211	-6.64
外商及港澳台企业		家	37	56	-33.93
内资企业		家	160	155	3.23

续表

项目		单位	2015 年	2014 年	增减（%）
新批企业投资额	外商及港澳台企业	亿美元	6.60	8.40	−21.40
	内资企业	亿元	31	30	3.33
	增资企业	亿美元	9.10	3.50	160.00
规模以上企业数量		家	723	722	0.14
合同外资金额		亿美元	15.13	10.52	43.76
外商实际投资		亿美元	5.57	5.61	−0.65
固定资产投资		亿元	417.50	415.67	0.44
年末从业人员		万人	20.56	18.68	10.09
万元 GDP 能耗		吨标煤 / 万元	0.096 5	0.096 9	−0.000 4
水资源消耗总量		万立方米	7 522	7 098	5.97
单位国内生产总值取水量		立方米 / 万元	7.85	8.08	−2.85

（江宁经济技术开发区管委会）

杭州余杭经济技术开发区

【经济发展】2015年，杭州余杭经济技术开发区（以下简称“余杭开发区”）实现地区生产总值511亿元，同比增长5.8%，约占余杭区的41.4%。其中，第二产业增加值320亿元，同比增长5.3%，约占余杭区的70.3%；第三产业增加值169亿元，同比增长7.5%，约占余杭区的23.1%。2015年，开发区实现财政收入120亿元，税收收入98亿元，同比分别增长16.5%和22.5%；开发区企业实现营业收入1 803亿元，同比增长5.5%；完成进出口总额40亿美元，同比下降4.5%，约占余杭区的74.5%；完成固定资产投资315亿元，同比增长15.0%，约占余杭区的37.9%。

【产业发展】2015年，余杭开发区围绕打造具有国际竞争力和余杭特色的现代产业体系，积极实施工业强区战略，按照“4+1”产业发展规划，基本形成以装备智造、医药健康、新能源新材料、电子电气及家纺布艺为主的产业体系，引进了诺华、葛兰素史克、日立、奥的斯、三菱、霍尼韦尔等10余家世界500强企业，以及老板电器、贝达药业、长江汽车、运达风电、西奥电梯、春风动力、诺贝尔等一批行业领军企业。拥有上市企业6家，“新三板”挂牌企业7家。

2015年，余杭开发区实现工业总产值1 404亿元。其中，高新技术企业实现产值409亿元。实现工业增加值293亿元。以通用设备制造业、非金属矿物制品业和纺织业为主的三大主导产业实现工业总产值788亿元，占全区规模以上工业总产值的82.8%。其中，通用设备制造业实现工业总产值361亿元，非金属矿物制品业实现工业总产值246亿元，纺织业实现工业总产值180亿元。企业实现利润总额83亿元，同比增长26.0%，第三产业增势迅猛，实现利润总额20亿元，同比增长45.9%。

【园区特色】2015年8月，经杭州市政府决定，杭州余杭经济技术开发区与邻近园区实施整合提升，为市委、市政府派出机构，机构级别与市委、市政府工作部门相同，由市委、市政府委托余杭区委、区政府管理。

狠抓“一号工程”的推进。紧紧抓住杭州市大力实施“一号工程”、推进“国家自主创新示范区”建设的机遇，编制并实施余杭开发区两化深度融合实施方案，全年新增“机器换人”项目25个，目前已完成22个，累计项目数达107个，累计完成投资7.1亿元。老板电器和民生药业2家开展工信部两化深度融合贯标试点工作，贝因美列入省两化深度融合计划项目，4个项目列入省级智能制造专项计划，6家市级工业企业信息化应用示范企业和试点企业，12个项目申报市级智能制造示范试点。

推进特色小镇建设。抢抓杭州市“两区三城九镇三谷”建设的机遇，根据开发区资源禀赋，加快推进智能能源小镇和传感小镇两个特色小镇建设。智能能源小镇规划面积3平方公里，打造以新能源汽车整车及核心零部件、发电工程核心部件、动力储能系统为核心的特色小镇，以长江汽车为龙头，带动五龙电动车核心零部件、中聚电池等产业链项目，推进新能源产品的生产、销售、服务、展示博览及文化旅游。传感小镇规划面积4.55平方公里，重点发展基于MEMS的新一代智能传感器产业。完成《杭州国际传感谷建设规划（2015—2020）》编制，举办2015中国（杭州）国际传感技术高峰论坛暨首届浙江物联网传感技术创新大赛，加快推进省传感器和微系统工程技术研究中心筹建工作，已有中国数码港等14个产业项目入驻。

【科技创新】科技创新及人才工作。开发区整合提升后，借势“大众创业、万众创新”新浪潮，全力推动科技创新驱动发展，积极打造经济发展“新引擎”。截至2015年，引进、培育国家“千人计划”人才10名，省“千人计划”人才2名，国务院特殊津贴获得者1名。培育国家重点支持领域高新技术企业67家；省级以上研发、技术中心38家，其中国家级技术研发中心3家；培育运达风电、中为光电等重点企业研究院3家，省级企业研究院13家；拥有东华链条、贝达药业等博士后工作站9家，院士工作站6家；拥有各类授权专利4 399件，其中发明专利737件，占比达16.8%；2015年度实现规模高新技术产业产值302.1亿元，同比增长2.3%，R&D投入12.1亿元。

孵化器建设。余杭开发区有各类科创园区18家，总面积约120万平方米，其中已投入运营的有13家，面积约为90万平方米，正在建设或已建成拟创办的有5家，面积约为30万平方米。从功能定位看，开发区科创园区有创业苗圃、孵化器、加速器和产业园四大类型，实现了完整的创业创新空间链条。从产业类型看，开发区有生物医药、电子商务、节能环保、家纺布艺等领域的专业性孵化器，也有综合性科创园区，现有国家级孵化器1家（共三期），市级孵化器2家，余杭区级科创园8家。

【投资促进】2015年，余杭开发区新批外商投资项目8个，同比增长33.3%，占余杭区的15%；项目投资总额4 331万美元，占余杭区的2.2%；合同外资2 075万美元，占余杭区的2.25%；增资项目5个，同比增长25%，占余杭区的27.8%；实到外资37 457万美元，同比增长21%，占余杭区的30.57%。新批内资企业（新增用地项目）13个，总投资51.3亿元，注册资本7.94亿元。

【生态环保】主要污染物排放。2015年，余杭开发区完成初始排污权分配和有偿使用工作，涉及总量交易企业64家，已交易总量为COD438.31吨、NH3-N26.45吨、SO2413.51吨、NOx647.66吨。

循环化改造情况。余杭开发区高度重视园区循环化改造工作，根据杭州市的统一部署，2014年3月正式启动园区循环化改造实施方案编制工作，2014年11月完成方案编制。2014年、2015年分别参加了由杭州市发改委和浙江省发改委组织的园区循环化改造实施方案评审会，余杭开发区已列入市级循环化改造示范试点园区。两区合并后，计划对循环化改造方案进行调整并参加2016年评审。

污染整治新机制。2015年，完成开发区33台10蒸吨以下高污染燃料锅炉淘汰改造和7台发热反射炉淘汰工作，淘汰煤、柴、重油等高污染燃料，改用成型生物质颗粒、天然气等清洁能源或由热电企业集中供热。

节能技改项目情况。杭州桑尼能源科技有限公司30兆瓦用户侧并网光伏示范电站项目总投资25 000万元，年发电量约3 000万度，运行周期为25年，可累计发电75 000万度；杭州诺邦无纺股份有限公司于2014年年底实施污水回用处理工程，项目主要采用超滤和反渗透技术工艺，新增国内先进的超滤处理系统、RO膜反渗透系统等设备。项目建成运行后，生产用水实现60%回用，年节约用水近80万吨，极大地降低了生产成本，减少了污水排放量；浙江华鼎集团有限责任公司年循环利用废旧纺织品6万吨项目成为纺织行业资源再生利用重大示范项目。

【机构设置】杭州余杭经济技术开发区党工委、管委会代表市委、市政府对开发区统一履行经济、社会、文化、生态文明建设和党的建设等各项管理职能，并受余杭区委、区政府委托管理东湖街道。管委会内设8个职能机构（党政办公室、党群工作部、财政局、产业发展局、产业招商局、规划建设局、创业创新局、产业监管局)、3个事业单位(综合服务中心、产业服务中心、杭州市城市管理行政执法支队开发区大队),并委托管理东湖街道。

【管委会领导】杭州余杭经济技术开发区管委会领导成员为:党工委书记、管委会主任沈昱;党工委副书记、管委会副主任陈金生;党工委委员、管委会副主任金海平、曹佃杭、陈叶根、姚文华;党工委委员、杭州市纪委派驻纪检组组长方新增。

2014—2015年余杭经济技术开发区主要经济综合指标一览表

项目		单位	2015年	2014年	增减(%)
地区生产总值		亿元	511	476	5.8
第二产业		亿元	320	316	5.3
工业		亿元	293	291	5.3
第三产业		亿元	169	142	7.5
工业总产值(现价)		亿元	1 404	1 436	−2.2
高新技术企业		亿元	409	406	0.8
销售(营业)收入		亿元	1 803	1 709	5.5
第二产业		亿元	1 105	1 043	5.9
工业		亿元	981	918	6.8
第三产业		亿元	698	666	4.7
利润总额		亿元	83	66	26.0
第二产业		亿元	63	52	20.7
工业		亿元	60	48	23.2
区内主导产业及产值					
主导产业	1. 通用设备制造业	亿元	361	378	−4.3
	2. 非金属矿物制品业	亿元	246	268	−7.9
	3. 纺织业	亿元	180	203	−11.5
第三产业		亿元	20	14	45.9
进出口总额		亿美元	40	41	−4.5
出口总额		亿美元	36	38	−4.9
财政收入		亿元	112	96	16.5
税收收入		亿元	98	80	22.5
新批企业数量		家	12 410	10 325	20.2
外商及港澳台企业		家	521	505	3.2
内资企业		家	11 889	9 820	21.1
新批外商及港澳台企业投资额		亿美元	8	8	1.7
新批内资企业投资额		亿元	52	57	−8.8
新批增资企业投资额		亿美元	1	0	—
规模以上企业数量		家	1 256	1119	12.2
合同外资金额		亿美元	4	4	1.1
实际利用外资金额		亿美元	5.64	5	9.1
固定资产投资		亿元	315	274	15.0
年末从业人员		万人	21	21	−0.5
万元GDP能耗		吨标煤/万元	0.26	0.29	−9.6
水资源消耗总量		万立方米	2 325	2 398	−3.0
单位国内生产总值取水量		立方米/万元	4.55	5.04	−9.7

(杭州余杭经济技术开发区管委会)

晋中经济技术开发区

【经济发展】2015年，晋中经济技术开发区（以下简称“晋中开发区”）主要经济指标完成情况为：地区生产总值43.87亿元，同比增长14%，是2010年的2.67倍，年均增长21.69%；工业增加值21.5亿元，同比增长10%，是2010年的2.78倍，年均增长22.67%；财政总收入18.16亿元，同比增长9.8%，是2010年的3.62倍，年均增长29.37%；固定资产投资57.5亿元，同比增长16.3%，是2010年的2.39倍，年均增长19.08%；进出口总额2 607万美元，同比增长24.2%，是2010年的2.96倍，年均增长24.24%。

【主导产业】截至2015年年底，晋中开发区入驻企业达到2 535家，其中，规模以上工业企业33家，限额以上商贸流通企业48家，世界500强投资企业14家，初步形成了“4+1”产业发展框架，即医药食品加工业、装备制造业、电子信息产业、节能环保产业及现代物流产业。2015年，33家规模以上工业企业累计完成工业总产值41.64亿元，同比增长6.46%；实现规模以上工业增加值13.5亿元，同比增长8.26%；医药、纺机、改装车、食品四大主导行业实现产值22.85亿元。

【产业转型】2015年，晋中开发区以4个园区为平台，积极培育适合企业集聚发展的产业生态，有针对性地招商引资和扶持项目建设，并带动城中村改造。创新型产业园：从西向东由山西省科技创新城、民营科技园、晋中科技产业园三个板块组成。山西省科技创新城已于2015年7月进入全面开工建设阶段，太钢集团、潞安集团等4个项目已开工建设，2015年完成投资1.56亿元；综合通道和退水工程已完工，完成投资3.72亿元。民营科技园中海归创业中心、国际能源晋中科技产业基地、鑫发城市创业广场等项目开工建设，2015年完成投资9.8亿元。晋中科技产业园2015年引进杉杉天美奥特莱斯、山西产业研究院、卫星导航信息技术应用3个项目，汇丰街、王河路两条园区主干道已开工建设。装备制造产业园新引进的10个项目已开工，计划总投资15亿元，2015年完成投资4.6亿元，其中，山西普丽环境工程股份有限公司投资项目实现了当年开工建成、当年投产。物流产业园新引进世界500强中国平安、中国500强苏宁、国际物流品牌企业普洛斯物流项目、太原地区铁路货运中心等，总投资约50亿元，其中太原地区铁路货运中心项目已开工建设。综合服务园中的田森汇商业综合体、万豪新天地商业综合体计划投资共25亿元，2015年完成投资6亿元。晋中开发区人民医院、保障房主体和内外装修基本完成，龙田城中村改造工程18栋住宅楼和9栋商业楼已建成，累计完成投资21亿元。

【科技创新】晋中开发区科技创新发挥了第一生产力效应。2015年新认定高新技术企业7家，累计达22家，占晋中市的40%，占区内规模以上企业的45.5%，产值达42.1亿元，占工业总产值的56.5%；区内现有创新型企业6家，企业设立研发中心21个，博士后流动站实训基地1个。开发区支持专利发明，注重技术成果转化，2015年企业申报山西省、晋中市、榆次区各类科技项目61项，共申报115件专利，有效发明专利拥有量36件，同比增加11件。加快科技孵化器建设。截至2015年年底，共建成10个孵化基地，孵化面积9万平方米，2015年3月被山西省中小企业局认定为省级中小企业创业基地，2015年9月被山西省科技厅认定为省级科技孵化器。共引进孵化企业112家，2015年企业营业收入2.8亿元。

【招商引资】2015年，晋中开发区共引进项目11个，总投资156亿元。代表性的项目有：世界500强中国平安物流与苏宁、普洛斯物流项目，总投资达40亿元，占地面积66.6公顷；杉杉天美奥特莱斯购物广场项目，总投资约10亿元，占地14公顷，致力于打造山西省内规模最大、档次最高的纯血统奥莱项目，已于2015年12月开工建设；还有中科晶电蓝宝石晶体生产基地等。

【重点项目】2015年，晋中开发区按照“六位一体”项目推进“提质增效”实现目标。一是完成储备项目13项，总投资563亿元。二是签约项目11项，总投资156亿元。三是落地项目49项，总投资78.96亿元。四是新开工项目17项，总投资66.42亿元。五是2015年度列入晋中市考核重点工程（项目）共4类43项，计划总投资224.67亿元，全年计划投资48亿元。截至12月底，开工项目43个，共计完成投资48.58亿元，投资完成率为101.21%。其中，省级重点工程完成投资3.8亿元，为年度目标任务3.2亿元的118.75%。六是新投产项目40个，总投资46.2亿元。

【投资环境】2015年，晋中开发区实施的道路工程建设项目共23个，完成投资3.6亿元。代表工程有综合通道道路工程项目，为晋中开发区内省科技创新城主干道，计划总投资6.3亿元，截至12月底，完成投资2.04亿元。4个产业园区实现了“七通一平”。晋中自来水公司设立了开发区服务中心，晋中供电公司、太原煤气集团、晋中天然气公司、晋中洁源天然气公司对区内供电、天然气、煤气设施建设实现了无缝对接，优先服务。区内共有集中供热5处，实现区域全覆盖。

政务服务大厅全部采取串并联模式进行审批与服务，并配备了行政审批电子监察系统，对到期件和超时件进行提醒、预警。2015年，全年接待受理行政许可事项3 960件，接待非行政许可事项268件，并全部办结。

至2015年年底，晋中开发区共有金融机构67家，担保公司8家。晋中开发区中小企业担保公司2015年办理担保业务64笔，担保金额达7亿元，累计扶持企业103家，有效支持了重点企业的建设与发展。

【环境保护】2015年，晋中开发区6项主要污染物减排全部完成晋中市政府下达的目标任务。全区大力开展大气污染防治工作，完成山西基因印刷服务有限公司的VOCs治理，改造完成区内26家33台63.5吨燃煤锅炉综合整治工作。开展机动车污染防治工作，区内有机动车尾气环保检测线3家，分别为晋中榆次通泰机动车检测有限公司、晋中天平机动车检测有限公司和山西杰晨机动车检测有限公司，3家检测公司全部正常运行。

【社会事业】晋中开发区社会公共事业快速发展。市政工程、基础设施工程、民生工程投资创历史新高，省科技创新城、市科技产业园、使赵、东营产城板块基本实现“七通一平”；公共卫生服务水平得到提高。17个农村、3万多农村居民的新农合实现了应保尽保，财政补助标准提高到每年每人380元，2015年零差价销售基本药物138万元，财政补助69万元，补助各村医务人员每人每月400元以上；教育投资不断加大。对实验小学、使赵幼儿园、实验中学存在安全隐患的建筑设施进行升级改造；实验中学餐厅重建工程如期完成并正式启用；“三农”工作稳步推进。重点推进农业服务，促进强农惠农政策落实，对15个村为民办实事专项财政补贴300万元；对3家农产品加工龙头企业财政专项扶持300万元，2015年区内农民人均收入1.7万元。

【管理与服务】全面推进“六权治本”。一是构建制度体系。出台《推进“六权治本”实施方案》《重大行政决策制度》等。二是依法确定权力。2015年，晋中市政府及22个市直单位委托晋中开发区管委会及11个部门行使行政权力1 177项，工商分局等9个市直单位派驻开发区机构行使行政权力事项2 021项，确定行政权力事项共计3 198项。三是制定权力运行流程。对确定的权力事项从实施主体、法律依据等逐项予以明确，形成了承办人具体办理、单位分管副职直接负责、单位一把手全面负责、纪检书记（组长）或纪检联络人负责监管的权力运行机制。四是落实法律顾问全覆盖。管委会和22个部门、17个村全部配备法律顾问，共聘请律师40名，实现了全覆盖。

工作机制改革创新更贴近市场。“三证合一、一照一码”全面推行，涉及的工商、质监、地税、国税等部门已经按要求完成互联互通，信息共享，其他单位通过电子政务外网实现了网络连通。招商准入、审批联审、落地征拆、要素储备及配置、财政金融帮扶工作机制不断完善。尤其是完善了项目签约、审批、进地开工、建设“四位一体”机制，2015年累计进地约447公顷，确保省科技创新城、太铁物流、城际铁路2号线等省市重点工程及区内30余个项目开工建设。

开放型格局逐步形成。山西省科技创新城建设在晋中开发区内，实现了从计划到实施的跨越；晋中市108示范区科技产业园借力示范区上升为省级战略，由晋中市政府组织实施。借助这两个机遇，晋中开发区对外开放发展的开放性与外向度更加显现：晋中普洛斯仓储设施有限公司为外商独资企业；山西鸿基科技股份有限公司同德国公司合作，引进先进的技术设备；山西普丽环境工程股份有限公司与韩国公司开展合作。

【机构设置与党政领导】晋中经济技术开发区设党工办、管委办、经济发展局、住建局、财政局、人事劳动局、农业综合发展局、招商局、社区管理处9个职能机构。2012年，经晋中市编办批准，设立了安监局。山西省国土资源厅和晋中市工商局、国税局、地税局、公安局、质监局、食品药品监督管理局、物价局在晋中开发区派设分局，行使部门职能，接受双重领导和管理。

晋中经济技术开发区党工委、管委会领导成员为：党工委书记赵春雷；党工委副书记、管委会主任温毓诚；党工委副书记贾慧生；党工委委员、管委会副主任张林涛、张仲生、梁灵；党工委委员、纪工委书记张曲波；党工委委员、正处级调研员张治礼；党工委委员曹益民；党工委委员、党工办主任任钦；党工委委员、经济发展局局长崔雪波。

2014—2015年晋中经济技术开发区主要经济综合指标一览表

项目	单位	2015年	2014年	增减（%）
开发区生产总值	亿元	43.87	38.48	14.01
第二产业	亿元	25.69	22.53	14.03
工业	亿元	21.50	19.56	9.92
第三产业	亿元	17.64	15.50	13.81
工业总产值（现价）	亿元	74.48	68.50	8.73
高新技术企业	亿元	42.11	14.68	186.85
销售（营业）收入	亿元	390.28	356.12	9.59
工业	亿元	33.20	30.30	9.57
利润总额	亿元	27.92	25.00	11.68
工业	亿元	2.93	1.93	51.81

续表

项目		单位	2015 年	2014 年	增减（%）
区内主导产业及产值					
主导产业	1．食品加工业	亿元	2.96	3.25	−8.92
	2．医药制造业	亿元	11.51	10.39	10.78
	3．纺机制造业	亿元	3.87	5.17	−25.15
	4．汽车制造业	亿元	4.50	3.99	12.78
进出口总额		亿美元	0.26	0.21	23.81
出口		亿美元	0.25	0.20	25.00
财政收入		亿元	18.16	16.55	9.73
税收收入		亿元	16.93	15.41	9.86
财政支出		亿元	15.50	13.04	18.87
新批企业数量		家	568	474	19.83
外商及港澳台企业		家	3	2	50.00
内资企业		家	580	541	7.21
新批企业投资额	内资企业	亿元	30.28	21.25	42.49
合同外资金额		亿美元	129.00	108.00	19.44
外商实际投资		亿美元	0.21	0.016	1 212.50
固定资产投资		亿元	0.31	0.24	29.17
年末从业人员		万人	57.50	49.45	16.28
万元 GDP 能耗		吨标煤／万元	1.36	1.22	11.48

（晋中经济技术开发区管委会）

靖江经济技术开发区

【经济发展】2015年，靖江经济技术开发区（以下简称“靖江开发区”）实现地区生产总值562.02亿元，同比增长11.91%。其中，第二产业完成产值323.1亿元，同比增长9.2%；第三产业完成产值234.91亿元，同比增长12.9%。第二、第三产业的比例为57.49∶41.8。一般预算收入33.01亿元（见图1）。

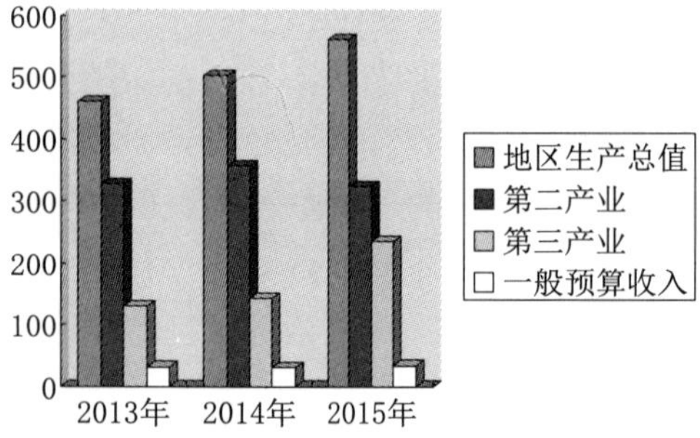

图1

【工业产业发展】2015年，靖江开发区全年实现工业增加值306.74亿元；工业总产值1 689.3亿元，同比增长10.01 %。其中，规模以上工业总产值1 456.85亿元，增长10.03%。在规模以上工业中，外商及港澳台企业工业总产值753.05亿元，增长9.99%。

【园区特色】面对新旧动能转换的挑战，靖江开发区转型升级步伐有力。建成中科院理化所产业园一期和先进焊接技术应用中心，有序推进怀德学院二期工程建设，科技人才支撑转型升级能力进一步提升；上市挂牌企业增至6家，其中，万林股份成为泰州服务业主板“第一股”；国际公认的船舶界权威认证机构——英国劳氏船级社正式进驻，填补了靖江市船舶产业业态空白，大大提高了靖江船舶产业的含金量。

【产业规划】随着“一带一路”、长江经济带、江苏深化新一轮沿海沿江开发、支持苏中崛起等宏观战略的叠加辐射，以及盐泰锡常宜铁路和北沿江高铁、长江南京以下−12.5米深水航道工程的启动建设，开发区为整合优质资源、承接产业转移提供了千载难逢的机遇。全区各功能板块“十三五”期间发展的重点都已明确：开发区本部发展以高技术船舶及海工装备为代表的沿江重装制造业，以新材料、新能源、大健康、电子信息为代表的战略性新兴产业，以科教产业园为依托的科教型服务业，以跨境电商为典型业态的现代物流业。城南园区重点发展以汽车配件、工程机械、环保设备为代表的先进制造业，研究产业发展方向，主动对接全球技术制高点，向高品质和价值链高端延伸。城北园区重点按照打造“靖江高新区”的目标和标准，推动产学研深度融合，发展高新技术产业；培育和招商引进空调、节能产业龙头型企业，带动区内企业升级成链。新桥园区着力培育、招大引强，重点发展以核电装备、石化装备、冶金装备为代表的先进装备制造业，主动与行业巨头对接招商引进。

【招商引资】2015年，靖江开发区按照“抓紧、抓实、抓大”的工作导向，根据招商活动计划，“走出去、请进来”双向互动，大力度、高频度、快节奏地开展一系列专题招商活动，累计接待、拜访境内外客商106批次，近500人，先后多次赴京津沪、深港台等地开展定向招商，密集拜访央企、行业龙头企业、知名企业集团，推动重大项目加速落地。开发区本部区域完成签约亿元以上项目 24 个，其中，10 亿元以上项目 5 个；城南园区签约亿元以上项目 16 个，其中，10 亿元以上项目 2 个；城北园区签约亿元以上项目 16 个，其中，10 亿元以上项目 2 个；新桥园区签约亿元以上项目 14 个，其中，10 亿元以上项目 1 个；各园区重大项目开工数完成市交目标。同时，注重招商项目的质量和结构要求，全区完成招商引资千万美元以上的外资项目 14 个。

【科技创新】2015 年，靖江开发区高新技术企业产值 469.14 亿元，同比增长 47.84%，新认定高新技术产品 32 项，新认定三部委高新技术企业 11 家，省级高新技术企业 12 家，民营科技企业 20 家；新建市级以上工程技术研究中心 4 家，实施产学研合作项目 30 项；授权专利 977 件，万人发明专利拥有量达到 7 件。新增乐科热力和恒力制动器 2 家研究生工作站，新设立恒义汽配、卓然公司、金秋竹集团 3 个江苏省博士后创新实践基地，双鱼食品被列入国家星火计划。

【基础设施建设】靖江开发区计划总投资 18.88 亿元，目前累计已投入 14 亿元。其中，在建市政项目 19 个，土建项目 12 个，安置房 8 503 套，绿化项目 51 万平方米，自建项目 6 个均已开工建设。城南园区七圩港西侧、城北园区纬八路、纬二路等 5 个项目，新港城东荷路、兴阜路等 5 个项目全部完成，合桥路、新圣路、万顷良田工程等正加紧实施。城南花苑南区二阶段安置房项目、联泰路、联友路即将进场施工。城北园区渔婆北路、富前路、十圩港东路、十圩港西路、新建北路 5 条道路工程将于年底全部竣工。

【人才建设】靖江开发区注重人才的引进和利用。一是了解人才需求。针对现有高层次人才住房需求存在较大缺口的现状，开发区专门部署建设人才公寓，以满足沿江企业各类人才的住房需求；另外，通过发放调查问卷、上门座谈等形式，对新世纪造船等多家船企的人才现状进行摸底调查，建立船舶行业人才信息库，了解紧缺人才类型，力求第一时间掌握为企业服务的重点。二是出台人才政策。根据人才工作现状，出台《靖江经济技术开发区人才奖励实施意见》和《靖江经济开发区人才发展资金使用管理办法（试行）》，为上海斐讯(靖江)大数据产业园项目早日落地开工提供助力。三是明确招引方向。电镀行业是支撑开发区造船、机电、汽配等主导产业发展的重要行业，目前，泰州首个电镀集中区项目进入试运行阶段，吸引了 27 家企业入驻，著名央企也在加紧接洽中。面对日益壮大的企业集群，电镀行业人才需求也越来越大，成为今后人才招引的重点方向。四是促进人才集聚。深入推进引才载体建设，区内上骐集团与江苏大学合作设立“江苏大学民主党派企业科技服务工作站”，开展技术开发、技术服务、技术咨询等。同时，加强高层次人才在培训和引进、业务学习、互访交流等方面的合作；另外，协助区内南山冶金等多家企业申报江苏省“双创计划”和泰州市“双创计划”，以便更好地用好人才、留住人才。

【社会事业】靖江开发区已完成总部区域供热管道、东部疏港堤岸和公路间的分带绿化、新港西部污水主干管网施工，新港东部污水主干管网、污水处理西厂外围绿化进入施工招标阶段。城南园区第四人民医院院外配套工程全部结束。新桥城润新业务楼、润新公寓、邻里中心、污水处理厂、实验学校、市民休闲广场等城市功能项目已建成启用。全区道路维护管养 176 千米，绿化 169 万平方米，路灯 8 241 盏，建设燃气管道 23 千米。民生工程同步推进。新开工安置房建设项目 2 个，续建安置房工程项目 8 个，开展免费职业技能培训 6 800 人次，新增就业 4 300 人。

【党建工作】靖江开发区注重党建工作。一是抓学习，强素质，加强机关干部队伍建设。结合经济发展的需要，设定招商引资、新常态下的经济形势、网络舆情应对、依法治国等多项课题，每年聘请省委党校、浙江大学等高校教授来开发区授课。结合强化理论的需要，在每月机关集体学习日中，针对最新政策由各党小组备课后依次宣讲、互相交流，有效提升了政策解读能力。结合工作的实际需要，有针对性地加强招商实务、公文写作、财税政策等实用知识的学习，增强了开发建设队伍“会学、会思、会写、会说、会干”的基本功。二是夯基础，重实干，创新青年干部培养路径。在市委组织部的支持下，选配挂职招商人员，组建招商工作队，壮大开发区招商团队的力量；对期满的聘用制公务员，根据工作实绩择优续用，并帮助落实编制，进一步激发他们干事创业的热情。三是定目标，提效能，建立公开透明的绩效考核机制。紧紧围绕“1+N”绩效考核体系，抓好日常行为规范，以“个人目标任务书”和“开发区全员绩效考核办法”为核心，构建“人人有岗位争先目标、科科有创新达标项目、项项工作有全面执行方案”的“三有”体系，着力细化、量化岗位目标，更加注重考评结果的综合运用，做到奖优罚劣、奖勤罚懒，进一步激发了机关干群的工作热情。

（靖江经济技术开发区管委会）

吉林经济技术开发区

【经济发展】2015年，吉林经济技术开发区（以下简称“吉林开发区”）完成地区生产总值117.6亿元，同比增长11.6%；规模工业总产值393.4亿元，同比增长8.3%；规模工业增加值90.5亿元，同比增长13.2%；全社会固定资产投资249.6亿元，同比增长12.4%；社会消费品零售总额5.4亿元，同比增长9.0%；全口径财政收入9.5亿元。

【投资促进】2015年，吉林开发区坚持把招商引资作为扩大投资、推进发展的根本动力，强化领导招商、专业招商、驻点招商和捆绑招商等有效方式，全力引进投资额度大、科技含量高、税收贡献大的大项目和产业配套项目，努力壮大既有产业集群，加快培育新兴产业集群。抓住“民企吉林行”“中民投进吉林”“央企进吉林”“第十届东北亚博览会”和“第24届金鸡百花电影节”等大型活动，积极开展“走出去、请进来”等专项招商活动百余次，重点促进陕西乐华恒业集团投资50亿元的乐华生态新城项目、中国恒天集团公司投资15亿元的年产10万吨聚乳酸项目、江苏宝利国际投资股份有限公司投资9.4亿元的吉林航空产业园项目和湖南山河科技有限公司投资10亿元的通用航空吉林基地等亿元以上重点项目178个。完成招商引资到位资金120.75亿元，外资完成10 200万美元；新开工3 000万元以上项目42个。

【产业发展】2015年，吉林开发区精细化工产业企业发展到48家，其中，规模以上企业达到25家，化学品综合产能超过300万吨。精细化工产业完成产值213.8亿元，占规模工业产值的60.1%，拉动规模工业增长6.3个百分点。生物产业骨干企业发展到7家，综合产能达到85万吨，实现产值69.1亿元，增幅为7.3%。新材料产业骨干企业发展到6家，碳纤维原丝生产能力达到5 000吨、碳化能力680吨。化纤腈纶、粘胶长丝等传统产品量价齐增。吉林碳谷碳纤维有限公司碳纤维原丝成功打入俄罗斯市场，吉林方大江城碳纤维有限公司100套碳纤维摄像机摇臂正式供货，新材料产业实现产值14.9亿元，同比增长15.8 %，高出规模工业增幅3.8个百分点。医药产业骨干企业发展到5家，综合产能达到3万吨。维生素E产能扩大到1万吨，现居世界第3位，产量同比增加1 000吨。现代服务业发展势头强劲，吉林省唯一的B型保税物流园区——吉林保税物流中心、双吉火车站综合交通枢纽中心、联想吉林内陆港等现代服务业龙头项目开工建设，全部建成后将形成集航空、铁路、公路、水路多式联运的立体网络，年货运周转量可达30万标箱。

【科技创新】吉林开发区以增强企业自主创新能力为核心，加速创新资源集聚，加快创新型企业培育，加强创新载体建设，加大创新服务力度，科技创新能力不断提升。2015年实现战略性新兴产业产值210.18亿元，同比增长13.8%。培育省创新型科技企业2家、市战略性新兴产业企业7家、市科技“小巨人”企业24家。新认定省级科技企业孵化器1家，新建省级精细化工中试中心1家，申报市级企业技术创新中心3家。2015年获得专利受理、授权41项，促成产学研合作、成果转化项目21项。组织各类培训、辅导、交流活动29次。

【民生改善】吉林开发区深入践行“构筑

大和谐，促进大发展”的理念，强化宗旨意识，密切联系和服务群众，加强民生事业投入，落实民生实事，促进社会和谐稳定。2015年共投入资金8 988万元，实施困难救助、创业就业、教育卫生、公共服务等惠民工程60项。教育助学实现“四免一补”全覆盖；校园校车卫星定位监控平台和多媒体“班班通”工程全部投入使用；率先在吉林地区农村小学实现触控一体机教学。按照市级示范园标准建设完成吉林开发区第一所公办幼儿园，4家省级标准化村卫生室投入使用，5个村建成超1 000平方米的农村文化广场。

【城市管理】2015年，吉林开发区以完善功能、提升品位为目标，坚持扩面、提质、精养“三管齐下”，持续提高城乡建设管理水平。集中开展冬季清雪、供热保障、环境保洁、绿化美化、市政设施维护工程以及市容管理、物业管理、施工现场管理和散流体运输等专项整治，市政设施完好率达到100%、路灯亮灯率达到98%以上、供热满意率达到98%以上、小区物业管理覆盖面达到100%、市容管理覆盖面达到98%以上。以“喜迎电影节，争创文明城”为契机，加快“美丽乡村”和“和谐社区”建设，累计投入资金260万元，春秋两季开展城乡环境卫生整治，取得良好效果。

【安全生产】2015年，吉林开发区严格落实《安全生产法》和新的《环境保护法》，强化环境风险防控和“四化融合”“三位一体”安全监管防控体系建设，落实安全生产和环境保护责任制。强化非煤矿山、油气管道、危化企业等重点行业、重点领域安全隐患排查治理和日常监管，杜绝重特大事故发生，着力构建“平安经开”。制定出台《吉林经开区构建安全发展长效机制的实施办法》《吉林经开区落实安全生产责任制的若干规定》《吉林经开区党工委管委会安全生产例会制度》，健全安全生产责任体系“五级五覆盖”；有效开展安全生产“春季行动”“夏季攻坚”“秋冬会战”等专项活动；同时，创新开展危险化学品生产企业单元化管理，组织开展“安全生产基础建设年”、第三方安全检查等活动，实现全年安全生产“零事故”。

【机构设置与管委会领导】2015年吉林开发区管委会内设部门为：党工委办公室、纪检监察室、管委会办公室、财政局、国有资产管理局、经济发展局、统计局、经合局（招商办）、投资促进一局、投资促进二局、投资促进三局、投资促进四局、投资促进五局、投资促进六局、投资促进七局、投资促进八局、化工产业规划发展局、科技局、国土资源局、安监局、环保局、建设局、市政公用局、投资服务中心、维稳办（信访局）、开发总公司、城市建设发展公司、城市管理行政执法局、金融服务局、总工会、综治办、政策法规局、人事局。

吉林开发区管委会领导班子成员为：党工委委员、管委会主任郑国学；党工委委员、党工委书记宋杰(2013年9月至2015年4月任职)、胡秉吉（2015年4月任职）；党工委委员、管委会副主任刘慧军（2012年11月至2015年6月任职）、王立宽、郭树明、徐有吉、赵争涛、战铁功、冷伟、盛宝宇（2015年7月任职）；党工委委员、纪工委书记葛春艳。

2014—2015年吉林经济技术开发区主要经济综合指标一览表

项目	单位	2015年	2014年	增长(%)
开发区生产总值	亿元	117.60	105.40	11.6
第二产业	亿元	100.80	89.40	12.8
工业	亿元	97.00	85.70	13.2
第三产业	亿元	15.20	14.40	5.6
工业总产值（现价）	亿元	435.50	385.60	12.9
高新技术企业	亿元	13.90	12.00	15.8

续表

项目		单位	2015 年	2014 年	增长（%）
销售（营业）收入		亿元	—	—	—
第二产业		亿元	—	—	—
工业（规模以上）		亿元	387.30	371.80	4.2
利润总额		亿元	—	—	—
第二产业		亿元	—	—	—
工业（规模以上）		亿元	25.50	23.30	9.4
区内主导产业及产值					
主导产业	1．精细化工业	亿元	211.80	192.30	10.1
	2．生物产业	亿元	71.80	78.00	-7.9
	3．医药食品业	亿元	44.10	35.70	23.5
	4．新材料产业	亿元	14.40	12.00	20.0
	5．装备制造业	亿元	16.80	13.70	22.6
	6．建材业	亿元	15.10	9.10	65.9
财政收入		亿元	9.50	12.90	-26.4
税收收入		亿元	9.20	10.94	12.0
财政支出		亿元	5.27	5.47	-3.7
进出口总额		亿美元	1.80	2.20	-18.2
出口		亿美元	1.50	1.80	-16.7
新批企业数量		家	86	107	-19.6
外商及港澳台企业		家	0	1	-100.0
内资企业		家	86	106	-18.9
新批企业投资额（注册资本金）	外商及港澳台企业	亿美元	0.00	0.30	-100.0
	内资企业	亿元	13.20	6.30	109.5
	增资企业	亿美元	—	—	—
规模以上企业数量		家	118	107	10.3
合同外资金额		亿美元	1.00	0.92	8.7
外商实际投资		亿美元	1.00	0.91	9.9
固定资产投资		亿元	249.60	222.10	12.4
年末全区从业人员		万人	5.31	5.14	3.3
在岗职工平均工资		元	39 320.00	38 052.00	3.3
水资源消耗总量（规模以上）		万立方米	12 247.81	15 586.60	-21.4

（吉林经济技术开发区管委会）

宁波石化经济技术开发区

【区情概况】宁波石化经济技术开发区（以下简称“宁波石化开发区”）于2010年12月经国务院批准升级为国家级经济技术开发区，也是国家发改委批准的国家新材料高技术产业基地、国家科技部批准的国家化工新材料高新技术产业化基地和国家工信部批准的国家新型工业化产业示范基地。

宁波石化开发区地处长江三角洲南翼，依江临海，坐拥广阔的产品市场，区位优势明显，具有发展石化产业得天独厚的条件。开发区总体规划面积约40平方公里，坚持按照“规划先导、基础先行、分步实施、内外资并举”和可持续发展的工作要求，本着“外向型、高起点”和“持续、快速、安全、健康”的发展理念，结合石油化工行业的特点，努力营造一个以炼油和乙烯项目为支撑、以液体化工码头为依托、上下游产业一体化、资源配置集约化、生产与生态环境均衡协调、国内领先、国际一流的石化和化工新材料专业园区。

【经济发展】2015年，宁波石化开发区完成工业总产值1 639.08亿元，比2014年下降13.81%。开发区实际控制区域的121家企业实现工业总产值401.42亿元，增长36.81%，其中，100家规模以上工业企业实现工业总产值396.1亿元。实现财政一般预算收入11.3亿元，增长20.06%，完成全社会固定资产投资94.18亿元，增长26.77%。全年新批外商投资企业13家，合同利用外资1.71亿美元，增长21.2%；实际利用外资1.118 7亿美元，下降14.19%。完成外贸进出口总额9.12亿美元，增长17.85%。高新技术企业产值81.97亿元。

【招商引资】2015年浙洽会期间，宁波石化开发区管委会签署了3个项目的投资协议，分别为：总投资100亿元、为年产300万吨PTA配套的年产200万吨聚酯项目，总投资36亿元的年产20万吨非光气法聚碳酸酯项目和年产1.5万吨聚丙烯树脂基复合材料项目。3个项目都已完成项目前期审批工作。成功举办“2015园区发展论坛”；完成“2015欧美•宁波”等大型外事活动以及赴美、加、欧、南非、韩、日等招商项目洽谈活动。目前，进行前期咨询和招商洽谈工作的项目，除了镇海炼化一体化下游项目，还有美国陶氏化学（DOW）特殊化学品多产品基地项目、荷兰阿克苏诺贝尔新聚合物项目、英国昕特玛丁腈胶乳以及韩国LG、德国朗盛等公司项目。此外，配合已落户的企业推进存量资源的有效利用和后续开发，帮助企业做大做强。金海晨光、巨化科技、江宁化工等落户企业的后续项目也在进一步落实中。

【产业布局】宁波石化开发区的产业定位是：以石化工业循环经济生产理念为指导，以大型炼油、乙烯联合装置为龙头，发展上游原料和中间产品；以镇海液体化工码头良好条件为依托，发展下游延伸产品，头尾呼应，中间对接，形成上下游一体化的石化产业链。辅以研发、创业环境的配套建设，最终完成集生产、科研、仓储运输、物流中心、市场集散为一体，能充分利用化工产业的集聚效应，又能与邻近的大型化工园区形成既有分工又有竞争的世界级石化工业园区。

【园区建设】2015年，园区基础设施建设项目61个，计划总投资9.44亿元，完成项目41

个，完成投资4.9亿元。协调湾塘新区（新泓口围垦）政策处理、闭气工程建设和北仑电厂灰管迁建等相关事宜，配合做好镇海—北仑重要化工管廊带规划方案研究，着力推进过江管线隧道的方案论证和前期工作。通过办理海域使用权，破解土地政策瓶颈，完成中金石化项目用地的建设用海竣工海域使用验收并成功获取土地使用证，积极开展建设用海指标申报和公益性用海备案登记工作。

【园区管理】2015年，宁波石化开发区推进园区循环化改造试点，16家企业的22个循环化改造项目申报并获得1.5亿元循环经济专项资金。实施澥浦西片区块整治，提升24家企业，查出各类问题63项，下发整改通知；启动蛟川区块的联合执法检查，引导企业淘汰落后产能，19家企业实施自愿性清洁审核。开展百日安全生产攻坚大会战，重点督查企业仓库和危险化学品罐区安全管理情况。开展石油化工企业安全隐患专项整治，“查隐患、抓整改、保安全”督查，“三场所一企业”专项整治和保险粉仓库专项整治等行动。继续推进第三方安全技术服务监管，第三方技术服务机构累计巡检企业1 035家次，提供安全技术服务395次，查出安全隐患1 790项，隐患按期整改率为100%。开展安全生产互助平台试点，将开发区32家企业按照生产工艺、产业类型进行划分，率先成立“炼化关联企业平台”“精细化工企业平台”和“化工较大企业平台”三个互助平台。全面开展LDAR1工作，辖区内51家企业完成第一轮检测，开始第二轮检测。聘请美国赛默飞公司对部分企业进行复测，并首次采用图像建档的先进手段开展LDAR监测。

【2015年大事记】1月9日，宁波富德能源有限公司（原宁波禾元化学有限公司）“甲醇制取低碳烯烃”项目(工艺名称：DMTO)在北京举行的2014年度国家科学技术奖励大会上获得国家技术发明奖一等奖。富德能源成为首个海外购置甲醇原料的特色试点装置。

1月14日，宁波石化经济技术开发区总体规划2002—2020（2014年修订）获宁波市政府批准。

2月6日，阿克苏诺贝尔年产18 000吨烷氧基化合物项目奠基仪式在宁波石化开发区阿克苏诺贝尔多元化基地内项目现场举行。项目总投资3 600万美元，计划于2016年初竣工并于2016年上半年投产。

3月21日，浙江恒河石油化工股份有限公司年产15 000吨三元乙丙橡胶助剂（ENB）项目进入试生产。

3月26日，宁波石化开发区安监局正式启动危化企业安全生产互助平台建设。

5月18日，中国石油和化学工业联合会公布2015年中国化工园区20强和潜力10强的决定，宁波石化开发区名列20强中的第4位。

6月12日，宁波石化开发区在阿克苏诺贝尔多元化基地举行首个公众开放日活动。

6月24日，道达尔炼化（宁波）复合材料项目PPA项目举行奠基仪式，该项目预计投资额为1 300万美元（约8 000万元人民币），新增注册资本520万美元。

11月4日，开发区首家省级博士后工作站——宁波德泰化学有限公司博士后工作站开题。来自浙江大学、浙江工业大学和中国兵器科学研究院宁波分院等单位的专家组成评审组，对开题的科研项目进行评审，并一致同意开题。

11月17日，宁波化工开发有限公司2015年股东会暨第五届董事会第一次会议召开。会议选举蔡萌儿同志为董事长，并出任法定代表人、总经理；选举励中柱同志为副董事长。

11月20日，德国朗盛无机颜料工厂在宁波石化经济技术开发区内正式落成。朗盛无机颜料工厂是朗盛化学在宁波的首个投资项目，总投资7 800万美元。

（宁波石化经济技术开发区管委会）

宁国经济技术开发区

【园区概况】宁国经济技术开发区（以下简称“宁国开发区”）于2000年12月经安徽省政府批准成立，2013年3月经国务院批准，升级为国家级经济技术开发区。经过多年建设，宁国开发区已形成“一区三园一拓展”的发展格局，建成区面积已达19.5平方公里，中远期规划55.2平方公里。截至2015年年底，开发区注册企业1 741家，其中，工业企业797家，规模以上工业企业214家，亿元企业54家，高新技术企业65家，上市（挂牌）企业15家。开发区先后荣获安徽省投资环境十佳园区、全国百佳科学发展示范园区、安徽省创新型园区、安徽省新型工业化产业示范基地、安徽省知识产权示范培育园区等荣誉称号，通过了ISO9001质量管理体系认证和ISO14000环境管理体系认证。2015年9月，开发区成功入选安徽省第一批14个省级战略新兴产业集聚发展基地。

【经济发展】2015年，宁国开发区完成工业总产值411.8亿元，同比增长10.0%，其中规模以上工业总产值391.8亿元，同比增长10.4%；实现工业增加值102.2亿元，同比增长8.3%；完成固定资产投资141.8亿元，同比增长22.9%；完成财政收入17.8亿元，同比增长13.7%；进出口总额6.6亿美元，同比增长6.5%；实际利用外资1.95亿美元，同比增长15.5%；实际利用内资80.4亿元，同比增长11.6%。

【产业发展】2015年，宁国开发区核心基础零部件产业集聚发展基地完成工业总产值344.5亿元，同比增长13.7%；完成税收收入12.2亿元，同比增长17.3%；完成固定资产投资71.8亿元，同比增长22.7%，超额完成了年度目标任务。其中，密封元器件产业完成工业总产值175.6亿元，同比增长16.2%，占基地工业总产值的50.9%，占据了半壁江山；高端机械基础件产业完成工业总产值113.2亿元，同比增长12.7%，占基地工业总产值的32.9%；电子元器件产业完成工业总产值55.7亿元，同比增长8.2%，占基地工业总产值的16.2%。

【科技创新】2015年，宁国开发区继续深入推进“百企升级”行动计划，加快促进企业转型升级，带动全区经济持续健康发展。聚隆科技、凤形耐磨2家企业同时在A股上市，上市企业总数达到5家；新增晨光精工、詹氏、新宁装备、东方碾磨材料、安泽电工5家“新三板”挂牌企业；“新四板”挂牌企业5家；新增安泽电工驰名商标1件，总数达到7件；新增莱恩、保隆2家省级工程技术中心，总数达到7家；新增司尔特省级博士后科研工作站1家，总数达到3家；保隆公司获批安徽省院士工作站，成为宁国市首家备案成立的院士工作站；新增中鼎金亚、晨光2家省级企业技术中心，总数达到19家；新增鼎封橡胶、库伯密封、大荣电器等8家高新技术企业，总数达到65家；新增授权专利660件，总数达到3 782件。

【投资促进】2015年，宁国开发区不断加大招商引资力度，在推动项目落地上下足功夫。司尔特年产8 000万条化肥包装袋项目、瑞普轨道交通和汽车减震橡胶制品研发生产基地建设项目等31个项目成功签约；亚新科汽车零部件生产项目、保隆基于内高压成型技术的汽车结构件产业化项目等40个项目顺利开工；青龙湾通用航空直升机场建设项目、京鸿密封件汽车胶管零部件生产项目等30个项目顺利投产。全年开发区共完成固定资产投资141.8亿元，同比增长22.9%。其中，基础设施投资14.1亿元，同比增长28.8%；实际利用内资80.4亿元，同比增长11.6%；实际利用外资1.95亿美元，同比增长15.5%。

【生态环保】开发区严格实行“绿色”招商，严格环境准入，2015年全年共完成88个建设项目的环境影响评价，环保投资超过3 000万元。园区大力推行清洁生产审核和环境管理体系认证，全区已有68家企业通过ISO14000环境管理体系认证，全年有8家企业通过强制性清洁生产审核。实现主要污染物二氧化硫排放量削减量38吨，氮氧化物削减量2.8吨，氨氮削减量120吨，化学需氧量削减1 104吨。生态建设成效显著，区域环境噪声低于国家规定标准，危险废物得到集中处理，空气优良率达到98.6%以上，水质达标率为100%。

【基础设施建设】2015年，宁国开发区续建道路15条，新建道路2条。其中，宁城南路、富宁北路延伸、曹坊路、桥西路、泉水路、青山路（营盘路至泰顺路段）、瑶湾路、四联河路8条道路已建成，兴宁路、青山路、狮山路、兴业路等9条道路正在抓紧施工（青山路、狮山路进度达70%，即将摊铺沥青，兴宁路、兴业路进度过半）。此外，完成兴宁路110千伏线路等杆线迁建工程，启动了宁雄、宁潜220千伏、直升机场35千伏线路迁建工程；启动了亚新科10千伏、保隆及德特威勒公司35千伏等专线建设工程；完成龙驰创业园、电子信息产业园等生产生活供水工程。

【机构设置与管委会领导】宁国市委、市政府设立了开发区党工委和开发区管委会（副县级），对开发区进行统一领导和管理，在人事安排和机构设置上高标准配备，在开发区内部实行封闭式运行体制。2011年7月，市委、市政府出台《关于推进宁国经济技术开发区管理体制和相关制度改革的意见》(宁发〔2011〕34号)，明确了开发区“一区三园一拓展”的发展格局，设置“一室一部四局一中心”7个正科级机构（即党群工作部、办公室、财政局、建设局、经济发展局、社会事业局、投资服务中心）和3个副科级机构（房屋征收管理办公室、武装部、总工会）。2015年管委会领导班子成员为：党工委书记、管委会主任张永强；党工委副书记王炳根；党工委副书记、管委会副主任李华；管委会副主任俞丽俊、周文革、梅长顺；纪工委书记余小平；管委会副主任、宁国市招商局局长汪伟平。

2014—2015年宁国经济技术开发区主要经济综合指标一览表

项目	单位	2015年	2014年	增减（%）
开发区生产总值	亿元	135.12	122.26	10.52
第二产业	亿元	105.58	97.94	7.81
工业	亿元	102.20	94.38	8.28
第三产业	亿元	29.54	24.32	21.45
工业总产值（现价）	亿元	411.76	389.11	5.82
高新技术企业	亿元	276.22	247.76	11.49
销售（营业）收入	亿元	453.63	429.30	5.67
第二产业	亿元	402.14	386.72	3.99
工业	亿元	393.35	377.49	4.20
第三产业	亿元	51.49	42.58	20.93
利润总额	亿元	32.04	26.46	21.08
第二产业	亿元	30.52	25.05	21.84

续表

项目		单位	2015 年	2014 年	增减（%）
工业		亿元	30.31	24.69	22.75
区内主导产业及产值					
主导产业	1．汽车零部件业	亿元	179.28	148.19	20.98
	2．化肥化工业	亿元	65.23	53.05	22.96
	3．耐磨铸件业	亿元	38.52	43.25	−10.94
	4．电子电器业	亿元	28.69	27.08	5.95
进出口总额		亿美元	6.57	6.17	6.55
出口		亿美元	6.18	5.75	7.55
财政收入		亿元	18.58	17.54	5.92
税收收入		亿元	17.79	15.65	13.69
新批企业数量		家	336	216	55.56
外商及港澳台企业		家	2	2	0.00
内资企业		家	334	214	56.07
新批企业投资额	外商及港澳台企业	亿美元	0.10	0.07	37.81
	内资企业	亿元	10.90	7.88	38.40
合同外资金额		亿美元	0.10	0.07	37.81
外商实际投资		亿美元	1.95	1.69	15.55
固定资产投资		亿元	141.82	115.35	22.94
年末从业人员		万人	5.14	5.04	1.96
在岗职工		万人	4.46	4.37	1.90
在岗职工平均工资		元	46 787	45 103	3.73
规模以上企业数量		家	282	258	9.30
工业		家	214	197	8.63
万元 GDP 能耗		吨标煤／万元	0.14	0.17	−17.85
水资源能耗总量		万立方米	694.53	717.54	−3.21
单位国内生产总值取水量		立方米／万元	5.14	5.65	−8.95

（宁国经济技术开发区管委会）

钦州港经济技术开发区

【经济发展】钦州港经济技术开发区（以下简称“钦州港开发区”）拥有钦州保税港区和中马钦州产业园2个国家级园区。2015年，钦州港开发区辖7个社区，代管钦南区三镇两村(即犀牛脚、东场、龙门港3个镇以及大番坡镇的六村、深坪2个村委)，总面积约667平方公里，年末总人口约15.3万人。2015年，钦州港开发区以建设“区域性国际航运枢纽、中国东盟产业合作枢纽、市场交易枢纽”三大枢纽为发展战略，推进石化、装备制造、能源、粮油、林浆纸、现代物流等临港工业产业发展，着力打造中国石油化工（钦州）产业园、综合物流加工园（即装备制造产业园）两大千亿元产业园。

2015年，钦州港开发区完成地区生产总值124亿元；规模以上工业总产值488.30亿元；完成财政收入108.80亿元，同比增长37%，占全市财政收入的67%；完成固定资产投资90.56亿元；完成外贸进出口49亿元，增长4%；完成港口吞吐量6 510万吨，增长1.50%。

【投资环境】2015年，钦州石化园区协调引导园区码头、管廊、仓储等资源的公用化，推进鹰岭作业区成熟岸线和码头的整合，鼓励沿线业主扩大码头规模，丰富码头规划品类。广明码头扩建工程全面推进，启动金鼓江沿线石化公用码头建设，打造园区危化品运输新通道，金鼓江作业区12号、13号泊位填海工程全面完成。推进园区工业管廊建设，以租赁方式保证管廊管理的可持续性，增强公用工程的集约化和效率化。鹰岭码头至南港大道段管廊完成工程设计工作。推进安全预警响应中心与环保监测系统的建设，邀请中央选派高层次专家到园区开展咨询服务，提升园区的数字化管理水平和对突发事件的监测能力。中电投热电联产一期工程（1×350MW超临界热电机组和2×50MW抽汽背压式供热机组）获广西壮族自治区发改委核准。危险化学品铁路专用线项目前期工作加快推进。

2015年完成海铁联运集装箱8 557标箱，同比增长110%。海上打造港航联盟、北部湾“穿梭巴士”、沿海班轮支线、东盟海上支线等集装箱航线品牌，增密内外贸航线、增加外贸航线航班。2015年钦州港共开通运营内外贸集装箱班轮直航线23条，其中外贸13条、内贸10条，进一步提高环北部湾及东盟国家航线运量和沿海班轮运量，不断巩固发展钦州港在环北部湾港口中的航线网络优势。与新加坡PSA国际港务集团、太平船务合资成立广西北部湾国际集装箱码头有限公司，引进国际港口运营商首次进驻广西北部湾地区，进一步优化布局，拓展航运市场网络，进一步提升广西北部湾港集装箱运营管理水平。落实大通关奖励政策措施，全年已兑现集装箱业务及进出口公司奖励补贴费超过3 000万元。钦州港海向腹地和陆向腹地物流贸易网络不断拓展完善。

【产业发展】钦州港开发区五大产业发展概况如下：

（一）石化产业

2015年，钦州石化园区按照“开工一批，建设一批，投产一批”的方针，建立健全重点项目建设推进的体制机制。志诚化工磷酸项目、新天德高浓度甲醛项目、蓝岛固废综合利用项目、泰兴石化工业白油及溶剂油项目4个项目建成投产，新增产能27亿元；玉柴石化甲基叔丁基醚（MTBE）技改项目、新天德甲醛等一批项目开工建设；煤基多联产、百万吨芳烃、热电联产一期工程等一批重大项目前期工作加快推进。2015年，园区签约玉柴石化年产甲基叔丁基醚原料预处理6万吨，永盛石化仓储、华星年产干气制轻芳烃10万吨，山东泓达年产高浓度甲醛12万吨、吡啶及废气综合利用3万吨，天锰新材料、南部湾年产苯乙烯30万吨6个石化项目，总投资约44.99亿元。

（二）能源产业

2015年，钦州港能源产业园入驻项目有总规模720万千瓦的燃煤电厂项目、广西新天德能源有限公司木薯酒精项目、中电投热电项目及商业储备油库、10万吨煤炭储备基地等项目。国投钦州电厂发电量累计36.85亿千瓦时，实现产值13.02亿元；广西新天德能源有限公司生产酒精12.87万吨，实现产值6.97亿元。年内，开发区已投产能源类规模以上工业企业2家，发电36.8亿度，实现产值13亿元。

项目建设方面，2015年，广西新天德能源有限公司（山东泓达）建成投产。国投钦州电厂二期、国投交通能源公司的煤炭码头及中电投热电项目加快建设。山东泓达年超临界萃取油浆综合利用20万吨项目完成投资14.35亿元，国投钦州电厂二期完成投资21.34亿元（累计完成总投资43.14亿元），国投钦州发电有限公司供热改造工程完成投资5 466万元。

（三）粮油加工产业

2015年，钦州港粮油加工产业园有中粮油脂、大洋粮油、汇海粮油、鲁花集团等大型粮油加工企业入驻，形成大豆及菜籽油年加工能力260万吨。年内，实际完成加工大豆147.8万吨、菜籽28万吨，实现产值65.5亿元。已投产粮油加工类规模以上工业企业2家，全年实现产值61亿元。

项目建设方面，2015年，汇海大豆年加工100万吨项目建设进入收尾阶段，年内完成投资1 108万元；鲁花年产3万吨食用调和油生产项目完成投资1 300万元。

（四）造纸产业

造纸产业以广西金桂浆纸一体化项目为龙头，大力打造林浆纸一体化基地建设，并积极发展纸制品、包装装潢等下游产业，做大做强林浆纸一体化产业。2015年，广西金桂30万吨化机浆生产线生产纸浆44.8万吨、白卡纸84.28万吨，实现产值45亿元。

（五）现代物流产业

钦州港综合物流加工区规划总面积18.13平方公里，园区全部通过填海造地的方式形成。园区重点规划为汽车整车及零部件生产、修造船、重型机械装配、现代物流、商品现货及期货交易等产业。项目建设方面，中船钦州大型海工修造及保障基地项目位于钦州港三墩作业区海域西南角，规划用地362公顷，其中一期用地约167公顷，二期用地约195公顷。至2015年年底，一期工程累计完成投资4.01亿元，30公顷建设竣工；新增车间吹填面积约12公顷基本完成，海域使用证获批复；一期一阶段新增项目（昌泰钢材物流配送中心配套装卸区）用海面积12.3公顷施工图设计和施工招标均已完成，围堰完成600米。大榄坪综合物流加工区2平方公里用地的平整工程前期工作及招投标均已完成，一期工程通过验收，竣工结算已送审计，二期工程吹填完成200万立方米。

【招商引资与利用外资】2015年，钦州港区组织和举办高质量的招商推介会20多场次，赴北京、上海、山东、广东深圳等地参加投资合作恳谈会，实行重大招商项目预评估及跟踪服务制度，招商引资取得新成效。年内引进项目13个，其中亿元项目11个；新开工项目6个。东南纸业年产20万吨高端纸品项目、新闽航大型拖车4S店、鲁花食用油生产项目、船舶配套设备制造及其他机械加工建设项目、年产30万吨大口径直缝焊管生产项目已签订投资协议。另外，开发区重点跟进烽火通信光纤光缆项目、富控电梯制造及物流配套项目等约10个项目加快开展项目前期工作。年内到位资金51.5亿元，其中外资到位 1.9 亿美元。

【生态环保】2015 年，钦州港区紧紧抓住建设项目管理工作不放松，做好重大项目的服务及指导港区环境保护管理工作，积极推进钦州石化产业园区规划环境影响评价，完成钦州港大榄坪物流加工区总体规划、钦州林浆纸产业园总体发展规划及钦州港临海工业园区发展跟踪环境影响评价已通过审查。2015 年，环保分局审批建设项目共 80 个，其中报告书 9 份（包括中船项目环评已完成审批），报告表 19 份、登记表 52 份。项目总投资 605 219.89 万元，其中环保投资 30 589.12 万元，项目均按承诺时限完成审批工作；完成 9 个项目的竣工验收；为企业换发排污许可证 17 份。

主要污染物减排方面，按照全市主要污染物减排工作的布署，2015 年钦州港区减排项目有 4 个，分别为：钦州港工业污水集中处理厂 COD、N-NH3 减排项目、广西金桂浆纸业有限公司 SO2、NOx 减排项目、国投钦州发电有限公司 NOx 管理减排项目、犀牛脚镇良益生猪养殖场 COD、N-NH3 减排项目。年内，4 个减排项目均已按进度建设完成。

【外向型经济】至 2015 年，钦州港已建成万吨级以上泊位 38 个，开通至越南海防、马来西亚关丹、新加坡等 30 多条班轮航线，北部湾千万标箱集装箱干线港全面启动，成功引进新加坡国际港务集团、丹麦马士基集团等国际港口运营商，开展钦州港大榄坪 50 平方公里整体开发战略合作，引进集装箱货运站等项目。年内，钦州港外贸进出口完成 49 亿元，增长 4%。

【民生保障】2015 年，钦州港区推进民生实事工程建设，投入专项资金 3.2 亿元解决群众安置房问题。新城区 8 万平方米公寓式回建房、金鼓新区 343 套宅基地安置房、富港新城 3 万平方米团购房工作完成，公租房一期 500 套加快建设。多年未决的中石油炼油厂 1.2 公里敏感区 272 块宅基地顺利置换到新城区。投入 7 340 万元改善教育教学条件，第四小学、第五小学建成使用，西港区幼儿园、丹寮回建区小学、体育公园等计划开工建设。做好失地农民、城乡居民养老保险和城镇居民医疗保险工作，新农合参与率达到 99.58%。搭建就业供需平台，与企业达成就业意向约 1 400 人次。统筹抓好其他社会管理工作。支持做好中马钦州产业园区、钦州港保税港区社会管理有关工作，为两个园区创造平安和谐的发展环境。落实安全生产监管责任，抓好危化品重点县（区）攻坚年活动，建立健全事故隐患排查治理体系，全年安全生产形势总体稳定。

【党建工作】2015 年，钦州港区落实党建工作责任制，以开展“三严三实”专题教育活动为载体，推进作风建设常态化。加强平台建设，实现“一站一中心”建设全覆盖。抓好非公党建百日攻坚大行动，完成四个 100%。开展“换位沉底”活动，工管委班子成员调研走访基层党组织 30 个、企业 16 个、群众 95 户，收集基层意见建议 72 项，查摆存在问题 58 个，帮助解决实际困难 63 件。严格把好选人用人关，重点完成“全员竞岗”考察任用、公务员职务与职级并行等工作。累计举办发展讲坛 6 次，专题党课 19 次，参加培训 2 015 人次。

【机构设置与管委会领导】钦州港经济技术开发区工委、管委是钦州市委、市政府的派出机构，实行党政合署办公。开发区工委设 4 个工作部门：工委办公室、纪律检查工作委员会、工委组织部、社会治安综合治理委员会办公室。开发区管委设 12 个工作部门：管委办公室、人力资源和社会保障局、经济发展局（挂招商局牌子）、社会工作局、教育局、农村工作办公室、行政审批局、综合执法局、工商局、财政局、建设规划办公室、安全生产监督管理局。按有关规定开发区还设置了工会、共青团、妇联等群团组织。

管委会领导成员为：中共钦州港经济技术开发区工委书记、开发区管委会主任张建国。

（钦州港经济技术开发区管委会）

嘉兴经济技术开发区

【经济发展】2015年，嘉兴经济技术开发区（以下简称“嘉兴开发区”）（整合提升区）实现规模以上工业总产值2 199.9亿元；出口总额4 291 741万元；进口总额2 200 842万元；实际利用外资94 498万美元，增长10.3%；固定资产投资767.98亿元，增长13.6%；财政收入174.91亿元，下降7.2%；税收收入157.84亿元，增长17.6%。其中，核心区（下文中数据均为核心区数据）实现地区生产总值（GDP）169.7亿元，可比增长6.2%；全社会固定资产投入完成201.34亿元，同比增长11.6%；合同利用外资完成5.02亿美元，同比实际增长10.6%；实到外资3.67亿美元，同比增长11.6%；实到市外内资44.62亿元，同比增长42.7%；完成财政总收入46.83亿元，同比增长12.8%，其中，区级公共财政预算收入18.21亿元，同比增长7.1%。全面完成或超额完成各项经济发展目标任务。

【招商引资】嘉兴开发区严格按照招大、引强、选优的标准选择项目，以投资强度、注册密度、产出幅度、环境可容度和科技先进度“五个度”作为标准，千方百计引进世界财富500强企业、世界品牌500强企业和全球行业龙头企业、海内外区域总部、研发和营销中心，着力引进科技含量高、资本密度高、产业关联度高、投入产出高、投产速度快的大项目、好项目。成功引进总投资4.6亿美元的美国荷美尔高端食品项目以及法国莫林调味品、意大利冰淇淋项目成为开发区高端食品园区的新兴力量；落户在浙江中德（嘉兴）产业合作园总投资1.9亿美元的新加坡迪联集团投资并进行招商机械类项目、总投资超过1亿美元的美国哥伦比亚凯宜国际医院项目和总投资6 000万美元的意大利维龙国际电商物流项目成功签约，为区域提升发展增添了后劲。特别是荷美尔食品公司是首个将大中华区域性总部设立在嘉兴的美国上市公司项目。

【项目推进】嘉兴开发区全力做好项目推进落地工作，在坚持项目推进片区制的基础上，全面开展“三比三看”活动，密集开展了集中开工月、银企对接专场、“百日攻坚”等系列活动。同时，严格落实以40个项目作为重点监测对象进行固定资产投资“分月按季测算”工作，动态体现开发区扩大有效投资工作的进展情况。紧紧围绕省市重大项目、公建配套、技改项目、民生项目抓投入，特别是盯牢总投资242.4亿元的9个省“411”项目，总投资109.82亿元的7个省重点项目，5个省重大产业项目以及总投资284.47亿元的29个市“三个千亿”工程项目，切实发挥大项目的带动作用。

【转型升级】嘉兴开发区通过“存量调提升，增量调结构”的方式，逐步解决经济发展中长期积累的结构性、素质性问题，使经济结构、产业结构在不断调整中更加优化。从三次产业结构来看，2015年第三产业增加值占GDP的比重较2014年提高了2.8个百分点，达到49.7%，服务业在开发区稳增长中发挥着越来越重要的作用，以现代服务业为代表的新兴主导产业集群快速成长。开发区通过强化楼宇的“二次招商”，着力抓好楼宇经济这一新的经济增长点，全区已有1 000万元税收以上楼宇18栋，其中3 000万元税收以上楼宇8栋。从行业内部来看，以传统工业为代表的产业集群发展放缓，新兴产业茁壮成长。2015年，全区高新技术产业增加值占规模以上工业增加值的比重由年初的23.2%上升到27.1%，提高了3.9个百分点；特别是以装备制造业为核心的战略性新兴产业呈现良好的发展态势，占规模以上工业增加值比重的43.8%，领先于嘉兴市平均水平。

【服务业发展】嘉兴开发区规模以上工业26个行业大类中9个行业实现产值增长，其中，食品制造业、电气机械和器材制造业增幅为19%和36.8%。一方面，制定出台了《关于促进外贸稳定增长特别鼓励政策》，加大对外贸生产企业和外贸公司的扶持力度，鼓励企业不断扩大出口；另一方面，针对嘉兴智慧产业创新园面临的发展瓶颈问题，研究制定了《关于加快嘉兴智慧产业创新园健康发展的指导意见》和与其相配套的企业发展鼓励政策、人才引进的激励政策等，为加快发展赢得优势。

【深化改革】嘉兴开发区按照“精简、统一、效能”的原则，进一步深化机构改革，科学配置职能机构，理顺权责关系。深入实施大部制改革。2013年12月以来，在先后成立招商引资工作部、党群人事工作部和国际商务区开发建设工作部的基础上，2015年又成立了社会事业工作部和经济发展工作部，设立发改局、经信商务局、社会事务局、教文体局、卫计局等工作机构，既强化了工作的统筹协调，又加强了条线的管理。同时，积极与市有关方面对接，新设立环保局、社区矫正大队等机构，理顺工作关系，通过深化机构改革，带来了“关系更顺、责任更明、上下对口、协调有力”的新变化。进一步深化“两集中，两到位”的行政审批制度改革，2015年审批中心共办理审批事项2.6万多件，其中即办件占55.1%，审批事项实际时间比法定时限平均提速93.5%；创新市场准入新模式，办理了全市第一个“五证合一、一照一码”的企业设立登记。

【民生事业】嘉兴开发区扎实办好教育、文化、就业、社保等民生实事，加快推进基本服务均等化，让群众共享改革发展成果。快速推进北大附属嘉兴实验学校建设，深化与杭州师大合作办学，品牌效应进一步提升；引进社会资本，推进嘉兴老年医疗中心、常春藤老年医院、康慈医院心理咨询中心等项目建设，满足群众的各类需求；社区经济不断发展壮大，2015年全区社区经济收益810万元，支出约621万元，使用率为77%，全面推广5A级居家养老服务中心建设，实现全覆盖。

【生态建设】嘉兴开发区全力推进“五水共治”“五气共治”工作，通过切实深化三级河长制治水网络，深入实施片区水系综合治理，加快推进老旧小区阳台立管改造工程，区域内河道水质持续好转，交接断面考核首获优秀。与此同时，重点加强高速公路和公铁沿线环境整治工作，对乍嘉苏高速马家浜出口沿线道路进行全面整治，全年新增生态绿道3.8公里，综合性公园绿地14.2公顷，街旁绿地13.1公顷，道路绿化8.7公顷，城市形象大为改观。

【党建工作】嘉兴开发区结合群众路线教育实践活动和省委巡视整改成果的巩固深化，扎实开展“三严三实”专题教育，以“招大引强”“企业服务”“建设项目推进”“征地拆迁”“深化环境整治”和“深化帮困关爱”等六大专项活动为有效载体，干部作风进一步转变。党员领导干部带头垂范，在推进招商引资、平台建设、项目建设、二次开发、三改一拆、五水共治、民生保障等重点工作中走在前、干在前，发挥了示范引领作用。组织全区干部员工大轮训，分三批对500多名区内设部门（单位）全体干部员工、街道中层以上干部和街道事业单位主要负责人进行集中轮训；深入开展“环球讲坛”活动，举办专题讲座6期，培训干部员工800多人次；对全区科级党员干部进行党章党规党纪专题集中培训。开展全区科级以下干部员工轮岗交流工作，共有25名干部员工在部门及街道之间实现了合理有序流动；注重一线锻炼，在实践中增长干部才干，抽调39名同志参与国际商务区征迁扫尾集中攻坚行动。

（嘉兴经济技术开发区管委会）

衢州经济技术开发区

【经济发展】2015年，衢州经济技术开发区（以下简称“衢州开发区”）实现地区生产总值206.29亿元，按可比价格计算，同比增长2.18%，占衢州市年度生产总值的18%。其中，第二产业增加值完成185.76亿元，同比增长2.9%，第三产业增加值完成20.53亿元，同比降低3.93%。“四上”企业利润总额28.29亿元，同比增长2.04%。财政收入继续保持快速增长，全年财政收入50.93亿元，同比增长8.18%；税收收入42.84亿元，同比增长2.39%。外贸进出口总额19.66亿美元，其中出口总额11.24亿美元，进口总额8.42亿美元。完成高新技术产品进出口1.61亿美元，占全区进出口总额的8.19%。

【产业发展】2015年，衢州开发区实现工业增加值184.26亿元，同比增长3.5%，其中，规模以上工业企业增加值173.03亿元，按可比口径计算增长4%。全年工业总产值863.49亿元，同比增长1.94%，其中，规模以上工业企业总产值794.05亿元。在规模以上工业企业中，外商及港澳台投资企业总产值77.38亿元，同比下降3.13%，内资企业总产值716.67亿元，同比增长0.51%。

产业结构进一步优化升级。规模以上工业企业中，氟硅钴新材料、智能装备制造、金属制品三大产业完成工业总产值535.86亿元，占全区规模以上工业总产值的62.06%，对全区工业增长的贡献率达到78%。其中，氟硅钴新材料产业保持快速增长态势，全年完成产值198.66亿元，同比增长19.53%。

服务业经济总体平稳发展。核心区全年实现服务业收入88.47亿元；电子商务、科技研发、创新设计、现代物流等生产性服务业步入快车道。全年电子商务园区内新增企业30家，总量达39家，同比增长300.33%；衢州慧谷工业设计产业园新增工业设计、科技研发企业11家，总量达42家；研发设计实现营业总收入5 624.85万元，同比增长43%；实现科技成果交易181件，实现转化产值3.25亿元；新增专利授权218件，同比增长42%。零售、批发等生活性服务业稳中有升。限额以上批发零售贸易及住宿餐饮业实现营业收入80.32亿元，同比下降14.33%，其中，批发零售贸易实现营业收入79.85亿元，同比增长14.46%；住宿餐饮实现营业收入0.47亿元，同比增长15.68%。

【园区特色】全面启动凤凰众创小镇、循环经济小镇、中关村科技小镇3个特色小镇及韩国产业园、新能源材料（锂电池）产业园、氟硅新材料产业园等8个特色产业园区的谋划建设。其中，凤凰众创小镇已初具雏形，循环经济小镇入选全省第二批特色小镇名单，公共区域提升改造一期项目全面启动。

一是成功申报浙江省清洁生产示范试点园区，成为全省3家示范园区之一。2015年1月省经信委、省环保厅批复《关于下达浙江省园区清洁生产示范试点名单（第一批）的通知》（浙经信资源〔2015〕28号，以下简称《通知》），园区同杭州钱江经济开发区、中国化工新材料（嘉兴）园区成为省第一批清洁生产示范试点园区。二是成功获批浙江省知识产权示范创建园区。2015年12月，省知识产权局批复《关于同意衢州市衢江区等为浙江省知识产权创建县

(市、区)、园区的函》(浙知函管〔2015〕31号),衢州高新技术产业开发区获批浙江省知识产权示范创建园区。三是浙江中韩(衢州)产业合作园在全省中意(钱江)、中欧(金义)、中美(湖州)等21家提出申报的国际产业合作园中脱颖而出,成为由省政府命名的首批11家“省级国际产业合作园”之一。四是衢州开发区2015年10月17日通过中国石油和化学工业联合会相关专家评审,成功获批“中国电子化学材料产业园”。园区拥有包括氟化工、有机硅、无机硅、氯碱化工、石油化工、精细化工等基础化工配套能力,是国家火炬计划浙江衢州氟硅新材料产业基地、新材料(氟硅)国家新型工业化示范基地的主体区域,是国内唯一一家同时具备较完整的氟和硅产业发展基础的基地,已初现电子化学材料产业集群雏形,形成以电子化学材料为主业的多元化发展格局。

【科技创新】截至2015年年底,衢州开发区核心区拥有国家级工程技术研发中心1家,国家级技术中心2家,国家级高新技术企业34家,国家级专利优势企业1家,省级企业研究院10家,省级高新技术研发中心19个,省级创新型试点(示范)企业4家,省级科技型企业72家,省级专利示范企业4家。全区有博士后工作站2家,其中国家级博士后工作站1家,省级博士后工作站1家,省级院士专家工作站2家,市级院士专家工作站2家,市级专家工作站12家,市级重点创新团队4家。拥有中国驰名商标3个,浙江省著名商标17个,衢州市著名商标35个,中国名牌1个,浙江省名牌17个,衢州市名牌34个。核心区内工业企业授权专利共2 950件,其中,发明专利571件,占总量的19%;实用新型专利1 949件,占总量的66%;外观设计专利430件,占总量的15%。

【投资促进】2015年,衢州开发区核心区新引进项目42个,项目投资总额153.89亿元。其中,工业项目37个,投资额152.29亿元;服务业项目5个。投资额50亿元以上项目2个,10亿元以上项目4个,亿元以上项目27个。全年新批外商投资项目5个,项目投资总额9.09亿元,实际使用外资4 300万美元,同比增长4.14 %。晓星工业园、均瑶乳业、意美旭、卧龙开山、红五环重工等一批大项目的落户,对园区发展及产业集群集聚起到了有力的推动作用。辖区内新批准内资企业250家,占全市的8.08%;注册资本79 882.8万元,占全市的6.56%。

新批服务业投资项目10个,项目投资总额6亿元。2015年新引进投资亿元以上的服务业项目主要有浙江衢州省级粮食储备库二期工程、衢州市乾泰工业品电商物流园项目、飞鸿滑草场、筋斗云产业基金项目等。全区进出口总额113 430.35万美元。其中,出口额58 005.26万美元,同比增长14.94%;进口额55 425.09万美元,同比下降40.96%。全区进出口总额占全市的25.7%。

【生态环保】衢州开发区列入国家循环化改造示范试点园区,实施期为2013—2017年。已有23个项目列入试点园区项目,项目总投资14.51亿元,补助资金2.135亿元。至2015年已建成投产项目10个,在建项目7个,项目累计完成10.1亿元,完成计划总投资的70%。

2015年,深入开展“五水共治”工作,大力推进污水处理设施建设,有序推进东港污水处理厂工程建设,加快配套管网改造建设,实现规划的“全覆盖”及管网建设的系统性。2015年,乡镇(街道)交接断面水质考核取得较好成绩,全年3个街道的乡镇交接断面水质36次检测中优秀率达到91.6%。开展“阳光环保”大行动,在衢州市率先启动“阳光环保大行动”——阳光排污口建设,完成辖区45家重点排水企业“阳光排污口”设置工作。组织开展区内6家环保示范企业创建试点工作。下发排污许可证共计26家,全区实际排污收费企业达70家,完成排污费征收1 513.747 3万元。

【基础设施建设】2015年,衢州开发区核心区实施政府投资基础设施建设项目共78个,其中,4个项目列入省重点工程计划,7个项目列入市重点工程计划。全年累计完成投资7.9亿元，投资超亿元的基础设施项目1个。2015年，新建和改造城市道路12.27公里，建成道路面积33.8万平方米，建成慢行绿道5公里，完成土方平整400公顷，完成河道清淤疏浚13.1公里，新增污水管网11.26公里，新增停车位630个，改造旧住宅区7.282万平方米，建设数量和规模均居全市前列。

【政策发布】2015年，出台《人才公寓管理暂行办法》《关于加快建设衢州“千人计划”创业园项目孵化器的实施方案》和《关于促进电子商务发展的实施办法（暂行）》等。

【人才工作】2015年，衢州开发区核心区引进各类海内外人才共500余名。其中，海外高层次人才20余名，引进国家“千人计划”人才2名，省“千人计划”人才4名；全年自主申报入选国家“千人计划”人才2名，浙江省“千人计划”人才1名，首次实现一批次同时入选2名“国千”人才，刷新了衢州市高端人才引进成绩的新纪录。依托衢州“千人计划”创业园平台，全年引进人才项目共15个，累计投资3亿元。新创办公司5家，累计兑现首期创业启动奖励资金1 300万元。创造性地设立上海张江（衢州）生物医药孵化基地——衢州市第一个省外孵化器，集聚“国千”人才1名，“省千”人才4名，国际领先、国内空白的生物医药项目7个。新建国光生化公司薛群基院士专家工作站和上洋机械公司、东氟塑料公司2个市级专家工作站，永力达公司谭建荣院士工作站获评省级院士专家工作站。

【社会事业】教育事业方面，2015年教育投入691.529万元。区内有黄家小学、新星小学、新星初中和东港学校4所义务教育学校，在校学生6 494人，教职工413人。人口管理方面，区内计划生育率为89.72%，出生性别比为105，再生育过程管理率为85.84%，区内人口城市化进程加快。社区建设方面，目前有金桂、杨浦、三衢、彩虹4个社区，常住户23 442户，常住人口60 870人。

2015年，全区累计投保单位1 611家，全年养老保险征缴达到49 217人。养老、医疗、失业、工伤和生育五大社会保险征缴额为44 055.24万元，比上年增长14.34％。其中，养老保险缴费额为28 760.82万元，医疗保险缴费额为9 678.92万元，失业保险缴费额为2 502.6万元，工伤保险缴费额为1 915.73万元，生育保险缴费额为1 197.16万元。

【党建工作】2015年，区党工委下辖党（工）委10个（街道党工委3个、开发区公安分局党委1个、企业党委5个、社区党委1个），党总支5个（社区党总支2个、企业党总支3个），基层党支部180个（“两新”党支部126个、机关党支部11个、农村党支部38个、社区党支部1个、街道下属事业单位党支部2个、流动党支部2个）。新成立“两新”（新经济、新社会）党支部1个，撤销“两新”党支部2个；党员共3 174名。

在街村领域，践行“三严三实”，开展大抓基层组织年活动，实施“法治街村”工程和“实事积分”工程两大书记领衔项目。2 074名农村基层党员干部、代表人手一本《实事积分考评手册》，实行“每月一阅评、半年一互评、一年一考评”，并在3个街道分别建立党员警示教育基地。

在“两新”领域，深化“编组共建、组团管理”模式，将70家“两新”党组织编成6个组，实现“两新”组织抱团发展。2015年12月16日，区“两新”党组织“编组共建、组团管理”模式被市委组织部、市“两新”工委发文在全市推广。投入93万元的党群服务中心建成使用。

制定下发了《落实党风廉政建设责任制、惩防体系建设和作风建设考核办法》，从责任制落实、权力制衡、优化发展、作风建设、信访办理、宣传教育六个方面对管委会机关各支部进行考核评分。

【信息化建设】衢州开发区先后投入200万元，开发完成区内部办公系统，慧谷工业设计基地实现WIFI全覆盖，启动园区重点施工工地视频监控系统建设，完成透明厨房建设，党群服务中心电子阅览室完成建设并投入使用。按照浙江省衢州市政府的要求，启动智慧城市视联网平台建设。

【机构设置与管委会领导】衢州开发区管委会管理体制改革后，按照“大部制、扁平化、公司化”的要求，设立综合办公室（宣传部）、人力资源部（组织部）、投资促进部（市工业项目决策咨询服务办公室）、经济发展部、社会发展部、建设规划与国土部、财政金融税务部、安全环保与市场监管部8个大部门。管委会原有内设机构、事业单位按职能分别归入相应大部门管理。其中，管委会内设机构党政综合办公室，以及下属事业单位新闻宣传中心、信息档案管理中心归入综合办公室（宣传部）管理；管委会内设机构组织宣传部、人才工作办公室归入人力资源部（组织部）管理；管委会内设机构行政审批服务办公室、投资促进局、服务业局，以及下属事业单位产业研究中心、公共资源交易中心归入投资促进部（市工业项目决策咨询服务办公室）管理；管委会内设机构经济发展局、统计局、高新技术产业片区管理服务办公室、综合物流片区管理服务办公室，以及下属事业单位科技创业服务中心归入经济发展部管理；管委会内设机构社会管理综合治理工作部、征迁事务管理局、社会事务和农村工作局，以及下属事业单位土地储备中心归入社会发展部管理；管委会内设机构建设管理局，以及下属事业单位规划编制中心、市政环卫园林处归入建设规划与国土部管理；管委会内设机构财政局，以及下属事业单位物业管理中心归入财政金融税务部管理；撤销管委会内设机构安全生产监督管理局，设立市场综合监管协调办公室，并归入安全环保与市场监管部管理。纪检监察机构、机关党的工作机构及群众团体机构的设置和领导配备按有关规定执行；审计室和监察室仍实行合署办公。市国土、规划、市场监管、质监、安监、环保、国税、地税8个重点涉企部门派出机构归入相应大部门管理。

绿色发展集团有限公司下设1办4中心6公司：公司办公室（文化新闻中心）、计划财务中心、产业研究与招商中心、企业服务中心、服务业发展中心、开发建设公司、环境管理公司、物业发展公司、劳务服务公司、绿色置业公司、资本运营公司。其中，公司办公室（文化新闻中心）、计划财务中心分别与党工委、管委会综合办公室（宣传部）、财政金融税务部合署。

衢州开发区管委会领导班子成员为：市委常委、区党工委书记傅根友；党工委副书记、管委会主任、柯城区委书记祝晓农；党工委副书记、管委会副主任毛卓战；党工委副书记姜良米、余建军；党工委委员、纪工委书记季太昌；党工委委员、管委会副主任郑河江、方圆、杨建敏（挂职）、郑志忠。

2014—2015年衢州经济技术开发区主要经济综合指标一览表

项目	单位	2015年	2014年	增减（%）
开发区生产总值	亿元	206.29	201.89	2.18
第二产业	亿元	185.76	180.52	2.90
工业	亿元	184.26	178.02	3.50
第三产业	亿元	20.53	21.37	−3.93
工业总产值（现价）	亿元	863.49	847.05	1.94
高新技术企业	亿元	187.03	192.63	−2.91
销售（营业）收入	亿元	1 017.63	1 035.02	−1.68
第二产业	亿元	906.51	924.72	−1.96
工业	亿元	889.89	906.34	−1.81
第三产业	亿元	111.12	110.30	0.80

续表

项目		单位	2015 年	2014 年	增减（%）
利润总额		亿元	28.28	27.72	2.02
第二产业		亿元	26.55	27.91	−4.87
工业		亿元	26.32	27.28	−3.52
区内主导产业及产值					
主导产业	1．氟硅钴新材料业	亿元	198.66	166.20	19.53
	2．智能装备制造业	亿元	129.96	125.23	3.78
	3．金属制品业	亿元	207.24	220.33	−5.94
进出口总额		亿美元	19.66	21.52	−8.64
出口		亿美元	11.24	11.34	−0.88
财政收入		亿元	50.93	47.08	8.18
税收收入		亿元	42.84	41.84	2.39
财政支出		亿元	41.09	39.59	3.79
新批企业数量		家	462	344	34.30
外商及港澳台企业		家	7	2	250
内资企业		家	455	342	33.04
新批企业投资额	外商及港澳台企业	亿美元	0.34	0.14	142.86
	内资企业	亿元	37.33	17.82	109.48
规模以上企业数量		家	496	483	2.69
合同外资金额		亿美元	0.28	0.71	−60.56
外商实际投资		亿美元	0.28	0.49	−42.86
固定资产投资		亿元	206.39	206.97	−0.28
年末从业人员		万人	11.31	11.09	1.98
万元 GDP 能耗		吨标煤／万元	1.48	1.59	−6.70
水资源消耗总量		立方米	97 639 240	95 269 545	2.49
单位国内生产总值取水量		立方米／万元	47.33	47.19	0.30

（衢州经济技术开发区管委会）

四平红嘴经济技术开发区

【经济发展】2015年，四平红嘴经济技术开发区（以下简称“红嘴开发区”）实现地区生产总值154亿元，同比增长10.5%。其中，财政收入20.3亿元，税收收入20.2亿元。完成进出口总额0.067亿美元。

【工业产业发展】红嘴开发区规模以上企业55家。2015年完成工业总产值40.36亿元，同比增长21.5%；完成工业增加值123.2亿元，同比增长6.1%；完成固定资产投资57亿元，同比增长15%。

【科技创新】2015年，帮助企业争取专项扶持资金1 000万元。申报科技计划项目6个。四平百姓堂药业有限公司、四平海格起重制造公司、四平市枫叶科技有限公司被认定为市级企业技术中心。

【项目建设】2015年，红嘴开发区3 000万元以上重点在建项目34个。其中，新建项目22个，续建项目12个，总投资达71.89亿元。年产3 000台大型联合收割机、年产6 000吨果蔬饮品、鑫龙年产10万套汽车再生零部件、LED光电照明产业化基地等重点项目开工建设。

【投融资平台建设】红嘴开发区积极探索融资租赁、抱团担保、集合票据等企业融资模式，完善企业融资需求信息库，形成金融机构、担保机构与企业三方联动机制，解决银企信息不对称和企业信用不足问题。引进北京安信证券有限公司对旭晨胶带公司进行“新三板”上市指导，助推企业上市。协调银企对接，实施申贷、审核、放贷“一条龙”服务，全年帮助企业实现贷款2 000万元。

【基础设施建设】红嘴开发区优化环境“筑巢引凤”，全面推进北岭工业园园区建设，道路整修、人行步道铺装、路灯新建改造、广场园标建设、铁艺隔离栅栏等设施建设全面竣工，绿化工程全面推进，园区环境全面提升。已建设市政道路10条，总长22公里，地下管廊1条，总长2公里，基本上实现了项目设置在哪里，基础设施建设就跟进到哪里。

【社会事业】红嘴开发区集中解决群众反映的道路破损、路灯不亮、交通拥乱、环境乱差等切身利益问题。资助辖区农村应届新入学大学生，扶助农村困难群众修缮危房，加大对各类困难群众的帮扶救助。落实企业用工用劳及劳动力转移联席会议制度，扩大就业渠道和新增就业人员。特别是着重解决两处拖延5年的600多户回迁楼建设问题，积极筹措后续建设资金。突出实行一站式服务制、限时办结追责制、全程领办代办制和“一次性告知”制度，规范服务流程，采取并联办理，压缩审批时限，服务能力和服务效率不断提升，一站式服务中心先后被吉林省、四平市评为2013—2015年度全省文明单位、2015年度市级文明服务窗口。

【党建工作】2015年，红嘴开发区领导班子党性观念进一步增强，作风进一步转变，为民服务水平进一步提高。基层组织不断夯实，进一步压实和明确农村党委、企业党委和机关党委工作重点，三个党委的基层组织工作架构更加规范。基层组织建设进一步加强，选派两名党工委班子成员到辖区两村任“第一书记”，选派中层后备干部到缺任村支部代理支部书记，农村支部的核心堡垒作用进一步增强。非公企业党组织建设更加规范，薄弱方面得到改善。

群团组织建设进一步完善，并发挥了积极作用。围绕党风廉政建设，建立“三责合一”的同责体系、“两议三加强”的工作机制和监察审计联合的工作架构，党风廉政建设常态化、制度化、长效化机制体系逐步形成。创新开展“三帮扶”活动，变“一帮一”个人帮扶为“三帮一”团队帮扶，帮扶力度明显提升，其经验做法得到市相关部门的肯定。

【机构设置与管委会领导】四平红嘴经济技术开发区内设办公室、经济技术合作局（加挂投资服务局牌子）、经济发展局、规划建设局（加挂城市管理行政执法局牌子）、财政审计局、社会事务管理局、安全生产监督管理局7个机构。党工委书记、管委会主任徐远征；党工委副书记、纪工委书记周冠中；管委会副主任郭殿飞、王巍。

2014—2015年四平红嘴经济技术开发区主要经济综合指标一览表

项目		单位	2015年	2014年	增减（%）
开发区生产总值		亿元	154	149.7	2.87
第二产业		亿元	130	138.2	-5.93
工业		亿元	123.2	137.6	-10.47
第三产业		亿元	23.5	8.6	173.26
工业总产值（现价）		亿元	342	430	-20.47
高新技术企业		亿元	1.08	1.04	3.85
销售（营业）收入		亿元	157.2	240	-34.50
第二产业		亿元	142.4	229.4	-37.93
工业		亿元	136.6	227	-39.82
第三产业		亿元	58.75	10.46	461.66
利润总额		亿元	18.5	11.99	54.30
第二产业		亿元	12.2	11.48	6.27
工业		亿元	11.9	11.36	4.75
区内主导产业及产值					
主导产业	1. 黑色金属冶炼及压延加工业	亿元	164.2	222.4	-26.17
	2. 农副食品加工业	亿元	79.3	66.9	18.54
	3. 烟草制品业	亿元	24.9	21.8	14.22
第三产业		亿元	6.3	0.72	775.00
进出口总额		亿美元	0.068	0.24	-71.67
出口		亿美元	0.067	0.15	-55.33
财政收入		亿元	20.3	20.14	0.79
税收收入		亿元	20.2	20.14	0.30
财政支出		亿元	1.62	0.98	65.31
新批企业数量		家	29	42	-30.95
新批企业投资额	内资企业	亿元	1.8	1.7	5.88
规模以上企业数量		家	70	55	27.27
合同外资金额		亿美元	0	1.2	-100.00
外商实际投资		亿美元	1	1.2	-16.67
固定资产投资		亿元	50	49.8	0.40
年末从业人员		万人	3.5	3.4	4.35
万元GDP能耗		吨标煤/万元	1	1.15	-13.04
水资源消耗总量		万立方米	1 836	1 752	4.79
单位国内生产总值取水量		立方米/万元	16.7	15.5	7.74

（四平红嘴经济技术开发区管委会）

湖州经济技术开发区

【经济发展】2015 年，湖州经济技术开发区（以下简称“湖州开发区”）完成生产总值 129.45 亿元，同比增长 9.9%；规模以上工业增加值 55.89 亿元，同比增长 6.8%。全社会固定资产投资 129.51 亿元，同比增长 15.8%，其中，工业性投资 37.77 亿元，增长 7.2%。合同外资 3.3 亿美元，实到外资 2.2 亿美元；进出口总额 45.36 亿元，同比增长 2.6%；实现财政总收入 23 亿元，增长 10.13%，其中地方财政收入 14.21 亿元，同比增长 11.7%。

【深化改革】与湖州南太湖产业集聚区管委会合署办公之后，开发区迅速启动体制机制改革。在湖州市委、市政府的重视和市级部门的支持下，开发区实现了“办事不出区”的目标。行政审批改出新效率。建立一站式行政审批服务中心，在浙江省率先实现了办事不出区，中心设立“中介超市”，推行模拟审批、并联审批和全程代理等服务方式，累计办理业务 3 万余件，项目备案时间压缩至 80 天以内，提速 70%。中介收费下降 40% 以上，累计为企业节省 2 600 万元；新增市场主体 2 096 家，增长 41%，注册资本 122 亿元，增长 327%，社会投资信心明显增强。考核激励改出新激情。按照“锁定标杆、挂图作战、擂台比拼、奖惩担责”的工作要求，挂出作战图、明确时间表和立下军令状，晾晒比拼工作实绩，动真碰硬奖优罚劣。实施“大部门制”改革，出台干部绩效考核、选拔交流和能上能下等 21 项干部配套制度，开发区上下担当比拼的氛围日益浓厚。在开展“五大专项行动”中，评选出“三改一拆”“五水共治”和“阳光热线”等先进个人、先进单位，进一步打造“狮子型”干部队伍和“店小二”式服务团队。

【主导产业】2015 年，湖州开发区围绕新能源汽车、生物医药、信息经济和现代金融服务业“3+1”主导产业，坚持调结构、促转型，着力提升经济发展质量。全年生物医药、电子信息和节能环保三大主导产业实现工业总产值 50.9 亿元、占规模以上企业总产值的 29%，实现利税 5.9 亿元，占规模以上企业利税的 31.2%。全区战略性新兴产业实现工业增加值 14 亿元，占规模以上企业增加值的 25%；高新技术产业实现工业增加值 23.6 亿元，占规模以上企业增加值的 42.2%；装备制造业实现工业增加值 17.7 亿元，占规模以上企业增加值的 31.7%。各类内资市场主体 11 203 户，实有资金总额 531 亿元，同比分别增长 22% 和 42%。2015 年个转企 96 家，完成湖州市下达任务数 7 家的 1 271%，其中，转公司 48 家，转公司率为 50%，完成率大幅高于湖州市平均水平，居全市第一。

【现代服务业】2015 年，湖州开发区服务业保持了良好的发展态势。服务业增加值 81 亿元，增长 10%，服务业占比 61.4%。服务业投资 92 亿元，增长 20%，占全区固定资产投资的 71.3%。优势产业突出，服务外包产业异军突起，全年完成服务外包执行额 4 112.4 万美元。其中，离岸执行金额 2 000.97 万美元，在岸执行金额 2 111.43 万美元；企业主体不断壮大，现代商贸业蓬勃发展，奥通汽车公司、永兴物资再生利用公司、亿丰建材城、浙北农副产品交易中心、江南粮油副食品市场、天煌大酒店、青岛润泰 7 个重点培育商贸企业快速发展，实现营业收入达60亿元，同比增长13.6%。联东U谷、湖州万汇广场等服务业重大项目建设加快推进。

【四换三名】2015年，湖州开发区大力实施“四换三名”工程。“腾笼换鸟”淘汰落后产能企业7家，腾出用能空间4 371吨标准煤；“机器换人”完成设备安装调试40个，平均提高劳动生产率12%；“空间换地”实施项目20个，新增建筑面积15万平方米；“电商换市”网上销售额突破20亿元，南太湖青年电子商务园区、宁兴云一站式外贸综合服务平台相继投入运行。永兴特钢获得全国驰名商标，金莲花和新兴汽车零部件获得浙江省著名商标。

【科技创新】2015年，湖州开发区高新技术产业完成增加值17.71亿元，同比增长29.2%；完成工业总产值93.5亿元，实现销售收入90亿元、利税总额11.2亿元，其中，利润8.5亿元，同比分别增长7.4%，4.8%，14.1%和11.1%，分别占全区规模以上企业的32.2%，48.4%，58.9%和72.9%。企业自主创新能力增强。全年申请专利1 074件，同比增长28.93%，其中发明专利117件，同比增长95%；列入国家火炬计划3项、国家项目1项、省重大项目3项。科创中心平台实现倍增效应，纳入统计的41家单位实现产值5.2亿元，同比增长67.5%；销售收入5亿元，同比增长75.47%；实现利税2 991.2万元，同比增长23.97%。重点项目引进取得初步成效，已引进中科院青岛光电所、中科院北京自动化所、浙江即富数据金融处理有限公司、浙江工业大学协同创新中心湖州研究院等项目。

【人才引进】2015年，湖州开发区引进各类专业人才2 880名，其中硕士、博士以上高层次人才150名，海外高层次领军人才32名，入选市“南太湖精英计划”（项目）团队28个，省领军型创新团队1个，省“千人计划”团队（项目）2个；新入选市“1112人才工程”学术带头人23名；新建微宏动力省级重点企业研究院。全年组织申报“南太湖精英计划”项目50个，28个项目成功入选，其中创业团队21个，领军型创新团队3个，创新人才项目4个。王建勇、刘文娟2名博士人才入选省“151人才工程”第三层次人才；莫文俊、张成分别获得2015年留学人员科技活动项目择优资助重点类项目和启动类项目；全年引进外国专家项目11个，其中国家级项目2个，省级项目5个，市级项目4个；至年末，开发区有国家“千人计划”人才15人，浙江省“千人计划”人才30人，入选“南太湖精英计划”领军人才83人，分别占全市人才总数的27.6%，25.67%和19.3%。

【招商引资】2015年签约项目共66个，总投资285.6亿元，其中，20亿元以上项目5个，10亿元以上项目10个。浙商回归到位资金38.2亿元，完成年度任务的127%。完成合同外资3.3亿美元，实到外资2.2亿美元，引进总投资38亿元的智能销售终端与绿色梦网运营平台项目、总投资20亿元的南方睿泰新材料产业园和总投资16亿元的优必选智能机器人产业园等项目。积极引进财富管理、基金投资、融资租赁、互联网金融等金融新业态项目，已成功引入融汇嘉恒、中泰创展、中国网库、浙江即富金融数据处理等40多家金融平台公司。

【项目建设】2015年，开发区81个重点产业化项目完成投资56亿元，百成汽车、邦健医疗、江南车城等20个项目实现竣工投产；联东U谷、永兴特钢等重大项目加快推进。全年新增实施类省重点建设项目8个，被列入省扩大有效投资“411”重大项目11个，列入省重大产业项目5个和列入市“大好高”项目21个。进一步拓展用地空间，积极争取用地指标，做好重大基础设施项目建设保障工作，全年完成8个农转批次，农转总面积约87公顷。

【产业平台】抓住浙江省、湖州市推进“三改一拆”的工作契机，拔除影响重点区块、重点项目和重点道路的“钉子户”，加快推进西南分区、南太湖生物医药产业园、西塞山分区南片、黄芝山西拓区和康山分区等产业主平台建设，新拓展产业平台3.5平方公里。82个基础设施项目完成投资44.85亿元，康山隧道双向贯通，104 环线基本完工，各片区道路工程和基础配套工程齐头并进，平台承载能级显著提升。

【生态环保】2015 年，湖州开发区以“五水共治”为抓手，全年完成黑臭河整治提升 9 条、8.38 公里，完成样板河创建 24 条，建设完成可游泳的河 6 条，消除劣五类水质河道 6 条，完成 14 个行政村、2 734 户的农村生活污水治理工程。全面打好治扬尘、治废烟和治尾气三大攻坚战，先后开展百次联合执法；60 个建筑工地完成扬尘治理任务；弁南电镀厂、中维药业等 13 家企业小锅炉改造基本完成；城西水厂空气自动监测点位 PM2.5 日均值 63 $\mu g/m^3$，同比下降 16.72%，空气质量指数（AQI）优良率为 61.3%，同比上升 14%。

【社会民生】2015 年，湖州开发区保障和改善民生，推进基本公共服务均等化。外庄中学、夹山漾保障性安居工程、清河嘉园二期、憩园小区、杨家庄安置社区、基山安置社区和中铁十六局三公司棚户区改造等保障性安居工程有序推进；农田水利工程建设有力推动，完成 30 座农村机埠标准化改造和堤防加固 1.1 公里；农房改造开工建设 4 868 套，已完成 2 705 套，惠及 2 372 户农户，投入资金 6.3 亿元；做好社会保障，落实低保户补助资金近 483 万元；推动养老服务工作，在 25 个村开展“银龄互助”活动，累计成立 47 个老年协会，新增 1 家城市老年电大教学点，成功创建 2 家市级街道服务中心和 4 家村（社区）服务中心，先后创建了 4 个特色社区和 2 个品牌社区。持续推进美丽乡村创建工作，3 个市级美丽乡村已基本完成，6 个区级美丽乡村正在接受考核验收。切实加强农村生活污水治理工作，已完成 12 个村、2 136 户农户的治理整改。积极探索居家养老服务新模式，完成 13 个居家养老服务照料中心建设。

【机构设置与管委会领导】开发区管委会设 12 个内设机构，分别为：办公室、党群工作部、集聚区工作处、发展改革与经济贸易局、统计局、建设局、社会发展局、社会管理综合治理办公室、环境保护局、安全生产监督管理局、财政局、审计局。

开发区管委会领导班子成员为：湖州市政府党组成员、集聚区管委会主任、开发区党委书记、管委会主任施根宝；集聚区管委会副主任、开发区党委副书记、管委会副主任凌建荣；集聚区管委会副主任、开发区党委委员、管委会副主任丁泉观、徐惠荣、金卫亮、李强、姚星、徐建兵、郜世通、潘郁泉；集聚区管委会副主任、开发区管委会副主任李节；开发区党委委员、管委会副主任（兼职）、公安分局局长朱建祥；开发区党委委员、市纪委驻湖州经济技术开发区纪检组组长王艰；集聚区管委会副主任、开发区党委委员、管委会副主任、南太湖科技创新中心主任池丽萍；开发区党委委员（兼）陈共团；副调研员王文龙、王再跃、丁瑞鸣、谢士乐、李劲、杨叶盛。

（湖州经济技术开发区管委会）

吴江经济技术开发区(同里镇)

【概况】吴江经济技术开发区(同里镇)(以下简称“吴江开发区”)行政区总面积176平方公里,其中古镇保护区约1平方公里。下辖清树湾、花港、姚家庄、柳胥、吴新、淞南、三里桥、庞北、庞东、庞南、庞山、仪塔、厍浜、同兴、栅桥、叶明、方尖港、叶泽、庞杨、白龙桥、凌益、西联、龙津、田厍、文安、九里湖、湘溇、北联、合心、屯溪、屯南、白蚬湖、肖甸湖、叶建34个行政村和庞山湖、江陵、东新、鱼行、屯村、富渔、屯渔、新港、新柳溪9个社区居委会,总人口40万人,其中户籍人口约10万人。有少数民族流动人口约2 360人,少数民族户籍人口446人。

【经济发展】2015年,吴江开发区完成地区生产总值352.4亿元;工业开票销售收入1 325.8亿元;全口径财政收入73.5亿元,其中,公共财政预算收入36.6亿元;全社会固定资产投资145.7亿元;注册外资6.05亿美元,到账外资3.5亿美元;新增民资注册4.2亿元;完成进出口总额165亿美元,其中出口额100亿美元,进口额65亿美元。

【招商引资】2015年,吴江开发区新批项目25个,新增注册外资4.98亿美元。其中,注册1亿美元的维珍妮国际(苏州)有限公司、注册5 000万美元的苏州嘉亨科技有限公司、注册1 500万美元的苏州璨宇光电有限公司、注册2.9亿美元的香港绿地等优质项目相继签约落户。欧美先进制造业企业突破百家,单位面积产出和贡献在吴江全区领先。

【产业发展】2015年,吴江开发区工业经济总体平稳向上运行,各产业均有一定增幅。IT产业运行平稳,中达电子、瑞仪光电、群光电子、华冠通讯等10多家企业实施“机器换人”,转型成效明显。骨干企业瑞仪光电全年完成销售152亿元;高创电子、华丰电子、大鼎电子等企业成功实现产品和客户调整,产能加快释放;泰金宝电通新生产线全部达产,新增销售28.4亿元;常宝科技、亨通光网、璨宇光电等新企业顺利投产,产能逐步释放;大昶电脑、台表科技、凤凰半导体等企业销售保持30%以上增幅。装备制造业稳步增长,索格菲汽车部件、岱高汽车零部件、亚崴机电、中成汽车压缩机等企业营收增幅领先。智能装备产业园完成投资1.45亿元,已完成规划编制并加快基础设施建设。新能源、新材料产业保持良好发展态势,占比持续提升。强化对闲置及低效工业用地的排查,实现“退二进二”“腾笼换鸟”,全年盘活存量用地101公顷。吴江出口加工区整合优化为综合保税区,并通过验收。综保区服务大楼竣工启用,全年完成进出口监管货值100.8亿美元、工业总产值44.4亿元。

【基础建设】2015年,吴江开发区完成发展规划和公共服务设施、加油加气加电站、污水、供电、给水等各项专项规划编制,完成轨道交通4号线同里枢纽、智能装备产业园等城市设计。建成道路20公里、铺设沥青路面30万平方米,新建桥涵3座、堤岸(驳岸)7.4公里,铺设雨水管道9公里、污水管道11公里,绿化景观47.3万平方米。重点工程和城市主干道建设有力推进。运河文化公园基本完成南部景区绿化景观建设,东环南延工程和东太湖大堤工程完工并进入绿化景观施工阶段,完成庞东路整体改造工程，中山北路全线贯通。江陵互通、花园路等关键节点完成绿化47.3万平方米。

【科技创新】2015年，吴江开发区新增高新技术企业26家、省高新技术产品138项，承担国家星火计划1项，省中小企业创新基金等省级重点项目3项，苏州市级项目23项，新增苏州市级工程技术研究中心25个。获得专利授权1 598件，其中，发明专利授权252件。至2015年年底，吴江开发区累计获得发明专利783件，平均每万人26.13件。创新人才加快集聚，新增国家“千人计划”1名（累计16名）、省“双创人才”4名（累计22名）、省“双创团队”1个（累计2个）、“姑苏人才”3名（累计35名）、“吴江领军人才”12名（累计168名）。完成开发区江苏省知识产权试点园区的验收工作。加快推进与武汉大学等高校的政校企深度合作，建立开发区武汉大学国家技术转移中心。智华汽车电子、芯禾电子、微康环保、融卡智能科技以及清华大学苏州汽车研究院等多个领军人才项目产业化加速，绿控传动科技、赛伍应用科技、迈为信息技术等科技项目呈现高速成长态势。企业上市步伐加快，神元生物、同里印刷、宝达汽车、东南电梯等8家企业成功挂牌“新三板”，20家企业完成券商签约，逐步形成资本市场的吴江开发区板块。

【农村工作】2015年，吴江开发区村级经济稳步发展，村级可支配收入10 540万元，其中资产租赁收入4 571万元、对外投资收益3 823万元、农副业发包净收入1 560万元。农民人均收入28 150元。土地确权登记工作在文安、白蚬湖两个村试点的基础上，于11月完成11个村的土地确权登记工作。社区股份合作制改革在三里桥、厍浜、花港3个村试点的基础上，于12月底完成20个行政村的社区股份合作社改革工作。

【民生事业】2015年，吴江开发区90项“五心”（宜居乐居舒心工程、扶贫帮困暖心工程、繁荣文化悦心工程、重教兴学爱心工程、和谐稳定安心工程）惠民实事工程顺利实施，总投资24.2亿元。其中，山湖鸿辉苑、富土家园三期安置房建设进程加快；总投资4.2亿元的6所学校新建（扩建）工程中，淞南阳光小学、花港迎春小学姚家庄分部、笠泽初中新建、长安花苑小学改扩建工程竣工投用；开发区人民医院、乐龄公寓、屯村便民服务中心、法律综合服务中心等工程完成主体建设。天和小学被评为“江苏省特色文化建设项目学校”，并获全国文明委“未成年人道德建设”专项奖励。全面完成全民参保登记工作，社会保险参保做到应保尽保，农土保接轨城保工作在吴江全区名列前茅。灵活就业、居民医疗等社会保障服务工作协调推进。环保工作以电镀区整治、城北空气治理、淘汰燃煤锅炉、环保大检查、打击“三无三废”等整治活动为重点，排查环境风险隐患，提升开发区环境质量。

【旅游业持续提升】2015年，吴江开发区文化旅游业态持续提升，同里获评全国首批“商旅文产业发展示范镇”、首批“全国旅游价格信得过景区”。同里镇旅游营业收入6 556.78万元。成功举办第十五届同里罗星洲“暮鼓晨钟”、第七届“中国•同里油菜花节”、第十九届“中国吴江‘同里之春’国际旅游文化节”、第二十九届中国围棋“天元赛”决赛、首届中韩围棋新锐对抗赛和2015全国围棋甲级联赛——同里专场。央视摄制组走进同里，拍摄《守望端午：两代设计师的汉服情结》《何以笙箫默》《克拉恋人》《致青春2》等知名电视剧。开展中意遗产保护经验交流论坛，对历史性城镇景观在同里和意大利普里韦尔诺的应用进行比较研究。与携程、同程、驴妈妈等多家知名电商建立良好的合作关系，充分发挥苏州魅力同里网络传媒有限公司的作用，探索实践市场营销和产品推广的“互联网＋古镇旅游”新模式，实现线上线下联动，进一步激活同里旅游的活力。生态环境持续优化，成功举办“‘童’享周末——同里游艺节”“七彩夏日”以及“中秋emoji灯会”等多种活动。同里国家湿地公园工程建设“一心，四区”（旅游集散中心；森林有氧休闲区、多维湿地科普区、知青文化体验区、诗意田园度假区）的功能格局，成为江苏省唯一的国家重点示范湿地公园。

【古镇保护】2015年，吴江开发区开展古镇市容市貌治理，完成古镇南入口商铺店招店牌统一改造，启动三桥景区沿河商铺遮阳棚提升改造工程。以江南水乡古镇联合申报世界文化遗产为契机，开展历史古镇保护整治，有计划地做好各类文控、文保单位的维修工作，启动退思园、嘉荫堂、崇本堂消防安全工程，推进丽则女学旧址（教学楼）保养维修、太湖水利同知署旧址陈列、罗星洲码头照壁建设等。进一步规范古镇区私房建设联审制度。完成古镇区污水截流、东新村雨污水管网改造和天然气管道铺设、中川路和南壕弄立面改造等工程。启动实施三元桥危桥改造工程和人民桥降坡改造工程。扎实开展消防安全检查整改专项活动，组建古镇居民义务消防自救队，全面排查古镇危房和用电安全。加快推进古镇社区公共服务中心工程建设。

【党建工作】2015年，吴江开发区不断完善各项规章制度，强化首问负责制，大力践行“马上就办”，有效改进工作作风。出台《副局以上领导干部联系服务重点企业制度》，不断优化精简高效的政务环境，企业反响良好。基层组织建设持续加强，开发党建品牌“红领掌上通”，有效解决服务党员“最后一公里”问题。细化落实从严管理干部的举措，推行“动议比选任用”工作机制，激发干部队伍活力。镇人大、政协工委工作得到加强，统战、人武、双拥、关心下一代、工青妇等群团工作扎实推进。党风廉政建设进一步加强，严格执行中央及省市区相关规定，“三公”经费从严从紧支出，在去年“三公”经费大幅下降的基础上，继续保持压缩态势。

（吴江经济技术开发区管委会）

宿迁经济技术开发区

【经济发展】2015年，宿迁经济技术开发区（以下简称“宿迁开发区”）实现地区生产总值272.07亿元，同比增长10.5%。其中，第二产业增加值191.88亿元，增长13.3%；第三产业增加值66.47亿元，增长4.7%。财政总收入70.07亿元，同比下降3.4%。其中，税收收入63.73亿元，同比增长15.8%。进出口总额3.89亿美元，同比下降24.9%。其中，出口总额2.52亿元，同比增长9.0%。完成固定资产投资233.03亿元，同比增长13.7%；业务总收入649.11亿元，同比增长7.1%；社会消费品零售总额57.36亿元，同比增长10.6%。

【产业发展】宿迁开发区重点打造智能家电、食品饮料和光电“2+1”特色产业体系。累计引进工业项目超过500个，其中，规模以上工业企业139家。智能家电产业集聚了格力电器、双鹿电器、东贝机电等一批行业知名企业，计划总投资108.5亿元，诞生了宿迁市第一台电冰箱。食品饮料产业集聚了洋河股份、娃哈哈饮料、蒙牛乳业、达利食品、汇源果汁、嘉士利饼干等行业龙头企业和金田塑业、上上包装、华兴玻璃等配套包装企业65家，2015年行业销售收入达到210亿元，已经成为江苏省规模最大的食品产业基地。光电产业集聚了爱科技、爱能森等18家高科技企业，计划总投资132.4亿元。

【园区特色】宿迁开发区积极开展“审评集约化”改革试点工作，全面改革全区23项行政审批项目和4项行政服务项目，激发社会经济发展活力。启动新一轮国有企业运营管理体制改革，区属各国有企业进一步理顺了从属关系，完善了法人治理结构，“造血”功能不断增强。创新提出“一建三管”（发挥党建的核心统领作用；强化行政管理、指导自治管理、规范物业管理）工作法，全面提升城市社区治理水平，相关做法和经验得到了《人民日报》《新华日报》等主流媒体的高度关注。不断探索市场化招工机制，全年为企业推荐工人9 000余人，保障了重点企业的动态“零缺工”。

【科技创新】宿迁开发区依托“一园、一院、一器、两中心”（科技创业产业园、宿迁工业技术研究院、科技企业孵化器、国家白酒检测中心、光电科技中心），积极与西安交通大学、河海大学、南京工业大学等高等院校开展产学研合作，为企业发展提供各类技术支撑。大力开展人才助企活动，2015年引进省“双创计划”人才2名，省“333”高层次人才1人，新成立2家省级企业技术中心，2家省级工程技术研究中心。截至2015年12月底，区内已有20家企业被评为省级以上高新技术企业，2015年实现产值67.54亿元，同比基本持平。全年专利申请量825件，专利授权量589件，成功通过江苏省生态工业园区验收。

【投资促进】2015年，宿迁开发区新批外商投资项目4个，协议利用外资3.38亿美元，同比增长3.2%；新批内资企业1 355个，同比增长29%；新批内资企业注册资本金51.57亿元，同比下降16.8%。为应对经济下行、市场收缩对园区企业带来的冲击，开发区积极研究出台《扶持智能家电发展的若干意见》等政策文件，并依托京东商城等电商巨头，鼓励企业发展电子商务，开辟“线上”市场，解决销售难题。

【生态环保】宿迁开发区积极开展“一厂一档”创模及达标整治工作，对重工业企业实行“一厂一档”环保档案管理制度。持续开展大气污染、水污染防治工作，组织地下饮用水源地专项检查活动，确保农村饮用水安全。推动重点企业环保设施升级改造，大力实施燃煤锅炉整治工作，加快节能减排步伐。多措并举扎实推进废旧物资回收加工综合整治，完成全区1 686户废旧物资回收加工经营户取缔清理任务，城乡环境显著改善。

【园区建设】宿迁开发区持续加大资金投入，实施园区建设。“十二五”期间，累计新建道路80条，总里程突破150公里，“九纵八横”的主干路网全面畅通。累计整治河道45公里，总面积达150万平方米，使水系更加畅通，水生态更加完善。台商科技产业园东区、国家白酒检测中心、科技创业产业园相继建成使用，综保区11万平方米厂房和6万平方米仓库全面竣工，光电研究中心等一批重点工程顺利推进。

【社会事业】“十二五”期间，宿迁开发区累计完成教育基础设施投入超过10亿元，新增校舍面积近22万平方米。累计投入1.5亿元，高标准完成了老旧小区改造和物业整治提升，惠及群众2万余户。建立了“干部结对、企业挂钩、大户帮带、财政兜底”的扶贫机制，4 000元以下低收入群众全部脱贫。标准化卫生室实现村居全覆盖，并全部实施了基本药物制度。新建保障性住房6 122套。

【党建工作】宿迁开发区统筹推进党员教育培训、组织阵地建设等工作，新建党支部112个，培育各类党务人才316名，培训党员10万人次，党群服务中心建设全面达标，实现了党的组织和党的工作“两个全覆盖”。

【机构设置与管委会领导】宿迁经济技术开发区现有党政办公室、组织宣传部、建设局、财政局、经济发展局、政务服务中心、投资促进局、综合执法局、监察审计局、政法和社会管理办公室、安全生产监督管理局、城管分局12个内设部门；数字化城市管理指挥中心和协助海关监管队2个下属事业单位；宿迁经济技术开发区智能家电产业招商服务局、食品饮料产业招商服务局、光电产业招商服务局3个招商服务局；宿迁经济技术开发区台商科技产业园管委会、宿迁经济技术开发区科技创业产业园管委会、宿迁综合保税区管委会3个园区；2014年设立了宿迁经济技术开发区人大工作办和政协工作办。

宿迁经济技术开发区领导班子成员为：市委常委、开发区党工委书记张昊；党工委副书记、管委会主任高玉华；党工委副书记李井泉；管委会副主任李莹；党工委委员、管委会副主任张大勇、魏猛、孟献国、许彬；党工委委员、纪工委书记何杰；党工委委员、管委会副主任、政法委书记、公安分局党委书记、局长张延来；党工委委员、管委会副调研员谢兢玄；党工委委员、智能家电产业招商服务局局长朱前春；党工委委员、政法和社会管理办公室主任胡明；党工委委员、台商科技产业园管委会副主任石斌。

2014—2015年宿迁经济技术开发区主要经济综合指标一览表

项目	单位	2015年	2014年	增减（%）
开发区生产总值	亿元	272.07	246.22	10.5
第二产业	亿元	191.88	169.36	13.3
工业	亿元	174.55	152.58	14.4
第三产业	亿元	66.47	63.49	4.7
工业总产值（现价）	亿元	450.62	399.22	12.9
高新技术企业	亿元	67.54	68.01	−0.7
销售（营业）收入	亿元	649.11	605.97	7.1
第二产业	亿元	492.51	465.33	5.8

续表

项目		单位	2015年	2014年	增减（%）
工业		亿元	431.68	389.75	10.8
第三产业		亿元	156.61	140.64	11.4
利润总额		亿元	98.02	86.50	13.3
第二产业		亿元	84.52	75.17	12.4
工业		亿元	80.37	71.21	12.9
第三产业		亿元	13.50	11.33	19.2
区内主导产业及产值		亿元	339.08	308.36	10.0
主导产业	1．食品饮料业	亿元	218.88	194.17	12.7
	2．橡塑业	亿元	66.65	71.11	-6.3
	3．纺织服装业	亿元	53.55	43.08	24.3
进出口总额		亿美元	3.894 6	5.182 5	-24.9
出口		亿美元	2.525 4	2.316	9.0
财政收入		亿元	70.07	72.53	-3.4
税收收入		亿元	63.73	55.02	15.8
公共财政预算支出		亿元	29.88	21.36	39.9
新批企业数量		家	1 359	1 062	28.0
外商及港澳台企业		家	4	12	-66.7
内资企业		家	1 355	1 050	29.0
新批企业投资额	外商及港澳台企业	亿美元	3.377 9	3.274 4	3.2
	内资企业	亿元	51.57	62.00	-16.8
	增资企业	亿元	12.14	16.66	-27.1
“四上”企业数量		家	331	306	8.2
合同外资金额		亿美元	3.377 9	3.274 4	3.2
外商实际投资		亿美元	0.023	0.426 4	-94.6
固定资产投资		亿元	233.03	204.93	13.7
年末从业人员		万人	8.30	8.20	1.2
万元GDP能耗		吨标煤／万元	0.16	0.18	-11.1
水资源消耗总量		万立方米	506.77	540.25	-6.2
单位国内生产总值取水量		立方米／万元	2.09	2.32	-9.9

（宿迁经济技术开发区管委会）

义乌经济技术开发区

【概况】义乌经济技术开发区（以下简称“义乌开发区”）成立于1992年，1994年8月经浙江省人民政府批准为省级经济开发区，2009年经省人民政府批准为全省首批整合提升试点单位，整合区域面积83.92平方公里。2012年3月经国务院批准升级为国家级经济技术开发区，2014年10月经浙江省人民政府批准实施第二批开发区深化整合提升，区域面积达到126.72平方公里，其中核心区块面积为63.52平方公里。

【经济发展】2015年，义乌开发区（整合提升区）拥有规模以上工业企业508家，实现规模以上工业总产值646亿元，同比增长13.75%；实现进出口总额33亿美元，同比增长32.53%；实现财政总收入52.7亿元，税收收入55.2亿元。

【招商引资】以培育主导产业、壮大产业链为突破口，重点推进产业性专业招商、龙头企业带动集群化招商。与吉利集团、德国鲁道夫·沙尔平战略咨询公司等重点企业开展战略合作，大力开展以商引商。2015年，义乌开发区引进总投资2亿元人民币以上的内资项目38个，新批准设立的外商及港澳台投资企业10个。引进吉利集团义利动力总成项目，总投资75亿元；引进由世界500强正大集团、康地集团投资的中央厨房、肉制品深加工及配套项目，总投资24.4亿元；签订吉利英伦新能源整车项目框架协议，总投资72亿元。

【产业发展】义乌开发区拥有袜业、拉链、纺织等10多个传统行业的优势产业集群，培育了浪莎袜业、三鼎织带等一批行业领军企业。2015年，义乌开发区纺织服装服饰、纺织业、化纤制造业产值425亿元。按照转型创新发展的新要求，义乌开发区积极培育以时尚产业、汽车整车改装及零部件、生物医药及健康产业为主导的新兴产业、以总部经济为代表的现代服务业。一是汽车装备制造业高速发展。围绕锋锐发动机、义利动力总成、赵龙特种车等重点项目和核心企业，以整车制造为目标，逐渐加快上下游产品的辐射扩张，积极打造汽车产业链。二是生物医药健康产业水平显著提升。大力推进正大康地中央厨房、健惠生物医药孵化平台项目建设，积极挖掘森宇总部型项目、海之纳大米蛋白等项目的发展潜力，引进二期项目建设。三是时尚新兴产业加速成型。在浪莎、华鼎、年年红等时尚产业优势的基础上，鼓励传统企业在品牌、创意、设计等方面努力转型升级，逐渐形成较大规模的时尚新材料产业基地。

【项目建设】2015年，义乌开发区实现固定资产投资232亿元。其中，义利动力总成项目已开工建设，锋锐发动机项目已实现产品下线，福奥轮毂、海之纳大米蛋白实现部分投产，世宝方向机、赵龙特种车等项目正在加快厂房建设。总用地约51公顷、总投资300亿元的义乌开发区总部经济园是浙江省开发区特色品牌园区。其中，总部经济区、文化广场、万达广场以及浙铁绿城高档住宅区、医院、银行等城市配套项目正在全速推进中。加快推进新开发区域的路网建设，完成戚继光路、城店南路等5条道路建设，构筑义乌开发区“四横六纵”快速及框架性主干路系统。污水改造、变电所建设等工程稳步推进，重大项目的供水供电体系进一步完善。

【园区建设】为实现产业的集聚发展和产城的融合发展，义乌开发区积极谋划品牌园区和特色小镇建设。一是与吉利集团合作，以赤岸南青口区块为核心，打造集新能源整车、动力总成、汽车零部件及周边产品研发制造，并融合工业旅游、汽车主题旅游、休闲健康运动等功能为一体的“义乌市绿色动力小镇”。二是与德国鲁道夫•沙尔平战略咨询公司合作建设中欧（义乌）智造园，规划面积6.92平方公里，总投资400亿元，在建设绿色动力小镇的基础上，大力引进欧洲发达国家的产业技术、发展理念和管理经验，重点发展汽车关键零部件、高端智慧装备、节能环保等产业，建设成为国际一流的生态智造区、可持续发展的示范区和国际合作交往的重要平台。

【科技创新】2015年，义乌开发区有高新技术企业50家，省级及以上研发机构51个，技改投入62.9亿元。继续加强义乌高层次人才创业园、国家级博士后工作站等科技平台建设，强化科技人才工作站功能，依托开发区的政策及区位优势，重点吸引高层次人才创业创新项目，培育新兴高新技术企业，实现人才引进与项目、产业的良性互动。义乌高层次人才创业园已引进“国千”“省千”、教授、高工等高层次人才团队及科技企业、科研中心22个，引进总投资1.2亿元的健惠生物医药孵化平台项目。

【管理与服务】义乌开发区认真贯彻执行重大项目联系责任制，制定《义乌经济技术开发区2015年度有效投资百日攻坚》，对项目进行全程跟踪管理。进一步完善项目推进协调机制，通过联席会议、协调会议等方式，有效对接市相关部门、镇街，共同解决道路建设和企业落地方面的问题。为进一步加快推进重大产业项目建设，抽调人员专门成立重大项目指挥部，及时协调解决项目推进中的问题。在开发区内部专门设立企业服务中心，为入驻企业提供“一站式”全程代办服务，协调解决企业职工生活、子女入学等问题，努力建立优质的服务环境。

【机构设置与管委会领导】《关于支持义乌经济技术开发区发展的若干意见》（义政办发〔2015〕38号）于3月11日下发，明确了义乌开发区的开发范围、主导产业，建立了开发区、部门、镇街互促共享的开发体制。

义乌经济技术开发区管委会下设办公室、招商局、经贸科技局、建设局、财政局5个内设机构；监察审计分局、国土分局、规划分局3个派驻机构；另有义乌经济技术开发区开发有限公司为建设平台（主体）。中共义乌经济技术开发区委员会由项明生、吴小平、黄华、季小丹、龚英浩等5名同志组成，项明生同志任党工委书记、管委会主任。

（义乌经济技术开发区管委会）

招远经济技术开发区

【经济发展】2015年，招远经济技术开发区（以下简称“招远开发区”）地区生产总值实现486.7亿元，同比增长9.1%；财政收入完成60.7亿元，同比增长22.4%；公共财政收入完成37.3亿元，同比增长23.49%；税收收入完成40.2亿元，同比增长21.31%；固定资产投资完成281.2亿元，同比增长36.08%。

【产业发展】招远开发区坚持做大做强装备制造业，培育发展战略性新兴产业，改造提升传统产业，加快发展现代服务业，已成为江北最大的黄金精深加工产业基地、电子材料高科技产业化基地、全国重要的高档轮胎生产研发基地、汽车零部件配套基地以及江北最大的黄金珠宝首饰和皮草交易集散地。

开发区培育以黄金、轮胎及汽车零部件、机械制造、新型电子材料、食品五大产业为主导，以黄金创意产业园、高科技产业园、电子产业园等十大园区为支撑的发展格局。2015年，规模以上工业总产值完成1 220亿元，同比增长10.27%；规模以上工业主营业务收入完成156.4亿元，同比增长0.2%；限额以上批发业销售额完成60.9亿元，同比增长50%；限额以上零售业零售额完成14.2亿元，同比增长66.8%。

【招商引资】招远开发区牢固树立招商引资是开发区生命线的意识，确定安商是最好招商的服务理念，改变原来“漫天撒网”的粗放式招商方式，进一步调整领导分工、充实招商力量、成立专业工作组，围绕培育特色产业优势，瞄准与开发区主导产业对接性强和符合未来发展方向的国内外大企业、大的投资基金、产业园区开发商和运营商，实施有针对性的精准化招商。2015年，招远开发区在谈项目25个，总投资100亿元，其中外资项目6个，总投资2亿美元。完成进出口总额20.4亿美元，实际使用外资1.32亿美元，分别增长15.5%和65.4%，全面掀起了“二次创业、赶超发展”的热潮。工作中，重点启动黄金创意产业园、电子商务产业园、文化创业孵化示范基地三大板块招商建设。中国金都山东招远国际黄金创意产业园已经中国黄金协会批准设立；电子商务产业园入驻电商企业和创业团队45家，招远汇、中国金都黄金珠宝首饰在线商城、淘宝特色中国招远馆三大电商平台上线运营；金街文化创业孵化示范基地已引进100多家文化类、培训类等机构入驻。

【项目建设】2015年，招远开发区牢固树立项目建设是生命力的意识，进一步强化挂图作战、现场督导、领导包帮等工作方法。开展“奋战100天”活动，持续推进总投资407亿元的47个市级重点项目建设，全年完工项目25个，投产项目13个。同时，扎实做好服务企业的工作，烟台黄金职业学院经省政府批复同意设立，区内企业申报专利12项，1家企业在上交所上市，3家企业在“新三板”上市。

【基础设施建设】2015年，招远开发区基础设施建设总投资1.6亿元，全年完成道路硬化2.5公里，硬化面积2.8万平方米。东城新区地下配套工程基本完成，滨海科技产业园基础配套不断完善，并完成了贺利氏工业园、金潮电子工业园、金宝电子工业园等重点园区各项配套工程，基础设施的支撑能力和服务功能进一步提高。8个旧城旧村改造项目全面启动，已建成楼宇179座，幼儿园及公共设施配套共11处。加快国家生态工业示范园区创建，已成功获批创建省级示范园区。

【科技创新】2015年，招远开发区全面启动山东理工研究院和哈工程、哈工大技术转移中心建设，已有国家级黄金知识产权信息中心、国家级轮胎实验中心、2家博士后工作站、2家院士工作站、5家省级工程技术中心、9家烟台级工程技术中心、12家省级高新技术企业、5处市级以上创业孵化基地，为“大众创业、万众创新”打造了坚实的平台。

【机构设置与管委领导】招远经济技术开发区现辖温泉街道、大秦家街道和滨海科技产业园，区机关目前共设“六局一室一部”，分别为：投资促进局（负责国内外招商引资工作）、经济发展局（负责项目建设、企业服务工作）、财政审计局（负责财政、税收工作）、环境保护局（负责土地征用和环保工作）、规划建设局（负责旧村改造和基础设施建设工作）、人力资源局（负责劳动保障、人力服务工作）、党政办公室（负责综合协调、对内对外接待服务工作）和党群工作部（负责全区组工、文秘、维稳、督查等工作），形成了设置合理、运作规范、协调一致的体制架构。市行政审批中心设在开发区，30多个部门统一进驻，实行一门受理、并联审批、限时办结的“一条龙、一站式服务”，为全区经济发展和社会进步提供一流的软环境。

开发区领导班子成员为：工委委员、管委会副主任王炳波、战会文；工委委员、温泉街道工委书记于希江；工委委员、大秦家街道工委书记、市东城新区建设办公室主任冷海祥；工委委员、市东城新区建设办公室副主任付绍泉；工委委员、纪工委书记于敏强；工委委员、环境保护局局长赵波；工委委员、党群工作部主任、工会工作委员会主任、机关工会主席赵军伟。

2014—2015年招远经济技术开发区主要经济综合指标一览表

项目		单位	2015年	2014年	增减（%）
开发区生产总值		亿元	486.616 4	445.774 9	9.16
第二产业		亿元	279.755 9	266.688 4	4.89
工业		亿元	264.665 7	252.778 3	4.70
第三产业		亿元	202.621 1	174.954 5	15.81
工业总产值（现价）		亿元	1 221.602 9	1 115.797 1	9.48
高新技术企业		亿元	299.688 6	277.282 8	8.08
销售（营业）收入		亿元	1 260.367 5	1 178.530 3	6.94
第二产业		亿元	1 164.464 9	1 102.699 4	5.60
工业		亿元	1 156.984 8	1 090.563 0	6.09
第三产业		亿元	92.119 6	73.259 3	25.74
利润总额		亿元	67.316 5	70.851 9	-4.99
第二产业		亿元	51.663 5	57.204 4	-9.69
工业		亿元	51.005 6	56.569 7	-9.84
区内主导产业及产值		亿元	945.717 3	886.490 6	6.68
主导产业	1. 黄金业	亿元	777.184 4	731.605 4	6.23
	2. 轮胎汽车零部件业	亿元	110.893 2	101.253 8	9.52
	3. 机械制造业	亿元	26.299 7	24.297 6	8.24
	4. 新型电子材料业	亿元	14.685 6	13.826 9	6.21
	5. 食品加工业	亿元	16.654 4	15.506 9	7.40
第三产业		亿元	15.653 0	13.647 5	14.69

续表

项目		单位	2015年	2014年	增减（%）
进出口总额		亿美元	20.448 3	17.697 1	15.55
出口		亿美元	13.240 0	11.443 8	15.70
财政收入		亿元	74.097 3	60.760 4	21.95
税收收入		亿元	40.177 5	33.117 5	21.32
新批企业数量		家	241	280	−13.93
外商及港澳台企业		家	12	12	0
内资企业		家	229	268	−14.56
新批企业投资额	外商及港澳台企业	亿美元	1.621 8	1.237 0	31.11
	内资企业	亿元	9.495 5	7.374 3	28.76
规模以上企业数量		家	240	245	−2.04
合同外资金额		亿美元	1.621 8	1.237	31.11
外商实际投资		亿美元	1.316 0	0.795 8	65.37
固定资产投资		亿元	281.166 9	206.608 8	36.09
年末从业人员		万人	10.144 2	8.812 8	15.11
万元GDP能耗		吨标煤／万元	0.170 9	0.179 5	−4.80
水资源消耗总量		万立方米	560.9	516.6	8.59
单位国内生产总值取水量		立方米／万元	2.396 5	2.387 7	0.37

（招远经济技术开发区管委会）

海安经济技术开发区

【经济发展】海安经济技术开发区（以下简称“海安开发区”）地处长三角北翼，是江苏沿海开放型经济发展的高端平台，坐拥“公铁水”交通枢纽优势，汇聚“两带一路”等国家战略优势，同时承接上海自由贸易试验区、苏南国家自主创新示范区及南京江北新区的辐射，是江苏长江以北第一家落户县级城市的国家级经济技术开发区。2015 年，海安开发区实现地区生产总值 424.62 亿元，其中第二产业增加值 268.15 亿元，第三产业增加值 148.79 亿元；实现税收收入 61.36 亿元，公共财政预算收入 40.17 亿元；实际使用外资 2.35 亿美元，完成外贸进出口总额 14.38 亿美元。2015 年，海安开发区被确认为“江苏省南北挂钩园区”和“南通市机器人特色产业基地”。

【产业建设】2015 年，海安开发区坚持工业强区战略不动摇，引导、扶持、服务三举并重，制定一系列激励扶持政策，及时为企业提供融资、用工等服务保障，协调解决企业生产经营中遇到的各类问题，努力为企业发展营造良好的区域环境，形成高端装备制造、新能源新材料、汽车及零部件、现代纺织、现代商贸物流、软件及服务外包、高档家具、现代农业八大产业集群。工业经济实现稳中快进。上柴动力、骆氏减震件、远东新材料、启弘纺织、水星家纺、金锻工业等重点项目产能迅速放大，成为新的工业经济增长点。上海交大博睿首台食品包装机器人正式交付。2015 年，全区完成工业总产值 1 163.11 亿元，实现规模以上工业企业主营业务收入 1 017.37 亿元，规模以上工业增加值 224.95 亿元。拥有省级及以上名牌产品的企业 31 家。服务业提速快进。甘肃国际陆港华东物流基地、上海铁路局海安物流基地启动运行，中亚班列、汽车专列海安首发。苏中苏北唯一的上海期货交易所有色金属指定交割库投入使用，东部全球家具博览中心开业运营。海安淘金创谷成功落户，阿里巴巴·海安产业带上线运行。开发区成功举办2015 中国大宗商品·电子商务与现代物流发展论坛。鑫缘集团荣获中国质量提名奖。

【科技创新】2015 年，海安开发区产业结构持续优化。构建“地毯式、全覆盖、人盯人”的科技创新推进机制，实现规模以上高技术制造业产值 610.92 亿元。创新支撑力持续增强。开发区新建常州大学海安高新技术产业研究院，建成启弘纺织、骆氏减震等企业研究院 8 家，集聚机器人产业研究院 5 家，每万人口发明专利拥有量达到 109.4 件，拥有省级及以上研发机构 64 家，高新技术企业 84 家，高新技术企业主营业务收入占比达 27.7%。创新人才持续集聚。硕士及以上学历的人才数量占比达 2.5%，具有高级职称的专业技术人才占比达 4.98%，高技能人才占比达 15.58%，人才综合竞争力得到有效提升。

【投资促进】2015 年，海安开发区扎实推进境外招商，新增境外招商机构 6 个，瞄准欧美、日、韩及我国港台地区，全面开展精准化招商。打响中意合作共建“中意海安生态园”的国际品牌，设立驻意大利招商机构，开展中意双方政府层面互访 4 次。成功举办第三届中国国际积极心理学大会幸福家庭海安论坛，落户清华大学幸福科技实验室。国际合作园区中意海安生态园建设取得实质性进展，生态产业基地进驻企业3家，企业研发创新区进驻企业25家，低碳生活区进驻意大利精品家具展销馆、意大利风情街、南通理工大学海安校区等项目8个。策应“一带一路”战略，鼓励支持优势企业“走出去”。联发纺织孟加拉AKH工厂和柬埔寨AMM工厂产销两旺。积极争取政策性银行贷款取得重大突破，和信科贷成为全国首家“新三板”挂牌的科贷公司。推进外贸便利化建设，海关办事处成功获批。

【基础建设】新启动南湖大道、晓星大道改造等交通网络建设，完善全区主次干道及特色园区绿化配套，持续开展河道综合整治、安置房小区管网连接，全区污水管网达到全覆盖，园区承载力实现质的提升。上湖新城总部经济区次干道、环湖路、学校周边次干道等基本建成，中意海安生态园起步区选定国际知名的波捷特（北京）建筑设计顾问有限公司进行建筑设计，着力打造低碳、绿色建筑亮点。实施“增绿”工程，通榆路、上湖大道等城区主干道绿化品质明显提升。

【社会事业】城乡居民养老保险参保率达到98%以上，新农合、城镇居民医疗保险参保率均为100%。民生实事有效落实。全面启动农村留守儿童、困境儿童精准关爱工程。社区慈善工作站、社区居家养老服务中心（站）实现全覆盖。上湖学校建成投入使用；南通理工学院海安校区开工建设；社会管理加快规范。开发区全面推行“党组织+社区居委会+社区物业”的管理服务体系，为民服务中心、一站式服务大厅、农贸市场、社区卫生服务站等配套设施不断健全，使更多的百姓实现住有所居、居得其优。

【生态环保】大力发展循环经济。引导工业污染源治理从末端治理向源头治理全过程控制、从单纯治理向调整结构的方向转变。以中意海安生态园循环经济建设基地——常熟高新区海安工业园为蓝本，推行清洁生产，建立清洁生产帮扶机制，培育循环经济示范企业。全区单位万元地区生产总值能耗0.21吨标准煤，单位万元地区生产总值水耗5.8立方米，再生水（中水）回用率达到15.4%。持续改善生态环境。严格落实“现代、精致、增绿、便民”的工程规划，实施路河交错、沿路滨水的休闲园林工程，推进透空式、庭院式绿化建设，建成“10分钟绿地休闲圈”。强化大气污染联防联控，秸秆禁烧禁抛与综合利用取得新成效。着力推进清水工程。一、二级河道市场化保洁，三、四级河道“以河养河”，生态保洁实现全覆盖。推进道路两侧绿地建设和改造升级，不断完善城区主次干道和支路两侧绿岛绿带升级改造。全区森林覆盖率达到24%。

【党建工作】坚持“一把手”亲自抓党建、职能部门分工负责密切配合的党建工作机制，坚持正常的党建工作例会制度，认真开展党总支书记“双述双评”工作，接受全体党员的评议。党工委领导班子负责人坚持每月开展基层党建调研，推进落实党建任务。开发区副科职以上领导干部坚持每月到党建联系点指导党建工作5次以上。狠抓非公企业的党建工作。打造联发集团“群众事务党员干部代理”、海迅集团“家文化”、通润汽车零部件“红色千斤顶”、跃通数控“幸福党建”、信拓集团“牛文化”、昌荣机电“党工共建”、福克斯新能源“红色引擎”等一批非公企业党建品牌。

【机构设置与管委会领导】海安经济技术开发区管委会设立13个机构：纪工委、办公室、党群工作局、科技和经济发展局、招商一局 、招商二局、建设局、农村工作和社会事业局、政法和社会建设局、安全生产监督管理局、财政局、重大项目管理办公室、江苏海安软件科技园管委会。

海安经济技术开发区管委会领导成员为：党工委副书记王荣贵；党工委委员、管委会副主任钱亚洲、任永峰、王晓红、吴建华；党工委委员、纪工委书记吴玲。

2014—2015 年海安经济技术开发区主要经济综合指标一览表

项目		单位	2015 年	2014 年	增减（%）
开发区生产总值		亿元	424.62	385.67	10.10
第二产业		亿元	268.15	243.11	10.30
工业		亿元	247.20	223.71	10.50
第三产业		亿元	148.80	134.54	10.60
工业总产值（现价）		亿元	1 163.11	1 013.16	14.80
高新技术企业		亿元	501.40	438.87	14.25
销售（营业）收入		亿元	2 002.58	1 769.06	13.20
第二产业		亿元	1 454.50	1 281.49	13.50
工业		亿元	1 125.50	985.55	14.20
第三产业		亿元	453.83	361.33	25.60
利润总额		亿元	154.70	132.67	16.61
第二产业		亿元	137.20	116.62	17.65
工业		亿元	100.80	84.77	18.91
区内主导产业及产值					
主导产业	1. 高端装备制造业	亿元	300.83	268.83	11.90
	2. 现代纺织业	亿元	278.12	242.26	14.80
	3. 新能源新材料业	亿元	216.83	176.14	23.10
进出口总额		亿美元	14.38	22.70	−36.65
出口		亿美元	12.08	19.70	−38.68
财政收入		亿元	107.06	93.58	14.41
税收收入		亿元	61.36	52.85	16.10
财政支出		亿元	106.40	93.42	13.89
新批企业数量		家	915	785	16.56
外商及港澳台企业		家	22	23	−4.35
内资企业		家	893	762	17.19
新批企业投资额	内资企业	亿元	133	118.64	12.10
	增资企业	亿美元	1.10	0.90	22.22
规模以上企业数量		家	1 106	1 023	8.11
外商实际投资		亿美元	2.35	3.10	−24.19
固定资产投资		亿元	477.74	412.20	15.90
年末从业人员		万人	10.47	10.12	3.46
万元 GDP 能耗		吨标煤 / 万元	0.21	0.22	−4.55
水资源消耗总量		万立方米	1 863.80	1 623.67	14.79
单位国内生产总值取水量		立方米 / 万元	4.38	4.21	4.04

（海安经济技术开发区管委会）

石家庄经济技术开发区

【经济发展】2015年，石家庄经济技术开发区（以下简称“石家庄开发区”）实现地区生产总值220.6亿元，同比增长6.7%；工业总产值1 078.2亿元，同比增长7.1%；财政收入53.99亿元，同比增长2.1%；固定资产投入95.14亿元，同比增长2.5%；进出口总额2.96亿美元，同比增长30.4%；实际利用外资1.077亿美元，同比增长5.9%。

【投资促进】2015年，石家庄开发区继续发展壮大生物医药、装备制造、轻工食品三大传统产业，按照开发区“产业转型升级、跨越赶超”的发展思路，瞄准世界知名、行业领先的规模型、支撑型、带动型和效益型的项目，进一步加大引进电子、通讯、物流等战略性新兴产业项目的力度，尤其是世界500强企业。全力争引经济效益和品牌效益双佳的优质项目，年内共引进项目18个，引进外域资金84.5亿元，包括总投资12.3亿元的君益湘江年产600万片薄膜晶体管液晶显示器项目、总投资40.3亿元的中电投良村电厂二期、总投资11.2亿元的河北友来大运汽车制造、总投资7.8亿元的宇惠制药、总投资4.3亿元的能客微工厂孵化中心等，其中超亿元项目16个，超10亿元项目3个。

【项目建设】2015年，石家庄开发区全面落实项目跟踪负责制，年内总投资345.1亿元的46个项目全面推进。总投资66亿元的华药7-ACA及环保车间、石药服务中心、中农博远、威远药业、四方通信纵横光缆、可口可乐二期、石药升级改造等7个项目顺利竣工投产；总投资78.5亿元的四方通信全光网络技术工程研究中心、山岭海河置业有限公司、威纳邦日化、宇惠制药、桃李食品、地表水厂、河北柯瑞生物医药、河北友来大运汽车等9个在建项目进展顺利，部分项目已竣工进入试生产阶段。开发区先后与宇惠制药、河北柯瑞、河北友来大运汽车、君益湘江、河北飞诺迪电子科技签约，继续保持项目建设“四个一批”的良好局面。

【投资环境】2015年，石家庄开发区按照“对标主城区、管理精细化”的要求，全力推进总投资17.8亿元的道路、供电、供热、交通等六大类配套工程建设，不断提升园区项目承载能力。世纪大道、塔东大街全线贯通，南延路、工业大街、塔西大街等5条道路建设工程过半，新赵线雨水管网、提升泵站即将完工，110千伏北邑顺利完成增容，110千伏杨子站正式投用，投资8亿元的南水北调地表水厂及52公里供水管道工程顺利启动；污水处理厂中水回用及污泥深度处理项目改造到位，实现稳定达标排放；先后完成工业大街、塔西大街等部分路段及3个公园9万平方米的苗木绿化、307跨路形象牌、商业街包装改造等形象提升工程，实现了城区的绿、洁、亮、美。

【产业发展】2015年，石家庄开发区按照“省会生物医药基地和现代化制造业中心”的发展定位，争引相关优质产业项目入驻。全区注册企业513家，工业总投资达460亿元，建成较大规模项目130多个，拥有世界500强参股企业10家、上市公司9家、大型央企6家、中外合资企业15家，形成了以华药、石药、四药等知名医药企业为代表的生物医药产业集群，以新宏昌天马、中农博远、太行机械为代表的装备制造产业集群，以石家庄卷烟厂、青岛啤酒、可口可乐、益海粮油为代表的轻工食品产业集群和以四方通信、河冶科技为代表的战略性新兴产业集群，四大主导产业产值占到全区产值的95%以上，培育了“华药”“石药”“欧意”“石门”“金龙鱼”“青啤”“同福”“香满园”“钻石”“桃李”“可口可乐”等一批知名品牌。开发区产业特色鲜明，经济活力强劲，产业的影响力和竞争力不断增强。

开发区内生物医药及相关企业已达50余家，涵盖生物制药、化学制药、医药中间体、中成药、医疗设备、医药包装材料等领域。华北制药集团、石家庄制药集团的主要生产企业和石家庄四药有限公司等知名医药企业在开发区安家落户，主导产品半合成抗生素的生产规模和生产能力居全国领先地位，是我国目前最大的抗生素原料药和粉针剂企业最集中、最密集的生产基地。华药集团华民药业有限公司是生产新头孢系列单体最大的厂家，石家庄四药有限公司的软包装大输液制剂市场占有量列全国第一位，华药集团华胜有限公司的硫酸链霉素、双氢链霉素占世界总量的65%，石药集团恩必普有限公司研发的丁苯酞软胶囊是具有自主知识产权、治疗预防脑卒中的国家一类新药。开发区已形成医药门类比较齐全、生物产业比较集中的医药产业群和生物产业链，为石家庄“中国药都”的建设发挥着重要作用。

开发区内机械装备制造企业40余家，石家庄动力机械厂、河北太行机械工业公司、河北宏昌天马改装车公司、河北富士华金刚石有限公司、中农博远装备有限公司、石家庄精工化工设备公司、石家庄石特阀门公司、河北浩森不锈钢公司等一批较大规模的企业入驻开发区。石家庄动力机械厂是全国矿山、森林专用机车的定点生产企业，河北太行机械工业有限公司是全国最大的纺织机械生产厂家，中农博远装备有限公司是全国最大的农用收割机生产厂家，河北宏昌天马改装车公司自卸车在华北市场占有较大份额，石家庄石特阀门公司的生产规模位居全国同行三甲，形成了省会周边乃至华北地区最具发展潜力、最具竞争活力、最具影响力的机械装备制造业中心。

开发区内现有食品类企业20余家，由世界500强美国ADM公司和新加坡丰益面粉有限公司合资建设的益海(石家庄)粮油工业有限公司，总投资8亿元，日加工小麦面粉2 000吨、花生油600吨、棉籽油1 000吨，是河北省农业产业化龙头企业；投资6亿元的青岛啤酒（石家庄）有限公司，年产20万千升优质青岛啤酒、崂山啤酒；由中粮集团和可口可乐两家世界500强合资建设、总投资5亿元的中粮可口可乐河北厂可年产9 500万标箱可乐饮品；投资2亿元的桃李面包在全国食品行业异军突起，投资1.2亿元的石家庄同福食品有限公司，其同福碗粥生产规模和能力居全国第二，占市场份额的30%；总投资10亿元的河北白沙烟草有限责任公司石家庄卷烟厂，年产“钻石牌”优质香烟60万标箱。

在发挥优势产业的基础上，开发区努力调整产业结构、转变增长方式，大力发展电子、通讯、物流业等信息产业。河冶科技有限公司生产的高速钢、粉末钢达到世界领先水平，主要应用于航空航天领域，“神九”飞船关键部件产自河冶科技。四方通讯公司是全国最大的光纤活动连接器生产商，并着手在通讯光缆领域进行开发。年内，四方通信纵横光缆项目竣工，全光网络技术工程研究中心项目进展顺利，智能宽带无线城域网项目具备开工条件，3个新上项目将为四方通信后续发展提供强大动力。

【社会事业】2015年，石家庄开发区以到村蹲点服务为契机，坚持领导分包联系点和蹲点服务制度，有效解决农村村民住宅楼建设、失地农民保险、医疗等事关群众切身利益的热点难点问题；社会保险范围进一步扩大，新农合、新农保参保率均在98%以上；进一步拓宽就业渠道，先后安排254名失地农民在区内企业就业，对105名青年进行职业技能培训。同时，健全最低生活保障、特殊群体服务保障制度，实施失地农民养老保障政策，开发区群众的幸福指数大幅度提高，享受到更多的发展成果。

【机构设置与管委会领导】石家庄经济技术开发区管委会下设10个部门：管委会办公室、党工委办公室、财政局、劳动人事局、行政审批局、招商部、规划建设部、经济管理部、经济监督部、农村工作部。

开发区管委会领导成员为：党工委书记李华强；管委会主任张群书；党工委副书记、管委会副主任贾书莉、刘栋侠；管委会副主任潘大保(挂职)；党工委副书记魏振锁；党工委委员、管委会副主任章海东；党工委委员景建华。

2014—2015年石家庄经济技术开发区主要经济综合指标一览表

项目		单位	2015年	2014年	增减（%）
开发区生产总值		亿元	220.6	206.2	6.7
第二产业		亿元	202.9	189.6	7.1
工业		亿元	202.9	189.6	7.1
第三产业		亿元	13.2	12.3	6.9
工业总产值（现价）		亿元	1 078.2	1 005.7	7.2
高新技术企业		亿元	101.5	92.2	10.1
销售（营业）收入		亿元	1 071.6	1 003.4	6.8
第二产业		亿元	974.8	910.3	7.1
工业		亿元	974.8	910.3	7.1
第三产业		亿元	68.3	63.4	7.8
利润总额		亿元	101.8	101.3	0.5
第二产业		亿元	98.1	95.6	2.6
工业		亿元	98.1	95.6	2.6
区内主导产业及产值		亿元	1 034.8	967.7	6.9
主导产业	1．生物医药业	亿元	452.4	422.4	7.1
	2．装备制造业	亿元	129.7	122.1	6.2
	3．轻工食品业	亿元	347.3	326.7	6.3
	4．战略新型材料业	亿元	105.4	96.5	9.2
第三产业		亿元	52.0	39.1	33.0
进出口总额		亿美元	2.96	2.27	30.4
出口		亿美元	2.84	1.37	107.3
财政收入		亿元	53.99	52.90	2.1
税收收入		亿元	52.73	51.52	2.4
财政支出		亿元	2.19	2.17	0.9
新批企业数量		家	38	37	2.7
外商及港澳台企业		家	2	2	0
内资企业		家	36	35	2.8
新批企业投资额	外商及港澳台企业	亿美元	1.08	1.02	5.9
	内资企业	亿元	92.10	90.80	1.4
	增资企业	亿美元	1.08	1.02	5.9
规模以上企业数量		家	75	68	10.2
合同外资金额		亿美元	1.08	1.02	5.9
外商实际投资		亿美元	1.08	1.02	5.9
固定资产投资		亿元	95.14	92.85	2.5
年末从业人员		万人	1.93	1.87	3.2
万元GDP能耗		吨标煤／万元	0.42	0.46	-8.7
水资源消耗总量		万立方米	1 890	2 057	-8.8
单位国内生产总值取水量		立方米／万元	8.57	9.98	-16.5

（石家庄经济技术开发区管委会）

六安经济技术开发区

【经济发展】2015年，六安经济技术开发区（以下简称“六安开发区”）实现地区生产总值62.7亿元，同比增长8.2%，占六安市的5.5%；财政收入13.37亿元，同比增长14.5%，占全市的9.94%；全社会固定资产投资68.38亿元，同比增长5%，占全市的6%，其中，工业项目52.8亿元，占全市的11.6%；利用外资4 442万美元，同比增长49.8%，占全市的11.5%；进出口总额1.13亿美元，占全市的18.3%；完成社会消费品零售总额23.5亿元，同比增长9.4%，占全市的4.2%。

【产业发展】2015年，六安开发区实现规模工业总产值172亿元，同比增长5%；规模工业增加值44.1亿元，同比增长8.2%，占全市的10.3%。全年汽车及装备制造产业实现产值73.1亿元，同比增长6.2%；轻工纺织产业实现产值56.3亿元，同比增长2%；新型建材业实现产值32.8亿元，同比增长1%；战略性新兴产业实现产值35.2亿元，同比增长6.3%。

【科技创新】2015年，六安开发区高新技术企业达到21家，战略性新兴产业企业达到16家，拥有国家级企业技术中心1家、省级企业技术中心7家、省级工程技术中心4家，省“专精特新”中小企业7家，省级两化融合示范企业5家，安徽省名牌16个。全区高新技术企业实现产值71.2亿元，占规模工业总产值的41.4%；战略性新兴产业企业实现产值30.3亿元，占规模工业总产值的17.6%。发明授权量51件，是2014年的2.8倍。

【投资促进】2015年，六安开发区新引进工业项目27个，现代服务业项目5个；实际境内到位资金36.2亿元。利用外商直接投资4 442万美元，同比增长49.8%。实现进出口总额11 270万美元，其中出口总额10 480万美元，同比增长3.9%。

【基础建设】2015年，六安开发区累计投入开发建设资金约11亿元。争取土地指标114.8公顷，报批项目用地208公顷。完成征地70.3公顷，征收房屋7.4万平方米。在建道路8.1公里。正阳路三期、寿春路四期及五期南片区31.5万平方米安置小区、现代科技产业园一期3.6万平方米标准化厂房交付使用。

【社会事业】2015年，六安开发区倾力抓好教育卫生、征收安置、社会保障等涉及群众利益的工作。稳步实施各类民生工程，累计投入2.1亿元。开工建设正阳小区三期、杭淠湾小区、现代科技产业园等安置房和公租房共69.8万平方米。完成长江苑小区、西花园小区、世纪景园等6个老旧小区改造工程。连续3年荣获“城区人口和计划生育先进单位”称号。

【党的建设】2015年，六安开发区持续推进基层党组织建设，非公企业党组织组建率达到97.6%。顺利完成社区“两委”换届选举工作，村居“两委”班子力量得到充实加强。扎实开展“三严三实”专题教育，坚持以“三聚焦三查找三确保”（一是聚焦对党忠诚，查找修身不严、做人不实的问题，坚定理想信念，加强党性修养，站稳政治立场，确保与党中央保持高度一致；二是聚焦个人干净，查找律己不严、用权不严的问题，清正廉洁，克己奉公，为民服务，确保依法秉公用权；三是聚焦勇于担当，查找谋事不实、创业不实的问题，脚踏实地，开拓创新，真抓实干，确保新常态下实现新发展）为主线，聚焦“不严不实”，做到即知即改、立行立改。深入开展“三个专项行动”（《关于开展强化责任担当、认真解决懒政怠政问题专项行动实施方案》、《关于开展强化正风肃纪、认真解决发生在群众身边的“四风”和腐败问题专项行动实施方案》、《关于开展强化为民服务、认真解决群众反映的突出问题专项行动实施方案》），切实提升工作效能，确保政令畅通、执行有力。认真落实党风廉政主体责任和监督责任，加大监督执纪问责力度，努力营造积极向上、干事创业、风清气正的良好政治生态。

【机构设置与管委领导】六安开发区工委、管委为六安市委、市政府派出机构，机构设置为13个：工委管委办公室、招商局、经贸发展局（安全生产监督管理局）、财政局、规划建设局、社会发展局（卫生和计划生育办公室）、国土局、组织人社局（非公企业党工委）、监察审计局、城管综合执法局、征收安置办公室、村居管理委员会、政务服务中心。

开发区工委、管委领导班子成员为：工委副书记、管委副主任夏伦平；工委委员、管委副主任熊伟、闫浩滨、张成刚；工委委员、纪工委书记王宜国；管委副主任朱宏（挂职）；副调研员吴卫平；工委委员、工委管委办公室主任王燊。

2104—2015年六安经济技术开发区主要经济综合指标一览表

<table>
<tr><th colspan="2">项目</th><th>单位</th><th>2015年</th><th>2014年</th><th>增减（%）</th></tr>
<tr><td colspan="2">开发区生产总值</td><td>亿元</td><td>62.7</td><td>60.0</td><td>4.5</td></tr>
<tr><td colspan="2">第二产业</td><td>亿元</td><td>49.9</td><td>48.4</td><td>3.0</td></tr>
<tr><td colspan="2">工业</td><td>亿元</td><td>47.8</td><td>46.3</td><td>3.0</td></tr>
<tr><td colspan="2">第三产业</td><td>亿元</td><td>12.8</td><td>11.6</td><td>10.3</td></tr>
<tr><td colspan="2">工业总产值（现价）</td><td>亿元</td><td>185</td><td>166</td><td>11.4</td></tr>
<tr><td colspan="2">高新技术企业</td><td>亿元</td><td>71.2</td><td>46.0</td><td>54.7</td></tr>
<tr><td colspan="2">销售（营业）收入</td><td>亿元</td><td>420</td><td>234</td><td>79</td></tr>
<tr><td colspan="2">第二产业</td><td>亿元</td><td>168</td><td>148</td><td>13.5</td></tr>
<tr><td colspan="2">工业</td><td>亿元</td><td>168</td><td>148</td><td>13.5</td></tr>
<tr><td colspan="2">第三产业</td><td>亿元</td><td>87</td><td>30</td><td>190</td></tr>
<tr><td colspan="2">利润总额</td><td>亿元</td><td>18.1</td><td>16.5</td><td>9.6</td></tr>
<tr><td colspan="2">第二产业</td><td>亿元</td><td>7.7</td><td>7.0</td><td>10.0</td></tr>
<tr><td colspan="2">工业</td><td>亿元</td><td>7.7</td><td>7.0</td><td>10.0</td></tr>
<tr><td colspan="2">区内主导产业及产值</td><td></td><td></td><td></td><td></td></tr>
<tr><td rowspan="4">主导产业</td><td>1. 装备制造业</td><td>亿元</td><td>73.1</td><td>68.8</td><td>6.2</td></tr>
<tr><td>2. 轻工纺织业</td><td>亿元</td><td>56.3</td><td>55.3</td><td>2.0</td></tr>
<tr><td>3. 新型建材业</td><td>亿元</td><td>32.8</td><td>32.5</td><td>1.0</td></tr>
<tr><td>4. 战略性新兴产业</td><td>亿元</td><td>35.2</td><td>33.1</td><td>6.3</td></tr>
<tr><td colspan="2">第三产业</td><td>亿元</td><td>87.0</td><td>77.2</td><td>12.6</td></tr>
<tr><td colspan="2">进出口总额</td><td>亿美元</td><td>1.13</td><td>1.13</td><td>0</td></tr>
<tr><td colspan="2">出口</td><td>亿美元</td><td>1.05</td><td>1.01</td><td>3.9</td></tr>
<tr><td colspan="2">财政收入</td><td>亿元</td><td>13.4</td><td>12.0</td><td>11.6</td></tr>
<tr><td colspan="2">税收收入</td><td>亿元</td><td>5.4</td><td>4.9</td><td>10.2</td></tr>
<tr><td colspan="2">财政支出</td><td>亿元</td><td>4.68</td><td>4.29</td><td>9.0</td></tr>
<tr><td colspan="2">新批企业数量</td><td>家</td><td>456</td><td>76</td><td>492</td></tr>
</table>

续表

项目		单位	2015年	2014年	增减（%）
外商及港澳台企业		家	0	1	−100
内资企业		家	456	76	500
新批企业投资额	外商及港澳台企业	亿美元	0	0.77	−100
	内资企业	亿元	13.8	7.0	97
	增资企业	亿美元	0.18	–	–
规模以上企业数量		家	153	96	59
合同外资金额		亿美元	0.90	0.92	−2
外商实际投资		亿美元	0.44	0.30	46.7
固定资产投资		亿元	68.4	65.0	5.2
年末从业人员		万人	4.0	3.9	2.5

（六安经济技术开发区管委会）

万州经济技术开发区

【概况】万州经济技术开发区（以下简称“万州经开区”）是渝东北生态涵养发展区唯一的国家级开发区。总体规划面积约60平方公里，按高峰园、天子园、五桥园、九龙园、新田园“一区五园”布局，着力培育汽车制造、纺织服装、照明电气、现代医药、电子信息、能源建材等支柱产业，改造提升特色化工、装备制造等传统产业，积极引进培育生态环保等战略性新兴产业，现有入驻企业200余家。

【经济发展】2015年，万州经开区完成综合产值750亿元。其中，规模以上工业产值570亿元，同比增长18.2%。实现工业企业利润45.93亿元，同比增长15%。完成公共财政收入10.7亿元，同比增长19.5%，其中税收收入同比增长17.8%。完成固定资产投资118亿元，同比增长23%，其中产业投资81亿元。

【招商引资】2015年，万州经开区新签约落地装备制造产业园、锯切设备产业园、新型改性塑料等43个项目，协议总投资226亿元，同比增长24.5%；竣工投产大全西部电气制造基地、中加环保废弃电子电器拆卸等24个项目；新开工建设龙翼生物纳米医用器材、汽车零部件产业园等24个项目；加快推进万州医药产业园、中邦科技动物科学产业链等8个项目。市政府授牌国家环保产业发展重庆基地万州环保产业园，重庆三峡广告产业园建成开园并通过国家、市级验收。

【资金融通】2015年，万州经开区到位各类政策性资金10.6亿元；发行私募中票16亿元，新增股权融资5.36亿元；到位政府债券资金6.69亿元。年末直接融资占债务余额的50.41%，负债率在40%以内，债务资金利率水平为6.04%，比上年末下降1.5个百分点。

【开发建设】2015年，万州经开区实施基础设施建设项目93个，建成区面积达到19.5平方公里。进一步深化产城融合发展，对经开区总体规划和九龙园、五桥园及高峰园中心区城市设计进行实施后评估并作优化完善，新田园控规完成方案编制；完成高峰湿地公园、白岩寨公园方案设计，天子湖公园改造实现试蓄水，高峰中央公园加快推进详细规划设计，鸡公岭小学天星校区开工建设；开工疏港大道、石梁大道等道路14.3公里，建成经开大道延伸段、高峰大道等道路3.5公里；迁建、新建天然气管道47公里、电力管线69公里，新建雨水管网8.5公里、污水管网13.4公里；竣工标准厂房6.3万平方米；经开大道沿线绿化和慢行系统基本建成，全年新增绿化面积8.34万平方米；竣工征地还房59万平方米、新开工33万平方米；高峰水厂一期工程基本建成。一批金融、商业网点和幼儿园等服务设施配套入驻，开发建设展厅建成并投入使用；开工商住用房10万平方米。新取得用地计划指标1.73平方公里，取得征、转批复2.2平方公里，新启动征地拆迁2平方公里。

【生态涵养】2015年，万州经开区实现“一区五园”规划环评全覆盖，完成各分园突发环境事件应急预案和九龙园环境风险跟踪评价，开展环境安全应急演练。调整优化盐化园功能定位并更名为九龙园。引进企业围绕现有产品进行循环生产，实施中邦科技等8个循环化改造项目。投入3.7亿元实施环保基础设施项目7

个，其中五桥工业污水一级管网及应急设施工程等2个项目基本建成。

【服务企业】2015年，万州开发区积极承接行使16项区级行政审批权限，推行并联审批、联合审批、分类审批，建成信息化综合管理系统，着力探索行政审批和服务网络化；组建经开区售电公司，成为市电力体制改革先行先试的3个试点之一；探索创新市政管理模式，成立物业公司，实行扁平化、专业化管理；出台社会化、市场化还房物管办法。切实强化企业服务，创新开展“亲商富商行”，坚持一月一次、一月一报、一月一查的“三个一”服务机制，协调解决问题和困难230余个；支持奥根科技等企业在“新三板”挂牌；设立专项资金5 000万元，从高新企业与新产品、技术改造、高端人才引进与新增就业、质量管理、企业上市、校企合作六个方面促进企业转型升级创新发展；帮助企业争取到位技改扩能项目资金、农发行专项建设债券投资基金等1.5亿元以上；在宏观经济下行大环境下没有企业规模性减产、减员、减薪。

【自身建设】2015年，万州经开区从严从实加强自身建设，认真落实全面从严治党和党风廉政建设责任，扎实开展宴请敛财、懒拖不为突出问题专项治理活动，严格执行与区检察院联合出台的《预防经开区工程建设领域职务犯罪工作办法（试行）》。成立企业党工委，建成党群服务中心，向入园企业派驻党建指导员，促进党的组织和党的工作在入园企业全覆盖。修订《国有投资建设项目招标投标管理暂行办法》、制定《直属公司员额管理办法》等一级制度20余个。

【机构设置与领导】万州经开区下设办公室、经济发展局、投资促进局、财务局、建设管理局、安全生产监督管理局、环境保护局7个内设机构，下属土地储备中心、经济技术开发公司2个事业单位，下辖三峡产业投资公司、万林投资公司、玉罗实业公司3个国有企业。

万州经开区领导：万州区委副书记、区政府副区长（兼）、万州经开区党工委书记、管委会主任蒲彬彬；万州经开区党工委委员、管委会副主任户邑、曾斌；万州经开区管委会主任助理叶明。

（万州经济技术开发区管委会）

长寿经济技术开发区

【经济发展】2015年，长寿经济技术开发区（以下简称“长寿开发区”）完成规模以上工业总产值747.4亿元，实现5年翻番，同比增长16.1%；合同引资348亿元，同比增长12.5%；工业投资256亿元，同比增长40.1%；税收收入25亿元，同比增长25%；实际到位外资3.7亿美元，外贸进出口总额12.3亿美元；实际利用内资122亿元，同比增长38.6%。长寿开发区荣获中国化工园区20强（排名第6位）、中国循环化教育示范基地、2015年创建生态文明标杆发展区等荣誉称号。

【产业发展】2015年，长寿开发区紧扣去产能、调结构、转方式的政策导向，积极推动开发区产业结构调整，主导产业由原来的天然气化工、石油化工、钢铁冶金、新材料新能源、装备制造五大产业调整为综合化工、钢铁冶金、新材料新能源、装备制造、电子信息五大产业。

一是综合化工产业一体化发展，实现转型升级。传统天然气化工向下游精细化工、化工新材料、生物医药产业延伸。以德国巴斯夫为龙头的40万吨MDI项目建成投产，带动化工新材料产业强势崛起；引进日本关西涂料防腐涂料、日本立邦汽车涂料及树脂、韩国LG工程塑料、韩国金刚汽车涂料、宏国聚材HDI/IPDI、旭川化学聚氨酯树脂等一批项目，形成聚氨酯、工程塑料、涂料等3条化工新材料产业链；在整个化工行业持续低迷的形势下，医药产业逆势上扬，集聚博腾、福安、康乐等14家生物医药企业，2015年生物医药产业产值52亿元，同比增长36.3%。

二是钢铁冶金产业多元化发展，实现提质增效。面对钢铁行业的新常态，从延长钢铁产业链入手，全方位推进钢铁市场的供给侧结构性改革。重钢集团与韩国浦项合作的FINEX、冷轧、镀锌项目正式签约，冷轧、镀锌项目将以重庆及周边庞大的汽车市场为目标，生产高端汽车面板。组建重庆中安钢结构有限公司，打造安全钢结构产业制造示范基地，有效化解过剩产能。发展重钢下游产业链的无缝钢管、螺旋焊管、压力容器、钢结构等项目，对原有产品提质升级。重钢集团与攀华集团实现合作，有效利用现有生产线，年生产热轧卷板及中厚板等产品200万吨。

三是新材料新能源产业精细化发展，成为新生主力军。建成国际复合玻璃纤维、纽米科技锂离子电池隔膜、天勤材料玻璃纤维布等新材料龙头项目，打造国内领先的新材料生产基地。依托国际国内大力发展新能源汽车的契机，大力发展动力电池等新能源项目，引进比克电池、星美能源动力电池等项目，打造电芯、电池系统、核心材料、废旧新能源汽车动力电池系统回收再利用、电芯无害化处理，以及研发基地于一体的新能源全产业链。

四是装备制造产业国际化发展，突破百亿元产值。建成正新轮胎半钢/全钢子午轮胎项目、小康工业发动机、变速器项目、环松机械沙滩车等龙头项目。引进星宇集团车身总成、世原车身总成、日进制动器总成/球节总成等现代汽车高端配套项目37个，成为开发区又一个百亿元级的产业集群。

五是电子信息产业高端化发展，实现从无到有。建成鸽牌电线电缆/电瓷材料、泓林科技电子连接线、秀博瑞殷液晶面板减薄等龙头项目。引进世纪之光塑料光纤及核心通信器件设备项目、大宗国际固态硬盘、短焦距投影仪等龙头项目。致力于打造西部地区重要的电子信息产品研发与生产基地。

【科技创新】2015 年，长寿开发区规模以上工业企业 R&D 经费投入 5.175 亿元，同比增长 5.61%；累计申报专利 4 948 件（其中发明专利 2 387 件），授权专利 2 079 件（其中发明专利 124 件）；累计培育扬子乙酰、博腾科技等高新技术企业 28 家（其中 2015 年有效期内高新技术企业 18 家、经开区辖区范围内 16 家），拥有"长寿牌"等驰名商标和名牌产品 5 个，国家级创新型试点企业 1 家，国家级知识产权优势企业 3 家、市级知识产权优势企业 3 家、市级知识产权试点企业 17 家，市级重点新产品 44 个，高新技术产品 60 个；已形成国际国内领先的高强高模维纶、水溶性维纶、天然气制乙炔、玻璃纤维、聚甲醛、柔性线路板等 40 余项国际国内领先技术。宏国聚材科技股份有限公司拥有全球第二家非光气法 HDI、IPDI 生产技术的企业，紫光国际年产 500 吨已二腈打破了美国英威达公司的垄断。

先后出台《关于加快推进创新驱动发展战略的实施意见》和《重庆市长寿区创新驱动发展战略专项资金管理办法》，设立 1 亿元研发专项资金，重点支持"鼓励企业自主创新、扶持创新创业服务载体建设、加强企业研发机构建设、扶持创新创业、鼓励企业投融资、鼓励科技成果转化、鼓励申报科学技术奖励"7 个专项，财政投入力度和政策扶持的全面性、精准性显著提升。

【投资促进】2015 年，长寿开发区坚持把项目引进作为调结构、促转型、稳增长的重要手段，采取驻点招商、协会招商等方式，全年联系企业 482 余家，每个工作日平均联系企业 2 家。引进项目 52 个，合同引资 348 亿元，超出年度目标 16%。聚氨酯产业、汽车配套产业、电子信息产业的招商成绩突出，签约引进了宏国聚材、科顺材料、北京星宇、北京日进、大宗国际、世纪之光等知名企业。其中，引进聚氨酯产业项目 10 个，总投资 22 亿元，年产值 100 亿元；引进装备制造产业项目 39 个，总投资 113 亿元，年产值 263 亿元；引进精细化工龙头产业项目 1 个，总投资 100 亿元，年产值 200 亿元；引进电子信息产业项目 2 个，总投资 113 亿元，年产值 253 亿元。

【生态环保】2015 年，长寿开发区连续 3 年开展安全环保提升年活动，安全环保形势持续向好。创新开展了安全环保隐患举报、安全标准化班组创建等工作。数字化园区建设向纵深推进，应急监控、应急联动、应急处置能力不断增强，安全管理实现了软件和硬件的双提升。川维、扬子乙酰、云天化等企业在安全管理方面荣获市级职业卫生示范企业、安全标准化先进企业等多项荣誉称号。持续开展"清新、蓝天、碧水"和"四清四治"（清理"三同时"、治理违法建设，清理排污权、治理违法排污，清理风险源、治理安全隐患，清理监管点、治理监管缺位）行动，佐能化工、鑫富化工等企业加大投入进行环保设施改造，进一步完善了环保硬件设施，企业生产和干部职工生活环境逐步改善。

【机构设置与管委会领导】长寿开发区内设立机构：办公室、经济发展局、建设管理局、经济运行局、财务局、安全生产监督管理局、环境保护局；下属事业单位：应急管理中心、土地保障中心；下属平台公司：重庆长寿开发区开发投资集团有限公司。

开发区领导班子成员为：长寿区委副书记、区政府区长、开发区党工委书记、管委会主任巴川江；管委会副主任宋平、肖庆华、冉洪、涂山全。

2014—2015年长寿经济技术开发区主要经济综合指标一览表

项 目		单位	2015年	2014年	增减（%）
开发区生产总值		亿元	293.499 1	267.851 0	9.60
第二产业		亿元	194.406 3	164.450 1	18.20
工业		亿元	168.000 7	164.450 1	2.20
第三产业		亿元	93.57	76.40	22.47
工业总产值（现价）		亿元	841.21	715.11	17.63
高新技术企业		亿元	76.94	40.04	92.16
销售（营业）收入		亿元	932.31	808.63	15.30
第二产业		亿元	744.44	638.60	16.57
工业		亿元	713.96	612.04	16.65
第三产业		亿元	177.19	159.99	10.75
利润总额		亿元	12.37	11.56	7.01
第二产业		亿元	7.45	7.23	3.04
工业		亿元	4.18	4.01	4.24
区内主导产业及产值					
主导产业	1．综合化工业	亿元	269.19	214.53	25.48
	2．钢铁冶金业	亿元	277.60	300.35	−7.60
	3．装备制造业	亿元	143.01	92.96	53.80
	4．新材料新能源业	亿元	84.12	107.27	−21.60
	5．电子信息业	亿元	67.30	—	—
进出口总额		亿美元	12.1562 77	12.529 6	−2.98
出口		亿美元	9.177 568	7.618 5	20.50
财政收入		亿元	16.11	16.01	0.62
税收收入		亿元	21.87	20.30	7.73
合同外资金额		亿美元	10.90	3.60	202.80
外商实际投资		亿美元	3.6791 15	4.063 6	−9.50
固定资产投资		亿元	256.02	183.90	39.22
年末从业人员		万人	4.92	5.08	−3.15
万元GDP能耗		吨标煤／万元	1.57	2.53	−37.90
水资源消耗总量		万立方米	4 367.266 608	7 574.343 76	−42.30
单位国内生产总值取水量		立方米／万元	14.88	27.76	−46.40

（长寿经济技术开发区管委会）

其他开发区篇

中国（上海）自由贸易试验区保税区域

【区域概况】中国（上海）自由贸易试验区保税区域涵盖上海外高桥保税区、上海外高桥保税物流园区、洋山保税港区和上海浦东机场综合保税区4个海关特殊监管区域，规划面积28.78平方公里。2013年9月29日，中国(上海)自由贸易试验区正式挂牌，承担起为全面深化改革和扩大开放探索新路径、积累新经验的重要使命。经过两年多的改革试点，上海自由贸易试验区在建立与国际通行规则相衔接的基本制度框架上，取得了重要的阶段性成果。2014年12月，国务院决定新设广东、天津、福建三个自由贸易试验区，并将上海自由贸易试验区扩展到陆家嘴金融片区、金桥开发区片区和张江高科技片区等区域。

作为上海自由贸易试验区的先导区，保税区域充分发挥自由贸易试验区制度创新和海关特殊监管区域功能创新的叠加优势，按照国务院《总体方案》和《深化方案》的部署，聚焦制度创新，深化功能拓展，进一步提高区域的开放水平和国际竞争力，为建设开放度最高的自由贸易园区进行了积极探索。

【经济发展】截至2015年，保税区域企业经营总收入16 571亿元，同比增长3%；商品销售额14 300亿元，同比增长3%；工商税收591亿元，同比增长2.5%；海关税收762.35亿元，同比增长9.54%；实现进出口总额7 415亿元。商品销售额、进出口额分别占全市的15.3%和26.5%，商品销售额、工商税收、进出口额分别占全国海关特殊监管区域的58%，53%和19%。服务业比重不断上升，区域企业中服务业比重由5%增至43%；新型服务业收入增长迅速，其中技术服务业收入增长10%，金融服务业收入增长1倍；制造业加快转型升级，超过2/3的制造类企业积极拓展贸易功能，开展研发设计、保税维修等多元业务，商品销售收入增长10%。对外投资增长明显，对外投资中方投资额同比增长4.2倍，占全市的40%以上。

【制度创新】保税区域创新投资管理制度，落实负面清单以外领域外商投资备案管理，实施以备案制为主的境外投资管理。2015年，区域新设外资企业2 880家，其中超过90%以备案方式设立；办结境外投资项目447个，中方对外投资额200亿美元；两批54项扩大开放措施有817个项目落地，累计1 287个项目落地。率先拓展企业准入“单一窗口”功能。在企业新设、变更和境外投资等功能基础上，配合“三证合一、一证一码”改革，实现对外贸易经营者备案、报关报检登记备案、印铸刻字准许证、企业法人“一证通”等功能延伸，部分事项与国际贸易“单一窗口”信息共享，基本做到无纸化办理。企业住所集中登记试点全面实施。以指定场所、政府购买服务等形式，首批指定8处场所作为集中注册点。

深化贸易监管制度改革，进一步创新“一线放开、区内自由”的监管模式。推动海关、检验检疫等部门集成运用原有60余项贸易便利化创新措施，落实新出台的30余项创新措施，贸易便利化水平进一步提高。国际贸易“单一窗口”保税模块上线运行，实现“一线进出境”申报业务运作。货物状态分类监管试点全面实施，已有19家仓储物流企业完成与海关系统联网、通过验收并开展业务。

推动金融创新落地应用，自由贸易账户运作顺畅。本外币一体化功能初步实现，已有40家金融机构接入人民银行分账核算系统，开立44 186个自由贸易账户，2015年累计账户收支总额22 053亿元。跨境金融创新业务初具规模。跨境双向人民币资金池收支总额3 392.1亿元，同比增长3.3倍；跨境人民币结算额12 026.4亿元，同比增长2.7倍，占上海市的42%。80家企业参与跨国公司总部外汇资金集中运营试点，约占上海市的3/4。

完善事中事后监管体系，建成信息共享服务平台一期2.0版。整合信用服务平台资源，与76个监管和服务部门建立数据关联，并形成常态化交换机制。归集区内3万余家注册企业的相关数据超过1 000万条信息，已具备信息传递、整理、归集、查询、汇总、统计以及比对等基础功能。不断拓展平台应用功能，为投资管理、企业服务、信用管理提供数据支撑。

【功能拓展】保税区域总部经济能级进一步提升。亚太营运商计划持续推进，新增第二批22家亚太营运商企业签约，区内累计有42家跨国企业获得集团总部授权，首批签约企业经济均实现两位数增长。总部企业加快集聚，全年新增跨国公司地区总部9家，区内累计达58家，约占全市的10%。投资型跨国公司资金管理总部有序起步，推动4家企业完成投资型跨国公司资金管理总部备案。

平台经济功能进一步拓展。大宗商品现货交易市场建设有序推进，第三方清算和第三方仓单登记公示平台启动试运行，6家市场完成筹建，其中3家市场上线运行，累计交易额超过230亿元。洋山进境水果指定口岸功能初显，共完成水果查验180批次、3 485.28吨，总金额1 396.44万美元。平行进口汽车试点取得重要进展，试点企业完成全流程试单运作，第三方公共服务平台、综合信息系统、维修服务中心等配套设施建成运行，一体化服务链体系基本形成。跨境电商发展势头良好，“跨境通”平台进口量占全市跨境电商进口量的50%以上。保税区域内其他企业积极探索“前店后库”、产地直达、出口运作以及一般贸易等模式，呈现多元化发展态势。对外文化贸易加快发展，国家对外文化贸易基地入驻企业320余家，森兰艺术品展示交易项目正式启动，艺术品仓储物流、展览展示、拍卖洽购等重点功能初步形成，交易额占全市艺术品进出口通道服务市场的20%以上。国别（地区）进口商品中心建设初具规模，智利、意大利等国和我国台湾地区进口商品中心投入运营，正在探索建立与进口商品直销中心DIG相衔接的商业运作模式。

新兴经济加快发展。金融服务业加快集聚，挂牌后区内累计新设金融牌照机构130家，股权投资等类金融机构1 809家。融资租赁业增长迅速，累计设立融资租赁企业1 583家（母公司1 197家，SPV项目386家），注册资本累计3 836亿元。保税维修检测功能落地运作，30余家企业启动业务运作。航运服务功能稳步拓展，推动两家企业开展国际中转集拼业务试点，初步建成外高桥保税物流园区国际中转集拼服务平台框架。

2014—2015年中国（上海）自贸试验区保税区域主要经济指标完成情况

指　　标	单位	2015年	2014年	增减（%）
销售（营业）收入	亿元	16 570.88	16 094.55	3.0
其中：第二产业	亿元	745.86	739.17	0.9
第三产业	亿元	15 825.02	15 355.38	3.1
工业总产值	亿元	509.83	572.70	-9.2
其中：计算机、通信和奇特电子设备制造业	亿元	251.13	328.50	-23.6
汽车制造业	亿元	72.51	60.98	17.0

续表

指　　标	单位	2015年	2014年	增减（%）
化学原料和化学制品制造业	亿元	41.79	45.53	-8.0
利润总额	亿元	576.92	637.90	-9.6
其中：第二产业	亿元	32.57	38.11	-14.5
第三产业	亿元	544.35	599.79	-9.2
进出口总额	亿元	7 415.46	7 623.82	-2.7
其中：进口额	亿元	5 388.44	5 587.70	-3.6
出口额	亿元	2 027.02	2 036.12	-0.4
税务部门税收	亿元	590.66	576.39	2.5
新设企业	家	9 833	11 440	-14.0
其中：外资企业	家	2 880	2 057	40.0
内资企业	家	6953	9383	-25.9
内资企业注册资本	亿元	4 405.55	3 328.87	32.3
合同外资金额	亿美元	589.85	117.95	4.0倍
外商实际投资	亿美元	16.14	6.21	1.6倍
固定资产投资额	亿元	24.20	30.42	-20.4
期末企业从业人员	万人	31.05	29.61	4.8

上海浦东康桥工业区

【概述】上海浦东康桥工业区（以下简称“康桥工业区”）创建于1992年5月，1994年8月被批准为上海的市级工业区，规划面积26.88平方公里。工业区先后获得国家级新型工业化产业示范基地、国家级科技孵化基地、上海市品牌园区、上海市文明单位、上海市人才工作先进单位、上海市质量与环境双优园区、上海市企业服务优秀园区等荣誉称号和资质。2015年，康桥工业区被评为上海市“四新”经济创新示范基地，在上海市开发区综合指数排名中已连续多年名列第四，经济规模和发展速度领先于一些国家级开发区。截至2015年年底，康桥工业区共引进外资企业533家，总投资65.842 49亿美元。其中，世界500强投资的企业22家；累计引进内资企业3 570家，总投资396.066 4亿元。累计固定资产投入879.82亿元，其中，工业固定资产投入423.31亿元。

【经济发展】2015年，康桥工业区经济平稳健康发展。地区生产总值329.1亿元，同比增加6.4%，占浦东新区地区生产总值的4.2%。其中，第二产业增加值为308.3亿元，同比增长5.3%，占浦东新区第二产业增加值的14.1%；第三产业增加值为20.8亿元，同比增长25.3%，占浦东新区第三产业增加值的0.4%。实现税收收入67.09亿元，同比增长2.4%，占浦东新区税收收入的2.2%；园区企业经营收入2 173.8亿元，同比增长21%；固定资产投入88.83亿元，同比增加27.9%，占浦东新区固定资产投入的5%；园区企业进出口总额334.76亿美元，同比增加0.8%，占浦东新区进出口总额的12.5%。

【产业发展】2015年，康桥工业区产业发展在稳定中略有增长。工业增加值305.9亿元，同比增长4.9%。其中，规模以上工业增加值304.5亿元，同比增长5.5%；园区全年工业总产值1 835.1亿元，同比增长18.7%，占浦东新区工业区总产值的20.1%，其中，规模以上企业工业总产值1 826.13亿元，同比增长22%；外商投资企业总产值1 686.15亿元，同比增长19.9%，内资企业工业总产值148.95亿元，同比增长4.1%。园区主导产业工业总产值1 518.9亿元，同比增长26.7%，占园区总产值的82.8%。主导产业主营业务收入1 560.2亿元，同比增长30%，占园区企业主营业务收入的83.2%。

【园区特色】目前，康桥工业区正处在精细化、集约化、集成化发展阶段，着力推进由产业链简单延伸向实现产业融合与垂直整合转变，由主要发展先进制造业向加快发展智能制造和生产性服务业转变，由追求发展速度向追求发展质量与精细化管理转变，由扩张发展规模向提升发展能级转变。

产业发展方面，康桥工业区在现有电子信息和智能制造两大主导产业的基础上，正加快培育发展集成电路和医药等产业。进一步发挥区位优势，挖掘区内资源，大力发展总部经济，积极打造“四新”经济产业集群，推动园区企业深化合作，推进园区制造业智能化改造，持续推动园区产业结构调整和产业转型升级。

根据区位特点、配套环境、发展成熟度等指标，将康桥工业区划分为西康地区、东康地区和南区三个板块。在产业发展比较成熟的西康地区，致力于“二次开发”，通过“腾笼换鸟”淘汰落后产能，盘活土地资源，提升产业形态。

在区位交通优势较好、配套较完善的东康地区，积极承接张江科学城和迪士尼项目的溢出效应，集中发展总部经济和现代服务业，打造产业发展新亮点。在土地资源较为丰富的南区，坚持高起点规划、高标准开发、高水平建设，推动各类要素资源集聚，主要发展战略性新兴产业，提升康桥工业区产业发展的能级和水平。

【科技创新】康桥工业区内现有高新技术企业124家。其中，25家被认定为技术先进型服务企业，14家被认定为专、精、特、新中小企业，2家被认定为科技小巨人企业。2015年高新技术企业产值465.99亿元。目前，园区创新创业服务机构共15个。其中，国家级创新创业服务机构6个，市级创新创业服务机构9个。园区创新研发机构66个。其中，市级创新研发机构51个。2015年，区内企业发明专利授权86件，完成科技专项项目4个，获得科技奖项1个。园区内有8人入选国家级人才计划，8人入选市级人才计划。

康桥工业区世界500强投资项目单位

企业名称	企业名称
上海耀皮工程玻璃有限公司	上海欧文斯科宁玻璃纤维有限公司
上海施耐德配电电器有限公司	上海施耐德电力电气自动化有限公司
上海纳铁福传动轴有限公司	中国电信信息园区
来实建筑钢品（上海）有限公司	施耐德（上海）电器部件配件有限公司
爱杰维玻纤材料（上海）有限公司	延锋百利得（上海）汽车安全系统有限公司
上海江森自控国际蓄电池有限公司	沙特基础工业（上海）有限公司
上海延锋江森座椅有限公司	上海ABB工程有限公司
上海耀皮康桥汽车玻璃有限公司	上海浦东一汽青岛专用车厂
上海耀皮建筑玻璃有限公司	中交三航局兴安基建筑工程有限公司
昌硕科技（上海）有限公司	DHL供应链事业部
上海联技范安思安防电子有限公司	蒂森克虏伯普利斯坦汽车零部件（上海）有限公司

【投资促进】2015年，康桥工业区新批外商投资项目9个，占浦东新区的0.2%，投资总额8.022 9亿美元，同比增加370.6%；合同外资2.142 3亿美元，同比增加68%，占浦东新区的0.5%；增资项目6个。园区进出口总额334.76亿美元，同比持平，占浦东新区的12.4%。其中，进口总额111.21亿美元，同比下降21.2%，占浦东新区的6.4%，出口总额223.55亿美元，同比增长20.1%，占浦东新区的23.2%。主导产业进出口总额1 392.1亿元。新批内资企业注册资本68.51亿元，同比增长4.5%，占浦东新区的0.6%；新批内资企业593家，同比增长94.4%，占浦东新区的1.2%。

【生态环保】康桥工业区加强生态化引导，通过绿色招商推动产业结构优化。区内建有污水泵2座，总排污能力每日达50万吨，污水排放管道总长66.7公里，排放系统完善。2015年，康桥工业区COD排放量控制在192.94t/a，NH3-N排放量控制在74.75t/a，SO2排放量控制在679.77t/a，NOx排放量控制在485.55t/a。园区对于新入驻的工业企业，除了对其产业类型、投资强度、经济数据把关外，认真执行环境影响评价制度和环保“三同时”制度，落实国家相关法律法规，严格审核其节能降耗、清洁生产、污染物排放方面的内容，严格要求入驻企业的单位产值能耗、水耗等指标，并实行一票否决制；在园区积极发展肥料利用等环保产业和循环经济，提高资源的利用和再利用效率；引导企业按照清洁生产的要求，开发和推广国际先进环保技术、工艺和设备等，降低资源能耗量，最大限度地减少污染物产生，实现清洁生产、绿色生产；制定和实施清洁生产工作计划，加强节能减排工作的宣传培训，全面排查、掌握区内重点企业的生产工艺和污染物排放情况，对重点企业的节能减排工作常抓不懈。

【管理与服务】2015年，康桥工业区延续上年的服务模式，继续做好企业服务相关工作，重点企业由原来的46家增加到49家。重点企业服务小组由领导班子、各业务部门负责人带队，年初对49家企业进行分批分组，明确分工、明确责任，做到一月一报、一企多访制度，定期上门拜访，为园区内的重点企业进行全方位的服务。园区还组织企业迎春会、“四新”企业座谈会、“四新”企业政策宣讲会、“两化融合智能制造”高峰论坛会等各类活动，搭建园区与企业之间的交流平台，进一步增进园区与企业的沟通。同时，借助生产力促进中心、中小企业发展服务中心、知识产权局、海关、商会、银行等一些服务部门所提供的政策服务平台，积极做好相关政策培训工作，通过邮件的方式发给企业，让企业及时了解相关政策和服务内容。开通康桥工业区企业服务公众号和康桥工业区工会企业服务公众号，为园区企业及时提供信息和咨询服务。

【党建工作】康桥集团党委成立于2010年3月，现下辖10个党支部。其中，集团（本部）党支部2个，直属公司党支部6个，退休党支部2个，共有党员146人。工业区在“两新”（新经济组织、新社会组织）党建方面，目前共有党组织32个，党员599人，覆盖了园区300余家企业，规模以上企业党组织覆盖率达97%以上。集团党委在日常工作中“突出服务理念、加强政治引领”，认真开展各项工作，实现“规定动作”不走样，“自选动作”有创新。制定了“一揽子”保障机制：一是组织保障，集团专门建立了党群工作部，作为党委的专门工作部门，配有专职党务干部5名；二是经费保障，实现专款专用、独立账户、专人负责；三是制度保障，建立了支部书记季度例会、支部考核和管理、党委领导定期走访和国有企业支部与“两新”支部结对联动四项机制。

【机构设置】2015年，作为康桥工业区开发主体的上海浦东康桥（集团）有限公司整体并入上海张江集团，康桥工业区整体纳入大张江板块。康桥集团设有“5+1”部门，即招商服务部、规划建设部、资产财务部、行政管理部、党群工作部和审计法务室。目前，集团领导班子成员为：集团公司党委书记、执行董事张龙；党委副书记、总经理黄平；党委副书记、纪委书记陈鹰；副总经理乍大兕、陆巍、舒廷飞；总经理助理薛明、张桂福。

燕郊高新技术产业开发区

【经济发展】2015年，燕郊高新技术产业开发区（以下简称“燕郊高新区”）实现财政收入81.3135亿元，同比增长3.4%；固定资产投资296.54亿元，同比增长9%；实际利用外资1.6091亿美元，同比增长2%；主营业务收入1468亿元，同比增长10%；出口总额1.5278亿美元，同比增长31%；工业总产值474.13亿元，同比增长8%；工业增加值185.86亿元，同比增长7%。全区经济实力继续壮大，整体竞争力稳步提升，保持了良好的发展势头。

【项目建设】燕郊高新区坚持以“全天候，零距离、无障碍”的方式，强化行政推动力，推进项目建设。2015年，开工在建项目近40个，投资规模超过300亿元。其中，德国虎威发动机技术研发中心项目已开工建设；港中旅燕郊海泉湾项目艺术中心和一期住宅已完工，二期住宅已开工；燕郊空港物流园二期已完工，签约企业118家，入驻企业70家；华北物流园项目一期工程已完成4万平方米仓库建设；华人收藏博物馆项目正在进行主体施工；等等。2015年，在谈及谋划重点项目40余个，投资规模超过400亿元，主要有韩国东熙集团汽车配件、现代凯菲克汽车系统有限公司汽车电子、星河互联集团食乐淘电商基地项目等。

【基础设施建设】燕郊高新区以提升城市承载力、大力营造有利于企业健康发展和群众安居乐业的城市环境为目标，实施了一批基础设施配套工程。规划体系日趋完善，编制完成了《燕郊城区控制性详细规划》并通过专家评审论证和区规划审批领导小组审议。道路框架不断拓展。南横二路、南纵二路、燕灵路、化大南路、康城大街5项道路工程已完工，电厂桥下102国道辅路工程、102国道出入口改造工程、高楼东路改造工程的财政评审、工程招投标等前期工作正在积极推进等。市政工程稳步推进，路面修补、人行横道灯、交通指路牌等工程已完工；徐尹路大桥管线迁改工程已完成给水和热力管线迁改；市政局居民小区房屋修缮、集中供热老旧管网改造等工程正在进行预算评审等工作。

【招商引资】2015年，燕郊高新区以高端、绿色为导向，参加了廊坊5.18经贸会、厦门9.8投洽会等招商引资活动。共运作项目40余个，投资规模超过200亿元，主要有燕郊华融富邦数据城项目、世原汽车四期项目、德国虎威发动机技术研发中心项目、福成投资集团与中国农业大学合作工程技术研发中心项目、光环云谷二期项目等。

【高新技术企业】燕郊高新区入驻企业技术水平高、产业类型多，涉及电子信息、新能源、新材料、装备制造、新医药、绿色食品、医疗器械产业。

电子信息企业40余家：拥有计算机非键盘输入系统获得国家科技进步一等奖的汉王制造有限公司，世界通讯业巨头之一的中兴通讯公司在燕郊建设中兴科技园并引入研发中心，获得国家科技进步特等奖并为航天工程和导航卫星系统提供关键元器件的世维通公司，中国电子科技集团公司在燕郊设立第45研究所、第53研究所及精密制造中心等研发生产机构，欧伏电气公司成长迅速，2014年在“新三板”上市成功，与中国最大的风力发电企业——金风科技合作开发的智慧能源项目拥有广阔前景。

新能源企业30余家：中国排名前列的光伏巨头——晶龙集团在燕郊设立晶龙产业园，创意博太阳能积极实施“互联网+”工程，建设的追能网实现了全国用户网上实时节能监测。

新材料企业40余家：集聚了冶金超硬材料研究所、晶日金刚石、新石器超硬材料、北极星金刚石等超硬材料加工企业；引进我国有色金属行业规模最大的综合性研究开发机构——有色金属研究总院投资建设的新材料产业基地。

装备制造企业60余家：引进德国FEV发动机研发中心、海拉车灯、长城重机、新宏昌专用车制造等国内外高水平的装备制造企业，产业集群迅速壮大。现代汽车的大部分车体构筑件、内饰配件、刹车总成、隔热板、排气管、拉线以及奔驰刹车部件、克莱斯勒汽车拉线均在燕郊生产，基本具备了整车以外的所有汽车部件生产能力。

新医药企业10余家：拥有国内规模最大、条件最优的中药水针剂生产基地——神威药业河北有限公司，生产以人用预防性疫苗为主的中科生物制药股份有限公司，生产国家医药处方保密品种“安络化纤丸”的新型现代化中药企业——森隆药业有限公司等。

绿色食品企业10余家：我国农业产业化龙头企业之一的福成五丰食品有限公司、汇福粮油集团，以及国内一次性投产规模最大的啤酒生产企业华润雪花啤酒（河北）有限公司。

医疗器械企业10余家：中国领先的手术室和ICU医疗设备研发制造厂商及医疗系统解决方案提供商——谊安医疗集团在燕郊建设产业园，并设立孵化器，成愚大志（三河）科技有限公司自主研发冷冻溶脂仪、激光减肥仪、红血丝治疗仪、牙齿美白机等十余个系列30余种产品，目前产品远销美国、德国、英国、意大利等100多个国家。

【现代服务业】在燕郊高新区，旅游休闲产业正在建设的成功大广场、港中旅燕郊海泉湾温泉休闲度假项目、航天现代服务业发展区项目，将成为京东地区拥有竞争力的商务休闲中心。现代物流产业嘉民物流主要建设汽车配件配送中心、集装箱物流运输中心等设施，已有迪卡侬、宝马等知名企业入驻；汇福粮油现代物流基地年仓储能力100万吨、中转能力1 000万吨；物美集团华北科技物流园区等一批大型现代物流项目相继开工建设。医疗健康产业的燕达国际健康城由燕达医院、金色年华中老年养护中心、医学研究院、医护培训中心、国际会议中心等项目组成，已投入运营。文化创意产业引进了超星数字图书馆、多音计算机等多个文化创意项目，全区有服务外包业务的各类中小企业近百家。

【科技创新】科技工作全力推进。2015年，燕郊高新区新认定科技型中小企业95家，认定总数达305家。协助晶日金刚石超硬复合材料研发中心、首钢机械冶金设备技术研发中心、中科生物疫苗研发中心、蓝梦生物科技检测中心、神威药业创新中药研究实验室成功认定为廊坊市级研发中心或重点实验室；组织首钢机械申报省科技小巨人企业专项；协助欧伏电气成功申报省重点项目。推荐神威药业9人、中科生物公司2人申报“国家科技专家库”专家；协助防灾科技学院经省委组织部、省科技厅、省科协联合认定为省级院士工作站。创新载体加快建设。上半年，京东创客空间work+（百世金谷）、扬帆起航创客空间（兴远高科）、π客联盟（燕郊创业大厦）3家创新创业载体通过廊坊市科技局认定，成为廊坊市级科技企业孵化器；天洋“超级蜂巢”正式投入运营。下半年，京东创客空间work+被认定为首批“省级众创空间”，成为三河市唯一的省级众创空间，获得财政补贴100万元；扬帆起航创客空间被认定为首批“河北省科学技术协会创客空间”，获得财政补贴5万元。以创业中心为主体，一是与在孵企业共建生物公共技术服务平台，填补了河北省开放式生物实验室的空白，成功认定为“廊坊市基金筛查重点实验室”。二是搭建中小企业技术转移服务平台，帮助企业寻找技术拥有方。征集到多传感器压力释放阀、外墙隔热板、煤质实验室信息管理系统等技术项目30余项；已转化热计量系统、矿井充水水源快速识别系统、矿用隔爆型电源箱等科技成果5项。

【和谐开发区】2015年，燕郊高新区积极促进社会就业，举办春秋两季大型人才招聘会，提供就业岗位8 800余个，1.9万人与企业达成就业意向；举办综合招聘会36场，提供就业岗位3.9万个，5.8万人与企业达成就业意向；举办公益招聘会6场，提供就业岗位3 400个，530人与企业达成就业意向；成立劳务市场，举办劳务推介会26场，4 300人与企业达成就业意向。扎实推进精神文明建设，打造示范社区、特色社区，完成了社区党支部、居委会星级化考评工作；组织开展了“讲文明、树新风”、卫生清洁志愿服务和敬老送爱心等活动，大力弘扬传统美德，强化文明城市创建基础、不断丰富群众文化生活。

【工委、管委会领导】燕郊高新技术产业开发区任职领导为工委书记、管委会主任邱建辉；工委副书记、管委会常务副主任白志成；工委专职副书记杨志东；工委委员、管委会副主任潘进中、雷大庆、李维宁。

宜昌高新技术产业开发区

【概况】2015年，宜昌高新技术产业开发区（以下简称“宜昌高新区”）经济保持平稳运行，全区实现工业总产值2 034亿元，企业总收入2 152亿元，全社会固定资产投资690亿元。核心区实现工业总产值649.8亿元，同比增长7.7%；全社会固定资产投资399.6亿元，同比增长19.4%；公共财政预算收入13.29亿元，同比增长25.8%；社会消费品零售总额77.4亿元，同比增长13%；直接利用外资5 430万美元，总量位列全市第一。

【强力推进项目建设】2015年，宜昌高新区新签约项目58个，协议投资总额135.3亿元；实现招商引资到位资金191.7亿元，超额完成全年目标。其中，投资过10亿元的项目4个，投资过亿元的项目15个。全年共实施项目165个，其中续建项目82个，新开工项目83个。惠科电子、东土科技、易科化工、广辰药业、瑞康医药、百联慧谷、宜昌三峡保税物流中心等项目相继开工建设，惠科电子即将建成投产，宜昌人福出口药品生产基地、三峡制药氨基酸产业基地、紫泉饮料、天仁药业、森德电工、水悦城综合体、沙湾污水处理厂、白洋港一期等项目建成投产或运行。

【稳步推进园区开发】2015年，宜昌高新区实施园区基础设施项目111个，总投资105亿元，完成投资40亿元。新修道路65.89公里，建设安置房项目10个，建筑总面积达240多万平方米，安置房约11 000套，总投资约50亿元；全面启动515个棚户区的改造；绿化总面积达12万平方米，道路绿化14.8公里。

【加快推进科技创新】2015年，宜昌高新区积极完善创新平台，各类孵化器达17家，总规划面积达110万平方米，可利用孵化面积达80.72万平方米。创建鄂西首个、宜昌市首家纯互联网思维的众筹咖啡馆，点石创客空间、智库@创业咖啡、太平鸟创客空间获批湖北省级创新型孵化器，高新区创新创业服务中心成功获批为“湖北省服务外包示范基地”。

【强化创新服务体系】宜昌高新区出台支持创新创业的“黄金十条”，即《宜昌高新区培育创新型企业实施办法（试行）》（宜开办发〔2015〕17号，2015年6月8日），大力实施创新型企业培育工程，设立总规模2.5亿元的创业投资基金，首批选取10家创新型示范企业和50家创新型成长企业重点培育，举办宜昌市首届青年创业（创客）大赛和首届工业“智能杯”创新大赛。新认定高新技术企业17家，长机科技、宜化集团、人福药业、宜昌南玻硅材料、黑旋风锯业、安琪酵母等6家企业获湖北省科学技术进步奖。加快科技金融结合，设立“多层次资本市场发展资金”，湖北金东山商业城股份有限公司在“四板”上市，金海科技公司在“新三板”上市，全区上市企业总数突破10家。推动政、银、企三方合作，授信总额高达175亿元，推出金融创新产品10多个。宜昌文交所全年完成交易155宗，交易金额达21亿元，居全省市州第一；帮助企业融资达15亿元，聚合资金流量达30亿元；宜昌农村产权交易中心在宜昌文交所正式挂牌。

【全力推进改革发展】深化行政审批制度改革，宜昌高新区在全省率先推行“行政审批电子专用章”改革，对纳入区政务服务中心办理的60多个行政许可证件（15个公章）统一使用区政务服务中心行政审批专用电子印章；建立水土保持、环境评估、安全评估、节能评估、规划设计和消防六个方面的中介服务机构名录库；运用"互联网+"思维，结合金融网格化服务创新，搭建"大众创业、万众创新"网络综合服务平台，提供科技、人才、财税、金融、法律等中介服务；创新"互联网+政务"模式，涉及经济发展、建设管理、综合执法的62项审批事项，企业可在网上申报、全程电子化办理，审批事项受理时间减少一个工作日。

【稳步推进综合执法改革】宜昌高新区在全国首开先河，获湖北省政府批准授权开展相对集中执法，建立统一制发印章、统一执法证件、统一执法文书、统一执法服装、统一执法行动的"五统一"工作机制，实现多头执法向综合执法、传统执法向"互联网+"执法、委托执法向授权执法的重大转变。

【强力推进金融改革】宜昌高新区采取"专业公司运作、发达地区推介、面向全国招商"的办法，首次在武汉顺利举行宜昌高新区国有建设用地土地使用权专场拍卖会，创造全年土地出让价格的新高。2015年，宜昌高投控股集团主体信用等级及债项信用等级被国内权威机构评定为AA级，总资产达到105.79亿元，比上年增加197%；净资产总额54.19亿元，比上年增加514%，是集团成立之初的10.83倍；资产负债率49%，比上年下降26%；累计实施项目118个，总投资82.19亿元；发行企业债券20亿元；从工商银行获得总额10亿元的融资租赁资金，是宜昌市首笔以基础设施管网为标的物的融资项目。

2015年宜昌高新区各街道基本情况

街道名称	国土面积（平方公里）	耕地面积（公顷）	人口（人）	居（村）民委员会（个）	村民小组（个）	工业总产值（万元）	农业总产值（万元）	财政收入（万元）	人均纯收入（元）
东苑街道	3.43	1.6	40 573	5	2	4 987	–	905	12 350
南苑街道	4.8	49.92	41 448	6	–	4 990	–	1 412	12 672
北苑街道	2.54	18	27 904	6	2	12 337	25	930	12 940

张家港保税区

【经济发展】2015年，张家港保税区实现地区生产总值602亿元，同比增长6.7%；公共财政预算收入37.66亿元，增长8.1 %；工业开票销售收入1 093.83亿元，同比下降16.9 %；全社会固定资产投资164.94亿元，下降4.3%；注册外资37 854万美元，下降19.9%；到账外资26 447万美元，下降2.1%；外贸进出口总额116.8亿美元，下降15.6%。

【工业发展】2015年，张家港保税区完成工业投入104.84亿元。页岩气基地总投资40亿元的丙烯一期、总投资12.9亿元的聚丙烯一期、总投资8亿元的华昌丁辛醇等项目稳定量产，一期投资44亿元的环氧丙烷项目完成备案，总投资120亿元的华昌加氢启动首个环保型涂料项目报批；光学膜基地康得新一期实现销售收入76亿元、入库税金6亿元；霍尼韦尔基地投资2.5亿元的分子筛项目竣工投产，MTO催化剂项目启动报批；润英联润滑油、富瑞海水淡化、PPG二期高性能涂料、泰柯棕化表面活性剂等8个超亿元项目竣工投产。全年销售额亿元以上的企业达到125家，其中超10亿元的企业达到21家。

【贸易业】2015年，张家港保税区实现服务业投入60.1亿元，增长6.6%；服务业增加值290.9亿元，增长9.8%，占GDP比重达到48.32%。汽车口岸、进口消费品、化工、纺织、粮油、木材等六大专业市场实现交易额3 100亿元（含电子交易额）、税收11.5亿元，同比分别增长29%和44%。汽车口岸完成进出口整车1.7万辆，新增注册企业70家，宝马旗舰店正式营业，新星房车、中美仕家启动改装业务，4.3万平方米公共厂房建设顺利推进，国际汽车城二期、保税区车管所开工建设。消费品市场裙楼主体工程完工，进口商品直销中心体验店开业运营，红酒原瓶进口突破770万升，增长102%，总量、货值均位列全省第一，冷链物流园完成土地招、拍、挂。化工品交易中心线上线下交易额突破2 000亿元；纺织市场总投资1.7亿元的中国国投一期项目主体完工。和北京中关村、深圳前海同批启动外债审慎管理试点，正式获准开展甲醇保税期货交割业务，在江苏省率先启用边检“一证通”，江苏长江航运交易中心信息平台正式上线运营。

【新兴产业】2015年，张家港保税区实现新兴产业产值651.57亿元，下降1.8%；新兴产业投入77.07亿元，下降9.1%；新兴产业产值占工业产值比重达到45.65%。国家化工设备质量监督检验中心启动运营，中国科学院大化所张家港产研院、中地大（武汉）技术转移张家港分中心正式成立，新增市级以上领军人才27个，多维科技、国泰超威、启能新材料、赛智达4家企业入围张家港市十大最具发展潜力领军人才企业，获评示范型国家国际科技合作基地，启能、水木天蓬、国泰超威、氟特电池等领军人才项目加快产业化，5家企业实现“新三板”挂牌。

【投资环境】2015年，张家港保税区总投资7.5亿元的滨江大厦装修过半，总长1.8公里的南横套生态廊道基本建成，新城区小学、幼儿园主体结构封顶，安置区12.5万平方米商业配套用房基本竣工。香山景区占地20公顷的梅花园、13.3公顷的樱花园建成开园，南沙老街改造、占地50.7公顷的香山湖景观工程基本完工，运动公园启动建设，山体植被覆盖新增105公顷，生态修复工程有序推进，景区管理机构进一步优化。完成中华路南延、金港路南延线型规划调整，镇山大桥新建、张家港大桥改建工程顺利推进，黄泗浦大桥、江海路大桥建成通车，疏港高速路面基层摊铺工作基本完成，沿江城际铁路筹备开工并确定区内设站。

【社会民生】2015年，张家港保税区有序推进总投资5.1亿元的五大类民生实事，投资超6 000万元对老集镇区、老住宅区进行综合整治改造，完成农村供水管网改造5 786户，公共自行车增容扩量延伸到办事处，总量达29个点位。扎实开展环境保护、城市管理、安全生产“三大百日行动”，主要污染物排放总量持续下降，康居乡村建设达标率和村庄环境整治达标率均达100%，长江村获评“江苏最美乡村”。新开工安置房31.64万平方米，竣工78.06万平方米。村均可用财力和农民人均纯收入继续保持稳定增长，分别达到1 200余万元和3.2万元。举办第十二届香山文化旅游节、2015年环太湖国际自行车赛张家港双山岛绕圈赛等活动。

【发展态势】2016年，张家港保税区将紧紧围绕“强富美高”发展目标，继续坚持贡献份额最大、转型质效最优、特色优势最亮“三个最”的工作定位，全面提升产业品质、生活品质、生态品质和文化品质，着力打造“活力保税区、美丽大金港”。“活力保税区”，即经济发展更具活力，进一步加速保税区的转型升级，使其成为全市经济实力最强、发展后劲最足、转型质效最好的地区之一，地区生产总值和公共财政预算收入年均增长保持7%左右；体制机制更具活力，不断放大区港合一、区镇合一既有优势，不断赢取改革创新的更大红利，逐步形成与国际接轨、在国内领先的体制机制；干部队伍更具活力，着力建设有担当、善创新、敢作为的干部队伍，着力创建风清气正、干事创业的良好氛围。“美丽大金港”，即生活前景更加美丽，城乡居民收入比保持在2:1以内，基本社会保障覆盖率稳定在99%以上，基本公共服务优质均衡发展；城乡环境更加美丽，单位GDP能耗和二氧化碳排放均比“十二五”期末下降15%左右，以长江深水航道、疏港高速和沿江城际铁路为主体框架的大交通体系基本形成，城市化水平达到78%；文明内涵更加丰富，基层民主更加健全，法治政府基本建成，安全稳定的发展局面更加巩固，高分通过全国文明镇考核，使张家港保税区成为沿江开发开放的主阵地、苏南现代化建设的排头兵、江苏沿海开发的助推器，更充分地体现江苏省唯一的保税（港）区应有的担当和作为。

【机构设置】张家港保税区管委会下设党政办公室、组织人事局、发展改革局、招商局、科技人才局、物流贸易局、财政局、规划建设局、安全环保局、国土资源局、企业服务管理局、社会事业局、农村工作局、政法和社会管理办公室、行政服务中心。

河北省唐山海港经济开发区

【经济发展】2015年，河北省唐山海港经济开发区（以下简称“海港开发区”）实现地区生产总值320亿元，同比增长4.58%。其中，第二产业增加值完成30亿元，同比增长22.73%；第三产业增加值完成12亿元，同比增长7.59%；三次产业的比重为8∶36.3∶55.7。全年实现财政收入53.65亿元，同比增长5%；税收收入42.2亿元，同比增长5%；财政支出43.9亿元，同比增长126.62%。工业总产值566亿元，同比增长20.17%；固定资产投资253.1亿元，同比增长3.83%；主营业务收入1 700亿元，同比增长3.66%；规模以上工业增加值145亿元，实际利用外资5 170万美元。

【产业发展】2015年，海港开发区注册企业达到1 409家，“四上”企业123家，其中，规模以上工业企业31家，培育形成了煤化工、装备制造、港口物流等主导产业。煤化工产业已有7家企业的10个项目建成投产，能够生产34种煤化工产品，具备年产焦炭670万吨、焦油30万吨、甲醇20万吨、聚甲醛4万吨、己二酸15万吨、苯类产品18万吨、煤气13.7亿立方米的生产能力，形成了焦炉煤气—甲醇—聚甲醛、粗苯—苯加氢—己二酸、煤焦油深加工三条完整的产业链条，被河北省科技厅命名为“省级煤化工特色产业基地”。港口物流依托唐山港，业务范围覆盖煤炭、矿石、钢铁、集装箱、液化产品运输五大板块，形成了以港口物流和仓储、批发零售、金融业以及租赁商务四大行业为主导的服务业体系。规划建设的物流园区被河北省政府批准为首批省级交通枢纽型物流产业聚集区，2014年被评为全国优秀物流园区。京唐国际石材城、长久汽车物流产业园（华北基地）、开滦煤化工产业园物流配送中心等一批战略性支撑项目正在加快实施。装备制造产业形成了以唐山中材海港装备制造有限公司为龙头的大型水泥设备制造和集输基地，其产品涉及水泥设备、矿山设备及港口物料输送设备等多个领域，具备年加工产品5万吨的生产能力。

【科技创新】海港开发区大力实施“科技兴区战略”，先后出台一系列支持性政策，以自主创新为核心的新产品研发及高新技术产业正在成为该区工业经济增长的新亮点。2015年，海港开发区实施各类工业科技项目18项，组织鉴定企业技术成果3项；全区高新技术企业2家，高新技术产值已突破1.2亿元，产品出口创汇达230万美元；唐山海港农业科技园区获批建设，完成省、市农业科技项目3项，争取科技项目经费230万元；建成省、市级工程技术研究中心4家，市级知识产权优势企业5家，5年获得国家专利200多项，认定为省级科技型中小企业40家。

【项目建设】坚持把项目建设作为打造沿海经济增长极的重中之重，深入开展“项目建设突破年”活动，建立并严格落实重点项目分包责任制，形成“一个重点项目、一名分包领导、一名责任人、一抓到底”的工作格局。2015年，海港开发区实施重点产业项目74个，涉及总投资251.98亿元。其中，续建项目26个，涉及总投资113.05亿元；新开工项目48个，涉及总投资138.93亿元；亿元以上项目25个，10亿元以上项目8个；非石材产业项目52个，石材项目22个。2个项目列入省重点，14个项目列入市重点，22 个项目已完工或基本完工。

【投资环境】海港开发区探索实行重点项目审批全程代办制度，简化手续、精简流程，形成了一个领导小组、一个重点项目代办中心、五步代办、七天办结的“1157”办理模式，得到了各级领导的充分肯定。市政府 3 月份在海港开发区召开现场会，向全市各县区宣传推广海港经验。严格落实“窗口单位月评比”“项目业主季评职能部门”“破坏发展环境举报”等工作制度，实时公布评比结果，广泛接受社会监督。

【招商引资】海港开发区深入开展招商引资竞赛活动，设立 10 个专业招商机构，抽调精干力量充实招商一线，以“打攻坚战”的阵势精准招商，取得显著成效。2015 年，海港开发区共洽谈项目 899 个，同比增长 140%，其中签订协议项目 126 个，增长 11.5%，计划总投资 3 200 亿元以上。总投资 5 000 万美元的中东欧产品加工展示销售基地、总投资 110 亿元的油气进出口及储运、总投资 58.45 亿元的建投大清河海上风电场等重点项目正式签约。对接北京产业转移取得突破性进展，全区洽谈对接京津项目 460 个，涉及总投资超过 2 000 亿元。其中，亿元以上项目 227 个，已签约 96 个，北京二商肉产品加工、北京长久集团二期、北京福田汽车物流基地等项目已达成合作意向。

【现代农业发展】海港开发区大力推进现代农业产业化项目，全年有 3 个项目成功签约，涉及总投资 2.7 亿元；8 个项目建成投产，涉及总投资 7.7 亿元，培育农村新型经营主体 253 个，被评为唐山市“农业重点工作优胜单位”和“产业发展保障工作先进单位”。积极构建“四区一园”现代农业发展模式，以发展现代生态绿色农业、多业态循环农业为目标，推动粮食生产、设施农业、畜禽养殖和水产养殖等产业快速发展，被河北省科技厅命名为“省级农业科技示范园区”。

【生态环保】海港开发区全面推进港区散料堆场入仓、入棚，全年共清理无责任主体或无相关部门审批手续的散料堆场 30 余处，各种散料约 35 万吨；督导有关港口仓储企业进行“黑白分家，散杂分置”规划，将煤炭等易起尘货种调整到港区东部专业化码头作业，基本消除了散货作业对附近居民区的环境影响。推行道路机械化清扫、洒水，采取吸尘、洒水、清扫一体化作业，主次干道机械化清扫率达 80% 以上；实现了清扫保洁全天候、全覆盖、全方位，主干道 16 小时清扫保洁面积达 60% 以上。

【京津冀协同发展】海港开发区抢抓京津冀协同发展的机遇，积极开展对接京津招商活动，多次赴北京、天津等地开展高规格、小团组的实地招商及考察活动，集中对开发区区位优势、优惠政策等方面进行宣传推介，与政府机构、知名企业进行广泛接洽，取得了一定效果。组织 30 多名攻坚队员常驻北京，寻找客商、跟踪项目，全面打响“北京东海岸、京企新家园”品牌，以“打攻坚战”的阵势开展了石材项目招商、高科技项目招商，特别是投资 100 亿元、建设规划面积 1 330 公顷的京唐•国际石材城，与 118 家石材企业成功签约，有 50 个石材项目开工建设，9 个项目正在办理前期手续，为全面承接北京石材产业转移，建设中国北方最大的石材加工销售基地奠定了坚实基础。

【和谐开发区】海港开发区进一步加大安全生产监管力度，实现了全年安全生产零事故、零伤亡，连续 4 年被市政府授予“安全生产目标管理优秀单位”称号。切实加强大气污染治理，空气质量持续改善。扎实开展“三严三实”专题教育活动、解放思想大讨论活动和“抓机遇、促转型、干成事、出亮点”活动，充分发挥党员先锋模范作用，激发全体党员干部的干事热情。深入开展“爱唐山、做贡献”和“海港是我家、发展靠大家”主题实践活动，促进了干部作风大转变。认真组织农村两委换届工作，58 个行政村全部按要求完成村两委换届。

【机构设置与管委会领导】海港开发区辖 1 个管委会、1 个镇、60 个村民委员会、2 个居民委员会，下设党政综合办公室、党群工作部、人社局、社管局、发改局、招商局、住建局、城管局、安监局、财政局、监察局、文广局、街道办、物流办等14个部门。党工委、管委会领导班子成员为：党工委书记、管委会主任宗玉田；党工委副书记、管委会副主任辛晓武；管委会副主任王纯华；党工委委员、纪工委书记李忠华，党工委委员、管委会副主任角士新、谭树强；党工委委员、管委会副调研员赵书田。

2014—2015年唐山海港经济开发区主要经济综合指标一览表

项目		单位	2015年	2014年	增减（%）
开发区生产总值		亿元	320	306	4.58
第二产业		亿元	172	162	6.17
工业		亿元	170	158	7.59
第三产业		亿元	124	121	2.48
工业总产值（现价）		亿元	566	471	20.17
高新技术企业		亿元	113.2	94.2	20.17
销售（营业）收入		亿元	1 700	1 640	3.66
第二产业		亿元	402	390	3.08
工业		亿元	161.9	156.2	3.66
第三产业		亿元	1 298	1 250	3.84
利润总额		亿元	22.4	34.1	-34.35
第二产业		亿元	–	–	–
工业		亿元	0.5	6.1	-91.65
区内主导产业及产值					
主导产业	1. 物流业	亿元	1 040	1 000	4.00
	2. 煤化工业	亿元	230	192	19.79
	3. 农副食品加工业	亿元	87	73	19.18
	4. 电力业	亿元	68	57	19.30
进出口总额		亿美元	7.55	7.55	0
出口额		亿美元	1.53	1.53	0
财政收入		亿元	53.65	51.09	5.00
税收收入		亿元	42.20	40.19	5.00
财政支出		亿元	43.90	19.37	126.62
外商及港澳台企业		家	2	0	–
内资企业		家	383	242	58.26
新批企业投资额	外商及港澳台企业	亿美元	0.38	0	–
	内资企业	亿元	29.40	34.04	-13.63
合同外资金额		亿美元	3.58	0	–
外商实际投资		亿美元	–	0.73	–
固定资产投资		亿元	253.11	243.76	3.83
年末从业人员		万人	2.21	2.19	1.10
万元GDP能耗		吨标煤/万元	0.48	0.49	–
水资源消耗总量		万立方米	723	1 090	-33.67
单位国内生产总值取水量		立方米/万元	2.26	3.56	-36.52

江苏省泗阳经济开发区

【经济发展】2015年，江苏省泗阳经济开发区（简称“泗阳开发区”）全年实现业务总收入662.35亿元，地方财政一般预算收入14.89亿元，工业固定资产投资117.06亿元，比2014年分别增长15.7%，13.44%，13.11%；实际到账外资3 546万美元，进出口总额3.15亿美元。泗阳开发区获江苏省商务厅、知识产权局授予“省级知识产权示范园区”“省级优秀知识产权试点园区”称号。

【产业建设】泗阳开发区以工业经济转型升级、扩量提质为目标，引导企业实施兼并重组、技术改造、股改上市、规模发展，纳入市500强培育的53家企业中有33家企业完成全年培育目标，47家企业纳入市“千企技改、千万投资”项目顺利实施；纳入县股改上市企业库的7家企业中，江苏吉福新材料股份有限公司顺利在“新三板”上市并实现融资，宿迁宇龙光电科技有限公司已完成股改，江苏隆士达、华阳制药、赛尔密封件、荣浩投资集团等公司已启动股改；江苏通瑞包装、宿迁英挪唯铝业、江苏华泰纺织、江苏俊宏纺织、泗阳高传机电设备制造、泗阳德美纺织、大融爵士汽车（江苏）等公司已基本完成兼并重组。

【招商引资】泗阳开发区坚持“专业招商、产业招商、园区招商”的理念，先后在浙江、广东、福建等地开展招商推介活动，牵头组织“三抓三促谋发展、招大引强求突破”2015中国·泗阳投资环境说明会、第四届海峡两岸轮毂产业高峰论坛暨CAW铝车轮质量协会会员大会、2015“光荣绽放”小样新品发布会等活动，实现落户园区工业项目31个，协议总投资112亿元。全年经市考核认定，亿元开工项目18个、亿元竣工项目12个，超额完成年初制定的目标任务。

【科技创新】泗阳开发区以成功创建省知识产权示范园区为契机，全面提高企业知识产权创造、运用与管理水平。2015年新增专利申请1514件，其中，发明专利申请131件，专利授权801件。新增高新技术企业6家、省级企业技术中心2个、工程技术研究中心2个、企业工程中心2个、研究生工作站8个；新增“两化”（信息化和工业化）融合试点企业5个、国家火炬计划项目2个、国家星火计划项目1个、省重大科技成果转化项目1项、省产业前瞻性研究项目1项。全年组织申报省级知识产权战略推进计划项目3项，新增企业知识产权管理规范创建备案单位10家，已通过验收合格4家。5月20日，泗阳经济开发区通过省级知识产权试点园区考核验收；8月3日，泗阳经济开发区被评为2014年度省园区知识产权试点工作优秀单位。

【城市建设】泗阳开发区坚持规划引领发展，启动开发区总体规划修编工作，规划已通过初审；完成总部经济区规划设计以及北京路派出所、开发区消防站规划编制和施工图设计工作任务。推进基础设施建设，完成葛东河路南延、福建路西延、杭州路西延3条5公里道路工程建设任务等；完成泗塘河污水管网及提升泵站、黄河路护坡、文成路5公里自来水管网建设工程，启动长江路路灯安装；配合污水处理厂完成工业自来水管网、267省道污水管网建设工程和约10公里污水管网疏通工程；完成北京路等6条破损市政道路设施修补工作，累计修复破损路面约 4 500 平方米、路牙石 2 600 米、路灯 150 盏。完善配套设施建设，轮毂产业园职工宿舍楼基本建成，铺设热力管道 2.5 公里，配合县供电公司启动建设 220 千伏泗东变建设工程；完成太湖路等 9 条道路绿化补植任务，新增绿地面积近 6 万平方米。加强城市管理工作，建立面、线、点三结合的城市管理体系，强化企业内部环境整治，建立健全违规建设管控体系，一个功能配套完善、产业特色鲜明、辐射带动有力、发展后劲充足的东部工业边城初具规模。

【生态建设】泗阳开发区发展循环低碳经济，促进节能减排和资源综合利用。开展清洁生产审核及环境管理体系认证，重点企业强制性清洁生产审核达到 100%；全力支持荣马新能源、瑞泰光伏等重点企业加大低碳技术改造，加快推进园区企业低碳项目建设；建立再生资源回收体系，实现废物资源回收利用，铺设 3.6 公里工业自来水管网并实现供水，大大降低了企业用水的成本。新建（提升）窨井 780 个，新建节制闸 6 个，累计接纳处理园区生产、生活污水近 700 万吨，有效解决了开发区企业废水、废气、废物排放方面存在的问题。严格项目准入门槛，强化企业集约节约用地，印发并严格执行《江苏泗阳经济开发区入区工业项目联审办法》（泗办发〔2015〕34 号），对拟入区的工业项目在投资方向、环境影响、用地要求、投资指标、控制性要求、建设周期六个方面进行严格审查，坚决杜绝不符合相关要求的项目入区落户。

【非公有制企业党建】2015 年，泗阳开发区召开四次党建专题会议，研究党建工作，制定党建工作年度计划，并为每位党支部书记制定 1 ～ 2 项实事项目；全年新组建单独党组织 15 家，全区规模以上企业已经全部单独建立党组织；对江苏荣浩投资集团有限公司、江苏新晨化纤股份有限公司等 5 家非公企业党组织示范点进行选树培植，并补贴价值 30 多万元的健身器材、电脑、图书等设备；举办两次企业党支部书记和党建工作指导员党建业务培训会议；在全区开展“读书活动”，认真落实“书记上党课”“党课大家讲”制度；扎实开展党员摸底排查，登记党员 534 名，转入党员 68 名，培养入党积极分子 551 名，培养发展对象 126 名，预备党员 29 名，转正党员 19 名。

【招才引智】成立人才工作领导小组，制订人才工作规划，年内赴陕西、甘肃、安徽等地高校参加专场招聘会三次，新引进工业企业大学本科及以上人才 80 名，其中硕士 5 名、博士 1 名，引进省“双创”人才 3 名，36 名本科毕业生入住人才公寓；开展高新技术企业培育和研发机构建设，与东华大学、燕山大学、安徽工业大学等多家高校建立人才科技联盟，8 家企业成立了研究生工作站，2 家企业新成立了省工程技术研究中心，45 家市级工程技术研究中心通过备案，形成共建研发机构的良好局面。

【社会文化事业】泗阳开发区联合泗阳县总工会、县安监局承办了 2015 年“安康杯”安全生产知识竞赛；在全区开展困难党员、职工统计工作，并组织进行“夏季送清凉、冬季送温暖”慰问活动。按照领导干部“领学、督学、荐学”的要求，每月开展一次领导干部讲学活动，年内共开展了 9 期专题讲学活动；有效完善网上舆情的收集、研判、引导、控制、处置制度，累计受理各类网络问政舆情共计 501 件，办结率为 100%。

【机构设置】根据宿编〔2015〕87 号文件批复，开发区管委会设立正科级建制的党政办公室、组织人事局、投资促进局、综合执法局（安全生产监督管理局、食品药品监督管理局）、行政审批局、监察审计局、财政局、经济发展局、规划建设局；投资促进局下设副科级建制的招商局、企业服务局。

浙江省海宁经济开发区

【概况】浙江省海宁经济开发区（以下简称海宁开发区）成立于1992年8月。1997年12月被浙江省人民政府批准为省级经济开发区，2006年3月通过国家发改委审核验收，保留为省级经济开发区。2009年与上海漕河泾新兴技术开发区合作建立漕河泾海宁分区，规划面积15平方公里，为浙沪首个国家级开发区合作项目，致力于打造高新技术产业新城。2010年7月，浙江省人民政府同意海宁经济开发区为第二批整合提升单位。

【经济发展】2015年，海宁开发区实现地区生产总值367.71亿元，同比增长7.2%；实现财政收入64.19亿元，同比增长1.6%；全区1 128家规模以上企业完成工业总产值1 035.84亿元，同比增长3.2%；完成利税总额89.4亿元，同比增长10.2%，其中利润48.77亿元，同比增长14.2%。综合考评中海宁开发区位列浙江省省级经济开发区第二名，创历史最优成绩，已连续3年进入全省前三强；同时，被浙江省政府授予2015年度优秀开发区，被省商务厅授予2015年度先进开发区、外贸十强开发区和利用外资十强开发区等诸多荣誉称号。

【招商引资】海宁开发区组建招商小分队奔赴上海、北京、深圳等地加强驻点招商，深入对接世界500强、国内500强、行业龙头等大、好、高企业项目。探索建立市场化用人和考核机制，出台招商工作考核办法和固定资产投资奖励政策，规范招商活动，提高招商积极性。建立招商例会制度，组织招商人员培训，提高招商人员综合素质。2015年实到外资3.88亿美元，同比增长18.6%；新批企业1 283家，其中外商及港澳台企业37家，总投资14.64亿美元；引进宝平能源、世纪互联、万纬仓储等一批大、好、高项目。

【项目建设】海宁开发区完善领导联系项目制度，项目进度上墙公示，每月更新进度数据，营造拼抢氛围。成立项目推进办公室，涵盖国土、规划、招商、工程、经济发展等各个部门，进一步完善问题集体会商机制，优化供地程序，落实项目代办帮办制度，推进项目精细化管理，全程服务项目建设。着力做好困难项目帮扶与化解，大力盘活土地资源。注重科技对开发区转型升级的推动作用，排摸技改信息，鼓励技改投入。2015年，海宁开发区共完成固定资产投资总额336.17亿元，同比增长4.2%，其中，工业投资223.38亿元，三产投资（包括房地产和政府性投资）112.79亿元。实施技改项目519个，技改总投入181.24亿元。

【企业服务】海宁开发区协助企业做好投融资工作，做好企业上市指导，诺之、芯能、兰博、汇锋已成功挂牌“新三板”。大力推进品牌创新工作，开发区本级安正、敦奴、雪豹、诺之4家企业被国家工信部授予品牌创建示范企业，入选企业总数连续两年超全省50%。建立专项资金，协助企业周转，2015年共帮助8家企业周转82次，总金额达到42 003万元，有效化解了企业转贷难问题。深入开展亩产效益改革，企业亩均税收为19.47万元，亩均销售375万元，分别高于海宁市平均水平23个百分点和48个百分点。企业培育成效明显，全年完成小升规入库112家，个转企181家。做好平安建设、安全生产、新居民管理、社会保障等工作，探索并实施“两网融合”工作，顺利完成第二届互联网乌镇峰会维稳安保工作，全年未发生重大安全生产事故和重大群体性事件。

【平台建设】海宁开发区坚持科学规划，全年基础设施投入59.04亿元，打造更优环境，完善配套建设，确保企业、人才“引得进、留得住”。大力建设美丽开发区，开展“三改一拆”，完成旧厂房改造11家，建筑面积83 385平方米，开展由拳路有机更新区块扫尾和原厚望饲料厂宿舍国有土地征收，共对企业单位实施征收签约10家，搬迁拆除6家，拆除建筑面积共30 939平方米。实施硖仲路南侧安置房、横山路西延等工程，完成俞家桥路北延、双利路南延、胜万桥港二期等工程建设。加强“五水共治”，大力开展“清三河”行动，深化河长制管理，提升河道水质，36条河道中35条实现了水质Ⅳ类以上，占总河道的97.2%以上，彻底消灭劣V类水质的河道。加强节能减排工作，全年工业增加值能耗下降6.4%。加快“两退两进”，完成腾退项目11个，腾退土地19公顷。同时，积极做好全国卫生城市复评和文明城市创建工作。

【园区建设】为实现产业集聚和产城融合发展，海宁开发区积极规划建设特色产业园区。一是与上海漕河泾新兴技术开发区合作建设漕河泾海宁分区，致力于推动高新技术产业集聚，2015年实现规模以上工业总产值44.36亿元，利润5.75亿元，实到外资910.42万美元，实到市外内资2.02亿元，获评“嘉兴市新经济园”。二是启动国际装备制造产业园工程，构建特色鲜明的产业招商新平台，加快引进法国、德国等欧洲老牌工业强国高端装备制造业项目。

【机构设置与管委会领导】海宁经济开发区管委会下设办公室、党群部、财务部、招商局、招商综合部、经济发展局、工程建设管理局7个内设机构，下属单位企业服务中心；另有环保分局、国土分局、规划分局3个派驻机构。中共海宁经济开发区委员会由陈中权、顾亚兴、方茂庆、花国平等4名同志组成，陈中权同志任党工委书记、管委会主任。

2014—2015年浙江省海宁经济开发区主要经济综合指标一览表

项目		单位	2015年	2014年	增减（%）
开发区生产总值		亿元	367.71	343.11	7.2
第二产业		亿元	252.06	236.23	6.7
工业		亿元	226.83	212.19	6.9
第三产业		亿元	101.45	92.31	9.9
工业总产值（现价）		亿元	1 035.84	1 003.29	3.2
高新技术企业		亿元	439.47	398.16	10.4
销售（营业）收入		亿元	1 455.54	1 451.03	0.3
第二产业		亿元	1 293.09	1 283.95	0.7
工业		亿元	990.24	976.66	1.39
第三产业		亿元	162.45	167.08	−2.8
利润总额		亿元	53.29	46.95	13.5
第二产业		亿元	50.47	42.77	18.0
工业		亿元	48.77	41.70	17.0
区内主导产业及产值					
主导产业	1．纺织业	亿元	330.37	321.05	2.9
	2．通用设备制造业	亿元	246.71	235.77	4.6
	3．皮革业	亿元	175.43	151.64	15.7

续表

<table>
<tr><th colspan="2">项目</th><th>单位</th><th>2015 年</th><th>2014 年</th><th>增减（%）</th></tr>
<tr><td colspan="2">第三产业</td><td>亿元</td><td>166.58</td><td>169.39</td><td>-1.7</td></tr>
<tr><td colspan="2">进出口总额</td><td>亿美元</td><td>36.66</td><td>42.73</td><td>-14.2</td></tr>
<tr><td colspan="2">出口</td><td>亿美元</td><td>31.39</td><td>34.58</td><td>-9.2</td></tr>
<tr><td colspan="2">财政收入</td><td>亿元</td><td>64.19</td><td>63.20</td><td>1.6</td></tr>
<tr><td colspan="2">税收收入</td><td>亿元</td><td>64.84</td><td>55.35</td><td>17.1</td></tr>
<tr><td colspan="2">财政支出</td><td>亿元</td><td>50.83</td><td>43.69</td><td>16.3</td></tr>
<tr><td colspan="2">新批企业数量</td><td>家</td><td>1 283</td><td>804</td><td>59.6</td></tr>
<tr><td colspan="2">外商及港澳台企业</td><td>家</td><td>37</td><td>34</td><td>8.8</td></tr>
<tr><td colspan="2">内资企业</td><td>家</td><td>1 246</td><td>770</td><td>61.8</td></tr>
<tr><td rowspan="3">新批企业投资额</td><td>外商及港澳台企业</td><td>亿美元</td><td>14.64</td><td>6.79</td><td>115.6</td></tr>
<tr><td>内资企业</td><td>亿元</td><td>203.87</td><td>181.38</td><td>12.4</td></tr>
<tr><td>增资企业</td><td>亿美元</td><td>8.69</td><td>4.85</td><td>79.2</td></tr>
<tr><td colspan="2">规模以上企业数量</td><td>家</td><td>1 128</td><td>948</td><td>19.0</td></tr>
<tr><td colspan="2">合同外资金额</td><td>亿美元</td><td>10.56</td><td>7.12</td><td>48.4</td></tr>
<tr><td colspan="2">外商实际投资</td><td>亿美元</td><td>3.88</td><td>3.27</td><td>18.6</td></tr>
<tr><td colspan="2">固定资产投资</td><td>亿元</td><td>336.17</td><td>322.67</td><td>4.2</td></tr>
<tr><td colspan="2">年末从业人员</td><td>万人</td><td>14.139</td><td>14.136</td><td>0.02</td></tr>
<tr><td colspan="2">万元 GDP 能耗</td><td>吨标煤 / 万元</td><td>0.28</td><td>0.30</td><td>-5.4</td></tr>
<tr><td colspan="2">水资源消耗总量</td><td>万立方米</td><td>5 825.35</td><td>5 733.18</td><td>1.6</td></tr>
<tr><td colspan="2">单位国内生产总值取水量</td><td>立方米 / 万元</td><td>15.84</td><td>16.71</td><td>-5.2</td></tr>
</table>

浙江省玉环经济开发区

【基本概况】浙江省玉环经济开发区（以下简称“玉环开发区”）前身为玉环大麦屿经济开发区，设立于1992年6月。1993年11月经浙江省（以下简称“省”）人民政府批准升格为省级经济开发区，2005年更名为玉环经济开发区。2008年12月5日经玉环县委常委会决定，玉环经济开发区从大麦屿整合到漩门二期围垦区，主要负责开发漩门二期围垦区、县汽摩园区、观光农业园等区块。2010年7月，浙江省玉环经济开发区整合提升方案得到省政府正式批复。2011年1月召开的玉环县十三届五次党代会决定，将漩门三期纳入玉环经济开发区发展空间，整合后规划控制面积达到85平方公里。

【经济发展】2015年，玉环开发区区域经济持续保持增长势头，支柱产业发展良好，共有规模以上企业95家。其中，产值亿元以上企业27家，全区工业总产值达89.55亿元，同比增长1.17%；销售总收入达84.27亿元，同比增长1.77%；出口交货值达25.46亿元，同比增长1.24%。2015年，玉环开发区以“新城形象提升年”为主载体，紧扣项目建设，大力攻坚推进，全年累计实现社会固定资产投资24.53亿元。通过开展“扶工助企”服务年活动，先后组织企业参加扶工助企集中培训6次，积极推进“四换三名”工程，新评“县三龙企业”50家，共有19家企业获省、市高新技术、名牌产品、著名商标等称号荣誉；2015年，辖区内共有6家企业获得“电商换市”奖励资金350万元，成功创建台州市进出口诚信企业3家。

【招商引资】2015年，玉环开发区努力提升项目包装水平，巧用“小分队招商”等灵活形式，侧重以商引商，吸引浙商回归；全年多次组织精干力量奔赴全国各地参加“浙报传媒土地推介会”等高层次商务交流活动，拓展招商视野，发掘潜在商机；同时，主动克服宏观经济下行压力影响，相继成功引入晶科农光互补光伏电站、红地新能源农光互补光伏电站等一批大型高新项目；截至2015年年底，各招商项目进展情况为：蓝波湾水上运动项目投入运营使用，中西医结合肾病医院落地动工，实艺幼儿园、漩门湾养生健康小镇稳步推进前期对接工作；同时，顺利完成玉环海洋经济转型升级示范区供地25.8公顷，完成投资1.604 8亿元，占全年计划的134%，累计实现投资4.355亿元，已入园企业计划投资总计10.323 7亿元。

【基础设施建设】玉环开发区的基础设施建设主要有如下四个方面的工程。

电力工程方面：2015年，累计完成投资额约1 287万元。其中，完成港南大道中东段、港南大道中段等电缆管线基础工程、港南大道中西段电缆管线基础工程、10千伏滨江708线临时变升高工程、科研中心临时变配电工程、明珠变新设一回10千伏出线至南浦路东侧区块工程、明珠变新设一回10千伏出线至阳光新城、广电大楼等区块工程、明珠变新设一回10千伏出线至亿联阀门城、会展中心等区块工程，建设完成凤屿北一路电缆管道基础敷设等工程。

供水工程方面：2015年，累计完成投资额约1 600万元。其中，完成双湫路分质供水管道安装工程，完成76省道一、二、三、四期供水安装工程，玉环方林汽车城分质供水管道安装工程，完成76省道复线与港南大道连接线管道安装工程。

绿化工程方面：2015年，累计完成投资额约3 392万元。其中，完成滨江小区沿湖景观带绿化种植工程，76省道复线外侧一、二、三标工程，滨江大道北线道路绿化工程；邻里中心外景观绿化工程、明珠大道道路绿化工程、方林汽车城（一期）绿化及亮化等工程均已完工。

市政工程方面：2015年，累计完成投资额约13 048万元。其中，完成汽车城项目一期道路工程、滨江大道北线工程、南区双湫路道路工程、南区河道水环境综合整治——新塘河试点工程、76省道复线南延玉环经济开发区段拓宽工程等6条道路路灯基础及管线工程均已完成竣工验收；开发区土石方（一期）工程完成石渣回填300万吨，完成投资额约6 000万元。

【特色项目】玉环开发区的特色项目主要有如下五个项目。

玉环方林汽车城：玉环方林汽车城项目（一期）总投资7 000余万元，占地面积6.7公顷，作为华东地区县级城市中入驻品牌档次最高和市场规模最大的汽车销售市场，共设有4S店2个，2S店16个，以及8个城市多功能展示厅和1个高端品牌大卖场。玉环方林汽车城作为玉环县招商引资的重要项目，它的落户开业不仅满足了周边群众的汽车消费需求，也有利于有效整合该县汽车贸易行业，做大做强当地汽车消费市场。

中国•玉环国际阀门建材城：玉环国际阀门建材城位于玉环新城核心地区，占地约13.3公顷，总建筑面积约25万平方米，总投资达15亿元。作为浙江省重点建设项目，同时也是玉环县正式引进的投资规模最大的浙商回归项目，它的建成投用将填补玉环县作为“中国阀门之都”和中国汽车零部件产业基地只有产品生产却没有专业销售市场的空白。

晶科农光互补光伏电站项目：该项目作为我国东南沿海体量最大的单体农光互补光伏发电站，由玉环晶科电力集团有限公司投资建设，于2015年正式落户玉环经济开发区漩门三期围垦区。晶科农光互补光伏电站项目总占地约400公顷，计划总投资16亿元，整体建设容量达200兆瓦。电站投产后可将太阳能光伏发电同农业种植充分结合，最终实现光照和土地的交叉利用，充分发挥围垦土地的最大效益。

玉环县开发区综合物流园：该物流园作为交通部“十二五”公路货运枢纽(物流园区)规划项目，一期建设投资5.2亿元，占地16.4公顷，建筑面积25万平方米，主要建设货物集散/配载转运区、绿色商贸/教育配送区、电子商务/智能仓储区、分拣包装/快递快运区、保税交易/产品展示区、信息平台/商务配套区等功能区块；该物流园区功能定位特色明显，着力于打造产业服务智慧生态园，实现从单纯仓储提供商到综合服务供应商的跨越，彻底颠覆传统物流园区的服务内容和商业模式，建成之后预计项目年产值达50亿元，年创利税3亿元，可新增就业岗位2 000人以上。

玉环海洋经济转型升级示范区：该项目位于玉环开发区漩门三期围垦区，规划总面积300公顷，分为两期开发建设；园区充分对接浙江海洋经济战略和台州推进沿海大开发布局，整体发展定位为引领玉环汽摩配及机床装备产业发展的多层次转型升级区块，具体定位为“一心、四核、五组团”的功能布局。其中，“一心”作为产业社区服务中心，推动产业转型升级的服务核心；“四核”定位于重点发展商务办公、配套商业、工业设计、居住公寓等核心功能；“五组团”规划设置为1个汽摩配产业组团、1个机床产业组团、2个高新技术产业组团和1个备用组团。

【科技创新】2015年，玉环开发区在节能、创新科技方面取得新突破，不断扎实推进循环化改造和循环经济建设，全年共有4个申报项目被列为省991循环经济重点支持项目，其中有3个项目获得总计180万元的省级补助资金；2015年，辖区范围内共有19家企业先后获得省、市高新技术、名牌产品、著名商标等荣誉称号。

【生态环保】2015 年，玉环开发区顺利完成各项生态建设考核任务，黄标车淘汰进度和淘汰率居全县第一；全面淘汰燃煤锅炉，成功通过 9001/14001 环境体系审核，强制清洁生产审核 2 家企业；全年审核同意环评立项企业 20 家，同时验收企业 8 家，审核否决违反环保红线立项 9 家；完成大气污染防治各项工作，完成家具行业有机废气整治；同时，建设完成玉环方林汽车城、国际阀门建材城等市政配套截污工程，完成玉环湖生态整治工程，投资达 1 500 万元，完成南区水环境综合整治工程，投资达 600 万元，完成玉环开发区总体规划环评，并通过浙江省环保厅批复；成功完成解放塘河整治，汽摩园区 29 家重点涉水企业的整治提升工作；完成玉环海洋经济转型升级示范区入园企业环保准入条件编制。

【旅游产业】旅游产业的发展有两个特点：一是湿地公园有序开发。漩门湾湿地公园全年实现植被恢复面积约 133 公顷，成功完成“创森”工作，以及保育区鸟类栖息地监测网点完成一期、观光园农展馆完成改造装修等建设。二是景区活动多姿多彩。先后开展 2 月 2 日“世界湿地日”“世界野生动植物日”等宣传活动；组织举办“花果漩门湾陶醉五月香”、漩门湾湿地公园第四届风筝节等各类活动。

【机构设置与管委会领导】玉环开发区管委会下设办公室、工青妇、政工部、督查室、社会管理局、经济发展局、招商局、建设规划局、结算中心、漩门湾观光农业园开发有限公司、基础设施投资有限公司、漩门三期开发有限公司、海洋经济开发投资有限公司等局、办、公司。玉环开发区管委会领导班子成员为：书记杨良强；管委会副书记、主任詹江鹏；管委会副书记、副主任史炜荣；管委会副书记谢招云；管委会副主任陈定广、杨亚敏、陈文其。

山东省平度经济开发区

【概况】 山东省平度经济开发区（以下简称“平度开发区”）是1992年12月经山东省人民政府批准成立的省级开发区。园区已通过ISO14001环境管理体系认证，1998年被山东省政府列为重点扶植发展的省级开发区，连续7年被评为省级先进开发区，多年被授予山东省“开发区发展进步奖”，获批“国家级新型工业化产业示范基地”“青岛市绿色工业园”和“青岛市突出贡献经济园区”，2014年在山东省省级开发区综合指数排名中列第17位。

【经济发展】 2015年，平度开发区经济运行平稳，完成国内生产总值486.16亿元，占平度市（以下简称“全市”）比重的62.38%，同比增长25.61%。其中，第二产业增加值271.04亿元，第三产业增加值165.58亿元，同比增长分别为25.84%和20.4%；公共财政预算收入25.27亿元，占全市比重的56.1%，同比增长36.3%；外贸进出口额16.88亿美元，占全市比重的86.1%，同比增长12.99%；固定资产投资533.27亿元，占全市比重的78.7%，同比增长43.96%。

【产业发展】 2015年，平度开发区实现工业总产值1 109.49亿元，占全市比重的58.89%，同比增长34.67%；实现工业增加值247.44亿元，同比增长26.57%。2015年，平度开发区食品饮料、机械装备、三产服务业三大主导产业收入占全区的比重达到了68.1%。2015年，平度开发区立足平度市农业资源实际，将食品饮料工业放在优先发展的地位，食品饮料产业成为平度开发区第一大支柱产业，该产业于2015年获批“国家新型工业化产业示范基地”国字号招牌，主要涉及青岛啤酒、海洋食品、果蔬加工三大产业链，共有企业406家，年产值达到420亿元。产业链龙头企业主要有青岛啤酒股份有限公司、青岛波尼亚食品有限公司、青岛天祥食品集团有限公司、青岛平度仁和集团有限公司和青岛佳日隆海洋食品有限公司。配套企业有山东奥瑞金包装有限公司、青岛大波高科生物有限公司、青岛康顺达物流有限公司等。

【园区特色】 平度开发区的园区特色有两个重点。

第一，国家级新型产业化工业示范基地正式授牌。2013年，以青岛啤酒、波尼亚食品等为核心项目的开发区食品饮料产业集聚区，成功入选山东省新型工业化产业示范基地；2015年2月，工信部下发《工业和信息化部关于公布第六批“国家新型工业化产业示范基地”名单的通知》（工信部规〔2015〕62号），标志着平度市食品饮料产业集聚区国家级新型工业化产业示范基地成功申报。9月16日，该示范基地在安徽马鞍山市由工信部正式授牌。

第二，创新招商引资模式。平度开发区作为平度市经济转型发展、招商方式创新的试点，2015年通过与北京产权交易所、商务部产业转移中心等中介机构合作，在强化传统招商的基础上创新招商方式，建立和完善“专业化招商、市场化运作、职能化服务”的招商促进机制。

【科技创新】 2015年，平度开发区立足精心服务企业，充分挖掘企业技术难题和发展需求，积极推动企业与高等院校、科研院所共建产学研基地，目前区内青岛征和工业有限公司成为平度市首家省级博士后创新实践基地、青岛鑫光正钢结构股份有限公司与青岛理工大学共建“就业创业实践基地”、青岛杨瑞能源集团与西安交大共建“西安交通大学建筑节能中心产学研基地”、青岛中科特炭新能源科技有限公司与中国科学院山西煤炭化学研究所共建“中科院烯碳蓄能材料创新中心”等。

平度开发区对区内闲置及低效土地利用项目进行摸底排查，协助企业积极包装推介，同时积极带领区内企业走出去，赴江浙、京沪等地参观学习梦想小镇、中小企业产业园发展经营模式，引导企业对闲置的办公及生产场所进行集约利用，盘活闲置土地，容纳更多项目，建设孵化器等新型经济载体，提高单位土地的产出效益。

平度开发区积极主动搭建一站式企业科技创新服务平台，助推企业科技创新、促转型升级。大力实施高新技术企业培育工作，先后培育发展淄柴博洋、海汇铁塔、华威五金等20余家高新技术企业，鼓励企业开展创新平台建设，先后推动征和工业国家级技术中心、同辉汽车、淄柴等省级技术中心及10余家青岛市级技术中心、工程技术中心等。进一步推动企业科技创新建设，充分用好、用活有关企业科技创新扶持政策，出台《关于鼓励区内企业（个人）创新发展的意见》，设立财政专项奖励资金，以政策引导鼓励企业开展高新企业创建、专利技术创新、品牌创建等工作，全面推动华伟联创、博联科技等科技孵化器项目建设，积极引导企业做好科技创新研发平台建设以及产学研合作联盟等。

【投资促进】2015年，平度开发区共引进项目698个。其中，外资项目30个，内资项目668个；外资项目总投资额6.42亿美元，同比下降6.96%，内资项目投资额421.52亿元，同比增长61.8%；实现合同外资5.2亿美元，到账外资5.19亿美元，同比增长分别为3.81%和21.26%。实现外贸进出口额16.88亿美元，其中出口额13.53亿美元，同比增长分别为12.99%和18.68%。

【生态环保】平度开发区实行雨污分流，雨水、污水管道已铺设至全区，投资项目的生产、生活污水达到《CJ343-2010污水排入城镇下水道水质标准》后，允许直接排入城市污水管网。

【社会事业】2015年，平度开发区将打造“红旗党建阵地”列为“书记项目”，加大党建阵地建设投入，投资100万元，对6个村庄办公场所进行修缮，为43个村(居)统一配套设施，确定6个村（居）党组织为“红旗党建阵地”示范点；制定出台了《关于加强村庄文化基础建设有关问题的意见》，目前5个示范村中店前村的文化墙、文化街的绘制，村内街、路、水域的命名，以及村歌谱写工作等已基本完成；积极培育打造党建示范点，着力打造6个村庄党建示范点、2个城市社区党组织示范点。

【机构设置与管委会领导】平度开发区管委会是平度市人民政府的派出机构（与“中共平度市委经济开发区工作委员会”一套机构，两块牌子）。开发区设立5个正局（科）级行政机构，包括党政办公室、经济发展局、财政审计局、土地建设局、社会事务工作局；6个全额拨款事业单位，包括机关服务中心、投资促进中心、项目建设服务中心、农村经营管理站、计划生育办公室、社区管理中心；2个自收自支政策性收费事业单位，包括劳动保障事务所、环卫园林管理处。平度市市长庄增大任开发区管委会主任；徐君（女）任开发区党工委书记、管委会副主任。

2014—2015 年山东省平度经济开发区主要经济综合指标一览表

项目		单位	2015 年	2014 年	增减（%）
开发区生产总值		亿元	486.16	387.05	25.61
第二产业		亿元	271.04	215.39	25.84
工业		亿元	247.44	195.50	26.57
第三产业		亿元	165.58	137.52	20.40
工业总产值（现价）		亿元	1 109.49	823.83	34.67
高新技术企业		亿元	395.19	285.67	38.34
工业		亿元	1 139.35	824.01	38.27
第三产业		亿元	166.94	129.91	28.50
工业		亿元	63.03	40.88	54.18
区内主导产业及产值					
主导产业	1. 食品饮料	亿元	420	320	31.25
	2. 机械装备	亿元	230	180	27.78
	3. 电子加工	亿元	94	75	25.33
进出口总额		亿美元	16.88	14.94	12.99
出口		亿美元	13.53	11.40	18.68
财政收入		亿元	25.27	18.54	36.30
税收收入		亿元	36.09	31.44	14.79
新批企业数量		家	698	570	22.46
外商及港澳台企业		家	30	20	50.00
内资企业		家	668	550	21.45
外商及港澳台企业投资额		亿美元	6.42	6.90	−6.96
内资企业投资额		亿元	421.52	260.52	61.80
规模以上企业数量		家	444	330	34.55
合同外资额		亿美元	5.18	4.99	3.81
外商实际投资		亿美元	5.19	4.28	21.26
固定资产投资		亿元	533.27	370.42	43.96
年末从业人员		万人	14.89	11.09	34.27
万元 GDP 能耗		吨标准煤／万元	0.389 7	0.405 5	−3.90

甘肃省平凉工业园区

【经济发展】2015年，平凉工业园区完成地区生产总值15.16亿元，同比增长5.6%。其中，第一产业增加值1.21亿元，增长5.6%；第二产业增加值8.55亿元，增长3.5%；第三产业增加值5.41亿元，增长10.6%，三次产业增加值结构为8∶56.3∶35.7。固定资产投资48.9亿元，同比增长15%；招商引资实际到位资金91亿元，同比增长21%；大口径财政收入完成2.9亿元，同比增长12.3%；地方财政收入6 335万元，同比增长17.6%。全年辖区内共有各类企业453家。其中，私营企业367家，内资企业55家，农民专业合作社31家，个体工商户2 602家。

【工业生产】2015年，平凉工业园区新增大成技术玻璃有限责任公司、上甲宝丰面业有限责任公司2家规模以上工业企业，“四上”企业总数达到36家。全年完成工业增加值7.79亿元，增长3.2%。工业总产值34.79亿元，销售产值33.52亿元。其中，规模以上工业增加值7.4亿元，增长3%（全市规模以上工业增加值52.21亿元，增长4.1%），占平凉市的14.2%；规模以上工业主营业务收入24.58亿元。作为园区主要财政收入来源的华能平凉发电有限责任公司纳税1.56亿元，纳税额同比下降12.4%。全年发电（火电）60.2亿千瓦时，同比下降34.06%；生产水泥103.76万吨，同比增长5.85%；生产水泥熟料74.71万吨，同比下降1.71%；白酒130.91千升，同比增长6.15%；纸制品40 820吨，同比增长61.57%；陶质砖595.94万平方米，同比下降1.82%；小麦粉82 591.08吨，同比下降14.62%。

【商贸服务】2015年，平凉工业园区实现社会消费品零售总额9.77亿元，增长9.7%；进出口总额完成49.3万美元，同比增长23.5%（全部为产品出口）。其中，甘肃鑫海食品有限公司出口43.87万美元，平凉市荣康实业有限责任公司出口5.43万美元。贸易出口的国家有美国、加拿大、波兰、俄罗斯、印度尼西亚、德国、巴基斯坦等，产品主要以水果罐头、卡盘、缓冲器等为主。推动宏达国盛电子商务有限责任公司依托宏达国盛建材市场产品建立了第三方电子商务平台“宏达国盛购”，平台已于当年上线，上线产品1万多种，开设网店100多家。挂牌成立了“平凉通•四十里铺农村电子商务服务站”。

【招商引资】2015年，平凉工业园区开展招商活动26批次80余人次，对接洽谈各类项目60余项，完成签约20项，首次引进世界500强企业1个、上市公司2个，成功签约了清真食品用品贸易港、海升智能温室工业化栽培生态示范、年产500兆瓦时锂离子动力电池、银旺中药炮制饮片等9个过亿元的重大项目，签约金额94.2亿元；全年实施各类招商引资项目共40项，概算总投资445.3亿元，累计落实招商引资到位资金91亿元，同比增长21%。

【科技创新】2015年，平凉工业园区申报专利39件。其中，发明专利22件、实用新型专利12件、外观设计专利5件，每万人专利拥有量1.674件。全年R&D经费支出4 047.09万元，占全区生产总值的2.67%，完成技术市场成交合同金额1.9亿元。现有高新技术企业4家，各类专业技术人员800多人，国家级信息科研机构1家、省级质量检测中心1家、省级行业工程技术中心3家；高新科技项目3项，分别是物联网信息采集终端产业化项目、12万平方米现代化智能玻璃温室建设项目及康博丝特碳纤维复合材料产业化项目。

【规划建设】《甘肃平凉工业园区发展规划(2014—2020年)》通过省发改委批复;《综合服务区控制性详细规划》《商贸加工区（北区）控制性详细规划》《中小企业创业园控制性详细规划》《起步区控制性详细规划》通过市级评审批复。建成创业路、创业中路、创经一路、泾河北路污水收集工程、公租房二期、110千伏十里铺送电站等道路基础设施项目8.5公里。

【文化金融】2015年，平凉工业园区文化产业招商引资签约资金2.45亿元，省级文化产业在库单位累计达7家，全年实现文化产业增加值556万元，增长15.9%。各类银行分支机构8家，各分支机构设立金融便民服务网点55个，覆盖园区所有企业和行政村社。

【社会管理】2015年，辖区常住人口5.29万人，人口出生率10.18‰，人口死亡率4.2‰，人口自然增长率5.98‰。全年城镇新增就业1 320人，失业人员实现再就业122人，就业困难人员实现就业92人，城镇登记失业率控制在3.32%以内。全年引进紧缺专业人才8名，实名制注册登记高校毕业生157人。全年农村低保由2 193元提高到2 434元，城市低保标准提高到每人每月295元。农村五保分散供养对象年补助水平由3 266元提高到4 270元。全年发放城市低保金62.175 6万元、农村低保金254.628万元、五保供养资金50.965万元。年末参加城乡居民社会养老保险29 073人，享受待遇6 555人，参加农村养老保险28 743人；参加城镇居民基本医疗保险1 066人，参加城镇职工基本医疗保险895人；参加新型农村合作医疗43 167人；参加工伤保险446人，参加生育保险699人，参加失业保险448人。新型农村合作医疗保险参保率达99.67%。园区共有各类学校32所，学前三年教育毛入园率达到72.6%；九年义务教育巩固率达到93.2%；高中阶段毛入学率达到87.9%。年末园区有卫生机构37个。

【环保安全】在环境保护方面，全年工业用水重复利用率97.5%，同比增长0.21%；工业固废综合利用率100%，同比增长2.04%；万元工业增加值能耗为19.16吨标准煤，同比下降3.28%；二氧化硫排放量8 546吨，同比下降5.21%；氮氧化物排放量16 381吨，同比下降17.91%；化学需氧量排放量1 946吨，同比下降0.41%；氨氮排放量88吨，同比下降1.12%；大气环境质量、地表水环境质量、声环境质量指标均达到市环保局下达的指标，新建项目“环评”和“三同时”执行率达到100%。在安全生产方面，建立健全了安委会、安委办等工作机构，发放交通安全警示宣传页、安全生产宣传资料2 100余份，培训企业安全监管人员50多人，完成职业危害申报企业42家，全年无重大安全生产责任事故发生，确保了园区安全生产形势的稳定好转。

【表彰奖励】2015年，平凉工业园区荣获市级以上各级各类表彰奖励50项33人次。其中，国家级奖励3项、省部级奖励12项4人5家企业。按奖励级别划分，获得国家级奖励的有：四十里铺镇吴岳村被中央精神文明建设指导委员会表彰为第四届全国文明村镇，中央储备粮平凉直属库荣获第四届全国文明单位；平凉工业园区获中国—阿拉伯国家博览会秘书处、中国企业十大新闻评选委员会、《中国企业报》集团授予的“2015中国产业园区成长力百强”称号；平凉工业园区被甘肃省开发区建设发展领导小组表彰为“2014年度全省优秀开发区”等。

【领导班子】2015年，平凉工业园区设有党工委、管委会两委领导班子。党工委书记李卫中；党工委副书记、管委会主任张兴荣（任职至2015年9月，后任中共静宁县委副书记、县长）、马春宁（2015年9月起任）；党工委副书记李文平（任职至2015年9月，后任市科学技术协会党组书记、副主席）、王永平（2015年9月起任）；党工委委员、党群工作部部长刘卓禄（任职至2015年12月，后任中共庄浪县委常委、宣传部长）、王武（2015年12月起任）；党工委委员、管委会副主任安正勇、尚江平；党工委委员、四十里铺镇党委书记王永平（任至2015年9月，后任园区党工委副书记）；党工委委员、纪工委书记赵义；管委会副主任、四十里铺镇党委副书记、镇长罗彦鹏（2015年9月不再担任，后任园区党工委委员、四十里铺镇党委书记）。

宁波
经济技术开发区

NINGBO ECONOMIC & TECHNOLOGICAL DEVELOPMENT ZONE

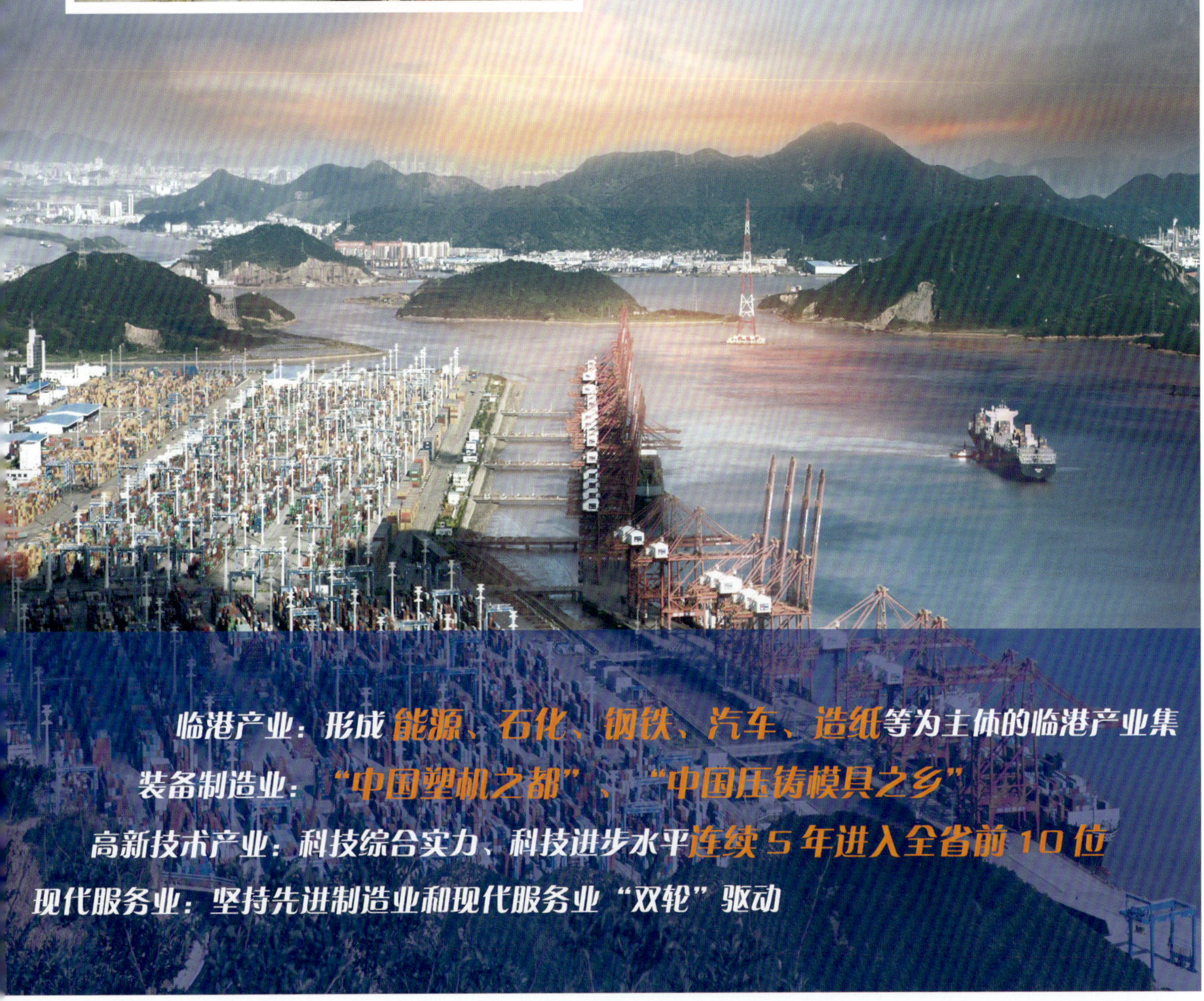

临港产业：形成能源、石化、钢铁、汽车、造纸等为主体的临港产业集

装备制造业：“中国塑机之都”、“中国压铸模具之乡”

高新技术产业：科技综合实力、科技进步水平连续5年进入全省前10位

现代服务业：坚持先进制造业和现代服务业“双轮”驱动

秦皇岛经济技术开发区

QINHUANGDAO ECONOMIC & TECHNOLOGICAL DEVELOPMENT ZONE

奠基仪式
奠基

秦皇岛泰盛健瑞仕国际康复中心
签 约 仪 式
康瑞仕健康服务有限公司

北京首都创业集团战略投资秦皇岛思泰意达有限公
秦皇岛首创思泰意达与秦皇岛开发区环保局战略合
签 约 仪 式

开发区 e 谷

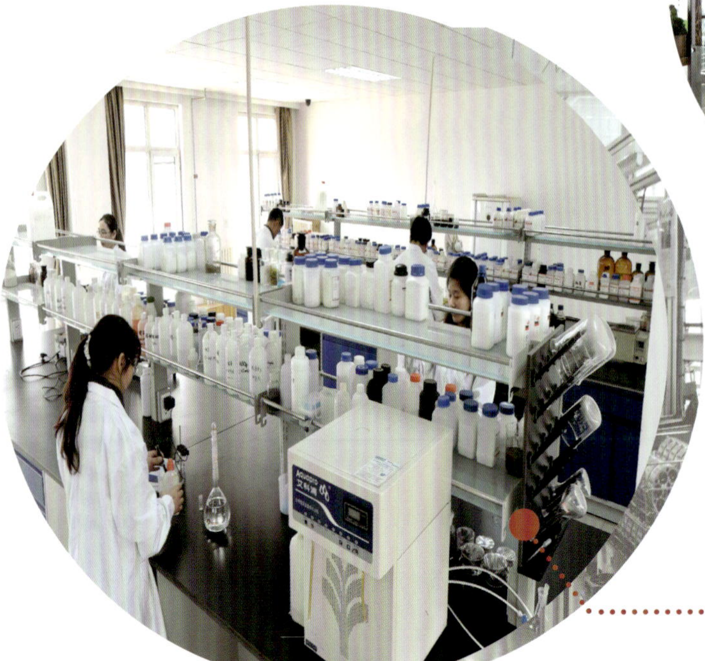

领先科技公司实验室

秦皇岛经济技术开发区

QINHUANGDAO ECONOMIC & TECHNOLOGICAL DEVELOPMENT ZONE

中信戴卡车间

温州
经济技术开发区

WENZHOU ECONOMIC & TECHNOLOGICAL DEVELOPMENT ZONE

2015年， 开发区实现地区生产总值200亿元，增长8.5%；工业总产值658.55亿元，增长5.2%；规模以上工业增加值76.38亿元，可比价增长7.1%；财政总收入22.8亿元，其中，一般公共预算收入8.77亿元；城镇常住居民人均可支配收入44328元，农村常住居民人均可支配收入26855元，分别增长8.5%、9.5%。

全区现有工业企业3000多家，其中，规模以上企业373家。重点扶持海洋科技与激光光电、新能源新材料、高端装备制造、电商与物流、汽车产业等新兴产业集群及电气机械、服装鞋革等传统优势产业。出台主导产业扶持政策，打好两链化解、“四换三名”、“三转一市”等转型升级“组合拳”。中国汽车金融论坛永久会址、汽车文化公园建成投用，成功举办了中国汽车金融发展论坛、世界老式汽车荣耀浙江行高峰论坛等活动，初步形成汽车时尚小镇氛围。

长春
经济技术开发区

CHANGCHUN ECONOMIC
& TECHNOLOGICAL DEVELOPMENT ZONE

长春兴隆综合保税区

EUROCRANE

廊坊
LANGFANG
LANGFANG
新兴产业展

廊坊
经济技术开发区
LANGFANG ECONOMIC
& TECHNOLOGICAL DEVELOPMENT ZONE
FUJITEC
FUJITEC

中国氢能产业发展·如皋峰会
HYFUN
上海氢枫能源技术有限公司
Shanghai Hyfun Energy Technology Ltd
如皋加氢站开工仪式
大力发展氢能产业
抢占未来竞争制高点、加快经济发展
打造首个氢能经济之都

如皋经济技术开发区
RUGAO ECONOMIC & TECHNOLOGICAL DEVELOPMENT ZONE
氢能产业园
如皋经济技术开发区

滨江明珠
金秋竹集团
JINQIUZHU GROUP
金秋竹集团

靖江 经济技术开发区

JINGJIANG ECONOMIC & TECHNOLOGICAL DEVELOPMENT ZONE

京唐国际石材批发市场

唐山海港
经济开发区

TANGSHANHAIGANG ECONOMIC DEVELOPMENT ZONE

南昌
经济技术开发区

NANCHANG ECONOMIC & TECHNOLOGICAL DEVELOPMENT ZONE

现已初步形成以电子信息产业、新能源汽车及汽车零部件产业和医药食品产业为主导的“3+X”产业体系，是国家生物医药产业基地、江西省家电产业基地、江西省汽车及零部件产业基地、江西省光电产业基地和江西省装备制造业产业基地，基本形成了一个集工业生产、高等院校、生态居住为一体的“新型工业区、创新创业城”。

贵阳
经济技术开发区

GUIYANG ECONOMIC & TECHNOLOGICAL DEVELOPMENT ZONE

德阳 经济技术开发区

DEYANG
ECONOMIC & TECHNOLOGICAL DEVELOPMENT ZONE

赣州经济技术开发区

GANZHOU ECONOMIC & TECHNOLOGICAL DEVELOPMENT ZONE

积极创建国家级产业发展平台，***获批创建国家高新技术产业标准化示范区、全国稀土永磁及钨粉深加工产业知名品牌创建示范区、国家生态工业示范园区、国家循环化改造试点园区***四个国字号平台。深入推进简政放权，全面推行权力清单制度，加快行政审批制度改革，建立限时办结审批制度、重点项目绿色通道制度，营造透明优质高效服务环境。

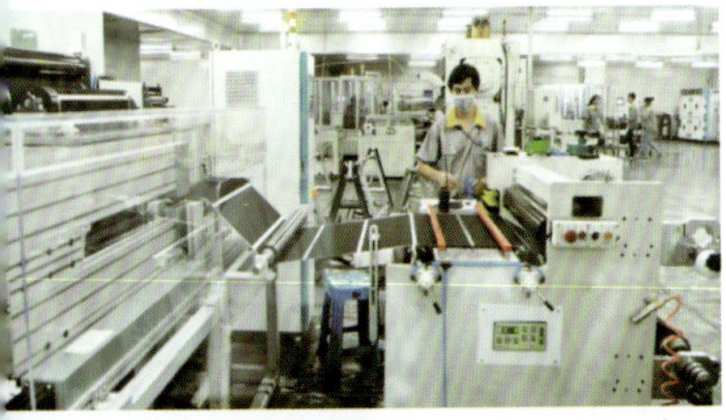

绵阳 经济技术开发区

MIANYANG ECONOMIC & TECHNOLOGICAL DEVELOPMENT ZONE

近日，国家工商总局公示 2014-2015 年度“守合同重信用”企业，***绵阳卓龙市场经营管理有限公司、绵阳华晨瑞安汽车零部件有限公司 2 家企业被新认定为国家级“守合同重信用企业”。***至此，开发区的国家级“守合同重信用企业”实现零的突破。

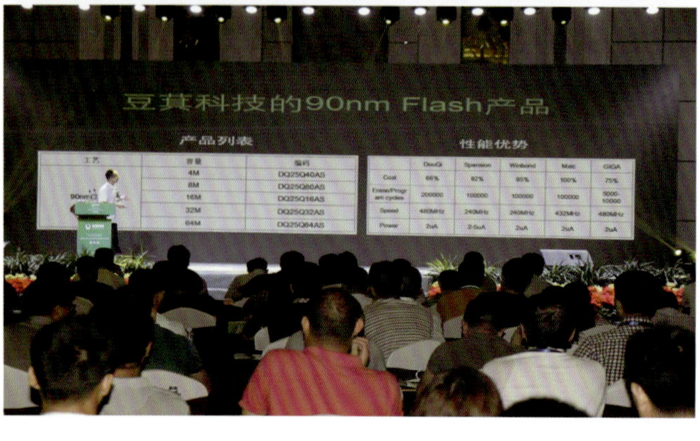

晋中
经济技术开发区

JINZHONG ECONOMIC & TECHNOLOGICAL DEVELOPMENT ZONE

长寿
经济技术开发区

CHANGSHOU ECONOMIC & TECHNOLOGICAL DEVELOPMENT ZONE

燕郊

高新技术产业开发区

YANJIAO NATIONAL HIGH TECH INDUSTRIAL DEVELOPMENT AREA

海宁
经济开发区

HAINING ECONOMIC DEVELOPMENT ZONE